Les enfants cachés se souviennent

Herman Vandormael

LES ANNÉES DE GUERRE

Les enfants cachés se souviennent

Racine

Couverture: Studio Lannoo
Photo de couverture: © Corbis
Mise en pages: MC Compo

Tour et Taxis, Entrepôt royal
86C, avenue du Port, BP 104A • B-1000 Bruxelles
www.racine.be

D. 2010, 6852. 64
Dépôt légal: décembre 2010
ISBN 978-2-87386-689-1

Imprimé aux Pays-Bas

«Vous les hommes, ne l'oubliez pas, parlez-en, notez tout.»

Simon Dubnov, historien, dans le ghetto de Riga.

Je dédie ce livre, par respect, à tous les enfants cachés, et aux 1,1 millions d'enfants qui n'ont pas trouvé de sauveur.

Aux enfants cachés qui ont bien voulu me raconter leur passé, m'ouvrir leur cœur, me confier des photos et des documents, à Regina et Georges, Ariel, Robert, Tamara, Osy, Nico, Marcel, Simon, Jacques et Annie, Roseline, Esther, Henri, Fée et Jean, Willy, Louis, Meyer... et tous les autres qui sont devenus entre-temps mes amis.

Aux centaines de Justes qui ont risqué leur propre vie pour sauver celle des autres.

À mes enfants, à mes petits-enfants Mathias, Jana et Maartje, qu'ils puissent prendre l'histoire à cœur.

Et bien entendu à ma tendre épouse Christiane († 2007).

Herman Vandormael

Première partie

LE PLUS GRAND DRAME DE L'HISTOIRE

«Écoutez ceci, vieillards! Prêtez l'oreille, vous tous, habitants du pays. Rien de pareil est-il arrivé de votre temps, ou du temps de vos pères? Racontez-le à vos enfants, et que vos enfants le racontent à leurs enfants, et leurs enfants à la génération qui suivra.» (Joël, 1: 2, 3).

Introduction

Aujourd'hui, des millions de textes sur la Seconde Guerre mondiale, et plus précisément sur l'Holocauste et la Shoah, ont été écrits et publiés [1]. Les historiens, parallèlement aux perspectives politiques et militaires du conflit, se sont plus évidemment particulièrement intéressés aux victimes du plus grand drame de l'histoire du XXe siècle, voire même de toute l'histoire de l'humanité. Dès lors, une part importante de la littérature sur cette sombre période traite de déportation, de camps de concentration, de génocide et de crimes contre l'humanité.

Dans les différents pays concernés par ce conflit, les souvenirs des «enfants cachés» ont été rassemblés et publiés. Ils sont complétés par les mémoires et les journaux personnels des enfants qui avaient trouvé refuge auprès d'amis ou de connaissances, d'étrangers, ou encore dans des couvents, des orphelinats ou d'autres institutions [2]. Sylvain Brachfeld a ainsi passé de nombreuses années à reconstituer l'histoire de ces enfants juifs, pour la postérité [3]. Cependant, jusqu'à aujourd'hui, de nombreux «enfants cachés» sont restés dans l'ombre, la majorité ne souhaitant pas aborder les expériences traumatisantes de leur jeunesse et qui ont profondément marqué leur vie d'adulte.

---

1 Voir D. Pohl *in Holocaust,* Laren, 2005; R.J. Evans, *Het Derde Rijk,* 3 vol., Utrecht-Anvers 2004-2006, et R. Hilberg, *De vernietiging van de Europese Joden,* 3 vol., Laren, 2008. Pour les Pays-Bas, voir l'étude de J. Presser, *Ondergang. De vervolging en verdelging van het Nederlandse Jodendom,* 2 vol., Soesterberg, 2005 (1re édition, 1965). Professeur au lycée juif, Jacques Presser perdit son épouse dans l'Holocauste, et décrivit la persécution des Juifs de façon révélatrice. De même, Victor Klemperer peigna la vie en Allemagne entre 1933 et 1945, dans son journal *Tot het bittere einde (Jusqu'à la fin amère),* 2 vol., Amsterdam-Anvers, 1997.

2 Voir par exemple: W. Buchignani, *Vertel aan niemand wie je bent. De verborgen jeugd van Régine Muller,* Anvers-Rotterdam, 1997; J. Blom, *Nooit meer naar huis. Mijn ontsnapping uit de Hollandsche Schouwburg,* Laren, 2008.

3 S. Brachfeld, *Ils n'ont pas eu ces gosses,* Herzlia, 1989 (2e édition); *Merci de nous avoir sauvés, ib.* 2007, et *A Gift of Life,* Jérusalem, 2007.

Ce phénomène a été analysé à maintes reprises par Marcel Frydman, psychologue et «enfant caché» lui-même, qui y a consacré une étude approfondie. Âgé de 12 ans lors de la guerre et confronté aux rafles, il a vécu caché. Pour établir le fondement de ses recherches scientifiques, il est parti de sa propre expérience pour construire et a démontré l'existence du «traumatisme de l'enfant caché», ainsi qu'il l'a nommé[1]. Au cours des entretiens qu'il a mené, un demi-siècle après les événements, il a vu que les «enfants cachés» avaient refoulé leur propre expérience de la guerre et surtout que, pour la première fois, il leur était permis d'en parler librement. Le choc psychologique du relâchement brutal du traumatisme, après tant d'années de silence, a montré l'importance de la charge émotionnelle encore présente, au point que de nombreuses personnes ne pouvaient contenir leurs larmes lorsqu'elles étaient confrontées à leurs souvenirs. Au cours des entretiens que nous avons menés nous-même avec les «enfants cachés», nous avons été confrontés au même phénomène. N'oublions pas, ainsi que le dit Frydman, que durant toute la période où l'enfant vivait dans la clandestinité, toutes ses émotions étaient nécessairement sous contrôle. Il a été souligné par toutes les personnes qui ont risqué leur vie et leur sécurité pour sauver les enfants juifs que ceux-ci ne pouvaient pas exprimer leurs sentiments d'insécurité, de solitude et de tristesse, sous peine de trahir leur identité juive. Ils devaient s'oublier eux-mêmes, jusqu'à leur propre nom: «Mon nom n'est plus...» déclara l'un de nos témoins. Bien plus tard, Robert Fuks essaya de comprendre le déni de son identité: «probablement ai-je, dans un réflexe de survie, refoulé au plus profond de mon cerveau le fait que je m'appelais Fuks. Pourtant, il s'agit bien d'un nom juif, non[2]?»

L'enfant caché devait se nier entièrement lui-même, oublier sa naissance, sa famille, et surtout s'adapter à un environnement totalement inconnu: personnes étrangères, nouveau mode de vie et nouvelles habitudes, exprimés bien souvent dans une langue incompréhensible, croyance religieuse ou philosophique différente, nouvelle «famille» avec parfois ses propres enfants, nouvelle école ou pire encore, absence totale de scolarité. Et tout cela était encore assombri par un latent et constant sentiment de peur et de danger, par l'angoisse d'être découvert, déporté, et sans avoir de nouvelles des parents ou de la famille. Certains enfants avaient en effet vécu l'arrestation de leurs propres parents ou de membres de leur famille.

---

1 M. Frydman, *Le traumatisme de l'enfant caché. Répercussions psychologiques à court et à long terme*, Paris-Budapest-Turin, 1999.

2 A. Van Crugten, *Pourquoi pas moi?*, Averbode, 2006, p. 31.

Après la guerre, lors du retour à une vie «normale», la plupart des enfants cachés n'ont pas eu la chance de pouvoir exprimer spontanément leur vécu de cette clandestinité. Ils auraient dû être soutenus et compris par des adultes, de préférence leurs parents, ainsi qu'être accompagnés avec circonspection dans leurs environnements scolaire et professionnel.

Or, dans la majorité des cas, il n'en n'a rien été et c'est exactement l'inverse qui s'est produit. La majorité des enfants qui avaient connus cette clandestinité durant la guerre se sont retrouvés face à des souvenirs qui marquèrent leur vie à jamais. Beaucoup n'ont jamais vu leurs parents revenir, ni leurs grands-parents, frères ou sœurs, ni même un membre de leur famille, si bien que la libération des camps apporta souvent une immense déception et une profonde douleur. Saia Hirschovitz dit: «lors du mariage de mes parents à Riga, il y avait deux cents parents présents. Après la guerre, il n'y avait plus personne…» Et un autre enfant caché, que nous interrogions sur ses souvenirs de guerre, pouvait seulement énoncer: «ma petite sœur…». Et cela après plus de soixante-cinq ans…

Une deuxième raison selon laquelle beaucoup ne voulaient pas ou ne pouvaient pas parler de leur passé tragique se trouve dans leur environnement. Si, après la guerre, ils réintégraient leur milieu juif d'origine, ils devaient composer avec les membres de leur famille, amis et connaissances, qui, eux aussi, avaient vécu des situations inhumaines. Et ceux qui étaient revenus des camps disaient sans cesse aux enfants cachés: «tu as eu de la chance». Ils se sentaient coupables d'avoir survécu, ce qui ne suffisait pas pour leur faire souvenir à quels grands dangers ils avaient eux-mêmes été confrontés. «Pourquoi pas moi?» s'interroge encore Robert Fuks, près de septante ans plus tard[1]. Tsvi Nussbaum, que chacun connaît pour en avoir vu la photo publiée dans le monde entier, petit garçon levant les bras au moment de quitter le ghetto de Varsovie après l'insurrection, a déclaré très longtemps après: «Je me sens très coupable. Pourquoi ai-je survécu[2]?»

Ce sentiment de culpabilité s'est développé durant la période de clandestinité: certains enfants se trompaient dans l'interprétation des événements qu'ils vivaient, et pensaient avoir été punis par leurs parents pour leur désobéissance, ou qu'ils avaient été rejetés par

1 *Idem.*

2 Stargardt, *Ooggetuigen van de oorlog. Het leven van kinderen onder het nazi-regime,* Amsterdam, 2005. Tsvi Nussbaum fut emmené de Warschau vers Bergen-Belsen et après la guerre, il retourna dans sa famille en Israël, il émigra en 1953 aux États-Unis où il fut médecin.

ceux-ci[1]. Et, après la guerre, ceux-ci furent parfois été obligés de s'en convaincre. Kitty Hart et sa mère, qui avaient survécu à Auschwitz, furent été accueillies à Douvres par un oncle avec ces mots: «En aucun cas, vous ne devez parler de ce qui vous est arrivé. Pas dans ma maison. Je ne veux pas que mes filles soient au courant. Et je ne veux rien savoir[2].»

Dans ce contexte, Serge Klarsfeld affirme que chaque enfant caché porte en lui pour toujours une peur résiduelle[3], remontant au sentiment d'abandon par ses parents. Dans les récits des enfants cachés, ce sentiment est très souvent présent. La Française Ruth Kapp pose même carrément la question: «Pour quelle raison mes parents m'ont-ils abandonnée entre les mains d'étrangers?... Ont-ils voulu se débarrasser de moi[4]?» Ariel Eder, après la guerre, ne montra pas la moindre envie de retourner chez ses parents: «Ils qu'avaient qu'à pas me laisser[5].» Meyer Zalc avoua franchement qu'il était en colère contre «cette femme» qui venait le reprendre en lui disant «je suis ta mère». Et Georges Suchowolski affirme avec certitude que ses grands-parents devaient littéralement l'«enlever» de sa cachette.

Pour les enfants dont les parents avaient été déportés et n'étaient jamais revenus, leur situation émotionnelle était encore aggravée par l'impossibilité de pouvoir faire leur deuil d'une manière normale: «le deuil impossible» est, par ailleurs, le titre que donna Cl. Vegh à son propre témoignage.

Enfin, il n'était pas possible pour eux de s'exprimer spontanément sur leur terrible expérience de la clandestinité: «Pourquoi? Personne ne semblait quand même vouloir nous écouter[6].» La manière la plus prégnante dont furent exprimés ces sentiments refoulés a été celle écrite par le juriste français Georges Kiejman, dans ses mémoires sur Auschwitz: *Pardon d'avoir survécu*.

Le traumatisme de l'«enfant caché» est une réalité et il se manifeste aujourd'hui encore de diverses manières. Frydman en cite de nombreux exemples dans ses recherches: les personnes qui au fil des années attendent tous les jours l'arrivée du courrier, dans l'espoir d'avoir des nouvelles de membres de leur famille disparus, celles qui croient reconnaître dans la rue un père ou un frère, alors que leur mort a été établie...

---

1 S. Klarsfeld, dans sa préface (1), 11.

2 S. Cretzmeyer, *Your Name is Renée. Ruth Krapp Hartz's Story as a hidden child in Nazi-Occupated France*, New York, 1999.

3 M. Frydman, *o.c.*, 191-192.

4 Cl. Vegh, *Je ne lui ai pas dit «au revoir». Des enfants de déportés parlent*, Paris, 1980.

5 C'est ainsi que le disait Ariel Eder dans son français de petit enfant anversois.

6 S. Tomkiewicz, *L'adolescence volée*, Paris, 1999, cité par M. Frydman, *o.c.*, 167.

Nous-même avons vécu l'expérience personnelle de ces sentiments car beaucoup de ces «enfants», à présent des personnes âgées, portent encore en eux ces horribles souvenirs, et parler réouvre leurs anciennes blessures. L'un de nos témoins, âgé de 80 ans, parlant pour la première fois de son passé, a fondu en larmes après nous avoir avoué: «Chaque jour, je pense à mon père. À quoi pensait-il lorsqu'il entra dans la chambre à gaz[1]?»

Nous avons constaté avec étonnement et admiration que, malgré la manière dont ces enfants avaient vécu dans la clandestinité, ils avaient pu construire leur propre vie. Imaginez un enfant dont le père et la mère disparaissent en un instant, emportant avec eux les valeurs établies lors de son enfance, tous ses repères familiaux, sociaux, géographiques et culturels. Brutalement, il porte un nom différent, parfois un deuxième, voire un troisième, voyage d'une famille d'accueil à une autre, vers une institution, ou *vice versa*. Après la guerre, il reprend son ancien nom et son ancienne identité. Il est dès ce moment obligé de mener une vie «normale», alors que celle-ci a été dévastée par la cruauté de la guerre. Dès lors, il cache, «*les larmes sous le masque*[2]». Chaque «enfant caché» ne peut être approché par ceux qui les entourent qu'avec tact et respect.

Juifs parmi les nazis

Une histoire avant l'Histoire

30 janvier 1933. Hitler devient chancelier. C'est le début du cauchemar. Pour l'Europe, pour l'Allemagne, pour les Juifs. Mais Hitler n'est pas tombé du ciel. Il n'est ni un prophète, ni un précurseur, mais joue sur des sentiments qui depuis des siècles, dans toute l'Europe, conditionnent les sentiments généralement ressentis à l'égard de la population juive: la peur de l'inconnu, l'envie, la méfiance et la haine.

La communauté juive en Allemagne est très ancienne. Les décrets de l'empereur romain Constantin, édictés en 321 et 326, sont les premières preuves de l'existence d'une forte présence juive dans cette partie de l'Empire romain. Sous le règne de Charlemagne, les Juifs d'Europe occidentale furent autorisés à vivre selon leurs propres choix religieux, culturels et économiques. Cette tolérance religieuse profonde, interrompue lors de la période des Croisades, fatale à de nombreux Juifs, jeta les bases de l'évolution ultérieure de la vie des Juifs pour les

---

1 R. Anstadt-A. Rottenberg (réd.), *Kinderen die alles moesten goedmaken. Hoe de oorlog doorwerkt in het leven van de Joodse naoorlogse generatie*, Amsterdam, s.d.

2 Titre éloquent du livre de V. Teitelbaum-Hirsch, Anvers, 1994.

siècles suivants. Il y eu des périodes de persécutions pures et simples, souvent fondées sur des histoires étranges de profanation d'hosties ou d'assassinats rituels d'enfants chrétiens. Au XIVe siècle, alors que la Peste noire faisait rage, la persécution des Juifs atteignit un nouveau *crescendo*, provoquant une émigration massive de ceux-ci vers la Pologne où, à nouveau, ils purent être en sécurité, du moins pour un temps.

Les Juifs restés sur le territoire du Saint-Empire romain germanique formaient un peuple étranger, mais ils étaient tolérés tant que l'économie avait besoin d'eux, remplissant des rôles interdits (officiellement) aux chrétiens, comme le prêt à intérêt.

Au XVIe siècle, le plus farouche ennemi des Juifs fut le réformateur Martin Luther. Bien qu'il affichait une tolérance à leur égard, notamment avec son écrit *Jésus Christ est né Juif*, il qualifia plus tard les Juifs d'«obstinés», parce qu'ils refusaient de se convertir. Il fallait contraindre au travail forcé ces «vers venimeux et vénéneux», et toujours selon lui, brûler et raser leurs maisons, car eux-mêmes prônaient au sein de leurs synagogues le même dessein à l'encontre des chrétiens. Le réformateur ne pouvait pas deviner combien ces mots résonnaient comme des paroles prophétiques...

Durant les siècles suivants, il y eu de nombreux allers et retours dans l'obtention de l'égalité des droits, toujours différents d'un État allemand à l'autre. Le 2 juillet 1869, l'égalité des droits fut acquise en Prusse et dans les 21 autres États qui constituaient la Confédération d'Allemagne du Nord. Après la création de l'Empire allemand en 1871, cette loi fut étendue à toute l'Allemagne. Mais la liberté de commerce et de l'exercice des professions, déjà accordées en 1848, avait permis aux Juifs d'occuper des positions élevées dans les secteurs de la banque, des transports et de la presse, de jouer un rôle moteur dans l'industrie et le commerce, ainsi qu'être actifs dans les milieux universitaires. Alors qu'auparavant l'assimilation était la condition pour qu'un Juif soit accepté dans la société allemande, cette loi se retourna contre eux et mena à une nouvelle vague d'antisémitisme. L'antisémitisme, fondé traditionnellement sur des préceptes religieux, se combina dès lors avec les nouvelles théories pseudo-scientifiques sur les races, prétendant de la supériorité d'une «race» germanique sur les races slave et juive.

La majorité des Juifs ne prirent pas au sérieux ces sentiments anti-juifs: ils se sentaient «émancipés», des citoyens allemands à part entière. Pourtant, cet antisémitisme faisait son chemin parmi les classes supérieures de la société allemande, ainsi que dans la classe moyenne inférieure. Avec son slogan «Les Juifs sont notre malheur», que les nazis reprirent plus tard intégralement, Heinrich von Treitschke[1], historien politiquement engagé, rendit l'antisémitisme politiquement correct dans les cercles académiques, ainsi qu'au sein de l'armée.

Preuve suprême de leur «germanitude», pas moins de 12000 Juifs moururent pour la patrie allemande durant la Première Guerre mondiale. Pourtant, en 1916, le ministère de la Guerre fit réaliser un soi-disant recensement des Juifs, qui devait démontrer que ceux-ci tentaient majoritairement d'échapper au service militaire et à l'engagement. Les résultats du comptage ayant révélé l'inverse, ce recensement ne fut jamais publié...

Durant la période de la République de Weimar[2], alors qu'ils jouissaient pour la première fois d'une égalité complète, de nombreux Juifs accédèrent à de hautes fonctions, ce qui leur donna la conviction qu'ils étaient enfin devenus des «vrais» Allemands, comme lors de la Première Guerre mondiale, et qu'ils apportaient une précieuse contribution à leur patrie. Ce fut exactement cette attitude qui donna de l'eau au moulin de ceux qui les accusaient de «judaïser» l'Allemagne, autrement dit en langage nazi «polluer le sang allemand». Durant cette courte période politique, aucun parti n'échappa à l'antisémitisme, qui se répandit dans toute l'Allemagne comme une idée communément admise[3].

C'est ainsi que l'Allemagne, et seule l'Allemagne, selon Goldhagen, fut prête pour l'Holocauste, car trois facteurs avaient créé une situation favorable. Beaucoup de Polonais étaient également antisémites, des Ukrainiens, et même des Français, comme le démontra par la suite le Régime de Vichy. Mais, en Allemagne, les nazis parvinrent au sommet du pouvoir, et c'étaient les pires antisémites que l'Histoire ait connu jusque là. Deuxièmement, le mouvement nazi se développa dans une communauté où l'antisémitisme était répandu et accepté. Et enfin, seule l'Allemagne se trouva dans une situation géomilitaire qui rendit possible un génocide d'une telle ampleur[4].

Arriva alors Hitler, «formé» par un curieux mélange de croyances antiques, d'astrologie, d'occultisme et d'idées pseudoscientifiques, d'opinions de gauche et de droite, le tout mixé avec la théorie de la

---

1 Heinrich von Treischke (1834-1896), professeur à Leipzig, Freiburg im Bresgau, Kiel, Heidelberg et Berlin. Membre de la diète (*Reichstag*) pour le parti national-libéral, ensuite pour les conservateurs. Devint en 1886 l'historien officiel de la Prusse.

2 République de Weimar est le nom, non-officiel, donné par les historiens à l'État allemand pour la période 1918/19-1933, d'après la ville de Weimar, où la République fut fondée en février 1919.

3 Résumé d'après N.T. Gidal, *De Joden in Duitsland van de Romeinse Tijd tot de Weimar Republiek*, Cologne 1998, 10-19.

4 D.J. Goldhagen, *Hitlers gewillige beulen*, Anvers 1996, 94.

supériorité des races. Il a souvent été dit que ses objectifs criminels étaient déjà énoncés dans *Mein Kampf*, mais soulignons qu'il avait déjà exprimé sa haine mortelle des Juifs des années auparavant, et notamment en 1919, lorsqu'il était sous les drapeaux. À Munich, un certain capitaine Karl Mayr lui demanda ses vues sur le judaïsme. Le 16 septembre 1919, Hitler écrivit dans l'un de ses premiers textes politiques que les pogroms (du passé) avaient été nécessaires, comme expression d'une hostilité instinctive à l'égard des Juifs. Mais, dit-il, «l'antisémitisme selon la raison doit, lui, conduire au combat législatif contre les privilèges des Juifs et à l'élimination de ces privilèges. Son but ultime doit, immuablement, être l'élimination des Juifs en général[1]». Dès les années suivantes, il devint de plus en plus obsédé par l'illusion que les Juifs étaient responsables de la Première Guerre mondiale et de la défaite allemande de 1918, et il écrivit dans *Mein Kampf*: «Si l'on avait, au début et au cours de la guerre, tenu une seule fois douze ou quinze mille de ces Hébreux corrupteurs du peuple sous les gaz empoisonnés que des centaines de milliers de nos meilleurs travailleurs allemands de toute origine et de toutes professions ont dû endurer sur le front, le sacrifice de millions d'hommes n'eût pas été vain[2].»

Cette haine des Juifs, qui ne saurait être assez soulignée, resta son leitmotiv jusqu'à la fin de la Seconde Guerre mondiale. Dans son testament politique, dicté la veille de son suicide, il dit: «Il n'est pas vrai que moi, ou quelqu'un d'autre en Allemagne, ait voulu la guerre en 1939. Elle a été voulue et déchaînée uniquement par des hommes politiques d'origine juive ou travaillant pour les intérêts juifs. Alors cette race, qui est réellement coupable de ce combat meurtrier, sera elle aussi appelée à rendre des comptes: la juiverie!» Même son suicide était motivé par la crainte de tomber entre les mains de ses ennemis: «De plus, je ne vais pas tomber entre les mains de l'ennemi qui a besoin d'un nouveau spectacle, présenté par les Juifs, pour le divertissement des masses hystériques.»

Dans le tout dernier alinéa, où le dictateur exprimait ses dernières volontés, l'on retrouve encore le même *credo*: «Surtout, j'exige des chefs de la nation et de leur suite, la scrupuleuse observation des lois raciales et une résistance impitoyable contre l'empoisonneur mondial de tous les peuples, le judaïsme international. Fait à Berlin, le 29 avril 1945, 4:00. Adolf Hitler[3].»

---

1 W. Maser, *Hitlers brieven en notities*, Soesterberg 2004, 197.

2 A. Hitler, *Mein Kampf*, 2 dln, Munich 1925-1927, dl 2, 772. (7)

3 W. Maser, *o.c.*, 235.

Demi-Juif? Quart de Juif? Ou cinq-huitième de Juif?

«Je n'aurais pas voulu être un Juif en Allemagne.»
H. Goering, 12 novembre 1938

Avant que les nazis ne puissent mettre en place l'extermination des Juifs, il avait fallu tout d'abord déterminer qui pouvait être défini comme Juif. Mais ils n'attendirent pas qu'une détermination «scientifique» soit établie pour commencer le harcèlement – mot bien faible pour exprimer la réalité – à l'égard de la bourgeoisie juive et la pousser dans ses derniers retranchements[1].

En mars 1933, alors qu'Hitler n'était chancelier que depuis un mois et demi, les autorités municipales de la ville de Cologne interdirent aux Juifs l'accès de leurs installations sportives. Le ver était dorénavant dans le fruit, et les autorités publiques urbaines et communales, ainsi que diverses institutions étatiques allemandes entamèrent entre elles une course malsaine: qui était le plus rapide et le meilleur pour harceler les Juifs, leur rendre la vie difficile, user de préjugés et les exclure? Dès 1933, un cortège sans fin de décrets, d'interdictions, de règlements et de dispositions légales commença, avec unique but l'isolement des citoyens juifs de l'ensemble de la population et de les faire se sentir «étrangers» dans leur propre pays, avant la mise en place de la Solution finale. L'une de ces mesures fut plus durement ressentie que les autres: l'interdiction d'exercer un emploi et d'avoir des revenus. Mais toutes ces mesures ne visaient qu'à rendre la vie des Juifs intenable, voire finalement impossible[2].

La question: «Qui est juif» était naturellement la plus urgente à régler. Pour ceux qui étaient décrits par les nazis comme «Juif à part entière», la question ne se posait même pas et n'avait aucun sens. En 1931 et 1932, 36 % des mariages juifs étaient mixtes, et en 1933, plus de 44 %. Pas plus d'un quart des enfants issus de ces mariages mixtes étaient élevés dans le judaïsme[3]. Était-on dès lors juif par sa «race» ou par sa foi?

Le 15 septembre 1935, lors de la Convention du parti à Nuremberg, Hitler établit de nouvelles lois raciales. Naturellement, ses propositions furent acceptées à l'unanimité et publiées dès le lendemain dans les journaux. Dès lors, seules les personnes de «sang allemand ou assimilé» pouvaient être allemandes. Mais pour bénéficier de ce privilège, il fallait également prouver par sa conduite que l'on méritait de faire partie du peuple allemand et de servir le *Reich* comme un sujet loyal:

---

1 R.J. Evans, *Het Derde Rijk,* 3 dln., Utrecht-Anvers 2004-2006, I, 466-467, 502.
2 S. Friedländer, *Nazi-Duitsland en de Joden,* Amsterdam-Tielt, 2007, 54.
3 E.A. Johnson, *Nazi-terreur. Gestapo, joden en gewone Duitsers,* Anvers, 2000, 109.

cet échappatoire permit ensuite d'user d'exclusion et de persécution à l'égard de toutes sortes d'«asociaux», comme les communistes, les syndicalistes, les témoins de Jéhovah et tous ceux qui refusaient le travail obligatoire, auquel les Juifs furent, par ailleurs, les premiers à être contraints.

Ces lois raciales, que Wilhelm Frick[1], en tant que ministre de l'Intérieur, dut promulguer et mettre en application, menèrent à la plus grande confusion. Le décret précisait que pour être défini comme Juif, il suffisait d'avoir trois ou quatre grands-parents «juifs à part entière», ou seulement deux grands-parents juifs si l'on pratiquait soi-même le culte judaïque ou que l'on était marié à un Juif. Ceux qui avaient moins de 25 % de «sang juif» étaient considérés comme Allemands à part entière, ainsi que les aryens convertis au judaïsme, ce qui pouvait se produire dans les mariages mixtes. La question du demi-Juif restait toutefois délicate. Selon des estimations très différentes, en 1935, près de 50 000 Juifs s'étaient convertis au christianisme ou étaient des descendants de Juifs convertis. Près de 2 000, trois-quarts de Juifs pratiquaient la foi chrétienne. En raison du nombre important de mariages mixtes, il y avait entre 70 000 et 75 000 personnes dont deux de leurs grands-parents étaient juifs, et entre 125 000 et 130 000 dont un seul grand-parent était juif. La majorité d'entre eux étaient mariés à un conjoint aryen, ce qui reposait la question du mélange racial.

La discussion se poursuivit longtemps. Lors du recensement de 1939, les Allemands établirent un classement sur base de critères raciaux: «il y avait 52 005 demis-Juifs et 32 669 quart de Juifs». Mais plus de 90 % de ces *mischlinge*, ce qui signifie littéralement «métissés de Juifs», faisaient partie d'une communauté de foi chrétienne.

Les nazis prirent toutefois le temps avant d'imposer leurs volontés. Ils étaient conscients qu'une grande partie des Allemands fidèles à leur parti allaient être exclus de la société en tant que «demi-Juifs» ou «Juifs à part entière». La question suivante, qui mena à de longues et vaines discussions, concernait le «poison» du sang juif: était-il si puissant pour qu'une dose infime puisse corrompre le sang aryen, ou bien le sang allemand était-il si fort et si sain qu'il était capable d'assimiler le sang juif sans danger? Le principe de précaution fut utilisé, si bien que les «demis-Juifs» furent d'abord assimilés à des «premiers métissés de Juifs», mais s'ils étaient mariés avec un «Juif à part entière» ou s'ils suivaient eux-mêmes la religion judaïque, ils furent déclarés «Juifs à

1 Wilhelm Frick (1877-1946), juriste, chef de police à Munich, en 1924 chef du groupe parlementaire nazi Reichstag. En 1933 ministre de l'Intérieur, en 1943 éloigné de ce poste par Himmler, devint *Reichprotector* de Bohème-Moravie. Condamné à mort à Nuremberg et pendu.

part entière». Celui qui n'avait qu'un seul grand-parent juif fut défini comme «second métissé de Juif». Toute cette classification restait assez obscure: d'une part, l'on pouvait être juif de par ses parents ou grands-parents, d'autre part, on pouvait le devenir par sa foi ou par son mariage. La situation devint même complètement aléatoire à cause du pouvoir discrétionnaire du Führer, libre de modifier le système à sa guise et à tout moment[1].

Car Hitler était, selon ses propres mots, un expert en la matière: en juillet 1942, lors d'une réunion avec Freiherr von Liebig, il affirma que celui-ci portait en lui «un soupçon désagréable de sang juif», ce que d'autres niaient fermement. En effet, il était apparu qu'au début du XVIIe siècle, la famille von Liebig avait été «contaminée» par une femme juive; ceci constituait aux yeux du Führer une preuve de la «persévérance» de la *juiverie*[2], et en même temps de sa propre infaillibilité. Que des gens comme Hitler et ses partisans fanatiques puissent déterminer qui appartenait à telle ou telle «race» ne peut être défini comme une manière «scientifique» de déterminer l'appartenance des gens. On assista donc à des situations plus ou moins étranges: une jeune fille fréquentait une école «aryenne», mais son frère en était interdit car le juge avait statué qu'il était juif et que sa sœur ne l'était pas. Lorsqu'ils se rencontraient dans la rue, ils prétendaient ne pas se connaître. Et un «ami» était aux aguets quand ils voulaient se parler[3].

Il était évident que les lois raciales comportaient de nombreuses lacunes. Quelle était la «race», par exemple, des enfants illégitimes d'un père juif et d'une mère aryenne?

La décision finale fut prise à Munich, au quartier général de l'infâme Streicher[4], et fut sans surprise: «une mère qui se comporte de cette manière (mettre au monde un enfant illégitime d'un père juif) est fortement influencée par les idées juives, si bien qu'il sera impossible de la faire changer d'avis... De même, toutes les tentatives d'élever l'enfant juif dans les principes du national-socialisme seront vouées à l'échec. Car le *Weltanschauung* national socialiste, transmis par le sang, ne peut être cédé qu'à des personnes ayant du sang allemand dans leurs veines[5].» Ceci était donc la vision la plus extrême: l'enfant issu d'une mère allemande et d'un père juif ne pourra jamais appréhender la

1 R.J. Evans, *o.c.*, II, 572-576.

2 J. Presser, *Ondergang*, II, 86.

3 Th. Geve, *Kind in Auschwitz. Een 13-jarige jongen overleeft de Holocaust*, s.l. 1990, 24.

4 Julius Streicher (1885-1946), joua un rôle important dans le coup d'État d'Hitler en 1923. De 1928 à 1940 *Gauleiter* en Franconie. Dans sa revue *Der Sturmer*, il créa l'image du Juif qui veut détruire l'Allemagne à tout prix. Condamné à mort en 1946.

5 S. Friedländer, *o.c.*, 177-179.

«vision du monde» nationale-socialiste. Parfois, Hitler hésitait encore à propos de personnes hauts placées, à l'exemple d'Esther Crambach qui, bien qu'ayant «une ascendance aryenne impure», fut autorisée à devenir membre du NSDAP. Mais cette décision gracieuse faisait suite à la demande introduite par Winifred Wagner, la belle-fille du compositeur qu'Hitler vénérait[1]. Lorsqu'une demande d'adhésion au parti nazi émanait de personnes «non pures», il fallait bénéficier de protections ou d'une autorisation personnelle du Führer pour espérer une réponse positive.

En particulier, les «métissés de Juifs» vivaient les situations les plus dantesques. Ainsi, Otto Citron, étudiant à Tübingen, avait déclaré avoir une grand-mère aryenne. Après son déménagement à Bonn, il apparut que sa grand-mère était une «métissée de Juif». Dans sa défense, Otto Citron expliqua qu'au moment de son inscription à Tübingen, la différence était faite uniquement entre aryen et Juif, et que le terme de «métissé de Juif» n'était apparu que plus tard. Vu que sa grand-mère demi-juive avait épousé un aryen, ce côté de la famille ne comptait que pour un huitième de Juif. De l'autre côté, la famille était juive. Dans l'ensemble, – et c'est de la vraie mathématique – il était donc un «cinq-huitième de Juif». Selon les décrets raciaux supplémentaires de 1935, les «cinq-huitièmes de Juifs» étaient assimilés à des demi-aryens. Citron avait donc raison et il put poursuivre ses études à Tübingen.

Nous pouvons encore citer une série d'exemples de ce genre, relatés par Friedländer dans son œuvre magistrale, *Mitteilungsblatt des Reichsverbandes der Nichtarischen Christen*, et qui sont si extraordinairement absurdes et illustratifs de la législation raciale alors en usage.

«Question: que peut-on dire à propos du mariage d'un demi-aryen avec une jeune fille dont les parents sont aryens, mais dont la mère a été convertie au judaïsme, et qui a été élevée dans le judaïsme? Que dire des enfants issus de ce mariage? La réponse est la suivante: la jeune fille, en réalité demi-aryenne, n'est pas «métissée des Juifs» mais bien considérée comme juive, car à la date du 15 septembre 1935, elle appartenait à la religion juive, une conversion subséquente ne modifiant pas ce statut. Le mari, un «métissé de Juifs au premier degré» est également considéré comme juif car il est marié à une Juive. Les enfants de ce mariage, déjà juifs car ils ont trois grands-parents juifs, le sont deux fois, à cause de la race et de la religion. La situation aurait été différente si la mère avait quitté la religion juive avant le 15 septembre 1935. Elle aurait été considérée comme une «métissée de Juifs», mais ses enfants seraient restés juifs du fait des trois grands-parents juifs.

1 B. et H. Heiber, *De achterkant van het hakenkruis*, Baarn 1995, 157.

Il peut donc, par conséquent, que les deux parents soient des demi-aryens et que les enfants soient juifs selon la loi.»

Une autre question: «un homme a deux grands-parents juifs, une grand-mère demi-aryenne et un grand-père demi-aryen, qui s'est converti au christianisme après la date de référence. L'homme est donc juif à 62 %». Comprenne qui peut! Mais la décision allait encore plus loin: puisque le grand-père était devenu chrétien trop tard, son fils devenait juif à part entière. Si ses parents l'avaient baptisé à la naissance, il ne l'aurait pas été. Quant à son petit-fils, il avait trois grands-parents juifs, donc il était juif.

Vous nous suivez toujours, cher lecteur? L'Histoire n'avait jamais connu une classification de la population sur base de critères aussi absurdes. Une première fois, l'on est juif de naissance, une autre fois, par mariage, ou encore par sa foi ou celle de ses grands-parents. Et le plus fou de toute cette construction idéologique est l'introduction d'une date de référence, le 15 septembre 1935. Si quelqu'un devient chrétien avant cette date, il n'est plus juif à part entière, par contre son frère ou sa sœur qui le ferait après cette date, restent juifs[1]...

Être enfant au sein de l'Allemagne nazie

«Qui a la jeunesse, a l'avenir.» Nous savons que les nazis, immédiatement après leur prise de pouvoir, portèrent toute leur attention sur les jeunes. Il peut en être immédiatement déduit que l'«enfant» dans l'Allemagne nazie disparaît à partir du moment où il est sous contrôle du pouvoir. Il est aryen de naissance ou s'il ne l'est pas, il est soit juif, soit «métissé de Juif» à titre divers[2]. Et cette distinction fut mise en œuvre rapidement.

Les enfants étaient certes très importants à l'époque, mais pas aussi importants que ne sont les nôtres aujourd'hui. Compte tenu de la guerre et de l'expansion allemande, en particulier à l'Est, les garçons étaient considérés en premier lieu comme de futurs soldats et des «colonisateurs». Les filles étaient destinées à remplir leur futur rôle de mère: les territoires nouvellement conquis devaient être peuplés par les descendants de la «nouvelle race». Ce n'est donc pas pour rien que les femmes, dès 1939, reçurent la *mutterkreuz*: en bronze pour la naissance de quatre enfants, en argent pour six enfants et en or pour huit enfants et plus. Le «respect» envers ces mères – lire: en tant que «purificatrices de la race» – était exigé de tous; les membres des Jeunesses hitlériennes

---

1 S. Friedländer, *o.c.*, I, 49, 179-180 – II, 344-346, 574.

2 Nous ne prenons pas en considération le traitement des enfants d'autres peuples «inférieurs».

devaient se montrer respectueux quand ils rencontraient une femme portant ce signe distinctif.

Les jeunes étaient endoctrinés via deux canaux: l'éducation et les mouvements de jeunesse. L'enseignement fut le premier moyen mis en avant, comme le meilleur canal d'endoctrinement. Les mouvements de jeunesse, souvent associés à une communauté religieuse, vinrent par la suite. En effet, dans un premier temps, le pouvoir voulut éviter tout conflit avec les églises chrétiennes sur ce point. À l'école, tout commença par un cours d'histoire particulier, utilisé tout naturellement comme un outil de propagande. Dès le 30 juillet 1933, les «lignes directrices pour les livres d'histoire» furent rédigées. Toutes les leçons d'histoire devaient désormais se centrer sur «l'étude de l'héroïsme dans sa forme allemande, y compris la notion de *leadership*»; les jeunes entendirent donc parler d'«Hitler, l'homme qui a réalisé l'unification allemande, la révolution nationale-socialiste comme début d'une nouvelle ère, *ou* nos ancêtres étaient-ils des barbares germaniques?» De même, *Horst Wessel* [1] et d'autres «martyrs de la patrie» furent donnés comme sujets de rédaction. Deux mois plus tard, Frick décida que l'Histoire – la «nouvelle Histoire», bien sûr – devenait la matière scolaire la plus importante pour toute l'école primaire.

Dès la première année primaire, les enfants étaient confrontés à de nouvelles réalités: la première page des livres scolaires comportait une photo d'Hitler, parfois accompagné d'enfants. On y trouvait également des représentations des «Juifs diaboliques» qui, depuis les coins sombres, guettaient les enfants allemands. Ainsi, dans un livre pour enfants daté de 1936, l'on peut y lire le «poème» suivant:

Le diable est le père du Juif.
Lorsque Dieu créa le monde,
Il a trouvé les races,
Les Indiens, les Noirs, les Chinois,
Et l'être commun qu'il appela Juif [2].

La loi «contre la surpopulation des écoles allemandes et des universités», datée du 15 avril 1933, était en fait une loi contre les Juifs dans l'éducation, car elle ne prévoyait que des quotas stricts: à l'école publique, il ne pouvait y avoir que 1,5 % d'enfants juifs. Ceci limitait immédiatement l'accès à l'enseignement à une toute petite minorité. Et déterminait au-delà les conditions dans lesquelles les enfants juifs

1 Horst Wessel (1907-1930), étudiant, membre du parti NSDAP, mort dans une bagarre avec des adversaires politiques. La chanson qui l'éloge «*Die Fahne Hoch...*», devint l'hymne du parti, et, à partir de 1933, le deuxième hymne national allemand.

2 D.J. Goldhagen, *Hitlers gewillige beulen*, II, 280.

«pouvaient» y aller. Au début, ils ne furent pas chassés, mais seulement «isolés». Certaines salles de classe leur étaient dévolues, pour les maintenir strictement à l'écart des autres enfants. Ils ne pouvaient pas assister aux cours de langue allemande, ou participer à des cérémonies, des concerts ou des représentations théâtrales. Les enfants allemands finirent par prendre plaisir à harceler les enfants juifs. Et pour les enseignants, ils étaient un objet de ridicule et de mépris. Hilma Geffen-Ludomer, qui résidait dans la banlieue berlinoise de Rangsdorf, raconta plus tard ce qu'était la vie d'un enfant juif, à partir du moment où cette loi fut promulguée: «Je ne voyais plus mes amies, et les voisins n'osaient plus nous parler. Certains voisins, qui vivaient sur le même palier, me disaient: tu ne dois plus venir ici car j'ai peur. Nous ne pouvons pas traiter avec les Juifs.» Lore Gang-Salheimer faisait, à Neuenberg, les mêmes constats. Elle pouvait rester à l'école car son père était un «héros de Verdun», mais elle recevait des remarques de ses camarades de classe, qui laissaient entendre qu'elle n'était plus la bienvenue: «je ne veux pas être vue avec toi». Le témoignage d'Emma Mogilensky s'avère encore plus choquant: «Un matin, nous avons vu les enfants à la porte de l'école, alignés sur deux rangs. Lorsque nous sommes passées entre eux, ils ont commencé à nous frapper. Je suis allée auprès de l'instituteur et m'en suis plainte. Il répondit: à quoi vous attendiez-vous, sales Juifs?» Il y a également le témoignage de cette petite fille, qu'une camarade de classe raccompagnait à la maison, et dont la mère entendit lui dire: «J'ai entendu dire que tu étais un sale porc, un porc juif. Tu ne peux plus jamais venir ici[1].»

La loi du 6 juillet 1938, qui réorganisa l'enseignement, indiquait clairement que tous les enfants devaient être instruits par un texte intitulé *Information sur la question des races*. Ces théories de la race étaient naturellement «scientifiquement construites». Le «professeur» Hermann Gauche expliquait même pourquoi les aryens parlaient et chantaient mieux que les autres peuples: «seule la race nordique peut produire des sons clairs, tandis que chez les races non-aryennes, les sons ressemblent à ceux des animaux, comme les aboiements, les grognements, les cris et les reniflements». Manifestement, cet homme n'avait jamais entendu un ténor italien ou une basse russe. Mais il démontrait également pourquoi les oiseaux apprenaient mieux à parler que les autres animaux: «un bec d'oiseau a une structure nordique, à savoir haute, étroite et avec une langue courte. La forme de la bouche nordique permet une meilleure mobilité de la langue». Et il savait tout sur tout: dans son

1 A. Gluck Wood, *Holocaust. De gebeurtenissen en hun invloed op de gewone mensen*, Tielt-Arnhem, 2007, p. 41, 51.

ouvrage *Neue Grundlagen der Rassenforschung*, il prouvait définitivement qu'il n'existait que peu de différences physiques et mentales entre les hommes et les animaux. Il n'y avait de différences qu'entre les «aryens» et les animaux, cette dernière catégorie comprenant également les «non-aryens», c'est-à-dire les *Untermenschen*.

Dans les livres scolaires, les jeunes aryens trouvaient des textes susceptibles de les aider à reconnaître un Juif: la voix «nordique» ne suffisait évidemment pas. Les enfants juifs – aussi longtemps qu'ils étaient tolérés à l'école – étaient appelés à être du matériel didactique vivant pour leurs camarades. Les enseignants pouvaient faire le point quant à certaines caractéristiques raciales: la forme du nez et du crâne, la couleur et la position des yeux, leur petite taille. Sans oublier bien entendu que les petits garçons juifs étaient souvent circoncis.

Les enseignants allemands ne se sentaient pas de taille à résister. Le 1er novembre 1935, le *Nazional-Socialistische Lehrerbund* fut fondé: 97 % des enseignants en furent aussitôt membres, volontairement. C'est ce même syndicat national-socialiste des enseignants qui édita ensuite un livre à destinations des enfants, portant le titre *Mes ancêtres*. Charlotte Klipstein en a conservé un exemplaire jusqu'à aujourd'hui, qui avait appartenu à son frère Ernst. «Il était un temps, écrivit Heinrich Friedman dans l'introduction, où les gens pouvaient penser pour eux-mêmes.» Heureusement, le Führer leur avait appris qu'à présent, le temps de l'individualité était révolu. «Tu n'es rien, ton peuple est tout»: voilà le mot d'ordre dorénavant. Après ce principe directeur, l'éloge malsain de la fierté, du sang et des qualités aryennes se poursuivait. Chaque enfant était prié de compléter cet ouvrage avec sa propre identification, celle de ses parents, grands-parents, arrières grands-parents, de l'école et de son enseignant, depuis leur date de naissance jusqu'à leur adresse… Et surtout, il convenait de ne pas oublier de remplir: «*Konfession: Jüdisch*». «Et maintenant, au travail, poursuivait l'ouvrage, de sorte qu'il fasse la fierté de chaque garçon et de chaque fille.»

Avec un peu d'imagination, nous voyons les enfants remplir avec diligence, à la maison, tout ce qu'ils savent de leurs parents et grands-parents, de leurs ancêtres et antécédents, nous voyons leur tête studieuse se pencher sur le papier gris et entendons les plumes crisser… Ils sont en effet si fiers de donner leur travail à leur maître ou à leur maîtresse, offrant ainsi aux nazis tout ce qu'ils voulaient savoir sur chaque enfant juif et sa famille.

Il va de soi que l'endoctrinement ne s'arrêta pas aux écoles primaires et secondaires, les universités devaient également être parties prenantes. Tout était subordonné à l'idéologie nazie. Les nouveaux sujets d'étude étaient l'étude et l'hygiène des races, l'anthropologie et l'histoire militaire. L'enseignement de l'histoire était tout naturellement réduit à n'être qu'un support de propagande.

S'il était important pour les nazis de stigmatiser les enfants juifs, afin de pouvoir par la suite les enfermer et les déporter, il était également fondamental pour eux de tenir la jeunesse aryenne entre leurs mains. Après l'endoctrinement réalisé à l'école, les mouvements de jeunesse prirent la relève. Dès qu'Hitler prit le pouvoir, le succès de cette *Hitlerjugend* fut remarquable. En 1932, elle ne comptait qu'à peine 100 000 membres; ce nombre s'éleva à deux millions à peine un an plus tard, et en 1934, ils furent trois millions et demi de jeunes à en faire partie. Les excursions, la pratique du sport et les camps de vacances servirent d'appâts, surtout envers les familles les plus pauvres. L'école en fut également un relais: le 25 avril 1933 – Hitler n'était alors au pouvoir que depuis trois mois – le ministre prussien de l'Éducation présenta le fait que les membres des Jeunesses hitlériennes qui ne réussissaient pas à l'école seraient admis «si possible» dans une classe supérieure, et que les enseignants devaient se montrer «larges d'esprits».

En 1936, l'adhésion fut exigée pour tous les garçons âgés entre 10 et 14 ans, et dès 1939, les parents étaient punis si leurs enfants n'étaient pas membres des Jeunesses hitlériennes. De 10 à 14 ans, les garçons étaient membres du *Jungvolk*, et les fillettes du *Jungmädel*; pour les plus âgés, il existait respectivement les *Hitlerjugend* et le *Bund deutscher Mädel*. Naturellement, l'adhésion était réservée aux vrais aryens.

Les «activités formatrices» de ces mouvements de jeunesse, qui reçurent en 1936 le statut d'institution scolaire, consistaient principalement en des activités sportives et de la propagande, y compris la haine du Juif... L'endoctrinement ne s'arrêtait jamais, avec des cours spéciaux sur Hitler et ses idées, la pureté de la race et tout son non-sens, que ces jeunes apportaient ensuite en classe. Quant au sport, il visait surtout à les préparer secrètement à la guerre.

«La fidélité au Führer» devait être supérieure à la fidélité envers sa propre famille, ce qui était de la dévotion suprême: «Le garçon est tout à fait éloigné de nous... Il n'aime que la guerre. Parfois, j'ai l'impression que mon fils est un espion dans sa propre famille», se plaignit à l'époque un père.

La manière dont Hitler s'occupa de «sa» jeunesse peut contraster avec l'attitude qu'il eut envers les enfants non-aryens, et qui fut particulièrement cruelle. Ainsi, le *Führeradjudant* Brückner fit savoir au dirigeant Baldur von Schirach que les formations des Jeunesses hitlériennes ne devaient plus participer aux parades, trop fatigantes, et qui mettaient en danger la santé de ces jeunes. Une chorale avait même dû marcher une demi-heure en chantant, sans pouvoir s'arrêter. Cette interdiction émanait de l'homme qui allait ensuite ôter la vie à des centaines de milliers d'enfants.

Parfois, il y avait une exception. Le plus frappant fut celui de la fillette d'Obersalzberg. Nous l'avons choisi car cet événement simple, juste un fait divers, est particulièrement éclairant. Il nous démontre une fois de plus, et de manière clarifiante, que la politique raciale des nazis n'était pas scientifiquement fondée, mais bien irrationnelle et inhumaine[1].

La fillette d'Obersalzberg

L'histoire commença comme un conte de fée: «il était une fois une petite fille qui habitait Munich...». Nous reprenons ce récit car il nous permet de suivre en détails la vie d'une enfant qui, sans le savoir, oscillait entre deux mondes. Une enfant mise en scène par une propagande criminelle, jusqu'au moment où... le conte se transforma en tragédie.

Hitler était devenu chancelier le 30 janvier 1933. Il passa tout l'été suivant dans un grand chalet à Obersalzberg, la Maison Wachenfeld, où les chefs du parti et d'autres figures importantes vinrent le visiter. Le grand public apprit bientôt qu'Hitler possédait cette maison et durant le printemps suivant, de nombreux touristes y vinrent, tenant d'apercevoir leur idole. Plus de 5000 personnes se présentèrent chaque jour, attendant parfois de longues heures l'autorisation de la garde SS de défiler devant la maison. Parfois, Hitler se montrait en personne, serrant la main de quelques admirateurs et donnant des bonbons aux enfants[2].

En 1934, parut la première édition d'un livre intitulé *Jugend um Hitler.* Il était le deuxième d'une longue série, dont tous les Allemands étaient tenus de posséder les exemplaires. La première partie de cette série «*Hitler wie ihn keiner kennt*» donne le ton: «*Ungezählten Millionen Anhängern Hitlers bringt dieser Band Erfüllung ihrer Sehnsucht: Ein blick zu bekommen in das persönliche Leben des Führers*[3]...»

Le succès de l'ouvrage *Jugend um Hitler* fut grand: en 1938, plus de 300 millions d'exemplaires furent imprimés, si l'on en croit du moins

---

1 Pour ce chapitre, voir: R.J. Evans, *o.c.*, passim, S. Friedländer, *o.c.*, I, 56, B.R. Lewis, *Het verhaal van de Hitler-Jugend (1933-1945)*, Aartselaar, 2002, passim, V. Klemperer, *Tot het bittere einde. Dagboek 1933-1941, Dagboek 1942-1945*, Amsterdam-Anvers, 1997, 24, B.R. Lewis, *o.c.*, 37; E.A. Johson, *Nazi-terreur*, 247, B. en H. Heiber, *De achterkant van het hakenkruis*, 153.

2 H. Van Capelle-A.P., Van De Bovenkamp, *De Berghof*, Hilversum, 1989, 24-25.

3 «Ce livre apporte aux admirateurs innombrables d'Hitler l'accomplissement de leur désir de jeter un coup d'œil sur la vie privée du Führer.»

l'éditeur. Avec tout ce que nous savons à présent, nous pouvons croire que ces chiffres avaient été artificiellement gonflés; le bluff et la vantardise étaient les marques de fabrique de la machine de guerre propagandiste de Goebbels. N'oublions pas que lors de chaque mariage, le nouveau couple recevait en cadeau un exemplaire du *Mein Kampf* d'Hitler, qui en percevait les droits d'auteur... D'autres titres suivirent: *Hitler in seinen Bergen* – le *Führer «in der Einsamkeit und Majestät seiner geliebten Berge»*, admirateur et protecteur de la nature –, *Hitler abseits vom Altag*, dans lequel le dictateur était montré dans toute «son humanité chaleureuse et sa grande bonté» (*sic*). La même année, parurent encore: *Hitler in seiner Heimat*, qui démontrait la manière dont les Autrichiens avaient sollicités l'*Anschluss*. Le photographe suivait naturellement Hitler lors de sa conquête de l'Europe: *Hitler in Italien, Hitler befreitet Sudetenland, Hitler in Böhmen – Mähren – Memel, Mit Hitler in Polen, Mit Hitler im Westen*; ces titres parlent d'eux-mêmes.

Jugend um Hitler montrait 108 photos du Führer accompagné d'enfants, un moyen de propagande que les dictateurs affectionnent. Nous le suivons ainsi dans ses voyages à travers l'Allemagne, de la Bavière à Hanovre, et de Hesse jusqu'en Prusse Orientale. Nous le voyons saluer les jeunes enfants, caresser leurs joues, réconforter un enfant perdu ou un autre en larmes parce que son père avait été battu par les «Rouges». Beaucoup d'enfants portaient des uniformes, comme les garçons des Jeunesses hitlériennes, et les fillettes de la *Bund Deustcher Mädel*.

Toutes ces images étaient l'œuvre du photographe d'Hitler, Heinrich Hoffmann[1], portant le titre ronflant et intraduisible de *Reichbilderberichterstatter* (photographe de presse du Reich). Il est à noter que personne au sein du NSDAP ne s'opposait à leur publication, mais que l'autorisation devait être accordée par celui qui portait le titre de *Der Vorsitzende der parteiamtlichen Prüfungskommission zum Schutze des NS-Schrifttums.*

L'introduction de quatre pages était sortie de la plume lyrique du *Jugendführer* de Baldur von Schirach[2]: «Ce livre est celui de l'amour

1 Heinrich Hoffmann (1885-1957), 1920 membre, 1932 au service du parti nazi, en tant que photographe. C'est dans son atelier qu'Hitler fit connaissance d'Eva Braun. Vers la fin de la guerre, Hoffmann avait 2230000 prises de vue d'Hitler, utilisées pour des timbres-poste, des cartes postales et des livres. Sa fille Henriette épousa le «chef de la jeunesse» Baldur von Schirack. Emprisonné en 1945, libéré en 1950.

2 Baldur Benedikt von Schirach (1907-1974) avait une mère américaine. En 1925 membre du parti nazi, 1931 *Reichsjugendführer*, 1940 *Gauleiter* à Vienne, responsable de la déportation d'au moins 180000 Juifs. En 1943, son épouse fut témoin d'une rafle aux Pays-Bas. En visite chez Hitler, elle lui en demanda une explication, sur quoi le couple

de la jeunesse pour Hitler», qui est «son ami le plus fidèle». Ce livre parle des enfants d'ici et d'ailleurs, dit Schirach, des enfants des montagnes baignées de soleil et des plaines sous les nuages, il parle également de l'avenir et du sentiment que l'on ne pouvait commander: l'amour de la jeunesse. Personne d'autre qu'Hitler ne pouvait susciter un tel enthousiasme auprès de cette jeunesse, et le succès des Jeunesses hitlériennes ne se dément pas. Entre parenthèses, cette propagande fonctionna longtemps, si bien qu'en 1977, l'on pouvait encore trouver la mention, dans un ouvrage bien documenté et illustré, qu'Hitler «s'était montré un grand ami des enfants, car il l'était en effet (*sic*) [1].»

Plus d'un quart du texte traitait d'un événement particulier, auquel correspondaient pas moins de 5 photos sur 108. Cette enfant fut donc célèbre en son temps. L'événement se produisit le 20 avril 1933, lors du 44e anniversaire d'Hitler, le premier depuis qu'il était devenu chancelier. Comme d'habitude, une grande foule l'attendait, prête à l'accueillir, devant la Maison Wachenfeld. Nous laissons von Schirach vous en faire le récit:

«En bas, devant la porte, il y avait des centaines de personnes qui attendaient depuis des heures le moment où Hitler sortirait, pour le voir de près. Enfin, il arriva et passa dans la foule de ces Allemands fidèles, serrant les mains de quelques camarades, regardant attentivement les autres... Soudain une voix claire d'enfant se fit entendre: "C'est mon anniversaire aujourd'hui." Dans la foule, Hitler aperçut alors une radieuse fillette blonde qui le fixait de ses yeux bleus. Le Führer prit alors l'enfant par la main, la conduisit vers la porte de la maison, lentement, en s'adaptant au rythme de ses pas. Là, il lui donna des fraises avec de la crème fraîche, qu'elle mangea avec appétit. Le conte de fée prit fin, mais pas entièrement, car elle lui dit: "à bientôt" et "merci" puis, sur la pointe des pieds, elle mit ses bras autour du cou du Führer et embrassa longuement le chancelier.»

Imaginez, manger des fraises à l'Obersalzberg. Le culte de Berni – Bernhardine – pour le Führer ne pouvait que croître. Il subsiste encore quelques lettres qu'elle écrivit à son «cher oncle Hitler», auquel elle envoyait de petits cadeaux. Le 17 avril 1935, le *Führeradjudant* lui fit savoir qu'il «avait déposé, sur la table des cadeaux destinés au Führer, la jolie petite assiette en étain portant l'inscription "ne m'oubliez pas" que vous lui avez fait parvenir. Il en sera très heureux». La chère enfant

---

von Schirach fut renvoyé par le Führer enragé. En 1946, Schirach fut condamné à vingt ans de prison.

1 R.A.B. Van Houten, *De Tweede Wereldoorlog, 1939-1945*, dans la série *7000 Jaar Wereldgeschiedenis*, Rotterdam 1977, 159.

Berni, blonde, yeux bleus et… juive.

n'oubliait pas de prier pour lui: «afin qu'il reste en bonne santé, qu'il n'ait pas trop de tristesse et qu'il puisse bien tout gérer» (16 février 1936). Vraisemblablement, elle le rencontra une nouvelle fois en 1937, car le 2 février de l'année suivante, elle lui écrivit: «Mais si je suis seule avec vous, je vous ferai encore un baiser; l'été dernier, alors que tous les gens étaient là, j'ai eu le sentiment que vous n'étiez pas si bien. Mais alors, dans une lettre, je peux vous le dire… J'ai hâte d'être au 20 avril, date de nos anniversaires. J'espère que je pourrai vous voir… Ce serait si bien, si près de vous… Votre Bernile.»

Aujourd'hui, nous savons pourquoi Hitler «ne se sentait pas si bien» avec Berni lors de leur anniversaire commun, et les remerciements accompagnés des «petits baisers». Le 19 avril 1938, la *Führeradjudantur* de la chancellerie d'Hitler avait été mise au courant d'une découverte importante: la maman de Berni était «demi-juive au premier degré», sa propre mère étant juive. La favorite du Führer était donc «demi-juive au second degré». La réponse du dictateur fut la suivante: il connaissait ce fait depuis deux ans, mais il n'avait pas l'intention de changer son attitude envers l'enfant. Premièrement, les photos de Berni avec son «cher oncle» étaient connues de tous, et deuxièmement, il voulait «conserver une approche purement humaine de l'enfant» (*sic*).

Ceci ne fut pas entendu par la *Führeradjudantur*. Un mois plus tard, la maman de Berni reçut une lettre, dans laquelle il lui était demandé

de ne plus avoir de contact avec les instances du parti, que ce soit par écrit ou personnellement. Elle avait eu l'audace de se proclamer comme *Juive* sur l'un des formulaires de la *Reichsärztekammer*, et remarquons que sa punition aurait été lourde si elle avait gardé le silence sur sa situation. Mais, en plus, le *Reichssicherheitsdienst* avait un dossier sur elle, dans lequel il était précisé qu'avant 1933, «elle s'était exprimée de manière inamicale sur le Führer et son parti», et il était tout aussi dommageable que la grand-mère Morgenstern fut «juive à part entière» et que Bernile était conduite à l'école par une *Englische Fräulein*. Que l'histoire avec Berni ait duré si longtemps avant qu'on n'osa mettre le Führer au courant, démontre bien à quel point son entourage lui était soumis. D'ailleurs, n'avait-t-il pas dit: «JE détermine qui est juif»?

Était-ce la fin de l'histoire? Non. La mère de Berni ne voulut pas ôter les illusions de son enfant. Et peut-être même espérait-t-elle que l'«amitié» avec le Führer lui offrirait une certaine protection. La lettre du 20 mars 1939, date du 13e anniversaire de Berni, comportait toujours la mention de «cher et bon oncle Hitler» et exprimait de la reconnaissance pour «toutes les grandes choses que vous avez faites pour nous. Nous serons toujours si fier de vous et de tous vos exploits[1]...» La dernière lettre se terminait par un «*fier Sieg Heil*». Nous perdons ensuite sa trace. Cinq mois plus tard, la guerre débutait en Pologne. Nous ne pouvons pas et n'osons pas imaginer ce que fut l'avenir de cette

1 V. Klemperer, *Tot het bittere einde*, 23.

chère petite fille d'Obersalzberg, «demi-juive au second degré», blonde et aux yeux bleus.

De l'intimidation à l'assassinat

«La maladie des masses confrontées à la tyrannie.»
Albert Einstein

Alors que Berni continuait à écrire des lettres à son «cher oncle Hitler», les nazis poursuivaient leurs desseins, à savoir éliminer les Juifs de la société. Et ce qui commença par des «petites» intimidations se termina par les déportations et les assassinats.

Dès le début de l'automne 1933, les SA firent des descentes dans les synagogues pour profaner les objets du culte et, peu après, provoquèrent des attentats. Les Juifs étaient insultés et humiliés dans la rue. À Cologne, des hommes armés pénétrèrent dans le palais de justice et s'emparèrent des avocats juifs – un «physique juif» suffisait –, pour les exhiber dans un camion à ordure et les conduire au poste de police[1]. Cette année-là, beaucoup de Juifs quittèrent l'Allemagne hitlérienne, mais par la suite, la majorité d'entre eux revinrent au pays, car la paix intérieure semblait revenue et la politique antisémite était mise en sourdine, notamment en raison de la prochaine organisation des Jeux olympiques, qui devaient avoir lieu à Berlin en 1936. Beaucoup revinrent également à cause des mesures négatives prises dans les pays voisins à l'égard des «travailleurs étrangers», comme ce fut le cas de la France.

Le calme et la paix n'étaient cependant que des illusions. Les lois antijuives étaient comme des boules de neige, qui se développent rapidement au sein d'une avalanche. Cette histoire est longue et fastidieuse, mais nous devons comprendre combien elle fut dramatique pour le peuple juif, dès l'arrivée des nazis au pouvoir et donc bien avant le conflit mondial:

- 7 avril 1933: les fonctionnaires juifs peuvent être mis à la retraite d'office (loi sur la restauration de la Fonction publique);
- 15 avril 1933: la loi contre le surpeuplement dans les écoles allemandes interdit que les étudiants juifs soient plus nombreux qu'1,5 % de la population scolaire dans un établissement;
- 24 avril 1933: l'emploi des noms juifs pour épeler lors des conversations téléphoniques est interdit;
- 24 mai 1933: les clubs sportifs sont «épurés»; seuls ceux qui ont quatre grands-parents aryens peuvent en être membres ou le devenir;

---

1 E.A. Johnson, *Nazi-terreur. Gestapo, joden en gewone Duitsers*, Anvers, 2000, p. 94.

- 22 septembre 1933: les Juifs ne peuvent plus pratiquer les arts, la musique, la littérature, le théâtre, le cinéma et les médias en général;
- 15 septembre 1935: les lois de Nuremberg, ou lois sur la protection du sang et de l'honneur allemands, sont promulguées;
- 31 décembre 1935: les Juifs ne peuvent plus avoir d'emploi dans le secteur public;
- 24 avril 1938: tous les biens et avoirs juifs doivent être enregistrés;
- 25 juin 1938: les médecins juifs ne peuvent soigner que les patients juifs;
- 31 juillet 1938: le ministère de la Justice peut annuler tous les testaments juifs;
- 10 août 1938: les Juifs reçoivent une pièce d'identité, qui devra être montrée à chaque injonction à partir du 1er janvier 1939;
- 17 août 1938: à partir du 1er janvier 1939, les noms de Sarah, pour les femmes, et d'Israël, pour les hommes, doivent être ajoutés aux noms de famille sur les documents légaux et les passeports. Celui qui n'a pas de nom juif en reçoit un d'office. Il ne s'agit pas d'un nom biblique, mais «quelque chose» de comique, comme «Franzos» ou «Kompert», par exemple[1];
- 27 septembre 1938: les Juifs ne peuvent plus travailler dans les tribunaux;
- 1er octobre 1938: la reconnaissance officielle de tous les médecins juifs est abrogée;
- 5 octobre 1938: les Juifs doivent avoir des passeports marqués d'un large «J» rouge.

La Nuit de Cristal, du 9 au 10 novembre 1938, fut naturellement le point culminant de cette politique des nazis: dans toutes les villes allemandes, des synagogues furent attaquées et incendiées, les vitrines des magasins juifs brisées – d'où le nom de Nuit de Cristal, à cause du verre répandu dans les rues –; plus de 100 Juifs y trouvèrent la mort et 30000 furent transférés dans des camps de concentration. Pour couronner le tout, la communauté juive fut imposée par une taxe spéciale, d'un milliard de Reichsmark, afin de permettre la réparation des dégâts. Les Juifs portèrent la responsabilité de cette nuit tragique, à cause de «leur comportement hostile envers l'Allemagne et leur provocation à la violence[2]».

- 12 novembre 1938: les parcs et forêts, les cinémas, les trams et trains sont interdits aux Juifs;

---

1 V. Klemperer, *Tot het bittere einde*, I, 317.
2 R. Hilberg, *De vernietiging van de Europese Joden*, I, 42.

- 3 décembre 1938: interdiction pour certains jours aux Juifs de sortir dans la rue; ventes forcées des propriétés et des terres agricoles appartenant à des Juifs;
- 28 décembre 1938: Goering décide que les Juifs doivent habiter concentrés; à partir de fin janvier 1939, tous les avantages fiscaux, y compris les allocations familiales, leur sont supprimés. Le taux d'imposition qui leur est attribué est unique, à savoir le plus élevé;
- 1er janvier 1939: les Juifs ne peuvent plus travailler avec des aryens;
- 4 février 1939: les Juifs sans emplois sont obligés de travailler. Comprenons-nous bien: il ne s'agit pas des Juifs chômeurs mais de ceux qui se sont vus privés de leur travail habituel, c'est-à-dire les fonctionnaires, les avocats, les professeurs, les enseignants, les médecins dans les hôpitaux. En mai 1939, plus de 15000 de ces personnes travaillaient comme balayeurs de rue ou éboueurs. Durant l'été 1939, plus de 20000 d'entre eux participèrent à la construction des autoroutes, alors qu'ils étaient pour la plupart physiquement inaptes à ce genre de travail, et alors même que l'utilisation de ces routes était interdite aux Juifs, car elles étaient la fierté d'Hitler et ne pouvaient être «salies» par leur présence. Dans tous ces emplois, les Juifs étaient strictement séparés des autres travailleurs;
- 30 avril 1939: les Juifs perdent toute protection dans leurs contrats de bail et dans leurs contrats de propriété; désormais, ils peuvent être éjectés de leurs habitations sans aucune raison;
- mai 1939: recensement général. La police vérifie les cartes d'identité de tous les Juifs et de tous les «métissés de Juifs», marquées d'un «J»;
- Il est interdit aux Juifs de vendre, acheter ou mettre en gage tout objet en or, en platine, en argent, ou des pierres précieuses et des perles.

Cette liste est bien longue et monotone. Au total, le Troisième Reich promulgua près de 2000 lois et règlements «régissant» la vie des citoyens juifs. Pour imaginer l'impact de celles-ci sur leur vie quotidienne, nous avons une excellente source, écrite par le professeur Victor Klemperer. Ses mémoires n'ont pas été écrites *après* la guerre, mais rédigées *jour après jour*, au cours des événements. Ceci fait clairement de lui un témoin de première main. En outre, l'on peut y lire ce qu'un couple juif moyen a dû supporter du fait de toutes ces directives venues d'en haut, et dont leur application était confiée aux autorités locales, qui ajoutèrent elles-mêmes des contraintes supplémentaires ou les appliquèrent de manière plus stricte encore. Klemperer, comme Juif bien assimilé, regarda d'abord avec étonnement tout ce qui se passait, puis s'irrita, avant de devenir anxieux et de prendre peur finalement. En avril 1933, il pouvait encore donner cours à l'école supérieure, mais il était «prié» de ne pas organiser d'examens; les professeurs juifs furent alors mis sous pression afin qu'ils remettent volontairement leur démission. À partir de juillet 1933, les Juifs purent faire leurs courses uniquement entre trois et quatre heures de l'après-midi. Dès décembre 1933, tout Juif qui vendait sa maison – un grand nombre d'entre eux cherchaient alors à quitter le pays – devait verser 25 % du prix à l'État, sous forme d'un impôt supplémentaire sur la fortune. Ensuite, nous devons garder à l'esprit que ces propriétés offertes à la vente l'étaient à un prix bien inférieur à la valeur du marché. Enfin, le montant restant de la vente devait être placé sur un compte bancaire bloqué. Celui qui voulait quitter le pays avait donc tout perdu. En juin 1937, Klemperer reçut la visite d'un «expert» qui devait entretenir son jardin, car les Juifs étaient obligés de le faire faire, selon la loi «sur la protection de la nature». Le 1er décembre 1937, son téléphone lui fut ôté. Il écrivit: «maintenant, nous sommes totalement démunis et complètement isolés». Les jours suivants, son accès à la bibliothèque lui fut retiré, l'employé lui exprimant à cette occasion toute sa sympathie. Quatre jours plus tard, le permis de conduire fut enlevé à tous les Juifs. La justification semblait très convaincante: les Juifs étaient peu «fiables» et ne pouvaient donc pas prendre le volant. Ils étaient aussi assez arrogants pour utiliser les routes – autoroutes du *Reich* dans le jargon nazi – qui avaient été construites par des mains allemandes.

Le 1er septembre 1939, la guerre débuta avec l'invasion de la Pologne. Mais cela ne posait aucun problème aux nazis, qui poursuivaient sur leur lancée. Maintenant, ils n'avaient même plus à s'inquiéter de leur image à l'étranger, ils pouvaient continuer leur politique antijuive, même si parfois certaines mesures semblaient risibles. Ainsi, depuis le 30 décembre 1939, les Juifs ne pouvaient plus accéder au wagon-restaurant dans les trains allemands... comme si un Juif avait envie de s'y aventurer.

Quand la guerre atteignit l'Europe de l'Ouest, la situation devint bien pire encore. À partir du 30 août 1940, les Juifs pouvaient faire les magasins une heure par jour, de trois à quatre heures de l'après-midi, et le samedi de 10 à 11 heures du matin (c'est le Shabbat pour les Juifs pratiquants, ce qui signifie qu'ils ne peuvent pas faire de courses). Dès décembre 1940, ils ne pouvaient plus quitter leur domicile après 8 heures du soir; visiter ses voisins ou les autres résidents d'un même immeuble en passant par les cages d'escalier fut également interdit. Les Juifs durent également s'acquitter d'une taxe supplémentaire, sous prétexte que les autres Allemands payaient une contribution au parti... À partir du 1er mars 1941, les Juifs ne pouvaient plus être livrés en lait à la maison, et le 19 septembre 1941, ils durent tous porter l'étoile de David, ce qui provoqua chez Klemperer une «légère crise de désespoir».

Et des lois, il y en avait de plus en plus. Laissez-nous vous en énumérer encore quelques-unes:

- 4 décembre 1941: tous les biens juifs, les revenus, etc., sont «fixés», plus rien ne peut donc être mis en sécurité;
- 22 décembre 1941: il est interdit aux Juifs de téléphoner depuis un téléphone payant; le couvre-feu est instauré à l'égard des Juifs du 24 décembre au 1er janvier 1942, parce que «leur comportement rebelle peut susciter l'indignation»;
- 29 janvier 1942: les Juifs doivent remettre leur collection de timbres;
- À partir d'avril 1942, toutes les maisons juives sont marquées distinctement et un an plus tard, au 1er juillet 1943, les biens des Juifs décédés sont automatiquement transférés à l'État.

Sur la fin, il n'y avait même plus de savon à barbe pour les Juifs, ils ne pouvaient plus faire la file dans les magasins, par exemple, – alors qu'ils n'avaient qu'une heure par jour pour faire les courses –, ils devaient remettre les tondeuses à cheveux, les ciseaux de coiffeur et les peignes inutilisés, mais aussi les machines à écrire, les bicyclettes, les chaises longues, le linge de maison et les vêtements, en particulier la fourrure et la laine, qui étaient d'office réquisitionnés pour le front de l'Est. Ils ne pouvaient pas acheter toute une série de biens «rares», comme les tomates et les choux-fleurs, mais aussi les fleurs. Ils devaient remettre tous les appareils électriques, y compris les aspirateurs, les gramophones et les disques. Il leur était également interdit d'aller dans une blanchisserie aryenne, de porter ses titres et diplômes, d'acheter de la glace, des clés. Celui qui possédait une bibliothèque était «prié» de renoncer à ses livres. Il était de même interdit d'acheter du café ou du chocolat, des fruits ou du lait condensé, ainsi que tout objet en métal, nickel, étain ou plomb, ou des ampoules électriques. Plus triste encore, alors que Klemperer devait «remettre» son chat selon un nouveau règlement, interdisant aux Juifs de posséder des animaux domestiques. Klemperer préféra le faire euthanasier, car il était interdit de le donner à quelqu'un d'autre... En plus de tout cela, il y avait des visites domiciliaires, où tout était jeté et détruit pêle-mêle. Les allumettes et les serviettes en papier étaient saisies: elles étaient des «biens rares interdits». Le contenu des armoires et des tiroirs était jeté au sol, les médicaments, les épingles, les boutons, le sucre en morceaux, les tissus en lin, les chutes de papier... Une de ses voisines, chez qui un «poisson interdit» fut découvert, fut déportée à Auschwitz pour cette grave infraction...

Bien sûr, il existait également des formes de compassion. Le 6 mars 1942, le professeur Klemperer, «chômeur» mis au travail obligatoire, était occupé à déblayer la neige; il portait sur sa veste l'étoile de David. Un homme plus âgé s'approcha alors de lui: – «Vous travaillez ici?» – «Oui, je dois déblayer la neige» – «Vous me semblez déjà assez vieux?» – «J'ai soixante ans». L'homme passa alors son chemin, et Klemperer raconta comment il marmonnait d'un air sombre: «Ces salauds, ces enculés, ces maudits salauds». Deux mois plus tard, une dame vint vers lui sur la place. Klemperer s'imagina alors qu'il s'agissait d'une ancienne étudiante, mais elle ne se présenta pas et en souriant lui serra la main: «Vous savez pourquoi», et partit[1]. Une autre fois, un travailleur apostropha Klemperer: «Devez-vous toujours porter ce bout de tissu?» Et un autre lui dit: «Courage, mon pote. L'un de ces bâtards – Mussolini – est parti». À une autre occasion, un homme traversa spécialement la rue pour aller vers lui: «J'ai vu votre étoile et je vous salue».

Les principales victimes de tous ces règlements furent bien sûr les enfants, qui souffraient de la faim: plus de lait, de fruits, de sucre, de légumes, de poissons... Selon Klemperer, la situation de sa voisine, Hirschel, était dramatique; la plainte des enfants était continue: «Maman, mais pourquoi je ne reçois qu'un seul morceau de pain?», «Maman, regarde, ce garçon a reçu une saucisse et il mord dedans». Ils ne savaient pas encore ce qui les attendait.

La Solution finale à l'Est

Nous allons suivre maintenant les armées allemandes dans leur progression vers l'Est, en particulier en Tchécoslovaquie, en Pologne et dans l'Union soviétique (y compris les Pays baltes). Bientôt, ces territoires conquis feront partie du *Reich* et les Juifs qui s'y trouvent également, alors que se profile la Solution finale.

La Tchécoslovaquie

En mars 1939, la Tchécoslovaquie fut divisée entre la Slovaquie, qui devint un État plus ou moins indépendant sous «protectorat allemand», et le reste de la République tchèque qui fut englobé dans l'Empire allemand, sous forme d'un «protectorat de Bohème et de Moravie». Ce fut là, au nord de Prague, à Terezin, ancienne ville de garnison, – Theresienstadt, en allemand – que le modèle du ghetto juif moderne fut mis en place, simple façade destinée à montrer au monde entier

1 Pavel Haas (1899-1944), envoyé à Auschwitz dans le même convoi que Krasa, et gazé. Autres compositeurs à Terezin sont, e.a., Mordechai Gebirtig (1877-1942), David Bergelman (1887-1942) et Karel Svenk (1907-1945), auteur de la *Marche Terezin*.

combien les Allemands traitaient bien les Juifs[1]. Le premier groupe arriva de Prague en novembre 1941; un an plus tard, la ville comptait presque 29000 habitants, alors qu'avant la guerre elle n'en n'abritait que 7000. Durant l'été 1942, des milliers de personnes y furent amenées, en provenance tant d'Allemagne que d'Autriche. Au début, ce furent surtout des Juifs «privilégiés» qui rejoignirent Terezin: artistes, universitaires reconnus et anciens combattants de la Première Guerre mondiale. La population resta relativement constante, entre 30000 et 40000 personnes, mais le record fut atteint en décembre 1942, avec près de 59000 habitants. La densité de cette population juive inquiétait cependant les Allemands. Les épidémies et les avortements forcés régulaient «naturellement» la population, et les déportations à Auschwitz faisaient le reste. Un «Conseil des sages» – parmi lesquels les présidents Jacob Edelstein et Benjamin Murmelstein – devaient veiller à la répartition du travail, à la distribution alimentaire, au logement et à l'éducation, mais aussi à l'horrible tâche de compiler les listes pour les transports des Juifs. Imaginez un instant le problème auquel ces «sages» devaient faire face. Il y avait encore une vie spirituelle florissante à Terezin, car n'oublions pas que ces Juifs formaient une élite culturelle. Des concerts étaient organisés, des pièces de théâtre écrites et jouées.

Le soin à donner aux enfants était la principale raison pour laquelle le Conseil acceptait de coopérer avec les Allemands. Edelstein avait dit: «Si nous pouvons sauver les jeunes, alors la continuité biologique des Juifs est assurée». Les sionistes présents dans le ghetto veillaient à ce que les enfants restent en bonne forme physique afin de pouvoir construire plus tard la terre promise. Dès lors, les enfants recevaient plus de nourriture, notamment celle qui avait été prévue pour les morts et les déportés, et les adultes contribuaient à leur éducation et à leur détente. Les enfants recevaient des cours de dessin et de musique, chantaient dans une chorale. Ilse Weber, musicienne connue et auteur de livres pour enfants, s'occupa de manière constante de ces enfants, avant d'être envoyée à Auschwitz avec son mari et son plus jeune enfant[2]. Hans Krasa fut le plus connu des compositeurs de

1 G.E. Berkeley, *Theresienstadt. De geschiedenis van het 'modelkamp' van de nazi's*, Baarn, 1995.

2 Ilse Weber-Herlinger (1903-1943) écrivit, à l'âge de quatorze ans déjà, des contes et des petites pièces de théâtre, publiés dans les journaux allemands, tchèques, autrichiens et suisses. Elle composa et collabora à la radio tchèque. En février 1942 déportée à Terezin, où elle se rend utile dans l'hôpital pour enfants. Elle continua à écrire et composer, e.a. l'émouvante chanson *Ich wandre durch Theresienstadt (Je me promène dans Theresienstadt).* Avec son fils cadet, elle fut gazée à Auschwitz, après avoir pu envoyer son fils aîné en Suède.

Terezin [1], en tant qu'auteur de *Brundibar*, un opéra pour enfants, qui fut joué plus de cinquante fois. Mais il est clair que la peur continuait de dominer la vie des enfants, surtout auprès des plus jeunes: la séparation d'avec leurs parents pesait lourdement. Et le niveau moral de cette société avait fortement diminué: pour certains parents, le fait que leurs enfants apprenaient à voler n'était plus un problème.

Le 24 août 1943, un «chargement» spécial arriva à Terezin. Autour de minuit, loin des regards indiscrets, environ 1 200 garçons débarquèrent d'un train; ils étaient en haillons, décharnés, terrifiés et certains marchaient pieds nus. C'étaient les derniers survivants du ghetto de Bialystok, en Russie, qui avait été «nettoyé» la semaine précédente. Il y eut un moment de panique lorsqu'ils furent conduits dans un endroit destiné à les débarrasser de leur vermine: certains d'entre eux avaient vu leurs parents entrer dans les «douches» et ne pas en sortir vivants. Mais l'administration du camp avait d'autres projets pour ces enfants: ils étaient destinés à servir de monnaie d'échange. Eichmann avait en effet négocié avec les Britanniques: 5 000 enfants juifs seraient échangés contre des citoyens aryens retenus prisonniers dans les prisons anglaises. Dès lors, les enfants de Terezin faisaient partie du lot, et ils étaient volontairement engraissés et préparés en vue de leur libération. Les enfants de Bialystock furent les premiers. Pourquoi eux et non d'autres? Simple logique nazie: le 4 septembre, un transport comportant pas moins de 5 007 personnes, dont 256 enfants de moins de 15 ans, le plus jeune ayant seulement deux mois, fut organisé. Ils partaient comme «main-d'œuvre» pour un nouveau camp qui devait être érigé. Le 6 octobre suivant, les enfants de Bialystock étaient prêts pour leur départ vers la liberté, vers la Suisse, comme il leur fut raconté. Ils avaient été bien nourris et ils ne portaient plus l'étoile de David sur leurs vêtements. Il n'y avait qu'une seule restriction: les 53 adultes qui les accompagnaient, dont Ottilie Kafka – la plus jeune sœur du célèbre écrivain [2] – et Ilse Weber, durent signer une déclaration selon laquelle ils ne pouvaient révéler à l'étranger les «horreurs» vécues. Cependant, un problème se présenta: les Britanniques voulaient envoyer les enfants en Palestine, alors qu'Himmler et Eichmann avaient négocié pour une résidence en Grande-Bretagne. Les Allemands ne voulaient pas offenser les Arabes, qui étaient leurs alliés: la destination

1 Hans Krasa (1899-1944), compositeur, fils d'un avocat tchèque et d'une mère juive allemande. Envoyé à Terezin en août 1942, il y devint «directeur de la section de musique». Son opéra pour enfants *Brundibar* est une allégorie sur l'Holocauste. Le 16 octobre 1944, il fut envoyé à Auschwitz et gazé le lendemain.

2 Franz Kafka (1883-1924), auteur tchèque de langue allemande, d'e.a. *Der Prozess* et *Das Schloss*.

palestinienne était dès lors inacceptable. Les Britanniques refusèrent de revoir leurs positions et la situation resta telle. Finalement, les enfants partirent, souriants et en chantants – «Faites des signes d'adieu, les enfants!» –, le train les emmenant directement à Auschwitz, où ils furent gazés.

Le cynisme des nazis ne connaissait pas de frontières, comme l'illustre également la visite de la Croix-Rouge allemande, le 23 juin 1944, accompagnée d'une délégation étrangère, composée d'un Suisse et de deux Danois. Le ghetto ne semblait pas surpeuplé – les semaines précédentes, plusieurs convois avaient été envoyés à Auschwitz –, il y avait des échoppes, un café, des fleurs dans les jardins. Les rues avaient été nettoyées, les handicapés et les personnes mal vêtues avaient été forcées de rester à la maison. La délégation visita la banque, le bureau de poste, et entendit le chœur des enfants interpréter le final de *Brundibar.* À un rythme accéléré, une plaine de jeux pour les enfants avait été construite, avec des bacs à sable, des balançoires et des chevaux à bascule. Le comportement des enfants avait été répété à l'avance: ils devaient appeler le commandant du camp, Rahm: «mon oncle Rahm». Et dans le pavillon abritant les enfants les plus jeunes, les visiteurs entendirent: «Venez-vous jouer avec nous, oncle Rahm?» et l'homme qui, la semaine précédente avait envoyé 1500 enfants dans les chambres à gaz, leur répondit amicalement: «Maintenant, je ne peux pas, les enfants»... La délégation passa devant l'école jamais utilisée, avec l'écriteau mentionnant «Fermée pour cause de vacances scolaires» et remarqua seulement de nombreuses petites filles jouant à la poupée... qu'elles n'avaient reçues que quelques heures auparavant. La délégation repartit satisfaite, rédigea un rapport rassurant, et la machine à destruction put reprendre ses activités. De même que la propagande, via notamment un très beau film: *Der Führer schenkt den Juden eine Stadt,* sonorisé avec la musique de... Pavel Haas, qui fut exécuté plus tard à Auschwitz.

Le 6 septembre 1944, le dernier transport en provenance des Pays-Bas arriva au ghetto, avec 2087 personnes, dont 372 enfants. Alors qu'une infirmière demandait à Rahm si un garçon pouvait rester auprès de son frère, malade, le «cher oncle» répondit: «Seulement s'ils sont des jumeaux siamois». Fin novembre, en provenance du camp de Bergen-Belsen, et après un voyage de plusieurs semaines, 70 enfants hollandais les rejoignirent, accompagnés de deux infirmières. Ils avaient été cachés, mais finalement découverts par les Allemands; certains retrouvèrent leurs parents à Terezin.

Plus de 154 000 Juifs séjournèrent à Terezin, et parmi eux, plus de 10 000 enfants. À la fin de la guerre, ils n'étaient plus que 800, et moins de 100 revinrent de déportation…

La Pologne

Le 1er septembre 1939, l'invasion de la Pologne débuta, et le 19 septembre, Heydrich[1], chef de la police de sécurité, rencontra le général Wagner, commandant suprême de l'armée. Ils décidèrent ensemble que la Pologne avait besoin d'un «nettoyage général» et qu'elle devait être «purifiée» des «Juifs, des intellectuels, du clergé et de la noblesse». Deux jours plus tard, Heydrich consulta Eichmann et les dirigeants des *Einsatzgruppen*; ces unités mobiles reçurent l'ordre d'ériger des *Judenraten* en Pologne, de regrouper les Juifs, de les compter et de les enregistrer, en n'oubliant pas leurs biens et possessions. Pendant ce temps, Himmler profita de l'occasion pour surveiller les Juifs. Son premier biographe, Frischauer, décrivit comment l'homme se fit amener des «criminels», désignait avec un bâton les «hommes âgés et tremblants» qu'il nommait de la «vermine» et se moquait des traits de leur visage[2]. Le 29 septembre – le jour précédent l'occupation de Varsovie par les Allemands – Hitler expliqua ses plans à Albert Rosenberg concernant les territoires nouvellement conquis et les peuples soumis: «les Juifs, le peuple le plus épouvantable que vous pouvez vous imaginer…». Le 8 octobre, il répéta devant le Reichstag qu'«une tentative d'organisation et de régulation du problème juif devait être entreprise». Peu avant cela, le 29 septembre, avait été signé le traité germano-russe partageant la Pologne, octroyant la partie orientale à l'Union soviétique et la partie occidentale à l'Allemagne. La partie centrale était sous occupation allemande, et passa dès octobre sous la direction d'un «gouvernement général», avec Hans Franck[3] à sa tête. Dans ce territoire, il fut demandé aux Juifs de se regrouper, comme en Allemagne, afin que les terres nouvellement annexées soient épurées

1 Reinhard Heydrich (1904-1942), officier dans la marine allemande, licencié sans honneur en 1931, adhère à l'SS. *Reichsprotector* à Prague, mort le 27 mai 1942 après un attentat. Sa mort fut le prétexte pour le massacre de Lidice. Heydrich, ayant peut-être des ancêtres juifs, se défendra contre cette imputation: «J'éliminerai moi-même cette origine. Personne n'a plus de mépris envers les Juifs.»

Eduard Wagner (1894-1944), officier-général d'intendance. Joua un rôle important dans l'attentat échoué sur Hitler du 20 juin 1944, après quoi il se suicida.

2 R. Breitman, *Heinrich Himmler. De architect van de holocaust,* Laren, 2005, 104.

3 Hans Frank (1900-1946), juriste, 1923 membre du SA, 1933 ministre de la Justice en Bavière. Gouverneur-général en Pologne, responsable du meurtre de millions de Polonais et de Juifs, surnommé «le boucher de Pologne». Condamné à mort et pendu à Nuremberg.

des Juifs. La Solution finale – ou l'élimination – pouvait commencer. Les premiers jours après sa nomination en tant que gouverneur général, Franck priva les Juifs polonais de tous leurs droits et les contraignit au travail obligatoire, y compris dans des tâches telles que le drainage des marais.

Des «quartiers juifs» furent créés: en avril 1940, le ghetto de Lodz fut clôturé, celui de Varsovie, en novembre 1940, et au début de l'année 1941, ce furent au tour des ghettos de Cracovie, de Lublin, de Radom et d'autres villes plus petites villes. Le ghetto de Varsovie, le plus connu, abrita plus de 400000 personnes; il était entouré de murs de trois mètres de haut, avec treize entrées très surveillées. L'intention était d'isoler complètement les Juifs, qu'ils soient les plus nombreux possibles à mourir, mais aussi que ces ghettos soient rentables et indépendants et que le travail forcé soit effectué en faveur de l'occupant allemand. C'est un euphémisme de dire que ce déplacement de population – la Pologne avait plus de trois millions de citoyens juifs – se soit passé sans aucune douceur. Des milliers de Juifs furent embarqués dans des trains de marchandises et dirigés de force vers leur nouveau «lieu de résidence». C'est là que les privations commencèrent. La faim et la maladie menèrent «naturellement à la mort». Le «déménagement» suivant s'effectua vers Auschwitz.

Le 6 décembre 1941, les premiers camions à gaz furent utilisés à Chemno, précurseurs de ce qui se fera à une très grande échelle à Auschwitz. L'objectif de ces installations était de «purifier» l'environnement de 100000 «personnes incapables de travailler». Trois camions avaient été préparés pour cette sinistre opération, capables chacun d'accueillir 50 personnes en une fois. Les gaz d'échappement des véhicules étaient injectés à l'intérieur des bennes par une conduite particulière. Jakow Grojanovski, qui faisait partie du commando juif chargé de creuser les tombes et d'y enfouir les corps, put s'échapper et rejoindre Varsovie. De son témoignage, il ressort que les Juifs devaient marcher environ 16 kilomètres dans une forêt et que presque tous mouraient durant ce trajet. Mais il y avait quand même des survivants: les nourrissons, que leur mère enveloppaient soigneusement dans des couvertures ou des vêtements. Et que leur arrivait-il? Ils étaient écrasés contre les arbres de la forêt. Simple, n'est-ce pas[1]?

1 S. Friedländer, *Nazi-Duitsland en de Joden*, II, 318-320.

L'Union soviétique

Lorsque l'armée allemande pénétra en territoire russe le 22 juin 1941, les choses n'allèrent pas assez vite au goût des Allemands: les *Einsatzgruppen* avaient cependant les mains libres quant au traitement réservé aux «partisans»[1]. Dans le sillage des troupes armées, de petites unités de SS et de policiers poursuivaient et assassinaient le plus possible de citoyens juifs. Ces «unités mobiles» étaient de vrais escadrons de la mort et opéraient dans le cadre de la *Reichssicherheitsamt*, une création de Heydrich... Ils étaient au nombre de quatre, réunissant au total environ 3000 hommes. Leur tâche principale était de liquider les Juifs, hommes, femmes et enfants, et d'imposer partout leurs méthodes «impitoyables». L'élimination des femmes et des enfants était une nécessité, car ainsi, selon eux, aucun «vengeur» potentiel ne pourrait leur survivre[2].

Au début de l'invasion de l'Union soviétique, environ 4 millions de Juifs vivaient dans les territoires conquis, principalement dans les zones urbaines. Les *Einsatzgruppen*, qui accompagnaient l'armée allemande dans leurs opérations, suivaient les troupes de près et opéraient juste derrière elles. Une partie des détachements progressaient avec l'armée, tandis que les autres se concentraient sur la zone arrière et menaient la chasse aux «partisans», un mot qui pouvait prendre bien des significations. Quand l'échec de l'armée allemande devant Leningrad fut consommé fin août 1942, les *Einsatzgruppen* menèrent une véritable campagne d'assassinats de masse à l'égard de la population juive résidant encore dans les territoires conquis. Tous les ghettos furent systématiquement «vidés». Les *Einsatzgruppen* bénéficièrent de l'aide de tous, y compris de la *Ordnungpolizei* ou police ordinaire. De temps à autre, les *Einsatzgruppen* rédigeaient des rapports sur la situation: ainsi, le 15 octobre 1942, il fut communiqué que le groupe A avait abattu 125000 Juifs, que le groupe B comptait un mois de retard sur ses «prévisions» avec seulement 45000 Juifs assassinés, et que le groupe C, divisés en plusieurs détachements, avait réalisé le chiffre héroïque de 95000 morts. Tout ceci n'était que le début. Le nombre de Juifs assassinés grandissait de jour en jour: 2378 à Minsk, 3726 à Mogilow, 6504 à Pripyat, etc. Tous les territoires occupés par les Allemands se rejoignaient en un long fleuve sanglant. La Wehrmacht elle-même ne restait pas en reste, et livrait des Juifs à ces commandos de la mort, ou les exécutaient «préventivement». Dans les régions où l'arrivée des Allemands était ressentie comme une «libération», en particulier dans les Pays

1 D. Pohl, *Holocaust. Massale moord op de Europese Joden*, Laren, 2005.

2 R. Hilberg, *De vernietiging van de Europese Joden*, I, 324-330.

Baltes et en Ukraine, la population soutenait les commandos de la mort et parfois même coopérait. Des troupes locales furent ainsi levées et formèrent une police «auxiliaire», auteur de programs «spontanés». Le *Einsatzgruppe* 4a se limita ainsi à l'assassinat des Juifs adultes, ce qui était clairement un «travail sérieux»; les sbires ukrainiens choisirent, eux, de se consacrer aux enfants juifs[1]. Fin 1942, Himmler put annoncer fièrement qu'entre août et novembre de cette année-là, 363 000 personnes avaient trouvé la mort.

Certains faits horribles sont particulièrement difficiles à passer sous silence, en raison de leur importance et des personnes impliquées; ils permettent surtout de mieux comprendre la mentalité de ces tueurs.

Les enfants de Bjelaya Tserkov

Le 8 août 1941, l'unité SS du *Obersturmführer* August Häfner[2] arriva à Bjelaya Tserkov, une petite ville au sud de Kiev. Les Waffen-SS assassinèrent les 800 à 900 Juifs qui y résidaient, mais «oublièrent» tous les enfants de moins de 5 ans. Le 19 août, certains d'entre eux furent emmenés dans trois camions vers le terrain de tir et exécutés. Le lendemain, les soldats allemands, guidés par des hurlements, découvrirent 90 enfants dans une maison, gardés par un Ukrainien. La plupart gisaient sur le sol dans leurs propres excréments, n'avaient rien à manger ou à boire. Les nourrissons étaient inconscients. Les soldats furent tellement choqués de ce qu'ils virent, qu'ils demandèrent l'aide des aumôniers protestants et catholiques. Ils rapportèrent ces faits à leurs supérieurs, le ministre du Culte protestant Kornmann, et le Dr Reuss, catholique, qui visitèrent la maison. Le rapport de ce dernier était particulièrement explicite: «Il y avait des mouches sur les jambes et le ventre de la plupart des enfants, certains n'étant que peu vêtus. Les enfants les plus âgés – de 2, 3 ou 4 ans – avaient gratté le mortier des murs pour le manger. Deux hommes qui ressemblaient à des Juifs avaient essayé de nettoyer les chambres. La puanteur était horrible. Les petits enfants, surtout ceux âgés de quelques mois, ne cessaient de pleurer et de gémir». Kornmann confirma qu'il n'y avait pas «une goutte d'eau potable», alors que les enfants souffraient terriblement de la chaleur. Il expliqua au lieutenant Helmuth Groscurth[3], officier d'état major, combien les hommes avaient

---

1 ID., I, 363.

2 August Häfner (° 1912), en 1941 SS-Obersturmführer dans l'*Einsatzgruppe C*, en 1943 chef du Sipo/SD (police) à Patras en Grèce. Condamné à 8 ans de prison, libéré en 1948.

3 Helmuth Groscurt (1898-1943), volontaire de guerre en 1916, participa à la campagne en France en 1940. Fait prisonnier à Stallingrad, mourut en captivité. Après la guerre apparut sa complicité dans la résistance à Hitler.

été «furieux» de découvrir cette situation. Groscurth se rendit sur place avec Reuss. Il apparut alors que l'*Obersturmführer*, commandant de la *Sicherheitspolizei*, avait froidement déclaré que les membres de la famille de ces enfants ayant été tués, il fallait également les «éliminer». Groscurth, qui souhaitait l'empêcher, prit aussitôt contact avec le *Feldkommandant* local, le lieutenant-colonel Riedl. Mais celui-ci soutint les actions du *Einsatskommando*. Sous la menace d'une plainte qui serait déposée contre lui, Groscurth fit parvenir un rapport au commandant de la Ve armée, Walter von Reichenau[1]. Entre-temps, il protégea les enfants des SS qui voulaient les emmener dans des camions, et chassa les Ukrainiens qui les empêchaient de manger et de boire. Le 21 août, Groscurth fut convoqué au quartier général. Il se retrouva, comme dans un tribunal, face au colonel Riedl, au capitaine Luley, l'officier de renseignements qui suivait l'affaire, et au feld-maréchal von Reichenau. Groscurth était conscient de jouer avec le diable et tenta sa chance. Il prit la défense des enfants, non sur des considérations humanitaires, expliqua-t-il, mais parce que la situation était déjà connue de tous et que les soldats étaient scandalisés et demandaient à leurs officiers d'intervenir. Et pour ne pas paraître trop «doux», il démontra que cette «torture inhumaine» aurait pu être évitée si ces enfants avaient été exécutés avec leur famille. Luley fut d'avis, même en tant que membre de l'*Evangelische Kirche*, que les aumôniers devaient se limiter dans leurs actions au bien-être spirituel des soldats: ils ne pouvaient provoquer aucun trouble. Riedl reprocha à Groscurth de lui avoir fait prendre un jour de retard dans son «travail»: «l'éradication des femmes et des enfants juifs doit se faire de toute urgence, quelle que soit la manière dont cela se passe». Eh oui, von Reichenau semblait bien être le diable, lui qui parla alors de la «nécessité d'éliminer ces enfants». Groscurth ne s'avoua pas encore vaincu et insista sur le fait que ce qui allait arriver à ces enfants «ne diffère en rien des atrocités commises par les ennemis» et, usant de son va-tout il affirma qu'«en Allemagne, ces événements sont déjà connus». Von Reichenau était hors de lui: «une fois démarrée, cette opération doit être efficacement mise en œuvre!» Häfner montra alors des signes de sympathie avec... les hommes chargés de l'exécution de cette petite affaire, car «ils ont eux-mêmes des enfants». Paul Bobel[2], son supérieur, en tira la conclusion: «Alors, laissez faire les Ukrainiens».

---

1 Walter von Reichenau (1884-1942), fils d'un général prussien, militaire de carrière à partir de 1902, en 1932 membre d'un parti nazi. En mai 1940 actif dans *Fall Gelb*, l'invasion de la Belgique et des Pays-Bas. En URSS, il se montra un antisémite fanatique. Le 17 janvier 1942, il mourra dans un accident d'avion.

2 Paul Bobel (1894-1951), maçon et charpentier, se distingua dans la Première Guerre mondiale; en 1931 membre du parti nazi. Condamné à mort et pendu.

Ce qui arriva le lendemain, nous laissons le soin à Häfner de vous le conter, comme il le raconta lors de son procès, après la guerre: «Je suis allé dans les bois, tout seul. La Wehrmacht avait creusé une fosse. Les enfants furent amenés avec un tracteur… Les Ukrainiens commencèrent à trembler sur leurs jambes. Les enfants furent alors retirés de la benne. Ils furent placés au bord de la fosse et abattus, de manière à ce que leur corps tombe à l'intérieur. Ils ont été frappé une fois, et puis encore et encore… Leurs lamentations étaient indescriptibles». Avons-nous bien lu? Oui, car les Ukrainiens, tremblants, ne tiraient pas d'une main sûre. Beaucoup d'enfants, touchés quatre ou cinq fois par les balles, n'étaient pas morts lorsqu'ils tombaient dans la fosse. Et Häfner d'évoquer son meilleur souvenir: «Ce qui m'a marqué le plus, c'est une petite fille blonde, qui me prit par la main. Elle fut également abattue». Le lendemain, le capitaine Luley fit rapport de la réussite de sa «mission» auprès du quartier général de la 6e Armée, et en récompense, il reçut une promotion[1].

Parfois, nous rencontrons quelqu'un qui se montre «miséricordieux». Un Allemand, qui commandait au cours d'une campagne d'assassinats contre les Juifs, raconta: «Rottenführer Abraham tuait les enfants à coups de pistolets… Je crois qu'ils avaient entre 2 et 6 ans. Mais il les avait tué d'une manière brutale. Il les tirait par les cheveux sur le sol, leur tirait une balle dans la tête et les jetait dans la fosse. Après un moment, je ne pouvais plus supporter cela et je lui ai ordonné de s'arrêter. Je voulais qu'il comprenne qu'il y avait une manière décente de tuer[2]». Mais quand son ami Abraham abattait les enfants sans leur tirer les cheveux, était-ce vraiment une manière «décente» de leur ôter la vie?

Les nazis ne connaissaient-ils donc aucune compassion? Si, mais pas ceux de qui on l'espérait. Himmler lui-même semblait préoccupé… par le fait que les membres de ses commandos de la mort étaient surchargés de travail. Par ailleurs, ses instructions, datées du 12 décembre 1941, étaient claires: «Il est du devoir sacré des hauts dirigeants et des commandants de veiller personnellement à ce qu'aucuns de nos hommes n'aient une tâche trop ardue et trop brutale à accomplir». Or, il existait bel et bien un remède à ce *burnout*: «la vie ensemble avec ses camarades, le soir après ces rudes journées». Comprenons bien que ces soirées ne devaient pas dégénérer en beuveries et en débauche de nourriture. Cela devait être une nuit où «dans la meilleure tradition de la maisonnée allemande, l'on mangeait à table et où les heures

1 S. Friedländer, *Nazi-Duitsland en de Joden*, Tielt 2007, II, 225.
2 D.J. Goldhagen, *Hitlers gewillige beulen*, Anvers 1996, 389.

passaient, égayées par de la musique et des discours, de manière à ce que les hommes apprennent à connaître les beaux domaines de la vie intellectuelle et émotionnelle allemande[1]».

Voyez-vous le tableau, cher lecteur? Les hommes revenaient après leur «travail diurne», leurs bottes crottées, leurs vêtements maculés de sang, prenaient une douche rapide et s'asseyaient ensuite pour une petite soirée «en famille», avec un bon petit repas et un délicieux verre de vin ou de bière. Et pour le dessert: un petit texte de Goethe ou un morceau de Mozart – n'a-t-il pas composé un merveilleux Requiem? – ou encore de Haydn ou de Schubert. Mais attention, pas de Heine «dégénéré», de Mendelssohn, de Chopin, de Debussy ou de Dvorak. Et le lendemain, retour au travail, frais comme des gardons.

Assassinats à l'Ouest

> «Que fait-on des femmes et des enfants? (...) Il a fallu prendre la grave décision de faire disparaître ce peuple de la terre.»
>
> **H. Himmler**, 6 octobre 1943

Les Juifs en Belgique et dans les Pays-Bas[2]

Les premières traces de présence juive dans les anciens Pays-Bas datent du XIIIe siècle: en 1220, Louvain abritait une petite communauté juive, d'autres furent signalées en 1232 à Tirlemont et avant 1260 à Bruxelles. En Gueldre et en Overijssel, des Juifs s'étaient également installés. L'on peut supposer qu'ils étaient issus des communautés juives qui s'étaient établies dans les régions du Rhin et de la Moselle, à partir du IVe siècle, idéalement situées sur la route commerciale entre Cologne et Bruges, et qui traversait également le Brabant. Le Hainaut, Namur et la principauté de Liège ne virent l'arrivée des Juifs qu'à partir de 1306, au moment où le roi de France, Philippe IV le Bel, les chassa de son royaume.

Malgré le manque de documents, on peut supposer que la présence juive fut importante, comme l'atteste notamment le traité rédigé entre 1261 et 1267 par le célèbre théologien Thomas d'Aquin, à la demande d'Aleide de Brabant, veuve du duc Henri III. Ce texte examinait la manière dont les princes chrétiens devaient traiter leurs sujets juifs: ils ne devaient pas les poursuivre, mais prélever une partie des bénéfices

---

1 S. Friedländer, *o.c.*, 266-268.

2 Aperçu basé sur L. Abicht, *De joden van België*, Anvers-Amsterdam, 1994, et *Geschiedenis van de Joden in de Lage Landen*, Anvers-Amsterdam, 2006.

qu'ils tiraient de leurs activités financières et les utiliser pour une bonne cause.

La Peste noire, qui atteignit les anciens Pays-Bas au milieu du XIVe siècle, fut attribuée à la présence des Juifs, accusés d'avoir empoisonné les sources et les puits, ce qui est naturellement une ineptie puisqu'ils buvaient la même eau potable. Des pogroms eurent lieu un peu partout, et le sommet de l'horreur fut atteint à Bruxelles, suite au soi-disant miracle du Saint-Sacrement. En octobre 1396, les hosties de l'église Sainte-Catherine auraient été volées et profanées par des Juifs, qui les auraient percées avec une lame et dont du sang aurait jailli. Pour ce «crime», six Juifs – probablement six familles juives – furent brûlés vifs sur le bûcher. Des histoires similaires se déroulèrent à Paris, à Cologne, à Strasbourg, à Middelbourg, à Mayence et en Bavière. Une chasse aux Juifs fut également menée en Brabant, qui se conclut par le bannissement des Juifs de tout le duché[1].

Après 1492, année qui vit l'expulsion conjointe des Juifs d'Espagne et du Portugal, beaucoup de familles juives se réfugièrent dans les anciens Pays-Bas, et après la scission entre les provinces du Nord et du Sud, en 1585, elles s'établirent préférentiellement dans les Provinces-Unies, car les Pays-Bas méridionaux restèrent sous la domination d'une Espagne intolérante. Les Juifs vinrent également d'Allemagne et d'Europe orientale pour s'installer dans l'Est des Provinces-Unies; la contribution des marchands, des armateurs, des savants et des artistes juifs à l'épanouissement des Provinces-Unies est un fait indéniable.

En fin de compte, il faut considérer, malgré quelques valses hésitations, que jusqu'à la fin du XVIIIe siècle, les Juifs étaient véritablement des citoyens à part entière, même s'ils n'étaient pas traités comme tels. L'Édit de Tolérance de l'empereur Habsbourg Joseph II, qui dirigeait les Pays-Bas méridionaux, autorisa officiellement les Juifs à pratiquer leur culte et à s'établir en tant qu'agriculteurs, artisans et commerçants. En 1786, ils furent autorisés à accéder à la bourgeoisie et à entrer dans les corporations. Dans les Provinces-Unies, en 1796, l'Assemblée nationale batave émit la proposition d'accorder aux Juifs la pleine égalité des droits. Louis-Napoléon et l'annexion à la France (1810) ne mirent aucun frein à cette émancipation, pas plus que le roi Guillaume Ier. On assista même à la mise en place de mesures destinées à régler la vie des communautés juives: la fondation de douze grandes synagogues et de synagogues locales qui en dépendaient, l'élection des grands rabbins,

1 Dans la cathédrale bruxelloise ont été placés au XVIe siècle des vitraux qui illustrent cette histoire. En 1977 seulement, a été placé un panneau explicatif, qui confirme qu'il ne s'agit que d'une légende. En 1930/31 encore furent placés deux grands vitraux sur le même thème dans l'église de la petite ville d'Enghien en Hainaut.

les examens et les conditions d'admission pour devenir rabbin. Dans les provinces méridionales de son royaume, future Belgique, Guillaume Ier mit en place les mêmes réformes. En 1816, deux grandes synagogues furent fondées: Maastricht pour le Limbourg, Liège et le Luxembourg, Bruxelles pour Anvers, le Brabant, le Hainaut, Namur et les Flandres. Après l'indépendance de 1830, cinq communautés furent reconnues par l'État belge: Bruxelles, Gand, Anvers, Liège et Arlon. Mais à la fin du XIXe siècle, seules celles de Bruxelles et d'Anvers comptaient quelques milliers de membres. Certaines familles jouèrent un rôle important dans l'histoire de la jeune Belgique; nous pensons notamment à la famille Rothschild, qui prêta de l'argent au nouveau pays, à Joseph Oppenheim, qui fonda la Banque de Bruxelles, à Samuel Lambert qui créa la banque éponyme, et à son fils, Léon, qui soutint l'entreprise coloniale de Léopold II.

Aux Pays-Bas, l'intégration des Juifs au cours des XIXe et XXe siècles fut encore plus importante. Les Juifs étaient actifs dans l'industrie du diamant, de la mode et du textile, ainsi que dans de nombreuses grandes entreprises, dont certaines avaient même une renommée internationale. Qui ne connaît pas De Bijenkorf, HEMA, Unilever, AKZO ou Philips? Les Juifs néerlandais étaient diplômés dans toutes les disciplines universitaires, devinrent juristes ou professeurs, et jouèrent un rôle non négligeable dans la presse et la politique. Jacob et Joseph Israël, père et fils, étaient ainsi les artistes les plus connus de leur temps. L'émancipation et l'intégration, commencées en 1796 et achevées au début du XXe siècle, étaient indéniablement un succès.

Ceci ne signifie toutefois pas que l'antisémitisme avait disparu de Belgique et des Pays-Bas. Son origine se trouve dans le vieil antijudaïsme, né dans les milieux religieux: les Juifs sont les «assassins du Christ». Après 1880, l'on vit apparaître des propos antisémites fondés sur d'autres bases, en particulier à Anvers, où les Juifs polonais se montraient particulièrement actifs dans le petit commerce. Dans l'Entre-Deux-Guerre, les partis d'extrême-droite en Flandre (VNV), à Bruxelles et en Wallonie (REX) rejoignirent de plus en plus le national-socialisme et reprirent le discours antisémite à leur compte. Mais soulignons que l'antisémitisme sévissait également dans les milieux nationalistes et au sein des partis «de gauche».

À cette époque, les réfugiés juifs qui arrivaient en Belgique n'étaient plus généralement les bienvenus. Ceux qui émigraient avec un capital étaient les premiers admis, ils n'étaient pas «à charge», et purent survivre à la crise économique de 1929, grâce notamment à leurs propres activités commerciales. Les migrants moins fortunés reçurent un permis de séjour exceptionnel de deux ans. Cette autorisation était accordée sous conditions, et les bénéficiaires étaient inscrits dans le registre des étrangers. Comme le nombre de réfugiés augmentait sans cesse, le gouvernement belge décida en 1934 de mettre en place une stricte politique d'immigration: les personnes avec un simple visa touristique n'étaient plus admissibles pour un séjour prolongé et devaient retourner chez elles. Toute personne qui souhaitait s'installer en Belgique devait introduire une demande préalable au consulat belge en Allemagne, où la demande serait examinée sur la base de… l'intérêt belge[1]. La commission, qui fut créée en 1936 afin d'examiner la situation des réfugiés, s'en tint à la stricte observance de l'accord international qui avait été signé à Genève le 4 juillet de la même année. Était reconnu comme réfugié allemand: «toute personne qui s'était installée en Belgique et n'avait pas d'autre nationalité que l'allemande, et qui pouvait établir que, juridiquement et dans les faits, elle ne pouvait attendre aucune protection du gouvernement du Reich». Or, un grand nombre de réfugiés juifs ne pouvaient pas se réclamer de cette définition, en particulier ceux qui venaient de Pologne, puisqu'ils n'étaient pas allemands. Après l'invasion de la Pologne, ils devinrent *de facto* apatrides, puisque leur pays avait cessé d'exister[2]. En matière d'asile, seules quelques personnes purent être prises en compte pour des raisons politiques; les juifs persécutés à cause de leurs origines ne furent jamais couverts par cet accord international.

Le piège se referme

Lors de l'invasion allemande en Belgique, le gouvernement ordonna que tous les citoyens allemands âgés de 16 à 60 ans se présentent à la police. Ils furent conduits dans une caserne de Schaerbeek. Certains furent relâchés, mais la majorité d'entre eux, désignés comme «suspects», furent transférés vers des camps dans le Sud de la France. Ils furent au nombre de 8000 au moins, et la majorité d'entre eux étaient des Juifs allemands et autrichiens. De même, les Juifs qui avaient été enfermés avant la guerre dans les camps de Merksplas et de Hal, comme «alliés de l'ennemi», furent déportés en France[3]. Le 14 mai 1940, le directeur et le personnel du camp de réfugiés de Hal prirent la fuite, suivis par un certain nombre de jeunes, et abandonnèrent le centre. Les jeunes Juifs qui étaient restés furent tous arrêtés,

---

1 F. Caestecker, *Ongewenste gasten. Joodse vluchtelingen en migranten in de dertiger jaren*, Bruxelles, 1993, 51.

2 L'attitude des autorités belges a été étudiée par R. Van Doorslaer (red.), *Gewillig België. Overheid en Jodenvervolging tijdens de Tweede Wereldoorlog*, Anvers, 2007.

3 F. Caestecker, *Ongewenste gasten. Joodse vluchtelingen en migranten in de dertiger jaren*, Bruxelles, 1993, 274-276.

et ce qui restait des vêtements et des literies fut «sauvé» par les habitants de Hal[1].

De nombreux auteurs insistent sur la différence d'approche entre la Belgique et les Pays-Bas. Ceux-ci se virent contraints par l'occupant allemand, dès le 18 mai 1940, d'établir une administration civile, fidèlement dirigée par le «commissaire d'État» Seyss-Inquart. La Belgique et le Nord de la France furent placés sous une direction militaire, avec Falkenhausen à leur tête[2]. L'administration d'avant-guerre poursuivit donc son travail, tout en étant soumise aux ordres de l'occupant. Cette différence de traitement eut naturellement des conséquences, en particulier pour les Juifs, mais l'objectif ultime, celui de la Solution finale, était bien identique dans les deux cas. Mais à la différence également que les hauts militaires belges, qui ne suivaient pas les principes national-socialistes, freinèrent les ardeurs allemandes, ce qui augmenta globalement la chance de survie d'un certain nombre de Juifs.

Lors de la conquête de la Belgique et des Pays-Bas, l'occupant ne démarra pas immédiatement ses actions contre les Juifs. Au contraire, après la capitulation, une période de calme apparent s'ensuivit. La guerre se poursuivait en priorité contre la Grande-Bretagne, et les Allemands préférèrent d'abord rassurer l'opinion publique, afin que la population retourne au travail et que la situation générale de ces pays se normalise.

Les premiers règlements publiés régissant la communauté juive de Belgique apparurent, dans ce contexte, comme des actes totalement innocents. Le premier texte voulait même faire apparaître toute la mansuétude allemande à son égard: «ce règlement sur la prévention de la cruauté envers les animaux lors de l'abattage du bétail», daté du 23 octobre 1940, visait à interdire les abattages rituels. Mais le bal avait commencé, comme cela devint évident cinq jours plus tard. Pour commencer, il fallut déterminer qui était juif et qui ne l'était pas: étaient juifs ceux qui avaient trois grands-parents juifs, ou qui avaient deux grands-parents juifs et pratiquaient le culte judaïque, ou encore qui avaient un partenaire juif. Tous les Juifs de plus de 15 ans devaient être inscrits dans le «registre des Juifs», qui consistait en un système de fiches. Les indications qu'elles devaient comporter étaient les

---

1 B. Fierens, *Halle in de Tweede Wereldoorlog*, onuitg. scriptie, Louvain, 2000.

2 Le baron Alexander von Falkenhausen (1878-1966), général, 1934 adviseur militaire en Chine, mai 1940 gouverneur militaire de la Belgique et du Nord de la France. Antinazi, impliqué dans l'attentat visant Hitler, et enfermé dans un camp de concentration. Emprisonné après la guerre, en 1959 condamné en Belgique à 20 ans de prison, mais relâché après 20 jours et expulsé.

suivantes: nom, prénom, lieu et date de naissance, lieu de résidence, métier, nationalité, religion, ainsi que les mêmes renseignements pour le conjoint, les enfants, les parents et grands-parents. Pas moins! Pour les Juifs étrangers, il fallait en outre préciser depuis quand ils séjournaient en Belgique. Et puis, tout s'accéléra: l'enregistrement des commerces juifs, qui furent radiés des registres de commerce, le dépouillement des diamantaires juifs, qui durent livrer leurs diamants – le reçu qui leur fut établi s'avéra être par la suite un document sans valeur –, le retrait des enseignants juifs des écoles aryennes, la démission forcée des fonctionnaires juifs, l'interdiction de traitement de patients aryens par les médecins et le personnel de santé juifs, l'interdiction de toute profession libérale pour les Juifs, le licenciement des juges, avocats et journalistes juifs, l'interdiction pour tout Juif d'assister aux concerts, spectacles et manifestations sportives, l'obligation du respect du couvre-feu de 8 heures du soir à 7 heures du matin. Les Juifs pouvaient seulement résider à Bruxelles, Anvers, Gand, Liège et Charleroi. Les faire vivre tous ensemble était le moyen choisi afin de rendre les déportations plus faciles. Et naturellement, ils ne pouvaient pas quitter le pays. Le 24 avril, les Juifs allemands résidants en Belgique perdirent leur nationalité: ils devinrent des apatrides.

Une autre mesure très importante fut l'interdiction pour les enfants juifs de fréquenter l'école. Imaginez la stupeur d'un enfant qui se rend d'habitude à l'école et qui, du jour au lendemain, apprend qu'il n'y est plus le bienvenu. La manière dont cette «séparation» s'effectua varia évidemment d'école à école. Marcel Liebman raconte: «Et puis un jour de mai, (…) la leçon fut interrompue par un surveillant pour lire un avis, à propos duquel nous pensions qu'il s'agissait d'un acte de pure routine; mais non. Dans un style froid et bureaucratique, il nous a été annoncé que lorsque l'école reprendrait en septembre, les enfants et les adolescents juifs ne pourraient plus s'y rendre. Aucun commentaire ne fut fait à la suite de la lecture de cette communication. L'annonce selon laquelle les cours finiraient désormais un quart d'heure plus tôt ou plus tard aurait fait exactement le même effet.» Après la guerre, lorsque l'auteur retourna aux études, une autre déception l'attendait: «Et puis (…) les portes des écoles se sont rouvertes pour nous. Seuls deux ou trois enseignants sur la vingtaine que comptait l'école nous demandèrent pourquoi nous n'étions plus que deux au lieu de trois». Les choses se passèrent différemment pour Caroline Klerer, qu'une directrice en larmes pria de quitter l'école. Pour d'autres enfants, il n'y eut pas besoin d'ordre des autorités allemandes: Saia Hirschovitz et Henri Preiser furent harcelés par un enseignant et préférèrent rester à la maison.

L'occupant était suffisamment malin pour s'assurer le soutien d'une partie de la population juive elle-même. Le 25 novembre 1941, l'Association des Juifs en Belgique (AJB) fut créée. Elle avait pour but officiel de «promouvoir l'émigration des Juifs». Tous les Juifs de Belgique reçurent l'ordre d'y adhérer. Elle fut chargée d'organiser l'enseignement pour les enfants juifs, des classes maternelles à l'enseignement technique et moyen, mais aussi de donner des cours spéciaux qui pourraient favoriser l'émigration. Tout cela pour des gens qui ne pouvaient pas quitter le pays. Le président de l'AJB fut le Grand Rabbin Salomon Ullmann; son gouvernement était composé de notables belges, alors que 95 % de la population juive ne possédait pas cette nationalité [1].

Il était demandé à tous les Juifs de s'inscrire à l'AJB. Un seul formulaire était établi par famille, comportant les éléments suivants: adresse de la résidence effective, de la location ou sous-location, nom, prénom, date et lieu de naissance, profession, religion, nationalité et pays d'origine de tous les membres de la famille et les hôtes éventuels. Les formulaires étaient rédigés en trois exemplaires: un pour le comité local de l'AJB, un pour le bureau à Bruxelles... et le dernier pour la Gestapo [2].

La cerise fut placée sur le gâteau lorsque le 27 mai 1942, l'obligation de port des étoiles de David, qui «marquèrent» extérieurement les Juifs, devint effective: il s'agissait d'une étoile à six pointes en tissu jaune, avec une bordure noire, de la taille de la paume de la main, et sur laquelle figurait la lettre «J». Tous les Juifs, dès l'âge de 6 ans, devaient la porter sur la poitrine, à chaque fois qu'ils quittaient la maison. Le service de l'état civil se chargea de les collecter et de les distribuer à chaque famille juive, sur base du nombre de personnes. Les étoiles étaient découpées sur place. Il va sans dire qu'il fallait les payer. Les communes belges suivirent servilement les directives de l'occupant. Seule la Conférence des bourgmestres de Bruxelles refusa de distribuer les étoiles de David (août 1942).

À présent, le piège s'était entièrement refermé: les Juifs étaient tous enregistrés, ils ne disposaient plus de revenus, n'étaient pas admissibles aux bons d'alimentation, devaient rester cloîtrés chez eux du soir au matin, et étaient tous au chômage, car ils ne pouvaient plus travailler. Ils étaient prêts pour le soi-disant «travail», quelque part à l'Est.

La manière dont cela s'est passé aux Pays-Bas durant la Seconde Guerre mondiale a été étudiée de manière exhaustive par L. De Jong [3].

---

1 L. Abicht, *De joden van België*, 43.

2 L. Saerens, *De Jodenjagers van de Vlaamse SS*, Tielt, 2007, 78.

3 Texte basé sur L. De Jong, *Het Koninkrijk der Nederlanden in de Tweede Wereldoorlog*, 14 dln, 's-Gravenhage 1969-1991. Dr. Louis (Lou) de Jong (1914-2005), historien et

Là-bas, les nazis effectuèrent leur travail avec encore plus d'audace, car ils n'étaient même pas ralentis par une administration publique potentiellement réticente. En février 1941, le Conseil juif (*Judenrat*) fut fondé et composé des hommes du WA (*Weer Afdeling*, la milice armée du Mouvement national-socialiste – NSB)[1], qui saccagèrent le quartier juif d'Amsterdam. Il y rencontrèrent l'opposition inattendue des Juifs, soutenus par les habitants non-juifs. Lors de l'une de ces batailles, il y eut un mort, chez le Glacier Koco. Pour les Allemands, la coupe était pleine: le Conseil juif fut dorénavant déclaré responsable pour tous les Juifs d'Amsterdam et devint le seul interlocuteur pour l'autorité allemande. Les présidents en furent Abraham Ascher, diamantaire et membre du Conseil de la Grande Synagogue, et le professeur David Cohen. Après la guerre, leur rôle apparut controversé. Les membres du Conseil juif avaient-ils voulu seulement protéger les membres de leur famille? Dans quelle mesure avaient-ils compris que le Conseil n'était qu'un outil aux mains des nazis, et destiné à accélérer la Solution finale? Ont-ils collaboré effectivement en suivant les ordres de l'occupant? Ont-ils voulu ménager la chèvre et le chou et sauvé ceux qu'ils ont pu, et donc créé un faux sentiment de sécurité auprès d'une partie de la population juive, en faisant une proie facile[2]?

Comme dans tous les territoires occupés, les Juifs des Pays-Bas durent suivre les règles imposées: ils étaient interdits dans les cinémas, les piscines, les parcs publics, les chambres d'hôtels, ils devaient porter l'étoile de David, etc. Ils reçurent beaucoup de soutien de la part de la population néerlandaise quand ils se croisaient dans la rue: petits services, salutations... Une femme juive en témoigna: «Alors que j'attendais le bus... arriva un gamin sympathique et nous avons commencé à discuter... Lorsque le bus arriva, il s'assit à côté de moi... Il me parla de son école... et soudain il me dit: Je suis content de m'être assis à côté de vous, Madame, parce que, vous savez, notre classe a décidé que lorsque nous voyons une personne avec une étoile de David et qui est seule, nous allons lui tenir compagnie; ainsi personne ne se sentira isolé.» Le 1er mai 1942, le journal interdit *De Vonk* publia 300 000 étoiles avec une inscription «*Juifs et non-Juifs unis*»; à Amsterdam, une partie de celles-ci fut jetée au sol par la gouttière du grand magasin

journaliste juif néerlandais, put s'enfuir en Angleterre en 1940, mais perdit ses parents et son frère jumeau dans l'Holocauste.

1 WA (Weerbaarheidsafdeling), la milice uniformée de la NSB, parti nazi d'Anton Mussert aux Pays-Bas.

2 Le 24 septembre 1943, les membres du Conseil juif furent arrêtés et conduits au camp de Westerbork. Ascher († 1950) et Cohen († 1967) survécurent, et furent accusés de collaboration.

De Bijenkorf. À Deventer, les étudiants se promenèrent en ville avec des étoiles contrefaites, portant l'inscription «Protestant» ou «*R.K.*» (Rooms-Katholiek).

Qu'arrivait-il aux enfants? Nous pouvons suivre le témoignage de J. Presser[1], lui-même professeur au lycée juif, et donc témoin de première main. Il ne fut pas seulement spectateur: il fut arrêté puis relâché, mais sa jeune épouse disparut à Auschwitz.

Les enfants juifs devaient aller dans des écoles juives, spécialement créées pour eux. Parfois, bien entendu, il y avait des problèmes, par exemple dans un petit village où il n'y a qu'un seul enfant juif qui «empeste» la classe. Dans ces cas précis, une exception était parfois tolérée, mais pas partout, comme sur l'île de Goeree-Overflakkee. Il n'y avait là-bas qu'un seul enfant «non-aryen». Le pauvre est chassé de son école, suite à l'intervention d'un «expert», du nom de de Keuchenius, qui constate que l'enfant est issu d'un «mélange pré-asiatique – oriental – balte oriental – alpin – mongolien – hamitique – nègre». Qu'un tel enfant rencontre les autres à l'école, vous comprenez bien... Il arrivait parfois, souligna Presser, que les enfants étaient «promus» de Juifs à «demi-Juifs», afin qu'ils puissent fréquenter l'école. Ils fuyaient ainsi l'école juive, «comme si la peste y régnait». Ces enfants, issus de mariages mixtes, étaient déclarés «plein-Juifs» s'ils étaient nés après le 4 octobre 1942 ou premiers-nés, – une trouvaille attribuée à Ferdinand Aus der Fünten, le numéro deux du *Judenreferat* de La Haye[2] – ce qui compliquait considérablement la situation.

«Arbeit macht frei»

En 1942, l'occupant instaura le «travail forcé» en Belgique. Mais pas trop brutalement. Afin de ne pas effrayer l'opinion publique, il le rendit obligatoire pour les Juifs et les résidents non belges. Entre le 13 juin et le 22 septembre, 2252 hommes juifs furent déportés vers les camps de l'*Organisation Todt*[3], dans le Nord de la France, afin de participer à la construction du mur de l'Atlantique, destiné à renforcer les défenses

1 J. Presser, *Ondergang. De vervolging en verdelging van het Nederlandse Jodendom*, 2 dln., 2de uitg., Soesterberg, 2005, I, passim.

2 Ferdinand Aus der Fünten (1909-1989), 1932 membre du parti nazi, 1935 de l'SS. En 1941 à la tête de la *Zentralstelle für Jüdische Auswanderung* (Bureau central pour l'Émigration des Juifs). Condamné à mort aux Pays-Bas, grâcié en 1989, mort quelques mois après sa libération.

3 L'Organisation Todt, mis sur pied en 1938 par l'ingénieur Todt (1891-1942), construisit le Mur Atlantique, le long de la mer du Nord. Travailla d'abord avec des volontaires, plus tard avec des prisonniers de guerre, des forçats et des prisonniers des camps de concentration.

côtières. Le 22 juin 1942, les services d'Eichmann[1] à Berlin firent savoir aux services allemands en Belgique qu'« à partir de la mi-juillet ou du début du mois d'août, des trains spéciaux transporteront quotidiennement 1 000 personnes vers les camps de travail à Auschwitz; 40 000 Juifs viendront de la France occupée, 40 000 Juifs des Pays-Bas et 10 000 Juifs de Belgique». Ainsi, dès le départ, la fiction des «camps de travail» fut entretenue, dans l'espoir que les victimes tomberaient dans le piège.

Toutefois, le major SS Ernst Ehlers[2] voulait baisser le ratio à 350 personnes par jour pour que l'opération se passe dans le calme. Ainsi, lors de chaque appel, il rédigeait une lettre d'accompagnement à destination de l'AJB, dans laquelle il faisait remarquer aux dirigeants de l'association qu'« à défaut de se conformer à cet ordre, il pourrait y avoir des conséquences fâcheuses pour les membres de leurs familles et pour l'ensemble de la population juive du pays». L'association jouait le jeu de l'occupant, comme elle l'écrivit: «le fait de devoir aller travailler ne s'apparente pas à une mesure de déportation».

Logiquement, un grand nombre de personnes suivirent ces appels aux travail obligatoire. Ceux qui partaient «travailler» de leur plein gré espéraient de cette manière épargner leur famille: «*Arbeit macht frei*», vraiment? La mère d'Esther Aremband, âgée de 36 ans, partit avec cette conviction: «Je n'ai pas peur d'aller travailler».

Ainsi, l'*Arbeitzeinsatz* s'avéra être le piège parfait. Le 27 juillet 1942, les premiers Juifs attendaient aux portes de la caserne Dossin, à Malines; le 4 août, le convoi partit, le premier d'une série de vingt-huit. La caserne était dirigée par le *SS-Sturmbannführer* Philipp Schmidt, qui avait gagné ses galons en tant que chef du camp de Breendonk, où ses actions avaient été qualifiées d'«horribles». Il était plus souvent à Breendonk qu'à Malines, mais où qu'il se trouvait, il terrorisait les prisonniers.

Dès la «réception», *Aufnahme*, les Juifs étaient inscrits et recevaient un numéro. Le prisonnier recevait une plaque à porter au cou avec un numéro de transport en chiffres romains et un numéro personnel en chiffres arabes. Ce serait dorénavant sa seule identité. Et ceci n'était que «l'enregistrement». Le séjour à la caserne Dossin était généralement de courte durée, à quelques exceptions près.

---

1 Adolf Eichmann (1906-1962), 1934 «expert du sionisme» à Berlin. Exécuta en bureaucrate parfait les ordres d'Himmler (SS) et d'Heydrich (Gestapo). Réussit à s'enfuir d'un camp américain et trouva un refuge en Argentine. En 1960 enlevé par le service secret d'Israël, condamné à mort et pendu.

2 Ernst Ehlers (1909-1980), chef de la police allemande à Bruxelles. Après la guerre, juge auprès du Tribunal administratif en Schleswig-Holstein. Quand même cité devant le tribunal en 1980, il se suicida.

Dès le premier transport, les Allemands changèrent eux-mêmes la donne pour déterminer qui devait aller au travail: 29 enfants de moins de 15 ans furent inscrits comme AB (*Arbeitseinsatz*) [1]. Même Suzanne Kaminski, née le 11 mars 1943, reçut, un mois après sa naissance, le 19 avril, le cachet *Arbeitseinsatz.* Elle disparut avec le XXe transport vers Auschwitz [2].

Les Pays-Bas n'échappèrent pas aux déportations. Les souvenirs d'un collègue de Presser au collège juif d'Amsterdam parlent d'eux-mêmes. Les jeunes filles, dès l'âge de 15 ans, recevaient l'ordre du *Jüdische Auswanderung* (l'Émigration juive) de se rendre à 1 heure du matin (!) à la gare Centrale. Elles ignoraient leur destination finale. «Les parents savaient qu'envoyer leurs filles seules en rue au milieu de la nuit faisait d'elles des proies faciles et qu'ils ne les reverraient jamais. Ils ne pouvaient pas les accompagner jusqu'à la gare. Les jeunes filles y allaient, après des scènes familiales choquantes, afin de ne pas mettre leurs parents en danger.» Le témoignage de Presser allait dans le même sens, et parlant d'une jeune fille de la bonne société juive: «Elle et sa sœur, toutes deux à l'école, avaient reçus la convocation pour aller en Allemagne, quelques jours plus tard... C'était une jeune fille, âgée de 17 ans, avec son diplôme de fin d'études – rien que des 8 et des 9 –, seule et sans protection, debout devant la table verte où se tenaient ses professeurs... Une enfant adorable et intelligente, innocente... "Mesdames et Messieurs, dites-nous, s'il vous plaît, ce que nous devons faire." L'un de nous a immédiatement répondu: "ne partez pas". Un autre émit le même avis, puis un autre et encore un autre... Mais personne ne pouvait vraiment les aider et, ainsi, elles allèrent à la mort [3].»

Les rafles

L'appel pour le départ volontaire des «camps de travail» connut en Belgique un certain succès. Mais bientôt, tout le monde comprit qu'il ne s'agissait pas seulement de «travail», car des familles entières étaient emmenées. Dès le premier transport, on ne trouvait pas moins de 94 enfants, tous âgés de moins de 16 ans. À la fin de septembre 1942, le diplomate von Bargen écrivit: «Au début... les Juifs vinrent d'eux-mêmes, mais il est désormais nécessaire d'opérer par des arrestations particulières». Ces «arrestations personnelles» devenaient de plus en plus importantes; lors des dix premiers transports, environ 15 % des déportés avaient été préalablement arrêtés. Mais à la suite,

---

1 M. Steinberg – L. Schram, *Mecheln – Auschwitz 1942 – 1944,* dl. 1, 247.
2 *Idem,* 1, 61.
3 J. Presser, *o.c.,* I, 242.

89 % des déportés étaient des prisonniers, bien souvent arrêtés suite à des dénonciations.

Et si les Allemands n'obtenaient pas le nombre adéquat pour remplir les trains vers la déportation, ils passaient alors aux arrestations de masse.

La première rafle majeure eut lieu à Anvers, dans la nuit du 15 au 16 août 1942. La police anversoise, qui avait été chargée de la diffusion des lettres d'appel au travail volontaire, fut mise au travail. Elle débuta sur base d'une liste: les 58 policiers, convoqués à cet effet par le commissaire principal, reçurent des lettres de convocation pour le travail obligatoire. Chaque personne concernée devait être emmenée *manu militari* car déclarée réfractaire au travail obligatoire. La police belge pénétra donc dans les maisons, où les *Feldgendarmen* et les SS procédèrent aux arrestations. Le moment était particulièrement bien choisi: la soirée du shabbat. La fiction mise en place par l'occupant ne tint pas bien longtemps: 57 % des personnes arrêtées avaient moins de 15 ans ou plus de 50 ans. Au total, cette nuit-là, 845 personnes furent emmenées, dont 261 enfants; 57 d'entre eux avaient moins de 5 ans. Le plus vieux «travailleur», Henri Rappapport, avait 88 ans, et le plus jeune, Simon Lic... 10 semaines.

Au cours de la deuxième rafle, dans la nuit du 28 au 29 août 1942, qui correspondait à un vendredi soir, début du shabbat, la police anversoise effectua ce «travail» en totale autonomie. Elle avait été planifiée le jour précédent, mais selon les Allemands, les Juifs avaient été prévenus par la police. Les agents de police furent prévenus de leur futur transfert vers Breendonk s'ils ne coopéraient pas mieux avec l'occupant. Cette seconde rafle eut lieu sur un territoire plus grand que le précédent, car les habitations des Juifs étaient plus dispersées. La police fit particulièrement du zèle, sans doute à cause de la menace de l'occupant, repassant plusieurs fois dans les rues déjà inspectées, pourchassant les gens jusque dans les greniers, les sous-sols et sur les toits. Dans leur rapport, les policiers indiquèrent que les Juifs n'étaient pas de «bonne volonté».

De même, pour la troisième rafle des 11 et 12 septembre 1942, le jour fut particulièrement bien choisi: le Nouvel An juif. C'était la première fois qu'une rafle avait lieu de jour et dans toute la ville en même temps. Ce fut une véritable «chasse au Juif». Deux semaines plus tard, les 22, 23 et 24 septembre, une autre rafle fut organisée. Le lendemain, Erich Holm[1] ordonna «l'enlèvement» de ceux qui disposaient de tickets de rationnement. Ces tickets – essentiellement destinés à l'achat de

1 Erich Holm, antisémite fanatique, à partir du 7 août 1940 chef de la *Judenabteilung* (Section Juive) de la Sipo/SD.

nourriture, hors du marché noir – ne pouvaient être retirés qu'une fois par mois, sur présentation de la carte d'identité. Celle des Juifs portait un cachet rouge: JOOD – JUIF. Ce jour-là, Holm disposa ses hommes dans les centres de distribution installés dans les salles de fêtes, tant à Anvers qu'à Borgerhout, Berchem et Deurne. À l'entrée, il y avait un contrôle séparé. Cette opération eut un immense succès: les *Feldgendarmen* collectèrent les adresses, se rendirent aux domiciles et arrêtèrent les familles entières. Soit 293 personnes, en une seule journée[1].

Le rôle de la police anversoise, ou d'une partie du moins, et du bourgmestre, Léon Delwaide, reste à ce jour controversé. En tant que chef de la police de la ville, il n'intervint à aucun moment en faveur de ses concitoyens juifs. Il émit une protestation bien plus tard, mais uniquement sur le fait que la police avait été réquisitionnée afin de participer à ces rafles.

À Bruxelles, une seule rafle eut lieu, dans la nuit du 3 au 4 septembre 1942. Contrairement à Anvers, l'occupant ne put pas compter sur la coopération de la police. À l'instigation du bourgmestre d'Uccle, l'avocat catholique Jean Herinckx, la Conférence des bourgmestres de Bruxelles et son président catholique conservateur, Jules Coelst, refusèrent toute participation à cette opération. Les Allemands insistèrent à plusieurs reprises mais en vain, affirmant qu'ils ne s'occuperaient que des «étrangers» et que la police n'aurait qu'un rôle passif à remplir, comme le bouclage des rues concernées. À Liège, le bourgmestre socialiste, Joseph Bologne, suivit l'exemple de Bruxelles.

Comme la police bruxelloise refusait obstinément toute aide dans ce type d'opérations, la rafle ne concerna que le quartier près de la Gare du Midi, où 660 personnes furent arrêtées et envoyées à Malines, dont 103 enfants[2].

Nous ne parlons ici que des «rafles officielles», organisés de manière centralisée, où les gens étaient arrêtés en masse. Mais il y avait chaque jour de «petites» rafles, dans les gares, les trains, sur les places publiques. Les Juifs étaient arrêtés «par accident», même s'ils ne quittaient leur cachette que pour aller chercher de la nourriture, et les enfants juifs étaient capturés sur le chemin de l'école. Il y eut aussi des dénonciations et des rafles sur des habitations désignées.

Au Pays-Bas, l'occupant mit en œuvre une autre tactique. La déportation – préparée par toute une série de mesures discriminatoires – se fit par étapes[3]. Tout d'abord, les gens reçurent un formulaire, envoyé

1 L. Saerens, *De Jodenjagers van de Vlaamse SS*, Tielt 2007, 141-145.

2 M. Steinberg – L. Schram, *o.c.*, 89-90.

3 Aperçu pour les Pays-Bas basé sur L. De Jong, *Het Koninkrijk der Nederlanden…*,

par le *Zentrastelle*: ils devaient s'inscrire pour «un entretien personnel et un examen médical» à Westerbork, avec la «possible obtention, sous la surveillance de la police, d'un travail en Allemagne». Quelle belle et parlante formulation: l'on parlait d'un examen médical et pour celui qui y était apte, d'aller travailler en Allemagne.

Le *Durchgangslager* (camp de transit) de Westerbork était une création néerlandaise, inauguré en 1939 et destiné à enfermer les réfugiés. Après l'invasion, en mai 1940, il y abritait 750 réfugiés. Le 1er juillet 1942, il tomba sous l'autorité de la SD. Ceux qui ne voulaient pas s'y rendre étaient menacés d'aller à Mauthausen, un nom qui faisait frémir. Des personnes se présentèrent donc pour aller travailler en Allemagne, mais leur nombre était insuffisant, et les trains devaient être remplis. Le premier train vers Westerbork quitta Amsterdam dans la nuit du 14 au 15 juillet 1942, et jusqu'en septembre, les convois se succédèrent, à partir également d'autres villes hollandaises. Entre-temps, un système de «cachets» fut instauré à l'égard de ceux qui n'étaient pas déportés: «les personnes en leur possession ne devaient pas aller, jusqu'à nouvel ordre, au travail forcé». La mention «jusqu'à nouvel ordre» était destinée à rassurer les populations, mais signifiait simplement: jusqu'à ce que les nazis en décident autrement.

En septembre 1942, il apparut clairement que le travail volontaire était un échec et un nouveau système fut mis en place: il n'y eut plus d'appel au travail. Tous les soirs, alors qu'ils ne pouvaient plus être dans les rues, les juifs furent tirés de leurs maisons et conduits à un point de rassemblement: à Amsterdam, ce fut le *Hollandse Schouwburg*.

Le vendredi 2 octobre, la deuxième grande rafle démarra. Presser se souvint de la panique qu'il suscita à Amsterdam: «Pour quoi faire toutes ces forces de police? Pourquoi tous ces trains supplémentaires, prêts à partir de la gare Centrale?» Et quand le recteur de son école reconduisit les enfants chez eux et leur recommanda de prendre leur sac à dos: «... comme ces enfants s'envolaient, comme s'il y avait eu une explosion, la peur que les passants éprouvaient en les voyant passer, qu'y avait-il donc avec tous ces Juifs?[1]». Lors de cette seconde phase, l'occupant se concentra sur tous les moyens permettant de cueillir les gens en masse: hôpitaux, orphelinats, maisons de repos, institutions psychiatriques... Ils furent tous embarqués en direction d'un second *Judendurchgangslager*, une section du camp de concentration Vught (s'Hertogenbosch).

---

dl. 4, 689-746 et 807-876; dl. 6, première partie, 1-54 et 296-357 et dl. 7, première moitié, 270-462.

1 J. Presser, *Ondergang...*, I, 280.

Le 7 octobre déjà, Rauter[1] put écrire à Himmler que 13000 Juifs étaient dorénavant arrêtés et avaient été emmenés à Westerbork. Les apparences étaient toutefois conservées: les Juifs y avaient été amenés dans le cadre d'un «regroupement familial». L'importance que les nazis accordait à ce terme était déjà apparue clairement le 5 octobre. Un train en provenance d'Amsterdam était arrivé, avec femmes et enfants, qui devaient être «réunis» avec leurs père et époux, à Westerbork. Mais le train, à destination de la Pologne, et qui était prêt à partir, n'était pas plein. Dès lors, le commandant Discher envoya directement les femmes et les enfants... opérer un «regroupement familial» à Auschwitz[2]. Presser témoigna de ces cas effrayants de «regroupements familiaux», comme dans ce cas précis: «... dans la classe 3A, où Freddy S. était le meilleur élève, un garçon intelligent, rapide et travailleur. Le recteur entra: Freddy peut-il venir avec moi?» Quelques minutes plus tard, à la fin des cours, Presser se rendit auprès du recteur: «Il y avait deux hommes en uniforme, l'un avec un visage fermé comme une porte de prison, l'autre avec une apparence incroyablement stupide. Le premier expliqua que la mère de Freddy avait commis un délit mineur – acheter des œufs à une échoppe ou quelque chose d'approchant –, que ses parents avaient donc été arrêtés et que dès lors Freddy devait les rejoindre. En effet, dirent-ils, il ne faut pas croire que "nous" soyons inhumains, nous gardons les familles ensemble. Et que Freddy devait aller chercher son manteau... Freddy alla chercher son manteau et suivit ses bourreaux[3].»

La troisième phase consista tout simplement en la «liquidation» de ceux qui avaient survécu jusque là. Le 21 mai 1943, le Conseil juif apprit d'Aus der Fünten que 7000 personnes qui possédaient le «cachet» devraient se présenter quatre jours plus tard, le 25 mai, pour aller travailler en Allemagne. Le Conseil juif devait opérer lui-même la sélection. Vu que très peu de Juifs se présentèrent, une vaste rafle fut organisée le 26 mai, à Amsterdam. À minuit, le quartier juif fut encerclé par toutes les forces disponibles de la *Ordnungpolizei*, renforcées par trois cents policiers venus de La Haye, car la police amstellodamoise n'était pas jugée assez fiable par l'occupant. Un seul policier refusa de participer à cette action; les autres acceptèrent après avoir reçu une

1 Hans Rauter (1895-1949), général SS, responsable de la déportation de Juifs et de résistants aux Pays-Bas, et des représailles sanglantes à Putte (où la population masculine fut massacrée) et dans divers autres lieux. Condamné à mort et fusillé le 24 mars 1949.

2 R.S. Meyer (red.), *Concentratiekampen in Nederland. Systeem en de praktijk*, Bussum 1970, 112.

3 J. Presser, *o.c.*, I, 483.

indemnité de 8 florins. Des fusils-mitrailleurs entouraient tout le quartier, des voitures avec des haut-parleurs parcouraient les rues et demandaient aux non-juifs de rester cloîtrés chez eux, alors que les Juifs devaient se regrouper sur une place. Des membres armés de la *Ordnungpolizei* entrèrent de force dans les maisons et chassèrent les habitants vers l'extérieur. Ces rafles aboutirent à l'arrestation de 3300 personnes, qui furent envoyées à Westerbock. Pourtant ces résultats n'étaient pas jugés encore suffisants. Le dimanche 20 juin se déroula une autre rafle, préparée en grand secret. Cette fois, ce furent les quartiers d'Amsterdam Sud et d'Amsterdam Est qui furent frappés. Le résultat du jour fut spectaculaire: 5524 victimes.

Aus der Fünten et ses compagnons pouvaient jouir du spectacle:

«Une très vieille femme ridée, très blanche, trébucha et ne put pas se relever sans aide, occasion pour Aus der Fünten et Blumenthal de partir d'un grand éclat de rire... Là-bas, un enfant courrait, serrant contre lui une poupée... L'enfant prit brusquement peur et la poupée tomba de ses mains; un Grüne (policier), qui était derrière l'enfant, le vit et avant qu'il put la ramasser, shoota dans la poupée et l'envoya haut dans les airs. L'enfant fut si surpris qu'il en oublia de pleurer. Ses yeux restèrent grands ouverts. Une minute plus tard, ses larmes commencèrent à couler...»

Sauveurs et dénonciateurs

En exil

Dès qu'Hitler prit le pouvoir, beaucoup de Juifs choisirent la sécurité plutôt que de rester dans une situation floue et essayèrent de quitter l'Allemagne: en septembre 1933, 50000 d'entre eux avaient déjà quitté le pays.

Comme nous l'avons déjà dit, les enfants revêtaient une importance cruciale pour les nazis. La «pureté raciale» des enfants allemands était une garantie pour l'avenir de l'Allemagne... du moins quand elle n'était pas «contaminée» par le contact avec les enfants des *Untermenschen*. Ceux-ci devaient donc «disparaître». De son côté, la communauté juive comprit rapidement que le sauvetage de ses enfants devait être organisé en priorité: en 1939, 82 % des enfants juifs de moins de 16 ans avaient été envoyés à l'étranger.

Après la Nuit de Cristal, une opération de sauvetage des enfants juifs fut montée en Grande-Bretagne, à l'initiative d'un groupe de Juifs et de chrétiens. Le gouvernement approuva ce plan, à condition que tous les frais soient payés par les initiateurs. Entre décembre 1938 et septembre 1939, l'organisation *Kindertransport* organisa le transport et l'hébergement d'environ 10 000 enfants, les faisant ainsi échapper à une mort certaine. Mais un millier d'entre eux furent bloqués par le début de la guerre et enfermés comme «étrangers ennemis».

Le départ vers l'exil était quelque chose de très frustrant et de stressant pour ces enfants, et pour la majorité d'entre eux, il s'agissait d'un premier voyage à l'étranger. Pour leurs parents, ce départ signifiait une séparation à temps plein et pour une durée indéterminée. Les questions étaient nombreuses: où ira mon enfant? Sera-t-il bien soigné, nourri et vêtu? Quelle éducation recevra-t-il? La décision d'envoyer ses enfants à l'étranger était difficile à prendre pour ces parents. Ils ignoraient s'ils les reverraient-ils jamais.

La moitié des enfants envoyés en exil furent placés dans des familles d'accueil, les autres étaient dirigés vers des orphelinats spécialement créés pour eux. Même s'ils y reçurent bien souvent un accueil chaleureux, la nostalgie de leur famille ne les quittait jamais. L'Autrichien Eric Richmond raconta qu'au tout début de la guerre, il recevait quotidiennement une lettre de sa mère: «Elle devait commencer la suivante une fois la lettre précédente terminée. Et je pleurais chaque jour en les recevant». Un jour, avec d'autres jeunes, il alla voir un film sur la vie de Johann Strauss, *The Great Walz*: «Il y avait des images de Vienne, que je connaissais bien, et j'ai pleuré, pleuré, dans ce cinéma. Mes voisins ont dû penser que j'étais devenu fou [1].»

Les États-Unis étaient la destination préférentiellement choisie par ceux qui voulaient fuir les nazis. Entre 1933 et 1938, plus de 100 000 Juifs y trouvèrent un abri sûr. Le gouvernement américain imposa cependant un quota annuel qui, une fois atteint, faisaient inexorablement se refermer les frontières pour ceux qui espéraient encore entrer dans le pays. Ce fut notamment le cas au printemps 1939, lorsqu'il fut atteint pour cette année et même les deux années suivantes. Ceux qui souhaitaient encore obtenir un visa se virent répondre qu'il leur faudrait attendre jusqu'en... 1942. Nous étions à quelques mois de l'invasion de la Pologne, ce que tout le monde ignorait, naturellement.

Un événement en particulier bouleversa l'opinion publique de l'époque. Un certain nombre de Juifs tentèrent le tout pour le tout: le 13 mai 1939, 937 personnes quittèrent Hambourg à bord du paquebot *Saint-Louis*. 734 d'entre elles étaient en possession d'une autorisation d'immigration pour les États-Unis, valable en 1942. Elles avaient

---

1 A. Gluck Wood, *Holocaust. De gebeurtenissen en hun invloed op de gewone mensen*, Tielt-Arnhem 2007, 120-123.

l'espoir de trouver refuge dans un pays sud-américain en attendant leur admission aux États-Unis. Deux semaines plus tard, le bateau atteignit Cuba, mais il ne put accoster et dut s'ancrer au large. Certaines personnes possédaient pourtant des permis de séjour pour ce pays, mais une semaine auparavant, un décret officiel les avait invalidés. La Colombie, le Chili, le Paraguay et l'Argentine furent appelés à l'aide, mais toutes ces nations refusèrent d'accueillir les réfugiés. Après six jours de vaines négociations, le capitaine Schroeder navigua vers Miami, malgré l'interdiction des autorités américaines. Une demande envoyée personnellement au président Roosevelt ne fit l'objet d'aucune réponse. Le navire retraversa alors l'Atlantique et mouilla à Anvers. Entre-temps, cette odyssée avait fait la une des journaux; des gouvernements européens réagirent face à cette situation honteuse: la Grande-Bretagne accueillit 287 personnes, tandis que les autres trouvaient refuge en Belgique, aux Pays-Bas et en France. Environ 660 de ces personnes ne survécurent pas à l'Holocauste [1].

Un autre pays était un lieu d'exil potentiel très attractif: la Suisse [2]. Ce petit pays européen était le seul à n'avoir plus connu de guerres depuis l'époque de Napoléon, et la ville de Genève était devenue le siège de la Société des Nations, de la Croix-Rouge: un symbole de la démocratie. Tout le monde pensait y trouver sécurité pour sa vie et pour ses biens. Mais la Suisse n'entendait pas se montrer particulièrement accueillante envers les réfugiés, sauf s'ils étaient fortunés et prêts à s'acquitter d'un impôt particulier, une sorte de «taxe de solidarité». Les enfants juifs étaient interdits dans les trains de vacances organisés par la Croix-Rouge, parce que «personne n'était sûr qu'ils seraient renvoyés chez eux». La Suisse se situait en effet dans la sphère d'influence économique du Reich. À partir d'août 1938, la pression s'accentua sur ce petit pays. L'Allemagne menaça de remettre en usage l'obligation de visa pour les résidents suisses. Les Suisses eurent alors l'idée lumineuse de faire apposer un signe distinctif sur les passeports des Juifs: soit leur nom était écrit en rouge au lieu du noir habituellement utilisé, soit leurs papiers étaient estampillés d'un «J» majuscule rouge. Le 29 septembre 1938, l'Allemagne nazie et la Suisse parvinrent à un accord sur ce point: tous les passeports juifs devaient être marqués du «J». Toute personne en sa possession était dès lors impitoyablement refoulée à la frontière et renvoyée chez elle. Le 7 octobre, un nouveau décret entérina officiellement cette décision et, dans son article 9, précisa que toute personne entrée illégalement en Suisse en serait immédiatement expulsée.

1 M. Gilbert, *Nooit meer. Een geschiedenis van de holocaust*, Vianen, 2001, 46-47.
2 Basé sur J. Ziegler, *Hitlers bankiers*, Amsterdam, 1997.

Heinrich Rothmund[1] fut désigné responsable de la gestion de l'immigration suisse.

Pourtant, à partir de 1942, le nombre de réfugiés augmenta sensiblement: des dizaines de milliers de Juifs tentèrent de s'échapper vers la Suisse. L'un des assistants de Rothmund, Robert Jezler, tenta d'amadouer son supérieur, lui disant que «la manière dont s'effectue ces expulsions est si horrible que celles-ci en deviennent injustifiables». Rothmund répondit aussitôt: «À mon avis, l'article 9 s'applique» sans dire néanmoins où devaient se rendre ensuite ces hommes, femmes et enfants refoulés de la frontière suisse. Auprès des SS ou des SD? Rothmund déclara fièrement après la guerre que ce fut par cette politique qu'il réussit à éviter la «judaïsation» de la Suisse[2].

Frank Meyer, directeur général et éditorialiste du *Sonntag Blick*, le plus grand journal suisse, écrivit le 22 septembre 1996: «La Suisse a renvoyé aux frontières les Juifs qui fuyaient le régime nazi et les a ainsi condamnés à mort. L'or que les nazis ont prélevé sur les dents des Juifs assassinés a été facilement accepté dans les banques suisses et a ainsi été blanchi.»

Fuir à l'étranger était bien entendu une opération encore plus risquée sous l'Occupation. Le candidat à l'exil devait se préparer à un voyage long et difficile. Celui qui, par exemple, voulait s'échapper des Pays-Bas pour se rendre en Espagne, devait tout d'abord disposer d'un capital. Il devait prendre le risque de se rendre à la banque afin d'obtenir des devises belges, françaises et espagnoles; mais qui se trouvait derrière le guichet? Il devait ensuite trouver des passeurs pour l'aider à traverser la moitié de l'Europe, souvent au prix fort. Ce voyage se déroulait le plus souvent la nuit, en voiture, en train, à pied... Ou alors il devait voyager en tant que touriste, avec des faux papiers, dans des trains où les contrôles étaient fréquents. N'avait-il pas la physionomie juive? Parlait-il le néerlandais, le français, l'espagnol? Et les enfants, pourquoi n'étaient-ils pas à l'école? Non, rester cacher pouvait sembler bien plus facile.

Vivre caché en Belgique

Les Juifs qui se laissèrent volontairement enregistrer furent repris sur les listes de déportation, mais ils l'ignoraient. Ceux qui ne s'étaient pas signalés à l'occupant n'eurent pas d'autre choix que de vivre cachés[3]. Les Juifs ne purent plus quitter le pays à partir d'octobre 1941; vivre

1 Heinrich Rothmund (1888-1961), 1919 à la tête du Bureau central de la Police des Étrangers, 1929 chef de la section policière du ministère de la Justice.

2 J. Presser, *Ondergang*, II 34.

3 Aperçu d'après L. Steinberg, *Le Comité de défense des Juifs en Belgique 1942-1944*,

caché était dès lors et en principe plus facile que de fuir vers l'étranger. Et pourtant, la réalité était autre: 90 % des Juifs étaient des réfugiés d'origine étrangère, venus d'Allemagne les années précédentes et qui ne disposaient pas dans le pays d'un «réseau» d'amis suffisant pour leur permettre de se replier.

Au début, beaucoup espérèrent s'échapper en faisant appel à la Croix-Rouge, à des organisations caritatives ou divers organismes internationaux, qui organisaient des camps de vacances pour les enfants et tenaient des orphelinats. Des enfants juifs purent y être cachés. Certains, en dernier recours, se laissèrent baptiser.

Et de nouveau, l'occupant trompe l'opinion publique: au début des persécutions, les Juifs ayant la nationalité belge ne furent pas inquiétés. Ce ne fut qu'en 1943 que les persécutions visèrent tous les Juifs, sans distinction. La panique éclata alors, la demande de «cachettes» se fit plus pressante, mais pour beaucoup de Juifs, il était déjà trop tard.

En 1942, le port obligatoire de l'étoile de David fut instauré. Pour celui qui était un tant soit peu clairvoyant, la suite des événements n'allait pas être une surprise: l'intention de l'occupant était de distinguer les Juifs au premier coup d'œil et de pouvoir les déporter indistinctement. Dès ce moment, il devenait important de sauver les gens et, en premier lieu, de mettre les enfants à l'abri. Ghert (Hertz) Jospa, Juif et communiste, fonda, avec son épouse Yvonne, le *Comité de Défense des juifs* (CDJ). Rapidement, il devint le groupe au sein duquel toutes les tendances idéologiques démocratiques pouvaient s'entraider et s'ouvrit à la collaboration avec toutes les sections locales de la communauté juive, à Anvers, Bruxelles, Charleroi, Gand et Liège. Des petits groupes de résistants juifs les rejoignirent également. La «section enfance» se chargea spécifiquement de cacher les enfants juifs. Yvonne Jospa était la responsable du «recrutement»: elle recherchait les parents qui étaient prêts à laisser leurs enfants entrer dans la clandestinité. Elle conscientisait les parents aux dangers qui menaçaient leurs enfants, ceux-ci n'étant pas toujours clairement perçus, et les accompagnaient au moment difficile de confier leurs enfants à des mains étrangères, et ceci d'autant plus rapidement que la pression sur la communauté juive se faisait plus insistante. Comprenez: que les arrestations arbitraires de Juifs et les rafles devenaient de plus en plus fréquentes. Une deuxième «section», dirigée principalement par Brigitte Moons, recherchait des adresses où cacher les enfants: les pensionnats, les colonies pour

Bruxelles 1973, R. Van Doorslaer – J.-Ph. Schreiber (red.), *De curatoren van het getto*, Tielt 2004, et H. Hellemans, *Schimmen met een ster*, Anvers, 2007.

enfants, les établissements religieux et les particuliers. Une troisième «section», prise en charge par Ida Sterno, était composée des personnes qui menaient les enfants vers leur cachette et fabriquaient les faux papiers.

Un faux certificat de naissance était réalisé pour chaque enfant caché. Il recevait également un nouveau nom, ce qui n'était pas facile pour un jeune enfant. Tamara Galperin arriva ainsi à la maison de madame Sorel, et oublia son nouveau nom aussi vite. La majorité des enfants purent choisir eux-mêmes leur nouveau nom, ce qui était plus facile à mémoriser. Paul Szyf décida ainsi qu'il allait s'appeler De Smakker (littéralement: «qui fait du bruit en mangeant), ignorant sans aucun doute que personne en Flandre ne portait ce nom. Et la situation était pire pour Arnold Wolkowitz qui, même âgé de 13 ans, dut retenir successivement trois noms différents.

Le réseau était composé d'une série de maillons. Si l'un d'entre eux était découvert, l'ensemble du réseau pouvait être arrêté: sauveurs, parents et enfants. Il y avait donc une série de «règles» à respecter, ce qui n'était pas toujours très facile. La première d'entre elles était que les parents ne connaissaient pas la nouvelle adresse de leurs enfants, et que s'ils l'apprenaient, un transfert était aussitôt effectué. Une autre règle était que les participants au réseau usaient seulement de pseudonymes lors leurs rencontres et communications. Lorsqu'ils devaient se voir, cela ne se faisait que dans un endroit «discret», comme la salle d'attente d'un hôpital. La boîte aux lettres du siège de la Katholieke Arbeiders Jeugd (KAJ) – équivalent de la JOC, Jeunesse ouvrière chrétienne – servait à recueillir le courrier du JVC. Les membres du réseau recevaient des lettres avec des adresses de lieux où ils étaient attendus pour emporter les enfants. Dans la mesure du possible, ils essayaient de les mémoriser toutes, mais quand il y en avait trop, ils les cachaient dans leurs chaussures. Parfois, ils pouvaient lire: «Urgent. Réside encore à son adresse initiale». Trop souvent, hélas, ils trouvaient porte close: c'était trop tard[1].

Le JVC tenait registre de tout, et particulièrement de la «comptabilité». L'entretien de tous ces enfants n'était pas gratuit. Les données concernant les enfants étaient enregistrées, afin de ne pas se retrouver plus tard face à la question insurmontable de savoir où se trouvait tel ou tel enfant. Tout était inscrit dans cinq registres: dans l'un, chaque enfant était mentionné avec son vrai nom, accompagné d'un code. Dans un autre, le code renvoyait à la cachette. Un autre encore comportait le faux nom de l'enfant avec la cachette, ce qui permettait de

1 Interview avec Andrée Geulen, juin, 2009.

relier la vraie identité de l'enfant avec sa cachette. Les registres étaient conservés sous le plancher, sur lequel un tapis plein était fixé, de l'appartement occupé par Ida Sterno et l'institutrice Andrée Geulen. Paule Renard – sous le pseudonyme de Solange – s'occupait des plus petits, y compris des bébés, et les emmenait vers des crèches ou auprès de mères d'accueil. Roseline Lewin fut ainsi «embarquée» à l'âge de 4 jours...

Le financement de toute cette opération fut particulièrement problématique. Le JVC ne souhaitait pas que les parents d'accueil prennent entièrement à leur charge l'entretien de l'enfant caché, pour éviter qu'après la guerre, certains ne réclament des «droits». L'association paya 346 francs par mois pour cet entretien. Lorsque l'opération de sauvetage atteignit son apogée, 2 192 enfants vivaient dans la clandestinité, voire plus, car toutes les données émanant des comités locaux n'étaient pas forcément complètes. Au début, il était demandé une petite contribution aux parents des enfants cachés, mais cela ne put durer toute la période de la guerre: la majorité d'entre eux vivaient eux-mêmes cachés, donc sans revenus.

Une aide substantielle fut apportée par Yvonne Nevejan, directrice du service de l'Œuvre nationale de l'Enfance (ONE) qui, très rapidement, organisa des opérations de sauvetage et rejoignit le comité central du JVC. Elle parvint à obtenir le soutien du gouvernement belge à Londres et de l'*American Jewish Joint Distribution Committee*, connu sous le nom de Joint. Ensemble, ils purent réunir la somme de 14 millions de francs belges. Et elle utilisa environ 10 millions de francs émanant de l'ONE pour sauver «ses» enfants.

La majorité des enfants étaient cachés dans des institutions, surtout catholiques, mais également protestantes, libérales et «neutres». Il pouvait s'agir de crèches, d'écoles, de pensionnats, de couvents, d'hôpitaux, de camps de vacances, de sanatoriums, d'orphelinats, d'écoles pour enfants sourds, de homes pour enfants débiles mentaux, jusqu'à l'école de la Ligue Braille et l'école pour bateliers de Klein-Willebroek. Sylvain Brachfeld[1] en a recensé pas moins de 262 et sait que cette liste est loin d'être exhaustive. Nous pouvons le confirmer: Henri Preiser fut envoyé par sa mère au Collège Saint-Jospeh de La Louvière, puis caché au Collège Saint-Augustin d'Enghien, où au moins un autre enfant juif partagea sa clandestinité[2]. Ces deux institutions ne figurent pas dans la liste de Sylvain Brachfeld.

Ces institutions se situaient, selon la liste alphabétique de Sylvain Brachfeld, entre Aalbeke et Wiers, et couvraient tout le pays, avec une

1 S. Brachfeld, *Merci de nous avoir sauvés*, Herzlia, 2007, 644-650.

2 H. Vandormael, *Een 'rechtvaardige' in het college van Edingen*, in *Het Oude Land van Edingen en Omliggende*, jg. XXXVI, 2008, 129-134.

présence plus marquée à Bruxelles et dans ses environs. Il y eut plus d'enfants cachés en Wallonie qu'en Flandre. Être caché dans une maison de vacances dans la province du Luxembourg, pour prendre un cas extrême, était bien moins dangereux que de vivre dans la clandestinité au sein d'un presbytère de Flandre occidentale. La langue jouait également un rôle important. La plupart des enfants juifs parlaient le français, il leur était donc plus facile de s'adapter dans un nouvel environnement en poursuivant l'usage de leur langue maternelle[1].

Beaucoup de gens, à l'instar des membres du JVC, méritent de voir leur nom mentionné pour les actions qu'ils ont menées en faveur de ces enfants. Les nommer tous n'est pas possible et il serait injuste d'en oublier, mais en voici toutefois quelques-uns. Eugène Cougnet accueillit des enfants juifs, d'abord à Heide-Kalmthout, puis dans le château de Bassinnes. Il fut arrêté le 25 octobre 1943 et ne survécut pas à la déportation. Madeleine Sorel, avec ses deux sœurs, emmena «leurs» enfants au Rood Kasteel de Linden, près de Louvain; elles furent dénoncées et s'enfuirent avec les enfants vers Branchon, avant que les Allemands ne les prennent. Il y eut aussi Dom Bruno (Henry Reynders), moine à l'abbaye du Mont-César à Louvain, qui transféra son premier enfant caché vers un home pour aveugles à Hobomont (Theux), qui était en réalité une cachette. Par la suite, il mit sur pied son propre réseau de sauvetage, constitué de dizaines d'adresses clandestines, aussi bien auprès de familles que d'institutions; il sauva près de 400 enfants et adultes[2]. Le Liégeois Albert Vandenberg, avec qui Dom Bruno œuvrait, consacra toute sa fortune personnelle aux «enfants cachés» et mourut au camp de concentration de Neuengamme. Joseph André, abbé à Namur, abrita sous son toit, dès 1941, une famille juive; sa maison devint une plaque tournante où plus jusqu'à 35 enfants à la fois attendirent leur transfert vers des lieux plus sûrs[3]. L'évêque de Liège, monseigneur Kerkhofs, demanda en septembre 1942 le soutien de toutes les institutions catholiques de son diocèse afin de sauver les enfants juifs. Son attitude courageuse s'inscrivait en faux contre celle recommandée officiellement par l'Église belge et le cardinal Van Roey, qui qualifiait les agissements de Kerkhofs de «dangereux». Le cardinal ferma toutefois les yeux sur les actions de son secrétaire, le prêtre René Ceuppens, qui s'engageait lui aussi dans le sauvetage des enfants juifs, mais il ne trouva jamais le courage de sortir de sa réserve et de dire ouvertement: «Laissez venir à moi les petits enfants.» À l'évêque de Tournai, il écrivit à propos des réfractaires au travail obligatoire: «Nous

1 H. Hellemans, *o.c.*, 30-40.
2 M. Reynders, *Père Bruno Reynders, héros de la résistence*, Bruxelles, 1991.
3 L. Steinberg, *o.c.*, 102-103.

ne donnerons aucune liste de noms volontairement, mais nous ne pouvons nous opposer à ce qu'ils soient arrêtés[1].» Pour les enfants cachés, la situation était similaire. La reine Élisabeth, qui ne protesta jamais ouvertement, ce que l'occupant n'aurait jamais toléré, par ailleurs, intervint parfois avec succès dans des cas isolés. Une fois, elle demanda une faveur à l'égard d'un groupe de 58 enfants du Foyer de Wezembeek; ils seront libérés de la caserne Dossin, puis repris[2]. Il y eut encore le père De Breuker, de Schaarbeek, et le prêtre d'Anderlecht, le père Bruylants... Ainsi que ce mineur de fond, qui descendait au plus bas de la mine, raison pour laquelle il recevait une double ration de nourriture, et qui put ainsi nourrir une petite fille juive[3]. Il y en eut, ou plutôt, il y en eut tellement, qui risquèrent leur vie pour sauver celle des autres, et surtout des enfants. En 1953, la Knesset décida de la création à Jérusalem du Mémorial de *Yad Vashem*, l'institut qui voulait maintenir vivante la mémoire de la Shoah et être un centre de documentation sur cette sombre période de l'histoire humaine. Il accorda le titre de Juste parmi les Nations à tous ceux qui avaient mis leur vie en danger pour sauver des Juifs. Ce titre honorifique put être accordé également à titre posthume. Dans son ouvrage *Merci de nous avoir sauvé*, Brachfeld mentionne pas moins de 1 558 noms de Belges. Et la liste n'est certainement pas complète. Beaucoup de citoyens belges agirent une seule fois, au bon moment, ou avertirent simplement du danger. La mémoire de leur action s'est perdue.

Par contre, une action spectaculaire de sauvetage eut lieu à Anderlecht; 14 jeunes filles juives vivaient cachées dans le couvent du Très Saint-Sauveur, au numéro 70 de l'avenue Clémenceau. Le 19 mai 1943, la Gestapo vint frapper à la porte, accompagnée du traître, «le Gros Jacques», et voulut arrêter les enfants. Les sœurs obtinrent le délai d'un jour, afin d'emballer leurs affaires et leur fournir la nourriture nécessaire. La Gestapo leur promit l'enfer si les fillettes disparaissaient dans l'intervalle. Et ce qui devait arriver arriva: durant la nuit, trois membres armés de la résistance juive emmenèrent les enfants trois par trois, afin de ne pas éveiller les soupçons. Les sœurs ne furent pas longue à être convaincues du bien-fondé de cette action. Elles furent bâillonnées, de manière à ce que cela ressemble à une attaque. Le lendemain, la Gestapo dut bien se rendre à l'évidence[4].

---

1 H. Hellemans, *o.c.*, 71.

2 E. Raskin, *Elisabeth van België. Een ongewone koningin*, Anvers-Amsterdam, 2005, 304-305.

3 V. Teitelbaum-Hirsch, *Les larmes sous le masque*, Anvers 1994, 37.

4 Récit de B. Fennerberg, qui participa à cette action, dans I. Emmery (ed.), *Histoire et Mémoire des juifs d'Anderlecht*, s.l. 2009.

Est-ce que cela signifie pour autant que les enfants cachés étaient heureux dans leur cachette? La plupart d'entre eux essayèrent de mener une vie «normale», certains étaient même très choyés au sein de leur famille d'accueil: «ils se laissaient avoir faim pour moi», raconta Joseph Guerchaft. Certains étaient moins bien lotis, et d'autres encore gardèrent de très mauvais souvenirs de cette époque. Essayez de comprendre ce que cela signifie pour un jeune enfant que d'être caché, loin de sa famille, avec le sentiment inéluctable d'abandon, et qui devait dormir à côté du chien ou dans un clapier à lapins, sous la menace du «si tu n'es pas sage, je vais chercher les Allemands». Pourtant, tous nos témoins parlent de l'immense sentiment de reconnaissance qu'ils éprouvent. Une dame âgée s'exprime ainsi: «des gens auprès desquels j'étais cachée, je ne pourrais dire que des choses négatives. Alors, je préfère ne rien dire du tout, car ils ont tout de même sauvé ma vie». Et je leur tire mon chapeau.

Le rôle de l'Association des Juifs de Belgique (AJB) reste controversé aujourd'hui encore, à cause de l'hôpital et des homes pour enfants et personnes âgées qu'elle gérait sous la tutelle allemande. Les sept homes pour enfants permirent à 517 d'entre eux de survivre aux horreurs de la guerre[1]. Mais était-ce réellement grâce à l'AJB? Cela reste encore à prouver. Car les responsables ne virent pas, ou trop tard, que ces institutions étaient destinées à tromper l'opinion publique, et qu'à tout moment, elles pouvaient servir de «réservoir», y compris pour la Solution finale. Finalement, ne furent-ils pas seulement les «gestionnaires du ghetto»?

Le train de Boortmeerbeek

Dans la nuit du 19 au 20 avril 1943, à Boortmeerbeek, entre Malines et Louvain, eut lieu un événement unique dans toute l'histoire de la Seconde Guerre mondiale: la tentative de sauver les Juifs faisant partie du XXe convoi, qui venait de quitter Malines. Régine Krochmal, l'une des survivantes de ce convoi, raconta les événements: «Le départ eut lieu le 19 avril 1943. Nous avons été poussé dans un wagon à bestiaux, sans lits, sans chaises, sans eau et sans nourriture. Il y avait seulement un petit seau pour assurer l'hygiène de 20 personnes[2].»

Ce soir-là, vers 19 h 30, trois amis avaient rendez-vous sur la place Meiser, à Bruxelles. Tous trois avaient fréquenté le même athénée, celui d'Uccle. Youra (Georges) Livchitz était un jeune médecin juif, Robert Maistriau avait interrompu ses études de médecine, et Jean Franklemon

1 S. Brachfeld, *o.c.*, 24.
2 Régine Krochmal in *Brochure Herdenking 10 mei 2009*, Boortmeerbeek, 2009.

était acteur, musicien et communiste. Un quatrième conspirateur renonça à la dernière minute. Tous trois étaient venus à vélo et se sentaient prêts à mettre en œuvre leur plan audacieux. Ils avaient présenté leur plan à divers groupes de résistants, mais tous l'avaient jugé trop dangereux. Ils prirent alors la route vers Boortmeerbeek, près de Haacht. Livchitz avait un pistolet de petit calibre dans sa poche, les autres avaient emporté des pinces coupantes, et Maistriau tenait une lampe-tempête. Le verre avait été recouvert par un papier rouge: tous les trains doivent s'arrêter au signal rouge.

Le plan était simple et très audacieux. Maistriau devait poser la lampe-tempête entre les rails, à l'endroit où le convoi roulait lentement, c'est-à-dire à la sortie d'une courbe, et avant qu'il ne reprenne de la vitesse. Et en effet, le train s'arrêta. Maistriau ouvrit alors le premier wagon à bestiaux, d'où s'échappèrent 17 hommes et femmes. Il ne parvint pas à ouvrir le deuxième wagon. Entre-temps, Livchitz faisait feu sur les Allemands qui gardaient le train. Ceux-ci ripostèrent après quelques minutes, croyant avoir affaire à un grand groupe de résistants. Finalement, ils descendirent du train, passèrent les abords de la voie au peigne fin et finalement firent repartir le convoi. Les trois jeunes gens étaient parvenus à s'enfuir.

Mais l'histoire ne se termina pas aussi abruptement. Durant leur séjour à la caserne Dossin, les déportés avaient réussi à emporter un marteau, une scie et une pince coupante. Encouragés par les cris et les tirs, certains parvinrent à ouvrir leur wagon de l'intérieur. Régine Krochmal était parmi eux: «Le Dr Bach, médecin allemand d'origine juive et responsable de la salle des malades à la caserne Dossin, vint vers moi et dit: “Prends le wagon infirmerie, à la fin du convoi”. Pendant que nous allions, petits groupes par petits groupes, environnés de soldats armés, il me parla et me laissa un couteau entre les mains. “Cache-le, coupe les barres de bois se trouvant devant les grilles d'aération et fuis. Ils vont te brûler.” Le wagon sanitaire fut alors rempli de cadavres de prisonniers, la porte fermée et verrouillée derrière moi. Dès que le train se mit en mouvement, je commençai à scier les barreaux. Je me hissai jusqu'à l'ouverture et me laissai tomber à l'extérieur. Au même moment, le train s'arrêta. Il s'ensuivit un grand silence. Puis des coups de feu. J'étais étendue sur le sol. Quand le train redémarra, je pris la fuite et revins en toute sécurité à Bruxelles.»

Au moment où le convoi atteignit la frontière allemande, pas moins de 225 déportés étaient parvenus à prendre la fuite. Vingt-trois déportés furent tués lors de leur tentative d'évasion, ne survivant pas au saut du train en marche, ou furent abattus. Plus d'un tiers des évadés furent plus tard repris et à nouveau déportés.

Youra Livchitz fut arrêté le mois suivant, s'échappa, mais fut repris le 26 juin 1943. Il fut envoyé à Breendonk, torturé et fusillé le 17 février 1944 en tant que «meneur d'une bande terroriste qui avait attaqué un transport juif». Franklemon fut également arrêté et condamné à six ans; il survécut à Breendonk, Oranienburg et Sachsenhausen. Il ne put jamais oublier sa captivité et mourut en 1977. Quant à Robert Maistriau, il rejoignit le «Groupe G», un groupe de résistants qui effectuait des sabotages, et fut arrêté le 21 mars 1944. Il fut enfermé à Breendonk, Buchenwald et à Bergen-Belsen, où les Américains le libérèrent. Il fonda une grande entreprise au Congo belge et mourut le 26 septembre 2008, à l'âge de 87 ans.

Un autre échappé du XXe convoi mérite une attention particulière[1]: Simon Gronowski. À l'âge de 11 ans, il fut arrêté à la maison, avec sa mère et sa sœur, Ita, le 17 mars 1943. Après une nuit passée dans une cellule de la Gestapo, il fut transféré à la caserne Dossin. Le mois qu'il y passa fut un véritable enfer: imaginez un grand dortoir avec des centaines de lits superposés, pas de toilettes, un morceau de pain et un peu d'eau chaude, qualifiée de «soupe» ou de «café», selon les moments. Jour et nuit, il y avait appel. Ensuite, le fameux XXe convoi: il y avait une longue file de gens vers le train. Le garçon y vit sa sœur pour la dernière fois, alors âgée de 16 ans, et qui venait d'opter pour la nationalité belge. Elle fut déportée un peu plus tard, avec les Juifs «belges». Dans le wagon à bestiaux, il y avait un peu de paille. De longues heures se passèrent sans que le train ne bouge. Quand Livchitz, Franklemon et Maistriau arrêtèrent le train, Simon était couché et dormait. Cinquante kilomètres plus loin, les déportés parvinrent à ouvrir la porte du wagon, et sa mère lui ordonna: «saute, saute». Il hésita, le train roulait si vite... Simon atterrit sur le talus du chemin de fer, erra aux alentours, dans la nuit, fut récupéré au matin par une dame qui le conduisit chez le garde champêtre du village. Il fut alors confié au policier Jean Aerts qui, entre-temps, avait entendu parler de l'incident de la nuit, et lui permit de rentrer à Bruxelles en toutes sécurité. Après la guerre, Simon retrouva son père, qui mourut en juillet 1945. Beaucoup plus tard, il apprit que sa mère avait été assassinée à Auschwitz le 22 avril 1943, ainsi que sa sœur, le 22 septembre 1943, soit deux jours avant son 19e anniversaire.

Vivre caché aux Pays-Bas

Tous ceux qui voulaient sauver les juifs hollandais, et en particulier les enfants, connaissaient les mêmes difficultés qu'en Belgique pour

1 S. Gronowski, *L'enfant du 20e convoi*, Bruxelles, 2005. D'après ce livre, est parue la même année, une bande dessinée, *Simon, le petit évadé. L'enfant du 20e convoi.*

trouver des cachettes sûres. Dans le même temps, la Résistance appelait la population à mettre les Juifs à l'abri. Le 3 août 1942, le journal clandestin *De Waarheid* (la Vérité) s'adressa particulièrement aux agents de police en ces termes: «... n'emprisonnez pas les Juifs ou faites semblant de respecter les ordres donnés... Sachez aussi que vous serez l'assassin de chaque homme, de chaque femme et de chaque enfant que vous arrêterez».

L'abandon fut un autre moyen envisagé pour sauver les enfants. Au fur et à mesure du temps, leur nombre devint de plus en plus grand. Ainsi, à Blaricum, trois enfants furent trouvés la même semaine. Tous étaient généralement bien nourris, bien vêtus et avaient de beaux jouets; parfois, leur prénom était mentionné, ainsi qu'une justification: «Nous ne pouvons plus nous occuper d'elle, de lui». Les parents devaient être vraiment désespérés pour recourir à un tel moyen. Mais l'occupant voyait, lui, les choses bien différemment: la *Joods Weekblad* du 15 janvier 1943 précisait que ces enfants abandonnés resteraient de toute manière qualifiés de Juifs. Dès lors, les abandons devinrent très limités, à l'exception du cas d'un petit garçon et d'une petite fille, retrouvés le 25 février 1943. Le petit garçon était certainement juif, la petite fille probablement aussi: bien qu'elle «parlait de sa mère et de sa grand-mère en langue néerlandaise[1]».

Désormais, seule la solution de la cachette offrait une réelle chance de survie[2]. Mais il n'était pas facile d'accueillir des Juifs sous son propre toit. Arnold Douwes chercha une cachette pour un couple de Juifs dans une famille néerlandaise: «Monsieur Kramer, évangéliste, m'opposa toutes sortes d'objections et de subterfuges... Enfin, très fâchés, nous l'avons quitté, après qu'il m'eut informé que j'avais eu tort de lui demander son aide». Trouver un toit ne suffisait pas: les personnes cachées devaient se vêtir, obtenir les coupons de rationnement, et tout cela coûtait très cher.

Beaucoup de Juifs, adultes et enfants, se rendaient jusqu'en Frise, où ils rencontraient une aide importante auprès des membres de l'Église réformée. Les personnes disposées à les aider cherchaient des cachettes pour eux et installaient également des «logements de transit», où les réfugiés pouvaient passer quelques jours à l'abri avant de rejoindre leur cachette définitive. Ainsi, à La Haye, quarante Juifs transitèrent via la maison d'une infirmière, Sarah Walbeehm, et pas moins de quatre-vingt autres Juifs furent mis en sécurité auprès de Corrie ten Boom, à Haarlem. Deux institutrices d'une école primaire

---

1 J. Presser, *Ondergang*, I, 310- 311.
2 Aperçu d'après L. De Jong, *Het Koninkrijk...*, 6, 1re partie, 325 -344.

protestante, Gerrie et Minni Jolink, mirent leur maison à disposition, et furent arrêtées en février 1944 pour cette raison. Elles moururent à Ravensbrück.

Nous nous devons de citer largement une famille, en particulier pour son courage, mais aussi parce qu'elle peut servir d'exemple pour ce qu'attendaient les gens qui essayaient de sauver les Juifs. Il s'agit de la famille de Johannes Bogaard, agriculteur protestant installé à Nieuw-Vennep (Haarlemmermeer). Deux de ses fils, célibataires, et l'une de ses filles, vivaient encore avec lui. Deux autres de ses fils possédaient leur propre ferme dans les environs. Pour eux, il ne faisait aucun doute qu'ils se devaient d'aider «le peuple de la Bible». L'un des fils connaissait une famille juive à Amsterdam, les Mogendorff; il partit les chercher en juillet 1942. C'était la première fois de sa vie qu'il prenait le train. Par les Mogendorff, il rencontra des gens..., de plus en plus de gens..., et enfin, quelqu'un qui travaillait dans un hôpital pour enfants juifs à Amersfoort. En novembre 1942, il y eut une rafle dans les fermes des Bogaard: 11 réfugiés juifs furent pris. Le grand-père fut emprisonné durant deux mois et demi, tandis que le reste de la famille poursuivait «l'affaire». Un second incident advint en mai 1943: trois Juifs cachés furent découverts, mais la famille Bogaard fut laissée tranquille. Une troisième fouille des fermes eut lieu en juillet 1943, sans donner le moindre résultat, car les cachettes étaient très bien dissimulées. Finalement, ce furent pas moins de cent Juifs qui vécurent cachés par les Bogaard dans toutes leurs exploitations, et pas moins de septante d'entre eux résidaient chez «grand-père». L'un d'entre eux raconta: «il y avait une école pour les enfants, je pense qu'il y avait bien trente petits. Les dimanches, "grand-père" tenait une sorte de réunion d'évangélisation, durant laquelle il lisait la Bible et chantait des psaumes accompagnés par l'harmonium.»

D'autres familles des environs suivirent leur exemple, si bien qu'environ 200 Juifs étaient également cachés chez elles. La situation n'était cependant pas facile. Hannes Bogaard se remémorait que: «quand je vins voir un agriculteur qui avait une grande exploitation, lui demandant de cacher un enfant juif pour quelques jours, il me répondit: jamais, même pour un million. Bogaard, je ne veux pas voir ma famille emmenée...»

En octobre 1943, une descente chez les Bogaard tourna au drame. L'un des Juifs cachés avait un pistolet et abattit un policier qui participait à la fouille des lieux. Quelques heures plus tard, la *Ordnungspolizei* arriva, examina scrupuleusement les lieux avec des chiens, et découvrit 34 personnes. À quelques exceptions près, les enfants ne furent pas trouvés: ils avaient été cachés, jusqu'au cou, dans les fossés.

Selon Hannes Bogaard: «... tout cela était très dramatique. La plupart avaient leurs chaussures et leurs pantalons trempés et froids, ils ne pouvaient plus marcher. Nous avons dû les porter. Nous les avons cachés dans la ferme tenue par ma fille... Nous avons pris soin d'eux du mieux que nous pouvions, nous avons amené toutes les couvertures, les manteaux et les sacs que nous possédions, afin de les réchauffer. À quatre heures du matin, quand la lune se coucha, nous les avons déplacés.»

Lors de cette descente, «grand-père» Bogaard fut arrêté, ainsi que son fils, Piet. Peu de temps après, Johannes fut relâché de Vught. Lors de son retour à la maison, il constata que la police avait volé son harmonium; il s'en plaignit... auprès de la SD d'Amsterdam! Il leur expliqua qu'en Allemagne, pays de Satan, l'ont portait atteinte à la vie des Juifs et que ce pays perdrait la guerre. Il fut aussitôt arrêté. Lors de la cinquième descente chez les Bogaard, en décembre 1943, Teun, son petit-fils, fut maltraité et finalement déporté avec ses frères. Johannes Bogaard décéda à Sachsenhausen, à l'âge de 79 ans. Teun y mourut également. Un autre de ses petits-fils, Piet, ne survécut pas longtemps à la Libération, à cause des épreuves endurées. Hannes écrivit plus tard: «... Ce fut un coup dur pour nous... Dieu nous avait appelé pour effectuer ce travail... et en tant que Néerlandais, nous ne pouvions faire autrement.»

À Utrecht, un «comité pour les enfants» fut créé durant l'été 1942, avec le but de faire sortir les enfants juifs d'Amsterdam. D'autres personnes et associations poursuivaient également le même objectif. Accueillir de jeunes enfants était une tâche plus facile que d'abriter des adultes: la nourriture nécessaire était moins abondante, l'opération était moins chère, et les enfants pouvaient passer pour des neveux et nièces éloignés ou des enfants évacués de Rotterdam, détruite après les bombardements. Mais leur séjour n'était évidemment pas un paradis. Alexander Van Kollem, né en 1928, raconta: «Nous sommes allés dans une maison et l'on nous montra l'armoire qui avait été installée, avec deux portes, pleine de casseroles, de plats et d'autres choses encore. Nous nous sommes placés devant et la femme frappa du pied deux fois sur le sol, – bam, bam. Elle ouvrit le plancher de l'armoire, ôta les casseroles et les assiettes, ainsi que la planche du dessous. Il y avait là une échelle qui descendait. Nous sommes descendus. Quand nous sommes arrivés, il y avait déjà quatorze ou quinze enfants... Si nous devions nous tenir silencieux parce qu'un étranger était dans la maison, elle frappait des pieds trois fois sur le sol. Cela voulait dire: “Silence”. Nous étions comme des phoques dressés – nous ne sifflions pas, nous n'éternuions pas, nous ne bougions pas d'un cil, tout le monde était silencieux comme une souris. Quand le sol était frappé de deux coups, nous savions que la voie était libre et nous pouvions à nouveau parler[1].»

À Amsterdam, les Juifs arrêtés étaient emmenés au Hollandse Schouwburg, tandis que les enfants rejoignaient une crèche en face. Les bébés et les petits enfants étaient évacués clandestinement sous le nez des gardiens, placés dans les grandes cruches de lait vides, les sacs à pommes de terre, ou échangés contre de grandes poupées. Un jour, ces sauveteurs découvrirent qu'ils pouvaient cacher les enfants dans les maisons du voisinage, ou à l'école qui jouxtait la crèche. Ainsi, des milliers d'enfants furent sauvés.

L'aide pouvait venir également d'une source inattendue. Il en fut ainsi de l'action louable menée par H. Calmeyer, directeur d'un bureau de l'*Innere Verwaltung*, opposé au national-socialisme, et qui, malgré l'opposition de Seyss-Inquart, fit reconnaître, avec l'aide de ses collaborateurs, 2026 personnes comme «demi-Juifs» et 873 autres comme «aryens»[2]. Les «demi-Juifs» étaient également aidés, comme dans le cas de ces mères juives qui faisaient reconnaître leur enfant comme né d'un adultère, d'un père «aryen»[3].

Environ 15 à 16000 enfants furent cachés aux Pays-Bas. Malheureusement, tous ne virent pas la fin de la guerre. Comme nous l'avons déjà signalé, pour le nazis, ces enfants étaient une cible prioritaire et ils devaient disparaître, car ils deviendraient un jour des adultes. Presser nous dessine les enfants figurant sur la liste de transport du 6 septembre 1944: 35 enfants inconnus, numérotés de 1 à 35, s'y retrouvent. Tous avaient un point d'interrogation après leur date de naissance, qui reste incertaine. Pour 10 d'entre eux, l'on ne connaissait que leur mois de naissance, ou le vague renseignement: «environ 4 ans». Parfois, l'on trouvait un prénom, mais sans aucune certitude. 21 d'entre eux portaient un nom de famille, mais de nouveau suivi d'un point d'interrogation. Finalement leur nom ou leur âge n'avaient en réalité aucune importance: ils étaient juifs et donc destinés au «travail à l'Est»...

Dénonciateurs et chasseurs de primes

Malheureusement, il y eut des gens pour profiter de la guerre pour se débarrasser de leurs concitoyens ou de leurs voisins juifs. Il ne s'agissait pas toujours d'antisémites, ceux-ci ayant répété les théories nazies bien avant le début de la guerre. Ce fut plutôt le cas des petits

1 A. Gluck Wood, *Holocaust*, 129.
2 L. Abicht, *Geschiedenis van de Joden...*, 308.
3 J. Presser, *o.c.*, II, 115.

profiteurs, qui au vu de la situation, purent s'enrichir et faire de bonnes affaires.

L'on vit à Amsterdam des situations de dénonciation qui permirent à des gens de pouvoir récupérer un logement. Quelqu'un écrivait à l'occupant que telle maison était habitée par le Juif X, avec son épouse, et qu'ils avaient une petite fille. La femme était bien aryenne, mais le dénonciateur espérait que les Allemands prendraient l'affaire très au sérieux. En échange, il reçut la maison; de la petite fille et de ses parents, il ne restait aucune trace après la guerre[1]...

La Belgique connut des mouvements favorables à l'occupant, de véritables réseaux de collaborateurs et de sympathisants nazis de la première heure, qui dénonçaient les Juifs et se comportaient en véritables chasseurs de primes.

À Anvers, le dimanche 6 avril 1941, l'on montra le film antisémite *Der ewige Jude*, présenté par René Lambrichts, le chef de file du *Volksverwering, Actie voor Beveiligheid van Ras en Bodem*, en français, La Défense du Peuple, Ligue pour la Sauvegarde de la Race et du Sol. Une nouvelle projection eut lieu le lundi de Pâques, 14 avril 1941, une nouvelle fois avec les propos excitants de Lambrichts. Juste après, de deux à quatre cents membres du *Volksverwering*, accompagnés de collaborateurs de la *Zwarte Brigade* et des SS flamands, envahirent le quartier juif d'Anvers. Il y eut d'abord des vitres cassées, suivies de la destruction et du pillage de deux synagogues et de la maison du rabbin. Ensuite, ce furent le tour des magasins juifs. Tout ceci n'étaient que les prémices...

Comme il apparut que les appels au travail obligatoire n'étaient que peu suivis, le *Volksverwering* ne craignit pas de publier dans son journal du 6 octobre 1942, que la faute en était à la population qui ne dénonçait pas assez les Juifs. Sous le titre de: «Le dernier Juif doit partir. Il ne faut user d'aucune compassion», l'on pouvait lire le texte suivant: «Il est évident que les Juifs ne sont pas disposés à obéir aux appels au travail obligatoire. Les Juifs sont extrêmement paresseux. Ce sont des parasites asociaux...». Suivait l'incitation pure et simple à une véritable chasse à l'homme: «nous demandons de nous fournir toutes les informations relatives à la découverte des Juifs fugitifs qui se trouvent en violation des lois (par exemple, quand ils ne veulent pas porter leur étoile ou qu'ils habitent hors de leur résidence légale). Et nous, de notre côté, nous ferons le nécessaire pour que tout fonctionne, c'est-à-dire que le Juif soit arrêté rapidement et transporté vers la Pologne ou ailleurs[2].» Le quotidien bruxellois *L'Ami du Peuple* écrivait

1 J. Presser, *Ondergang*, I, 386.

2 *Volksche Aanval. Officieel orgaan van Volksverwering, strijdbeweging van Bloed en Bodem*, n° 42, 17 octobre 1942, 6e année.

le 19 décembre 1942: «La chasse est ouverte… Dénoncer les Juifs est un devoir, un acte de légitime défense»[1].

Certains n'eurent, hélas, pas besoin d'encouragements. Au début, le SD faisait appel à l'aide de la police non sans succès, surtout à Anvers. Des SS flamands prirent ensuite la relève, après avoir été recrutés par Saerens sur base d'un profil particulier. La majorité d'entre eux étaient déjà actifs avant la guerre dans des organisations de l'«Ordre Nouveau» ou antisémites. Il n'est donc pas étonnant qu'ils agissaient par «pur idéal» et se livraient gratuitement à la chasse aux Juifs. Mais ils se servaient les premiers quand ils dévalisaient les maisons juives… La recherche de l'argent et du pouvoir – au détriment de personnes sans défense – sembla bien être leur véritable motivation. Félix Lauterborn était sans conteste le meneur des SS flamands. Tout d'abord, il fut actif dans le *Jodencontrole*, un groupe actif dans les rues et qui vérifiait si les Juifs appliquaient les règlements allemands. Ensuite, il participa à des recherches de Juifs et procéda à des arrestations. Avec ses compagnons – Emiel Janssens, Pol Martens, Gustaaf Vaniesbecq et René Bollaerts –, il s'est mis à la «Chasse aux Juifs». La violence était le langage que Lauterborn connaissait le mieux. Femmes et enfants étaient jetés dans les escaliers et celui qui essayait de s'enfuir était impitoyablement abattu. Après la guerre, il s'expliqua: «Nous devions traîner les prévenus sur le sol car ils perdaient conscience. Cela arrivait souvent avec les Juifs». Si un enfant commençait à pleurer lors de l'arrestation d'une petite voisine juive, Lauterborn l'emmenait: il ne fallait pas pleurer pour les Juifs. Et toutes les obscénités étaient également tolérées[2].

À Bruxelles, il y eut aussi des dénonciateurs de cet ordre, comme Icek Glogowski, Juif lui-même, et connu sous le surnom de «Gros Jacques». Nous le retrouvons mentionné dans de nombreux récits d'arrestations. Il se déplaçait avec une voiture de la Gestapo, indiquait les gens qu'il connaissait et les maisons qu'il savait habitées par des Juifs[3]. Beaucoup de conjectures circulent encore aujourd'hui sur lui. Les nazis lui avaient-ils promis que sa femme et ses enfants, qui avaient déjà été arrêtés, seraient épargnés? Ou avait-t-il été séduit par l'argent? Un air de mystère continue à planer autour de cet homme et de ses motivations. À la Libération, il disparut. Prit-il la fuite avec les Allemands ou fut-il exécuté par eux?

---

1 *L'ami du Peuple, Hebdomadaire d'Action Racique contre les forces occultes*, 5de jg., nº 51.

2 L. Saerens, *De Jodenjagers…*, 67-76.

3 L. Steinberg, *Le Comité*, 129-130.

Glogowski n'était pas le seul dénonciateur, loin s'en faut. Le siège bruxellois de la Gestapo recevait quotidiennement des lettres de dénonciation à l'égard de Juifs, de résistants, de commerçants pratiquant le marché noir... Le *Front de l'Indépendance* avait même installé un bureau spécial, composé d'employés de la Poste qui interceptaient ces lettres. Toutes les informations concernant les Juifs étaient transmises au JVC, qui se chargeait d'avertir les personnes concernées. Quant à la Gestapo, elle recevait les lettres, soigneusement refermées, avec quelques jours de retard; en effet, les faire disparaître équivalait à faire courir un trop grand risque aux employés de la Poste [1].

La dénonciation était encore plus répugnante si elle était le fait de ceux qui devaient normalement sauver les Juifs. Il y eut des «patriotes» qui acceptèrent de cacher des familles ou prétendirent aider les Juifs à fuir vers la France, en échange d'une véritable fortune: 15 à 20 000 francs. Une fois la somme payée, ils livrèrent ces gens à la Gestapo. Un certain Aertgeerts se livra à ce genre d'activités sous le couvert de la Croix Rouge. Il vendait un voyage sécurisé vers la Suisse à bord d'une ambulance (!). Les coûts de transport s'élevèrent d'abord à 25 000 francs, ensuite à 45 000 francs. L'homme produisait des lettres de remerciements postées de Suisse par un complice. Et toute personne qui était livrée à la Gestapo par ses soins devait, sous la contrainte, envoyer un courrier rassurant à sa famille ou à ses amis...

Jos Hacker tomba dans le piège. Il se rendit à la maison d'Aertgeerts. Les deux hommes prirent ensuite une voiture pour se rendre à Bruxelles. Un homme âgé, un «digne vieillard», soi-disant suisse, conduisait. Comme Hacker lui fit remarquer qu'ils prenaient une mauvaise direction, le conducteur se retourna et pointa un revolver sur lui: «rasseyez-vous ou je tire». Les portières furent verrouillées. «Sur l'avenue de Belgique, une porte cochère s'ouvrit. La voiture entra dans le bâtiment. Le vieil homme frappa dans les mains et cria: – Nous en avons encore un [2].»

Hacker ne fut pas le seul à avoir été trompé par ce genre de stratagème: Osy Fischler, avec ses parents et son frère, fut abandonné au milieu des bois par des passeurs, qui leur prirent leur argent et leurs bagages. Et que dire de «l'âme charitable» qui abandonna Ariel Eder, âgé de 4 ans, dans un bar parisien?

Aux Pays-Bas, comme l'écrivit Presser, il y avait «un nombre incroyable de trahisons, des dénonciations horribles». Les agences de voyage proposaient, avec de louables ou de moins bonnes intentions,

---

1 ID., 119-120.

2 J. Hakker, *De Geheimzinnige Kazerne Dossin*, 7, 12.

et pour de fortes sommes d'argent, d'envoyer des télégrammes «sécurisés» vers la Grande-Bretagne. Étaient-ils seulement envoyés? Et les Juifs payaient, certains d'avoir trouvé un échappatoire. Un ancien élève de Presser raconta: «Ils nous ont dit que la traversée de la frontière coûtait 20000 florins pour la première personne, et 10000 florins pour toutes les autres personnes. Cette somme fut ensuite augmentée de 1000 florins par personne.» Il apparut plus tard que le passeur ne recevait que 9000 florins, l'intermédiaire conservant 1000 florins par devers lui. Mais «Jan, qui avait monté toute l'entreprise, était très fâché car il avait défini que 5000 florins par personne était une somme suffisante». Chaque plan était plus fantaisiste que le précédent. Ainsi, contre paiement d'une somme exorbitante, des gens devaient être emmenés en avion depuis la Veluwe. La moitié de la somme fut payée, le solde devant être donné à leur arrivée en Angleterre. Évidemment, l'avion ne vint jamais[1].

Et puis, il y avait les «professionnels» qui, pour de l'argent, dénonçaient les Juifs cachés. Ils écumaient les rues à la recherche des gens qui avaient une apparence «juive» et qui ne portaient pas l'étoile de David. S'ils avaient une carte d'identité avec le «J», ils étaient aussitôt arrêtés; si les papiers ne comportaient pas le «J», on présumait qu'ils étaient faux, et les personnes étaient également emmenées pour interrogatoire – lire: torture. Tout Juif caché qui était découvert subissait le même sort: il devait indiquer son adresse et celle de tous ceux qui l'avaient aidé à «disparaître».

Durant le printemps 1943, le nombre de chasseurs de Juifs avait considérablement augmenté, notamment à cause des gens qui travaillaient pour le *Haussraterfassung*, le service chargé d'inventorier les biens spoliés aux familles juives. Ils formaient la *Kolonne Henneicke*, du nom de son instigateur; pas moins de 54 personnes prirent part au moins une fois à l'une de ses «actions». La prime «par tête» avait été fixée à 5 florins, puis augmenta jusqu'à 7,5 florins, pour atteindre durant l'été 1944 pas moins de 40 florins! C'était tout simplement le jeu de l'offre et de la demande: plus les proies devenaient rares, plus la prime augmentait. De début avril à fin septembre 1943, les membres du groupe d'Henneicke firent plus d'une centaine de victimes, pour lesquelles ils perçurent la somme de 750 florins.

Un membre de ce groupe en parla à l'un des membres du Conseil juif (!), et raconta qu'il avait vu marcher en rue une femme qu'il soupçonnait être juive et qu'il avait pensé: «si aujourd'hui je prends un Juif

---

1 J. Presser, *o.c.*, II, 29; K. Groen, *Als slachtoffers daders worden. De zaak van de joodse verraadster Ans van Dijk*, Baarn 1994.

caché, je me ferai 15 florins. Alors, je suis allé vers elle et je lui ai demandé ses papiers...». Et en effet, elle était juive...

La violence était très souvent présente. L'attitude du policier hollandais Kaptein en fut un exemple, comme lorsqu'il investigua le domicile des sœurs ten Boom. Corrie ten Boom témoigna: «Enlève tes lunettes, me siffla-t-il... L'interrogatoire commença alors. Après avoir posé chaque question, il me giflait le visage. Cela me surprit au début... Mais comme il continuait à me frapper, je craignis de ne pas pouvoir le supporter bien longtemps. "Seigneur Jésus, protège-moi", dis-je tout bas. Une expression horrible apparut alors sur son visage cruel. Il persifla: "Si tu prononces ce nom encore une fois, je te battrai à mort."»

Parfois, les Juifs eux-mêmes, dans une tentative désespérée de sauver ou de protéger leur famille, se mirent à dénoncer. Mais la majorité d'entre eux finirent également par être déportés. L'un d'entre eux, Bernard Joseph, un Juif allemand qui résidait aux Pays-Bas depuis 1937, dénonça ainsi une dizaine de Juifs, dont des enfants cachés. Son père et sa sœur l'aidèrent dans cette tâche sordide. Il y eut également à Rotterdam un certain Menasse-Eckstein. Il vécut tout d'abord lui-même caché, paya à «une relation» la somme de 2000 florins pour s'échapper, fut découvert et emmené à la *Sichercheitspolizei*. Il prit goût à la dénonciation. Parmi ses victimes, l'on compte Saartje van Gigch, qui mourut à Sobibor; sa mort rapporta au dénonciateur «500 florins et un nouveau costume[1]».

Le traître le plus connu est sans nul doute Anna (Ans) van Dijk, une Juive néerlandaise, qui exerçait un métier illégal. Elle devint dénonciatrice pour le compte de sa loueuse et fut recrutée par Pieter Schaap, du «Bureau des Affaires juives» afin de jouer double-jeu. Elle cachait chez elles des Juifs, qui étaient par la suite arrêtés en rue. Elle écoutait également tout ce qu'ils se disaient entre eux, apprenant leur véritable adresse et où ils avaient cachés leur argent. Schaap lui-même estima après la guerre que ses victimes devaient s'élever au nombre de cent environ. Et parmi elles, l'on trouve son propre frère, sa belle-sœur et leur enfant. Anna fut exécutée après la guerre[2].

En contrepoint de toutes ces trahisons, heureusement, nous trouvons l'engagement et le courage de tous ceux qui aidèrent et sauvèrent les Juifs et les enfants cachés, risquant leur vie et leurs biens, et qui parfois les perdirent. Pourquoi? Par philanthropie, par charité humaine, mais aussi par conviction. L'un était communiste,

1 Aperçu d'après L. De Jong, *Het Koninkrijk...*, 6, 1re partie, 345-351, et A. Van Liempt, *Kopgeld*, passim.

2 J. Presser, *o.c.*, II, 263.

«grand-père Bogaard» était réformé, un autre catholique. Mais tous étaient des êtres humains, guidés par leurs idéaux.

Il en fut ainsi de onze policiers dans les environs du village de Grootegast, réquisitionnés pour arrêter une famille juive. Tous refusèrent. Ils furent emmenés par la police néerlandaise à Groningen, condamnés et accusés de «refus d'exécution des ordres», ce qui équivalait à être envoyé sur le front, c'est-à-dire à la peine de mort. Après une nuit de réflexion dans une cellule, ils persévérèrent dans leur refus et furent envoyés au camp de concentration de Vught. Dans le fourgon, un policier allemand entreprit de les compter: «Ils sont onze, oui». Le policier le plus âgé répondit: «Vous vous trompez, nous sommes douze. Vous avez oublié Dieu: Il nous accompagne. TOUJOURS[1].»

Nous voulons dire merci à tous ces héros – et le mot n'est pas trop fort pour exprimer ce que nous ressentons. Grâce à eux, un certain nombre d'enfants ont heureusement survécu. Et leur joie peut s'exprimer par les mots du petit Rob: «Enfants, enfants, venez tous, j'ai à nouveau ma propre maman[2].»

Des hommes et des chiffres

On estime qu'en Europe, 1,1 million d'enfants juifs ont été tués.

En Pologne, environ 50000 bébés et enfants juifs, qui ressemblaient suffisamment à des «Allemands», furent kidnappés et élevés dans des familles allemandes.

Les convois en provenance de Malines comptabilisèrent 25610 personnes, dont 25259 juifs et 351 tsiganes. Des 5093 enfants mentionnés, seuls 1335 survécurent. Les déportés les plus âgés étaient Etna Kolender, 92 ans, et Jacob Blom, presque 91 ans. Le plus jeune enfant déporté avait à peine 34 jours: il s'agissait de la tsigane Jacqueline Vadoche. Le plus jeune enfant juif avait 39 jours: Suzanne Kaminsky, née le 11 mars 1943 et déportée le 19 avril. Seuls 1194 Juifs survécurent et revinrent en Belgique: 42,59 % des membres de la communauté juive (enregistrés) moururent durant la guerre.

De Westerbork, 93 convois prirent la route pour l'*Arbeitseinsatz*, et cinq au départ d'autres endroits des Pays-Bas, soit plus de 100000 personnes.

Des 103000 Juifs qui furent déportés des Pays-Bas, seuls 3000 revinrent.

Les chiffres concernant les Juifs assassinés entre le 1er septembre 1939 et le 8 mai 1945 restent approximatifs. Des milliers de faits et de

1 ID., 167-168.

2 J. Brilleslijper in W. Lindwer, *De laatste zeven maanden. Vrouwen in het spoor van Anne Frank*, Hilversum, 1988, 99.

personnes ne furent jamais enregistrés: les petits enfants déportés avec leurs parents, les personnes qui furent assassinées sans être enregistrées, comme lors des descentes des *Sonderkommando's*.

Albanie	200	Libye	562
Belgique	25 500	Lituanie	135 000
Bessarabie	200 000	Luxembourg	3 000
Bucovine	125 000	Macédoine	7 100
Dantzig	1 000	Memel	8 000
Danemark	77	Pays-Bas	102 000
Allemagne	160 000	Nord-Transylvanie	105 000
Estonie	1 000	Norvège	700
Finlande	11	Autriche	58 000
France	83 000	Pologne	2 350 000
Grèce	65 000	Rhodes	1 700
Hongrie	440 000	Roumanie	200 000
Italie	8 500	Ruthénie	60 000
Yougoslavie	55 000	URSS	700 000
Lettonie	80 000	Tchécoslovaquie	230 000

Deuxième partie

LES VOIX DE LA PEUR

RACE MAUDITE

Robert Arouete

J'ignore qui étaient mes ancêtres et pourquoi, avec leurs frères et sœurs, ils quittèrent la Turquie, un pays où les Juifs séfarades avaient vécu heureux durant près de cinq siècles, après avoir été expulsés d'Espagne. Georges Francès, le cousin de maman, croyait savoir que c'était à cause de leur soutien à la politique d'Attatürk, qui faisait d'eux des opposants au sultan. Mon cousin René pensait quant à lui que c'était pour échapper au service militaire, car les minorités – Juifs, Arméniens et Kurdes – n'étaient enrôlées que pour casser des pierres sur les routes en construction, tandis que les musulmans étaient dans leurs bureaux. Maman, dont le père était marchand d'étoffes, est née à Constantinople. Elle s'appelait Laure. Mais, quand son frère la vit à sa naissance, il la trouva si belle qu'il l'appela Linda, ce qui dans la langue des Juifs séfarades signifie «belle». Ce nom lui est resté.

Je suis né en juillet 1929. Mon frère et moi n'avions pas beaucoup l'occasion de voir nos parents. Mon père travaillait dans le diamant, à Anvers. Il était là de temps en temps, le week-end. Maman était rarement avec nous. Elle allait et venait. Nous vivions entre la gouvernante et la bonne espagnole. Les gouvernantes se succédaient, plus sévères l'une que l'autre, mais Josepha, la bonne espagnole, était toujours là, avec son sourire.

Tante Fannica – diminutif de Fanny –, la plus jeune sœur de mon père, me donnait l'amour pour l'enfant qu'elle n'avait pas elle-même. Oncle Maër et l'autre tante Fanny vivaient dans une petite maison de la rue Edelinck. Mon frère et moi y avons connu nos derniers moments d'enfants au sein d'une famille. Tante Dora, l'autre sœur de mon père, habitait une grande maison sans jardin, sur le De Keyserlei, avec oncle Maurice, René et Elvire. Au rez-de-chaussée, était établie leur confiserie. Au sous-sol, un ouvrier fabriquait du massepain et du chocolat. Au premier étage, se trouvait la réserve de sucre, de chocolat et d'amandes.

S'y trouvait aussi la chambre de tante Fanny, avec qui j'ai parfois dormi quand j'étais enfant.

Heide, tel est le nom du petit village où se trouvait, dans la Campine anversoise, le Nid d'Aiglon[1], un internat pour enfants de familles flamandes francophones, que dirigeait Eugène Cougnet, un grand humaniste. Pour y aller depuis Anvers, on prenait le train vers les Pays-Bas. Quelques kilomètres, quelques petites gares: Kapellen, Kapellen-Bos, et Heide-Kalmthout. En sortant de la gare, il fallait traverser la voie ferrée puis suivre la grande rue commerçante jusqu'au portail. Mon père n'aimait pas dépenser de l'argent pour des choses inutiles, mais cette première fois, exceptionnellement, nous avons pris un taxi depuis Anvers. Le directeur en personne nous a reçus, ainsi que deux dames qui savaient gâter les petits: Mme Van Liefferinge, une vieille Anglaise mariée à un Belge qui se trouvait quelque part au Congo, et Mme Blomme, l'épouse du sous-directeur. Nous avons visité les dortoirs, les classes, les pelouses, les bois, l'étang. Et puis la famille s'en est allée. Mon frère et moi sommes restés au milieu d'étrangers. Nous allions connaître dix longues années de solitude. J'étais jaloux de l'attention des dames pour mon frère. Il n'avait que cinq ans, il riait et s'amusait de tout. Il était le plus jeune des pensionnaires. Moi, au contraire, je supportais mal d'être séparé de ma famille. J'étais triste et je me mettais facilement à pleurer. Je cultivais un sentiment d'infériorité qui s'est renforcé lorsque mon frère fut inscrit dans la classe en dessous de la mienne, alors qu'il avait deux ans de moins. Mes larmes ont pourtant été vite séchées. Il ne manquait pas d'amis, dans un domaine de seize hectares à peine clôturé, avec des bois, un étang pour pêcher…

Je savais vaguement que j'étais Juif. Je l'avais appris de ma mère, le jour où je lui avais demandé ce qu'était la petite croix que Josepha portait au cou. Mais pendant longtemps cela ne m'avait pas vraiment posé problème. Mon origine ne me pèsera que petit à petit. D'abord, nous avons vu arriver à l'internat des enfants juifs chassés d'Allemagne. Ce qui nous a surtout frappés, ce n'était pas tant qu'ils fussent réfugiés, mais qu'ils aient pu s'adapter si vite. À leur arrivée, ils ne connaissaient pas le français, et pourtant au bout de quelques semaines il suivaient déjà normalement les cours. Cela m'étonnait d'autant plus que moi je n'arrivais pas à parler convenablement le néerlandais, alors que nous avions plusieurs heures de cours par semaine. Il y avait parmi eux Hans Meyer Udewald, fier de dire que sa famille habitait l'Allemagne depuis des générations. Son père, un

---

1 NDT: En français dans le texte.

avocat, avait été capitaine dans l'armée allemande lors de la Première Guerre mondiale. Nous sommes devenus amis. De cette amitié demeurent aujourd'hui deux traces: une photo, et un «détail» dans le livre de Serge Klarsfeld *Le mémorial de la déportation des Juifs de France*: «Le départ du convoi n° 36 est signalé le 23 septembre 1942 en direction de Auschwitz. À leur arrivée, 300 hommes et 126 femmes sélectionnés… 475 gazés. En 1945, 26 survivants.» Hans figure dans cette liste. Hans, l'ami de mes dix ans, je ne t'oublie pas: j'ai mis ta photo dans le livre qui témoigne de ces quelques millions de «détails de l'Histoire». De temps en temps je l'ouvre, je lis quelques dizaines de noms et je me dis que la seule lutte qui vaille est celle qui consiste à empêcher que de tels «détails» ne se reproduisent à l'avenir.

En instruction religieuse, nous étions divisés en croyants et non croyants: catéchisme pour les catholiques, morale laïque pour les autres. Je ne pense pas que d'autres religions y aient été enseignées. Nous, à la demande de mon père, nous suivions «morale laïque». À son décès, j'ai appris qu'il appartenait au milieu des francs-maçons.

Dans notre internat, les repas étaient fixés pour chaque jour de la semaine: un jour nous mangions de la carbonnade, un autre jour des macaronis aux œufs, le vendredi de la morue, et ainsi de suite. Pendant les vacances, nous retrouvions notre famille, celle d'Anvers aux petites vacances, et celle de Paris en été. Oncle Jacques, le plus jeune des frères de maman, venait alors nous chercher en voiture: quelle excitation que ce trajet Anvers-Paris à près de cent kilomètres à l'heure! Quelques jours à Paris, rue de la Neva, et puis à nouveau en route à bord de la Chrysler d'oncle Edwin qui, plus tard, deviendrait notre beau-père. Dans ces années folles nous, les enfants, ne pouvions pas soupçonner quel feu était en train de couver. Tout était gai: les fêtes de Noël… l'Exposition universelle… Souvenir de maman dansant sur la Place de Saint-Nazaire avec oncle René, avec l'avocat Idzkovski, un cousin par alliance d'oncle Edwin qui, quatre ans plus tard, sans le connaître, serait un «compagnon de voyage» de Hans dans le convoi n° 36 vers Auschwitz. On m'envoya en Normandie, à Hermanville, où habitait oncle Robert, le plus âgé des frères de maman. C'est là que j'appris que la guerre avait éclaté. Mon père est alors venu me chercher. À Anvers, j'ai retrouvé mon frère et nous sommes allés à Heide.

Le 10 mai 1940, c'était le début des vacances de Pentecôte. Nous faisions notre toilette dans une ambiance de première journée de vacances. Nous n'avons pas tardé à nous rendre compte qu'il se passait quelque chose d'anormal. Des avions tournoyaient, des tirs de mitrailleuses crépitaient dans l'air. Bizarrement, la première sensation fut de plaisir: il se passait quelque chose qui allait changer notre vie. En fin de matinée, nous avons vu passer des soldats français qui se dirigeaient vers la frontière des Pays-Bas. Un canon tonnait. Des parents d'enfants d'Anvers se succédaient pour récupérer leur progéniture. Mais, à ce moment-là, mon père ne se trouvait pas à Anvers, et nous étions une vingtaine à attendre l'ordre du départ collectif. Les valises ont été entassées dans la seule voiture de l'institut, et nous avons pris le train pour Anvers. Après une dernière tentative infructueuse de nous héberger en ville chez des parents, nous avons repris le train, cette fois pour Ostende.

Monsieur Cougnet voulait-il nous emmener en Angleterre? Nous sommes restés deux ou trois jours à Ostende, alternant les promenades sur la plage et les moments passés dans un abri souterrain. La dernière nuit, nous nous sommes trouvés sous un bombardement. Quand nous sommes ressortis, paralysés par la peur, nous étions au milieu de décombres. C'est le lendemain matin qu'a commencé le véritable exode. On recherchait un transport pour nous mais il devint très vite clair que nous ne pouvions compter que sur nos propres jambes. Pour gagner la frontière française depuis La Panne, nous avons donc pris par la plage, à pied. Après une nuit dans la paille à Bray-Dunes, nous avons poursuivi vers Dunkerque. La voiture transportant nos bagages pouvait à peine se frayer un chemin au milieu des cohortes de fugitifs. De temps en temps un avion passait, les tirs d'une mitrailleuse crépitaient, et dans le ciel apparaissait un grand nuage de fumée noire d'où émergeait un parachute. Il n'y avait pas assez de place pour toutes les valises dans la voiture de l'école. Les plus grands durent donc porter chacun une valise, pas une grande, mais qui pesait tout de même de plus en plus, au fil des kilomètres. À Dunkerque, nous avons tenté une dernière fois de monter dans un train, mais en vain. Par la rumeur, nous avons appris que les Allemands approchaient. Le plus surprenant est ce bel espoir que nous caressions: l'avancée de l'ennemi serait vite stoppée, la guerre n'allait pas durer longtemps et elle se conclurait forcément par la victoire des Alliés. Une école nous servit d'abri pour la nuit. Une nuit qui se révéla horrible. Des bombardements incessants. Nous avions l'impression que c'était la fin du monde. Au matin, nous avons repris la marche. Ça et là, il nous a fallu contourner des restes d'animaux carbonisés. La masse, épuisée, se traînait de plus en plus. Et soudain: «Robert!». Qui donc m'appelait ainsi? J'ai tourné la tête. Au bord de la route se reposait toute la famille d'oncle Maër, morte de fatigue. Elle s'est jointe à nous. En arrivant à la ferme de Landrethun où allait s'achever notre voyage, nous avons été doublés par les premières patrouilles motorisées allemandes.

Les premières troupes auxquelles nous avons été confrontés n'étaient pas les *Waffen-SS* de 1944. Il s'agissait de soldats de la *Wehrmacht*, qui avaient manifestement l'ordre d'établir une bonne relation avec la population des régions conquises. Certains parlaient français. L'image qu'ils présentaient n'étaient pas du tout ce que la propagande des Alliés voulait nous faire avaler. Il n'empêche que je fus bouleversé à l'annonce de la capitulation.

Pendant un petit mois, c'est resté calme aux yeux de l'enfant que j'étais. Le bruit des bombes avait cessé, et toutes les nouvelles concernant les fronts, les changements de gouvernements, les appels à la résistance, toutes choses qui alimentaient sans doute les conversations des adultes, étaient épargnées aux enfants. Nous passions notre temps à gambader dans les champs. Quand Ginette, la fille de l'oncle Maër, nous a entendus parler de religion, elle nous a expliqué qu'il ne fallait plus dire que nous étions juifs, car cela pouvait être dangereux. Nous avons assisté à l'abattage et au découpage d'un veau: le prix à payer pour survivre. Puis nous avons pu mettre la main sur un *Matford* de l'armée qui avait battu en retraite. Nous nous sommes frayé un chemin parmi les chars vides, les camions et d'autres restes de la débâcle et, deux jours plus tard, nous étions de retour à Heide. Nous y sommes arrivés au milieu du bric-à-brac que les internes avaient laissés, et de casques abandonnés là par des militaires.

Dès les premiers jours, nous avons compris que M. Cougnet avait choisi la voie courageuse de la Résistance. Nous étions dans un local de service, non loin de son bureau, et il était engagé dans une dispute avec un employé, dont l'épouse travaillait aussi au pensionnat. L'altercation était si vive que nous saisîmes des bribes. L'homme quitta la pièce, furieux, et les deux dernières phrases nous parvinrent distinctement:

«– Eh bien engage-toi donc dans la *Wehrmacht*!

– Allez, viens, Maria, on s'en va.»

Monsieur Cougnet avait probablement pris la décision qui devait lui coûter la vie. Plus prudent, son employé «quittait le navire».

Un autre souvenir m'amène chez Louis, un copain d'enfance. Au cours d'un week-end dans ma famille à Anvers, nous prenons rendez-vous avec lui pour aller visiter le zoo. En sortant, il nous promet une surprise. Nous le suivons, Jean et moi, empruntant des petites rues inconnues jusque devant un bâtiment dont tout l'intérieur est carbonisé. Un cordon de police en interdit l'accès. À travers les vitres cassées, nous voyons des meubles détruits et des tableaux lacérés. Sur le trottoir, quelques objets qui ne nous sont pas vraiment familiers, mais que nous nous rappelons avoir vus lors de la *bar mitsva* [1] de notre cousin René. La synagogue est saccagée, et Louis a le «tact» de nous la faire voir, sans doute à l'instigation de sa famille. Voyant notre désarroi, il a ces mots: «Mon père pense que l'Occupation allemande a tout de même du bon: elle va nous délivrer de tous ces Juifs.» Je me suis fait tout petit, sans répliquer. Venant après la mise en garde de Ginette, ce second incident a fait de moi, et pour des années, un «Juif honteux de l'être».

Cette attitude s'est encore renforcée après un troisième événement, celui qui, de toute ma vie, m'a atteint le plus profondément. Il fut pourtant extrêmement bref. Alors que je suis en train de traverser la salle de ping-pong attenante à la salle à manger, trois «grands» surgissent soudain à mes côtés. Je sens bien qu'ils ont de vilaines intentions. Je me retourne, mais personne. Ils m'encerclent. L'un d'eux me saisit au collet, me regarde droit dans les yeux et d'une voix sifflante: «Sale Juif. Race maudite.» Il me relâche et moi de m'enfuir pendant qu'ils s'esclaffent. Cet événement a suffi à nourrir mon désir de revanche pendant des années.

En septembre, ce fut le départ définitif de Heide. Nous avons parcouru une fois de plus la rue commerçante, traversé pour la dernière fois la voie ferrée, pris le train, vu défiler pour la dernière fois Kapellen-Bos et Kapellen, puis Anvers, puis Bruxelles. À Heide, notre famille était à une demi-heure par le train. Désormais, nous allions être tout à fait seuls, loin de tout. À ce moment-là, maman m'a manqué.

Nous connaissions le château de Bassines, pour y être déjà allés camper, par deux fois, durant des vacances. Cette fois, nous en devenions des habitants permanents. Le parc de trente-six hectares n'était pas clôturé, ce qui donnait une sensation de liberté encore plus grande qu'à Heide. Au rez-de-chaussée, donnant sur l'arrière, il y avait plusieurs grandes salles ouvrant sur un grand pré bordé de bois. Dans l'aile gauche: le salon, aux murs couverts de tableaux. Chacun pouvait se défouler sur un piano à queue, grâce au pianola, un genre d'automate relié aux touches et avec lequel, en utilisant des rouleaux de carton percés de trous, on pouvait jouer du classique sans rien connaître à la musique. La salle contiguë servait de réfectoire. Puis deux salles de classe. Dans l'aile droite, un petit couloir conduisait à la chapelle, que l'on n'utilisait pas. Cette chapelle, dont le plafond était en voûte, atteignait presque le plancher de la lingerie, située au deuxième étage, la seule pièce inoccupée. Plus tard nous comprendrions pourquoi. En traversant la chapelle, on arrivait à un passage couvert conduisant à un bâtiment où jadis il y avait eu des étables avec, au-dessus, des

1 NDT: Cérémonie religieuse marquant l'accession du garçon à la majorité (13 ans).

chambres pour le personnel. Le rez-de-chaussée servait de salles de classe et, au premier étage, il y avait un dortoir et des chambres puisque le château allait servir de cachette pour des Juifs, des réfractaires au travail obligatoire et des résistants.

Jusqu'au 23 octobre 1943, notre vie allait se dérouler dans ce cadre rural où se combineraient études, récolte des pommes de terre et autres tâches de ce genre. Au départ, nous n'avons pris conscience de la guerre qu'à travers les restrictions alimentaires. Pour commencer, nous n'étions que quelques-uns, mais les locaux se sont remplis petit à petit. L'angoisse résultant de la séparation d'avec notre famille a vite été dissipée. L'administration du collège était installée sur l'avant du bâtiment dans de petites pièces donnant sur une belle cour que fermaient, de l'autre côté, de part et d'autre du portail, les anciennes écuries. Derrière ce portail, adossé à une grande ferme, un bâtiment flanqué d'un donjon où nous aurions bien aimé grimper pour admirer le paysage vallonné. Mais c'était strictement interdit car le plancher vermoulu pouvait céder. Notre famille venait souvent nous voir. Nos cousins André et Marcel, les fils de Maër, nous ont bientôt rejoints. Elvire était tantôt là, tantôt pas là. Mon père traversait toute la France pour venir s'assurer que nous étions en sécurité et de temps à autre ma mère, elle aussi, nous rendait visite.

Un peu plus tard sont arrivés des élèves externes, des fils de familles aisées de la région. L'hiver de 1941 fut très rude. Pendant des semaines nous sommes restés prisonniers de la neige. Les vivres commencèrent à manquer. M. Cougnet réussit à passer un accord avec des agriculteurs du coin, mais c'était à nous d'aller tout chercher. Nous faisions de longues virées à travers des prés et des bois enneigés, traînant une charrette à bras. Les rutabagas remplaçaient les pommes de terre, le

Le château de Bassines (dessin de Klaus Grünewald, *alias* Maurice Torfs).

pain comportait plus de son que de farine. Les externes, qui étaient plus en relation avec des agriculteurs locaux, apportaient parfois leur petit déjeuner, et nous offraient une tartine de pain blanc... beurrée. Pour compléter le menu, nous posions des collets, qui n'attrapaient que rarement un lapin. Une autre «friandise» bienvenue: les corneilles. Pour les attraper nous nous servions d'une caisse, maintenue en hauteur par un bâton muni d'une ficelle. Dès que l'animal venait sous la caisse picorer les grains que nous avions chapardées à cette fin dans un champ voisin, nous tirions la ficelle depuis le fossé où nous étions en embuscade. L'année suivante le ravitaillement fut plus facile: le beau pré vert était devenu un champ où poussaient des pommes de terre, des carottes, des petits pois et des haricots. Chacun de nous s'était vu attribuer un lopin de terre où nous cultivions un peu de légumes. Cela nous donnait le sentiment d'apporter notre pierre à l'entretien de notre communauté.

En juillet 1942, un avion anglais fut abattu au-dessus du château. Nous avons été réveillés de nuit par une secousse énorme. Une roue du train d'atterrissage venait de s'écraser sur le château. Comme par miracle, elle a atteint la seule pièce où personne n'habitait – la lingerie – traversant des plafonds et des planchers pour atterrir dans la chapelle. Un pan du mur séparant la lingerie des dortoirs est resté en suspens au-dessus des lits, mais il a résisté; aucun de nous n'a eu la moindre égratignure. Tout le monde a dû fuir dans le bois. De loin, nous avons alors vu un étrange va-et-vient de gens, juste avant l'arrivée des Allemands. L'avion gisait quelques centaines de mètres plus loin, dans une clairière, au-delà du champ de pommes de terre. Cinq corps mutilés en ont été extraits, que l'on a enterrés dans le petit cimetière de Méan. Apprenant qu'un sixième soldat avait atterri en parachute, nous avons prié toute la journée pour qu'il échappe aux patrouilles allemandes. Déception: le soir nous l'avons vu se faire emmener en voiture, sous surveillance. La chapelle détruite laissait apparaître un espace vide entre la voûte et le sol de la lingerie. Depuis, je me suis laissé dire qu'au temps de la Révolution française il avait servi de cachette pour des prêtres. Et c'était là aussi que les résistants avaient caché leurs armes. Tout ce monde que nous avions vu aller et venir était donc en train de déménager cet arsenal. Les morts, le prisonnier, les débris de l'avion jusqu'à un kilomètre alentour, tout cela nous fit toucher du doigt la réalité de la guerre.

C'est à peu près à cette époque qu'Elvire est venue passer quelques jours avec nous. Ce qu'elle nous a raconté nous a terrorisés. La maison du De Keyserlei avait été attaquée par des collaborateurs: les vitrines avaient été cassées, la réserve pillée. Ils avaient tous eu peur de se faire lyncher. Elle nous a parlé de Malines, de déportations et de camps de concentration. Malgré la sécurité que nous procurait le château, nous en avions la gorge serrée d'angoisse. Il y eut une nouvelle lueur d'espoir quand nous avons su que l'Italie avait capitulé. Pour nous, enfants naïfs, cela signifiait que les Alliés allaient atteindre Beaulieu en quelques jours; c'était là-bas que mon père se trouvait caché.

En me réveillant le 23 octobre 1943, je suis inquiet: je crains une interrogation de maths, et je n'ai pas trouvé le temps de finir ma version latine. Vient soudain l'ordre de nous disperser dans les bois. Nous n'avons pas fini de nous habiller que des soldats allemands envahissent la cour, armés de mitraillettes. Nous entendons des pas dans l'escalier, et puis des hommes armés paraissent dans l'embrasure de la porte, viennent se poster devant les lits puis, brutalement, nous pressent de descendre. Mon premier sentiment: soulagement, car le cours va certainement être reporté. Et puis le second: curiosité – comme en 1940, lors de l'invasion –, car cela va mettre de l'animation dans notre vie. Tout le monde est bientôt dans la grande salle de classe, en face de l'entrée principale, et les interrogatoires commencent. Onze personnes sont appelées une à une et emmenées vers un camion de l'armée. Il s'agit de toute évidence d'une dénonciation, puisqu'il y a une liste de noms: les Allemands sont là pour arrêter les réfractaires au travail. Mais l'un des Juifs adultes qui se cache aussi dans le château réalise qu'il a sur lui sa carte d'identité portant la mention «Juif». En un mouvement de panique, il jette ce document compromettant dans les cabinets. Hélas, les cabinets du bâtiment où il se trouve ne sont pas connectés au réseau de collecte, tout s'écoule dans un caniveau à l'air libre en passant à travers l'étable au rez-de-chaussée. Un soldat remarque la carte, et voilà que s'ouvre la chasse aux Juifs. L'interrogatoire prend alors une autre tournure. Nous devons aller au salon, d'où nous sommes appelés un par un. Les Allemands hurlent. Ceux qui reviennent ne font que renforcer notre peur car, disent-ils, il suffit d'être circoncis pour être coupable. Après que les adultes aient été passés en revue, nous ne sommes plus que quelques jeunes. Cette peur que nous avons! Soudain, deux Allemands apparaissent dans la pièce. L'un d'eux, un officier, hurle une phrase que je ne comprends pas. L'autre traduit: «Quels sont ces deux Français?». Le sang se fige dans mes veines: ça va être notre tour. Mais à peine nous manifestons-nous, effrayés, que l'orage se calme. Le deuxième soldat dit quelque chose qui, apparemment, convainc l'officier, et ils disparaissent sans se retourner. Notre ami Sylvain, qui connaît le yiddish, lequel ressemble quand même un peu à l'allemand, nous traduit la petite phrase de l'interprète « *O. Sie sind so jung*»: «Ils sont si jeunes». Quand le calme est revenu, nous faisons l'inventaire de ceux qui restent: les non-Juifs, les femmes et quelques enfants de mois de quinze ans. M. Cougnet est encore là, lui aussi. Un court moment, je le vois dans son fauteuil au salon, effondré: tous ces gens dont il avait pris la charge, désormais entre les mains des nazis. Puis il a appelé Margot. Pendant le sinistre interrogatoire, un télégramme était arrivé: «Viens avec trois colis. Bernaert.» Les Allemands avaient essayé de savoir qui était Bernaert, et M. Cougnet avait probablement répondu qu'il s'agissait d'un voyageur de commerce. En réalité, Bernaert était Mlle Bernaert; et les trois «paquets» étaient oncle Maër, tante Fanny et Ginette. Margot reçut la mission de partir à la gare d'Avins à vélo, pour empêcher à tout prix Mlle Bernaert de venir au château avec les trois «colis». Là-bas, d'après ce que nous avons appris plus tard, M. Cailloux, le chef de gare, les avait déjà mis au courant. Oncle Maër fut à deux doigts de craquer: il échappait comme par miracle à la Gestapo mais ses deux fils et ses deux neveux – mon frère et moi – étaient en danger de mort. Avant de fuir se cacher, il implora Margot de nous sauver. Mais comment? Nous extraire du château, certes, mais pour aller où? Mlle Bernaert savait que quelqu'un de la Résistance habitait au village voisin, mais – mesure de sécurité – elle ne connaissait ni son nom ni son adresse. Il lui était tout de même arrivé de téléphoner au numéro 5 à Ocquier.

Au retour de Margot, le contrôle était devenu plus strict, et M. Cougnet avait été arrêté. Après le repas de midi, Margot m'a transmis le message de mon oncle: elle devait nous sauver, mais ne savait pas à qui nous confier. Ocquier était trop éloigné pour qu'elle y conduise, de nuit, des enfants de cinq et sept ans. Et où trouver un toit? Elle a proposé de laisser à mon frère la garde des cousins, et que nous revenions le lendemain avec des renforts. Devais-je abandonner mon frère? Margot, du haut de ses seize ans, est parvenue à me convaincre. Quand, le lendemain matin, elle reviendra comme prévu avec des résistants, ce sera trop tard: la Gestapo aura remplacé la *Wehrmacht* et le château sera complètement bouclé. J'étais tiraillé entre diverses émotions. D'abord, j'étais brutalement séparé de mon frère et de mes cousins. D'autre part, je regrettais d'avoir quitté un monde connu pour l'inconnu, sans rien à quoi me raccrocher. De plus, un sentiment de culpabilité me tourmentait. Aurais-je dû refuser? Devais-je me rendre au château? Mon absence ne mettait-elle pas en danger mon frère et mes cousins? Tout était allé si vite et je n'y pouvais rien, mais encore aujourd'hui tout ceci me pèse. Quand la nuit fut tombée, nous avons gagné Ocquier à travers champs et prés. Nous avons frappé à la première maison pour demander qui avait le 5 comme numéro de téléphone. C'était Marcel Nassogne, de Chardeneux, un petit village entre Bassines et Ocquier, mais plus proche de notre point de départ. Il nous fallait donc refaire tout le trajet. Margot me fit remarquer qu'elle avait pris la bonne décision. Qu'aurions-nous pu faire avec ces petits?

Puis j'ai été envoyé à Verviers, chez Mlle Mawet, l'institutrice qui était venue de Heide avec nous. Je me suis senti complètement abandonné, malgré la gentillesse des gens autour de moi. Leurs conversations manifestaient de l'inquiétude et de la peur. Je me sentais comme dans le jeu de la patate chaude, où c'était moi la patate. Je ne me suis jamais senti si seul que durant les cinq mois qui allaient suivre. Les gens qui m'offraient un toit faisaient pourtant preuve d'une remarquable générosité. Quand il fut clair que les Allemands n'étaient plus à notre recherche, je suis arrivé dans une ferme de Chardeneux, au milieu des bois, où défilaient sans cesse des fraudeurs venant s'approvisionner au «marché noir». Je me sentais inquiet, aussi, parce que ma situation n'était pas claire: puisque je n'étais pas recherché, j'aurais aussi bien pu rester au château. On avait inventé à mon sujet une histoire qui ne tenait absolument pas debout. Ce n'est que parce que M. le Curé l'avait demandé que j'ai pu demeurer chez les gens qui m'hébergeaient. Quand on parlait des Juifs, je me rendais compte qu'ils savaient très bien de quoi il en retournait. Dans cette atmosphère d'animosité latente, je préférais passer mes journées à Nassogne où demeurait Margot, parce qu'il y régnait une atmosphère amicale. Or à la ferme où j'étais, on me faisait sentir que j'étais un pique-assiette. Les bâtiments formaient un grand U. Un câble reliait les deux extrémités du U, auquel pendait la grande laisse d'un chien féroce, si bien que personne ne pouvait s'approcher de la ferme durant la nuit. On ne pouvait pas atteindre le petit bâtiment qui servait de cabinets sans se trouver à la portée de cette bête. Je n'osais donc jamais y aller.

J'y ai séjourné plus d'un mois, gardant jour et nuit les vêtements et les sous-vêtements que je portais au moment de mon départ, le 23 octobre. Cette situation était intenable. Elle menaçait en outre de mettre en danger le réseau tout entier. Mlle Debien, une résistante – de son vrai nom Van Bever –, s'est mise à la recherche d'un autre abri. Elle en trouva un chez une amie de Wavre, Mlle Breulet. Vers la fin de l'année j'étais donc à Wavre, où je reçus des nouvelles d'oncle Maër et de tante Fanny, et puis enfin quelques vêtements de rechange. Et je suis allé au lycée. Ces quelques mois allaient se révéler les plus durs de toute mon existence. Mademoiselle Breulet était aimable, mais autoritaire. Nous vivions pourtant dans une belle maison située dans un quartier convenable. Mais le confort ne suffit pas à assurer l'épanouissement d'un enfant. J'ignorais ce que devenaient mon frère et mes cousins. J'avais vaguement entendu dire qu'ils avaient été emmenés à la citadelle de Liège, puis à Malines. J'ai aussi reçu un autre nom: je m'appelais désormais Robert Perrin, né à Tournai. Comme la guerre avait détruit les archives de la Ville, personne ne pouvait savoir si c'était bien vrai que mes parents étaient morts, et si c'était pour cette raison que j'habitais chez Mlle Breulet. Pour autant, je ne me trouvais pas en sécurité. Je sentais bien que cette fiction ne leurrait personne, et que je pourrais me trouver victime d'un indicateur. Mademoiselle Breulet appartenait au monde enseignant et plusieurs de ses amis avaient flirté avec la collaboration. Certains s'en étaient distanciés mais d'autres étaient des rexistes[1] notoires, tel mon professeur de français, qui habitait quelques maisons plus loin. En allant à l'école, je ne pouvais pas toujours l'éviter. Nous faisions le trajet ensemble, et il me tourmentait de ses questions concernant mon passé. Je me sentais un jouet entre ses mains, craignant qu'il ne me dénonce. Était-il un rexiste insuffisamment convaincu? Des convictions morales mettaient-elles un frein à ses sentiments pro-allemands? Était-ce son amitié pour Mlle Breulet qui l'arrêtait, ou bien la peur de représailles à la Libération? Au lycée je me suis très vite rendu compte que l'enseignement de M. Cougnet nous avait procuré une avance, sauf en français. Mais je ne suis pas certain que mes mauvaises notes dans cette matière n'aient pas eu pour cause l'antipathie du professeur. Je commis d'ailleurs une énorme gaffe: nous devions résumer un livre et le commenter. Et je ne choisis pas moins que *L'oiseau bleu* de Maeterlinck[2], connu pour son attitude anti-allemande. Cela suffit à me procurer une note guère éloignée du zéro.

Un jour, Mlle Debien est arrivée enfin, pour une fois, avec de bonnes nouvelles: mon frère et mes cousins avaient pu quitter la caserne Dossin pour le foyer d'enfants de Linkebeek. Ces foyers n'étaient pas surveillés par des Allemands mais par des Juifs qui répondaient sur leur vie de la surveillance des enfants. Quand oncle Maër l'a appris, il a aussitôt planifié l'évasion des trois cousins. Mais il s'est heurté au refus catégorique de mon frère, qui ne voulait pas compromettre la sécurité des autres. Décision fut prise de rester vigilants et de ne faire évader les enfants que juste avant la retraite des Allemands. Mademoiselle Breulet m'autorisa à visiter mon frère. En bus jusqu'à Bruxelles, puis un trajet en tram et encore un long trajet à pied. Durant tout le voyage, j'étais

---

1 Rexisme: mouvement collaborationniste, surtout actif en Wallonie et à Bruxelles.

2 Maurice Maeterlinck (Gand 1862 – Nice 1949), Écrivain flamand de langue française, figure éminente du symbolisme dans la littérature française (*Pelléas et Mélisande*, *La Vie des Abeilles*). Prix Nobel de littérature 1911.

très excité à l'idée de revoir enfin mon frère. Ces retrouvailles furent toutes d'émotion retenue. Jean me raconta qu'il avait été enfermé dans la salle commune de la citadelle de Liège. Le plus humiliant: en guise de toilette, il n'y avait qu'un seau au milieu de la pièce pour plusieurs dizaines de personnes.

De retour à Wavre, je n'ai qu'une chose en tête: aller rejoindre mon frère. Un jour, en rentrant de l'école, je vois un Allemand sur le trottoir d'en face. Je suis emporté par l'émotion et le désir d'aller à Linkebeek. L'espace d'un instant, je manque traverser la rue et lui dire: «Emmenez-moi, je suis juif.» Aujourd'hui encore, je me mets à trembler quand je pense à la cruauté dont j'aurais ainsi fait preuve: Mlle Breulet, mon frère, mes cousins et moi aurions sans doute été déportés, et le réseau tout entier eût été mis en danger. Mais l'instinct de conservation m'a retenu, et j'ai poursuivi mon chemin.

Dans la maison voisine de la nôtre habitait un rexiste qui travaillait pour la Gestapo. Un matin, je fus réveillé en sursaut par deux coups de revolvers. À dix mètres, derrière la clôture séparant les deux maisons, l'homme et son épouse venaient d'être abattus.

Pour les vacances de Pâques, Mlle Debien me trouva, encore une fois, un nouvel hébergement: chez Mme Van Liefferinge, qui habitait avec son fils à Gros Chêne, un petit village non loin de Bassines. J'y suis resté quelques jours. Quand Charles et Joseph Dessart ont appris que j'étais dans la région, ils sont venus me rendre visite à vélo, deux ou trois jours avant mon retour à Wavre. Ils ont proposé à Mme Van Liefferinge que, pour cette courte période, j'aille chez eux à Odet. J'allais, en réalité, y rester jusqu'à la Libération. Charles me fit asseoir sur son porte-bagages, Joseph prit ma petite valise, et je suis arrivé au moulin. Aussitôt ma vie m'a paru à nouveau ensoleillée, car je me retrouvais en famille. Pour M. et Mme Dessart, je serais toujours comme un fils. À aucun moment, ils n'ont pensé au danger qu'ils couraient, eux et leur famille. La maison d'Odet était un grand bâtiment au milieu du hameau, à flanc de coteau. Depuis la salle de séjour, on avait vue sur toute la vallée à travers une grande fenêtre en arc-de-cercle. Cette pièce était le cœur de la maison, et quel cœur! Autour de la table, recouverte d'une toile cirée, l'animation était permanente. Léonie préparait le repas avec Irma, Mme Dessart. Tata s'occupait à de petits travaux dont elle était capable. Le vieux cousin de Namur, que tout le monde appelait Cousin, vaquait avec sa fille Ida à un peu tout dans la maison et au jardin. Et les ouvriers venaient prendre leur pause-café. Il n'y avait pas vraiment de distinction entre patron et ouvrier. Tout le monde disait «tu» à tout le monde, sauf à M. Dessart. Lui était le maître, car au fil de dizaines d'années il avait déjà eu tous les élèves du hameau dans sa petite classe. Ce libre-penseur, qu'on ne voyait à l'église qu'à l'occasion des enterrements, respirait tant la justice et la bonté que tous l'adoraient. Ses enfants, non plus, n'étaient pas croyants, mais ils allaient à la messe le dimanche, par respect pour les autres. J'y allais moi aussi, mais sans vouloir passer pour catholique: tout le village me savait juif et cela ne m'a nullement mis en danger.

Dans cette maison, j'étais heureux. Mes hôtes s'en sont rendus compte, et ils se sont arrangés pour me garder chez eux. C'était juste avant le débarquement en Normandie. Les bombardements des Alliés étaient quotidiens et les trains roulaient de plus en plus irrégulièrement. J'étais devenu le troisième fils de la famille. J'aidais au moulin, à la collecte du blé, à l'entretien du camion. À part ça, je m'occupais encore à deux choses: j'écoutais la radio dans le petit salon, et j'apprenais l'anglais par la méthode Assimil, un livre que j'avais découvert dans une armoire. Je me voyais servir d'interprète quand le moment serait venu. Au-dessus de la radio étaient affichées des cartes où figuraient les fronts russe et italien. Millimètre par millimètre, je déplaçais de petits drapeaux qui suivaient les lignes de notre espoir. Tous les matins, j'étais parmi les premiers levés, dans l'espoir d'apprendre la bonne nouvelle du débarquement. Mais ce matin du 6 juin, je dormis tard et M. Dessart dut me réveiller pour m'annoncer la bonne nouvelle.

Un matin, nous avons appris que la famille Lacasse – le père, la mère, le fils et la fille – avaient été abattus sur le chemin entre Méan et Borsu. Selon ce qui se chuchotait, ils étaient soupçonnés d'être les dénonciateurs de Bassines, et le facteur aurait ouvert une lettre à la *Kommandantur* dénonçant encore d'autres résistants. Me remémorant M. Cougnet, cela eût dû me réjouir, mais une sensation désagréable m'envahit encore quand je pense à cette exécution. Il y a tout d'abord ces enfants, qui avaient notre âge. Qui donc peut fournir une bonne raison de les avoir impliqués là-dedans? D'un autre côté, aurait-on pu les épargner, et peut-être mettre ainsi en jeu la vie de ceux qui eurent la lourde tâche d'éliminer des traîtres? De toute façon, je n'ai jamais été complètement convaincu de la culpabilité des Lacasse. Pour commencer, l'arrestation des réfractaires s'était déroulée comme une formalité. Il était clair que les *Feldgendarmen*[1] connaissaient l'identité de ces gens. Dans ce cas, les Lacasse, qui n'avaient aucun lien avec le château, ne pouvaient pas être complices. Ce n'est d'ailleurs que lorsque fut trouvée la carte d'identité portant la mention «Juif» que tout a changé et que la Gestapo

1 NDT: La police militaire allemande.

est entrée en action. Et M. Cougnet n'a même pas été emmené tout de suite, vu qu'il a encore pu donner des instructions à Margot pour qu'elle aille alerter Mlle Bernaert. D'autres suppositions ont couru, notamment qu'il y avait eu un traître parmi ces réfractaires eux-mêmes [1].

Les événements se sont précipités. Quand un présentateur de la BBC a tout à coup interrompu son bulletin d'information pour permettre au général De Gaulle d'annoncer que Paris était libéré, j'ai fondu en larmes. La maison d'Odet se remplissait: cousins, oncles, tantes venaient de Huy, de Liège et de Namur. C'est alors qu'a été organisée l'évasion de mon frère et de mes neveux, et quelques jours plus tard ils étaient avec nous, avant même que nous soyons derrière la ligne du front.

Dans la première semaine de septembre, nous avons été envahis par la division SS *Das Reich*. La maison des Dessart fut réquisitionnée en tant que poste de commandement. Les Allemands occupaient le grand salon donnant sur la rue, qui ne servait qu'aux grandes occasions. Nous les voyions quand nous traversions le couloir pour nous rendre à notre chambre. Des ordonnances venaient de temps à autre dans la salle de séjour réchauffer un plat ou une boisson pour les officiers. C'est à l'une de ces occasions que nous faisons connaissance avec l'ordonnance roumaine du commandant.

Pour tuer le temps, nous nous baladons avec quelques amis dans la vallée devant le hameau quand un avion vient en rase-mottes. En un réflexe, nous nous cachons dans un conduit d'évacuation qui passe sous la route. Quand nous refaisons surface, une moto arrive à toute vitesse. Elle s'arrête brusquement, et deux soldats braquent sur nous leur mitraillette. Ils approchent et nous reconnaissons l'un des deux soldats comme étant le Roumain. Il nous reconnaît également, ce qui le rassure. Quand nous rentrons, il se trouve déjà là, à la cuisine. Il avoue qu'ils ont failli vider leur chargeur sur nous. Puis, comme pour s'excuser, il baragouine: «en France beaucoup citoyens pistolets». Nous avions échappé à la mort.

Par la fenêtre, nous apercevons quatre jeunes hommes d'un village voisin sous la garde de soldats. En passant devant le salon, le soir, nous voyons les officiers autour de la table, tenant un brassard tricolore comme en portent les résistants. Il s'agit de la cour martiale qui va juger les quatre hommes. La nuit, nous entendons crépiter les mitraillettes: une exécution.

Le matin, les Allemands sont partis. Dans le jardin de la dernière maison du village, un carré de terre est fraîchement remué. M. Dessart

1 Voir aussi: Nico Hamme.

et quelques autres y trouvent trois corps d'hommes enterrés vivants, les mains liées dans le dos et portant au ventre des blessures par balles. L'un d'eux, Georges Hamoir, a été frappé au point que son oncle, arrivé plus tard, ne le reconnaît pas. Jean et moi allons voir sur place. Nous rencontrons Monsieur Dessart avec un ami. Le petit cortège – deux hommes avec une civière et nous, tout enfants que nous sommes – est à mi-chemin entre Borsu et Odet, quand s'arrête un véhicule allemand. À l'arrière, deux soldats, l'arme en joue. À l'avant, le chauffeur et un officier. Celui-ci descend et, dans un français sans accent: «Qu'est-ce que vous faites avec cette civière? Vous allez soigner des partisans?» Monsieur Dessart sort sa carte de la Croix-Rouge et explique qu'il s'agit d'une mesure de prévention en vue des combats qu'annoncent les grondements de canons. L'officier est sceptique. Il n'a pas fini de douter qu'un deuxième véhicule à toit ouvert surgit en trombe. Les soldats qui s'y trouvent ont l'air épuisés et leurs visages sont couverts de boue. Ils échangent quelques mots avec l'officier. Celui-ci, manifestement pris de panique, s'engouffre dans la voiture et démarre. Plus tard, nous apprendrons que, non loin de là, des gens portant une civière ont été abattus sans aucun motif. Pour la seconde fois en deux jours, nous avions échappé de justesse à la mort. On fit la toilette des tués, mais avant même qu'ils soient enterrés, les Américains étaient là. Depuis la cave où nous étions cachés, nous apercevions par la petite fenêtre les nuages de fumée qui apparaissaient à l'horizon à chaque coup de canon. Après quelques coups, un quatrième fut dans le mille. Et nous avons vu les soldats allemands courir en désordre à travers la vallée, poursuivis par des chars qui ouvraient la voie à des fantassins. Une demi-heure plus tard sont arrivées, rasant les murs des maisons, deux colonnes de GI's: un cauchemar de quatre ans prenait fin.

La joie était indescriptible. Nous partagions avec les soldats les gaufres que Mme Dessart avait préparées avec amour. Les soldats, à leur tour, nous offraient du chocolat et des cigarettes. Des Allemands étaient emmenés, les mains sur la nuque. Il a fallu empêcher des gens de les lapider sur place. Et, pour la première fois de ma vie, j'ai vu la mort de près: sur le chemin de Maffe gisaient quatre soldats, près de l'épave qu'était devenue leur batterie. Malgré ma haine, j'ai pensé à la vie qui, brutalement, s'achevait là pour quatre jeunes gens de vingt à trente ans. Quelque part en Allemagne, des mères, des épouses ou des enfants priaient peut-être, en vain, pour leur retour.

Par Marcel Hamoir, qui avait survécu à l'exécution, nous avons appris ce qui s'était passé la nuit. Les condamnés étaient enfermés dans une étable pendant que des soldats creusaient leur tombe. Lui-même, qui était assez maigre, avait pu se glisser par la bouche d'aération. Alors que ses pieds étaient encore à l'intérieur, Georges s'était jeté sur les soldats venus ouvrir la porte, comme s'il voulait s'évader. C'est pour cette raison qu'il avait été tellement battu. À distance, Marcel avait suivi la scène. Un colonel des «brigades blanches[1]» et Mlle Debien sont venus rendre les derniers honneurs aux morts. À Marcel, qui savait jouer du clairon, on a demandé de jouer la *Last Post*, mais la musique s'est achevée en sanglots.

Deux jours plus tard, ma mère était là pour nous emmener à Paris. Elle avait fait du stop. Et un officier américain, le Capitaine Perry, l'avait conduite jusqu'à nous. Tout le monde avait le cœur en fête. Madame Dessart était radieuse en rendant ses enfants à son «amie» qu'elle ne connaissait pas encore. Nous sommes allés à Clavier où s'était monté un camp américain. Ma mère y a organisé un nouveau stop pour le retour. Mais quand nous sommes revenus au village, il y avait Ginette. Elle voulait que nous restions en Belgique et, au nom de la famille de mon père, elle a opposé son *veto* à notre départ. Ma mère a cédé en apprenant qu'oncle Maër était gravement malade et que lui enlever ses neveux pouvait constituer son arrêt de mort. Deux jours plus tard, nous sommes rentrés à Anvers, quittant ces Wallons exceptionnels, après de bien tristes adieux.

Après la guerre, mes parents ont divorcé et ils ont décidé que mon frère et moi irions habiter chez ma mère. Elle s'est remariée avec son amour de jeunesse, Edwin Sidi, un médecin. J'ai fait des études d'ingénieur à l'École Supérieure d'Électricité, après quoi j'ai eu la chance de collaborer au développement du premier micro-ordinateur. J'ai épousé une *goya* (non-Juive). Peut-être un peu pour éviter à mes enfants de vivre ce que j'avais vécu. Mais surtout parce que je voulais m'intégrer dans le pays que ma mère avait choisi. À ma naissance, elle habitait Anvers, mais elle aimait beaucoup la France, probablement parce qu'à Constantinople elle avait eu l'occasion d'étudier la «philosophie des Lumières». Sur le conseil de mon père, mon frère a fait des études de médecine. Lui aussi a épousé une catholique, et non une Juive. Il a un fils, également ingénieur, une fille et trois petites-filles. Mon cousin André a fait des études de médecine en Belgique, s'est marié, mais n'a pas eu d'enfant et il a connu une fin tragique. Son frère Marcel est devenu ingénieur et s'est marié; il a une fille et un fils, et deux petites filles. Il est décédé en 2003.

---

1 NDT: La Résistance.

TOUT LE VILLAGE ÉTAIT AU COURANT

Bert Barend

Je suis né le 23 septembre 1942 en Frise. Mes grands-parents paternels, Abraham Barend et Eva Karelsen, d'Amsterdam, ont été mis à mort à Sobibor en avril 1943. Mes grands-parents maternels, Philip van der Kar et Sophie Polak, ont survécu grâce à la Résistance: celle-ci avait fourni une – fausse – attestation que ma grand-mère était non-juive. Tous avaient la nationalité néerlandaise. En 1940 mes parents ont eu leur *choupa* [1] à Amsterdam. Mon prénom officiel était Abraham Philip Barend, mais pendant la guerre, en 1943, il fut changé en Albert. Mon père était représentant pour la firme de textile Alex Meijers. À l'époque mes parents habitaient Groningue.

Mon grand-père et ma grand-mère Barend ont eu la possibilité d'aller se cacher chez la famille Van Puijenbroek, une riche famille du textile de Tilburg, propriétaire du quotidien *De Telegraaf*. Mais ils ne l'ont pas jugé nécessaire, estimant que «les choses allaient s'arranger». Et ils ont été déportés. Le frère de mon père, Maurice, a lui aussi été mis à mort à Dachau en 1943.

Mes parents, au contraire, ont trouvé judicieux d'aller se cacher. Par l'intermédiaire de Mme Truus Weismuller, ils sont arrivés avec moi en Frise. Nous avons d'abord séjourné quatre mois dans la famille Bosma à Wijckel, puis chez Jelle et Jeltje de Vries-Haga, où nous sommes restés jusqu'à la fin de la guerre. J'apparaissais même dans leur livret de famille comme Bertje de Vries. Ils avaient une ferme de trente-cinq vaches. Le plus étonnant fut que tout le village d'Oudega Kolderwolde savait que Jelle et Jeltje avaient chez eux trois Juifs. Mais aucun des trois cents habitants ne nous a dénoncés. Mon frère, Frits Jelle Barend tient son nom de Jelle, ma fille aînée s'appelle Ginny Jeltje, et le petit-fils de mon frère s'appelle Sam Jelle. Durant la guerre, nous avons mangé à notre faim, puisqu'au besoin on abattait un mouton. La sœur de ma mère, elle aussi, venait à vélo par le bac s'approvisionner chez «Hait» et «Mem»; c'est ainsi qu'on dit «père» et «mère» en frison. C'était une véritable expédition.

J'ai maintenant trois filles. L'aînée, Ginny Jeltje, a deux filles, âgées de dix-sept et quatorze ans. La seconde se nomme Yolanda, la troisième a vingt-cinq ans. Je suis membre de la Communauté juive libérale

1 Cérémonie juive de mariage. Le mot désigne originellement le baldaquin sous lequel le mariage est célébré.

d'Amsterdam et mon épouse n'est pas juive. Mes amis et mes connaissances sont mêlés, tant Juifs que non-Juifs. J'ai toujours travaillé dans la vente, pour trois entreprises juives. Mon frère Frits est un journaliste connu.

Nous devons énormément à Jelle et Jeltje de Vries, ces deux personnes courageuses au grand cœur à qui nous repensons tous avec amour. J'étais considéré comme leur fils si bien qu'après la guerre, ils sont restés pour moi Hait et Mem. Toutes les vacances, depuis mes dix ans, je suis allé chez eux. C'est à juste titre qu'ils ont reçu, après leur mort, la distinction de *Yad Vashem*. Merci aussi à tout le village d'Oudega Kolderwolde.

JE N'AVAIS PLUS DE NOM

Tamara Danblon-Galperin

Dans ma toute petite enfance, j'étais trop jeune pour comprendre ce qui se tramait autour de nous. Mais je percevais très nettement l'angoisse dans laquelle baignait la famille et j'en éprouvais un mal-être réel bien que diffus.

Je ne me rappelle plus le temps qu'il faisait en ce jour d'avril 1942. J'avais près de cinq ans, pas plus, peut-être moins. Mes souvenirs sont confus; ce sont des images, des séquences courtes plutôt que des scènes continues. Première séquence: je suis dans les bras de ma mère qui parle avec mademoiselle Sorel, la directrice du home. Je fais des efforts pour ne pas éclater en sanglots. J'appréhende l'instant de l'adieu, de la séparation. «Tu as donc bien compris ce qu'on t'a dit, ma chérie? Ton nom n'est plus Tamara mais Mariette. Et, quoi qu'on te demande, tu ne peux pas dire ton vrai nom.»

Ce sont ses derniers mots. Ensuite, les adieux, les larmes qu'on doit refouler. La monitrice qui me prend par la main… Ne pas se retourner pour ne pas pleurer.

La monitrice et moi, main dans la main, nous montons l'escalier. Nous entrons dans une grande pièce où sont regroupés les enfants de mon âge. Ils m'entourent: «Comment t'appelles-tu? Quel est ton nom?» Quel est mon nom? Pas celui que je ne peux pas dire, mais l'autre. Plus moyen de le retrouver! «Mais comment t'appelles-tu?» Aucun son ne sort de ma bouche. – Elle ne comprend peut-être pas le français! – Mais si, je comprends le français. – Si tu comprends, réponds donc. Dis-le, ton nom! Je ne le sais plus. Je n'ai plus de nom. Je ne m'appelle plus. À ce moment-là, le groupe des grands passe dans le couloir. Ma sœur, qui était arrivée chez mademoiselle Sorel avant moi, en fait partie. Je me précipite vers elle: – Dis-moi, quel est mon nom? – Tamara, bien sûr!, répond-elle, irritée. Puis, heureusement, elle se souvient et me rappelle que mon nom est dorénavant Mariette.

Le soir, dans mon lit, l'endormissement est lent à venir. Il fait froid dans le dortoir, et la couverture est bien mince. Souvent, je reste les yeux grands ouverts, vigilante dans le noir. Parfois, je fais des cauchemars: je me vois la nuit dans une barque; l'eau est noire et lisse; ma mère rame: elle a beau faire des efforts pour nous sortir de là, nous n'avançons pas. Je me réveille en sursaut... Le seul moyen de retrouver le sommeil est de me ramener dans l'avant-guerre. En fermant les yeux, je glisse vers la maison où règnent une bonne chaleur et la présence de maman. Une des images les plus lumineuses est celle des deux flammes jumelles des bougies du Shabbat. Même dans mon désarroi le plus total, leur évocation continue de m'apaiser.

La plupart des souvenirs liés à cette époque évoquent l'hiver ou, du moins, me laissent une impression de froid. La sensation qui prévaut est celle-là: froid au-dehors, froid en dedans.

J'ai été malade. Probablement une bronchite. J'ai été mise à l'isolement. Je toussais. Je passais mes journées et mes nuits dans un lit sous les combles. Personne ne venait me déranger, j'étais tranquille, j'avais la paix le jour. La nuit posait problème. Dans la soupente dormait aussi une femme de ménage qui, la journée durant, s'esquintait aux travaux de peine. La nuit, épuisée, elle n'aspirait qu'à dormir. Mais moi, je toussais. Et, malheureusement, la nuit plus que le jour. J'étais prise de quintes inextinguibles qui la réveillaient, la pauvre, et l'empêchaient de se rendormir. Je la sentais qui se retournait dans son lit... J'avais beau essayer de me contraindre à ne pas tousser, je finissais toujours par m'étouffer dans une quinte d'autant plus violente que je l'avais contenue trop longtemps. Sentant augmenter son irritation envers moi, cherchant à me la concilier, voire à l'émouvoir, j'ai commencé à lui parler et, de fil en aiguille, j'en suis arrivée à lui dire ce que j'avais de plus intime en moi, à savoir mon «secret». Je lui ai donc dit que, non, je ne m'appelais pas Mariette mais Tamara et que, surtout, j'étais juive. Le lendemain matin, elle s'est précipitée chez mademoiselle Sorel lui raconter ce qu'elle avait appris, la croyant dans l'ignorance de mon histoire. Je me rappelle avoir été grondée... ou punie? Je ne sais plus. Je sais que ç'a été grave. Peu de temps après, nous avons dû quitter en toute hâte le château de Linden pour celui de Branchon. J'ai longtemps été persuadée que c'était mon indiscrétion qui avait provoqué cette catastrophe. Quand, longtemps après, j'ai retrouvé mademoiselle Sorel, je lui ai reparlé de cet événement; elle s'en souvenait fort bien. Elle m'a affirmé que je n'avais pas été la cause de ce départ précipité: les Allemands avaient réquisitionné le château et lui avaient signifié qu'elle avait cinq jours pour partir avec enfants et bagages – je n'y étais pour rien.

De notre transfert de Linden à Branchon, ma mémoire ne garde aucune trace, pas plus que de notre installation, sinon d'être passée du dortoir des petits avec lits-cages à une chambre des moyens avec lits sans garde-fou.

En classe, nous sommes regroupés dans un même local, toutes sections confondues. Chacun a devant lui un carton avec des exercices à faire. Il y a des jours et des semaines que je m'assieds docilement devant ma feuille sans comprendre ce que l'on me veut. Comme je ne dérange personne, on me laisse tranquille dans mon coin.

Un jour, quand même, il fait beau. Mademoiselle Georgette, qui prend les présences, me dit: «Mais nous sommes le 13 mai, aujourd'hui. C'est ton anniversaire, Mariette!» Je sors tout à coup de ma torpeur, me raccrochant à un repère connu: le 13 mai – jour anniversaire. – Voyons, dit-elle en s'approchant de moi, tu n'es pourtant pas sotte et le devoir n'est pas bien difficile! Une fois deux, ça fait combien? – Deux. – Tu vois que, quand tu le veux, tu le peux. Et deux fois deux, combien? – Quatre, dis-je soulagée. – Continue donc!

Je venais de découvrir que la croix entre les chiffres était le signe de la multiplication. Personne ne me l'avait expliqué. Pendant la récréation, libérée, j'ai couru en hurlant à travers la prairie qui nous servait de plaine de jeux. J'existais à nouveau – pour un moment – aux yeux de quelqu'un.

Tandis que nous jouions, on nous a amené une petite fille. Elle avait l'air terrorisée. On nous a dit qu'il fallait être gentil avec elle parce qu'elle venait de vivre des moments difficiles et, effectivement, rien qu'à voir son regard apeuré et fuyant, cela paraissait évident. Face à tous ces enfants intrigués, elle a reculé. Elle a marché jusqu'au mur et, ne pouvant aller plus loin, s'est aplatie contre lui. Les autres, voyant ses réactions, se sont excités mutuellement; ils faisaient semblant de tirer sur elle de leur doigt pointé ou avec un morceau de bois. Elle criait, ce qui les mettait en joie, mais elle criait de vraie peur – ce qui les excitait encore plus. J'étais partagée entre l'envie de jouer comme les autres et la honte de ce qu'on lui infligeait. Mademoiselle Georgette est arrivée et, fâchée, a mis fin à cette scène. Heureusement, la cloche du dîner a sonné et nous avons tous couru vers le «château».

Tamara au château de Branchon (quatrième à droite).

Beaucoup, en écrivant leurs souvenirs de guerre, ont parlé de la faim qui les tenaillait. Moi, mon problème était au contraire l'absence totale d'appétit. L'approche de chaque repas déclenchait en moi des nausées. C'était pour moi une véritable épreuve. Or, il fallait terminer son assiette; c'était la guerre, il n'était pas question de jeter de la nourriture. Il me suffisait d'entendre cette cloche pour que monte en moi le dégoût de tout ce qui se mange et, au moment où je m'attablais, j'avais le cœur au bord des lèvres. Nous nous installions autour de l'immense table de chêne, les enfants assis tout le long de part et d'autre, les monitrices réparties parmi eux, mademoiselle Sorel trônant en bout de table. Un jour, une nouvelle gardienne, voyant que je ne mangeais pas, m'a punie et m'a envoyée au lit. Quelle bénédiction! Je pouvais me lover tranquillement sous les couvertures, sans devoir manger. Malheureusement, ce bonheur fut de courte durée. Mademoiselle Sorel est venue me chercher et j'ai dû revenir à table, y rester seule sous son regard vigilant et vider mon assiette jusqu'à la dernière bouchée.

Depuis quelques jours, une certaine effervescence régnait parmi nous. Je n'en comprenais ni le pourquoi ni le comment mais je sentais que quelque chose se préparait. Un matin, mademoiselle Sorel nous annonce que nous allons passer une, voire plusieurs nuits dans la cave parce qu'il allait se passer «des événements» dans le parc. Le soir même, toutes les caves avaient été transformées en dortoirs: les matelas installés côte à côte, les fenêtres obturées; même la lampe qui pendait au plafond avait été peinte en bleu. Il nous était interdit de faire du bruit. Nous chuchotions. Toutes ces précautions devaient donner l'impression que le château était inhabité. Tout compte fait, l'atmosphère était plutôt excitante. Tout ce qui rompt la monotonie quotidienne de la vie des enfants est le bienvenu. Le lendemain matin, quand nous

nous sommes levés et que nous sommes sortis, des soldats allemands, dans le désordre d'une armée en déroute, avaient envahi les abords du château. Sales, fatigués, épuisés, ils se lavaient à même la pompe. Les enfants les entouraient, plus particulièrement l'un d'entre eux qui distribuait des cartes postales du «Gross Paris»: Tour Eiffel, Champs-Élysées, Montmartre... Peu rassurée, je suis restée à l'écart mais, voyant l'enthousiasme des autres, j'ai fini par m'approcher. Après tout, j'aurais bien voulu moi aussi posséder une belle carte postale. Trop tard! Quand je l'ai abordé, le soldat n'en avait plus. J'étais très déçue. Sur ce, mademoiselle Georgette est arrivée et, fâchée, nous a houspillés et refoulés vers le château. Arrivés hors de portée des oreilles ennemies, elle nous a grondés, nous a fait honte: comment pouvions-nous pactiser pour le prix d'une carte postale?! Puis, se tournant vers moi et me voyant les mains vides, elle me félicita de mon sens civique: «Voyez Mariette; elle, au moins, n'a rien demandé aux soldats. Elle s'est bien conduite!»

Le même jour, je crois, ou peut-être le lendemain, je me trouvais assise sur un tronc d'arbre abattu. À l'autre extrémité, un soldat, assis lui aussi, s'assoupissait inexorablement, l'arme au pied. Tout à coup une bouffée de rancœur me monte à la gorge. C'est à cause d'eux, de soldats comme lui et les autres que ma vie s'est trouvée saccagée, qu'on s'en est pris aux miens, que j'ai dû quitter ma maison, changer de nom, ne plus voir mes parents!... Une idée folle, irrésistible, m'envahit. Comme ce serait simple: cet homme dort là, près de moi, son fusil entre les jambes. Je n'ai qu'à le lui prendre et tirer sur lui... et tout reviendra comme avant! Je le fixais, hallucinée par le geste que j'allais commettre. C'est là que j'ai compris que jamais je ne pourrais tuer. Le chef a aboyé des injures à l'adresse du soldat endormi, qui a sursauté. Il avait vu la fixité de mon regard et deviné, j'imagine, les idées folles qui traversaient la petite fille que j'étais. Heureusement, la fin de la guerre se profilait et il n'était plus temps de s'en prendre à une enfant, même juive.

De l'arrivée des soldats américains, je n'ai aucun souvenir. Ce n'est que par hasard, longtemps après, que je suis tombée sur des photos d'époque: nous y étions au bord de la route, agitant de petits fanions étoilés ou encore assis à plusieurs dans une jeep entourant un soldat US.

Ce dont je me souviens, par contre, c'est de l'attente. On parlait de la fin de la guerre, certains enfants étaient déjà partis. Moi, j'étais toujours là. Je voulais aussi rentrer chez moi mais on m'avait expliqué que, sur la ville d'Anvers, tombaient des V1, sortes d'avions sans pilote qui larguaient des bombes, et qu'il était dangereux pour un enfant d'y vivre. Plus tard, comme on ne venait toujours pas me chercher, on m'a dit qu'il n'y avait plus rien dans la maison, ni meubles ni quoi que se soit et qu'il fallait d'abord disposer de tout le nécessaire pour se réinstaller. C'est alors que j'ai demandé à mademoiselle Georgette de m'aider à écrire une lettre à mes parents pour savoir s'ils avaient déjà acheté une table, des chaises et un lit. Il me tardait vraiment de rentrer.

Un jour, mademoiselle Sorel m'a fait appeler. Un homme se trouvait à ses côtés. «Voici ton père, me dit-elle. Il est venu te chercher pour te ramener à la maison.» J'avais tellement rêvé de ce moment que, face à ce monsieur inconnu, j'ai été prise de court! Je l'attendais tellement, ma délivrance, cette guerre terminée, ce retour à l'avant-guerre, et rien ne se passait comme prévu! Nous marchions dans une allée de marronniers, lui à grandes enjambées, moi trottinant derrière lui. Les feuilles mortes craquaient sous nos pas; peut-être était-ce l'automne, je ne sais pas... Il marchait vite, préoccupé mais pas par moi. Et moi, j'avais du mal à suivre cet inconnu et je ne savais pas où il me menait. J'ai failli pleurer et je lui ai demandé de me ramener chez mademoiselle Sorel. Là-bas, ce n'était pas le bonheur mais au moins je savais ce que c'était. Il a compris mon désarroi, a ralenti, m'a prise par la main et nous avons continué ainsi. Ce qui est étrange, c'est que, pour moi, le souvenir de notre voyage s'arrête là. Avons-nous pris un train, un tram?... Ce que je me rappelle, c'est l'arrivée: une dame attend devant la porte de la maison vers laquelle nous nous dirigeons. Je demande, pleine d'espoir: – C'est maman? – Comment? Tu ne lui as rien dit?, fait la dame. Qu'est-ce qu'il aurait dû me dire? Si ce n'est pas maman, où est-elle? – Ta maman n'est pas là pour le moment. Elle reviendra plus tard. – Quand ça, plus tard? Voici ta tante Mina, la sœur de ta maman qui, elle, est absente; elle va bientôt rentrer.

Et c'est ainsi que l'attente s'est installée. Une attente vaine, bien sûr. Une attente sans fin.

Encore une fois, la vie a repris son cours, mais je n'ai aucune mémoire de ces débuts-là. Plus tard, j'ai compris que c'était l'absence de ma mère, le désarroi de mon père et l'espoir que peut-être elle reviendrait qui avaient été la raison pour laquelle j'avais tant tardé à pouvoir quitter mademoiselle Sorel et rentrer à la maison.

Je n'ai pas de souvenir précis de quand ni comment j'ai pris connaissance de ce qui s'était passé «là-bas». Le premier souvenir qui s'y rattache est la sortie de *Nuit et Brouillard* d'Alain Renais, en 1955.

LE DÉSERT DU « NON-SAVOIR » ! LA RAGE DU « TROP TARD » !

Jacques Dunkelman

Mon père est venu de Lodz, en Pologne, peu avant 1930, dans le but de rejoindre le reste de la famille émigrée de Pologne en Argentine. Ayant rencontré ma mère ici, il s'y est enraciné. Après beaucoup de péripéties avec les autorités, pour acquérir un permis de travail et en faire de même pour ma mère, il a commencé à pratiquer le métier de teinturier. Vie dure, comme pour tous les émigrés pauvres. Mon frère Samuel est né en 1931. Moi-même, j'arrivai deux ans plus tard, le 10 mai 1933. Nous habitions un «quartier», c'est-à-dire deux pièces: une chambre à coucher pour nous quatre, et une cuisine, avec WC sur le balcon. Ah, quand même un luxe suprême: de l'eau courante, froide naturellement. C'était à Saint-Gilles, rue d'Andenne. Trois étages. Il n'y avait aucun Juif dans la maison ni dans la rue. J'avais mon père, ma mère: terminé pour la famille. Ni grands-parents ni oncles ou tantes.

Mon père faisait partie d'un syndicat de gauche; il était athée, malgré une *Yeshiva* (école supérieure talmudique) en Pologne. Mes parents n'étaient pas religieux. Donc, pas de synagogue. Mes souvenirs d'avant 1940 se réduisent à quelques flashes. L'école primaire me fut agréable. Un jeune enfant a ses petits soucis et cela lui suffit. J'étais intégré dans le quartier, car aucun souvenir désagréable ne me revient.

10 mai 1940: mon anniversaire. J'entends les avions passer. «Pas d'école», me disent mes parents. Quelques jours plus tard, départ sur les routes vers la France. L'exode. Tous les quatre. Moi, sept ans, 15, 20 km par jour? Dormir n'importe où. Manger ce que l'on trouvait – une épicerie abandonnée, une ferme vide –, la route, les animaux morts, gonflés par le soleil, des soldats morts, eux aussi… Les avions qui se mitraillent mutuellement au-dessus de nos têtes, et nous, planqués dans le fossé, la peur au ventre, surtout les parents qui réalisent mieux que nous le danger. Direction: Cambrai, en France. Là, dans un train, sous les banquettes lors des mitraillades. Puis on nous dit que les Allemands avancent et qu'il est inutile de continuer. Donc, demi-tour. Retour case départ; ironie du sort: pris en stop via un car allemand vide! Quinze jours ou trois semaines ont passé. Rien n'a changé dans l'appartement. Puis la vie s'organise à nouveau.

Je retourne à l'école. Scolarité normale. Je ne me souviens pas, de la part de mon entourage, d'attitude spéciale à mon égard. Jusque vers mai 1942, où il a fallu commencer à porter l'étoile de David. Je me souviens de l'avoir portée. Ce fut l'époque où ma mère accoucha de notre sœur Fanny. Mais elle fut dénoncée, et les Allemands vinrent la prendre à la maternité. Quelques mois plus tard, Fanny décéda.

Nous nous cachâmes aussi, durant des mois, rue de l'Église, à Saint-Gilles, dans une arrière-maison, avec des matelas posés à même le sol. Je n'ai que peu ou pas de souvenirs du sentiment d'insécurité que ressentaient mes parents. Tout comme, je ne sais pourquoi, jamais, plus tard, je n'ai questionné mon père sur ma mère disparue, assassinée dans les camps. C'est l'un des reproches que je me fais actuellement. Il paraît que cette attitude est courante. Mais pourquoi n'ai-je pas cherché à savoir? Mon père étant décédé depuis de longues années, la mémoire a disparu avec lui. Pas de tante, d'oncle, de grands-parents; rien. Le désert du «non-savoir»! La rage du «trop tard»! Ni moi ni mon frère, d'ailleurs, n'avons cherché à connaître l'emploi du temps de mes parents, de quoi ils vivaient, comment ils se débrouillaient durant la guerre. Leurs angoisses? Leurs espoirs? Leurs peines? Leurs souffrances? Leur force de caractère? Rien, rien, rien! C'est inouï!

Comme nous avons été cachés, mon frère et moi, dès juin ou juillet 1943, je n'ai pas dû subir les restrictions scolaires imposées aux enfants juifs. Nous fréquentâmes aussi l'école des Frères Maristes, rue du Thy, à Saint-Gilles.

Je suis toujours resté avec mon frère durant la guerre. Nous fûmes conduits par madame Andrée Geulen à notre première «résidence», le château de Jamoigne, où nous restâmes à peu près jusqu'à la fin de l'année 1943, période où nous fûmes conduits chez un enseignant, à Olloy-sur-Viroin, avec d'autres enfants, et où nous ne restâmes que peu de temps, trois mois tout au plus. Puis, suite à une dénonciation, nouvel endroit, direction Cul-des-Sarts, près de la frontière française. Là, ce fut le plus long séjour, puisque nous y apprendrons la libération de Bruxelles, le 3 septembre 1944.

La vie de tous les jours dans ces divers lieux se ressemblait plus ou moins. L'hébergement était très simple, comme partout à cette époque. De grands dortoirs, 15 à 25 lits, surtout à Jamoigne. Des moniteurs durs et sadiques, encore une fois surtout à Jamoigne. De tristes souvenirs de sanctions injustes, excessives, carrément sadiques et humiliantes. Deux exemples du château: punition consistant à se mettre à genoux sur les arêtes tranchantes de sabots, avec une brique dans chaque main relevée, tout en empêchant de tomber une pièce de monnaie, placée entre le front et le mur. Pas mal! Punition pour qui avait fait pipi au lit: se promener le caleçon – ou le pyjama – sur la tête. Humiliation. Punition: devant tout un parterre d'enfants, se faire donner la fessée, le cul à l'air. D'autres sanctions plus banales et naturelles existaient, bien sûr, comme la corvée d'épluchage d'un seau de pommes de terre. En discutant avec les moniteurs, des dizaines d'années plus tard, à l'occasion de l'inauguration d'une plaque commémorative au château, ils me déclarèrent que tout cela était nécessaire pour nous aguerrir et nous tenir en éveil, vu notre situation.

Pour la nourriture, on ne pouvait pas trop se plaindre: on n'avait pas faim. Sans plus. Parfois nous descendions au village avec une charrette, pour une récolte de nourriture que les habitants nous donnaient volontiers, vivant à la campagne et ne sachant rien de notre situation. Le côté vie commune, collective, était agréable, quoique relativement sévère; toutes les farces que notre âge nous inspirait resserraient nos liens. Surtout à Cul-des-Sart, où tout était plus agréable; nous avons même formé une équipe de football qui a battu celle du village. Quelle fierté! Là, le cadre était plus champêtre, campagnard, comparé au décor sévère et austère du château. Dans l'ensemble, nous n'étions pas trop malheureux et, de l'absence de nos parents, on ne parlait jamais. Instruction stricte: interdiction formelle de parler de nos parents. Peut-être n'y pensions-nous pas, ils étaient loin et la vie collective est toujours si riche! Sur le plan de la santé, nous étions quand même affaiblis et insuffisamment résistants. À chaque arrivée d'un nouveau, le premier acte d'hygiène consistait à nous tondre entièrement la tête et à la laver au pétrole. Deux maladies régnaient en permanence. D'une part, la gale qui tournicotait parmi nous et qu'on traitait avec une brosse et un médicament à base de soufre. Nous hurlions parfois du mal que nous valait cette méthode. D'autre part, vu le manque de vitamines et de nourriture – viande, gras –, nous contractions souvent des anthrax de pus qu'il fallait extraire, vider... Peu ragoûtant! Emploi de l'eau d'Alibour. La moindre égratignure se transformait rapidement en inflammation purulente, notre corps n'arrivant pas à combattre normalement les infections.

Nous avions un cursus scolaire un peu élémentaire, et des enseignants dont je ne me rappelle plus la valeur éducative. Une institutrice venait de Couvin nous donner cours. Nous n'étions pas spécifiquement épris des bancs scolaires. Un jour d'hiver et de neige, nous avions roulé une énorme boule de neige contre la porte du local scolaire. La nuit, cette boule gela, empêchant, le matin, toute tentative d'accéder au local Nous jubilions comme des enfants que nous étions. Je rappelle qu'aucun non-Juif ne se doutait de la présence de ces dizaines d'enfants juifs.

J'ai vécu une vie intense en groupe, loin des angoisses de l'Occupation allemande à Bruxelles. De l'insouciance! Sauf ce fameux jour où, au château de Jamoigne, les Allemands ont déboulé sur dénonciation, encerclant le château de soldats, l'arme au poing. J'eus très peur dans mon petit lit au milieu de cet immense dortoir lorsque la porte, au petit matin, s'ouvrit brusquement, livrant passage à des *Feldgendarmes* de la *Wehrmacht*, en longues capotes de cuir, ballotantes, laissant entrevoir cette plaque métallique se dandinant comme un pendentif. Je les vis passer devant moi et marcher à grand bruit de bottes jusqu'au fond du dortoir, là où devait se trouver un mono, dénoncé comme capitaine de l'Armée blanche. Ils le cherchèrent jusqu'aux mansardes où, grâce à leur chien, ils le découvrirent. Je le vois partir, encadré par deux soldats, se retournant et nous criant: «Je reviendrai!» Nous, enfants juifs, n'étions pas en cause.

À la libération de notre région, nous aperçûmes les premiers soldats américains avec leur chewing-gum en bouche, conduisant leur drôle d'engin: la *jeep*. Ils étaient déjà blasés des bonbons, chocolats, chewing-gums, s'il vous plaît!

Quelques mois plus tard, en octobre 1944, je me retrouvai à la gare du Midi, à la JOC (Jeunesse ouvrière chrétienne). Mon père, semble-t-il, ne se sentait pas encore capable, seul, de s'occuper de nous deux. Nous fûmes placés quelque temps à Auderghem, dans une famille gentille et accueillante, la famille Vanderelst, pour finir au home de Boitsfort, appelé Miravalle, où nous restâmes près de deux ans. Nous allions à l'athénée d'Ixelles.

Pour moi, après deux ans d'école, j'étais revenu chez mon père. Constatant le peu d'enthousiasme que j'avais pour l'école, il me dit de choisir une école professionnelle, où j'apprendrais un métier. Ce fut l'ORT, rue Van Soest, le long de la chaussée de Ninove. J'y appris la mécanique. École formidable quant à l'ambiance des études, avec des profs et des élèves dont pas mal étaient beaucoup plus âgés que moi et même mariés. Trois ans plus tard, à dix-huit ans, muni de mon diplôme, je commençai à travailler en usine, mon petit thermos de café chaud et mes tartines sous le bras. Je fis plusieurs usines, certaines pour trois jours à peine. J'étais ou trop lent pour le rendement, ou je quittais fin juin pour prendre des vacances: il y avait pléthore d'emplois, à cette époque. J'allai travailler comme moniteur de colo à Solidarité juive. Là, je restais en contact avec la vie juive. J'y ai «fait» vingt-cinq ans: moniteur et directeur à la Maison du Bonheur, à Middelkerke.

Après mon «séjour» dans la mécanique, j'ai abordé pendant quelques années les tissus, la confection. J'ai fait mon service militaire en Allemagne, et je me suis marié vers 1958. Séparation, cours par correspondance pour passer le Jury central afin d'être accepté à l'École normale de Nivelles, en vue de devenir instituteur, à vingt-six ans. Ne voulant plus que mon père me paie encore des études, j'ai obtenu une bourse de l'AIVG

(Aide aux Juifs Victimes de la Guerre). Celle-ci étant modeste, il m'a fallu passer par quatre années d'internat à Nivelles. À trente ans, j'ai commencé à enseigner dans une école d'Evere. À trente-six ans, je me suis remarié. Nous avons eu un fils, qui, à vingt et un ans, a décidé de quitter la terre. Maintenant, je suis pensionné depuis l'âge de soixante-cinq ans. Depuis, je fais du bénévolat dans cette école. J'ai aussi un atelier de sculpture à moi, où je travaille la pierre, le métal et la terre. Je me sens bien dans ma peau et m'estime heureux, avec une santé acceptable.

« ILS Q'AVAIENT QU'À PAS ME LAISSER[1] ! »

Ariel Eder

Je suis le seul enfant de Mortche Eder et de Cilly (Cypa) Laufer. Mon père, Markus Saul Eder (en hébreu: Mordechai Sha-oul) était né le 22 août 1904 à Rudnik (Galicie, Pologne). Il était, après trois filles, le premier fils de Hayim Osias Eder (Hayim Yehoshua en hébreu, et Hayim Schije en yiddish) et Channa Gilla Laufer (en yiddish Channa Gittel). Il était le quatrième d'une fratrie de douze garçons et filles. Il fut élevé chez les parents de son père, Menashe et Mindel Eder. Son grand-père était *melamed*, c'est-à-dire enseignant de jeunes enfants, dans un *cheider*. Littéralement ce mot signifie «chambre», mais en yiddish il s'agit de l'école primaire religieuse pour les garçons de trois à douze ans. Selon mon père et les autres élèves, mon arrière-grand-père fut un pédagogue exceptionnel: il parvenait à provoquer chez ses élèves une grande soif de connaissance. Mon père, qui tenait de lui les principes qui ont régi sa vie entière, ne reçut aucune autre formation que celle de cette école religieuse. En véritable autodidacte, il s'est pourtant jeté avidement sur toutes les connaissances possibles: histoire, art, mécanique, langues. Il parlait et écrivait le yiddish, l'hébreu, le néerlandais, l'allemand et le français.

Au cours de la Première Guerre mondiale, mon père s'est enfui, avec ses parents et huit frères et sœurs, à Scheveningen aux Pays-Bas, pays qui était alors neutre. Là sont encore nés un frère et une sœur. En 1920, la grande famille a décidé de tenter sa chance en Belgique, et elle a loué une maison à Borgerhout (Anvers), Montensstraat. Y sont nés le

1 Tel que le disait Ariel Eder dans son français de petit anversois.

Mon père Mortche (Marcus) Eder – 1932.

Ma mère Cilly (Cypa) Eder (née Laufer) – 1932.

douzième des enfants ainsi que deux petits-enfants. Jusqu'à son mariage en 1932, mon père a habité chez ses parents. Il était tailleur de diamants. Membre d'une organisation sioniste, il avait l'intention de s'établir un jour en Israël.

Ma mère, Cilly (Cypa) Laufer, est également née en Galicie, à Lezajsk, le 31 décembre 1911. Elle était la fille de Mozes Laufer (Mosche en Hébreu, Moische en yiddish) – un frère de ma grand-mère paternelle – et de Rachele Leja Schweber (Leitsche en yiddish). Peu avant la Première Guerre mondiale, ma mère a quitté la Pologne pour Francfort-sur-le-Main, avec ses parents et le plus âgé de ses frères. Leur projet était de traverser l'océan en passant par la Belgique. Mais mon grand-père est mort en 1940 à Anvers. Ma grand-mère, elle, est morte en Suisse pendant la guerre. Un frère et une sœur de ma mère sont parvenus aux États-Unis, mais un frère plus jeune a été déporté depuis la Belgique.

Bien qu'habitant Anvers depuis de nombreuses années, mes parents étaient encore enregistrés en 1942 comme étrangers de nationalité polonaise. Nés l'un et l'autre en Pologne, ils s'étaient mariés à Anvers en 1932. Étant donné que la Pologne était sous occupation allemande depuis 1939, leurs passeports ne leur servaient plus à rien.

Je suis né à Anvers un samedi, shabbat, le 25 décembre 1937. On imagine facilement les commentaires des sœurs à l'hôpital, à l'occasion de

Maman et moi, Anvers – 1938.

la naissance d'un enfant juif le jour de Noël. Elles m'appelaient tout simplement «petit Jésus». Dans toutes les synagogues du monde, on lit ce jour-là le passage du livre de l'Exode racontant l'histoire du peuple juif en esclavage en Égypte où le Pharaon ordonne le meurtre de tous les garçons nouveau-nés, et où Moïse est sauvé par la fille du Pharaon. Je suis frappé, chaque année, par la ressemblance que présente ce récit avec les événements de la Seconde Guerre mondiale, et avec ma propre histoire en particulier.

L'été 1942, mes parents ont pris la décision de s'enfuir en Suisse. Ils étaient parfaitement conscients du danger que représentait une «famille en fuite», et ils ont donc choisi de partir sans leur petit garçon âgé de quatre ans et demi. Sans aucun doute pour le sauver. C'est pourquoi ils m'ont confié à nos voisins du dessus, Hugo et Elza Mortelmans-Buyens. Hugo était le fils du compositeur flamand Lodewijk Mortelmans. Bien plus tard, je me suis laissé dire que Hugo et Elza leur avaient donné leurs propres cartes d'identité pour leur permettre de fuir. Je ne sais pas grand-chose de leur fuite. Grâce à l'aide de passeurs[1] français et d'ouvriers des chemins de fer, ma mère a pu entrer en Suisse avec sa mère. Pour franchir la frontière entre la France et la Suisse, elles étaient assises sur une planche dans la citerne d'une locomotive à vapeur, les pieds pendillant dans l'eau. Avant la frontière, des Allemands venaient contrôler s'il y avait de l'eau dans les citernes. Pour ce faire ils utilisaient une longue perche. Celle-ci est passée entre les genoux tout tremblants de ma mère. Mon père, lui, est parvenu en Suisse à pied, en passant par les Alpes. Tous deux sont restés dans ce pays jusqu'à la fin de la guerre, comme réfugiés.

1 NDT: En français dans le texte.

Juste avant leur départ, mes parents m'avaient envoyé faire un tour à vélo avec Hugo. Quand nous sommes revenus, ils étaient partis. Imaginez: un gamin d'à peine cinq ans, brûlant de raconter sa balade à ses parents, mais qui trouve porte close. Il tambourine de ses petits poings, il implore ses parents de le laisser entrer, pensant qu'ils sont encore là, et pour toute réponse: un horrible silence. Ce moment traumatisant, je le vis en permanence…

Quelques jours après que la famille Mortelmans m'ait recueilli, la Gestapo a fait une perquisition dans la rue. Hugo Mortelmans m'a attrapé et est passé avec moi par une petite fenêtre du grenier. Nous avons attendu sur le toit que le danger soit passé. Mais la famille Mortelmans a jugé la situation trop peu sûre. Elle a décidé de me confier provisoirement à des paysans, en attendant de m'envoyer dans le Sud de la France, à Marseille, avec l'aide d'un passeur. La destination finale était la Suisse. Pour toute preuve d'identité, j'avais une petite carte écrite à la main: «Henri Reder, né à Anvers le 25 décembre 1937». Pour des raisons de sécurité, Ariel Eder était devenu Henri Reder.

En compagnie de l'homme qui devait me conduire en lieu sûr, je suis arrivé à Paris. Là, il m'a laissé entre les mains d'un certain Lucien Sigust, propriétaire du bar Le Rancho au 58 avenue de Wagram, avec prière de s'occuper de moi durant deux ou trois jours. Lucien Sigust, qui ne savait pas comment s'y prendre avec un petit gamin, m'a conduit chez une amie, Émilienne Lefrançois. Ce fut ma toute première rencontre avec ma nouvelle famille française. Je me souviens

Au jardin à Bienfaite – 1943.

très bien du premier repas chez elle. Comme je refusais de manger, Lucien s'est fâché et s'est mis à me crier dessus. Je n'en comprenais pas un seul mot, mais le torchon sur mes jambes nues, je l'ai très bien senti. Je faisais le tour de la cuisine, Lucien courant après moi pour me frapper. D'ailleurs, en 1982, lors de ma visite à l'appartement d'Émilienne, la femme qui m'avait sauvé, ma première question sera: «Où est la chambre de correction?» Ce qui ne m'empêchera pas, en 2006, de chercher à retrouver aussi Lucien Sigust ou quelqu'un de sa famille, mais sans pouvoir retrouver trace d'un tel bar sur l'avenue de Wagram. Mon passeur ne se manifestant plus, Émilienne proposa de me placer chez son frère René Lefrançois, dans un village de Normandie, Saint-Martin de Bienfaite, que je continue d'appeler «Bienfaite». Elle pensait – probablement avec raison – qu'en temps de guerre la vie serait plus facile à la campagne. Puisque je résidais illégalement en France, je ne pouvais pas compter sur des bons de ravitaillement ou de vêtements.

J'étais depuis quelques jours à Bienfaite quand Pierre, le frère de René, est entré en scène. Je le vois encore arrivant en voiture attelée, et je me souviens même du nom du cheval: «Bichette». Pierre venait du village voisin, Notre-Dame de Courson, et il allait déménager dans la maison la plus proche de celle son frère. Pour moi comme pour lui, ce fut l'amour dès le premier instant. Je me réchauffais à son sourire et à sa façon de me parler. À sa deuxième ou troisième visite, je l'ai spontanément appelé «papa». Et quelques jours plus tard, il est en effet venu habiter tout à côté, avec sa femme Georgette et leur petite Pierrette. Par contre, Paulette, la femme de René, ne voulait pas de moi. Elle ne supportait pas la présence d'un enfant étranger, à plus forte raison d'un enfant juif. Elle confia à sa belle-sœur Georgette son projet de me renvoyer à Paris dans un orphelinat juif. Georgette, comprenant l'affection entre son mari et moi, a alors proposé de me prendre en charge, comme si ça allait de soi. C'est ainsi que Georgette et Pierre sont devenus ma nouvelle famille. Ils s'étaient mariés en novembre 1938 et leur fille Pierrette était née un an plus tard. Pierre avait été mobilisé en automne 1939, puis fait prisonnier par les Allemands en mai 1940. Après s'être évadé, il était revenu en Normandie par des chemins détournés. Là, il n'avait pas tardé à s'engager dans la Résistance.

Georgette et Pierre m'ont aimé comme leur propre enfant. Pour Pierrette cela n'a certainement pas toujours été facile: une enfant unique qui devait tout d'un coup partager ses parents avec un «frère» venu d'ailleurs. Pierre était mon héros, mais Georgette était ma bonne fée. Depuis le premier jour chez eux jusqu'à mon départ en février 1945, ils m'ont entouré d'un amour chaleureux. Sans eux, où me serais-je

Pierre Lefrançois – 1939-1940.

Regards attristés. Une dernière photo à Paris…

retrouvé? Aujourd'hui, nous pouvons très bien imaginer quel eût été mon sort. L'un des frères de Pierre était prêtre, l'abbé Paul Lefrançois, résistant lui aussi. C'était quelqu'un d'une vive intelligence, répondant toujours à propos. Il contribuait très efficacement au *Patriote de l'Eure*, un journal clandestin de la Résistance. Paul Lefrançois rédigea une fausse attestation stipulant que «Pierre Lefrançois, lors de son mariage avec Georgette Suzanne, a reconnu son fils Henri né avant le mariage». Rédigé par… un prêtre. Georgette et Pierre étaient bien conscients que cela pouvait leur coûter la liberté et même la vie, s'ils avaient à prouver l'authenticité de ce document. Et c'est ainsi que je suis devenu Henri Lefrançois.

Que fait un enfant juif, le dimanche, dans un petit village français? Bien sûr, j'allais à la messe comme tout le monde. Georgette et Pierre m'ont appris quelques prières et les rudiments de la pratique religieuse, pour que je ne me fasse pas remarquer parmi les autres enfants. Ce n'est qu'en 1982 qu'elle m'a avoué avoir toujours eu mauvaise conscience à propos de cette conversion forcée. Elle m'a expliqué cette année-là que si elle avait fait semblant, c'était à cause des voisins, me donnant ainsi une preuve supplémentaire de son amour et de sa sincérité. Georgette fit avec moi comme l'avait fait, trois mille trois cents ans plus tôt, la fille du Pharaon avec Moïse: lui aussi fut sauvé par une «nouvelle identité».

À Bienfaite, j'ai aussi un peu fréquenté l'école, à peu près deux mois au total. Cette école ne comportait qu'une seule classe, pour une quinzaine d'enfants de six à douze ans. L'unique institutrice enseignait toutes les matières à tous les niveaux, allant d'un élève à l'autre. Celui qui travaillait bien était récompensé par une image représentant un sujet religieux, par exemple la Sainte Famille. La maîtresse, «directrice» de l'école de surcroît, était considérée comme l'intellectuelle du village. À ce titre, elle était aussi la confidente de Georgette et Pierre Lefrançois. C'est elle qui les aurait incités à contacter la Croix-Rouge pour retrouver mes parents et, en 1944, obtenir pour moi un extrait de naissance.

Un an et demi après que j'aie quitté Anvers – je l'ai appris plus tard – mes parents n'avaient toujours aucune idée de ce que j'étais devenu. Avec l'aide de la Croix-Rouge, ils essayaient d'obtenir des informations. Jusqu'en 1943, mes parents m'ont cru à Marseille. Cette année-là, mon père écrivit en Suisse un poème en hébreu où il dit son inquiétude et son chagrin à mon sujet:

«En silence,
je pleure la nuit entière
et le jour mon âme se lamente.
Pour mon fils,
mon fils Ariel, je prie Dieu.
Souvent, lorsque je marche
espérant respirer,
je vais la tête basse.
Mon cœur me pèse,
mon âme me tourmente.
Toute la journée, mon cœur souffre,
mon âme, de chagrin, a perdu le sommeil.
Une voix résonne
dans mon plus profond moi.
Où est cette source qui me donne sa force?
Est-il encore à Marseille?
Serait-il chez un *goy*?
Comment réparerai-je
si Dieu n'est pas avec moi?
Je Vous demande, mon Dieu
de me donner la force,
de délier mes entraves.
Mon jeune enfant, que je le voie,
est ce que je Vous demande.»

De leur côté, Georgette et Pierre Lefrançois tentaient aussi de retrouver la trace de mes parents par l'intermédiaire de la Croix-Rouge française. Fin 1943 ou début 1944, la Croix-Rouge fut en mesure d'informer mes parents que je me trouvais en Normandie, sain et sauf. Ils ont même reçu une photo de Georgette et moi, portant au verso la mention «Photo d'Ariel Eder, à remettre si possible à ses parents.» Une autre main avait ajouté mon adresse à Bienfaite, et une troisième – vraisemblablement mon père – avait noté: «Reçu le 2-3-1944». Mais, à ma connaissance, il n'y eut aucun contact entre mes parents et la famille Lefrançois avant le débarquement de juin 1944 en Normandie. Mes «tantes françaises», les sœurs de Pierre, me mettaient parfois à l'épreuve: «Tu n'aimerais pas retourner chez tes parents?». Chaque fois, je répondais dans mon français de petit anversois: «Non, ils qu'avaient qu'à pas me laisser.»

En mai 1944 est né un petit garçon dans la famille Lefrançois, mais il est mort au bout d'une semaine. Et peu de temps après il s'est encore produit une autre tragédie. Pierre était dans la Résistance française. Celle-ci intensifiait ses actions depuis le débarquement. Le 13 juin, durant une action de son groupe, Pierre est atteint d'une balle de gros calibre. Il est emmené en charrette à l'hôpital de Lisieux. Mais cette ville vient d'être bombardée une semaine plus tôt et l'hôpital est complètement hors service. Pierre est donc ramené chez lui, à Bienfaite, où une infirmière ne peut que lui administrer un peu de morphine. Il meurt le 16 juin dans de terribles souffrances. En moins d'un mois Georgette avait donc perdu son bébé et son mari. Elle n'avait pas vingt-six ans. Après la guerre, Pierre reçut la Croix de Guerre à titre posthume.

Entre juillet 1944 et février 1945, Georgette Lefrançois reçut une pile de courrier de ma famille, transmis par la Croix-Rouge: cartes postales, télégrammes et lettres, demandant instamment d'envoyer au plus vite «l'enfant» à sa mère en Suisse. Ma mère était malade et, selon les médecins, revoir son fils était sa seule chance de s'en sortir. En février 1945, Eli Sternbruch est venu de Saint-Gall, en Suisse, à bord d'une voiture de la Croix-Rouge. Il détenait une procuration de mes parents pour m'emmener. Voyant que je ne voulais pas m'en aller avec lui, il proposa que Georgette et Pierrette nous accompagnent jusqu'à Paris, soit quatre heures de route. Le lendemain, avant les adieux, Georgette eut l'idée de faire prendre une dernière photo de moi avec elle et Pierrette. Sur cette photo j'ai les yeux gonflés d'avoir pleuré: je ne voulais pas partir. J'y porte aussi un crêpe de deuil, pour Pierre. Georgette m'avait bien dit que seule la famille portait le deuil, mais je le voulais absolument.

Il s'est passé du temps avant que je me sente à l'aise avec mes vrais parents. Surtout parce qu'ils m'avaient laissé derrière eux sans m'y avoir préparé. Plus d'une fois, quand ma mère me réprimandait pour ci ou pour ça, je lui ai répliqué: «Ce n'est pas ce que ferait ma maman française...». Ce que les enfants peuvent être cruels! Je pense même que mes réactions l'ont conduite à développer une sorte de jalousie envers Georgette. Mes parents ont rencontré celle-ci pour la première fois en 1947. Puis, en 1985, elle est venue nous visiter en Israël.

Mon salut, je ne le dois pas qu'à Pierre et Georgette. Émilienne eut l'idée de me confier à son frère René et à sa femme Paulette. L'abbé Paul a fait de moi un enfant «légitime». Chez Andrée Langlois-Lefrançois, la sœur de Pierre à Notre-Dame-de-Courson, nous avons toujours été accueillis chaleureusement, alors que son mari était prisonnier en Allemagne. Une autre sœur de Pierre, Gilberte Guérin-Lefrançois, sortait presque toujours un morceau de pain supplémentaire ou un peu de pâte de sous le comptoir de sa boulangerie à Glos. Ainsi avions-nous quelque chose en plus de la ration officielle. Et, bien entendu, il y avait aussi, à la tête de la famille Lefrançois, la Dame – avec majuscule –, la grand-mère: Mémère. C'est elle qui éduqua ses enfants dans les valeurs d'humanité et de dignité qui ont conduit la famille entière à mériter le titre de «Juste parmi les peuples». Pour eux, ma famille a planté cent arbres dans la Forêt du Mémorial, aux noms de Lefrançois, Laugier, Langlois et Guérin.

Après la guerre, mes parents étaient toujours Polonais. Plus tard, ils sont devenus apatrides. Ce n'est que dans les années cinquante que l'État belge leur a accordé la nationalité belge. Mon père est mort en 1968 à Anvers. Son rêve de jeunesse était de s'installer en Terre Sainte, mais il n'a pas pu le réaliser. C'est moi qui l'ai réalisé en 1961. Et en 1975, ma mère est venue habiter chez son seul fils et ses petits-enfants. Elle est morte en 1989.

En août 1995, ma «sœur» Pierrette est venue en Israël à l'occasion du mariage de notre fille Hani – Hanna de son nom officiel. L'après-midi de son retour, en attendant son vol, ma femme et moi sommes allés avec elle à la plage. Vu que nous n'y allions pas pour nager, nous avons opté pour une zone non surveillée. Pierrette a voulu ramasser des coquillages pour ses petites-filles, et s'en est allée marcher le long de l'eau. Soudain je l'ai vue dans la mer, gesticulant tant et plus. Comprenant qu'elle était en difficulté, j'ai sauté dans l'eau tout habillé pour la ramener au sec. Elle suffoquait. J'ai dû la porter dans mes bras jusqu'aux rochers. Et puis, vite à l'hôpital. Je n'ai pu la reconduire à l'aéroport que deux jours plus tard, en chaise roulante. Si elle s'était noyée sur cette plage où il n'y avait personne d'autre que nous trois, je ne me le serais jamais pardonné. À l'époque, ses parents m'avaient sauvé, et à mon tour j'avais sauvé quelqu'un de leur famille. La boucle était bouclée…

MÈRE, FRÈRES, COUSIN, COUSINES… AU « TRAVAIL OBLIGATOIRE »

EJR

Tout comme mes parents, mes deux frères et moi sommes nés en Allemagne, à Hambourg. Moi, en 1930. En automne 1933, nous sommes venus en Belgique, après un petit détour par les Pays-Bas. Mes parents avaient une sœur et un beau-frère qui habitaient Amsterdam depuis le début des années 1920. Ce beau-frère n'avait pas seulement senti arriver les événements, il avait aussi conseillé à mes parents de s'installer en Belgique. Selon lui, on pouvait encore s'y mettre à l'abri. De plus, il voulait «garder libres aux Pays-Bas le plus d'endroits possible pour ceux qui, inévitablement, devraient fuir l'Allemagne nazie après nous.»

À Anvers, mes parents ont appris à s'exprimer plus ou moins bien en flamand, mon père probablement le mieux, même si dans son milieu – il était courtier en métaux non ferreux – beaucoup d'affaires se faisaient encore en français. Il était abonné au quotidien francophone *Le Matin*. Notre famille était de stricte observance et nous vivions dans un petit monde de gens de mêmes opinions: le cercle des Juifs orthodoxes de langue allemande. Avant d'être en âge d'aller à l'école, j'avais appris le flamand chez la concierge. Quand le temps fut venu pour moi d'aller à la maternelle, mes parents m'ont mis dans une classe francophone pour la bonne raison qu'ils avaient l'intention de quitter l'Europe. Ils estimaient que le français me serait alors plus utile que le néerlandais. Mais je n'y ai pas appris un traître mot de français: il paraît que je rossais les autres enfants pour les obliger à parler flamand avec moi.

De 1933 à 1940, il en a été ainsi: l'allemand à la maison, le flamand à l'école. Les adultes évitaient de nous encombrer de leurs problèmes existentiels: réfugiés, étrangers, persécutions. Je me souviens de la Nuit de Cristal, dont j'avais eu connaissance en lisant *Het Laatste Nieuws*[1]

1 NDT: Quotidien flamand.

chez la concierge. J'ai aussi en mémoire la peur des adultes et le jeûne imposé par les rabbins. L'afflux de réfugiés a eu une très remarquable conséquence pour nous: nos parents nous ont conseillé de ne plus parler allemand en public, par exemple lorsque nous jouions dans le parc. Pour les étrangers que nous étions, il était hors de question d'appartenir à quelque mouvement politique que ce fût. Nous vivions, d'ailleurs, dans un milieu plutôt fermé qui se limitait à la petite communauté orthodoxe pratiquant selon le rite de Hambourg.

Une particularité au sujet de l'école: avant-guerre, il y avait deux écoles juives à Anvers. Aux yeux de mes parents, l'une d'elles était trop peu orthodoxe et trop axée sur le sionisme. L'autre leur convenait question religion, mais ils la trouvaient trop bornée, trop peu ouverte sur le monde et sur la culture. Aussi avons-nous été envoyés à l'école communale. Et mes parents ont embauché un enseignant privé qui venait nous donner des cours de religion y compris pendant les vacances scolaires. Nous ne fréquentions pas les copains d'école non-juifs: nous ne pouvions pas aller chez eux puisque que nous mangions *cacher*; inversement, ils n'étaient donc pas invités chez nous.

Les événements du 10 mai 1940 me sont restés depuis ma jeunesse comme une expérience traumatisante. Ce jour-là, mon père a été interné par les autorités belges au motif qu'il était citoyen allemand. Avec des milliers de compagnons d'infortune, il a été déporté en France. Je n'allais le revoir qu'en décembre 1944, après qu'il eût échappé comme par miracle à la déportation. Ma mère s'est donc trouvée seule du jour au lendemain, sans moyen de subsistance, avec trois fils plus un neveu venu habiter chez nous après la Nuit de Cristal.

Durant quelques semaines, nous avons pu «profiter» de l'exode à la côte. Puis nous sommes revenus à Anvers, où notre appartement avait reçu la visite de soldats allemands: les armoires avaient été fracturées à coups de baïonnettes. Et bientôt sont venues les mesures antijuives. La première a été l'interdiction de l'abattage rituel, soi-disant pour lutter contre «la cruauté envers les animaux». Puis, nous n'avons plus été autorisés à nous absenter de l'école le samedi, jour du shabbat. Fin 1940, nous avons quitté Anvers. Alors que la majorité des Juifs non belges se trouvaient déportés vers de petits villages du Limbourg, ma mère sut obtenir l'autorisation d'aller habiter Louvain. J'ignore comment elle y est parvenue si ce n'est qu'à la *Kommandantur* d'Anvers elle avait retrouvé un officier qui, dans le civil, était avocat à Hambourg. En 1933, mon père s'était vu confisquer son passeport par la Gestapo. Cet avocat, à l'époque déjà membre du parti nazi, en avait obtenu la restitution moyennant des honoraires «normaux». C'était en somme grâce à lui que nous avions pu quitter l'Allemagne.

De janvier 1941 à mars 1944, j'ai donc habité Louvain. Nous y étions probablement les seuls Juifs, si bien que toute le monde était au courant. Bien entendu, nous n'assistions pas aux cours de religion catholique. Pendant la récréation, les autres enfants se moquaient de nous et nous dansaient autour en criant: «Le Messie est venu!» Étaient-ils «instruits» par le prêtre qui assurait les cours de religion? En mai 1942, nous sommes allés à l'école marqués de l'étoile jaune. Les réactions ont été plutôt en notre faveur. À cette époque, beaucoup de gens portaient ostensiblement des insignes de telle ou telle association où figuraient aussi les couleurs nationales. Et tout d'un coup l'occupant interdisait de porter quelque insigne que ce fût. Les enseignants s'amusaient donc à montrer du doigt nos étoiles, arguant qu'il était interdit de porter de tels insignes.

Puis, les enfants juifs ont été interdits d'école. Mon frère aîné a dû quitter l'Athénée de Louvain. Plusieurs enseignants l'ont encouragé à continuer ses études à la maison. Ils corrigeaient ses exercices et lui prêtaient divers matériels scolaires. Mon second frère et moi avons pu achever l'année scolaire 1941-1942.

Fin 1942, ma mère, mes deux frères, mon cousin et mes trois cousines ont reçu la sinistre «convocation au travail obligatoire». En y donnant suite, ils sont devenus les victimes du premier convoi au départ de Malines.

J'ai alors trouvé refuge chez une tante à Louvain. Elle était la sœur aînée de ma mère. Son mari, le frère aîné de mon père, avait été interné avec lui en mai 1940, déporté en France, puis livré aux Allemands par le régime de Vichy. Sa fille aînée avait été déportée avec ma mère. Il lui restait encore deux filles et un fils. En automne 1942, ma tante a reçu de Suisse un passeport haïtien, qui semblait plus ou moins authentique et sur lequel j'étais porté comme étant son fils. Mais quelque chose n'allait pas: j'avais tout à coup une sœur de six semaines ma cadette! Nous habitions à notre adresse officielle, estimant que notre passeport nous protégeait. En réalité, les Allemands manquaient probablement de personnel pour venir nous chercher dans ce «coin» oublié. Ils concentraient leurs efforts sur «les terrains de chasse les plus fertiles»: Anvers, Bruxelles, Liège et Charleroi.

Un instituteur en retraite, Émile Franssen, s'est dévoué pour nous donner des cours. Mais il ne s'estimait pas compétent en maths; il a donc fait appel à un certain M. Dewit. Notre vie s'est poursuivie de la sorte jusqu'à ce 28 mars 1944 où la Gestapo est venue nous arrêter.

Après la guerre, nous avons su comment nous avions attiré l'attention. Une Anversoise, qui aidait des Juifs à trouver des endroits pour se cacher, était entrée en contact avec ma tante. Et elle commit une erreur fatale: elle avait, dans son sac, un bout de papier portant notre adresse.

Cette rafle de la Gestapo a fait beaucoup de victimes qui ont toutes été déportées par le convoi n° 24 au départ de Malines. La mère d'Hélène et de Tamara Galperin n'allait pas y survivre. Le père de l'actuelle Mme Marinower d'Anvers, un jeune avocat, fut atteint par balles au cours de sa tentative d'évasion, mais il a survécu à la guerre, tout comme notre nourrice.

Ma tante et la seconde de ses filles (aujourd'hui Mme Hanna Sulamith Rothschild, d'Amsterdam) ont été, l'une comme l'autre, emmenées à la caserne Dossin. Les deux autres enfants de ma tante et moi-même sommes arrivés à l'«Orphelinat israélite» de Bruxelles, au 34 rue des Patriotes. Ce foyer était géré par l'Association des Juifs en Belgique, sous le contrôle de la Gestapo. Il était dirigé par un couple de Juifs orthodoxes, M. et Mme Jonas Tiefenbrunner, et fonctionnait selon des principes religieux dont nous étions familiers.

Ma tante et ma cousine ont échappé aux convois n° 24 et n° 25 grâce à l'intervention d'un officier de l'administration militaire allemande, Freiherr von Hahn. Cet homme a contribué de manière discrète, mais souvent efficace, à sauver des Juifs. Il a profité de la nationalité «haïtienne» de ma tante pour l'arracher aux griffes de la Gestapo. En tant que citoyenne d'une «nation ennemie» elle entrait dans son domaine de compétence: elle était susceptible de servir de monnaie d'échange contre des citoyens allemands prisonniers d'un pays ennemi.

Je me souviens encore de l'annonce du débarquement des Alliés le 6 juin 1944. Une dizaine de jours plus tard, les Allemands ont décidé de transférer ma tante et ma cousine à Vittel, une ville des Vosges. Il y avait là-bas un camp sous contrôle de la Croix-Rouge internationale où étaient regroupés des ressortissants des pays en guerre contre l'Allemagne. Ma tante «exigea» que «ses trois enfants» qui se trouvaient à Bruxelles, y soient conduits avec elle. Un début de soirée, nous avons donc été conduits à la gare de Schaarbeek (Bruxelles). Un wagon de troisième classe nous attendait sur une voie de garage. Un soldat allemand sympathique montait la garde, et il avait manifestement l'ordre de nous traiter avec respect. En m'embrassant, ma tante me dit tout bas que je devais l'appeler «maman», ce qui m'obligea à une sacrée gymnastique mentale.

À notre arrivée à Vittel, le lendemain matin, nous avons encore connu une angoisse terrible. Nous apprenions que, quelques semaines plus tôt, les Allemands avaient transféré à Drancy un grand nombre de Juifs détenteurs du même type de passeport. Parmi eux figuraient des connaissances de ma tante et un certain nombre de Juifs qui avaient échappé au ghetto de Varsovie, pourtant munis d'un passeport de ce genre. Dans le camp, nous avons été séparés des autres détenus mais, du fait de la progression rapide des Alliés, les nazis ne purent pas mettre à exécution leurs intentions à notre égard. Début septembre, Vittel fut libéré par l'armée américaine.

DEUX ANS EN PANTOUFLES

Fred Erdman [1]

J'ai toujours vécu à Anvers et j'y suis resté, y compris durant la guerre. J'avais sept ans quand elle a commencé. Lors de l'invasion allemande, le 10 mai 1940, nous habitions Lamorinièrestraat. Ma petite sœur et moi avons été réveillés tôt par nos parents en train d'emballer hâtivement toutes sortes de choses. Nous sommes une famille juive et mes parents savaient ce que vivaient nos coreligionnaires allemands. Nous avons pris le train, puis nous avons effectué à pied un long trajet jusqu'à La Panne. Sur la route, la colonne de réfugiés fut prise sous le feu de l'aviation allemande, et nous avons dû nous jeter dans le fossé pour nous protéger. Nous avons fini par atteindre la plage de La Panne. Mon père s'était foulé le pied en cours de route. Il ne pouvait plus poursuivre et ma mère est allée négocier une canne chez un agriculteur. Plus tard, dans la famille, nous en parlions comme d'une «canne en or», parce qu'elle avait franchement été payée à prix d'or. Nous étions en compagnie d'autres familles et d'amis de mon père qui s'étaient poussés mutuellement à fuir, des gens de notre immeuble entre autres. En fait, nous nous sommes embarqués sans bien savoir où aller. Mon oncle, qui avait fui par un tout autre chemin, sera arrêté plus tard et il atterrira dans un camp de concentration.

Quelques jours plus tard, nous sommes arrivés dans une ferme du nord de la France. Ce premier soir, tous les enfants ont eu droit à un verre de vin doux. Était-ce pour bien nous endormir? En tout cas, cela nous a donné un bon coup de «matraque». Cette nuit-là, les adultes ont dû tenir conseil pour savoir quoi faire. Certains étaient partisans de

1 D'après F. Erdman, avec son accord, *in* W. Gansemans, *Wij zijn nooit kind geweest. Opgroeien tijdens de Tweede Wereldoorlog*, Leuven, 2006, p. 141-149. (*Nous n'avons jamais été enfants. Grandir au temps de la seconde guerre mondiale.*)

fuir plus loin, vers le Sud de la France ou même encore au-delà. Quelques-uns l'ont fait et sont même arrivés en Amérique du Sud. Mon père était vraiment d'une drôle d'opinion. Selon lui, «les Allemands sont des gens corrects: si vous faites ce qu'ils vous disent, vous n'aurez rien à craindre, ils ne vous feront rien». Plus tard, cela s'est révélé faux, bien entendu. C'est que, durant la Première Guerre mondiale, il avait pratiqué les Autrichiens, et il estimait pouvoir se fonder sur cette expérience. Mes parents ont donc décidé de retourner à Anvers, où nous avons retrouvé notre appartement en état.

Je n'ai pas de souvenir particulier des premières semaines de l'Occupation. Il y avait, certes, des soldats en uniformes sombres dans les rues, mais cela n'avait alors rien d'effrayant. Notre rue était située dans un quartier juif, un peu en retrait. Une entreprise de bâtiment était située plus bas, si bien que nous, les enfants, nous pouvions suivre tout ce qui s'y passait: pour des gamins, c'était passionnant. À côté, et encore un peu plus loin, des Juifs étaient pourtant venus s'installer depuis les années 1938 et 1939: des réfugiés d'Europe de l'Est. En 1940 et 1941, nous sommes allés à l'école normalement. Rien de spécial, si ce n'est un détail: l'un des enseignants est venu en classe en uniforme noir et portant des bottes. Il voulait nous faire apprendre une chanson où il était question de notre patrie germanique.

L'été 1942, l'atmosphère de la ville se trouva modifiée. On arrêtait des gens. Mon père n'eut plus le droit de travailler. À la fin de cet été-là, il fut convoqué pour aller travailler sur le mur de l'Atlantique dans le cadre de l'Organisation Todt. Cette fois encore, il se dit: «Si j'y vais et que je fais ce qu'ils me demandent, ils vont épargner ma femme et mes enfants». Car il y avait déjà pas mal de rumeurs au sujet des déportations. Ma mère était bien moins confiante à cet égard. Elle ne se laissait pas leurrer par la propagande. Depuis quelque temps, papa souffrait d'une hernie et il devait se faire opérer, ce qui n'était pas si simple à cette époque. Il est allé à l'Hôpital Saint-Érasme à Borgerhout. Puisqu'il venait de se faire opérer, il ne pouvait pas se présenter pour le convoi de l'Organisation Todt. Il s'est alors produit quelque chose d'étrange. L'infirmière en chef de l'hôpital tenait absolument à ce que mon père rentre chez lui. Elle engueulait ma mère qui, elle, ne voulait pas que mon père, si peu après l'opération, sorte de l'hôpital. L'infirmière ne cessait de répéter: «Vous devez ramener votre mari à la maison dès aujourd'hui. N'attendez pas.». Ma mère ne voulait pas. Comment faire pour les soins? Ce serait sa mort. Mais l'infirmière en chef continuait d'insister: «Si, si, cet homme doit rentrer, il doit partir d'ici ce soir-même!» Mes parents parlaient l'anversois, ils pouvaient donc bien se comprendre avec l'infirmière. Cela s'est transformé en une forte querelle, et ma mère a fini par ramener son mari à la maison. Le lendemain, la salle des malades était entièrement vidée au cours d'une rafle des Allemands. Cette infirmière avait sans doute eu vent de quelque chose. Cela a donc été de justesse. Et nous avons encore connu avec ma famille d'autres «de justesse»... Après la guerre, nous avons essayé de la retrouver, mais ce fut peine perdue. Était-ce le dialecte anversois qui avait créé un lien?

Un jour, nous étions tous allés nous promener. Nous portions déjà l'étoile jaune, devenue obligatoire depuis le 6 mai 1942. Et nous avons entendu dire que la synagogue avait été incendiée à l'issue de la projection du film *Jud Süss* à Anvers. Nous sommes rentrés précipitamment à la maison, tout à fait désemparés. Bien des questions nous tracassaient: «Que va-t-il se passer? Que faire maintenant?». Au-dessus de nous, au cinquième étage – nous habitions au troisième – vivait un retraité de l'armée, un officier. Il est venu sonner: «Voici la clé de mon appartement. Vous pouvez y aller à tout moment, car ici vous n'êtes plus en sécurité». Quelques semaines plus tôt, il y avait déjà eu des rafles dans le voisinage. Nous avions vu arracher de leurs foyers des gens en pleurs. C'étaient des réfugiés d'Europe de l'Est, que nous connaissions à peine. Les premiers convois étaient constitués de Juifs polonais et d'autres que leur aspect permettait d'identifier. Qui conduisait ces gens aux camions? Il y avait bien des Allemands, mais pas seulement. Tout gamin, j'ai entendu hurler et j'ai su que des gens se faisaient embarquer dans des camions à coups de pied. On parlait de «camps de travail». L'officier est revenu nous dire: «Ne restez surtout pas ici! Ils arrivent dans le quartier. Les camions sont prêts. Ils sonnent à toutes les maisons.» Et nous nous sommes donc réfugiés dans son appartement tous les quatre, mes parents, ma sœur et moi. Nous sommes tout bêtement restés accroupis derrière la porte alors qu'il y avait bien cinq ou six pièces. Comme ils l'avaient fait chez nous, ils sont venus frapper à sa porte. Ils n'ont pas insisté: son nom n'avait rien de Juif, et il était connu. Ensuite, nous sommes descendus habiter à la cave pendant quelques jours et quelques nuits. Mes parents se sont rendus compte qu'une telle situation ne pouvait pas durer. Par hasard, il y eut des contacts discrets, par l'intermédiaire d'une dame âgée qui nous promenait auparavant; elle était un peu notre gouvernante. Une sympathique femme du peuple, de Berchem (Anvers), était disposée à héberger mes parents. Ma petite sœur, de deux ans ma cadette, et moi-même irions ailleurs.

Un de mes oncles connaissait un homme qui travaillait à la municipalité d'Anvers. Le couple n'avait pas d'enfant. Je pouvais être logé chez eux. La sœur de cette femme, qui habitait Uccle, n'avait pas d'enfant non plus. Il était plus simple que ma petite sœur aille à Uccle puisque, là-bas, tout se passait en français: on dirait qu'elle était une nièce venue de Flandre. Les voisins, à Uccle, n'y ont pas compris grand-chose de toute façon, et ils n'ont guère posé de questions. Et moi, je suis arrivé dans un appartement de la Scheldestraat. Un modeste logement pour deux personnes. Je ne sortais pas. À cette époque, en 1942, personne ne pouvait imaginer combien de temps cela allait durer. On disait: «Ça passera, cette clandestinité. C'est une solution provisoire. On verra.» Je n'avais pas la moindre idée de ce qu'étaient des «listes» ou un «Conseil des Juifs». Mais ce «provisoire» a duré plus de deux ans.

Je suis arrivé en grand secret dans cet appartement de la Scheldestraat. Dans le bâtiment ou dans le quartier, personne n'était au courant de mon existence. Même les parents des gens qui me cachaient ne savaient rien. Ce n'est que bien après la guerre que les parents de la femme en ont entendu parler. Mais la mère du mari, elle, n'a jamais su qu'un petit Juif y avait vécu pendant toutes ces années difficiles. Il y a bien eu quelques moments d'anxiété. À un moment donné, quelqu'un est venu visiter l'appartement. Était-ce pour l'acheter, ou bien cela concernait-il des réparations? Je ne l'ai jamais su. Je ne devais pas me faire voir et je me suis glissé sous le lit. Cela devenait comme une sorte d'instinct: «Ne te fais pas voir, ne te fais pas entendre, ainsi tu seras en sécurité». J'avais peur, mais je ne paniquais pas pour autant.

Dans un appartement où l'on n'est pas supposé vivre, il n'est surtout pas question de se faire entendre. Tant et si bien que j'ai vécu en pantoufles pendant plus de deux ans. En septembre 1944, à la Libération, je ne pouvais même plus mettre de chaussures: mes pieds étaient trop larges. Mais bon, cela n'a duré qu'un temps. Tout bien considéré, j'ai eu beaucoup de chance. Par exemple, je n'ai jamais été malade. Comment aurait-on pu expliquer la situation à un médecin ou à l'hôpital? Qui pense d'avance à ce qui peut arriver à un enfant caché: que se passera-t-il s'il fait, par exemple, une péritonite? Pendant la période où elle se cachait, ma mère a énormément souffert de maux de dents. Un dentiste âgé l'a soignée clandestinement. Par gratitude, nous sommes ensuite allés chez ce dentiste pendant des années. Un homme terrible aux yeux d'un enfant comme moi, mais qui durant les années de guerre a soigné gratuitement beaucoup de gens.

L'homme chez qui je demeurais était fonctionnaire municipal, et résistant – chose qu'ignorait son épouse. Il s'occupait de fournir les bons de ravitaillement. Son supérieur exerçait lui aussi une fonction-clé dans la Résistance, si bien qu'il leur était possible de détourner de ces bons vers les clandestins. J'ai énormément lu au cours de cette période. Car que fait-on quand on vit caché durant deux ans? On lit.

J'avais dix ans et je lisais tout Conscience, Streuvels, Ledeganck, et ainsi de suite[1]. J'ai lu du matin au soir. À une certaine époque, l'homme qui me cachait avait voulu devenir enseignant et sa bibliothèque était bien garnie. Parfois, mais toujours délicatement, il m'apportait des magazines illustrés où l'on trouvait des conseils de bricolage. Il me fournissait également un peu de matériel, en quantité certes limitée mais j'ai ainsi pu faire quelque chose de créatif: des découpages à la scie. J'en ai fait pendant des heures et des heures. De temps à autre, j'en fais encore, d'ailleurs.

Avec le recul, je me dis que le temps est passé très vite. Et il n'y a pas eu de véritable incident. Cependant – ce qui présentait alors un risque immense – je suis allé rendre visite à mes parents, qui étaient en sécurité là où ils se cachaient. L'homme et la femme qui m'hébergeaient m'ont accompagné à pied depuis la Scheldestraat jusqu'à Berchem. Nous avons eu de la chance: personne ne nous a arrêtés pour nous demander quoi que ce soit. J'étais un garçon comme un autre, en promenade avec ses parents.

Ce qui m'est toujours resté en mémoire, même si à l'époque je ne réalisais pas ce que cela signifiait, c'est le cortège funèbre de Staf De Clercq, le leader du VNV[2]. Le cortège est passé près de la statue de la Scheldestraat; j'ai pu l'apercevoir depuis la fenêtre au troisième étage. À l'époque, je n'ai pas du tout pensé «les salauds!». Pour moi, c'était un cortège impressionnant, sans plus. Il y avait beaucoup d'uniformes, et on faisait le salut hitlérien.

Ce fut peut-être une coïncidence – certains y verront peut-être autre chose – mais la femme qui me cachait et n'avait jusque-là pas eu d'enfant, a donné naissance à une fille en avril 1944. Et curieusement, la même chose est arrivée à sa sœur d'Uccle, pourtant plus âgée: à la Libération, après que ma petite sœur fût rentrée, cette femme a elle aussi accouché.

J'ai toujours mangé à ma faim. J'ignore comment ont fait les personnes qui m'ont aidé. J'ose penser que cette petite bouche supplémentaire n'aura pas beaucoup pesé. Ce n'était pourtant pas, à proprement parler, des rations consistantes. Il y avait parfois des combinaisons bizarres: de la chicorée ajoutée à une sorte de breuvage pour lui donner tout de même un peu plus de goût. À l'époque, je trouvais cela délicieux; après la guerre je l'ai essayé encore une fois, mais c'était tout simplement infect.

---

1 Hendrik Conscience (1812-1883), Stijn Streuvels (1871-1961), Karel Lodewijk Ledeganck (1805-1847): écrivains célèbres de la littérature flamande.

2 Vlaams Nationaal Verbond – Ligue nationale flamande. Cet ancien parti nationaliste flamand, fondé en 1933 par Staf De Clercq, collabora avec l'occupant. (Ndt)

Quant à l'enseignement, je n'en ai pas eu pendant cette période. À la sortie de la guerre, j'avais un an de retard à l'école primaire. Lorsque, après ces deux ans, je me suis retrouvé en quatrième année, il y était question de plantes et d'animaux dont je n'avais jamais entendu parler ou que je n'avais jamais vus. Mais en revanche, ayant beaucoup lu, j'avais sur ce point une longueur d'avance. L'adaptation s'est faite plus facilement que je n'avais imaginé les premières semaines.

Au moment de la Libération, les retrouvailles avec mes parents ont été fantastiques. Ma sœur est arrivée un jour après moi. Comme les autres enfants, j'ai reçu du chocolat et je suis également monté sur un char. J'ai couru avec tous les galopins du quartier, et jusque dans l'Institut tropical où se trouvait un quartier général quelconque. Il n'y avait aucune distinction, tout le monde déambulait, et on pouvait entrer n'importe où, comme ça, sans problème. Avec les gars du quartier, je suis même entré dans une église où il se passait des tas de choses que je ne comprenais pas. Dans l'euphorie de ces jours, tout cela était possible.

Après notre «regroupement familial», nous sommes allés habiter à Zurenborg (Anvers) dans une maison appartenant à un membre de la famille. Comme chez beaucoup de gens, il y venait des soldats, des Britanniques comme des Américains et des Canadiens, et nous devions, chaque fois, répéter comment nous avions survécu à la guerre. Il y a tout de même encore eu de la panique lorsque les V1 ont été pointés sur Anvers. Mon père n'aimait pas la cohue des transports publics et, un jour où il descendait à pied la longue Plantin-Moretuslei, un tel engin lui est passé en trombe au-dessus de la tête. Il a pris une rue latérale pour rentrer à la maison. La bombe volante est allée tout droit... En rentrant, il était tout blême. Être ainsi confronté une fois de plus à la violence de la guerre, c'était terrible pour des gens comme mes parents. Nous avons tout de même pris des précautions: sous le dôme en verre était tendu un filet, pour le cas où il serait touché. Les soldats qui nous fréquentaient juraient leurs grands dieux que, si les Allemands revenaient, nous serions en sécurité car ils viendraient aussitôt nous chercher. Avec le recul, cela ne tient pas debout, bien entendu. Cependant, nous en étions rassurés: les nouvelles de l'offensive des Ardennes faisaient en effet craindre que ces troupes ne poussent jusqu'à Anvers, ce qui était le but. Au fond, ma sœur et moi avons été à l'abri des situations dramatiques. Retour à l'école, donc, mais pendant les bombardements l'école était fermée: cela nous plaisait, comme cela plaît à tous les enfants à qui on accorde un congé. Mes parents ont cherché quelqu'un pour nous donner des cours particuliers, mais c'était décontracté, pas du tout scolaire.

Je n'ai pas su grand-chose des règlements de compte de l'après-guerre. J'ai certes vu emmener en camion des femmes au crâne rasé, j'ai vu défenestrer des meubles, mais je n'avais aucune idée de ce que tout cela signifiait. J'étais trop jeune. Ceci dit, Zurenborg était assez tranquille à cet égard.

Pour résumer, nous avons eu beaucoup de chance. Nous nous sommes retrouvés tous les quatre, sains et saufs, alors que nous étions cachés à trois adresses distinctes. Ces quelques années de ma jeunesse m'ont été volées, mais cela n'est rien comparé au sort des jeunes qui ont connu les camps ou qui y ont été tués. Je reste toujours en dette à l'égard de ces gens d'Anvers qui m'ont sauvé au risque de leur propre vie. Aussi notre reconnaissance envers ces personnes est-elle inconditionnelle et profonde. Nous n'oublierons jamais. L'un et l'autre sont décédés mais, représentées par leur fille et leur nièce d'Uccle, nous les avons fait porter sur la liste des «Justes»: ceux qui ont fait l'impossible pour cacher des personnes recherchées par les nazis.

« DANS UN SOUS-SOL, TOUT SEUL... »

Henri Erlbaum

Mes parents sont venus de Pologne, mon père en 1920, ma mère en 1922. Elle était d'une famille de huit enfants. Ils se sont connus en Belgique. Je crois qu'ils ont eu une belle jeunesse, sans contrôle des parents, des rabbins, de la famille... Ils étaient membres d'organisations juives, une chorale entre autres, des organisations de tendance sioniste, très à gauche, proches du communisme. Il ne faut pas oublier: avant la guerre, on n'avait le choix qu'entre communisme et fascisme.

En fait, ils s'étaient enfuis de Pologne, pour gagner plus. Vivre en Pologne était difficile, il y régnait un climat antisémite.

Mon père est arrivé avec un contrat de travail dans les mines, près de Charleroi. Avec le peu de français qu'il connaissait, il est vite devenu professeur de français... pour les nouveaux arrivés, évidemment. Ma mère confectionnait des casquettes; elle gagnait plus que mon père. Par la suite, ils ont fait les marchés avec des casquettes et des chapeaux.

Moi, je suis né en mai 1938; j'étais donc polonais. Je n'ai que très peu de souvenirs du début de la guerre.

J'ai été caché à trois endroits. Du premier, il me reste un souvenir: je suis dans un sous-sol, tout seul. Côté rue, une petite fenêtre avec des barreaux. Je me vois à genoux sur la table, comme le plafond est très bas, et je ne vois que des jambes. Je ne comprends pas pourquoi je ne vois pas le reste. Et j'ai mal aux genoux, d'être assis à genoux tout le temps. De l'autre côté, une autre petite fenêtre donne sur un jardin. C'est le vide! Je n'arrive pas à comprendre: d'un côté, le vide, de l'autre, ça grouille... Je ne sais pas où je mangeais, ni avec qui. Je me souviens que, une fois, j'ai pu monter au rez-de-chaussée, parce que c'était dimanche et que le magasin était fermé – une boucherie. Mais cela ne s'est passé qu'une fois seulement. J'ai le souvenir de voir une merveille, quelque chose de magnifique. En bas, j'étais seul... Je sais par un petit détail que cela a duré environ six mois. Dans le jardin, derrière la petite fenêtre, il y avait une petite masse jaune vert. Je ne savais pas ce que c'était, et je la poussais avec une fourchette, par la fenêtre. Un jour, j'ai piqué et elle s'est mis a sauter. C'était un petit animal, une sorte de grenouille, qui hiverne cinq mois. C'est ainsi que j'ai su que je suis resté le temps d'hiverner.

Puis je suis arrivé dans un autre endroit. Là, je me souviens qu'on me réveille, on me dit: «Tu pars avec ta maman.» J'ai regardé la «dame» qui se présentait, ma mère, mais cela je ne le savais pas. J'ai immédiatement senti qu'elle me voulait du bien et je suis parti avec elle. Mais, avant cela, elle se dispute avec le couple où j'étais caché. Moi, je ne comprends rien de la discussion. Le ton monte, ils se mettent à discuter, et tout à coup on entend la sirène d'une voiture. Ma mère dit: «Parlez moins fort, on pourrait nous entendre.» À quoi le monsieur répond: «De toute façon, si la Gestapo arrive, ce n'est pas pour moi, c'est pour vous.» Après la guerre j'ai compris qu'ils se disputaient pour une question d'argent. Ce qui est certain, c'est qu'ils ne voulaient pas me donner mes vêtements; ils les ont gardés.

Le troisième lieu me laisse de très bons souvenirs: à Uccle, à Calevoet, un endroit merveilleux, chez une dame fort aimable, très affectueuse... Beaucoup de chaleur humaine. Elle me parlait tout le temps, je n'étais plus seul! Elle était veuve, ses enfants étaient mariés. Souvent, le soir, nous allions chez l'une de ses filles, qui avait des enfants de mon âge. Je me souviens d'avoir eu des jouets. Dans la rue, il y avait un menuisier. Un jour, j'ai reçu des cubes en bois, de plusieurs formats, pour jouer; l'odeur du bois, surtout, m'a frappé.

Le dimanche, je pouvais dormir dans le lit de cette dame. Vivait une institutrice à l'étage supérieur, qui avait droit à son jour de repos, le dimanche; pour que je ne fasse pas de bruit, la dame me prenait dans son lit. Nous habitions au premier étage.

Un jour, nous sommes descendus chez les voisins d'en bas: réunion de famille autour d'une grande table ronde; on a mangé du lapin. Et j'aime toujours cela! Des sensations qui touchent!

Un jour, je suis très étonné que l'on parle de moi. La dame s'adresse à son fils, je me souviens de ses paroles: «Toi, avec ta belle chemise noire – il était en uniforme! –, si jamais tu parles...» J'ai tremblé, je m'attendais à une menace terrible, et elle a continué: «...tu recevras une gifle!» Je me demandais: est-ce qu'une gifle peut faire peur à ce grand gaillard de vingt ans? Mais la menace d'une mère est plus forte que les directives du Führer! Je savais qu'il y avait un problème avec moi, mais je ne savais pas lequel. La notion que j'étais caché est venue après.

Un jour, on m'annonce qu'un autre petit garçon vient vivre avec moi. Je le vois dans le salon. Sa première réaction est de se cacher sous la table. Pendant plusieurs semaines, au moindre bruit, en dessous de la table! Il ne parlait que l'allemand, et ne disait que «*Brot essen*[1]». Après la guerre, on m'a expliqué que c'était la Résistance allemande qui l'avait sorti d'un camp; c'était un petit Juif.

Au début, j'étais un peu jaloux de lui. Il venait me perturber. Je me demandais: «Qui est cette bête, qui ne dit rien, qui se cache tout le temps?» Il me dérangeait, je ne le comprenais pas. Mais il s'est vite adapté, il s'est humanisé. Dès le moment où il a accepté de venir au lit le dimanche, nous sommes devenus comme des frères. Avec lui, j'ai compris que c'était la guerre, et que j'avais des parents. Un jour, ma grand-mère – c'est ainsi que j'appelais la dame – nous a emmenés dans une église, pour que nous priions pour nos parents. Malheureusement, nous ne savions pas prier. On lui a demandé de nous l'apprendre mais elle non plus, elle ne savait pas prier. Mais cela n'avait pas d'importance. J'ai un bon souvenir de cette église.

Avec ma «grand-mère», nous sortons, nous faisons des courses. Je n'ai pas le sentiment d'être caché, c'est le bonheur, j'ai un camarade de jeu. Peu à peu, je prends conscience de ce qui se passe: j'ai des parents, c'est la guerre, on se bat. Nous habitons en face de la gare; de temps en temps, des convois de blessés allemands s'y arrêtent. Ce sont des trains de marchandises. Je vois encore ces plateaux, remplis de paille, avec des blessés l'un contre l'autre. Trois couleurs: le gris des uniformes, le blanc des pansements comme des draps, et le rouge qui perce les pansements.

Mais il y avait plus de blanc que de gris! Horrible! Quand on voyait cela, on pleurait. C'était triste à voir: ceux qui savaient marcher allaient chercher de l'eau, mais il n'y avait qu'un robinet sur le quai.

---

1 «Manger du pain.»

La Libération: par la fenêtre, je vois une charrette avec des soldats allemands, et je sens que ce n'est pas normal. Ils n'ont pas de béret, ont la chemise ouverte, sans la moindre discipline militaire: des soldats fuyant par leurs propres moyens. Quelques secondes plus tard, on tire dans la rue. Puis c'est la fête dans le quartier. On jette des tables et des chaises par les fenêtres, chez ceux qui ont collaboré. Il se passe des choses anormales, c'est le désordre dans la rue, et j'ai peur. Les gens applaudissent, je ne comprends pas. Mais le feu, c'est très beau! Les résistants ont fait sauter la gare, et tous les carreaux sont cassés dans notre maison; les pompiers sont venus pour enlever les éclats.

On me dit que la guerre est finie et que je vais revoir mes parents. Mon petit copain va retourner en Allemagne. Mais il reste chez la dame: il n'a plus de famille. Plus tard, il est venu avec nous en vacances. Malheureusement, il a fini par se suicider.

Une scène, à la même période. Un monsieur entre dans l'appartement, prend mon «frère» dans ses bras et l'embrasse; mais la dame lui dit: «Non, ce n'est pas lui, c'est l'autre.» Le monsieur nous prend tous les deux, nous serre à nous faire mal. Cela nous dérange, surtout de voir un adulte pleurer. C'était mon oncle, le mari d'une sœur de ma mère. Cela se passait quelques jours avant la Libération. Son fils faisait partie de la Résistance armée, il avait été pris, personne ne savait où on l'avait emmené. Mais il a eu de la chance, il a survécu.

Pendant la guerre, mon père a été convoqué pour aller travailler au mur de l'Atlantique. Après un certain temps, ceux qui ne pouvaient plus travailler étaient déportés vers Auschwitz. Mais, une fois passée la frontière belge, mon père a sauté du train et est entré dans la clandestinité. Ma mère a été cachée dans des couvents. Mon frère, lui, a passé cette période dans… une maison de redressement!

Peu de temps après, je rentre chez mes parents. L'horreur! Une mansarde sans lumière. Je pousse les murs pour agrandir la mansarde. Je me suis évadé trois fois pour retourner chez ma «grand-mère»! Et je n'ai jamais pu embrasser ma mère! Le soir, mon frère se met à genoux pour la prière; mon père dit: «Qu'est-ce qu'ils ont fait de mes enfants?» Je dis à mes parents: «C'est bientôt la Saint-Nicolas», et j'espère recevoir les jouets que j'ai demandés. Mais je comprends qu'ils ne connaissent pas cette tradition, c'est dramatique pour moi. N'oublions pas que je venais du luxe! Quant à mes parents, je me souviens qu'ils étaient contents d'avoir une chaise!

Alors la question s'est posée: aller en Palestine? En Argentine? Au Brésil? Ils sont finalement restés et ont obtenu la naturalisation; je suis donc Belge. Mes parents ont continué à travailler dans le vêtement, d'abord avec un «stock américain».

Je suis allé à l'école primaire, avec un retard. J'ai eu du mal à m'intégrer, je n'avais pas l'habitude de côtoyer tous ces gens de tous les milieux belges. C'était à Etterbeek, du côté de La Chasse. Je continuais à voir ma «grand-mère»: je passais le week-end chez elle. À Noël, nous allions chez sa belle-fille, dont le mari était mort.

Cette dame vivait avec un banquier. Moi, j'attendais ce Noël: je voyais des objets que je n'avais jamais vus, des tasses, des cuillères d'un chic, d'un raffinement!...

C'est là que j'ai découvert l'art, la beauté...

Je n'avais pas la tête faite pour les études. Mes parents, soucieux d'une bonne éducation, m'ont inscrit à l'athénée d'Etterbeek. Puis en technique; j'ai les mains en or. C'est surtout l'Institution des Arts et Métiers, école du soir, qui m'a formé.

Puis je me suis marié. J'ai deux enfants, un garçon et une fille. Disons que j'étais juif au mauvais moment au mauvais endroit. Mais je suis un Juif heureux.

ÉCHAPPÉ À ORADOUR

Osy Fischler

La guerre éclate en septembre 1939. J'ai deux ans et quelques mois. Après l'invasion, le 10 mai 1940, la première réaction de mes parents et de ma famille fut d'essayer de fuir la Belgique et de partir pour l'Angleterre. Je me rappelle au moins deux camions, qui transportaient notre famille. On se dirigeait vers Dunkerque mais le combat y avait déjà commencé. Je me rappelle, en pleine nuit, ce qui me semblait spectaculaire, magnifique même: c'était l'effet sous les projecteurs, qui essayaient de localiser les avions dans le ciel pour les abattre, les avions anglais, le bruit de l'artillerie; et je me rappelle avoir demandé à ma mère de me faire descendre du camion pour quelques instants pour admirer ce spectacle. Nous n'arriverons pas loin: nous ne parviendrons pas à atteindre la côte et nous devrons rebrousser chemin. Nous sommes revenus à Anvers, où nous vivions, à l'endroit d'où nous étions partis et... la guerre battait son plein. Je me rappelle mes parents, écoutant la radio, Radio Berlin, écoutant Hitler hurler sa haine contre les Juifs. Effrayés, terrifiés, ils se demandaient ce que l'on allait faire.

Mes parents étaient originaires de Pologne. Mon père est arrivé en Belgique en 1913, juste avant la Première Guerre mondiale, avec ses parents. Durant la guerre, ils sont restés à Scheveningen, en Hollande, où mon père, qui ne connaissait ni le français ni le néerlandais, probablement le polonais et surtout le yiddish – il n'était jamais allé à l'école – a commencé à se former en *self-made-man*, fréquentant la bibliothèque de Scheveningen; après la guerre, ils sont retournés à Anvers. Ma mère est arrivée de Pologne en 1929, c'était un mariage arrangé. Mon frère Herbert est né en 1930. Mes parents ont eu quelques déboires. Il faut savoir qu'ils étaient originaires de familles orthodoxes. Mes grands-pères, mon grand-père paternel que j'ai connu, portait la barbe, *payes*[1], etc. Ma grand-mère, je l'ai connue: nous allions la voir tous les samedis; il faut que je raconte comment se déroulaient ces visites. Nous étions une famille assez nombreuse: mon père était l'aîné et le seul fils. Il avait trois sœurs, dont l'une avait six enfants. Chaque samedi, nous allions rejoindre la maison des grands-parents. C'était assez lugubre. Mon grand-père paternel était un homme assez en retrait. Ma grand-mère faisait peur. C'était une personne très froide.

Quand nous allions chez eux, elle était assise devant la cheminée, enveloppée d'un châle blanc. Je me rappelle qu'on me poussait vers elle pour l'embrasser; je n'en avais aucune envie, elle me terrorisait, et je faisais marche arrière avec les pieds qui glissaient sur le sol. Toute la famille était là, assise en demi-cercle, surtout les hommes. On ne parlait pas, c'était le silence absolu.

On se balançait d'une façon rythmée. Et cela pouvait durer ainsi une demi-heure. Puis tout le monde se levait et on partait.

La seule personne qui fît exception dans cette famille était un oncle, le mari d'une sœur de mon père, qui s'appelait Aline. Lui s'appelait Oscar Strassberg. Il n'était pas religieux. Il avait fait des études universitaires – il était architecte de formation mais n'a jamais exercé ce métier. Il s'est retrouvé dans une position assez élevée au ministère des Finances. Au début de la guerre, c'est probablement lui qui a compris la portée des événements. Les voyant d'une autre perspective, il avait une impression exacte de ce qui se passait. Il connaissait également quelqu'un – était-ce un ami? – qui possédait une maison de campagne dans le Limousin, non loin de Limoges. Et cet homme lui a conseillé d'aller dans cette région, d'essayer de trouver un endroit pour se réfugier. Ce qu'il a fait. Il est parti avec sa femme et leur unique enfant, une petite Édith – on l'appelait Titi. Ils sont allés s'installer à Mérignac. Et c'est de là qu'il a fait pression sur toute la famille pour qu'elle quitte la

1 Papillotes.

Belgique et vienne les rejoindre. Je me rappelle qu'à la maison il y eut une réunion – surtout des femmes, parce que les hommes étaient au travail –, qui étaient venues chez nous parce que mon père était le frère aîné. Elles étaient assises autour d'une table, et moi j'étais dessous pour écouter les conversations. Quel en était le sujet? La question était de savoir: qu'allons-nous faire? On reste ou on part? Je me rappelle que la majorité était contre le départ. Ma mère, elle, était pour. Elle voulait partir. Et je me rappelle une scène – je ne l'oublierai jamais – un jour, à la fin d'une réunion, sur le palier, devant l'ascenseur: une femme, membre de la famille, disait à ma mère: «Mais les Allemands ne sont pas si terribles que ça; regarde: ils nous permettent même de préparer des *matzots* [1] pour *Pesach* [2].»

Nous avons quand même décidé de fuir, et nous sommes partis un 14 août, en 1942. Je me rappelle ce jour-là, un vendredi. Je me souviens de ma mère, en train de découdre les étoiles de David sur les vêtements. Moi, je n'en portais pas: elles étaient obligatoires à partir de l'âge de six ans, que je n'avais pas encore; Herbert portait l'étoile comme les parents, bien entendu. Avec un minimum de bagages, nous sommes sortis. Nous avions peur que les voisins ne nous trahissent. Ils nous connaissaient avec l'étoile... Nous avons rejoint l'arrêt du tram et, quand il est arrivé, un officier allemand m'a pris pour me déposer sur la plateforme. Ensuite nous avons pris le train, et nous avons fait plusieurs arrêts: à Tourcoing d'abord, puis deux jours à Paris, puis le lendemain à Dijon. C'est dans cette ville qu'était prévu notre passage de la ligne de démarcation qui séparait la France occupée de la France de Vichy, tout cela avec des passeurs que l'on payait cher. Nous avions de faux papiers, qui avaient été rédigés par la Résistance belge. Et nous voilà avec ces passeurs: un attelage, des chevaux, nous quatre, les deux hommes et quelques valises. On nous emmène dans une forêt. On nous fait descendre et on nous dit: «Il faut attendre la nuit, car c'est alors qu'on passera la ligne de démarcation.» Nous étions tous assis par terre et tout à coup, l'un des passeurs s'adresse à mon père et lui dit: – Vous nous avez payé la moitié? – Oui. – Et l'autre moitié, vous allez nous la payer à l'arrivée? – Oui, bien entendu. – Mais nous ne croyons pas que vous avez l'autre moitié de l'argent. – Si, si, il se trouve dans ce sac, là. Et il le montre. Brusquement, l'homme se lance sur le sac, l'empoigne, les deux passeurs s'enfuient et nous restons seuls dans la forêt. La nuit tombe. Nous sommes seuls avec nos valises; qu'allons-nous faire? C'était la panique. On empoigne le peu qu'on a, on commence à

1 Pains azymes.
2 La Pâque.

Dernières vacances à la mer,
Wenduine, juillet 1939.

marcher dans la forêt, il fait noir. Puis on approche d'une route et on s'arrête là, à attendre je ne sais quoi. On aperçoit alors des lumières, une voiture qui s'approche. C'était un camion, avec un bac plat. Mon père se met au milieu de la route et fait signe au conducteur de s'arrêter.

Ils étaient deux dans la cabine. Le chauffeur ouvre la fenêtre, nous regarde et demande à mon père: «Vous êtes juifs?» Mon père répond: «Oui.» Le chauffeur descend du camion et dit: «Montez dans le camion, mettez-vous à plat ventre, ne vous levez surtout pas.» Nous obéissons, et il démarre. On roule, on ne sait pas où on va.

Ces hommes pourraient nous emmener à la Gestapo. Puis le camion ralentit, il y a des virages, on est secoué. Le camion s'arrête, on entend des voix, puis un bruit: de grandes portes qui semblent s'ouvrir; et le camion entre dans une grange. On referme les portes de la grange et le chauffeur vient vers nous. Il nous dit: «Descendez», et il se présente: «Je suis commandant de la FFI, les Forces françaises intérieures.» Je me retrouve là, au milieu de vaches, des animaux que je n'avais jamais vus de près. J'étais terrorisé, mes parents aussi. On nous a amené de quoi manger, pour moi du pain blanc et un verre de lait. Mon père n'avait plus d'argent. Il a demandé à ces résistants s'ils pouvaient faire une collecte dans le village. Il leur a remis ce qui lui restait, une montre en or. C'était un village pauvre, on n'a pas pu ramasser grand-chose pour cette montre. Nous sommes repartis le lendemain. On nous avait indiqué une route: «Prenez cet autobus-là, il n'y a pas de contrôle sur la route.» Mais nous avons eu de la malchance, et de la chance aussi: quelques kilomètres plus loin, un barrage, des Allemands. Ils arrêtent l'autobus. Il y avait deux portes, une devant, une autre derrière; nous étions à l'avant, derrière le chauffeur. Monte un officier allemand, qui s'adresse à nous: «*Papiere*». Là, je vois sur le visage de mes parents que... c'est la fin.

L'officier prend les papiers, les regarde, les feuillette, secoue la tête, sourit, regarde mes parents, nous regarde, secoue encore la tête, referme le tout et remet les documents à mon père. Il quitte l'autobus alors que, derrière, d'autres gens ont été flanqués dehors: «*Raus!*» Le chauffeur referme les portes, redémarre, se retourne vers nous et dit à mon père: «Vous avez eu de la chance!» Nous étions tombés sur un bon Allemand!

Nous arrivons à Mérignac chez Oscar Strassberg, Aline et la petite Titi. L'oncle Oscar, n'ayant rien trouvé à Mérignac, cherche dans les environs et trouve une solution possible dans un village à une dizaine de kilomètres de là, à Saint-Brice-sur-Vienne. Il y rencontre la famille Bernard, qui a une petite maison – deux chambres, une porte au milieu, la cuisine et une chambre à coucher. Ils sont prêts à nous la louer. Il n'y a pas de chauffage, un seul robinet, dans la cuisine, et c'est tout. Quant aux toilettes, elles se trouvent quelque part dans le jardin, une petite cabane. Un choc, pour qui vient d'une ville comme Anvers, où nous avions habité un appartement.

Nous avions de faux papiers. Notre nom n'était plus Fischler mais Visser, qui veut dire pêcheur en néerlandais. Mon père ne s'appelait plus Juda, mais Jacques. Ma mère non plus Cyla, mais Cécile. Mon frère, qui était inscrit comme Naftali Hertzl, s'appelait Herbert et moi, inscrit comme Osias, d'après le nom de mon grand-père maternel, décédé quelques mois avant ma naissance, je m'appelais Oscar. Mes parents m'appelaient Ossi.

Arrivés à Saint-Brice, nous avons dû nous inscrire à la mairie. À Limoges, on a retrouvé les documents. Sur un premier document, intitulé *État nominatif des étrangers au 31 décembre 1942, à Saint-Brice*, on peut lire que *M. Jacques Visser, né le 20 octobre 1899 à Anvers* – il était né en Pologne, bien sûr –, *de nationalité belge* – il était de nationalité polonaise – *est arrivé sur la commune de Saint-Brice-sur-Vienne le 26 août 1942, après avoir passé la ligne de démarcation en fraude le 25 août 1942.* La date n'est pas exacte, non plus. *Madame Visser, née Cécilia Lauwens* – son vrai nom était Cyla Landau –, *née le 31 mars 1902 à Borgerhout* – elle était née quelque part en Pologne –, *de nationalité belge, est arrivée sur la commune de Saint-Brice le 26 août 1942, après avoir passé la ligne de démarcation en fraude, le 25 août 1942.* Les enfants ne sont pas portés sur cette liste. À l'époque, le maire de Saint-Brice, un certain monsieur Guteron, un résistant, a probablement fait exprès de ne pas nous inscrire sur le registre de la population, se disant que si mes parents se faisaient prendre, il restait peut-être une chance que nous, les enfants, soyons sauvés.

Comment passions-nous le temps? Moi, on m'inscrit à l'école, en première primaire. Quand je suis arrivé à Saint-Brice, j'avais cinq ans. J'allais donc à l'école... Il n'y avait qu'une classe, où étaient rassemblés les trois années primaires, et nous avions deux institutrices. L'une s'appelait madame Lachaise, l'autre mademoiselle Loiseau. En hiver, il n'y avait qu'un poêle au milieu de la classe, pas plus. Au point de vue de la nourriture, la situation n'était pas brillante. Herbert était chargé de s'occuper du ravitaillement mais ce n'était pas toujours suffisant. Quand j'allais à l'école, à la récréation, je voyais les autres, enfants de paysans, manger de grosses tartines de pain noir, avec une grosse tranche de lard, et moi, souvent, je n'avais rien du tout. Je me rappelle qu'en arrivant à Saint-Brice, la grand-mère de Pierre Bernard venait m'apporter chaque jour un tout petit peu de lait, dans un tout petit flacon de médicaments. Et certains jours, en hiver, on restait au lit, sans manger: on avait froid, on n'avait pas de quoi se chauffer car le seul chauffage était la cuisinière.

Nous avions, bien entendu, gardé contact avec notre famille, Oscar Strassberg et la tante Aline, qui venaient parfois nous voir. Au début, quand nous allions les voir, la grand-mère paternelle vivait avec eux. Elle détestait son gendre: c'était un athée, un mécréant, il n'était pas religieux, ce qui était inacceptable. Pourtant, Oscar a tout fait pour s'occuper d'elle, pour la sauver. Il l'avait transportée, paraît-il, pour passer la frontière, sur la barre d'une bicyclette.

À Mérignac, chez eux, j'ai vu une scène qui m'a fort étonné. Un jour, passant à côté de la chambre à coucher où dormait la grand-mère, je vois Oscar, mon oncle, accroupi sur elle, couchée sur le dos, dans le lit, en train de gueuler, de l'insulter et de l'injurier, tandis qu'il essayait de lui ouvrir la mâchoire pour y introduire un médicament: elle souffrait du cœur.

Que faisions-nous toute la journée? Je me rappelle que j'allais parfois me promener avec mon père de l'autre côté de la rivière – ce pont aura son importance dans le drame d'Oradour-sur-Glane.

En 1943, mon père reçoit une convocation pour aller travailler, peut-être en Allemagne. Il devait se rendre à un point de rassemblement. Il était naturellement très inquiet et ne savait quoi faire. Pierre Bernard, encore une fois, va trouver l'oncle Oscar pour lui demander son avis. Et, comme l'avait proposé la maman de Pierre, mon père va se cacher dans la maison voisine de celle où nous habitions. C'était une maison un peu plus grande que la nôtre, vide, réservée aux parents de Bernard quand ils prendraient leur pension. Mais, avant que mon père ne puisse s'y réfugier, nous avons dû jouer un peu la comédie, en raison de la date où tous les hommes réquisitionnés dans le village de Saint-Brice devaient se rendre à la gare, pour partir comme prévu. Nous avons accompagné mon père à la gare. Il y régnait une confusion totale. J'étais occupé à regarder tout ce monde lorsque, à un certain moment, on m'a dit: «Voilà, papa est parti, il a pris le train», ce qui m'a étonné, parce qu'il ne m'avait pas dit au revoir. La vérité est qu'il n'est jamais monté dans le wagon. À un certain moment, il s'est jeté dans les forêts et, le soir, il a rejoint la maison offerte où il s'est caché, au premier étage. Moi, je ne le savais pas. Herbert était au courant, ma mère aussi, bien entendu. Elle faisait le tour par l'arrière, où se trouvait l'entrée de la cave, et c'est par cette cave à vin qu'elle montait au premier pour ravitailler mon père. Il est resté là un an et deux mois. Lui pouvait me voir par la fenêtre, caché derrière un rideau.

Il a été rejoint par Pierre, qui avait reçu la même convocation à Limoges, où il était instituteur. Il s'était d'abord caché dans cette ville mais, ne voulant pas mettre en danger les gens qui l'avaient hébergé, il a pris le train et s'est arrêté dans un village à proximité de Saint-Brice. Il y a attendu la nuit, est arrivé par les bois et est allé rejoindre mon père. Ils ont vécu ensemble près de quatorze mois. Comment passaient-ils le temps? Ils étudiaient les langues: l'anglais, l'espagnol… Je possède toujours les livres qui leur ont servi à l'étude de l'anglais.

Mon père, s'étant caché, n'est bien entendu jamais arrivé au lieu de rassemblement pour le départ au travail, quelque part, peut-être en Allemagne. C'est pourquoi, quelque temps plus tard, nous avons reçu la visite de la gendarmerie française, qui collaborait avec les Allemands. Ils venaient demander où était passé mon père. Ma mère, bien entendu, joua la comédie: «Mais… Que lui est-il arrivé? Comment, il a disparu? Qu'est-ce qui se passe?» Ils sont venus plusieurs fois, et ont questionné mon frère qui, à cette époque, parlait déjà bien le français. À un certain moment, ils l'ont même menacé: «Si tu ne dis pas où se trouve ton père, c'est toi qu'on emmènera.» Et ces gendarmes se sont fait eng… par le père Bernard: «Vous n'avez pas honte de traiter ainsi un enfant?»

Herbert, je l'ai dit, parlait déjà bien le français. Ma mère, elle, ne l'a jamais parlé.

Elle connaissait quelques mots, sans plus. Entre nous, nous continuions de parler le yiddish et, quand les Français nous demandaient: «Quelle langue parlez-vous?», nous leur répondions: «Le flamand». Bien entendu, ils ne connaissaient pas la différence entre ces langues: ils ne parlaient que le français.

Arrive le débarquement des Alliés en Normandie, le 6 juin 1944. Six jours plus tard, dans la nuit du 10 au 11 juin 1944, nous dormons. Tout à coup, on frappe de grands coups sur les fenêtres, sur les portes: «Réveillez-vous, debout, debout!» On se lève en sursaut. Des hommes vont de maison en maison, réveillent tout le monde. On sort pour voir ce qui se passe. Des hommes se présentent comme étant de la Résistance.

Ils nous disent ce qui s'est passé à Oradour-sur-Glane[1], où tout le monde a été tué.

«Habillez-vous vite et courez vers le pont qui surplombe la rivière.» Nous nous habillons à toute vitesse. On nous demande de ne pas allumer les lumières, nous sommes donc dans l'obscurité lorsque, tout à coup, j'entends la voix de mon père. Je ne sais pas d'où vient cette apparition. J'apprendrai plus tard que, avec l'événement d'Oradour, il est sorti et depuis ne se cache plus.

On ne me parle pas, on ne m'explique rien, et nous courons vers le pont, ce qui prend quelque vingt minutes. Lorsque nous arrivons, beaucoup de gens sont déjà sur place. À ma grande surprise j'y retrouve un voisin, en uniforme anglais. C'est le fils Barateau, qui habite de l'autre côté de la rue. Il est instituteur et nous vend parfois des légumes. Et voilà que nous apprenons qu'il est le chef des FFI locales. Il nous raconte ce qu'il s'est passé à Oradour et nous dit que les Allemands sont toujours dans les parages. Or, comme Oradour se trouve sur la même rive de la Vienne que Saint-Brice, il est possible qu'ils se dirigent vers notre village pour y commettre le même massacre. Il nous demande de retourner chacun vers sa maison, de rester habillé, de cacher certains effets, ce que nous ferons dans un petit ruisseau qui se trouve à vingt mètres, et d'être attentif. Si les cloches de l'église sonnent, nous aurons exactement cinq minutes pour traverser le pont: ils l'ont miné et le feront sauter après cinq minutes, afin d'empêcher les Allemands de nous rejoindre, nous, qui serions passés de l'autre côté de la rivière. C'est ainsi que nous avons vécu près d'une semaine sous tension, sans lumière. Cela tirait dans les environs, on entendait des tirs de canon. Près d'une semaine plus tard, tout à coup, il y a eu une entrée en force

1 Commune de la Haute-Vienne, dont des SS ont massacré les 642 habitants, le 10 juin 1944.

des FFI dans le village, une quantité de camions remplis d'hommes. Pour nous, c'était la libération!

Nous sommes encore restés un certain temps dans le village. Puis, comme nous avions de la famille sur la Côte d'Azur, à Nice, nous avons décidé d'y aller. Pour cela, il fallait alors l'autorisation du maire. Monsieur Guteron, toujours maire à l'époque, nous a délivré un sauf-conduit, qui a été retrouvé aux archives de Limoges: «Sauf-conduit valable pour un seul déplacement...» Le premier concerne «monsieur Jacques Visser, né le 20 octobre 1899, à Anvers, nationalité belge, titulaire de la carte d'identité numéro un tel, délivrée le 20 mars 1943 par le Préfet de la Haute-Vienne. Le titulaire de ce titre peut se rendre à Nice, Alpes Maritimes, 28, Boulevard Victor Hugo, pour un changement de domicile. Il est accompagné de deux enfants de moins de quinze ans.» (Ici, nous sommes mentionnés.) «Le moyen de locomotion utilisé est le chemin de fer via un itinéraire.» Le sauf-conduit a été délivré le 13 février 1945, pour un départ du lieu de résidence le même jour. Même chose pour ma mère.

Donc, nous quittons Saint-Brice-sur-Vienne le 13 février 1945 pour nous rendre à Nice. Descendre sur la Côte n'était pas une mince affaire. Tout le système ferroviaire était dérangé. Nous avons mis trois jours pour nous rendre à Nice, à partir de la gare de Limoges.

Deux anecdotes au passage. Il y avait énormément de monde sur les quais, et tout le monde se bousculait. À côté de nous, une femme, certainement juive, est heurtée par un homme. Elle lui dit en un français teinté de yiddish: «Mais monsieur, vous en avez du culotte!» L'homme se retourne et répond: «Madame, je n'ai pas de culottes, j'ai des pantalons.» Deuxième anecdote: un paysan monte à bord de notre wagon avec un énorme pot en terre cuite. On ne savait pas ce qui s'y trouvait. Durant le trajet, freinage brusque, le pot se renverse, se casse, et voilà tout le wagon rempli de sang de cochon. Il était destiné à faire du boudin, je suppose.

Je me rappelle l'approche de la Méditerranée: un spectacle inouï, le calme après cette tension. Il faisait beau. Nous arrivons dans la soirée à Nice, où nous attendait le frère de ma mère, l'oncle Simon, qui vivait là avec une femme dont le mari avait été déporté. Et nous nous retrouvons dans une villa de luxe, quelque chose d'inconcevable après ces années de misère. La situation à Nice n'était pourtant pas formidable non plus. La guerre n'était pas vraiment terminée: la France de ce côté était libérée, oui, mais question de ravitaillement, ce n'était pas encore ça mais, en tant qu'enfant on se débrouillait. Les libérateurs à Nice étaient les Américains. Ces GI's s'ennuyaient, ils n'avaient rien à faire et attendaient le retour aux States. On les trouvait assis sur la Promenade

Après la Libération à Nice.

des Anglais avec, étalés par terre, leurs rationnements de combat, leur nourriture, qui était vraiment de luxe. Chaque enfant qui passait pouvait se servir. C'est ainsi que je ramenais à la maison une quantité de fromages de chester, dans de petites boîtes en fer-blanc, couleur vert kaki, des sardines, du café, du sucre, du chocolat et, bien entendu, du *corned beaf.* Je faisais le ravitaillement chaque jour: j'allais sur la Promenade des Anglais et je rentrais avec des masses de nourriture. Cela nous faisait du bien parce que, dans les magasins, on ne trouvait pas grand-chose. Les soldats les plus gentils étaient les noirs qui parfois, me voyant passer, m'arrêtaient en rue, vidaient leurs poches et me donnaient ce qui s'y trouvait.

Nous sommes restés à Nice, où nous avons attendu la fin des bombardements des V1 et V2 sur Anvers. Puis, nous sommes retournés chez nous, là même où nous avions vécu, dans le bâtiment que nous avions quitté en 1942. Il y avait un appartement libre. Au début, nous habitions au premier étage, puis nous avons pris un appartement au troisième. Des voisins flamands, les Missoorten, habitaient au deuxième étage. Ils nous ont appris qu'au lendemain de notre départ d'Anvers, un samedi, la Gestapo était venue nous chercher! Mais ces voisins avaient pris en charge la bibliothèque de mon père, remplie de livres en hébreu et en yiddish. Ils ont trimbalé cette énorme bibliothèque à travers les rues d'Anvers, d'endroit en endroit, pour la mettre à l'abri. Au risque de leur vie: si on les avait pris avec de la littérature yiddish et hébraïque, je suppose que ce se serait très, très mal passé! À part cela, ils avaient une boîte avec des *mezouzots* [1], boîte qu'ils ont remise à mon père. Celui-ci ne comprenait rien: pourquoi ces *mezouzots*? Parce que, durant toutes

1 Petite boîte, contenant le texte du *Shéma Israël.*

ces années, les Missoorten avaient cru que cette boîte contenait des diamants, et pensaient que c'était quelque chose d'extrêmement précieux pour nous. Il est tout de même remarquable que, durant ces quelques années, ils ne l'aient jamais ouverte pour voir ce qu'il y avait dedans!

Voilà! Il faut mentionner, après tous ces événements, qu'il y a quand même des gens à qui il faut rendre hommage. Les Missoorten, bien entendu, qui nous ont vus partir et ont gardé la bibliothèque, et ces *mezouzots*. La famille Bernard, aussi. Savaient-ils que nous étions juifs? Je pense qu'ils s'en doutaient. Ils nous ont en somme protégés. Il y a eu aussi, lors de notre malheureuse histoire de passeurs, ces résistants qui nous ont recueillis avec leur camion. Nous ne connaissons même pas leur nom, on ne sait comment les remercier... Et puis, tous ces gens qui nous ont aidés, parfois avec de la nourriture, au village. Tout cela, souvent au péril de leur vie. Et dans notre famille, nous devons surtout rendre hommage à un homme – je pense que la famille oublie de lui témoigner sa reconnaissance: c'est l'oncle Oscar, qui a vu juste; c'est en grande partie grâce à lui que nous avons survécu à la guerre.

Les membres de notre famille qui habitaient Anvers avant la guerre et qui avaient pu fuir et trouver refuge se retrouvèrent dans cette ville. De ceux qui ont été déportés, personne n'est revenu. Selon mes parents, quelque soixante personnes de la famille de mon père et quarante autres du côté de ma mère, essentiellement en Pologne, furent massacrés durant la Shoah.

Revenu à Anvers, j'ai repris l'école en troisième année primaire. J'ai terminé mes humanités et je me suis retrouvé dans le bureau de mon père, dans le milieu diamantaire, qui ne me convenait pas du tout. Depuis l'âge de douze ans, j'étais fasciné par la photographie et le cinéma. Après le décès de mon père, en 1961, j'ai exercé le métier de cinéaste professionnel. Je me suis marié et j'ai trois enfants et trois petits-enfants.

Ce sont des souvenirs qui restent en moi. Est-ce bien, est-ce mal? Je l'ignore. Peut-être valait-il mieux ne pas se rappeler tout cela, qui continue à hanter l'esprit.

CACHÉ EN DESSOUS DU LIT

Willy Friszman

Je suis né en 1931, le 7 mai. Mon père s'appelait Lajb Abraham, Léon en français; ma mère, Tauba Szrajber. Ils sont arrivés de Pologne en 1928-29. Mes grands-parents y sont toujours restés. Probablement ont-ils disparu...

Mes parents avaient émigré vers Liège, où mon père fut mineur avant de s'établir comme artisan cordonnier. Ils n'étaient pas croyants mais traditionalistes, ce qui veut dire qu'ils respectaient toutes les fêtes. Ils n'allaient donc pas à la synagogue toutes les semaines, mais une ou deux fois par an, à l'occasion des fêtes.

Nous avons d'abord habité Fléron, puis rue des Fossés, à Sainte-Marguerite. Dans notre quartier vivaient plusieurs familles juives. Je suis allé à l'école maternelle, puis en primaire, rue Sainte-Marguerite. C'était une école communale. Nous avions des cours de religion juive.

Ma sœur, Sarah, est née en mars 1939.

Lors de l'invasion, je terminais ma première année primaire. J'ai fui avec mes parents en un exode vers le sud-ouest de la France. Durant ce voyage, j'ai été séparé de mon père, en cours de route. Nous étions partis dans un camion, une sorte de grande benne. Nous étions trente ou quarante pour aller vers la zone libre de la France. En cours de route, nous avons eu un accident. Des jeunes, qui étaient avec nous, étaient assis dans le camion les jambes pendantes vers la route. À un moment, le camion a croisé un autre véhicule, grand et large, qui a arraché ceux qui étaient assis ainsi, et on les a retrouvés un peu plus loin, par terre; l'un d'eux avait le pied arraché. Sa mère est arrivée en criant: «Regardez ce qu'ils ont fait à mon fils», avec son pied en main. C'étaient des gens qui n'étaient pas de notre famille, des Juifs que nous ne connaissions pas. On a transporté l'enfant vers un hôpital, et mon père l'a accompagné. Comme la journée avançait, et qu'on attendait mon père qui ne revenait pas, le camion est entré dans une cour de ferme pour ne pas rester au milieu de la rue, et nous y avons passé la nuit. Mais lorsque mon père est revenu de l'hôpital vers l'endroit de l'accident, il n'a vu personne. Il ne savait pas si on avait continué. Plus tard, on m'a raconté que sa réflexion avait été: «Si on doit se revoir, ce sera à la maison qu'on se retrouvera.» Et mon père est rentré chez nous, à Liège. Le lendemain matin, le camion a continué sa route. Nous ne pouvions pas monopoliser cinquante personnes! Nous avons donc continué vers la zone libre de la France.

J'ai vécu ainsi deux ans à Manzac-sur-Vern, en Dordogne, à 25 km de Périgueux, avec ma mère et ma sœur. Nous avions abouti dans un genre de grande cour, une grande place, plutôt. Nous habitions dans l'un des rez-de-chaussée, une petite bicoque où il n'y avait qu'une pièce et la cuisine. D'autres familles juives habitaient tout autour. Le camion s'était arrêté là et les gens avaient trouvé à se loger. Nous allions même à l'école. La maîtresse m'a fait venir au tableau, le premier jour. Elle nous a présentés: nous étions deux ou trois petits juifs qui allaient à l'école. Je devais écrire des chiffres. Elle avait dit: «soixante-dix», et moi j'ai marqué «60 10». J'étais la risée de toute la classe, naturellement. Mais, à l'école, il n'y avait aucune distinction.

Nous n'avions aucune nouvelle de mon père. Un jour, après treize mois, un monsieur est arrivé et a demandé après nous: «Je viens de la part d'Abraham, je vous ramène à Liège.» Nous sommes donc partis avec lui. Mon père avait payé cet homme, c'était un passeur. Nous voyagions de nuit, principalement dans de vieilles voitures. Dans l'une d'elles, on était assis derrière et l'homme qui était assis à côté de moi sentait le vin... On traversait les campagnes, des champs... C'était monotone, pour un enfant! Pour traverser une route à pied, c'était comme à l'armée: «Personne à gauche, à droite, hop! Tous ensemble, et on y va!» En chemin, nous logions chez l'habitant. Je suppose que notre passeur avait préparé son itinéraire. Le soir, à table, les gens trempaient leur pain dans le vin rouge... et je le fais encore aujourd'hui!

Après que nous sommes partis de Manzac, les Allemands sont venus et ont enlevé toutes les familles; aucun n'est revenu! Les seuls rescapés, c'étaient nous.

Finalement, nous sommes rentrés chez nous, à Liège. Mon père habitait toujours à l'endroit d'où nous étions partis, rue des Fossés, n° 7, où il avait une petite cordonnerie. Elle occupait le rez-de-chaussée et nous logions au deuxième étage. Au premier vivait une famille de Polonais non juifs. Je repris l'école mais pas longtemps, parce que les déportations des autres familles commença, et certains enfants étaient pro-Allemands. Un jour, en revenant de l'école, nous avions lu sur un mur: «Sales boches.» Je dis à l'un de mes copains: «Regarde, on a marqué "sales boches"», et l'un m'a pris à partie.

Nous sommes allés habiter Saint-Gilles, dans une cuisine-cave.

En février 1942, ma mère a été arrêtée à notre domicile, très tôt le matin. Mon père était parti et j'étais encore au lit, avec elle. On a entendu les Allemands frapper à la porte. Ma mère a eu le temps de me cacher sous le lit avant d'ouvrir: «Cache-toi, et ne bouge pas!» Je me souviens des bottes des Allemands, des voix qui enjoignaient à ma mère de faire ses paquets et de sa réponse. Elle a refusé de prendre des affaires comme ils le lui ordonnaient, et s'est empressée de quitter le lieu au plus vite afin que les persécuteurs n'aient pas l'idée de regarder sous le lit. Elle me donnait ainsi plus de chances de survie. J'avais onze ans. Je suis allé trouver mon père à la boutique du cordonnier Renard, à Beaufays, où il travaillait à l'arrière, pour qu'on ne le voie pas. Ce monsieur Renard était le chef de la Résistance. Pour aller de Saint-Gilles à Beaufays, on prenait le tram vers le centre-ville, puis un autobus. Mon père nous a raconté que, chemin faisant, il avait rencontré les voitures de la Gestapo, qui venaient nous chercher, mais sans savoir que c'était pour nous.

Nous avions une petite carte avec l'adresse de monsieur Renard. Quand les Allemands sont partis, je me suis habillé; j'avais mon petit costume, ou une autre veste d'hiver. Je suis parti vers Beaufays. En cours de route, un camion m'a pris, j'avais fait à peu près la moitié du trajet. Comme je devais faire pipi, je suis descendu, et le camion a continué son chemin. J'ai dû continuer à pied, et j'ai remarqué que j'avais oublié la carte chez nous, sur la table de la cuisine. Quand je suis arrivé, en demandant où était la cordonnerie Renard, j'ai vu des messieurs qui travaillaient. Et l'un des cordonniers a crié: «Léon, il y a un gamin pour vous, venez!» Papa est arrivé, et là toutes mes aventures ont commencé…

J'ai ensuite été caché en divers lieux; mon père est entré dans la clandestinité. J'ai d'abord été logé dans une famille, à Beaufays. C'étaient des gens assez âgés. Ils avaient des lapins et ils s'amusaient à me montrer la copulation de leurs animaux. De là, j'ai été hébergé chez un marchand de charbon, mais pas longtemps. Il était alcoolique. Le samedi, il faisait des gaufres. Je dormais sur un divan, à côté d'un berger. Chaque fois que quelque chose remuait, le chien aboyait fort. Cela me faisait une peur! Et ses yeux brillants me terrorisaient durant la nuit. Comme la porte qui menait vers l'intérieur de la maison était fermée à clef, je ne pouvais pas sortir. Puis je me suis retrouvé dans un couvent à Cheratte, où je suis resté quelques mois. Nous étions cinq petits garçons juifs. Il y avait là deux sœurs, dont je me souviens: la sœur Thérèse, qui était d'une gentillesse extrême! Mais la mère supérieure était une femme épouvantable, une véritable rosse. Elle menaçait les cinq enfants juifs qui se trouvaient là: «Il faut vous tenir tranquilles, vous savez, si on vous met à la porte et que vous sortez, vous savez ce qui vous attend avec les Allemands!» Invraisemblable! En face du couvent se trouvait un charbonnage, avec un mur grand comme celui d'une fabrique. Travaillaient là des Russes, des prisonniers. Un jour, les sœurs ont fait un paquet de vivres; les Russes ont noué leurs ceintures, ils l'ont fait descendre par une petite fenêtre et j'ai attaché ce paquet, qu'ils ont remonté. Ils ont chanté pour nous et, depuis, j'aime les chœurs russes! Dans le couvent, il y avait une école. J'allais aux cours, je suivais le catéchisme. J'étais premier en religion. J'ai appris à servir la messe et à droite, du côté de l'Évangile! L'idée m'était venue de devenir missionnaire: on parlait des missionnaires au Congo. Pendant la messe, j'avais une pièce de monnaie que j'ai mise dans la sébile: pour le Congo, pour être missionnaire.

Puis je suis allé à Comblain-la-Tour, dans une institution tenue par monsieur et madame Gillis. Ils étaient tellement gentils, ces gens-là! Chez eux j'ai été baptisé. J'ai même fait ma communion solennelle. Je me rappelle qu'on m'avait mis le costume d'un des autres petits élèves. C'est là que j'ai appris les chants: «*Credo in unum Deum, patrem omnipotentem…*» En allant vers l'église, on marchait en cortège avec un cierge et on chantait: «*Magnificat, animam meam dominum…*» Là, j'étais inscrit sous un autre nom, Dupont ou Dumont, je crois. Mon prénom était Charles.

Juste avant la Libération, j'ai été caché dans une famille chrétienne à Cheratte. Ils avaient un magasin de tout: vêtements, quincaillerie… Avant l'arrivée des Américains, on était dans les mines. Toutes les familles y dormaient, sur des matelas au sol. Quand les Américains sont arrivés, j'étais dans la cuisine, je me lavais les pieds dans un bassin, et tout le monde est sorti pour acclamer les libérateurs. J'ai voulu sortir, mais les adultes ne m'ont pas laissé sortir: «Cela ne te concerne pas!» Je n'ai donc pas eu le plaisir de voir ce premier char américain.

Je suis alors revenu chez mon père, à Coronmeuse, je crois. Comme chez les catholiques, qui font une croix sur le pain avant de le couper, je faisais la croix pendant que mon père ne regardait pas. De là, nous sommes revenus à Sainte-Marguerite. Je suis retourné à l'école où j'ai fait la septième année. Le directeur était monsieur Coeman, un homme extraordinaire. J'étais bon élève, toujours dans les deux ou trois premiers. Ma sœur habitait toujours à Maumale, chez les Piron, où elle avait été cachée. Ils la considéraient comme leur propre fille. Encore aujourd'hui, elle les considère comme des parents.

J'ai retrouvé ma mère par hasard. Ma sœur habitait chez nous. Il y avait des convois de prisonniers qui revenaient vers Sainte-Marguerite. On entendait: «Il y a des prisonniers qui sont arrivés!» Alors j'ai dit à ma sœur: «Viens, on va voir, peut-être que maman est dedans!» Ma sœur ne la connaissait pas, évidemment, elle n'avait que deux ans quand elle avait été cachée. J'ai demandé à quelqu'un: «Est-ce que Tauba est là-bas?» Et elle était derrière moi! Elle était dans un accoutrement! Elle portait un vieux training. Mon Dieu, Seigneur… Qu'Il ait son âme! Elle pesait 39 kilos! Elle avait eu faim et froid, et avait survécu aux «marches de la mort», où elle s'était nourrie d'orties et de racines; elle présentait une sorte de dysgueusie: elle ne goûtait rien de ce qu'elle mangeait. Elle avait été à Auschwitz, au Bloc n° 10, celui des expériences. Le matin, parfois, le chef criait: «J'ai besoin de quatre volontaires pour un demi-pain!» Ils recevaient un demi-pain pour une piqûre. Si elle ne réussissait pas, crématoire! Longtemps, longtemps après, quand on marchait en rue et que ma mère entendait parler allemand, elle était hors d'elle.

Durant trois ans, j'ai été bon élève, particulièrement doué pour les mathématiques et la musique. À seize ans, j'ai été refusé par l'Agence juive pour partir en Israël parce que j'étais trop malade. J'avais peut-être une bronchite. Alors je suis devenu apprenti tailleur.

Adolescent, je me suis fait traiter de «Juif» par un éducateur dans un camp de vacances, lors d'un salut au drapeau. Révolté, j'ai essayé de l'égorger au rasoir, avant d'être choqué, inhibé et de devoir m'aliter deux jours durant, sous contrôle d'un médecin appelé d'urgence.

En 1950, j'ai fait un service militaire de vingt et un mois en Allemagne. En 1954, je me suis installé comme maître tailleur à Liège, puis à Bruxelles dès 1956. Là, je vivais seul pour la première fois, je ressentais la solitude.

En 1962, au grand dam de mes parents, j'ai épousé Mariette Christiaens, une de mes ouvrières, non juive. Nous avons quatre enfants. J'ai toujours choisi de vivre et de travailler dans un milieu juif. Je m'y sens en sécurité. Toutefois, j'ai éprouvé un sentiment pénible de rejet communautaire lorsque j'ai souhaité inscrire ma fille Nadine dans une école juive et que ma demande a été refusée par le directeur au motif que je n'étais pas assez pratiquant. N'ayant pas pu faire ma *Bar Mitsvah*, comme il n'était pas concevable d'être conduit à la Torah par mon père durant la guerre, j'en garde un sentiment d'insécurité. Je suis attentif à la célébration des rites juifs et à apprendre l'hébreu pour tenter de réparer ce que je ressens comme un manque.

Je n'ai pas gardé de contact avec les familles qui m'ont hébergé durant la guerre. Je regrette de ne pas avoir eu plus de chance, et pas celle qu'a eue ma sœur, quant aux familles qui m'ont sauvé. Je suis constamment hanté par le souvenir de ce que j'ai vécu durant la guerre, ainsi que par celui des retrouvailles avec maman. Je ne peux m'empêcher de regarder des films qui concernent l'holocauste, de les regarder jusqu'au bout et de m'imaginer que, dans ces trains et ces camps, se trouvait ma mère, en vrai, pas au cinéma. J'envisage de fuir la Belgique où je me sens menacé en tant que Juif, pour m'établir en Israël. Je suis terrifié par les menaces qui pèsent sur l'existence de l'État d'Israël.

« SALE JUIF ! »

Marcel Frydman

Je conserve le souvenir des réactions xénophobes dont les enfants juifs étaient fréquemment les victimes dès le début de la scolarité. Combien de fois n'ai-je pas été traité de « sale Juif » par des élèves de mon âge ou à peine plus âgés?

À la fin de 1940, j'ai passé environ trois mois dans un camp français de la zone libre situé à Brens, juste à côté de Gaillac, la seconde ville en importance dans le département du Tarn. Nous avions quitté Bruxelles dès le 14 mai, c'est-à-dire peu avant l'arrivée des troupes allemandes, en montant, avec des centaines d'autres, dans un train de réfugiés en partance pour la France. Après cinq jours et cinq nuits, nous sommes finalement arrivés à Luchon, où les Belges ont été bien accueillis par la population locale. On nous a installés à Saint-Mamet, à deux kilomètres du centre de la ville. Nous recevions 10 FF par jour et par personne, une somme suffisante pour survivre. Après l'armistice, les Belges sont rentrés chez eux. Par contre, les Juifs qui, à juste titre, craignaient l'occupant, sont restés. Au début du mois de septembre, ces étrangers ont été réunis dans un hôtel non occupé de Luchon et, un mois, plus tard, on les a transférés dans un camp. Des lettres apparemment rassurantes de parents ou d'amis restés à Bruxelles ont incité certains d'entre eux à rentrer en Belgique, souvent avec l'aide d'un passeur, et ils se sont jetés dans la gueule du loup.

Avant d'entrer dans la clandestinité, nous habitions dans le haut Saint-Gilles, en dehors du quartier juif, et nous avions ainsi échappé à la première rafle. Le lendemain de la grande rafle de la gare du Midi, à Bruxelles, une amie de la famille accourut au saut du lit. Elle ne s'était manifestement pas encore libérée du choc émotionnel qu'elle avait subi quelques heures auparavant. Avant de déménager, Bella Zielicki avait tenu à nous avertir du véritable drame auquel la population juive était désormais confrontée. Durant la nuit du 3 au 4 septembre, dans une zone où résidait une partie importante de la population juive de Saint-Gilles, la Gestapo avait investi plusieurs rues. Celles-ci furent complètement fermées à la circulation, tandis que les maisons étaient fouillées une à une. Tous les Juifs, hommes, femmes, enfants, vieillards ou malades, furent arrêtés et transférés à la caserne Dossin, à Malines. Si Bella et les siens n'ont pas été déportés, c'est tout simplement parce qu'ils ont pris le risque de ne pas réagir aux cris des collaborateurs belges qui accompagnaient les Allemands – « Descendez avec vos cartes d'identité!» – et aux tambourinements dont ils martelaient la robuste porte d'entrée de l'immeuble fermée à double tour. Celle-ci, heureusement, n'a pas été enfoncée, mais les deux fillettes du couple avaient néanmoins pu être confiées à une famille non juive de la maison voisine. Une échelle leur avait permis de passer le mur qui séparait les deux jardins.

De toute évidence, nous étions réellement en danger et une solution devait être rapidement trouvée. La première mesure à envisager était le déménagement, et il n'y avait assurément pas de temps à perdre. L'un de nos voisins travaillait à la Société d'inhumation de la communauté israélite. Grâce aux relations qu'il avait nouées dans l'exercice de sa profession, il a rapidement découvert l'endroit qui allait servir de cache aux deux familles, chez un tailleur de pierre. Malheureusement, quelques semaines plus tard, ce voisin a répondu à une convocation de la Gestapo et, vêtu du costume de cérémonie qui lui paraissait constituer une protection suffisante, il s'est rendu volontairement au quartier général de l'avenue Louise pour disparaître à jamais.

Depuis le 8 septembre 1942, nous étions donc cachés chez le tailleur de pierre, Oscar Dumeunier, à deux pas du cimetière d'Etterbeek, situé à Woluwe-Saint-Lambert. Dans ce quartier calme et relativement éloigné du centre de la ville, on ne rencontrait pratiquement pas de soldat allemand. L'appartement qui avait été mis à notre disposition se trouvait au-dessus d'un café désaffecté. On accédait à l'étage par l'arrière du bâtiment, après avoir traversé l'atelier du propriétaire. Le seul problème, au départ, était celui du ravitaillement. De toute évidence, la prudence la plus élémentaire commandait aux adultes de ne pas sortir pour effectuer des achats dans le voisinage. En effet, tous avaient un accent étranger plus ou moins marqué qui aurait attiré l'attention. Cette tâche, par conséquent, était assumée par l'un des enfants et, en règle générale, on me la confiait. Oscar Dumeunier et sa femme étaient parfaitement conscients du risque. Ils nous ont accueillis avec bienveillance et nous ont apporté aussi une aide non négligeable sur le plan moral. J'ai encore en mémoire certaines soirées passées chez eux, durant lesquelles nous écoutions ensemble les nouvelles de la guerre via Radio Londres. Les Dumeunier avaient trois enfants dont les deux aînés, René et Jeanne, déjà adultes, coopéraient aux activités de l'entreprise familiale. Le plus jeune, Freddy, toujours écolier, a souvent été, pour mon cousin et pour moi, un compagnon de jeu. Malgré les restrictions imposées par la clandestinité, il nous emmenait de temps à autre, le dimanche, au stade du White Star où nous assistions à un match de football.

Divers épisodes de la vie de cette époque me reviennent à la mémoire. Ainsi, je revois encore le visage de Michel Kantor au domicile duquel – situé rue de l'Église à Saint-Gilles – je me suis rendu avec un camarade pour lui dire au revoir. Nous l'avions connu dans un mouvement de jeunesse sioniste. Il était âgé de dix-huit ans à peine. Convoqué parmi les premiers à Malines, Michel devait s'y rendre le lendemain. Il plaisantait avec les membres de son groupe qui avaient tenu à le saluer. En souriant, il nous a dit qu'il ne pouvait pas oublier sa convocation car, ajouta-t-il, «on risque de ne pas m'accepter»...

Peu de temps après notre installation à Woluwe-Saint-Lambert, nous avons été soumis à une expérience bien plus traumatisante encore. Parmi les tailleurs de pierre, un seul était juif. Cet homme s'appelait Neuman, et son activité était restée importante, car le cimetière comportait une aire réservée à la population israélite de Bruxelles. Neuman était le confrère avec qui les Demeunier avaient les rapports les plus étroits. Lorsque les commandes de monuments funéraires dépassaient les possibilités de son entreprise, il confiait les dalles destinées à la crypte à René Dumeunier, le fils aîné d'Oscar, afin d'y graver les caractères hébraïques dessinés par Neuman. A-t-il cru que sa profession le mettait à l'abri? Toujours est-il que, dans son atelier de l'avenue Georges-Henri, il continuait à travailler à visage découvert. Au cours d'un après-midi, madame Dumeunier est entrée brusquement dans l'appartement que nous occupions. En pleurs, elle s'est écriée: «On est en train d'arrêter Neuman.» Nous nous sommes approchés de la fenêtre d'où l'on pouvait apercevoir, sans être vu, à moins d'une centaine de mètres, une voiture devant la maison. Nous avons assisté, impuissants et angoissés, à l'embarquement du prisonnier. Ultérieurement, nous avons appris que cette arrestation s'était effectuée avec brutalité. Au moment où l'ouvrier de Neuman a voulu prendre congé de son patron, il en a été empêché par l'un des Rexistes qui a hurlé: «On ne dit pas au revoir à un Juif.» Quelques semaines plus tard, j'avais été chargé de l'une ou l'autre course, et je longeais l'avenue Georges-Henri. Un homme, qui se déplaçait à assez vive allure, en arrivant à ma hauteur, a posé la main sur mon épaule et m'a demandé: «Tu n'es pas à l'école?» Surpris et pas préparé du tout à pareille investigation de la part d'un inconnu, j'ai dû fournir une réponse sans doute peu pertinente. Puis, en m'excusant, je suis entré dans le premier magasin venu où j'ai attendu, fort ému, que l'inconnu disparaisse. De longues minutes se sont écoulées avant que je ne puisse retrouver un rythme cardiaque normal.

Andrée Geulen est venue à deux reprises dans notre appartement de Woluwe. Sa première visite lui a permis de présenter la proposition, d'enregistrer l'accord des adultes, de décrire les modalités de processus, mais également de fixer un nom d'emprunt de manière à établir une fausse carte de ravitaillement. On m'a permis de choisir mon nom de famille. Tout en ne modifiant pas mon prénom, j'ai adopté celui d'un camarade de classe, Jean Laune, dont je gardais un bon souvenir.

La seconde visite eut lieu quelques jours plus tard et, à cette occasion, Andrée a fourni des informations sur le déroulement des événements du lendemain. Le problème avait déjà été résolu pour les deux enfants les plus jeunes. Ma petite cousine allait bénéficier d'un placement familial, à Itterbeek. Dans mon cas, la solution retenue était celle de l'institution. Cette dernière se trouvait à la frontière française – le nom du village n'était pas communiqué – et, pour y arriver le soir, il fallait partir de grand matin. Je devais donc rejoindre Andrée, à la gare du Nord, dès 7 h du matin.

Il était à peine plus de 6 h, ce 13 avril 1943, lorsque, accompagné de mon cousin, de deux ans mon aîné, je quittai la maison où neufs Juifs avaient trouvé refuge afin d'échapper aux déportations. Le réveil avait sonné à 5 h, car on ne pouvait pas se permettre d'arriver en retard, et les adieux furent assez brefs. Ce n'est toutefois pas sans émotion que j'ai quitté les personnes avec lesquelles j'avais partagé, pendant sept mois, cette vie clandestine. Je pense, en particulier, à mon oncle et ma tante, qui assumaient pour moi le rôle de substituts parentaux. En effet, ma mère avait eu la possibilité avant cela, à la suite d'une affection respiratoire bénigne, d'être admise parmi les malades d'un sanatorium de la province d'Anvers, où elle est restée jusqu'à la fin de la guerre. Quant à mon père, lors du déclenchement de la guerre germano-polonaise, il se trouvait à Varsovie et nous n'avions plus de ses nouvelles depuis longtemps. Les rues étaient à peu près désertes. Nous devions emprunter un tramway de la ligne n° 83 dont la station terminale était visible des fenêtres de notre appartement. Pour atteindre la gare du Nord, nous devions prévoir à peine plus d'une demi-heure. À la gare, j'ai appris que nous devions attendre l'arrivée d'un second enfant. Accompagné par sa mère, Émile Thiry, également âgé de douze ans, n'a pas tardé à nous rejoindre. Les adieux n'ont pas duré plus de quelques instants. Émile a embrassé sa mère sans savoir qu'il ne la reverrait jamais. Après le départ de sa maman et de mon cousin, nous avons pris le train pour Mons. Ce train omnibus nous y a déposés avec un sérieux retard, mais la micheline qui assurait la correspondance vers Chimay attendait. À notre arrivée à Chimay, le retard était, cette fois, trop important pour ne pas manquer le tram à vapeur qui devait nous conduire à Cul-des-Sarts[1]. Nous avons dû attendre le dernier tram. Nous disposions donc de plusieurs heures de battement et, après avoir absorbé un bol de soupe avec un morceau de pain et bu une limonade dans un petit café, nous nous sommes promenés. À partir de 17 h 30, nous avons effectué le dernier tronçon de notre voyage pour en atteindre le terme vers 19 h: plus de quatre-vingts minutes furent nécessaires pour franchir les dix-huit kilomètres qui séparaient Chimay de l'entrée de Cul-des-Sarts. Après une marche d'une dizaine de minutes, nous sommes arrivés, enfin, au château Thomas Philippe[2] où, à partir de ce 13 avril 1943, j'ai poursuivi ma vie d'enfant caché.

Le château était situé dans une vaste propriété de quatorze hectares, à peu près à mi-chemin entre la frontière franco-belge et le centre du village. Le domaine comportait un bâtiment relativement ancien, des annexes de construction plus récente et un grand parc dont la partie centrale avait été déboisée. Tel était le décor dans lequel Hélène Van Hal avait installé une colonie scolaire pour les enfants de la région de Charleroi dont l'état de santé nécessitait un séjour au grand air. Elle dirigeait l'établissement avec l'aide de ses deux filles mariées. L'aînée, Blanche, avait épousé un Ostendais, Robert Elias. Deux enfants étaient nés de cette union: Marguerite, dix ans en 1943, que l'on appelait Riri, et Lucie qui était encore au berceau. La seconde, Madeleine, était l'épouse d'un certain Étienne Dumont – irrégulièrement présent au château, car, au sein de ce couple, l'entente ne régnait pas – et la maman d'une autre fillette de dix ans, Monique. Riri et Monique partageaient une bonne partie de leur temps avec les enfants de la colonie. Quelques adultes collaboraient à la gestion quotidienne. Parmi les membres du personnel, on relevait, entre autres, deux cuisinières – Eva était chargée de la préparation des repas, tandis que Léontine était au service de la direction –, une soigneuse (Denise), une lingère (Marie) et un menuisier (Rémi). Le potager était entretenu par Louis, le mari de Léontine, et par Robert Elias. Les tâches éducatives étaient confiées à plusieurs monitrices, aidées plus tard par des moniteurs. Les monitrices n'étaient en réalité que des surveillantes. Elles n'avaient aucune formation pédagogique, et leur travail consistait essentiellement à veiller au bon déroulement des activités de la vie quotidienne et au respect des horaires. Dans un second temps, nous avons vu apparaître des surveillants de sexe masculin, qui se chargeaient plus spécialement des garçons. D'abord André, dont la sanction privilégiée était la

1 Cul-des-Sarts, village de la province de Namur, à 12 km de Couvin, 21 km de Chimay, 10 km de Rocroi (France).

2 Château construit par Thomas Philippe, premier bourgmestre de la commune, devenue indépendante en 1826.

mise à genoux. Plus tard, nous avons connu Jean et, ensuite, Christian Antoine, dont je garde un bon souvenir.

Lorsque nous sommes arrivés au château, on nous a introduits dans une salle de séjour attenante au réfectoire où les groupes d'enfants qui rentraient pour le repas du soir nous ont rejoints peu après. Cette rencontre a constitué un premier choc. J'ai été heurté par la vulgarité de leurs propos. Je n'étais pas préparé au langage particulièrement grossier de bon nombre de ces garçons. Certains d'entre eux utilisaient un véritable jargon. Une clarification s'impose ici par rapport à la population de l'établissement. À partir de l'automne 1942, on y trouvait deux catégories d'enfants. D'une part, ceux originaires de Charleroi et de la région carolorégienne dont la caractéristique distinctive devait être une santé déficiente; d'autre part, les Bruxellois qui, tous, étaient des «enfants cachés». En réalité, les premiers étaient surtout des cas sociaux, provenant des milieux les plus défavorisés. Lors du souper, j'ai à peine touché au plat servi, en l'occurrence un mélange de pommes de terre et de choux appelé «ratatouille». Avant de découvrir le dortoir des garçons, je me suis rendu au bureau de la directrice afin de saluer Andrée qui devait rentrer à Bruxelles. Hélène Van Hal fit allusion, très gentiment, aux difficultés de la séparation avec la maman. Cette réaction affectueuse eut un effet immédiat: je n'ai plus pu contenir mes larmes... Avant d'aller au dortoir, on nous a conduits aux toilettes. Ce fut également une petite épreuve pour les enfants de la ville. Des toilettes de campagne, dépourvues de chasse d'eau, sans clef ni verrou, jamais nettoyées et dont les mauvaises odeurs exigeaient, pour être affrontées, un véritable effort de l'usager non accoutumé. Un minimum de débrouillardise m'a permis d'emprunter, pendant plusieurs semaines, des toilettes propres réservées au personnel. Un soir, toutefois, en quittant cet endroit à l'heure du coucher, j'ai été accueilli par madame Van Hal. Il n'y eut pas de sanction mais je ne pouvais plus, dorénavant, me distinguer des autres à cet égard.

Des dortoirs réservés aux garçons se dégageait une impression de caserne. Deux locaux superposés tout en longueur avec, pour seul mobilier, des lits alignés les uns à côté des autres. Deux seaux hygiéniques étaient placés à chaque extrémité du local, car les toilettes se trouvaient à l'extérieur du bâtiment. L'hygiène laissait pour le moins à désirer. Nous disposions d'une salle de bains où nous nous rendions deux fois par semaine. L'eau des trois baignoires disponibles n'était cependant renouvelée qu'après le passage, dans chacune, de trois groupes de deux enfants. L'utilisation des lavabos était également limitée. Pendant une assez longue période, nous n'eûmes pas la possibilité d'y aller avant le petit-déjeuner, pas même pour nous laver les dents.

Dans de telles conditions, nous avons inévitablement assisté à l'apparition de certaines affections et, notamment, de diverses dermatoses. Au début, la pédiculose était généralisée, tandis que les cas de furonculose, de gale ou d'impétigo étaient fréquents, et les parasitoses intestinales n'étaient pas exceptionnelles non plus. La diphtérie fut cependant la seule maladie grave contractée par quelques-uns de nos compagnons, qui furent placés en quarantaine.

Nous mangions quatre fois par jour, mais la nourriture était manifestement insuffisante. À peine un repas était-il terminé que nous attendions avec impatience l'heure prévue pour le suivant. Le temps qui s'écoulait entre le souper et le petit-déjeuner du lendemain paraissait particulièrement long. La ratatouille préparée par Eva était d'ordinaire quantitativement insuffisante et d'une extrême pauvreté. En quittant la table, nous avions l'impression d'avoir aussi faim qu'en arrivant. Au cours de l'été 1944, le menu du dimanche soir avait été modifié. À notre grande joie, la ratatouille fut remplacée, pour la première fois, par une bonne assiette de gruau. Mais, au cours des semaines qui suivirent, ce gruau devint de plus en plus liquide. Eva, en guise d'explication, s'écria en suscitant un énorme éclat de rire dans le réfectoire: «Mais, Madame, j'ai fait comme d'habitude, j'ai mis deux seaux d'eau et deux seaux de lait!» (un lait qui, au départ, était déjà totalement écrémé).

Nous avons donc souffert de la faim de façon constante, mais bien davantage encore des conditions psychologiques qui nous étaient imposées. La dissociation de la cellule familiale et les carences affectives qu'elle entraînait, associés à un sentiment d'insécurité, nous plongeaient dans un état de stress permanent. Il était constamment renforcé par de nombreux événements de la vie quotidienne. Un retard de courrier, si fréquent pendant la guerre, devenait forcément source d'anxiété. À d'autres moments, nous apprenions que l'un de nos camarades était sans nouvelles de sa famille, que les parents de tel autre étaient «partis sans laisser d'adresse», or une lettre envoyée par Oscar Dumeunier comportait précisément une expression de ce genre destinée à me signaler l'arrestation de mon oncle et de ma tante.

Une question apparemment anodine posée par un enfant non juif de l'établissement risquait de nous plonger dans l'embarras, de sorte que nous ne pouvions jamais relâcher notre vigilance. S'il n'y avait pas de militaires allemands à Cul-des-Sarts, ils y sont tout de même venus à deux reprises et se sont présentés au château. Le docteur André, qui les avait aperçus au village, avait prévenu notre directrice par téléphone. Hélène Van Hal, après avoir chargé Léontine de conduire les enfants bruxellois au fond du bois, où nous sommes restés, le cœur battant, jusqu'à leur départ, les a reçus en leur offrant un verre d'alcool.

Le château Thomas Philippe était une colonie scolaire. Nous disposions en effet d'une petite école et de trois classes à plusieurs divisions casées dans le bâtiment annexe. Suzanne Michelet avait en charge la septième et la huitième année. À Marie-Josée Metens, on avait confié le deuxième et le troisième degré, tandis que la troisième enseignante s'occupait des petits. Précisons que les trois maîtresses n'étaient présentes qu'aux jours et aux heures de classe. Notre arrivée au château coïncidait avec le début des vacances de Pâques. Nous avons découvert un enseignement nettement moins poussé que celui de la capitale. Le niveau d'exigences moins élevé a toutefois grandement favorisé la réadaptation de ceux qui, comme moi, reprenaient le collier après pas loin d'un an d'interruption totale. La proportion d'enfants cachés s'étant accrue dans une mesure non négligeable, les classes n'étaient pas devenues plus homogènes mais le niveau moyen était devenu bien plus élevé. De plus, dans leur grande majorité, les enfants cachés étaient heureux de pouvoir reprendre la classe et renouer avec les activités scolaires. Notre institutrice a réussi à créer un climat affectif plus approprié à nos besoins tout en ignorant, alors, que nous étions des enfants cachés. Étais-je l'un de ses élèves préférés? Toujours est-il qu'elle me manifestait de l'affection et que, avant chaque congé trimestriel, au moment où je venais lui dire au revoir, elle me glissait dans la main un peu d'argent de poche.

Si, au début, les fermiers les plus proches du château étaient à peu près les seules personnes extérieures à l'institution avec lesquelles nous étions en contact, les relations avec les habitants du village se sont assez rapidement développées. Privés d'autres loisirs, nous nous rendions régulièrement, en groupe, au terrain de football pour assister aux rencontres. Nous nous sommes rapidement transformés en supporters aussi enthousiastes que bruyants. Indépendamment de ces manifestations, les contacts avec les garçons du village ont été de plus en plus fréquents. Certains ont progressivement pris l'habitude de nous rejoindre et de prendre part à nos jeux.

Les activités de loisirs n'étaient évidemment pas très variées. Dès le printemps, nous passions l'essentiel de la journée dans le parc. La classe se terminait à 15 h, ainsi que toutes les tâches scolaires. Lorsque le temps était favorable, les garçons jouaient au football. Lorsque nous ne disposions pas de ballon, nous nous contentions d'une petite balle en mousse. Nous jouions en chaussures de ville. Les miennes furent rapidement hors d'usage. Comme je ne disposais pas d'une seconde paire, j'ai bien dû, pendant des mois, me contenter de sabots en étant empêché, dès lors, de participer aux rencontres. Le dimanche, nous entreprenions des promenades longues d'une dizaine de kilomètres en allant vers Petite-Chapelle, vers Rocroi ou vers d'autres villages. En été, les soirées se terminaient par une veillée ponctuée de nombreux chants. Par temps de pluie, en revanche, nous étions privés de toute activité. Durant l'été 1943, on nous installait habituellement dans un garage complètement dépourvu de matériel ou de mobilier et nous attendions la fin de l'averse sans même pouvoir nous asseoir. En hiver, les possibilités de loisirs s'amenuisaient fort. L'établissement ne comptait aucun local adapté aux jeux d'intérieur et le matériel mis à notre disposition était d'une pauvreté exemplaire.

Le temps passé au château Thomas Philippe paraissait infini. La guerre se prolongeait interminablement. Le premier véritable changement s'est produit le 6 juin 1944. Par la radio de Londres nous avons appris, dès le matin, que le débarquement avait eu lieu en Normandie. Le même bulletin d'informations a été diffusé continûment tout au long de la journée et nous ne nous lassions pas de l'entendre. Grâce aux émissions de Radio-Londres, nous avons suivi de jour en jour l'avance des armées alliées. Dès la fin du mois d'août, nous observions, à distance, de nos fenêtres, la fuite de l'armée allemande en déroute. Les hommes venaient de la frontière française et se dirigeaient vers le nord en utilisant les véhicules les plus disparates, y compris des charrettes tirées par des chevaux. Les derniers sont passés le 31 août et, dès le 1er septembre, les résistants, sortis des bois, ont occupé le village. Dès le matin, nous avons effectué le tour du village. Un peu partout, le drapeau national avait fait son apparition et la joie des habitants était évidente. Cette promenade nous a confrontés à un incident qui aurait pu évoluer de manière bien plus dramatique. Étienne Dumont, le second gendre d'Hélène Van Hal – le père de la petite Monique – avait quitté sa femme et, à cette époque, il vivait en concubinage dans la localité. Or, cet homme était, ou avait été membre du parti rexiste. Nous l'avions croisé à diverses reprises dans l'établissement, vêtu de la chemise brune typique. Le jour de la Libération, E. Dumont a tout de même osé hisser un drapeau belge à sa fenêtre. Les résistants sont entrés chez lui et, après lui avoir donné une paire de baffes, ils ont enlevé le drapeau. Nous passions à ce moment-là et Monique, qui avait accompagné le groupe, a malheureusement assisté à la scène, qui a entraîné chez elle une émotion bien compréhensible. Quelques jours plus tard, on nous a signalé la présence d'un groupe de soldats américains près de Couvin. Nous n'avons pas hésité à y aller à pied.

L'événement principal du trimestre suivant a été la visite de ma mère, retardée à la suite de l'offensive allemande de décembre. Un midi, alors que je me rendais à la cuisine d'Eva, muni d'une casserole vide, en espérant obtenir un petit supplément de ratatouille, maman, guidée par Léontine, est entrée par une porte de service. Quel choc! Sous l'effet de l'émotion, j'ai laissé tomber la casserole sur le sol. Je revoyais ma mère pour la première fois depuis plus de deux ans! À ce moment-là, j'avais l'impression, forcément illusoire, de pouvoir mettre fin à toutes mes souffrances. Je ne savais pas que je ne reverrais jamais mon père, ni mon oncle, ni ma tante, ni tant d'autres encore, exterminés dans les camps nazis... J'étais centré sur le bonheur de l'instant présent, qui s'est prolongé pendant une semaine entière, que maman a passée au château où une chambre avait été mise à sa disposition.

Dans l'après-midi du 3 avril 1945, d'étranges visiteurs sont arrivés en voiture. Les quatre hommes qui en descendaient n'étaient apparemment pas attendus. En l'absence de notre directrice, et à leur demande, nous les avons guidés en effectuant le tour de la propriété. Nous nous trouvions en présence du père Pierre Capart, aumônier général de la Jeunesse ouvrière chrétienne, et de trois de ses collaborateurs. Nos interlocuteurs nous ont posé une foule de questions sur notre passé et les raisons qui justifiaient une prolongation aussi importante de notre séjour à Cul-des-Sarts. «S'ils n'ont pas de places disponibles, avait dit le père Capart, nous en avons chez nous.» Dès le matin du 5 avril, nous avons appris que nous allions rentrer sur-le-champ à Bruxelles. L'intervention du père Capart s'était révélée extrêmement efficace. Je n'ai pas gardé un souvenir précis de la personne qui nous a accompagnés jusqu'à Charleroi. Dans cette ville, elle nous a installés dans un autobus jusqu'à Waterloo. Le bus n'allait pas plus loin. Un tram vicinal nous a permis d'atteindre la gare du Midi. Nous étions à deux pas des bureaux de la JOC, où nous étions attendus. Nous avons été reçus chaleureusement par le père Capart et par Paul Vandergheynst. Notre place était réservée dans l'un de leurs établissements, le «foyer du Jeune Travailleur». On nous a expliqué comment nous y rendre. Le tram qui nous a emmenés vers la rue Joseph II était bondé. Il n'était pas possible de converser, avec nos paquets encombrants. Des pensées me venaient spontanément à l'esprit. Cette fois, j'avais réellement l'impression d'être sorti de la clandestinité. Je n'étais plus qu'un «ex-enfant caché»!

POURQUOI PAS MOI ?

Robert Fuks

Je ne pourrais raconter mon histoire avant mes cinq ans. Mon frère Jacques était plus âgé de trois ans, et mon cousin Jules de quatre ans. Quand la guerre fut déclarée, la vie n'allait plus si bien. Jules ne venait plus souvent jouer à la maison.

Nous habitions rue de Mérode, dans ce quartier entourant la gare du Midi où vivaient de nombreux artisans et commerçants juifs, dont beaucoup s'occupaient traditionnellement de tissus et de confection. Je ne sais rien de la vie de mes parents avant la Belgique, même pas comment ils sont arrivés là, même pas leur date de mariage. Mon père, Szlama Fuks, qu'on appelait aussi par son diminutif Szlames, était né à Kutno en 1903, et ma mère à Varsovie, en 1909. Sur ses papiers d'identité il était inscrit Estera Gitla Dyner, mais je me souviens bien de ses diminutifs; en yiddish, c'était Gitele, et en polonais cela donnait Guta, Gutka, Guteczka. En Pologne, on adore les diminutifs. Si mon frère et moi avons toujours été francophones, nos parents parlaient yiddish et polonais entre eux. J'ai entendu ces langues, mais seul un peu de yiddish m'est resté. Ma mère, elle, a toujours baragouiné le français avec un fort accent yiddish.

Nous occupions le rez-de-chaussée du numéro 120. Mon père était couturier. Ma mère travaillait avec lui. Dans le salon d'essayage à l'avant de l'appartement trônait le diplôme d'une école parisienne où figuraient en grandes lettres son nom et les mots «Haute couture». À l'arrière, une grande pièce, l'atelier de couture. De là, par quelques marches en fer, on descendait au jardin, notre terrain de jeu. Dans ma mémoire, l'atelier était spacieux, il y avait une large et longue table de coupe et deux ou trois machines à coudre. Je dormais dans la salon où mon père recevait les clientes. Outre mon lit, il y avait un grand miroir et trois mannequins d'essayage.

Malgré l'insouciance de l'enfance, j'ai dû, en cet été 1942, sentir des signes avant-coureurs de la catastrophe, quelque chose angoissait mes parents et les habitants du quartier. Quand je sortais avec ma mère, elle s'arrêtait souvent pour bavarder avec d'autres gens. Ils avaient toujours un air grave, inquiet. Ils échangeaient certainement des nouvelles. Avaient-ils connaissance des rafles de Paris et d'Anvers? J'entendais les grandes personnes parler des étoiles jaunes et dans l'atelier, je voyais mon père en coudre sur des vêtements.

Mon papa, Szlama Fuks.

La grande rafle de Saint-Gilles débute le soir du 3 septembre 1942. Les Allemands bouclent tout le quartier de la gare du Midi. Ils vont de maison en maison, forcent les habitants à ouvrir et embarquent tout le monde dans des camions. Nous étions à la maison vers huit heures du soir. Des crosses de fusil frappent à la porte. Nous étions pétrifiés, nous ne voulions pas ouvrir parce que c'étaient «les boches». Le locataire du premier, un juif lui aussi, se décide. C'était le père d'Albert et Isidore, deux copains. Albert, Isidore et leurs parents sont emmenés sans retour. Dans l'atelier, trois hommes font irruption à grand bruit, deux soldats armés et un civil. Ils crient en allemand des choses que je ne comprends pas, mais cela doit vouloir dire: «Tout le monde dehors! Préparez vos affaires en vitesse!» Papa et maman sortent de leur hébétude. Maman se précipite sur nous, puis elle prend dans un tiroir un certificat médical, et dit à l'un des hommes: «Mon fils vient d'être opéré, vous ne pouvez pas nous emmener!» Le civil lui arrache le papier, le jette par terre en beuglant à tue-tête une menace. Puis c'est affolements, cris, larmes. Et soudain, un hurlement affreux. Maman est à terre, elle crie sa terreur et sa douleur. On la porte dans la chambre à côté, on la pose sur le lit. Elle n'arrête pas de hurler, elle est couchée sur le dos elle a les yeux révulsés et ses jambes battent en l'air. Pas moyen de la maîtriser. L'un des Allemands répète à mon père de préparer sa valise en vitesse. Mais il proteste. L'un des soldats le gifle violemment. Le civil dit aux deux autres: «Pas moyen de calmer cette folle. On s'en va. On viendra la chercher plus tard avec les gamins.» Je ne me souvient pas d'avoir une dernière fois embrassé mon père, qui est du nombre de ceux qui ne reviendront jamais.

Après, c'est un trou noir. Je ne sais pas comment j'ai quitté la maison avant le retour des Allemands. Je me suis retrouvé avec mon frère Jacques en milieu ami, chez Daisy Lambrecht, une connaissance de mes parents, qui était fleuriste rue des Chapeliers, près de la Grand-Place. Daisy, qui nous appelions Tante Daisy, nous a gardé quelques jours. Mais elle ne pouvait pas nous garder longtemps. Quand elle sortait avec moi dans la rue, je me mettais à pleurer, et je me jetais dans ses jupes dès que je voyais un uniforme allemand.

Daisy est parvenu à nous placer en lieu sûr à Gilly, dans la banlieue de Charleroi. Le couvent Saint-Joseph à Gilly est un bâtiment austère de briques sombres. Les sœurs, l'ambiance, la nourriture, tout est austère. Les premiers jours, il fait pluvieux, les récréations ont lieu dans la salle de gymnastique. Les enfants courent dans tous les sens, rient et crient. Je suis assis au bout d'un banc, je pleure silencieusement. Personne ne vient jouer avec moi. Je me sens seul, seul, seul. Mon frère a déjà des nouveaux copains. Et je n'ai jamais eu le sentiment d'avoir un grand frère protecteur. Cela dure une ou deux semaines. Je m'acclimate enfin; l'institutrice de seconde y est pour beaucoup. C'est une sœur qui n'est plus toute jeune. Elle porte l'habit et la cornette comme les autres, et elle est d'une gentillesse qui me fait chaud au cœur. Par contre, la sœur qui s'occupe du réfectoire me terrorise.

Le réfectoire n'est pas un trois étoiles, mais on ne meurt pas de faim. Après le réveil très matinal, la toilette et la messe à six heures, on a droit à deux petites tartines. La vie est monotone. Après le premier

Mon frère Jacques et moi, 1943.

repas, la classe. Puis le repas de midi, la classe, le «quatre-heures», l'étude du soir, les vêpres, le souper et ensuite au lit! Nous sommes alignés dans un immense dortoir, nous faisons une prière et la sœur qui surveille vient nous faire une petite croix sur le front. Je suis perdu dans la masse. Une différence marquante: les autres garçons rentrent chez eux le samedi après-midi et le dimanche, et aussi pendant les vacances. Il ne reste dans le grand bâtiment que cinq ou six pensionnaires, les Juifs cachés à Saint-Joseph. Durant les vacances d'été, deux ou trois dames venues de l'extérieur viennent s'occuper de nous.

Les rares souvenirs précis ne sont pas vraiment agréables. On est le 8 janvier 1944. Chaque classe se met en rang devant son institutrice. J'étais particulièrement joyeux. Je fais quelques pas en avant: «Ma sœur, c'est mon anniversaire. J'ai huit ans.» Son visage glacial reste immobile: «Retourne dans les rangs.» Il y a aussi ce 6 décembre 1943. Nous étions en classe. Chaque classe s'ouvrait sur le large couloir par une porte percée d'une toute petite fenêtre. Pour une raison que j'ai oubliée, nous avions reçu une punition collective. Mais il régnait parmi les écoliers une atmosphère d'attente nerveuse et joyeuse. Soudain on entend le tintement de la clochette qui indique que Saint-Nicolas passe dans le couloir. Avec terreur, nous voyons à travers le petit carreau le grand doigt ganté de blanc de Saint-Nicolas, orné d'une grosse bague. Le doigt s'agite d'un air menaçant pendant quelques instants et disparaît. La clochette s'éloigne, Saint-Nicolas va distribuer des cadeaux dans les autres classes. Nous restons tous silencieux et abattus. Je me demande encore comment c'était possible: en pleine guerre, le seul jour de l'année où c'était la fête des enfants, qu'est-ce que nous, gamins de sept ou huit ans, avions fait de si terrible pour mériter un tel châtiment?

Et puis, il y a ce souvenir très fort, la réapparition de ma mère! Elle est venue nous rendre visite une fois à Gilly, elle avait apporté des *klopse*, des boulettes de viandes préparées à la juive, avec de la sauce à l'oignon. Elle était très malade et dans ma joie de la revoir, je ne m'en rendais pas compte. Était-ce l'époque très brève où elle était servante chez un curé? Ou bien avait-elle obtenu pour une journée la permission de sortir de l'asile d'aliénés?

Depuis notre arrivée à Gilly, nous ne nous appelons plus Fuks. Tante Daisy nous a prêté son nom, et ce sont les frères Lambrecht qui prient avant le repas et avant de dormir, et qui vont à la messe à la chapelle du couvent. Je n'ai jamais eu d'éducation religieuse à la maison. Mais à Gilly, je fais comme me disent les adultes. Non seulement j'apprends rapidement les gestes rituels, mais je prie vraiment. Au printemps qui suit mon arrivée, j'exprime même le désir de faire ma petite communion, mais je serai transféré à Jamoigne avant que cela ne se fasse.

Le 1er avril 1944, c'est Andrée Geulen, cette héroïne, qui avait alors une vingtaine d'années, qui nous emmène dans un long voyage en tram, train et autobus à travers toute la Wallonie. Les risques sont devenus trop grands à Gilly, on pense que les Allemands ont des soupçons. Elle nous emmène dans un endroit plus sûr, au fond de l'Ardenne, dans le vaste domaine du château du Faing, rebaptisé Home Reine Élisabeth. Le home se trouve à quelques kilomètres du village de Jamoigne. Il abrite des enfants des prisonniers de guerre, qui viennent y faire des cures de grand air. Ce que les occupants n'ont pas prévu, c'est que dans le grand nombre de petits Belges, qui viennent y passer quelques semaines, on a intégré des enfants envoyés par le CDJ. Entre 1942 et 1944 on y cachera un total de quatre-vingt-sept Juifs!

Tout est différent de Gilly. On aperçoit deux ou trois religieuses, mais elles ne font pas la classe, elles s'occupent de l'infirmerie et de la cuisine. La direction du home est assurée par une dame, madame Taquet, assistée par son mari, un officier retraité que nous voyons très peu. L'atmosphère est très différente de celle du couvent Saint-Joseph. Tout est structuré sur le système scout, nous sommes répartis en fonction de notre âge. Le matin, nous avons des cours qui suivent très approximativement le programme scolaire, et chaque après-midi est consacré aux activités de plein air. Les jeunes moniteurs qui font les cours du matin sont chefs de patrouille l'après-midi. Faire de longues marches dans la forêt et les champs, des jeux collectifs, quel rêve après le sombre couvent de Gilly. Et tous les jours! Comme si c'était congé ou vacances tous les après-midi! Pourtant, ce n'est pas l'anarchie, il règne une organisation stricte. Toutes les journées commencent par le salut collectif au drapeau, en plein air devant le château. Un salut au drapeau belge! Le directeur, l'ancien major Taquet, est un homme sévère, mais nous n'avons pas de contact avec lui. Plus tard, nous apprendrons qu'il est un important responsable de la Résistance dans la région. En revanche, sa femme est toujours présente. Elle n'a pas d'enfants, mais elle considère tous les pensionnaires du château comme ses gosses. Le réfectoire est une salle énorme, et malgré ce décor imposant, l'ambiance des repas est conviviale. À la fin de chaque dîner, madame Taquet vient nous apporter un supplément de viande, de sauce, de pommes de terre. On mange nettement mieux qu'à Gilly. Bien sûr, on est à la campagne, le potager du château fournit des légumes et des fruits, et sans aucun doute, il est bien plus facile qu'en ville de se procurer lait, fromage et viande, directement chez les paysans.

Home Reine Élisabeth, 1944. Quinze petits garçons dont six Juifs.
Moi : devant, avec une écharpe.

Le religion avait son rôle dans les activités de Jamoigne, mais on ne l'imposait pas de force aux petits Juifs. La messe du matin n'était pas obligatoire. En revanche, le dimanche nous allions en patrouille à la messe au village, qui était à une certaine distance. Un dimanche, j'étais en retard. Je me suis mis à galoper dans une allée du grand domaine. À un moment donné, je tombe sur madame Taquet. «Où cours-tu comme ça, Robert? – Je suis en retard pour l'église, madame. – Il ne faut pas courir. Pour toi, ce n'est pas si important.» J'étais interloqué et même choqué. Pourquoi n'était-ce pas important pour *moi*, alors que tous le monde y allait et que c'était important pour les autres? Beaucoup plus tard, j'ai compris.

Le château de Jamoigne était un lieu reculé, isolé, idéal pour faire comme si les Allemands n'existaient pas. Il est plus que probable que les habitants du village n'ignoraient rien de la présence des enfants juifs, pourtant rien n'a jamais filtré du côté des occupants. Jamais un soldat allemand n'a pénétré dans le Home Reine Élisabeth. Et pourtant, il y eut une alerte très chaude en 1944. Un jour, une patrouille allemande s'est présentée aux portes du domaine, mais finalement elle n'y est pas entrée. Un vrai miracle! Ce qui est presque comique, c'est que les Allemands n'étaient pas venus là sur un soupçon ou une dénonciation concernant les Juifs, mais parce qu'ils suspectaient que l'un des moniteurs était un «réfractaire» qui s'était caché pour se soustraire au travail en Allemagne. L'information était correcte, le moniteur en question fut envoyé au travail obligatoire, il en est heureusement revenu.

Mon passage à Jamoigne n'a finalement duré que quelques mois. Nous qui vivions carrément en marge du monde, nous avons soudain vu l'irruption de l'Histoire au fond de notre forêt d'Ardenne. Des canonnades qui se rapprochaient de plus en plus, une atmosphère enfiévrée au château. On nous a fait descendre dans les grandes caves voûtées, où nous sommes restés deux jours à attendre. Lorsque nous sommes remontés à la surface la surprise était énorme. Devant le château, dont la plupart des vitres étaient brisées, se tenaient quelques chars et des soldats américains. C'était la Libération! Nous savions que nous étions délivrés de l'Occupation. Je n'ai pas vu la bataille des Ardennes, nous avons quitté Jamoigne avant cela. Un à un, les pensionnaires de Jamoigne partaient. Des amis, des parents survivants venaient les chercher, ou bien une organisation se chargeait d'eux pour les placer dans des homes pour enfants juifs. Il me semble que Jacques et moi sommes restés parmi les derniers. En tout cas, le temps m'a paru terriblement long. Je me vois encore derrière une vitre du château à demi-désert, scrutant sans fin les environs dans l'attente de l'arrivée de quelqu'un qui nous emmènerait. Enfin, notre tante Daisy nous récupéra et nous fit revenir à Bruxelles. C'est une ville différente que j'ai retrouvée, baignant dans l'atmosphère euphorique de la Libération. Avec ma tante Daisy, je me promène dans toute la ville remplie de soldats, mais ce sont des militaires en kaki, américains et anglais, qui fraternisent avec la population et qui n'inspirent pas la peur.

J'ai repris une scolarité normale, en troisième année dans une école primaire de la ville. J'ai perdu une année d'études pendant la guerre, mais peu importe, je travaille avec ardeur. Il faut dire que j'étais éperdument amoureux de mon institutrice, la plus belle femme du monde! Je lui apportais des fleurs venant de chez tante Daisy, la fleuriste de la rue des Chapeliers. Mais en juin 1945, j'avais terminé mon année à Bruxelles et les déménagements recommençaient.

Après la guerre s'était créé un service social nommé AIVG, l'Aide aux Israélites Victimes de la Guerre. Le but était de redonner si possible un cours normal à des vies brisées par la guerre, notamment à celle des enfants juifs qui avaient perdu un ou deux parents. Je n'avais perdu qu'un parent, mais je n'avais aucune nouvelle de ma maman. Je savais seulement qu'elle était vivante quelque part, mais où? Probablement, on a voulu nous épargner des récits pénibles de maladie, d'internement… L'AIVG avait crée un home pour orphelins juifs à Aische-en-Refail, non loin de Namur, dans un grand château. Je n'y suis resté que quelques semaines. C'était le chaos, un désordre total dont les enfants profitaient pour faire de leur vie au home une rigolade et un chahut permanent.

Avec Daisy Lambrecht à Bruxelles, fin 1944.

Après l'intermède d'Aische-en-Refail, j'ai abouti au home de l'AIVG à Lasne, où j'ai retrouvé mon frère. Je prenais tous les jours le tram vicinal pour aller à l'école à Wavre.

Il y avait un cours de religion catholique, tout le monde y allait, j'ai suivi ma classe. L'abbé a fait l'appel, j'ai dit qui j'étais et il m'a fait: Eh bien, mets-toi au fond de la classe et occupe-toi.» Mais toutes les histoires du Nouveau Testament qu'il racontait, je les connaissais, j'avais entendu ça pendant près de deux ans au couvent de Gilly. Alors, je levais tout le temps le doigt pour répondre. L'abbé m'aimait bien, je suis devenu très vite son chouchou – je me souviens qu'il me faisait cadeau de médailles pieuses!

Mon premier instituteur s'appelait M. Dubuisson. C'était un homme grand, assez jeune, sérieux et très gentil. À la fin de l'année, il y avait une distribution des prix dans la salle des fêtes de la commune. J'avais bien travaillé, je suis donc monté sur l'estrade pour recevoir des félicitations et des livres en récompense. Après la cérémonie, les enfants de ma classe venaient un à un dire au revoir à M. Dubuisson et leurs parents remerciaient l'instituteur avant de partir. Moi, je m'apprêtais à m'en aller tout seul avec mes livres sous le bras... M. Dubuisson m'aperçut. Il est venu vers moi, il m'a félicité encore une fois, puis il a tiré vingt francs de son portefeuille et me les a tendus en me souhaitant de bonnes vacances. J'étais abasourdi. Vingt francs! Je n'en avais jamais eu autant dans ma poche, c'était une somme en ce temps-là.

Un instit', ça ne roulait pas sur l'or, pas plus à l'époque que maintenant. C'était d'une telle générosité...!

Ensuite, je suis allé au home de Profondsart, non loin de Lasne, avec les mêmes camarades. J'ai terminé l'école primaire à Wavre, puis les études secondaires à l'athénée de la même ville. À Lasne et à Profondsart, on célébrait le shabbat, la fête hebdomadaire qui commence le vendredi soir. C'est aussi à l'époque de Profondsart que j'ai fait ma *bar-mitzvah,* la cérémonie qui correspond un peu à la communion chez les catholiques. Tout le monde ne la faisait pas, moi j'étais volontaire. Honnêtement, je n'avais pas de motivation pieuse, je voyais plutôt ça comme une occasion d'avoir une fête et de recevoir des cadeaux! C'était une *bar-mitzvah* collective pour une dizaine d'enfants du home, dont mon frère. J'étais le seul à la faire à l'âge normal de treize ans. C'est pourquoi j'étais le seul à lire le texte rituel à la grande synagogue de Bruxelles. C'était assez impressionnant. Le rabbin était derrière moi et je lisais à haute voix en hébreu. Bien sûr, je ne savais pas l'hébreu, j'avais appris le texte par cœur avec un rabbin qui était venu plusieurs fois à Profondsart pour nous préparer à la cérémonie. J'avais un oncle et une tante revenus de Suisse où ils s'étaient réfugiés pendant la guerre. En guise de cadeau pour la grande fête que représente la *bar-mitzvah* pour des jeunes gens, mon frère et moi recevions une paire de pantoufles de notre oncle! Je préfère me souvenir de l'instituteur Dubuisson...

Le souvenir de mon père semblait s'être effacé depuis la fin de la guerre. Nous n'en parlions pas, ni personne d'autre au home ou parmi les quelques parents et amis que nous avions. Les enfants des homes vivaient au jour le jour et chacun ignorait pratiquement tout de l'histoire des autres, on ne savait même pas qui était orphelin d'un ou deux parents. Je faisais très souvent le même rêve, un cauchemar qui m'a poursuivi pendant une longue période de ma vie. Je suis couché dans mon lit, rue de Mérode. Soudain on frappe à la porte, la prote s'ouvre lentement. D'abord, rien. Puis quelqu'un passe la tête dans l'entrebâillement, mais ce n'est pas une personne. C'est une face informe qui apparaît, la boule en bois qui servait de tête aux mannequins d'essayage de mon père. Ce n'est qu'en 2005 (!) qu'un ami psychologue m'a donné une explication: «Tu n'as pas cessé d'attendre le retour de ton père.» En fait, je n'ai jamais pu faire le deuil de mon père que j'ai si peu connu. Ainsi, à partir de l'adolescence et pendant très longtemps, j'ai souvent cru, contre toute raison, apercevoir mon père. Un jour, je marche dans une rue animée de Bruxelles. Soudain mon regard se fixe sur un homme qui passe à une certaine distance. Je ne le vois que de dos, c'est un anonyme dans la foule, et pourtant je suis persuadé que c'est mon père. Je le sais, c'est lui! Je presse le pas, je vais le rattraper, lui parler: «Je m'appelle Robert, je suis ton fils!»… Et puis je ralentis le pas, hausse les épaules, secoue la tête. Et je repars dans l'autre sens pour ne plus voir cet homme.

Profondsart a fermé ses portes en 1950. Puis je suis parti pour Boitsfort, dernière étape de ma vie dans les homes. J'y suis resté jusqu'à mes dix-huit ans. Miravalle était une grosse villa. Nous étions une trentaine, des garçons exclusivement. C'est à Miravalle que j'ai dû prendre la première grande décision de mon existence, celle qui allait orienter mes études et ma carrière. Tous ceux qui sont passés par Miravalle se rendent compte qu'ils ont eu la chance d'y vivre. Siegi Hirsch, que j'avais connu comme jeune moniteur à Lasne, dirigea le home jusqu'à sa fermeture. Il a véritablement été pendant ces années le père d'une famille d'une trentaine de garçons, en même temps qu'un organisateur hors pair. Le déménagement a naturellement impliqué un changement d'école; je suis entré en 4e latin-math à l'athénée d'Ixelles.

Dès avant Miravalle, Jacques et moi avions retrouvé notre maman. Nous savions qu'elle avait été «dans des hôpitaux» et qu'elle en était sortie, mais incapable de prendre soin d'elle-même toute seule. Elle avait été aidée par sa belle-sœur et son beau-frère – l'oncle des pantoufles –, notre seule famille. J'ai conservé l'image d'une femme visiblement malade, toujours habillée d'une robe sombre, le plus souvent muette et accablée. Elle avait fréquemment d'effrayantes crises nerveuses. En ces moments-là, elle se mettait à crier nos noms: «Jacques! Robert!…» Apparemment, elle revivait de façon régulière et avec une émotion violente la scène dramatique de la rafle de 1942. Heureusement, plus tard, son état s'est progressivement amélioré, et lorsque Jacques a quitté Miravalle, et qu'il a commencé à travailler, il a pu s'occuper d'elle et la prendre en charge. Pauvre maman, elle a payé un lourd tribut à l'existence.

À quinze ans, je me suis inscrit dans une école technique. Vers la fin de la deuxième année, un ancien de Miravalle, Marcel Frydman, m'a dit: «Tu perds ton temps, pourquoi n'essaies-tu pas directement de faire un examen d'entrée à l'université?» Et c'est ainsi que j'ai décidé de passer toutes mes vacances à étudier. J'ai réussi l'examen d'entrée pour la première année de chimie à l'université. J'avais dix-sept ans et demi! J'avais rattrapé l'année d'études perdue pendant la guerre! À ce moment là, Jacques s'est marié, et je suis allé m'installer avec maman dans un petit appartement. Elle allait mieux, avait même repris du travail comme couturière dans une fabrique. Mais elle était encore suivi par un psychiatre et elle avait encore, mais plus rarement, ses affreuses crises de panique. Elle me faisait à manger et s'occupait de mon linge, mais elle était encore très dépendante, c'était moi qui devais prendre toutes les décisions du ménage. Bref, je me retrouvais à la fois étudiant à l'université et père de famille. Mais ça a marché, j'étais heureux d'être avec elle et je crois que nous nous sommes aidés l'un l'autre à retrouver une vie normale. Malheureusement, elle est décédée si jeune, cinquante-cinq ans à peine.

Après la licence, j'ai obtenu une bourse pour faire un doctorat. Après une dizaine d'années comme chercheur dans une grande firme internationale, je suis devenu professeur de chimie aux facultés de Médecine et de Pharmacie de l'ULB. Je sais combien j'ai été un enfant privilégié par rapport aux malheureux qui sont restés interminablement cachés dans des caves ou des greniers avec leurs parents. Je ne me compare même pas à ceux qui, comme Anne Frank, ont fini par être arrêtés et sont morts en déportation. Seulement, cinquante ans après la fin de la guerre j'ai encore frémi aux histoires terribles de femmes et d'hommes qui m'ont raconté les conditions de leur vie d'enfant dans la clandestinité, un quotidien fait de privations et de peur. À côté de cela, Gilly et Jamoigne étaient des paradis.

Malgré tout, les images de la guerre m'ont toujours poursuivi, parfois comme des cauchemars. Par exemple: en 1958, pour la première fois de ma vie, j'ai eu l'occasion d'aller aux sports d'hiver. C'est la joie quand je m'embarque avec un groupe de copains à destination de l'Autriche... Le train fait un arrêt dans une première gare allemande et là, c'est le choc: sur le quai, devant moi, je vois un chef de gare en uniforme. J'ai tremblé de tout mon corps et je n'ai retrouvé mon calme que quand le train est parti. En 1958! Plus de douze ans après la Libération! Et quatorze ans après la rafle et l'arrestation de mon père! Je retrouvais la même terreur, celle qui me faisait hurler quand je voyais un soldat allemand dans le Bruxelles de 1942.

La haine

Ma vie a basculé à l'âge de six ans en 1942 à cause de la haine.

La haine du Juif, un des fondements de l'idéologie de Hitler.

Cette haine a conduit au génocide, à la mort de six millions de Juifs, à la destruction de l'Europe, à la mort de dizaines de millions d'Européens dont près de dix millions d'Allemands victimes de leur propre idéologie.

La haine du Juif était tellement puissant chez Hitler qu'en 1945 encore, face à la défaite imminente, il donnait la priorité aux trains qui amenaient les Juifs à Auschwitz plutôt qu'à ceux qui acheminaient de l'aide aux soldats de l'armée allemande sur le front de l'Est.

Pour tuer des Juifs, il tuait ses propres soldats.
La haine est négation. Elle est destruction. Elle est l'antivie.
Moi, je voulais, je devais continuer à vivre, je ne devais donc pas m'encombrer de cette haine inutile.
Je n'ai pas de haine.

« VOUS NE POUVEZ PAS JOUER AVEC EUX, ILS ONT TUÉ JÉSUS »

Hélène Galperin

Je n'ai pas de langue maternelle, je n'ai pas fait d'études, même pas secondaires, et pourtant, je suis devenue professeur à l'université.

Ma mère, Frida Engelmann, était polonaise, née en 1897, à Lemberg. Sa famille avait quitté la Russie après la Révolution. Mon grand-père maternel s'est installé à Varsovie avec ses deux filles. Mon père, Lazare, était le huitième de neuf enfants. Mon grand-père était entrepreneur de travaux publics. Cette famille est restée en Russie mais en faisant des études en Occident. La sœur aînée de mon père était médecin, elle s'est installée à Lausanne puis à Strasbourg. Mes parents sont venus en Belgique, mon père avait un «passeport Nansen», le passeport des réfugiés russes[1]. Une sœur de ma mère avait épousé un diamantaire d'Anvers, et par eux mes parents sont venus en Belgique. Mon père a suivi ma mère mais il est toujours resté très nostalgique de la Russie. À la Révolution, il était en première Polytechnique en Russie, et il a continué ses études à Leipzig. Je n'ai pas eu un père normal... C'était un intellectuel très cultivé; il faisait de longues tirades en latin. Il n'était pas heureux à Anvers, avec les autres Juifs. Il était en dehors de leurs normes. Il ne fumait pas, ne buvait pas, ne jouait pas aux cartes. Mais il m'emmenait à l'opéra, à Middelheim, il était à l'avant-garde de tout, d'une grande curiosité intellectuelle! Un jour, au début de la guerre, ma mère tenait à célébrer *Yom Kippour*, elle m'a

1 Fridtjof Nansen (1861-1930), explorateur norvégien. Le 1er septembre 1921, il devient le premier haut commissaire pour les réfugiés de la Société des Nations. Le 5 juillet 1922, un accord international conclu à Genève crée le « passeport Nansen », qui permettra à des personnes déplacées de retrouver une identité. Ce document sera reconnu par 54 pays et servira notamment à des milliers de Russes, Grecs, Turcs et Arméniens pour s'établir dans le pays de leur choix. Pour cette action, il reçoit le prix Nobel de la Paix, le 10 décembre 1922.

Ma mère, Frida Engelman.

La seule photo de moi avant la Shoah, avec un petit copain.

emmenée à la synagogue. J'étais en bas avec les hommes. Un monsieur me demande: «Où est ton papa?» J'ai répondu: «Il travaille!» C'était horrible!

Je suis née à Anvers, le 23 septembre 1931. Je suis allée au jardin d'enfants puis à l'école primaire, Mechelsesteenweg. C'était une école de la ville. Je pleurais, j'étais une étrangère. Je jouais dans la rue – Isabellalei – avec les petites filles du boucher et du boulanger, qui a dit aux autres enfants: «Vous ne pouvez pas jouer avec eux, ils ont tué Jésus.» Ma mère est allée parler avec cet homme.

Quand la guerre a commencé, notre famille a pris la fuite jusqu'à Dunkerque, mais nous n'avons pas réussi à embarquer. Les hommes étaient partis d'abord: mon père et un cousin qui avait une voiture. Ma mère portait ma petite sœur sur le dos, dans un drap de lit. C'était ma mère qui prenait tout en main; ma tante était plutôt une bourgeoise, une femme résignée, mais d'une bonté, d'une générosité!... Ils étaient riches, avaient des servantes. Mon oncle avait laissé à Anvers une fortune en diamants, enterrés sous une grande dalle. Après la guerre, mon cousin est allé les chercher, mais un ami les avait pris. Revenue à Anvers, je fréquentais une école juive, imposée par les Allemands, une école très bourgeoise: on portait des chapeaux! Sur toute une classe, seule une fille m'a retrouvée après la guerre. Puis nous avons quitté notre maison, Lange Leemstraat 213, mes parents, ma sœur et moi. C'était l'été, il faisait très chaud, j'avais trois robes sur moi, pour emporter tout de même quelque chose.

Mon père a dû se cacher toute la durée de la guerre, dans une petite chambre, parce qu'il avait un fort accent russe. Juif avec un accent russe! Il est devenu comme un sauvage. Ma mère, par contre, circulait partout. Elle n'avait pas le moindre accent, ni en français ni en néerlandais, et parlait le polonais et le russe. Elle avait du culot! Un jour, elle s'est fait passer pour quelqu'un de la Gestapo. Une dame m'a raconté après la guerre: «Tu sais, ta maman, je lui dois énormément. J'étais cachée chez des gens qui m'exploitaient terriblement. Ta maman le savait et elle est venue me chercher, comme si elle était envoyée par la Gestapo. Ce que ces gens ont eu peur! Tandis que moi, quand j'ai vu ta mère, j'ai dû me retenir pour ne pas lui sauter au cou!»

À Anvers, nous nous étions liés avec une famille Rothschild, qui n'était pas de la branche riche de la famille. Ils avaient trouvé refuge à Louvain. Ils étaient très religieux. Un cousin de ma mère était fiancé à leur fille. Ils circulaient ouvertement, ne devaient pas se cacher, je n'ai jamais su pourquoi. Avaient-ils des papiers d'Amérique centrale ou du Sud? C'est par eux – je ne sais pas par quel lien – que mon père est arrivé à Louvain, chez un instituteur qui s'appelait Dewit, et ma mère et moi au château «de Beauffort», à Linden. C'est ma mère qui m'a emmenée au château. Là, je m'appelais Verhulst. Je devais dire que ma mère était une femme de ménage. Elle habitait à la ferme du château, elle y faisait tout. Elle pouvait circuler mais ne pouvait pas voir ses enfants, pour ne pas prendre de risque, surtout avec ma petite sœur, qui avait quatre ou cinq ans. Je l'ai vue une seule fois. Mademoiselle Sorel, la directrice, m'avait proposé de me faire baptiser. Elle a invité ma mère pour en parler. Je devais me rendre chez la directrice. Mais ma mère a refusé de me faire baptiser: elle ne voulait pas prendre cette responsabilité. C'est la dernière fois que je l'ai vue. Ma mère m'écrivait donc. Plus tard, quand elle a été déportée, je n'ai plus reçu de lettres. On me disait qu'elle avait un eczéma à la main, de sorte qu'elle ne pouvait plus écrire. Mais moi, je sentais, je savais qu'il y avait quelque chose… Après, ma mère a rejoint mon père à Louvain, chez l'instituteur Dewit, Bogaardenstraat. Ils vivaient cachés dans une chambre. Les Dewit étaient des gens très bien, qui avaient un fils. Après la guerre, mon père a tout fait pour lui procurer un diamant pour peu d'argent, pour son mariage. Mes parents vivaient des bijoux de famille, de superbes bijoux. Mon grand-père paternel était riche. Une partie des bijoux était restée à Anvers, entre autres un superbe bracelet russe, avec des diamants, dans une cassette vissée au mur. Évidemment, après la guerre, ces bijoux avaient disparu.

Comme ma mère avait été opérée, les Rothschild l'ont invitée. Un de leurs neveux est venu la chercher. Mon père lui avait dit: «Non, n'y va pas, c'est dangereux.» Une deuxième fois, elle y est allée. Elle n'est pas restée longtemps. Sur le pas de la porte, alors qu'elle était en train de partir, les Allemands sont arrivés: ils avaient été avertis.

Les Rothschild ont été emmenés à Malines mais n'ont pas été déportés, ils ont été relâchés. Madame Rothschild a encore essayé de sortir ma mère de la caserne Dossin, mais en vain. Elle est partie avec le XXIVe convoi, et n'est jamais revenue. Mon père se sentait coupable de sa déportation. Il a voulu se livrer, quand ma mère a été prise.

On l'a convaincu de rester pour ses enfants. À Louvain, ma mère était enceinte. Elle s'était fait avorter par un médecin; elle était affaiblie, et mon père croyait que c'était à cause de cela qu'elle n'est pas revenue, parce qu'elle ne s'était pas assez remise. Il a été tellement écrasé, il s'est laissé mourir. Alors que j'achevais ma dernière année à l'université, il est mort d'un cancer de l'intestin.

À Linden, j'étais heureuse, avec des enfants de mon âge. Il y avait même des douches! Dans ma classe, il y avait une très jolie blonde; sa mère était la maîtresse d'un officier allemand. L'institutrice demandait: «Qui est la plus belle de toutes?» Et la réponse était toujours: «Hélène», et moi je me sentais si misérable, j'avais honte de mes vêtements, je pensais aux beaux vêtements que j'avais dû laisser... Cela a duré un an, jusqu'au moment où les Allemands ont su: nous avions été trahis. Les enfants ont été transportés au château de Branchon, près de Namur. C'était un home de vacances pour les enfants des villes. Là, je m'appelais Gallel. On ne savait pas que j'étais juive. Mais il n'y avait que de tout petits enfants, et moi. Mademoiselle Sorel m'avait acceptée, grâce à ma sœur qui était chez les petits. C'était horrible! J'ai été vraiment malheureuse. Les monitrices ne me parlaient pas, je devais faire

Devant le château de Linden, soixante-cinq ans après, en 2008.

ce qu'elles n'aimaient pas faire: vider les pots... Personne ne me parlait. Après, cela a changé quand même, parce que mademoiselle Sorel avait emmené sa fille Claudine, que je gardais.

Après la Libération, mon père est retourné à Anvers, où il est devenu chef de la téléphonie de l'armée anglaise. Il était très déprimé. Il a demandé qu'on m'inscrive dans une école, non pas dans un home avec des enfants qui avaient la même expérience. Je suis entrée en sixième primaire. La mère supérieure était une brave femme, mais la supérieure des études me martyrisait, j'étais sa tête de Turc. Par exemple: on jouait une pièce avec une bohémienne, le mauvais esprit: j'ai eu le rôle! Mon père m'avait donné une pièce de 25 centimes, dans une boîte d'allumettes, que je gardais en poche. Au vestiaire, la supérieure m'appelait: «D'où as-tu cela?» Une institutrice, au cours de géographie, parlait des races: «Par exemple: la race juive, ceux qu'Hitler a persécutés, et, entre nous, il a bien fait, parce qu'il y en avait quand même trop.» Terrible! Du coup, je ne voulais plus me convertir. Je refusais donc le cours de catéchisme, je devais me mettre à genoux. Aux examens, je trichais. J'étais la première de classe, mais pas en catéchisme! Puis, en secondaire, ce fut l'Institut Marie-Josée à Anvers, en français. Mais un cousin plus âgé, qui s'occupait un peu de moi, s'y est opposé. Je devais fréquenter une école officielle, l'athénée, Mechelsesteenweg, en néerlandais, pour avoir un diplôme homologué. Il était devenu ingénieur, avec les livres de mon père. Cela m'a coupé les ailes, mais je me suis quand même adaptée, je suis même devenue bonne élève. J'adorais le latin et surtout le grec. Mais après trois ans, mon cousin a voulu que je fasse le Jury central en un an! J'allais donc tous les jours, de 8 h du matin jusqu'à la fermeture, à la bibliothèque, Blindenstraat, avec de vieilles personnes qui y passaient la journée. Je n'avais plus de copains! Et mon père ne s'occupait de rien, il était dans la lune. Nous sommes revenus à Bruxelles à cause des bombes sur Anvers, les V1. Mon père ne faisait plus que de petits travaux de réparation. Nous n'avions plus de vie de famille. Mon père était tellement déprimé, il était désorganisé. On avait un poêle à charbon mais il n'y pensait pas, on devait tout faire. Il ne parlait que des camps de concentration et de ma mère. À la demande de mon père, j'allai à l'école chez les Fidèles Compagnes de Jésus, avenue Montjoie. Là, j'étais malheureuse! Il ne fallait pas dire que j'étais juive, être juif était une honte.

Au Jury, j'ai raté en grec. Par la suite, j'ai appris que j'avais droit à un programme réduit, comme tous ceux qui avaient manqué des années d'école à cause de la guerre. J'aurais voulu faire des études littéraires mais mon cousin pensait qu'il fallait quelque chose qui rapporte: «Des études littéraires sont des études de luxe. Cela, on le fait en plus!» J'avais le choix: la chimie ou la physique. «Même pas la biologie?» Plus tard, il ne m'a plus dit bonjour parce que j'ai entrepris une licence en physiologie nucléaire. Et moi qui adorais les lettres françaises, avec tous les classiques que j'avais lus! Je voulais devenir écrivain. C'était l'abandon, le rejet, sans arrêt. J'ai donc présenté un examen d'entrée, ce qui m'a menée vers un grade scientifique. Je n'ai jamais raté un examen.

J'ai été mariée deux fois. Mon premier mari était juriste. Son père était avocat général, lui est devenu premier président du Conseil d'État, et professeur à l'université. Sa mère était une personne adorable. Seulement, il était trop lié à elle. Nous étions mariés mais il continuait à vivre chez sa mère. Mon deuxième mari était journaliste au *Monde*, correspondant à Bruxelles pour les affaires européennes. Mais ses parents étaient des royalistes de l'Action française. Serge Klarsfeld, qui connaissait la famille, m'a dit: «Comment, tu ne savais pas que c'étaient des pétainistes?» Pour eux, j'étais une sale Juive. J'ai deux enfants, qui habitent Londres.

Je me sens très seule. Je n'ai pas vécu la vie juive.

DE CRACOVIE À AUSCHWITZ

Salomon Gemeiner

Je m'appelle Salomon Liber Gemeiner, né à Anvers le 31 octobre 1939. «Monneke» pour les amis. Mes grands-parents étaient d'origine polonaise: Salomon Nathan Gemeiner et Csewa Plessner. Mon père, Joseph Moïse, était né en 1906 à Cracovie. Ils avaient émigré en Autriche. De là-bas, à vingt et un ou vingt-deux ans, mon père est parti pour la Belgique dans les années vingt, très probablement pour des raisons économiques. Il est venu travailler à Anvers dans un grand magasin de fourrures et c'est là qu'il a connu ma mère qui était, elle aussi, dans ce secteur: elle était modiste. Ils se sont mariés en 1933. Ma mère s'appelait Rosa Lewy. Elle était la fille d'Isaac Meyer Lewy et d'Iska Bjalkower, née à Anvers en 1911. Je suis enfant unique.

Ma mère venait d'une famille de six enfants, quatre filles et deux garçons. Tous les six ont survécu. Ils ont pu partir avant la guerre, mais les

Avec mes grands parents Isaac Lewy et Iska Bjalkower.

Ma mère, une belle Flamande.

parents non. Des membres de la famille de mon père, qui vivaient à Cracovie, personne n'a survécu. Je crois savoir que mon père avait un frère et une sœur.

Lorsque je suis né – c'était très peu de temps après l'invasion allemande de la Pologne – le médecin dit à ma mère: «Voilà encore un vaillant petit Polonais!», parce que les Polonais s'étaient défendus si courageusement.

Ma mère, une belle Flamande, ne m'a jamais rien dit à propos d'un éventuel antisémitisme. Mes parents ont été mariés par le rabbin, donc religieusement. À mon avis, ils étaient des Juifs libéraux, et ils ne suivaient la tradition juive que dans les grandes lignes. En 1942 mon père a été déporté, et ma mère est allée se cacher, si bien qu'il n'allait plus subsister grand-chose de ces traditions juives. Quand je suis né, ils pouvaient choisir pour moi entre la nationalité de ma mère et celle de mon père, ma mère étant Belge. Les parents de mon père venaient de Pologne, mais ma mère était une Belge née à Borgerhout. C'est ainsi que j'ai obtenu la nationalité belge de ma mère.

Je ne pense pas que ma mère soit allée se faire enregistrer, car je ne l'ai jamais vue porter l'étoile jaune. Mais elle a néanmoins vu partir ses parents. Des gens sont venus l'avertir qu'on «vidait» un certain quartier, et que ses parents venaient d'y être arrêtés. Elle est allée à la gare

Dernière photo avec mon papa et mes grands parents.

Centrale, où elle les a encore vus, munis de leur petite valise. Elle les a même vus embarquer. Et un soldat allemand est intervenu: «Ah, ce sont tes parents, tu es donc juive toi aussi, viens par là.» Mais un autre est intervenu: «Laisse-la.» Parce que c'était une belle femme, je suppose. Encore heureux! Car pendant ce temps elle avait laissé son

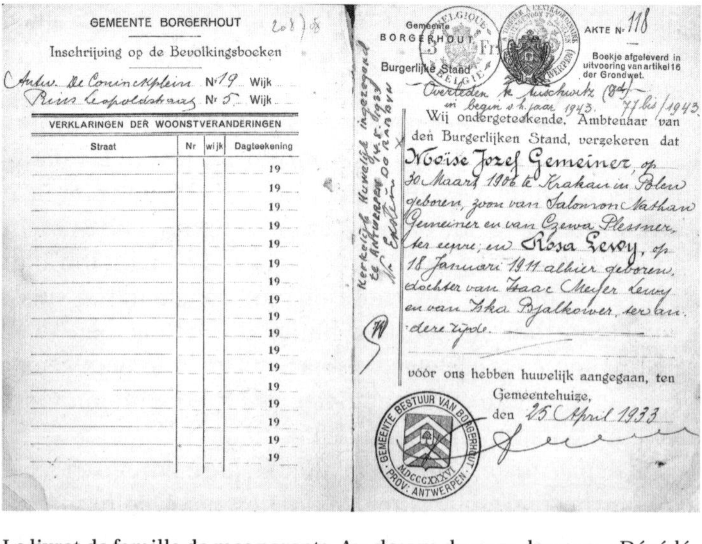

GEMEENTE BORGERHOUT 208

Inschrijving op de Bevolkingsboeken

Antw. De Coninckplein Nr 19 Wijk

Prins Leopoldstraat Nr 5 Wijk

VERKLARINGEN DER WOONSTVERANDERINGEN

Straat	Nr	wijk	Dagteekening
			19
			19
			19
			19
			19
			19
			19
			19
			19
			19
			19
			19
			19
			19
			19
			19
			19

Gemeente BORGERHOUT Burgerlijke Stand

AKTE Nr 118

Boekje afgeleverd in uitvoering van artikel 16 der Grondwet.

Overleden te Auschwitz (D.) in begin v. h. jaar 1943. 77bis/1943.

Wij ondergeteekende, Ambtenaar van den Burgerlijken Stand, verzekeren dat Moïse Jozef Gemeiner, op 30 Maart 1906 te Krakau in Polen geboren, zoon van Salomon Nathan Gemeiner en van Czewa Plessner, ter eenre; en Rosa Lewy, op 18 Januari 1911 alhier geboren, dochter van Isaac Meyer Lewy en van Itka Bjalkower, ter andere zijde.

vóór ons hebben huwelijk aangegaan, ten Gemeentehuize, den 25 April 1933

GEMEENTE BESTUUR VAN BORGERHOUT MDCCCXXXVI PROV: ANTWERPEN

Le livret de famille de mes parents. Au-dessus du nom de papa: «Décédé à Auschwitz (D.), début 1943».

Maman avec notre «salvatrice».

enfant tout seul. Mon père, aussi, avait été arrêté et des gens sont venus lui dire: «Joske a été embarqué dans une rafle, enfuis-toi avec le petit, car ils ne vont pas tarder à arriver chez toi.» Il revenait apparemment d'une réunion de la «brigade blanche», la Résistance. Cela s'est passé le jour même de mes trois ans. Des gens qui sont revenus ont dit à ma mère l'avoir vu dans son pyjama, les pieds enflés, et qu'il a encore vécu quelques mois. C'était un grand fumeur et maman a appris de ces gens qu'il échangeait contre une cigarette le morceau de pain ou le peu qu'il avait à manger.

Ma mère a alors pris la fuite avec moi et, après quelques adresses provisoires, nous sommes arrivés à la Desguinlei chez une dame qui, je crois, s'appelait Vandoren. Elle travaillait dans l'affaire de mes parents, mais j'ignore quelle était sa fonction. Était-elle ouvrière ou quelque chose de ce genre? Je n'en sais rien. Elle a accepté que ma mère vive dans sa maison, à la cuisine du sous-sol, avec de faux passeports. Grâce à ces faux documents d'identité, ma mère pouvait également obtenir des bons pour le ravitaillement et pour le reste. En tant que Belge, on pouvait faire la queue pour la nourriture et les vêtements. J'ai passé toute la guerre avec ma mère. Je pouvais sortir, et même jouer dans la rue avec d'autres enfants. Après la guerre, je n'ai plus rien su de cette dame. D'après ce que j'ai compris à l'époque, elle avait «fait affaire» avec les Allemands. Dans ces moments-là, je m'en souviens, ma mère était tout de même inquiète. Et puis, bien entendu, nous restions en bas. Nous ne devions pas trop nous montrer. Et c'est pour cela, j'imagine, que ma mère n'a plus gardé le contact avec cette femme après la guerre. Ce qui ne m'empêche pas de lui être très reconnaissant. Je me souviens également de la famille de René Troch et d'une personne dont je ne sais plus le nom, qui étaient l'un et l'autre de la police. Grâce à leurs contacts, ils nous ont procuré de faux papiers. Je possède toujours trois faux documents d'identité de ma mère.

Ma mère avait beaucoup de culot, c'était une vraie Flamande. Elle n'avait peur de personne. Il paraît qu'elle apportait même de la nourriture à d'autres personnes qui vivaient cachées. L'homme qui nous l'a dit – un certain Nicolas Majores, un Hongrois – tenait un salon de coiffure sur l'Italiëlei. Il la voyait passer d'un pas décidé, et il avait peur qu'elle se fasse arrêter.

Je me souviens des patrouilles allemandes. J'étais petit, je regardais à l'extérieur depuis la cuisine du sous-sol, et je les voyais passer. Je me souviens bien des uniformes car il y avait, en face, une grande caserne de l'armée belge que les Allemands avaient réquisitionnée pendant la guerre. De la fin de la guerre, je me rappelle l'entrée des Anglais. Il y avait des combats, des coups de feu de l'autre côté de la rue. Et puis soudain: des drapeaux, de la musique, les Anglais qui passaient, distribuant du chocolat et du chewing-gum aux enfants. Nous étions tous dans la rue. Je me souviens également des «bombes volantes». Nous vivions sur la Desguinlei. Au coin de la rue se trouvait l'usine Minerva, qui fut entièrement détruite. Ma mère m'avait cette fois-là ordonné: «Mets-toi sous la table.»

Après la guerre, j'ai commencé le primaire à l'école juive Tachkemoni, prenant ainsi un premier vrai contact avec le judaïsme. De la Desguinlei, nous avons déménagé à la Jacob Jacobstraat. Ma mère tenait un magasin sur la Pelikaanstraat, la «Maison Parisienne, fourrures et chapeaux», poursuivant ainsi l'activité de son mari. Elle était à la boutique, et deux ou trois personnes y travaillaient en permanence. J'avais quatorze ou quinze ans quand maman a fait la connaissance d'un monsieur, Herman, qui avait perdu sa femme et son enfant pendant la guerre. Il est devenu mon beau-père.

Après l'école primaire, je suis allé à l'athénée. Mais je n'aimais pas les études et je suis devenu coiffeur. Je ne suis plus très sûr, mais je crois que ça s'est fait un peu par hasard. J'ai deux fils, Joël et Glenn. Mon fils aîné a une fille, Jaël, l'autre un fils, Ethan.

Il y a un an ou deux, j'ai participé avec mon fils aîné à la «Marche de la vie». Le train s'arrête à quelques kilomètres d'Auschwitz, on fait le reste à pied. Et puis on passe sous cette porte: *Arbeit macht frei*. Nous avons visité le camp, les baraques, le soi-disant hôpital où ils faisaient des expériences, les poteaux où ils fusillaient des gens. Je voulais voir où était décédé mon père. C'était en octobre, il y avait pas mal de neige. Rappelez-vous que mon père est né à Cracovie, et qu'Auschwitz n'en est qu'à vingt ou vingt-cinq kilomètres… De là où il est né il a émigré en

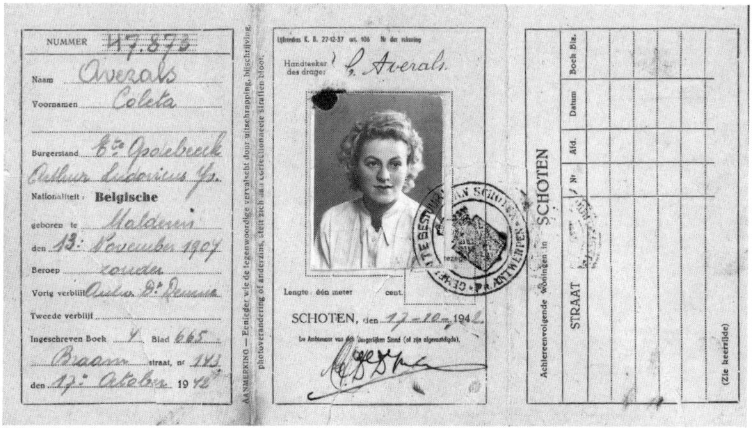

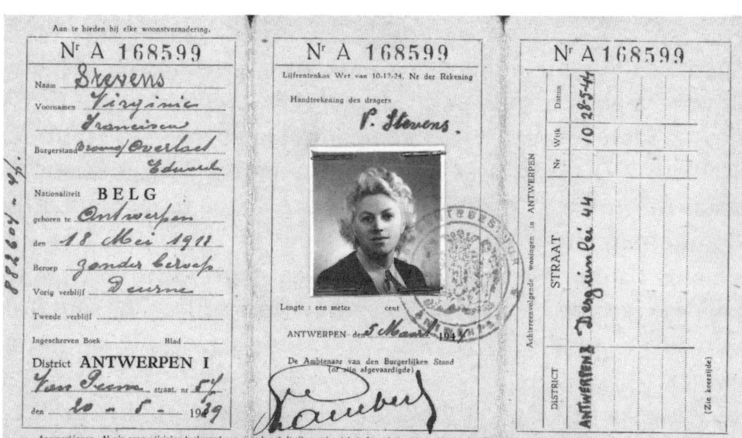

Trois fausses cartes d'identité de ma maman, aux noms de Coleta Averals, Anna Opdebeeck et Virginia Stevens.

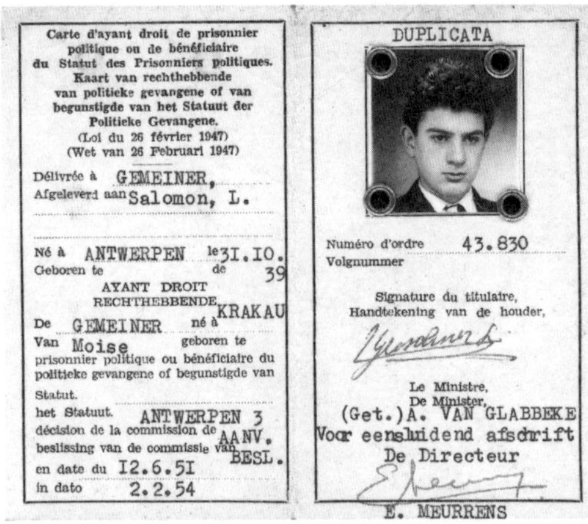

Après la guerre, j'ai été reconnu comme «Prisonnier politique» et «Ayant-droit».

Belgique pour, finalement, revenir mourir à vingt kilomètres de sa maison natale: de Cracovie à Auschwitz…

QU'A PENSÉ PAPA EN ENTRANT DANS LA CHAMBRE À GAZ?

Regina Gielbartowicz

Mes grands-parents, je ne les ai pas connus. Mon grand-père maternel était géomètre, ma grand-mère maternelle tenait une épicerie. Mon père et ma mère étaient polonais. Ils sont venus en Belgique en 1937. Après la guerre, mon père a reçu la nationalité belge à titre posthume; ma mère est restée cachée pendant la guerre. Mon père, Szyia, était tailleur à Osokow, près de Lodz. Ses parents s'appelaient Aaron et Rivka. Ma mère s'appelait Blima-Rosa Korn. Ils avaient fui vers la Belgique parce que, en Pologne, régnait un climat antisémite. De la Pologne ils ne disaient rien, sauf cet antisémitisme. Mais ils avaient de la famille ici: mon père avait un frère à Liège. Ils sont d'abord venus à Liège, puis à Bruxelles. Mon père a travaillé au canal de Willebroek.

Moi, je suis née à Liège, en 1928. En 46, à dix-huit ans, je suis devenue belge. C'était une option. J'avais un frère, Maurice, qui est décédé en 2007. À Bruxelles, j'allais à l'école communale rue Masui, près de la chaussée d'Anvers. Nous sommes allés habiter à Schaerbeek, rue Jolly,

Avec mes parents, avant la guerre.

Avec mes parents et mon petit frère.

n° 144. Il n'y avait pas d'autres Juifs dans la rue; mais, sur la place, se trouvait une épicerie juive.

Mes parents n'étaient pas religieux, en tout cas pas pratiquants. Nous allions à la synagogue une fois par an, au *Yom Kippour*, si je me souviens bien. On parlait yiddish. Mon père m'a inscrite à un cours de yiddish, rue du Progrès, le jeudi après-midi. J'y suis allée deux ou trois fois. À l'école, il y avait pas mal d'enfants juifs. La dame qui donnait cours n'aimait pas les Juifs. Un jour, en excursion, elle devait me rembourser; comme elle l'oubliait, je le lui ai demandé. Elle m'a répondu: «On voit bien que tu es juive!» Dans la rue, par contre, c'était très bien: pas de «sale Juif», les enfants jouaient avec nous.

L'invasion, je l'ai comprise par les bruits... Mon père a dit: «Il faut partir, on va aller en France.» Comme il était polonais, il devait entrer dans l'armée polonaise qui se formait en France. Il a été pris en France libre, quand les Allemands y sont entrés. Avec maman, mon frère, mon oncle, ma tante et ma cousine, nous sommes allés en France. On nous a mis dans un camp, à Brens, où l'on pouvait sortir. Après, ce fut le camp de Rivesaltes, le pire de tous, dont on ne pouvait pas sortir. J'ai dû être hospitalisée, pour mon dos. Ma mère est alors allée voir un dentiste: elle lui a demandé de lui casser une dent, pour pouvoir entrer à la clinique où j'étais, pour me voir. Après, ma mère est revenue en fraude, avec ma tante, ma cousine et mon frère. Moi, j'étais toujours à l'hôpital, plein de souris! Ensuite, on m'a mise dans la colonie juive à La Creuze. Maman est allée à l'ambassade de France à Bruxelles, et j'ai été rapatriée par la Croix-Rouge française, avec deux garçons. Tous les autres enfants de cette colonie ont fini à Auschwitz.

À Bruxelles, j'allais de nouveau à l'école. Un jour, le directeur, très gentil, est venu en classe. Il a dit: «Je regrette, vous ne pouvez plus venir à l'école. J'ai eu la Gestapo, et je vais avoir des ennuis.» La sœur de maman était venue vivre avec nous. Un jour, elle est sortie pour chercher du travail. Dans cette firme, on lui a dit: «Revenez cet après-midi» et, quand elle y est entrée, la Gestapo était là! On l'a emmenée avenue Louise puis à Malines, caserne Dossin... Je ne vais jamais à Malines sinon, quand je reviens, je monte dans ma chambre et ne cesse de pleurer. Ma tante, ainsi, a été déportée; elle n'est pas revenue...

Un jour, rue Jolly, j'ai été prise par la Gestapo. Ils m'ont battue à la matraque! Mais voyant deux garçons juifs qui passaient, ils m'ont lâchée pour leur courir après. On m'a emmenée à l'hôpital, place George Brugmann, où j'ai été opérée. Une deuxième fois, on ne m'a plus laissée entrer. J'étais juive! Plus tard, après la guerre, j'ai été réopérée, c'est pourquoi j'ai cette bosse sur le dos.

Donc, on a dû se cacher, d'abord dans la cave de M. Leclercq, puis à la maison. Les Allemands sont arrivés dans la rue. En face il y avait une menuiserie. Ma mère me disait: «S'ils viennent, va te cacher là», – je devais y aller avec ma cousine. Ils sont venus sonner à la maison, il n'y avait personne. Ma tante était déjà déportée. Maman, mon frère et ma cousine sont entrés dans une teinturerie, et ont demandé de nous cacher. Ces gens ont été très gentils. Ils nous ont donné le grenier. Nous avions un lit pour quatre. Manger, c'était difficile...

Maman est allée voir un comité. Ils ont cherché un endroit pour nous cacher. Mon frère a été placé à Tournai, dans un couvent. Nous, chez une dame qui avait deux enfants, une prostituée. Tous les soirs, elle partait chez les Allemands. Son mari travaillait à Charleroi, à la semaine. Quant il revenait, nous devions dormir sur la terrasse, sur un matelas. Trois escaliers descendaient vers le jardin. Je ne laissais pas ma cousine dormir de ce côté, de peur qu'elle ne tombe. Aussi, un soir, j'ai vu une araignée jaune; comme je ne tue pas les bêtes – on a assez tué! –, cette araignée m'a piquée au bras. Le matin, j'avais le bras gonflé. La femme revient, je lui montre l'infection. Elle dit: «Je vais arranger ça.» Avec une aiguille non désinfectée, elle m'a piquée, elle m'a empoisonnée. J'avais le sein rempli de pus! Ce que j'avais mal! Je pleurais tout le temps. La voisine d'en haut a attendu qu'elle parte avec les Allemands, et a fait venir la Résistance. Je devais monter mais je ne voulais pas y aller sans ma cousine, une sœur pour moi. Un médecin est venu. Il m'a dit:

«Il faut t'opérer. Juive? On va s'arranger!» Il connaissait un médecin, Sperka, à l'hôpital Saint-Pierre. J'y suis entrée sous le nom de Régina Villa. J'ai été opérée: une mèche, un drain... Je suis restée trois mois à l'hôpital. Il y avait là un garçon juif, que l'on traitait de sale Juif. Un curé venait voir les enfants sinistrés, l'abbé Delmoitier, du grand séminaire de Malines. Il m'a demandé pourquoi je n'avais pas de visite. Je n'osais pas dire que j'étais juive, je croyais que cette notion était quelque chose d'abominable. Mais, tous les jours il m'apportait des friandises. L'infirmière, une Russe, me donnait chaque jour un bol de lait. Un jour, le docteur m'a annoncé: «On va t'enlever le sein.» Évidemment, je ne voulais pas. La nuit, je le pressais, le pressais. Le matin: «On verra demain.» Le jour suivant, même chose... Finalement, le pus a disparu. Le docteur m'a enfin dit: «Tu peux partir!»

Où aller? On est venu me chercher, ma cousine était déjà à Louvain. En *boerentram* (tram vicinal), Mme Jaspar m'y a conduite. On ne pouvait pas parler. Pour ce voyage, je m'appelais Régina Savoye, du nom de ma cousine. Au couvent, à Heverlee, je ne voulais d'abord pas manger, je pleurais. Je devais nettoyer, travailler, lessiver, amidonner, comme mes amies. On nous donnait le minimum. Le dimanche, à la récréation, celui qui avait une tartine avait droit à la croûte. Il y avait des petits qui ne mangeaient pas tout, et mon amie et moi nous volions les restes qui retournaient à la cuisine. Une fille que son père, aisé,

Mon père à Liège.

venait voir, recevait tous les jours une omelette; nous, on en bavait. Nous étions pleins de poux, de puces. On dormait sur un sac garni de foin.

Le couvent comportait une école, un internat. Un jour, une pensionnaire qui logeait là la semaine m'a traitée de «sale Juive». Je suis allée trouver la sœur Ida, et la fille a été punie: dans le corridor, les mains sur la tête. On m'a obligée à être baptisée. Ce jour-là, on avait de quoi manger! J'ai volé du pain sur un plateau. On le cachait dans notre béret, de couleur noire; je partageais avec ma cousine. Une religieuse, sœur Julienne, nous a surprises. «C'est du vol!», a-t-elle crié; elle m'a prise par l'oreille, ainsi que mon amie Arlette. «Allez, au confessionnal!» Le prêtre, un bénédictin, était très gentil. J'entrai la première. – Qu'avez-vous fait, mon enfant? – J'ai volé. – Qu'est-ce que vous avez volé? – Du pain, et j'expliquai pourquoi. «Mon enfant, dit-il, vous aviez faim, ce n'est pas un vol.» Alors, sœur Julienne: «Qu'est-ce qu'il a dit, le confesseur?» J'ai répondu: «Écoutez, ma sœur, ce qu'on dit au confessionnal, on ne le répète pas!»

Pour la fête de Marie, on portait un ruban bleu. Une fille a fait une tache d'encre sur mon ruban, qui ne partait pas. Je suis allée chez la Révérende Mère, la supérieure, qui m'a donné un nouveau ruban! Un ruban! Nous n'avions rien, que des puces. On nous coupait les cheveux très courts, à cause des parasites.

Ma cousine a attrapé la gale. On l'a conduite à l'infirmerie. Là, on mangeait bien! Quand elle est revenue, elle était guérie. Moi aussi, j'ai eu la gale. Je me grattais, me grattais!

Un jour, sœur Julienne nous a fait nettoyer le grenier, Arlette et moi. Un moment, je regarde par la lucarne. Je vois des soldats, avec des casques: c'étaient des Américains. Arlette s'est écriée: «Nous sommes sauvées!» Ma cousine était au dortoir avec sœur Louise. Nous sommes descendues vers elles: «Nous sommes sauvées!» Nous sommes sorties dans la rue. J'avais pris la photo de papa. Je demandais aux soldats: «Est-ce que vous connaissez ce monsieur? Est-ce que vous le connaissez?» Évidemment, ils ne comprenaient pas.

Trois jours plus tard, maman est venue me chercher, et mon frère est revenu de Tournai.

Nous allions tous les jours à la gare du Nord, pour voir les gens qui revenaient. Mais papa n'est pas revenu. Il est mort à Auschwitz, le 6 mars 1943: nous l'avons appris par la suite… Il a été gazé et brûlé, même pas sélectionné pour le travail. Il avait trente-deux ans.

De Bruxelles, maman allait à Alost; elle portait un sac, attaché sur son ventre. On la croyait enceinte alors qu'elle faisait du marché noir. Elle allait chercher de la viande à Alost, qu'elle revendait à Bruxelles.

Elle avait ses clients, ma cousine et moi allions leur porter la viande. Puis, ma cousine est retournée à l'école. Moi, je suis entrée chez une coiffeuse comme apprentie mais j'avais mal au dos, je ne pouvais pas rester debout. Une Juive cherchait une brodeuse, elle m'a appris le métier. Son mari était déporté. Elle s'est mise en ménage avec un Juif – plus tard, ils sont partis en Israël. Son mari avait un magasin à Liège, Saint-Nicolas. Maman a loué la moitié du magasin et vendait des vêtements de mineur. Moi, j'allais à Bruxelles chercher de la marchandise, tous les jours, aller-retour en train à vapeur.

Ma cousine a rencontré un garçon qui revenait du camp de concentration. Ils se sont mariés et sont partis en Israël. Moi, j'aimais un garçon mais ma mère m'a trouvé un mari, un Juif. C'était donc un mariage arrangé, comme cela se faisait dans le temps. Je me suis mariée en 1950, et mon fils est né en 1951. Ensuite, mon mari m'a quittée. Je ne voulais pas l'empêcher d'être heureux… Comme je n'avais pas de diplôme, pas de métier, on m'a cherché du travail. J'allais passer la nuit chez des personnes malades. J'ai fait cela jusqu'à septante et un ans.

J'ai encore des contacts avec mon fils, mais pas avec mes petits-enfants.

Les Allemands me versent une pension. Au début, c'était la «pension moyenne». Comme j'avais été maltraitée, opérée – une greffe de la jambe au dos –, j'ai téléphoné à l'ambassade d'Allemagne pour réclamer la «grande pension». J'ai dû aller voir un médecin allemand et, quinze jours plus tard, j'ai obtenu gain de cause.

Je rêve souvent que la Gestapo court après moi. Ainsi, une nuit, je suis même tombée de l'escalier. Et chaque jour, je pense à mon père. Qu'a-t-il pensé en entrant dans la chambre à gaz?

SHALOM CHÈRE MÈRE, SHALOM CHER PÈRE

Louis Godschalk

Mon père, Lion Godschalk, est né le 17 juillet 1916 à Amsterdam. Il a épousé ma mère, Anna Zwaaf, le 5 juin 1940. Elle aussi était d'Amsterdam, où elle était née le 22 septembre 1917. Dans le registre du Conseil juif mon père apparaît comme «employé à la fourniture de pain, auparavant courtier en architecture». En 1943, le 17 juillet, trois jours après son vingt-septième anniversaire, il a été arrêté et envoyé au camp de Westerbork avec ma mère et ses propres parents. Ils étaient dans la baraque 97. Le 20 juillet, ils sont partis pour Sobibor et, trois jours plus tard, le 23 juillet, ils y ont été mis à mort. Dans l'«Annuaire général de la ville d'Amsterdam, 1939-1940», mes parents figurent à la rubrique «Droguerie», aux adresses Reaumurstraat 22, et Ringdijk 9.

Mon grand-père Louis, qui était né à Amsterdam le 5 août 1888, était lui-même droguiste. Jusqu'au 28 septembre 1940, il a vécu Reaumurstraat 22. Par la suite, jusqu'au 19 juillet 1943, son adresse était: Middenweg 3. Nous le trouvons dans l'annuaire téléphonique de 1937 à: «L. Godschalk et Fils, droguerie, matériel de peinture, vitres, articles ménagers, entrepreneur de peinture, Molukkenstraat 183». Le Conseil juif mentionne aussi «fourniture de pain, anciennement commerçant en matériel de peinture». Ma grand-mère, Cornelia Jacobs, née le 15 mars 1891, est désignée comme «couturière». Toute la famille a été mise à mort le même jour à Sobibor. Elle avait pour parents Lion Jacobs d'Utrecht et Mietje Ossendrijver d'Amsterdam.

Ma sœur Cornelia, née le 31 août 1941, est morte le 3 janvier 1942. Il existe deux versions de sa mort. Mes parents habitaient au-dessus de leur magasin. Betty et Max Cosman m'ont expliqué que maman faisait sécher le linge sur un séchoir en bois près du poêle. Le linge a pris feu, et ma petite sœur serait morte asphyxiée par la fumée. Mais en 1964 un voisin de mes parents m'a affirmé, lui, que ma sœur avait été cachée dans un panier à linge lors d'une rafle des Allemands dans le quartier, et que c'est cela qui l'a étouffée. Moi, je suis né le premier novembre 1942.

La famille vivait depuis longtemps aux Pays-Bas. Mon arrière-grand-père paternel s'appelait Philip Godschalk, né à Heusden en 1849, et décédé à La Haye en 1935. Son épouse s'appelait Rika Wolff, née à Meppel en 1855, décédée à La Haye en 1928. Tant mes grands-parents que mes parents étaient pieux et fréquentaient la synagogue. Mes parents m'ont même fait circoncire, bien que la tradition juive ne l'exige pas. Si je n'avais pas été circoncis, il m'eût sans doute été plus facile de me cacher.

Mon grand-père maternel était Hartog Zwaaf, né à Amsterdam le 20 octobre 1885. Il faisait commerce de denrées coloniales. Il habitait dans la Jodenbreestraat et il y avait deux magasins: l'un au 31, l'autre au 33. Le 10 octobre 1942, il a été déporté avec ma grand-mère de Westerbork à Auschwitz. Ils y ont été tués l'un et l'autre le 26. Ma grand-mère venait de Breda, où elle était née le 29 avril 1884. On sait avec certitude que la famille Zwaaf était déjà établie aux Pays-Bas en 1846. Peut-être s'y trouvait-elle déjà auparavant.

Tout gosse, je me suis trouvé séparé de mes parents, de ma famille, de ma culture et de mon avenir. Mais j'ai été sauvé grâce à Mme Hester J.O. van Lennep qui est venu me chercher à la crèche. Elle appartenait au Groupe «Trouw», comme Mien van Trouw, Wilhelmina Bouman, Gesina van der Molen, Sandor Baracs, et d'autres. Un an plus tard, en avril 1944, je suis arrivé à ma dernière adresse à Scharnegoutum, dans la famille Oosterkamp.

En 1943, mes chances de survie étaient nulles. Pourtant, après la guerre, je ne suis pas devenu la bête aigrie qui ne pense qu'à se venger. En 1964, j'ai épousé Yvonne. Avec notre fille Anna Vanessa (1969) et notre fils Lion Patrick (1973), nous avons fait le choix, en 1981, de commencer une nouvelle vie en Israël, notre seul État juif. C'était pour moi la véritable résurrection après l'Holocauste. Israël n'a pas seulement été créé sur la mémoire de six millions de morts: il est là aussi pour empêcher à tout jamais qu'un Holocauste ne se reproduise. Dans la tradition juive, garder le souvenir est un devoir absolu. C'est pour cela que je témoigne: souvenez-vous, n'oubliez jamais.

Shalom, chère mère Anna,
Shalom, cher père Lion,
Shalom, cher grand-père Louis,
Shalom, chère grand-mère Cornelia,
Shalom, cher grand-père Hartog,
Shalom, chère grand-mère Clara,
Shalom, chers oncles, tantes, cousins et cousines,
Shalom, vous tous que, depuis soixante ans déjà, je m'attends à voir venir frapper à ma porte,
Shalom, mais il m'a été impossible de vous souhaiter shalom, car vous avez tous été assassinés par des brutes.
Vous êtes morts et je vis.
Shalom.

DÉNONCÉS PAR LE PROPRIÉTAIRE

André Goezu

Mes grands-parents sont venus de Pologne vers 1900 avec leurs sept enfants, dont mon père. En réalité, ils s'appelaient Gouzy. Ils ont dû se faire enregistrer à Bruxelles, où le nom est devenu «Gouzu». Mais mon père est ensuite venu à Anvers, dans le monde du diamant, et cette fois le fonctionnaire d'Anvers a entendu un «ou» qu'il a, bien sûr, écrit comme un «oe» flamand. Il me semble qu'il existe en Pologne pas mal de noms comme «Gouze» ou «Gouzy».

Mon père s'appelait Markus. Il était né en Belgique et c'était un Juif belge: très important pour la suite de notre histoire. Il y avait, dans sa famille, un oncle Abraham, une tante Berthe, un oncle Maurice et d'autres encore, dont j'ai oublié le prénom. Puisque nous habitions à Anvers et que ma mère était veuve après la guerre, nous ne sommes plus allés très souvent dans la famille de Bruxelles. À l'époque, ce voyage était tout une expédition: à pied, puis en train, et à nouveau à pied... Je me rappelle quand même que nous allions chez ma grand-mère. Le dimanche, la grande table familiale était de tradition. Mais petit à petit, du fait que ma mère n'appartenait pas à cette famille, ces liens se sont faits plus lâches. Je ne sais pas quelle était l'activité de mon grand-père paternel, mais dans cette famille de Bruxelles il y en avait plusieurs qui travaillaient dans le cuir, l'habillement, etc.

Notre famille n'était pas religieuse. Chez ma grand-mère nous mangions probablement *cacher*, mais cela tout simplement parce que la cuisine yiddish est *cachère*. Ma mère s'appelait Charlotte Samuel. Elle aussi était Belge, mais originaire d'Anvers. Sa famille était venue d'Autriche vers 1860. Ils étaient de ces Juifs «allemands», qui se sentaient un peu supérieurs parce qu'ils parlaient allemand et non pas yiddish. Ils étaient complètement «émancipés». En tant que Belges, ils avaient aussi une sorte de statut particulier qui les distinguait des Juifs apatrides. Ma mère avait un frère et une sœur. Le frère, Hugo, était membre de Maccabi, le club sportif juif. Mais il est mort très jeune, à 27 ou 28 ans. Sa sœur s'appelait Renée.

Mon père travaillait à Anvers comme tailleur de diamants et c'est là qu'il a rencontré ma mère. Ils se sont mariés en 1929 ou 1930, probablement aussi selon le rite religieux, question de tradition. Ils se sont installés Van Maerlantstraat, au numéro 7, dans un quartier populaire. Ma mère ne travaillait pas. Je suis né à la maison le 7 juillet 1939 et mon frère Hugues en 1941. Nous y habitions à deux familles: la sœur de ma mère au-dessus de nous, avec son mari Abraham Kremer et leur fille, de quelques mois mon aînée.

En 1940, nous avons été de l'exode vers le nord de la France, puis nous sommes revenus à Anvers. Mes parents ne comptaient pas fuir. Ma mère m'a dit plus tard qu'ils avaient été convoqués une première fois pour se faire inscrire en tant que Juifs. La famille a ainsi été enregistrée par l'Association des Juifs en Belgique, le 18 mars 1942. On y trouve mentionné, entre autres: «taille du logement, en plus de la cuisine, 4 chambres». Mon oncle a signé ce document: ce qui veut dire que c'est lui, en tant qu'aîné – il était né en 1900, et mon père en 1908 – qui était allé faire enregistrer toute la famille.

Puis, plus tard, est venue la convocation pour Malines. Ma mère a déclaré: «Je n'y vais pas.» Mais mon père était un homme scrupuleux: «Moi, je fais ce qu'on me dit de faire. J'y vais.» Il est parti le 4 septembre 1943, avec une petite valise et ses papiers, et il n'est plus jamais revenu. Le 20 septembre, il a été envoyé à Auschwitz. Je n'ai de lui aucun souvenir. Puis, ma mère a été arrêtée à la maison, avec ses deux enfants. Je ne connais plus exactement les dates. Nous sommes restés deux ou trois mois à la caserne Dossin, et puis «*Raus!*» Pourquoi? À vrai dire je n'en sais rien, mais ce fut vraisemblablement sur intervention de la reine Élisabeth. Elle ne voulait pas que l'on touche aux Juifs belges. Les Allemands craignaient effectivement les réactions de tous les Belges, et pas seulement celles des Juifs. Ils ont donc procédé par étapes: d'abord les apatrides. Cela n'a provoqué aucune réaction: «Des sans-papiers… Je ne suis pas concerné…». Aujourd'hui encore, cela se passerait de la même manière. Nous avons été deux cents ou deux cent cinquante enfants à pouvoir quitter Dossin. Nous avons donc été renvoyés dans nos «foyers». Du 10 mai au 14 juillet 1944, mon frère et moi avons été cachés à Ekeren, probablement grâce à une organisation d'aide. Un voisin, un juge qui était probablement dans la Résistance, nous avait placés dans une famille. Puis nous avons été séparés: je suis allé à Wuustwezel, mon frère quelque part à Boom. Vraisemblablement pour empêcher que nous soyons arrêtés ensemble.

Ma mère est encore restée quelque temps à Dossin. C'était une femme très énergique. Elle m'a raconté que, crânement, elle était allée frapper chez le commandant: «Vous n'avez pas le droit de maintenir des Belges en détention. Je vais m'adresser à mon gouvernement», ou quelque chose du genre. Et elle a fini par se faire libérer. Mais sa sœur, mariée à un apatride, Abraham ou Adolf Kremer: «Non: mariée à un apatride, tu restes.» C'est son énergie qui a valu à ma mère de se faire libérer. Un miracle. Les Allemands étaient à ce point respectueux de leurs propres règles que l'une des sœurs a ainsi été libérée parce que Belge, tandis que sa sœur, devenue apatride par son mariage, non.

Ma cousine et moi étions cachés à Wuustwezel, à quelques centaines de mètres de la frontière des Pays-Bas, chez des gens très simples: une grand-mère et sa petite-fille qui, dans leur petite ferme, élevaient un cochon et une chèvre. Des gens vraiment très simples, aussi simples qu'il est possible de l'être, et à la fois si courageux! Ma mère était ailleurs, à quatre ou cinq kilomètres de chez nous, à Achterbroek, un petit village de rien du tout entre Kapellen et Wuustwezel. Elle habitait seule là-bas, dans une petite maison. Et de temps en temps, j'allais la visiter; à peu près une fois par mois. Une nuit, nous avons eu très peur: on frappait à la porte. C'était ma mère. «J'ai été dénoncée, je ne peux pas rester là-bas.» Et qu'ont fait ces personnes si gentilles, si prêtes à rendre service? La grand-mère a quitté son lit pour le prêter à ma mère et elle a dormi... par terre. Le sol était encore en terre battue. Incroyable! Et ça de la part de gens si simples! Un si grand cœur... Ma mère est ensuite restée avec nous jusqu'à la fin de la guerre.

Je dormais avec ma sœur dans un lit clos, un lit avec une porte qui se fermait. Il se trouvait dans la pièce où nous vivions: ouvrir la porte, grimper une marche, et puis refermer la porte. C'était agréable et chaud. Nous dormions tête-bêche, ma sœur et moi, dans ce même lit. Oui, je dis toujours «ma sœur». Je devrais dire ma cousine; mais comme elle s'est trouvée orpheline après la guerre, ma mère l'a prise chez elle et nous a élevés ensemble.

Je me rappelle aussi le cri perçant du cochon que l'on abattait. J'ai même aidé à tirer l'animal à l'aide d'une corde attachée à sa patte. Pour le tuer, on lui tranche la gorge et on recueille le sang dont on fait du boudin. Un autre souvenir: les bombes V. Un jour, l'une d'elles est tombée sur la ferme. Nous nous étions mis sous la table pour nous protéger. Elle a atteint la grange mais il y avait là, fort heureusement, un tas de foin: ça ne brûle pas, ça éteint le feu... Et puis nous allions à l'église. Nous devions vraiment «nous fondre» dans le village.

Le maire recevait des bons de ravitaillement pour les habitants et il savait qui nous étions. Les fonctionnaires venaient apporter les bons pour le village, et ils demandaient au maire: «Combien d'habitants?» Celui-ci faisait en sorte que quelques bons soient détournés en notre faveur. C'était une forme de résistance passive et surtout humaine: sauver des gens. C'est ainsi que, grâce au maire, Fernand de Kerchove, aidé de quelques fonctionnaires de la commune, nous avons reçu des tickets de rationnement. Je tiens à rendre hommage à ces Flamands qui nous ont aidés. On ne le dit pas assez... Rendez-vous compte: des gens très simples, avec un cochon et une chèvre, qui doivent s'occuper de deux, puis de trois personnes en plus... Je sais que certains francophones parlent des «Boches du Nord» pour désigner les Flamands. À quoi je réponds: «Pas vrai, vous ne pouvez pas dire ça.» Et j'en donne la preuve par mon histoire. C'étaient des personnes courageuses! Elles ont pris des risques. Car Godelieve, la jeune femme qui s'occupait de moi, n'avait qu'une crainte: que quelqu'un, après quelques bières au café, ne se mette à dire: «Vous savez, il y a là-bas deux enfants avec leur mère.» Heureusement, ce n'est pas arrivé.

Godelieve – exactement de dix ans mon aînée – m'a dit que je parlais peu, que j'étais toujours renfermé. J'étais très noir de cheveux, et tous les autres enfants autour étaient blonds. Il y avait, pas loin, une maison allemande de personnes âgées. Elle s'approvisionnait à la ferme: des pommes de terre, du tabac passé en contrebande depuis les Pays-Bas, et ainsi de suite. Et on me demandait: «Tu es qui? Où est ton père? Et ta mère? Quels cheveux noirs!» Et je me taisais. Une manière d'auto-défense. Je sentais bien le climat d'insécurité.

Je pense que ma vocation de peintre a pris naissance là-bas. J'étais taciturne, pas de père, une mère que je voyais peut-être une fois par mois… et je me suis mis au dessin, avec un crayon et un bout de papier. Nous vivions au milieu de forêts, et je dessinais la petite ferme, les arbres, les oiseaux.

La ferme se situait au bout d'un chemin de sable, de ce sable jaune des Campines qui voltige si facilement. Et, un beau jour, j'ai vu des camions qui arrivaient dans un grand nuage de poussière. Nous étions tous dehors, «Qu'est-ce que c'est? Qu'est-ce qui se passe?». Or c'étaient les Anglais, qui descendaient vers le port d'Anvers. Et ils nous ont jeté des bonbons.

Après la Libération, nous sommes retournés à notre appartement. Problème: il était occupé. Mais ma mère a trouvé un autre appartement dans la même rue.

Après la guerre, j'ai exposé à Anvers, ici et là… et il y avait toujours le même visiteur, qui s'est révélé être le frère du propriétaire de notre ancien appartement. Un monsieur sympathique, amateur d'art. Et au bout de trois ou quatre fois:

– Vous ne savez pas qui est mon frère?
– Pourquoi cette question?
– C'est lui qui vous a dénoncés.

Incroyable! Nous étions déjà dans les années soixante. Pas facile pour lui. Mais il a eu le courage de me le dire. Pourquoi son frère avait-il fait cela? Pour de l'argent? Ou bien lorgnait-il nos meubles? Car j'ai encore la preuve que l'entreprise Arthur Pierre est venue embarquer ces meubles. En a-t-il reçu une partie? Il se sera peut-être dit: «Les Juifs devront partir de toute façon, j'empoche une prime, et puis j'y mets d'autres locataires.» À peine imaginable, non? Quoi qu'il en soit, cet homme avait contribué au meurtre de mon père. Et son frère a-t-il eu des remords lorsqu'il m'a reconnu en tant que peintre? Mais je préfère voir le bon côté des gens, et je ne me suis plus intéressé à cet individu.

Nous avions retrouvé la Van Maerlantstraat, ma mère, mon frère et moi, ainsi que notre cousine Rosette. Ma mère n'a pas su tout de suite que mon père était mort. Elle avait bien un papier portant la mention: «Disparu». Dans ma petite cervelle, cela signifiait que mon père était parti, et qu'il pouvait revenir «demain peut-être». Tout comme ma mère qui était soudain venue frapper à la porte. C'est ainsi que jusqu'en mai 1945, nous avons vécu d'espoir. Et ce mot «disparu» est à jamais inscrit dans ma tête. Ma sœur – ma cousine – avait le même espoir pour ses parents. Ma mère s'est mise à travailler. À cette époque, les femmes ne pouvaient pas travailler dans le diamant, mais après la guerre on a autorisé les veuves de diamantaires à en faire le commerce.

Même si ma sœur la trouvait sévère, maman était toujours d'assez bonne humeur. Je pense qu'elle se montrait gaie pour que nous n'ayons pas à souffrir des misères qu'elle avait connues. Malheureusement, elle n'en parlait jamais. Ce que j'en sais, je le tiens de ma «seconde mère», Godelieve, de Wuustwezel.

Ma mère s'est remariée; selon le rite, je pense, mais pas civilement. Nous sommes entrés comme internes au Nid d'Aiglon à Kapellen, une école de langue française. Après l'école primaire, je suis allé au lycée d'Anvers. Je regrette que ma mère soit morte jeune, à soixante-deux ans. Après sa mort je n'ai rien retrouvé, à part une carte d'identité, quelques photos... J'ai rassemblé tous les documents pour faire reconnaître comme «Juste» la famille qui nous avait sauvés. Mon frère ne s'en occupe pas. Je ne lui en veux pas: il faut dire qu'il a été très bouleversé. Lorsqu'il est revenu après avoir été caché, et qu'il a vu ma mère, il n'a pas voulu croire que c'était elle: «C'est qui cette dame?» Elle avait les cheveux très noirs. Or sur les photos – celles de la *Kommandantur* – elle était blonde: elle s'était fait décolorer les cheveux pour changer d'aspect. Il ne la reconnaissait plus.

« ILS ME NOURRISSAIENT, C'EST TOUT »

Anna Goldberg

Je suis née le 12 octobre 1936. Je n'ai connu de ma famille que le côté maternel. Mon père s'appelait Herz Goldberg, ma mère Weintraub, Chuma, ce qui signifie «consolation». Mes parents venaient tous deux de Pologne. Ils s'étaient exilés à Paris, aux alentours des années 1930, chacun de son côté, pour fuir les pogroms et la pauvreté. Ils étaient alors célibataires. Ma mère était la plus jeune de cinq frères et sœurs, appelée au secours d'une sœur qui habitait Paris et avait des enfants. Elle se débrouillait de son côté, mais elle avait rejoint un parti sioniste de gauche, donc juif, et c'est là qu'elle a rencontré mon père. Celui-ci venait d'atterrir en France, fuyant le service militaire polonais. Ils ont fait connaissance dans ce groupe et ma mère a pris sous son aile ce jeune homme qui arrivait de Pologne. Il n'avait pas de permis de séjour, puisqu'il était réfractaire au service militaire polonais. Il était arrivé illégalement. Deux ans plus tard, je suis née. J'ai longtemps cru que je n'étais pas tout à fait désirée mais, il y a deux ans, en regardant de plus près mon acte de naturalisation, et le fait que mon père pour la première fois y figurait alors qu'il ne figure pas sur mon acte de naissance, j'ai compris que ma naturalisation française lui permettait d'être officiellement en France.

En mai 1939, les Français l'ont obligé à repartir pour réintégrer l'armée polonaise. Ma mère a reçu une lettre de lui, avec une photo; il a incorporé une section de l'armée polonaise: il est en uniforme. Puis c'est tout: plus rien depuis. Il paraît qu'il est tombé dans les premiers combats.

Ma mère restait seule; je me souviens d'un moment, en 1940 – la dernière fois où les frères et sœurs de ma mère se sont retrouvés avec nous, chez l'un d'eux. On s'est dit au revoir, on s'est quitté: chacun allait fuir à sa manière.

Comme les Allemands arrivaient, ma mère m'envoie dans une pouponnière à Biarritz. L'établissement existe toujours; il porte même une plaque pour remerciement d'avoir sauvé des enfants juifs. Ma mère, pendant ce temps-là, a dû atterrir à Pau; elle travaillait chez des patrons juifs, dans la confection; ces gens avaient la possibilité d'aller à Pau, et elle a décidé de les suivre pour avoir du travail. Elle est venue me chercher à la pouponnière dès qu'elle a trouvé un logement. À partir de là, j'ai été inscrite à l'école maternelle de Pau, en septembre 1940, et j'y étais encore inscrite en 1941.

Je me souviens que, plus tard, on doit m'enfermer, faire attention. Je n'ai pas le droit de sortir ni de jouer. Un jour, la police – française! – tambourine à la porte. C'était fin 1942. Une voisine de palier sort et dit: «Il n'y a personne.» Or j'étais derrière la porte, enfermée. Ma mère travaillait, bien sûr, et le soir même je me retrouve dans un couvent, près de l'école maternelle qui en dépendait. Là, il y a beaucoup d'enfants, même des personnes âgées. Ma mère m'ayant expliqué qu'il fallait attendre tranquillement, j'attends. Et puis, malheureusement, comme j'ai près de six ans, les sœurs veulent que j'aille à la messe, que je fasse comme tous les autres enfants; du coup, je suis très attirée par les robes de bure des premières communiantes: s'il faut passer par la communion, moi je veux bien. J'aime la musique que j'entends dans la chapelle, j'aime les lumières de la chapelle, et le cérémonial. Je ne voyais pas d'inconvénient à ce qu'on me prépare. Mais ma mère en a eu vent; elle arrive, furieuse, m'enlève du couvent: pas question que je fasse ma première communion. Et je me retrouve le soir même dans la montagne, dans les Pyrénées, chez un couple sans enfants. Ils n'essayent pas d'avoir beaucoup de contacts avec moi et je reste seule à l'étage, tandis qu'eux, d'après mes souvenirs, tiennent une espèce de bar-épicerie… Ils me nourrissaient, c'est tout. Je reste là jusqu'à la Libération, sans aller à l'école. Je ne me souviens pas qu'il y ait eu besoin d'un faux nom, puisque je ne bougeais pas. Au couvent, en revanche, on m'appelait Annette, au lieu d'Anna.

J'ai donc à peu près huit ans quand je retrouve maman. Je ne l'ai plus vue depuis au moins un an. Je suis tellement heureuse de la retrouver et d'être sortie de cette espèce de prison que, pour moi, toute la vie recommence. Et, à partir de là, j'ai vraiment des souvenirs clairs de Pau, et de tout ce qui s'est passé à partir de 1945. Ma mémoire commence à ce moment-là.

Mais ce n'est pas toujours drôle parce que maman apprend alors, par un courrier d'une de ses sœurs qui s'est réfugiée à Lyon avec sa famille, qu'elles sont les deux seules rescapées des cinq familles. C'est la première fois que j'ai vu ma mère s'effondrer. Nous sommes allées à Lyon, pour rencontrer ceux qui y vivaient, et la photo qui a été prise à ce moment-là est assez terrible: nous avons tous une tête d'enterrement, c'est le cas de le dire! Il restait deux grands enfants de l'un des frères, déjà des adultes.

En rentrant à Paris, nous avons encore eu des informations par la radio, la libération des camps, etc. On donnait des noms; et là, un jour, effectivement, ma tante, qui avait la radio et qui habitait à 200 kilomètres, s'est précipitée à Paris pour nous dire que l'un des frères rentrait des camps et allait arriver dans l'après-midi. Nous nous sommes tous précipités à la gare, mais le frère n'est jamais apparu. La Croix-Rouge a fait savoir que, malheureusement, il était mort d'avoir mangé trop rapidement. Il est mort après la libération des camps, avant de rentrer à Paris. Cela a été le deuxième grand choc qui m'a fait comprendre la gravité de ce qui venait de se passer. Parce que, avant cela, j'étais vraiment trop jeune pour m'en rendre compte. Au fond, je n'ai pas connu les oncles et les tantes, j'étais trop petite. Je n'avais donc pas de souvenir net d'eux. Ma mère m'a raconté par la suite qu'une de ses sœurs aînées est morte d'un cancer en 1941 à Paris, et que, au cimetière, son mari et sa fille ont été enlevés. On ne les a plus revus non plus.

Donc, disons que, de toute cette famille, je n'ai revu personne. Du côté de mon père, je ne connaissais personne. Lorsque nous sommes parties en Israël, en 49, c'est parce que ma mère était d'une santé extrêmement fragile et qu'elle espérait qu'Israël lui apporterait le réconfort et le salut.

Avec ma mère, je parlais le français et elle me répondait en yiddish. Elle m'avait inscrite, le jeudi après-midi et le samedi, dans un groupement de gauche, et là on nous a proposé d'apprendre soit le yiddish soit l'hébreu. Comme je ne pensais pas aller en Israël – qui n'existait pas encore –, j'ai choisi le yiddish, en me disant: «Comme ça, je vais faire une surprise à ma mère: lui écrire en yiddish quand je partirai en vacances.» Parce que ma mère a fait en sorte que, dès notre retour à Paris, je puisse avoir mes deux mois de vacances, dans une colonie de vacances organisée par la ville de Paris. On nous envoyait à la campagne, avec des moniteurs. C'était très gai, on apprenait des chansons et des pièces, on se baladait beaucoup, on faisait des feux de camp… Évidemment, ma mère ne pouvait avoir de mes nouvelles que si j'écrivais. Et c'est vrai que les retrouvailles étaient toujours extraordinaires. Mais c'est là que j'ai vu l'antisémitisme à Paris. Un jour, où je suis rentrée de vacances plus tard que prévu, quelqu'un d'autre que maman est venu me chercher, m'a emmenée à la maison et là, ma mère s'est montrée très démonstrative comme toujours… et moi aussi. Mais on a entendu le voisin s'écrier: «Alors, les sales Juifs, vous arrêtez de faire du bruit?» Nous nous sommes arrêtées tout de suite; c'est la seule fois où on ait eu droit à ce genre de scènes. C'était après la guerre! Cela fait quand même un peu froid. Je comprends donc que ma mère ait eu envie de partir pour Israël, puisqu'elle ne se sentait pas tout à fait en sécurité. D'autant plus qu'elle n'a jamais vraiment appris le français: elle a toujours été obligée de travailler, par son métier, dans des ateliers de confection juifs et, par la force des choses, elle est restée dans le même milieu où l'on parle yiddish. Récemment, j'ai appris que les gens qui travaillaient à la couture n'avaient pas le droit à des chaises, elles n'avaient pas le droit de reposer leur dos. Et elles travaillaient chez des Juifs! Un patron reste un patron. De toute façon, ma mère travaillait à la pièce, donc inutile de dire que c'était un rythme assez accéléré pour pouvoir gagner le plus possible.

En 1948, maman a flanché et on a dû l'hospitaliser. J'étais toute seule et je devais aller à l'hôpital voir ma maman, alors que je n'avais que onze ans. Avec le recul, je dirais que j'étais à rude école, mais ma mère était extrêmement débrouillarde et elle m'a laissée me débrouiller. Il n'y avait pas d'autre solution. Donc, j'allais et je revenais, je faisais des courses dans les rues de Paris sans restriction, et j'attendais tranquillement que maman rentre. J'ai apprécié énormément ces années de 1946 à 1949, parce que j'ai pu m'épanouir, que ce soit à l'école ou en dehors, en culture, cinéma… Tout ce qui se présentait, musique, chansons, tout ce qui se passait, des livres, tout était à ma portée et tout était extrêmement passionnant…

Quand nous sommes donc parties pour Israël, j'avais douze ans. Je venais de passer le concours général pour entamer les études secondaires. J'étais douée, j'adorais étudier, mais ma mère ne l'a pas voulu. Je comprends très bien, dans la situation où elle était, qu'elle ait pensé qu'il lui serait plus facile de refaire sa vie, qu'elle retrouverait la fraternité, etc., ce qui n'a pas du tout été le cas. On a dû recommencer à zéro.

Dès que je suis arrivée en Israël, la première occupation a été de trouver du travail. Et j'avais presque treize ans! L'école n'était pas obligatoire, et il y avait très peu de possibilités. On a voulu m'inscrire dans une école orthodoxe, mais je me suis enfuie après la première journée. Il est évident que je n'allais pas suivre un cours de religion orthodoxe: mes parents étaient tous deux de gauche. Ils ne m'avaient rien appris sur le judaïsme avant de mettre le pied en Israël. Et pourtant, mon grand-père maternel était un *Lehrar,* un enseignant religieux en Pologne, qui instruisait uniquement les garçons. Ma mère me l'a raconté: comme cela se passait chez eux, dans la grande salle, elle faisait en sorte de rester tout autour, avec de petits travaux, pour pouvoir écouter et apprendre en même temps. Elle venait d'un *Shtetl,* un de ces petits villages juifs perdus dans la campagne, qui ne permettaient pas aux filles d'étudier quoi que ce soit. Du grand-père paternel, je ne sais absolument rien. Mais mon père avait eu plus de possibilités d'études que ma mère. J'ai une photo de lui, où il doit avoir dix-sept ou dix-huit ans; il est avec son petit groupe d'étudiants, et devant eux un panneau en yiddish indique que c'est la fin de l'année scolaire 1929-30. Donc il était en secondaire, dans une école juive, en yiddish. Lui venait quand même d'une ville.

En Israël, j'ai fait des études, mais des études volontaires. J'ai suivi le cours d'hébreu tout de suite, avec maman – sur le même banc. Un an après, je travaillais déjà dans un bureau. À quinze ans j'entrai pour la première fois dans ce bureau, comme téléphoniste, et je grandis dans cette firme qui démarrait, en même temps que la firme. J'y suis restée huit ans et demi. Là on parlait officiellement l'hébreu mais, avec les patrons, on parlait allemand, avec le personnel on parlait soit français, soit yiddish. C'étaient des gens qui venaient de partout. Les patrons étaient cinq intellectuels qui s'étaient regroupés pour créer cette nouvelle usine, Ossem, qui existe toujours, et qui fabriquait des pâtes alimentaires. C'étaient des survivants, eux aussi, qui venaient l'un d'Autriche, l'autre d'Allemagne, le troisième de Hongrie, le quatrième de Pologne. Des intellectuels, sauf un, un excellent mécanicien. Comme on fabriquait des pâtes alimentaires, il fallait un garant de l'orthodoxie. Il y avait là un rabbin, attaché à l'usine, qui travaillait comme les autres, sauf que, au moment de Pâque, on lui remettait les clefs de l'usine pour la fermer pendant huit jours; nous étions donc obligés de prendre ces huit jours de congé, sur les quinze jours annuels. Nous n'avions donc plus que huit jours, alors que c'était la religion qui nous imposait de fermer la baraque. Moi qui ne connaissais pas la religion, j'ai été heurtée par cette mainmise sur la vie quotidienne et sur la liberté de l'individu. Par exemple, le samedi, interdiction de circuler en voiture ou en transport en commun. Alors donc que vous n'avez que le samedi comme jour de congé, vous n'avez même pas le droit d'aller à la mer. Bien sûr, il y a des petits malins. Il y avait des camions bâchés, où l'on mettait des bancs à l'intérieur, de chaque côté, et les gens s'agglutinaient en dessous de la bâche pour aller à la mer, en cachette. Mais je me suis dit: c'est un pays que je fuis absolument. En outre, d'après la religion juive, si les parents ne sont pas mariés religieusement, leur descendance est maudite jusqu'à la dixième génération. Donc, pour moi, cette religion était insupportable. Israël ne représentait pas du tout ce que je cherchais. Je ne cherchais pas du tout à rejoindre les Juifs. Il existait aussi du racisme entre eux. Parce que j'ai entendu aussi des parents d'enfants comme moi, venus d'Europe, dire en yiddish aux enfants: «N'allez pas jouer avec les noirs» – les «noirs» venant en fait d'Afrique du Nord ou du Moyen-Orient, Syrie, Iraq, Yémen… Tout cela mis bout à bout, le rêve de ma mère s'est brisé là, avec tout ce qu'elle espérait depuis sa jeunesse, la fraternité du kibboutz, etc. Elle a dû se rendre à l'évidence: les Juifs étaient des gens comme les autres. Elle a continué à travailler jusqu'à ce que je gagne assez d'argent pour nous deux; j'allais avoir dix-huit ans.

Ma mère est décédée en 1959 et, en juillet 1960, je suis venue en Belgique, chez un oncle à Seraing. Puis je suis allée habiter un meublé à Liège, où j'ai été, pendant quelques mois, professeur d'hébreu… et de religion! Mais comme je ne voulais pas participer aux fêtes religieuses, on m'a mise à la porte. Alors j'ai travaillé quatre ans dans une firme de navigation fluviale, quatre ans comme secrétaire chez un notaire, et deux ans dans une firme d'appareils médicaux, puis à l'hôpital. Mais je suis tombée malade, j'ai été opérée. Ensuite, j'ai encore travaillé dans un centre culturel, vu que j'avais étudié l'histoire de l'art en cours du soir, et que j'avais suivi des cours d'anglais et d'autres langues. Maintenant, je suis retraitée, je lis, je fais des excursions avec l'organisation des enfants cachés. C'est ma vie.

UNE « MARIÉE BELGE »

Diane Goldberg

Mes deux parents étaient nés en Pologne. Ils avaient conservé la nationalité polonaise, non pour quelque motif de « fierté » mais plutôt parce qu'ils ne s'étaient pas occupés de la paperasse. Mon père s'appelait Aron, prénom qui, en Belgique, s'est transformé en Adolphe. Le nom de famille de ma mère était Ijlicki, et son prénom Brucka, dont le sens en hébreu est « bénédiction ». Ici, on l'appelait Bertha. Ma sœur Isabelle et moi, aussi, étions polonaises jusqu'en 1942, date à laquelle nous sommes devenues Belges une première fois. Mes parents n'étaient pas venus directement de Pologne. Mon père avait combattu durant la Première Guerre mondiale dans les rangs de l'armée russe – la Pologne appartenait à l'Empire du Tsar – et il fut emmené en Allemagne comme prisonnier de guerre. Ayant réussi à s'évader, il est resté en Allemagne, en modifiant pour cela son nom de famille. Il a rencontré ma mère. Ils se sont mariés puis sont allés en France, pour une raison que j'ignore. Ma sœur est née là-bas. Mes parents ont ressenti beaucoup de xénophobie en France; quand ma sœur avait trois ou quatre ans, ils sont retournés en Allemagne. De là, ils sont venus en Belgique, où je suis née en 1926, à Charleroi. Ils menaient une vie très active.

Ma famille a, de tout temps, été de religion juive. Nous étions des « orthodoxes modernes ». Cela signifie que dans notre mode de vie nous respections la religion de nos ancêtres, le shabbat et la *cacheroute* (les aliments autorisés par le rite). Mais le samedi, nous allions quand même à l'école, parce que nous nous adaptions aux lois du pays. Et à l'occasion des grandes fêtes juives, *Roch Hachana* (le Nouvel An juif) et de *Yom Kippour* [Jour du Grand Pardon], nous nous faisions porter « malades ». Comme mes parents étaient toujours prêts à rendre service, nous avions les meilleures relations avec nos voisins. Personne ne nous a jamais demandé pourquoi nous n'allions pas à la messe. Le curé de la paroisse venait souvent à la maison s'entretenir avec papa. Il savait qui nous étions, mais il n'a jamais divulgué pourquoi nous n'allions pas à l'église. Jusqu'en 1942 nous n'avons pas tellement ressenti la guerre, même si nous n'avions plus de radio, et même si le couvre-feu était

Ma famille, 1940.

décrété. Bien sûr, nous entendions parler de la propagande antijuive des Allemands, et nous savions que des Juifs étaient arrêtés comme résistants.

Et puis est venue l'humiliation honteuse de l'étoile jaune. Je porte au cou l'étoile de David, symbole de ma religion. C'est mon choix. Mais qu'on me l'impose, voilà la plus grande humiliation que j'aie à subir. Quand, le premier jour, je sors pour aller à l'école, je n'ose pas lever les yeux. Soudain quelqu'un d'inconnu vient vers moi, me prend dans ses bras, et me dit tout bas: «Ne t'en fais pas, on les aura...» Et plus loin dans la rue, quelqu'un d'autre vient me serrer la main... Je me sens déjà un peu réconfortée, mais je dois encore affronter l'école, et peut-être la cruauté des autres élèves. Eh bien, là aussi je suis immédiatement bien accueillie. L'enseignante d'allemand, que nous savons favorable aux Allemands, est terriblement gênée, et les autres enseignants font preuve de sympathie devant mon triste sort. On me propose même de recevoir des cours en dehors de l'école.

Un soir, comme à l'accoutumée, nous sommes réunis autour de papa qui nous lit quelque chose, quand le téléphone sonne. Papa va répondre, puis revient à la cuisine en faisant une tête que je ne lui ai encore jamais vue: il vient d'apprendre que des familles juives ont reçu un «ordre de déménager». Vers où? Pourquoi? Nous n'en savons rien. Panique. Les plus folles rumeurs circulent: «Ils vont nous tuer...» «Mais non, les Allemands sont un peuple civilisé», et autres balivernes. Et puis arrivent les «papiers» en question. Mais pas pour mon père, ni pour ma mère: pour ma sœur et moi. Et alors mon père comprend... Que faire? Une chose est certaine: il ne va pas envoyer ses deux «petites princesses» aux soldats allemands. Nous apprenons que la reine Élisabeth veut intervenir auprès des Allemands pour obtenir que les Juifs belges soient placés sous sa protection. Mais nous ne sommes pas Belges. Ma sœur est polonaise, née en France: rien qui soit à son avantage. Moi, je suis certes née en Belgique, mais ayant moins de seize ans, je ne peux donc pas encore choisir ma nationalité.

La solution? Si nous épousons un jeune – ou un vieux – Belge, nous obtiendrons la nationalité belge, et nous pourrons donc nous placer sous la protection de la Reine-Mère. Commence alors la recherche de candidats potentiels. Ils devront être de bons patriotes, qui n'exigeront pas leurs «droits de mariage», et qui tiendront le coup assez longtemps jusqu'à ce qu'ils aient dit «oui». Mon père en parle à un voisin, Eugène Thienpont, qui consent tout de suite. Et puis à un ami de longue date, Eugène Gibbon, un jeune médecin qui nous rendait souvent visite avec son père, qui venait acheter des machines chez nous. Il parle longuement avec papa, qui apprend ainsi que depuis longtemps le jeune homme «avait des vues sur moi», mais n'en osait rien dire parce que j'étais encore bien jeune. Compte tenu de notre problème, il propose un mariage blanc. Je pourrai vivre chez ses parents, et continuer les études. Après la guerre, si ses sentiments restent les mêmes, et si moi je me trouve sur la même longueur d'onde... nous verrons bien à ce moment-là. Vous imaginez si je suis flattée: une chose aussi «sérieuse», à mon âge. Mais, rentré chez lui, il ne tarde pas à appeler. D'une voix émue, il explique que ses parents refusent: «... ce n'est pas qu'ils ne m'aiment pas... c'est trop dangereux... il est fils unique... vous comprenez?».

Le temps presse, et nous sollicitons un autre voisin, Jules Paquet. D'emblée se pose un problème: normalement, un mariage doit être annoncé six semaines à l'avance, sauf dérogation... Nous devons donc en demander une. Au tribunal nous faisons connaissance avec deux amies, toutes deux prénommées Paula, et qui sont là pour la même raison. Nous décidons d'aller ensemble nous présenter aux autorités allemandes, une fois ceci réglé. Et ça s'arrange, sauf que... je ne peux pas me marier parce que je n'ai pas seize ans. Tout d'abord, mes parents doivent m'«émanciper», et il y faut un certain temps. Les deux Paula ne veulent pas attendre plus longtemps.

En fin de compte ça marche: je suis «émancipée», je deviens Mme Thienpont, et ma sœur Mme Paquet. Un employé nous remet la carte verte d'identité belge convoitée, et «oublie» très gentiment d'appliquer le tampon rouge «JUIF». Nous sommes donc prêtes à affronter le plus grand obstacle: nous présenter devant les Allemands. Papa nous explique ce que nous devons dire, ne pas dire… Et voilà que quelqu'un, chargé de superviser ce bureau, vient lui dire de ne nous y envoyer en aucun cas: les deux amies n'en sont plus ressorties. Les deux premières «épouses belges» ont donc été arrêtées et ne sont jamais revenues. Les Allemands ont compris la comédie. Je frémis à l'idée que nous voulions y aller toutes les quatre. Moi aussi, je suis une «épouse belge». Les deux premières «épouses belges» ont été arrêtées et ne sont jamais revenues.

Nous sommes désormais mariées, mais cela n'aura servi à rien: les deux Paula ont disparu, nul ne sait où. Quoi qu'il en soit, nous sommes dans «l'illégalité». Nous dormons une nuit chez un voisin, la nuit suivante chez un autre. Cela ne peut pas continuer ainsi, quelqu'un pourrait nous remarquer. De temps en temps, nous allons à la pêche avec Eugène: en dehors de la ville, nous nous sentons un peu plus en sécurité. Pour mettre fin à cette situation provisoire, papa se met à la recherche d'une cachette moins repérable. Mais beaucoup de nos amis ont peur, ce qui est tout à fait compréhensible.

Un jour, papa se rend dans la famille Herremans à Châtelineau… son dernier espoir. Dans la cuisine, autour d'une tasse d'ersatz de café, il explique ce qui se passe. Et avant même qu'il ait terminé sa phrase Raoul Herremans lui dit que nous sommes les bienvenues. Mais papa ne se satisfait pas tout de suite de cet accord, expliquant qu'il ne s'agit pas de six mois ou d'un an… car les Américains auront peut-être encore besoin de deux ans. Et c'est en effet deux ans plus tard, presque jour pour jour, que nous allions êtres libérés. Pour fournir un abri sûr à deux jeunes filles qu'ils connaissent à peine, la famille Herremans envoie temporairement dans un orphelinat deux de ses enfants – qui auraient pu parler. N'est gardé à la maison que le plus jeune, Jacques, âgé de quatre ans. Et c'est ainsi que nous vivons désormais à Châtelineau, ma sœur et moi. Nous faisons notre possible pour aider Mme Herremans dans la maison. Elle nous traite comme si nous étions ses enfants. Un mois plus tard, mes parents reçoivent à leur tour une convocation, et ils viennent nous rejoindre. Papa et Raoul étaient amis de longue date; leurs épouses, qui ne se connaissaient pas, vont devenir des amies pour la vie.

Au bout d'un an, l'orphelinat renvoie les deux enfants à la maison: il doit libérer de la place pour cacher des enfants réellement en danger. Et il manque donc un lit, désormais. Pour ma part, j'aurais bien dormi sur le plancher, mais le dirigeant local de la Résistance procure à Raoul une adresse à Morialmé, où une famille flamande est prête à m'accueillir: elle recherche une gouvernante pour ses enfants.

Moi, avec mon étoile.

Je tombe au beau milieu d'une vraie pagaille. Il y a trois petits enfants, et la mère est la plupart du temps au lit souffrant de maux de tête. Son mari travaille pour les Allemands à l'aéroport de Florennes. Il rentre souvent à la maison avec ses nouveaux amis, des officiers allemands, à qui je dois servir à boire. Je suis morte de peur. En fait, ce n'est pas d'une gouvernante dont ils avaient besoin, mais d'une bonne… et bien plus encore!

Un incident chez mes parents devient mon salut… Un jour, ils entendent des Allemands dans la rue, qui frappent à toutes les portes, pénétrant dans les habitations pour y perquisitionner. Mes parents, qui se sont mis en tête que c'est eux qu'ils recherchent, s'enfuient par la porte du jardin dans une petite rue, et de là dans les champs. Ils passent toute la journée dans un bosquet, puis rentrent dans la soirée, quand tout semble calme. Il apparaît que les Allemands étaient à la recherche de deux parachutistes américains, qui s'étaient cachés dans les environs, et qui sont restés introuvables. La vie reprend donc, mais un jour, le dirigeant de la Résistance vient chez Raoul lui demander pourquoi il n'a pas dit qu'il cache des Russes. Mon père était connu comme «Russe». La Résistance avait intercepté une lettre anonyme destinée à la Gestapo dénonçant Raoul. Celui-ci commence par nier, mais le résistant ajoute que personne du groupe ne peut prendre d'initiative à l'insu du dirigeant: question de sécurité pour tous. Raoul avoue, et veut voir cette lettre, pour essayer de reconnaître l'écriture de l'auteur anonyme. Mais le résistant lui répond que c'est là l'affaire de son groupe, et que mes parents doivent disparaître au plus vite. Il donne une adresse à Châtelet, où quatre familles juives sont déjà cachées. Mes parents n'y vont pas, parce qu'ils connaissaient un endroit «pour le cas où…»: le cinéma de Châtelet. Le propriétaire refuse de diffuser des films allemands, et son affaire a donc été fermée. Il y a trois appartements où des gens vivent cachés. Les gardiens, qui tiennent un magasin de bonbons, ont des ordres stricts: M. et Mme Beguin-Noël, un couple sympathique, qui veille sur nous et qui nous aide chaque fois qu'il le peut.

Nous allons souvent prendre une bouffée d'air frais sur le petit balcon de derrière, qui donne sur les champs. Un jour, nous sommes en train de regarder les avions alliés, en parfaite formation, petits oiseaux d'argent… et tout à coup le rabbin, qui vit là aussi, crie: «Ils nous bombardent». Et en effet, une véritable pluie de bombes s'abat: nous avons tout juste le temps de plonger dans le sous-sol du cinéma. Ce sont probablement les énormes piliers soutenant le balcon de la salle qui nous ont sauvé la vie. Il s'avère que nous habitons trop près de la gare, qui constitue un centre de tri de l'armée allemande. Nous décidons donc que lors de la prochaine alarme nous nous rendrons à l'abri qui se trouve un peu plus loin. Nous dormons désormais tout habillés, les hommes montent la garde par petits groupes, se relayant toutes les deux heures. Et quand l'alarme retentit, nous descendons dans la rue pour gagner l'abri public. Il y a là quelqu'un qui reconnaît mon père, et qui s'écrie de joie en le voyant. Ensuite, nous ne rentrons pas directement, tournant à gauche, à droite et ne nous faufilant qu'une fois sûrs que personne ne nous voit. Les choses ne peuvent pas durer ainsi, et nous allons habiter dans une maison plus éloignée de la gare, mise à notre disposition par la Résistance.

C'est là que nous trouve la Libération. Quelques jours plus tard, je suis toute seule sur la place de Châtelet. Pourquoi seule, sans ma sœur? Je ne sais pas. Et on apporte un cercueil, recouvert du drapeau belge. Un clairon joue «Aux Champs». Je demande à ma voisine ce qui se passe, de qui il s'agit. Pourquoi je le demande? Je ne connais en effet personne ici, en dehors des personnes avec qui nous habitons. J'entends encore la dame me dire: «C'est Eugène Gibbon. Les Allemands l'ont fusillé avant leur départ.» Et ses parents qui avaient si peur du danger que je représentais!

Mes parents sont rentrés chez eux. Ma sœur et moi sommes restées dans la famille Herremans, car notre maison avait été complètement vidée: les Allemands avaient tout pris. Je ne sais pas comment maman parvint à se procurer une table, quatre chaises, deux lits et quelques ustensiles de cuisine... Je ne le lui ai jamais demandé. Quand mes parents ont appris après la guerre le rôle que la Pologne avait joué, ils ont renoncé à leur nationalité polonaise pour devenir apatrides. Ma sœur et moi avons perdu notre nationalité belge, en raison de notre mariage blanc. On me l'a restituée sur demande quelques mois plus tard puisque j'avais plus de seize ans. Ma sœur n'a obtenu la nationalité belge que dans les années 1980.

Et, un jour, nous avons appris comment six millions de nos frères et sœurs ont été assassinés. Six millions, sans cercueil, et pour lesquels aucun «Aux Champs» n'a été sonné.

J'ai un grand trou de mémoire. Je ne peux pas raconter ce qui s'est exactement passé dans ces deux années. J'ai quelques lueurs, mais rien de clair. Deux ans qui m'ont vieillie de cent ans. Et après la «Libération» ma guerre a commencé. Je me sens vide. Cela ne cesse jamais. On se réveille en pleine nuit, et on ne sait pas pourquoi. La peur ne nous quitte jamais.

PERSONNE À QUI SE CONFIER

Suzy Goldberger

D'origine polonaise, mon père, Martin Goldberger, était né à Berlin le 26 décembre 1906. Le 22 octobre 1938, il décida de quitter l'Allemagne pour les États-Unis. Son objectif principal était d'y amener ses parents d'une façon officielle. Il trouva à Anvers un navigateur qui était prêt à l'embarquer moyennant un très bon paiement. Une fois l'argent en main, l'homme le dénonça à la police pour départ illégal. Mon père fut mis en prison. Quelques semaines plus tard, une jeune fille, Mania-Marjem Baum, qu'il avait rencontrée plus tôt à un bal de la communauté juive de Bruxelles, vint le libérer. Ils se marièrent le 17 février 1940. Très vite, maman se trouva enceinte.

Quand la guerre éclata, ma mère et mon père décidèrent de s'échapper en France, le 13 mai 1940. Ils arrivèrent à Pau le 15 mai. Ils habitaient une petite chambre au 25, rue Montpensier. Ma mère cousait des vêtements sur une table, dans la chambre. Mon père, qui n'avait pas de permis de travail et ne parlait que l'allemand, l'aidait; il travaillait également comme bûcheron.

C'est à Pau que je suis née, le 13 novembre 1940. Mes parents emménagèrent ensuite dans un autre appartement, au 19, rue Montpensier.

Ma maman continuait à coudre et à faire des robes. Grâce à mon oncle Charles, mon père travaillait comme bûcheron. Très rapidement, comme mes parents travaillaient beaucoup et n'avaient pas le temps de s'occuper de moi, ils me placèrent chez des fermiers à Jurançon jusqu'à la fin de 1941. Là, j'ai été maltraitée, et ma mère a décidé de me reprendre dans la chambrette.

En août 1942, avant l'arrivée des nazis, la Milice française décida de déporter les Juifs de Pau vers le camp de concentration de Gurs, à 60 km de là. C'était l'étape préliminaire avant la déportation vers Auschwitz-Birkenau.

Chaque jour, dans un petit café de l'autre côté de la rue, mon oncle Charles et mon père buvaient un verre d'alcool avec un ami alsacien, qui parlait allemand lui aussi. Il travaillait à la mairie de Pau. Un matin du mois d'août 1942, maman était en train de me donner mon bain. On frappe à la porte. L'Alsacien venait nous prévenir qu'il venait de découvrir à la mairie la liste des Juifs de Pau devant être déportés le jour même vers le camp de Gurs. Les noms de mon père, de maman et le mien se trouvaient sur la liste. Maman était en état de panique. Elle ne savait où aller. Elle n'avait pas d'argent. Elle décida d'aller à la Brasserie Paloise, le café où mon oncle et mon père buvaient chaque jour leur petit alcool. L'ami alsacien alla demander l'aide à la brasserie. La patronne accepta, à condition de ne pas entendre le bébé ou la mère. Nous ne pouvions apparaître dans le café. On nous cacha dans la soupente du toit. Il faisait très chaud et maman me donnait beaucoup à boire. Les patrons, au péril de leur vie, nous sauvèrent la vie. À minuit, de la fenêtre de notre chambre, ma mère vit arriver les camions de la Milice française à la recherche des Juifs du voisinage. La famille Orgeval nous cacha dans sa maison, maman et moi, pendant deux mois, et nous fournit nourriture et boisson.

Entre-temps, mon oncle Charles alla à Limoges. Mon père continuait son travail de bûcheron sous un faux nom dans la forêt (au camp d'Izeste), et ma cousine Rose fut cachée dans une autre famille.

En octobre 1942, nous revînmes à notre appartement du 19, rue Montpensier et, fin novembre, lorsque les Allemands arrivèrent à Pau, Jean Orgeval, avec David, le mari de tante Dora, s'occupèrent de nous et nous firent monter dans une camionnette EDF (Électricité de France) avec une autre famille juive. Nous quittâmes Pau le 28 novembre 1942, pour arriver à Annemasse, à la frontière suisse, le 1er décembre. On passa en Suisse par des rangées de barbelés, à travers un monastère. Le lendemain, tous les moines du monastère étaient fusillés par les Allemands.

Durant notre séjour en Suisse, nous avons été placés dans différents camps pour réfugiés, et généralement maltraités : Camp de la Charmille ;

Arbeitlager für Internierte à Hedingen (Zürich), du 12 février au 25 août 1943; Interniertenheim Morgins (Valais), du 25 août au 20 décembre 1943; Internietenheim St Niklaus (Valais), du 20 décembre 1943 au 27 janvier 1944; Flüchtlingsheim «Waldaus», Valbella Lenzerheidesee (Graubunden), du 27 janvier 1944 au 5 novembre 1944; Flüchtlingsheim «Hoheneck», Engelberg (Obwalden), du 6 novembre 1944 au 2 juin 1945.

Le 27 juillet 1943, maman est allée travailler comme servante dans la maison de la famille Knobel-Schneider, au chalet Sunneshüsli à Grut-Meilen (Zürich). La femme était stérile et détestait les enfants. Elle a écrit une lettre à la police suisse pour dire combien j'étais infernale et mal éduquée. On quitta cette place et on retourna au camp, le 5 août 1943.

Je fus séparée de mes parents et placée dans un camp de deux mille enfants. Je me sentais misérable, car loin des miens. Je devins anorexique; je voulais maman près de moi.

Mon père était enregistré comme Polonais à la Légation polonaise de Berne.

Le 3 juin 1945, la Croix-Rouge nous renvoya, maman et moi, vers la Belgique, sans aucune ressource. Il gardèrent mon père en Suisse jusqu'au 30 juin 1945. Nous avons gardé les papiers du gouvernement belge nous demandant de l'argent pour les frais de rapatriement!

Lorsque je commençai l'école en Belgique, les débuts furent difficiles. Mon père avait des problèmes pour apprendre le français. Nous vivions dans des conditions modestes, et mes petits amis d'enfance avaient parfois du mal à comprendre mon comportement et mes problèmes. Jusqu'à ce jour, cette première enfance difficile a des répercussions sur tout mon comportement, ma façon de penser au futur. J'ai l'impression d'avoir perdu quelque chose et de ne pas pouvoir le récupérer. À cause des difficultés de ma naissance, maman ne pouvait plus avoir d'enfants. Je n'ai donc ni frère ni sœur, et nous avons perdu toute la famille de mon père; quarante-six personnes ont été déportées le 28 octobre 1939, et assassinées au camp de Belzec. Ce vide familial a pesé sur mon anxiété et mes problèmes personnels. Personne à qui se confier…

Il nous a fallu quatorze ans pour retrouver enfin l'homme qui nous a sauvé la vie: le 19 mai 1995, nous retrouvions Jean Orgeval (sa femme, Andrée Broca, était décédée quelques années auparavant) dans une maison de retraite à Bordeaux. Il avait quatre-vingt-cinq ans. Cet homme fut dès le début de la guerre un résistant français modeste. Il a sauvé beaucoup de familles juives. Il a également aidé de nombreux soldats anglais et américains à passer en Espagne. Il n'avait jamais expliqué à ses deux filles, Monique et Jacqueline, ses actions de guerre. La seule chose qu'il m'ait dite lors de nos retrouvailles, après cinquante ans: «Je n'ai fait que mon devoir, sinon les boches vous fusillaient, toi et tes parents.» Il a reçu la médaille des Justes du *Yad Vashem*.

Aujourd'hui, adulte, la Shoah est très centrale dans ma vie. Heureusement, mon époux, qui m'est très proche, m'aide fortement à surmonter les difficultés de la vie. Et nous sommes très heureux d'avoir fait notre Allyah à Jérusalem, le 17 décembre 2000.

BONNE À TOUT FAIRE

Esther Goldfus-Aremband

Je suis née en Lituanie, en 1925. Ma mère, Mina Faivisaite, avait seize ans quand elle s'est mariée avec mon père, Jankel (Jacques) Aremband. Mon père, qui avait vingt-cinq ans de plus, était un grand artiste, pianiste et violoniste. Ils se sont rencontrés à l'occasion d'un concert de mon père; les parents de ma mère étaient très fiers qu'un grand artiste demande leur fille en mariage. Mais ma mère était très malheureuse, parce que mon père ne vivait que pour la musique. Quand j'avais un an, elle a donc demandé le divorce. Pour mes grands-parents, c'était impensable, une honte! En 1983, j'ai rencontré en Afrique du Sud quelqu'un qui avait connu mon père; il disait qu'il avait toujours une photo de moi dans son veston, mais ma mère ne lui a jamais permis de me voir. Il est mort en Lituanie, pendant un concert. Ma grand-mère avait une sœur à Anvers. Son mari était *choched* (abatteur rituel) de la communauté juive, et travaillait dans le service de santé publique de la ville. Ils avaient quatre enfants adultes, et ils nous ont accueilli, ma mère et moi avec beaucoup d'amour. Je suis donc arrivée en Belgique à l'âge d'un an, à Borgerhout, Langestraat 77, où j'ai habité jusqu'au moment de la déportation. Un an après notre arrivée, ma mère s'est remariée avec le monsieur, devenu veuf.

De leur mariage est né un petit garçon, mon frère Joseph Pancas, «Joske». Le fils aîné est devenu chirurgien dentiste, a fait son service militaire, et, pendant la guerre, a opéré à Londres. Ma demi-sœur était mariée; elle et son mari avaient des magasins d'habillement très connus, du nom de Bernardy. Pendant la guerre, ils se sont cachés à

Stockay, Saint-Georges-sur-Meuse, où elle a donné naissance à une petite fille, qui vit actuellement à Borgerhout, avec son mari; ils ont un fils et un petit-fils.

J'ai eu une jeunesse heureuse. J'étais très bonne élève, et en plus, j'étais douée pour la musique, le chant et le théâtre. J'ai même reçu le Prix Camille Huysmans[1] pour la meilleure rédaction de l'année! Le mari de ma mère était un très bon père pour moi; malheureusement, il est mort après six ans de vie commune. Ma mère est restée avec moi et mon petit frère, qui n'avait qu'un an. Nous ne manquions de rien, et j'ai pu continuer mes études jusqu'à la déportation et les lois contre les Juifs. Pour gagner sa vie, ma mère a loué deux chambres à des étudiants, pour qui elle préparait les repas.

En 1940, nous avons pris la fuite, vers La Panne, puis à Dunkerque, en France, où les Allemands nous ont rattrapé. Après trois semaines passées dans une grange, nous sommes retournés à Anvers, où la vie était presque normale. J'ai continué mes études à l'école commerciale, Durletstraat, jusqu'en 1942, à partir du moment où les enfants juifs n'étaient plus admis à l'école. J'avais aussi des leçons privées de piano. On ne sentait pas l'antisémitisme à l'école. Cependant, un jour, une professeur a lu ma rédaction devant la classe, avec la remarque: «Dommage qu'une fille juive écrive un néerlandais si parfait; même les points et les virgules sont exactes!»

Au mois de juillet 1942, ma mère et moi avons reçu la convocation de nous présenter à Malines. Notre voisin, qui était prêtre, a pris mon petit frère chez lui, et a assuré qu'il prendrait soin de lui; il lui a trouvé un refuge dans au couvent de Stoumont. J'avais reçu une carte postale d'une amie, ramassée quinze jours plus tôt, Qui m'écrivait: «Esther, ne viens pas, car nous avons une maladie contagieuse chez nous!» Cette phrase m'est rentrée dans la tête. J'ai demandé à ma mère de ne pas se présenter à Malines, car moi, je n'irais pas! Elle, qui n'avait que 36 ans, m'a répondu: «Esther, c'est un moment décisif dans notre vie; moi, j'irai où on nous envoie, et je n'ai pas peur de travailler, mais si toi, tu veux faire autrement... Nous vivons des moments où même une mère ne peut conseiller son enfant...» Qui pouvait s'imaginer quel serait le sort réservé aux Juifs? J'ai accompagné ma mère jusqu'au train, en la suppliant de ne pas y aller, mais il n'y avait rien à faire, elle était décidée. Elle est descendue à Malines, et moi, je suis allé dans un autre compartiment, duquel je suis descendue à la gare du Nord à Bruxelles. C'était la dernière fois que j'ai vu ma mère, qui a été envoyée avec le

---

1 Camille Huysmans, 1871-1968, politicien socialiste, député, ministre, bourgmestre de la ville d'Anvers.

5e transport à Auschwitz, où elle est décédée au mois d'août (j'ai fait des recherches au musée de Malines, et son nom se trouve sur le mémorial d'Anderlecht). Je ne sais pas quelle force m'a poussé à agir comme je l'ai fait, mais jusqu'aujourd'hui, je me sens coupable d'avoir abandonné ma mère à son triste sort; je vais toujours chez un psychologue qui m'aide à supporter cette accusation avec laquelle je vis.

J'ai donc continué jusqu'à Bruxelles, j'ai changé de train sans sortir de la gare, et je suis montée dans un autre qui avait Liège comme destination. Je voulais aller chez des gens où mon demi-frère avait un cabinet dentaire, où il pratiquait deux fois par mois. La sœur de cette famille était venue chercher ma sœur (qui était enceinte) et son mari pour aller chez eux, à Stockey; elle était infirmière chez mon frère, et connaissait notre famille. C'est elle qui m'avait donné l'adresse de son frère à Liège. Avant que le train n'entre en gare, j'ai ouvert la portière et j'ai sauté dans un champ en me foulant un pied. J'ai attendu quelques minutes, je me suis levée, et j'ai marché en boitant très fort jusqu'à un banc. C'est seulement là que je me suis rendu compte que j'étais seule, sans aucun moyen de continuer! Après un certain temps, un prêtre est passé. Il m'a vu pleurer, et s'est assis près de moi. Après quelques minutes, il m'a demandé s'il pouvait m'aider, et j'ai commencé à raconter ce qui m'était arrivé, et s'il pouvait me remettre aux Allemands! Il s'est tu quelques instants, et puis m'a dit: «Je vous aiderai!» Je me suis assise sur son vélo, car je ne pouvais pas marcher du tout. Il m'a emmené dans son collège, où il était directeur, et comme c'était les grandes vacances, il y habitait seul avec sa vieille gouvernante. Il a soigné ma blessure et, après trois jours, je lui ai raconté que je voulais rejoindre une famille à Liège, rue Ambiorix. Comme cette famille était très connue, il les a contacté tout de suite, et le jour même, je suis arrivée chez eux. Cette famille est devenu un vrai foyer pour moi. Monsieur Suymens était directeur de la Banque Naegelmackers; sa femme allait coudre chez des nobles pendant toute la semaine, et revenait pour le week-end, chargée de nourriture. Ils avaient un fils, Jean-Jean, 15 ans, avec lequel je ne sympathisais pas du tout, car il était pro-allemand. Et puis il y avait une fille, Anne-Marie, appelée Annie, qui était une sœur pour moi, et me couvait jour et nuit. Elle avait deux ans de plus que moi, et jusqu'à son dernier jour, nous sommes restées très proches! Pendant sept mois, je suis restée avec la famille Suymens, j'ai participé à toutes les tâches ménagères, et à la couture que madame rapportait à la maison. Mais les discussions avec le frère étaient devenues très tendues à cause de ses opinions pro-allemandes. Malgré le fait qu'il ne savait pas que j'étais juive, je ne pouvais plus le supporter, et après une discussion avec le père d'Annie, nous avons décidé qu'il me chercherait une autre place. Avec beaucoup de chagrin et de regrets de devoir quitter ma chère Annie, nous avons décidé que c'était la meilleure solution.

Un soir s'est présenté un monsieur qui m'a tendu une nouvelle carte d'identité: mon nom était Simone Peters, fille de sinistrés d'Anvers, car mon français était loin d'être bon. Sa femme et ses quatre enfants, entre huit mois et six ans, habitaient à Geer, près de Hannut. Il cherchait une aide pour que sa femme ne reste pas seule avec les enfants pendant la semaine; lui-même travaillait comme huissier à Liège, mais également pour la résistance, ce que, naturellement, nous ne savions pas. J'étais une perle pour eux: instruite, bien élevée, etc. Madame Culot a trouvé en moi non seulement une aide, mais aussi une jeune sœur, fidèle et dévouée. J'y suis restée plus d'un an, et j'ai dû les quitter suite à une dénonciation dans le village. De nouveau des pleurs, du chagrin..., car je me sentais tellement proche de madame. Je pleurais beaucoup pendant les nuits, j'avais des cauchemars, je me sentais tellement seule et abandonnée, malgré les conditions très humaines et aimantes. Jusqu'au dernier jour de sa vie – monsieur Culot est décédé après la guerre – je suis restée très proche de la famille Culot. Madame est venue nous rendre visite en Israël; mon mari et moi lui avons montré tous les lieux saints chrétiens du pays, «sur les traces de Jésus», comme on dit. Nous étions avec elle à Jérusalem le Vendredi Saint et à Nazareth pour la messe du jour de Pâques... un voyage qu'elle n'a jamais oublié!

Donc, on m'a transféré à Sohait-Tinlot, chez le chevalier de Lamine de Bex, où, directement, je me suis sentie très malheureuse, seule, abandonnée et abattue. C'était un très grand château, entouré d'un lac, un parc et des bois. La famille avait quatre enfants; l'aîné n'avait que quatre ans, et moi j'étais employée comme gouvernante. S'il n'y avait pas eu les enfants qui m'aimaient, je n'aurais probablement pas tenu le coup. Il y avait un prêtre qui habitait au château, qui disait la messe le dimanche, pour la famille. J'y jouais l'harmonium et je chantais. Je ne veux pas dire du mal d'eux, mais je n'ai pas de bien à en dire non plus. Monsieur le chevalier s'arrêtait des fois quand il m'apercevait en promenade avec les enfants dans les bois. Madame ne m'a jamais parlé! Elle était très fière et distante. C'est le prêtre qui me prêtait des livres et, des fois, s'entretenait avec moi. Il y avait beaucoup d'employés et de servantes dans le château, qui ne savaient pas que j'étais juive. Je suis restée là jusqu'à la libération.

Juste avant la libération, le château a été confisqué par l'état-major allemand, qui y est resté pendant quinze jours. La famille et moi sommes descendus dans les caves à vin, à cause des avions qui volaient jour et nuit au-dessus de nos têtes pour aller bombarder l'Allemagne. À un certain moment, il régnait dehors un silence de mort. Et puis...

j'entends parler l'anglais, que je connaissais de l'école. Je regarde par la lucarne, et vois un véhicule avec une grande étoile blanche sur le capot! J'entends vraiment parler anglais. J'ai commencé à crier comme une hystérique: «Monsieur le chevalier, les Américains sont là!» Je crois qu'ils ont vraiment cru que j'étais possédée! Je me suis ruée dehors, et je me suis approchée d'une voiture, dont nous avons appris après qu'on l'appelait *jeep*. Un haut gradé m'a demandé qui j'étais, et d'où je sortais. Alors, je lui ai répondu: «Je suis une fille juive qui se cachait dans ce château.» Il a commencé à pleurer, et m'a dit: «Je suis le major Peddewotch, avocat à New York et Juif américain!» Personne ne peut s'imaginer la joie et le bonheur que j'ai ressenti à ces moments-là. Embrassades... chocolats... et surtout le sentiment que je n'étais plus une rien du tout, une insignifiante! Après quelques minutes, ils ont demandé qui était le propriétaire du château, car ils voulaient demander la permission d'y installer leur quartier général, et développer des photos pour envoyer en Amérique. Naturellement, cette demande a été agréée, et à partir de ce moment, je suis devenue la traductrice, pour les aider à obtenir des petites choses, comme une prise d'électricité, par exemple, et d'autres besoins. Aucun de ces nobles ne savait un mot d'anglais, et la petite Simone devint alors une personne très importante! Ils ont rempli le château de victuailles, de savons, parfums, boîtes de conserves, etc., tout cela à cause de moi! J'ai dit à madame qu'elle devait chercher quelqu'un d'autre pour me remplacer, que je ne resterais plus qu'une quinzaine de jours. Elle m'a répondu d'une manière tellement brutale et offensante, que je ne l'ai pas encore oublié aujourd'hui! Elle m'a dit aussi qu'elle ne me donnerait pas de lettre de recommandation. Alors, pour la première fois, j'ai osé répondre: «Madame, que croyez-vous? Que je resterais votre servante, ou que je serais gouvernante toute ma vie? Vous ne m'avez jamais adressée la parole, bonne ou mauvaise, malgré que je travaillais jusqu'à douze ou treize heures par jour... jamais un petit cadeau, sans parler que je travaillais pour rien, quelle aubaine, n'est-ce pas?» J'ai quitté le château sans aucun regret, et je n'y suis jamais retournée.

De retour à Bruxelles, je suis allée à l'hôtel de ville pour demander des renseignements concernant les déportés de Malines. On m'a donné une adresse, Boulevard du Midi, où un centre de recherches et d'aide aux Juifs victimes de la guerre existait. Je m'y suis présentée de suite, et j'ai demandé d'y travailler. Après avoir écouté mon histoire, on m'a donné des tâches intéressantes et utiles. J'y ai fais la connaissance de madame Perlman, épouse d'un professeur, connue partout (elle a reçu le titre de baronne pour son courage pendant la guerre). Cette grande dame m'a prise sous son aile et, ensemble, nous avons cherché des enfants cachés dans les couvents. Nous avons inauguré la première maison pour ces filles, et j'y ai travaillé comme éducatrice principale. En étudiant le soir, je me suis juré de consacrer ma vie aux enfants, leur rendre la sécurité et la confiance. Les enfants me considéraient comme leur grande sœur, et ceux qui savaient écrire racontaient leurs souvenirs. J'ai imprimé une revue qui s'appelait *Notre Vie*, qui a été lue à la radio belge.

Après un an de travail dévoué et productif, une délégation israélienne est arrivée à Bruxelles. Ils m'ont fièrement annoncé qu'ils avaient la permission de m'offrir un certificat d'entrée pour Israël, à cette période encore appelé Palestine et occupé par les Anglais. La décision était entre mes mains! Je suis allée deux fois à Anvers, mais la ville m'est apparue comme morte, surtout le quartier juif... De ma mère, aucune nouvelle, et les quelques personnes revenant des camps me disaient de ne rien attendre ou espérer... C'est la raison pour laquelle j'ai décidé de partir et de commencer une nouvelle vie. Nous sommes partis, douze jeunes de Belgique, pour aller travailler dans un kibboutz. Lors d'une visite dans ma famille à Tel Aviv, j'ai rencontré mon futur mari; sept mois plus tard, nous nous sommes mariés, et nous nous sommes installés à Rohovot, où j'habite toujours. Pendant la guerre de libération (1948), la vie était dure, avec une petite fille, enceinte d'un second bébé, et mon mari mobilisé. Mais je suis restée optimiste. J'ai pris les rennes en mains, j'ai termine mes études pendant le soir, et j'ai ouvert un jardin d'enfants privé, basé sur le système Montessori-Decroly, que j'avais étudié en Belgique. Mon jardin d'enfants était tellement demandé, que les jeunes mamans venaient inscrire leur futur bébé qui n'était pas encore né! J'ai ainsi travaillé pendant trente ans, jusqu'au moment où mon mari est tombé malade. Il est décédé en 1997, et depuis lors, je consacre ma vie à l'aide aux personnes du troisième âge.

En 2005 j'ai reçu le titre de citoyenne d'honneur de la ville de Rehovot. Malheureusement, nous avons perdu notre fille unique. Elle nous a laissé deux petits-enfants: le fils est ophtalmologue, et la fille habite en Amérique, où son mari est professeur à l'université. De mon fils, j'ai trois petites-filles, une est avocate, la seconde à étudié l'économie, la troisième ira étudier la psychologie.

Je me sens encore très jeune, et je reviens chaque année en Belgique pour rencontrer des amis et les enfants de mes sauveteurs, avec lesquels je reste en contact permanent. Avec mon mari, nous avons vécu une vie heureuse, saine et active, qui valait la peine d'être vécue, car elle a été productive. Dans mon for intérieur, je sais que ce que j'ai accompli depuis la libération n'a pas été vain.

J'IGNORAIS QUE J'AVAIS UN FRÈRE

Madeleine Goldmann

Mes parents n'étaient pas belges; ils sont arrivés en Belgique en 1938. Mon père, né en 1901, s'appelait Benjamin – Benno, Benni – Eckhaus, et non Goldman. La famille de mon père a habité Vienne, puis Cologne. Leur pays d'origine était la Roumanie. Ma mère s'appelait Cécilia ou Celli Goldman, alias Schtatlender, le nom de ses parents. Elle est née en 1916. Sa famille est partie de Pologne, en passant par l'Autriche et l'Allemagne, pour atterrir à Esch-sur-Alzette, au Luxembourg, où ma mère est née. Elle est présumée décédée, après jugement en 1950. Ma mère était vendeuse, mon père représentant de commerce. Elle avait deux sœurs et un frère, tous déportés. Toute la famille était apatride, ils n'ont jamais eu la nationalité belge.

Je suis née le 6 janvier 1939. Ma sœur, née en 1940, s'appelle Astrid. Nous portons le nom de notre mère. Mes parents n'étaient pas mariés civilement. Pour rester cachés? Ou bien le mariage religieux juif leur suffisait-il? J'étais fille reconnue, ma sœur et mon frère étaient enfants non reconnus. C'est pourquoi ils ont été belges d'emblée; moi, je le suis devenue par option, à dix-huit ans.

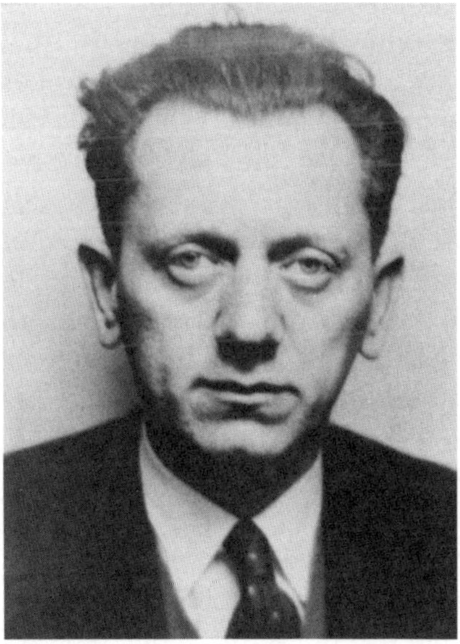

Mon père, Benjamin Eckhaus.

Ma mère, Cecilia Goldmann.

Ma sœur et moi, nous avons été en crèche de jour, rue de la Flèche, chez les Filles de la Charité, les sœurs de Saint-Vincent de Paul. Maman nous déposait là pendant qu'elle travaillait. Un jour, on lui a dit probablement, ou elle a senti qu'elle était en danger, et elle a demandé aux religieuses: «S'il nous arrive quelque chose, est-ce que vous pouvez garder les enfants?» Les religieuses, bien sûr, ont accepté. Ainsi, nous avons eu une éducation catholique, que je n'ai jamais reniée. J'étais donc un enfant caché, probablement – les documents ne sont pas complets – depuis 1942. Pendant un certain temps, j'ai vécu sous un autre nom, Gollemans, qui paraît peut-être plus flamand. Nous ne sommes probablement jamais sorties. Il y avait là au moins quinze enfants juifs; pas de garçons, qui étaient plutôt cachés dans des familles, en général. Je ne sais pas si quelqu'un prévenait que la Gestapo allait arriver, mais nous étions parfois cachées dans des armoires; on descendait aussi dans les caves, avec des lampes à hydrocarbure, cela sentait terriblement mauvais. Les sœurs m'ont donné une excellente éducation.

Mon frère est né en 1942; il s'appelle Charles Kane, parce que sa famille d'adoption a émigré au Venezuela puis en Amérique, où le nom de cette famille anversoise, Kahn, a été transformé en Kane par les Américains. En 1948, mon frère a été adopté: les garçons juifs n'étaient pas cachés dans les mêmes couvents que nous. Par la circoncision, la Gestapo pouvait les trouver très facilement. Il a d'abord été caché dans une famille à Uccle. Après la guerre, les Kahn, n'ayant pas pu avoir d'enfants, ont décidé d'adopter un enfant juif; ils ont adopté Charles. Après, il a eu quand même une demi-sœur. Ils ne lui ont pas dit qu'il était adopté. Jusqu'à la mort de sa mère adoptive, il ne l'a pas su. Les Kahn, des diamantaires anversois, sont restés bijoutiers toute leur vie. Ils sont partis au Venezuela d'abord, à Caracas, puis les parents ont divorcé; le père est allé vivre à New York, où il est décédé. Mon frère est allé le voir à New York, et il m'a dit, après quarante-deux années: «Mon père voulait me dire quelque chose, mais il n'a jamais réussi à me le dire.» Il pense que son père voulait lui dire: «Charles, tu n'es pas notre enfant biologique.» La maman est allée à Porto Rico. Elle transportait des diamants de New York à Porto Rico, et elle a été assassinée. Les diamantaires portaient une ceinture, dans laquelle ils cachaient les diamants. Elle devait rentrer de New York; comme, après trois jours, elle n'était pas rentrée, mon frère a téléphoné à la police, qui l'a retrouvée. La ceinture avec les diamants avait été volée. Au moment de l'inventaire pour la succession, on a trouvé une très grande enveloppe, «À mon fils Charles». S'y trouvait l'acte d'adoption de mon frère, en 1948, dans le *Moniteur Belge*. Dans cet acte figurait qu'il avait deux sœurs. Apprendre à trente-cinq ans qu'on est adopté!... Il m'a dit: «J'ai cru devenir fou.» Il a écrit à *Yad Vashem*, qui a fait suivre sa lettre à la Croix-Rouge suisse. Un jour ma sœur me téléphone: – Devine de qui j'ai une lettre! – De Charles. – Mais enfin, comment tu as pensé...? – Parce que je savais que nous avions un frère. Je l'ai su à dix-huit ans. Quand j'ai commencé mes études à Louvain, les religieuses m'ont dit: «Il y a des documents qu'on doit te remettre», et elles m'ont donné le même *Moniteur Belge*. À ce moment-là j'ignorais que j'avais un frère. À la commune, où la famille Kahn avait habité, on m'a dit qu'ils étaient partis pour le Venezuela. Mon frère nous a contactées, par la Croix-Rouge, qui nous a demandé si nous voulions le rencontrer. Et il nous a écrit une très belle lettre... On s'est rencontré à Zaventem, en 1977, la nuit de Noël!

Ma mère a été arrêtée à Bruxelles en 1942, et envoyée à Malines. Là, elle a été hospitalisée, et j'ai encore une lettre des «*zusters*» qui avaient essayé de convaincre les Allemands, en disant: «De grâce, ne prenez pas cette femme, elle n'est pas en état...» Elle venait d'accoucher de mon frère. Et elle a quand même été déportée à Birkenau, avec le transport XX. Toute la famille a été déportée. Mon père était déjà parti, avec le convoi XIII. Il a été pris en 1942 dans la fameuse rafle des lévriers à Bruxelles. Du côté de mon père, certains ont pu s'échapper vers les États-Unis. On a retrouvé un cousin de mon père, Gidon, qui vit en Israël. D'autres frères, qui sont passés par la France, ont été pris à Drancy.

À la Libération, la famille était exterminée. J'en ai été mise au courant très tard, peut-être à l'âge de onze ou douze ans, je ne m'en souviens plus. Même après la guerre, nous sommes restés cachés parce que, à un moment, il y a eu un regroupement des enfants juifs: la communauté juive a essayé d'envoyer des enfants pour la reconstruction d'Israël. Et comme nous étions orphelins... Un jour j'ai été abordée en rue par une dame qui m'a dit: «Tiens, vous êtes la petite Madeleine Goldman...» Elle savait que j'avais un oncle en Amérique. Un oncle en Amérique, à quatorze ans! J'étais très amie avec la fille d'un policier du quartier, Nelly, et son père m'a vue parler à quelqu'un. Il m'a dit: «Madeleine, tu sais que tu ne peux pas parler à des étrangers.» Je dis: «Écoute, j'ai de la famille aux États-Unis.» Et du jour au lendemain, je suis partie à Tournai, dans un très bon pensionnat, chez des chanoinesses. Là, on ne pouvait pas parler de ce qui m'était arrivé. Donc, je n'en ai rien dit. Je savais quand même que j'étais juive. Je me rappelle qu'au cours de religion, quand on disait que les Juifs avaient dit, à propos du Christ, «que son sang retombe sur nos têtes!», je me cachais, je rougissais et faisais semblant de ramasser un crayon par terre, tellement j'étais honteuse.

Vacances à Nieuport, où les sœurs possèdent un home pour enfants.

En général, j'avais d'excellents rapports avec les autres enfants, et beaucoup d'amitié, j'étais très souvent invitée dans leurs familles. Vraiment, j'ai eu beaucoup de chance.

À Bruxelles, les sœurs m'ont donné une excellente éducation. La mère supérieure, Josefa, qui était de très bonne famille, une Janssens de Waerbeek, d'Anvers, se considérait comme notre maman, et l'autre religieuse, la sous-directrice, une Van Ormelingen, de Tongres, se considérait comme notre père. C'était très bizarre: elle devait punir, elle était sévère, l'autre était la mère, pleine d'amour. Nous passions même des vacances dans leur famille, à Saint-Idesbald, ou à Nieuport.

À l'université, membre d'un groupe folklorique. Je me trouve devant, au milieu.

Elles ont été extraordinaires avec nous. Certaines familles ont demandé aux religieuses si nous pouvions être adoptées, des familles belges ou juives, je n'en ai aucune idée. Les religieuses m'ont demandé: «Madeleine, est-ce que tu aimerais vivre dans une famille?» J'ai répondu que non. C'était peut-être idiot, mais j'étais tellement heureuse là, c'était vraiment comme une famille, religieuses ou pas. De plus, il y avait une école d'infirmières, avec qui nous mangions; il n'y avait aucune différence. J'ai fréquenté trois grands pensionnats, où j'ai fait mes humanités. Puis j'ai pu aller à l'université de Louvain, de 1957 à 1961; mes études étaient payées par l'État. J'ai fait des études de laborantine-assistante de laboratoire. Sœur Cécile Van Ormelingen m'a cherché un appartement, elle venait me faire la cuisine...

De 1962 à 1966, j'ai travaillé à l'Institut Bordet. Directement, j'ai travaillé dans la recherche. Je suis devenue très amie avec une Allemande, qui était mariée avec un Perse, d'Iran. Elle me disait: «C'est tout de même drôle, ici à Bordet, tu es la seule qui me parle, et tu es juive.» Les autres Belges ne lui parlaient pas parce qu'elle était allemande! Dans les années 60, il existait encore un fort ressentiment anti-allemand. Son mari me dit un jour: «Pourquoi n'irais-tu pas aux États-Unis?» J'ai écrit à la Brandeis University, créée pour les Juifs après la Première Guerre mondiale. J'ai passé deux ans dans cette université 100 % juive, où l'on me reprochait énormément de ne pas me convertir au judaïsme. Après deux ans, je suis entrée à Harvard, où j'ai travaillé pour le meilleur hôpital au monde. J'ai eu beaucoup de chance. Est-ce que c'était le besoin de famille, je ne sais pas, ou peut-être ne voulais-je pas vieillir aux États-Unis... Je suis rentrée en Belgique; avec mon CV qui mentionnait Harvard, j'ai travaillé six mois à Saint-Pierre à Bruxelles, puis à l'UCL, à Saint-Luc. Après un changement de poste, je suis tombée malade. Le psychiatre de Saint-Luc m'a dit: «Écoutez, c'est une dépression occasionnelle, du fait que vous avez changé de poste, mais il y a beaucoup plus...» Et il a commencé à me faire parler... C'était terrible! À ce moment-là, j'ai entendu parler des enfants cachés, que je ne connaissais pas... Était-ce bénéfique ou non, de remuer tout cela?

Ma sœur Astrid est devenue jardinière d'enfants; elle est mariée et a un fils. J'ai gardé contact avec les religieuses jusqu'à leur décès. Jusqu'en 2005, je parlais de mon passé d'enfant caché, mais de façon modifiée. J'avais inventé que j'avais été adoptée, et que ma famille adoptive vivait au Congo. J'ai toujours «brodé» sur mon enfance.

MON PÈRE A DÛ ME RENIER

Fée Gruszow

Je m'appelle Félicie Gruszow, née à Anvers le 29 décembre 1931, fille unique de Feiwel Gruszow et Ilse Oppenheimer. Quand mon père s'est marié, en 1930, il avait une belle épargne à la Banque populaire. Mais quand il est rentré de voyage de noces, il n'en restait plus rien: c'était la crise, et la banque avait fait faillite. Il avait cent mille francs d'économies et il avait tout perdu. Toutes ses économies parties en fumée.

Mes grands-parents paternels étaient originaires de Dombrova, un petit *chtetl* [1] en Pologne. Je n'ai pas connu mon grand-père. Je ne suis pas arrivée à situer le village: je pense que tous ces *chtetlekh* ont été rasés. Il se pourrait aussi qu'il ait changé de nom après la guerre. Mes grands-parents maternels venaient d'Allemagne. Eux, je les ai connus tous les deux. Mon père est né en 1901 à Dombrova. La région de Pologne où ils habitaient était russe à l'époque. Et les Russes passaient régulièrement dans les villages faire le relevé des garçons qui auraient l'âge d'être appelés dans *x* années. Ils les enregistraient dès qu'ils avaient cinq, six ou sept ans, afin de pouvoir les appeler en temps voulu au service militaire. Pour les Juifs, et seulement pour eux, ce service durait quinze ans. De plus, n'étant pas autorisés à porter une arme, ils n'avaient droit qu'aux travaux d'esclaves. C'est ce que ma grand-mère a voulu éviter, et elle a donc envoyé mon père, qui avait alors neuf ans, ainsi que son frère de cinq ou six ans, à Anvers chez un frère à elle, Samuel, que je n'ai pas connu. Samuel faisait le commerce de céréales et habitait non loin des entrepôts du port. Il avait deux filles qui étaient déjà mariées, et toute cette famille habitait ensemble. Plus tard, au cours de mon enfance, je suis souvent allée là-bas, chez tante Lotti et oncle Maurice, ainsi que tante Renée et oncle Adolf. À l'heure actuelle, je suis toujours en relation avec la famille: l'un des enfants de Lotti et Maurice est un peintre bien connu à Paris, André Goezu, et l'autre fils, Guy, tient un restaurant portant un nom italien: Il Divino. Une petite-fille vit en Israël.

Mon père est arrivé à Anvers le premier juillet 1910. Il allait à l'école de la Van Maerlantstraat, dans une section française. Au début de la Première Guerre mondiale, il était classé ici comme ennemi, et il est parti vivre à Berlin. Chez qui je l'ignore. Il est revenu à Anvers en 1920, et il s'est installé chez son frère aîné Michel, jusqu'à ce qu'il ait pu habiter seul dans la Klokstraat. Mon père m'a toujours dit qu'ils étaient sept,

1 *Chtetl*, pluriel *chtetlekh*: petit village juif ou petite ville juive, en Europe de l'Est.

Papa, à l'âge de vingt ans.

Maman quand elle était petite.

Papa avec son petit frère Nathan.

mais je n'en ai retrouvé que cinq. Son frère aîné a eu la chance de mourir deux mois avant que la guerre n'éclate. Sa femme, tante Ida Levy, avait sa propre maison à Zurenborg, là où avaient habité mes grands-parents maternels, Elias et Rosa Oppenheimer, lorsqu'ils étaient arrivés d'Allemagne. Avant d'avoir eu la chance de venir en Belgique, ils avaient survécu à la Nuit de Cristal du 10 novembre 1938. Mon grand-père et mon oncle ont alors été arrêtés et déportés au camp de concentration de Dachau. Toute la journée, ils ont dû transporter des blocs lourds d'un mur à l'autre, jusqu'à ce que leur dos ait pris toutes les couleurs de l'arc-en-ciel. De la persécution pure destinée à les humilier. Mon oncle est entré clandestinement en Belgique, passant la frontière en fraude. Pendant la guerre, il était dans la Résistance, avec de faux papiers. Les vrais, il les avait brûlés bien sûr. Après la guerre, cela lui a valu bien des difficultés. Il ne voyait pas comment procéder pour obtenir des documents valables, car en tant qu'Allemand – même si, en réalité, il était apatride – il se voyait toujours considéré comme ennemi. Au cours d'un contrôle d'identité, il fut arrêté et condamné à six mois de prison pour port de faux papiers d'identité.

Mon grand-oncle Henri Schnabel, marié à tante Martha, une sœur de ma grand-mère, vivait également à Anvers et venait du même village que mon père. Ma mère voyageait à l'étranger depuis ses dix-huit ans, visitant sa famille. Et elle est souvent venue à Anvers. La suite se laisse deviner: une amitié qui se transforme en amour, je suppose. Je me souviens de la tendresse que se manifestaient mutuellement mes parents. Je les ai vus s'embrasser plus d'une fois. Je me glissais alors entre eux, mon père me soulevait et nous entonnions à l'unisson: «Nous nous aimons.» Mon souvenir le plus ancien remonte à une promenade dans le parc: une poussette, des vêtements d'été, et maman qui dit: «C'est la dernière fois que tu es dans cette poussette.» Je ne comprenais pas comment j'allais désormais me promener, ce qui a bien fait rire maman. Elle était très belle, ma maman: très mince, de beaux yeux dans un visage clair, une coiffure à la mode, une peau douce, une touche de poudre sur le visage, du rouge à lèvres... La villageoise était devenue une élégante dame de la ville. Elle était la plus belle de trois sœurs. Sept ans après elle, est encore né un fils: seul garçon, il était le chouchou de sa mère. Je me souviens de ce que l'on racontait au sujet de ma grand-mère, et notamment qu'elle allait tous les mois à Strasbourg – à l'époque une ville allemande – acheter pour lui tout ce qui pouvait exister de plus beau. Jamais je n'ai entendu parler de ce qu'elle aurait acheté pour ses filles.

À leur tour, mes grands-parents sont aussi venus. Exactement un jour avant que la guerre ne commence en Pologne, le 30 ou le 31 août

1939. Ils n'avaient rien pu emporter d'autre que ce qu'ils avaient sur eux. Pas d'argent, ou peut-être dix marks, je crois. Ils ne pouvaient rien faire transférer par la banque, car il était interdit d'envoyer des marks à l'étranger. Ils avaient donc acheté à l'avance le plus de meubles possible qui sont arrivés par le Rhin, dans des conteneurs. Ces meubles ont été stockés au port durant quelques mois, jusqu'à ce qu'ils soient eux-mêmes arrivés ici. Au cours du voyage en train d'Allemagne en Belgique, ils ont dû s'arrêter à la frontière, probablement à Aix-la-Chapelle. Là, mon grand-père a été traîné hors du train et passé à tabac encore une fois. Pourquoi? Tout simplement parce qu'il était juif. Comme mon oncle était mort deux mois avant la guerre, ma tante est allée habiter chez sa sœur, de l'autre côté de la petite place de Zurenborg. Mes grands-parents ont donc pu placer leur mobilier dans sa maison.

Ma grand-mère paternelle est venue à Anvers en 1937 ou 1938. Elle a habité à peu près un an dans un studio meublé, et nous y allions chaque semaine avec le frère aîné de mon père. Elle était là en attendant que deux de ses fils, qui étaient à l'époque déjà en Amérique, puissent lui procurer un visa. Ils ont fini par lui obtenir un visa touristique ce qui, déjà alors, était devenu difficile. Jusqu'au début des années trente, il était facile d'immigrer en Amérique mais, par la suite, les syndicats se sont opposés à l'immigration: ils avaient peur de la

Sur la Place Reine Astrid à Anvers, 1934/35.

Mes grands-parents, Elias Oppenheimer et Rosa Bloch, à Anvers, portant l'étoile jaune.

«main-d'œuvre bon marché» en provenance d'Europe. Tous ces réfugiés étaient prêts à se satisfaire du premier travail venu. Mon père m'a raconté que l'un de ses deux frères l'accompagnait au Canada, puisqu'avec son visa touristique elle devait quitter le pays au bout de trois mois. Et, depuis le Canada, elle entrait à nouveau comme touriste pour encore trois mois. Je suppose que cela s'est réglé plus tard. J'ai donc connu ma grand-mère pendant un an environ. Je me rappelle que nous l'avons accompagnée à Bruxelles, de la gare du Nord à la gare du Midi, à travers la ville. Elle avait alors soixante-dix-sept ans, ce qui approchait de l'âge de Mathusalem[1]. Elle est allée toute seule en train jusqu'au Havre, et de là par le *Queen Mary* jusqu'à New York. Il me semble que le voyage durait une dizaine de jours. Toute la famille était à la gare du Midi de Bruxelles pour les adieux: nous et le plus jeune frère de mon père, avec ses beaux-parents. Je vois encore comment ils embrassaient ma grand-mère. Ils savaient qu'ils n'allaient plus jamais se revoir.

Je suis allée à l'école à Anvers. Nous habitions alors Lange Leemstraat, tout près de l'école. Je n'ai jamais connu d'antisémitisme à l'école. Jusqu'en 1942, je vivais comme tous les autres enfants. Je m'entendais pourtant mieux avec les filles juives qu'avec les autres, qui s'estimaient plus ou moins «supérieures»: la fille d'un grand joaillier, la fille de Russinger, l'échevin de l'enseignement qui était avocat. Elles nous prenaient un peu de haut, mais pas parce que nous étions Juives. Nous étions d'ailleurs six ou sept filles juives sur vingt-cinq, soit environ un tiers. Deux ou trois d'entre elles ont été déportées, et j'ai retrouvé les autres après la guerre. Je me souviens de Suzanne Spingarn, qui est devenue artiste en France, Judith Ring, Bella Teitelbaum, qui disait très fièrement: «Je n'ai pas à porter l'étoile, parce que ma mère n'est pas Juive.» Il s'agissait donc plutôt d'une différence de classe mais cette fille, elle-même à demi-juive, manifestait aussi une forme d'antisémitisme.

Le 10 mai 1940, je marchais avec mon père sur la Plantin en Moretuslei, et nous avons vu les premiers nuages noirs: des tirs vers les avions. Entre la Simonsstraat et le parc il y avait de grandes «maisons de maître», et dans l'une d'elles était établi un traiteur juif. C'est là qu'avait eu lieu, deux ans plus tôt, le mariage de la sœur de ma mère. Soit dit en passant, ils avaient eu bien du mal à la faire venir; j'ai tout ce dossier; c'est fou le mal que s'est donné mon père pour faire venir ici sa belle-sœur! Mon père a sonné, et nous avons cherché refuge à l'intérieur.

1 Mathusalem: personnage qui selon l'Ancien Testament atteignit 969 ans. «Vieux comme Mathusalem»: très vieux.

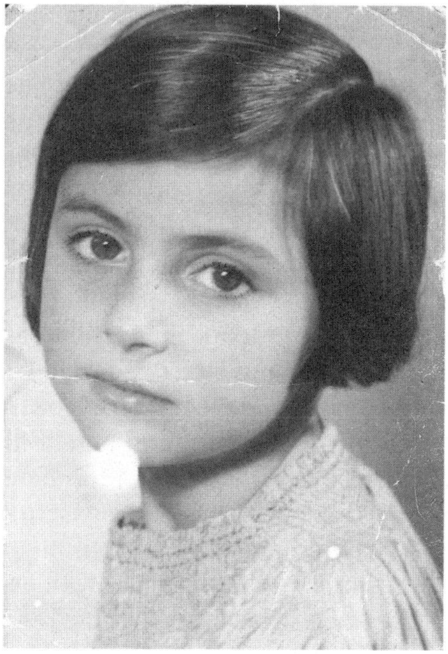

C'est moi en 1937.

Premier jour d'école, septembre 1936.

Journées heureuses avec maman.

Bien entendu, nous avons pu entrer sans problème. D'autres gens s'y étaient réfugiés eux aussi. Par la suite, pendant une bonne semaine, quand il y avait des alertes, nous allions dans les caves. Ce n'est qu'encore plus tard que nous avons pris la fuite, en suivant la foule tout bonnement: mes parents, la sœur de ma mère et son mari avec leur bébé de huit mois, ainsi que mes grands-parents. À pied, à pied, et encore à pied... Mon grand-père avait alors soixante-dix-huit ans. Des landaus nous servaient de «bacs» à bagages; s'y ajoutaient deux valises. Des ponts avaient déjà sauté et il y avait donc beaucoup de déviations. L'idée de mon père était d'atteindre Ostende en passant par Bruges ou Ypres, pour trouver un bateau vers l'Angleterre. En route, dans un village de Flandre orientale, il a engagé la conversation avec un paysan. Ils ont dû parler d'église ou de religion. Quand mon père a dit qu'il n'était pas baptisé, le paysan n'a pas voulu le croire. Mon père a dû montrer sa carte d'identité, et enlever chaussures et chaussettes pour prouver au paysan que les Juifs étaient des humains comme tout le monde. Cet homme n'avait encore jamais vu de Juif et croyait que les Juifs avaient les pieds fourchus, comme les vaches et les chèvres. Nous avons enfin atteint Ostende en début d'après-midi, soit environ huit jours après notre départ d'Anvers. Mais le dernier bateau disponible était parti le matin même. Nous nous sommes tous assis dans le parc. Je connaissais un peu Ostende: en 1938, en effet, j'y avais passé mes vacances avec le frère aîné de mon père et ma tante, qui n'avaient pas d'enfants. Mon père et son beau-frère sont allés à la recherche d'un logement, et ils ont trouvé un sous-sol dans l'une des belles maisons qu'il y avait à l'époque, avec des balcons couverts qui permettaient à chacun d'avoir une vie privée. Une heure plus tard, ils sont revenus nous chercher pour nous y installer. Après avoir un peu défait nos valises, nous sommes sortis pour une petite promenade jusqu'au parc où nous nous étions reposés. Quelle ne fut pas notre stupéfaction d'y découvrir un énorme cratère! Il était tombé une bombe à l'endroit même où nous étions assis quelques heures auparavant. Quelques jours plus tard, les Allemands nous avaient bien sûr rattrapés. Ils ont fait savoir qu'ils mettaient des bus gratuits à la disposition de tous les réfugiés pour leur permettre de rentrer chez eux. Je me rappelle qu'au moment où nous arrivions à Anvers, quelque part sur la rive gauche de l'Escaut, ma mère, affolée, s'est écriée: «Ils nous jettent à l'eau.» Mais ce n'était pas le cas: nous roulions sur un pont provisoire que les Allemands avaient construit sur des pontons.

Et donc, retour à la Lange Leemstraat. La vie reprit. Mon père était diamantaire, mais il n'avait pas de travail à cause de la guerre. Il essayait de gagner un peu d'argent à droite et à gauche. Avec son jeune frère il

Avec maman, Plantin en Moretuslei.

faisait le commerce de vieilles ferrailles et de chiffons, pour avoir un peu d'argent. J'ai repris l'école; j'étais en avant-dernière année du primaire. Le dernier jour, fin juin 1942, toutes les filles juives ont été rassemblées dans la cour. La directrice nous a expliqué que, pour la prochaine année scolaire, il ne nous serait plus possible de venir à cette école parce que nous étions Juives. Je n'ai pas compris pourquoi elle avait les larmes aux yeux, ni pourquoi sa voix tremblait. Puis, c'est devenu dangereux partout, et je ne suis plus du tout allée à l'école. Nous avons vécu enfermés dans notre logement comme des animaux en cage. Imaginez ce que cela a pu signifier pour une enfant de onze ans: plus d'école, plus de jeux dans le parc (et il faisait si beau!), plus de cinéma, plus de viennoiseries avec maman à Inno, plus d'amis... Nous devions masquer les fenêtres, ce qui rendait les choses encore bien pires. Mon père n'a probablement plus eu les moyens de payer le loyer et nous sommes allés vivre chez mes grands-parents, emmenant le réchaud à gaz, un lit en fer et une table. Ils avaient encore quelques pièces au grenier. Le réchaud a transformé la salle de bains en cuisine, et nous dormions à trois dans le lit.

C'est alors qu'a commencé la véritable persécution. Tous les Juifs devaient se faire enregistrer à l'Hôtel de Ville. Nous n'y avons vu aucun mal et nous l'avons donc fait. Ce n'est que plus tard que nous avons commencé à comprendre à quoi allait servir cette liste: tous les Juifs de plus de seize ans recevraient une convocation pour aller travailler dans des camps. Il y eut des situations insensées: une jeune fille de dix-sept ans était convoquée seule, mais sa mère a voulu l'accompagner. Et le père n'a pas voulu laisser la mère et la fille y aller sans lui. Ils sont donc allés tous les trois se présenter volontairement. Ils ont été envoyés sur le mur de l'Atlantique, pour le compte de l'Organisation Todt, et lorsqu'ils ont été assez épuisés, ils ont été mis dans un train, direction un camp de concentration. Personne ne les a plus revus. Avec un tel chantage de la part des nazis, une partie de la population juive s'est fait déporter sans trop de panique. Nous l'avons su par des amis qui ont vu des trains passer à Malines, pleins de parents et de connaissances, en direction de l'Allemagne.

En mai 1940, mon oncle Edgar Oppenheimer, fut arrêté par les services secrets belges, qui ont emprisonné des milliers de Juifs allemands comme «espions», ou du moins comme ennemis. Envoyé dans un camp à Saint-Cyprien, dans les Pyrénées françaises, il put s'évader et revenir à Anvers en passant par Lyon. Lorsqu'il réapparut, nous vivions déjà avec mes grands-parents dans les mansardes. Un jour, on sonna. Il y avait là deux Allemands, qui demandaient mon oncle. L'un d'eux était Erich Holm [1], un colosse aux cheveux roux et aux mains énormes. Mon père a répondu qu'il ne savait pas où se trouvait son beau-frère: il a, en retour, reçu une gifle. Nous avions très peur que mon oncle se montre, puisqu'il nous avait dit qu'il allait passer. Comment Holm nous avait-il repérés? Un collaborateur de Holm s'appelait Alexander Wäser, né à Hambourg tout comme Holm. Avant la guerre, il tenait une boulangerie à Kalmthout, mais il faisait probablement de l'espionnage. En mai 1940, il avait été conduit comme suspect à Saint-Cyprien où, avant de s'en évader, se trouvait également mon oncle. Revenu à Anvers, ce fut un jeu d'enfant pour Wäser de trouver le lien entre mon oncle et ma mère, des Oppenheimer tous les deux. Or, une dizaine d'années après la guerre, le patron de mon oncle reçut une lettre d'Allemagne, signée de... Erich Holm, qui demandait un rendez-vous au sujet d'une transaction commerciale. Mon oncle est allé à ce rendez-vous, dans un café, et a demandé à Holm s'il se souvenait de lui. Holm l'a dévisagé, puis: *Sie kommen mir bekannt vor, aber ich weiss nicht von wo* [2]. Mon oncle lui a alors rafraîchi la mémoire en lui mentionnant son véritable nom: Oppenheimer. Il lui a aussi donné des détails sur son comportement pendant la guerre, lui décrivant même sa tenue: manteau de cuir noir

1 Erich Holm, *SS-Oberscharführer*, fut le chef de la *Judenabteilung* d'Anvers à compter du 7 août 1940. Il était connu pour sa brutalité envers les Juifs. En 1949, son dossier fut classé «sans suite» par la Justice belge.

2 NDT: Il me semble que je vous connais, mais je ne sais pas d'où.

et bottes noires. Puis il a enchaîné en lui parlant d'un certain Jan Van Hoof, qu'il devait avoir passé pas mal de temps à chasser, sans jamais réussir à l'attraper. Un Jan Van Hoof qui n'était autre que… son interlocuteur. Holm fut tellement décontenancé par ce récit que, enfilant son manteau, il quitta le café sans prendre congé.

Un jour, ma mère était derrière le rideau en train de regarder la rue, parce qu'elle entendait un vacarme inhabituel. Elle aperçut une conversation animée entre une voisine et un homme de la Gestapo. La voisine indiquait du doigt notre maison, et maman comprit donc que nous avions été dénoncés. Nous nous sommes précipités à la mansarde et, de là, par une petite échelle, dans la soupente – l'espace entre le grenier et le toit de tuiles. Papa, maman et moi sommes restés là couchés, sans bouger, pendant trois heures. C'était l'été et il faisait affreusement chaud sous les tuiles, peut-être bien 40°. La Gestapo a trouvé le moyen de passer par les balcons de derrière pour entrer par la fenêtre de la cuisine. Nous les entendions ouvrir toutes les portes et les armoires, leurs bottes martelant le sol. Mes grands-parents étaient aussi à la maison, et ils sont allés se coucher pour faire croire qu'ils étaient tous les deux malades. La Gestapo les a trouvés, bien entendu. Mais comme mes grands-parents parlaient couramment allemand l'un et l'autre, ils leur ont fait la causette pendant que nous étouffions de chaleur et tremblions de peur. C'est que l'un des hommes de la Gestapo venait de la même région que mes grands-parents. Mais cette histoire, nous ne l'avons sue qu'après le départ de la Gestapo, cela va de soi. Qu'ils ne nous aient pas trouvés reste un miracle, et qu'ils n'aient pas arrêté mes grands-parents en constitue un autre. Pendant ce temps, les camions de déménagement de la société Arthur Pierre attendaient dans les rues, sous un soleil de plomb, remplis de Juifs arrêtés pour être envoyés à Malines et, de là, à Auschwitz. Mais ceci, évidemment, nous ne le savions pas encore.

Après trois heures dans la soupente, nous sommes descendus, tremblants et pâles de peur. Et aussi tout noirs de suie. Nous savions désormais que nous ne pouvions plus rester à cet endroit. Mais qui allait nous aider? Le laitier du coin de la rue nous a hébergés jusqu'à ce que nous ayons trouvé une cachette. Mon père a essayé de trouver quelque chose et, par l'intermédiaire d'anciens camarades d'école ou d'anciens collègues, nous sommes d'abord partis pour Bruxelles, chacun un petit paquet sous le bras car il ne fallait pas nous faire remarquer. Mais nous avions tout de même enfilé une double épaisseur de vêtements. Nous sommes partis de Berchem, la gare principale étant trop dangereuse: là-bas, il y avait déjà des rafles. Nous nous glissions le long des maisons, et nous avions le dos tout blanc à force de raser les murs. À Bruxelles, nous sommes allés chez le plus jeune frère de mon père, oncle Nathan, qui avait un appartement à Saint-Gilles. Comme il était à ce moment-là à Oisquercq, son appartement était vide. Il avait ôté la poignée d'un placard, laissant une clé à l'intérieur, pour que nous puissions nous y enfermer s'il arrivait quelque chose. Il y avait des trous dans la porte pour l'aération. Nous avons habité là-bas trois ou quatre mois. Pendant cette période, j'ai passé quelques jours à Oisquercq chez mon oncle. Il était cuisinier de métier et, malgré les restrictions de la guerre, il parvenait à préparer des plats délicieux. Il faisait lui-même son pain; je sens toujours, émanant du four, l'odeur du pain en train de cuire. Et je le vois encore couper des tranches épaisses à l'aide d'un grand couteau, comme le faisaient les paysannes, en tenant le pain contre le ventre.

Pendant ce temps, un frère de ma mère, qui était dans la Résistance, a été chargé de trouver quelque chose pour nous. Ma mère avait fait teindre ses cheveux en blond, pour ne pas être reconnue. Un jour mon père m'a envoyée chez l'épicier d'en face, qui m'a demandé: «Tu n'es pas à l'école?» J'ai répondu: «Non, la maîtresse était malade.» J'ai rapporté le fait, et mon père a estimé qu'il était temps que nous nous en allions. Nous nous sommes alors retrouvés à Petit-Han, chez une famille bruxelloise qui voulait nous aider. Le frère de ma mère, celui qui était dans la Résistance, a réussi à loger avec nous une grande partie de la famille de ma mère: mes grands-parents, ma grand-tante et son mari, ma tante et son fils. Nous étions neuf. C'était une belle maison avec un grand jardin, un court de tennis et des arbres fruitiers dont, au printemps, j'ai fait des ventrées de fruits pas mûrs… avec toutes les conséquences que vous imaginez. On me laissait m'occuper des lapins et

La maison à Petit-Han, inachevée, où nous étions logés.

Mes parents à Anvers.

Dieu sait s'il y en avait! Une fois, je leur ai donné une demi-journée de liberté dans le jardin; il a fallu des heures pour les rattraper tous, et quelques semaines plus tard, on a assisté à un nombre inhabituel de naissances. Je ne savais rien des choses de la vie…

Autant de gens dans une maison, cela n'était pas toujours facile, mais chacun faisait de son mieux pour ne pas aggraver le climat d'angoisse. Chaque fois qu'il y a eu du danger, nous avons été informés de manière mystérieuse, et nous avons fui dans la forêt, y restant jusqu'à ce que le danger fût passé. De loin, nous pouvions alors apercevoir un drap pendu à l'une des mansardes: signe que nous pouvions revenir. Un jour de printemps je me promène avec mon père sur la route qui passe devant la maison: nous allons explorer le bois derrière chez nous, au cas où… Soudain, il y a un inconnu devant nous et qui, tout sourire, demande en yiddish: *Oy noch a Yidd du* (Oh mais, voilà encore un Juif). Mon père me regarde droit dans les yeux en me pressant la main, et lui répond: «Je ne vous comprends pas, monsieur.» Je reste muette comme une carpe, et nous poursuivons sans permettre à l'individu d'engager la conversation. Pendant que nous continuons, l'étranger nous crie après en ricanant: «*Oy, a Yidd hot moyré mit mir zu reden*» (Oh mais, le Juif a peur de me parler). Eh oui! On ne pouvait faire confiance à personne à cette époque: ce pouvait être aussi bien un homme honnête qu'un traître. Je pense que mon père n'a plus jamais repris ce chemin par la suite.

Le nom des personnes qui nous hébergeaient se refuse à me venir aux lèvres. L'homme était huissier de justice. J'ignore son prénom.

Elle, elle s'appelait Henriette. Leur fils était avocat, et communiste. Il figurait par conséquent sur la liste noire des Allemands. Quand ils ont arrêté mes parents, ils ont aussi emmené la femme. Son fils a pu obtenir sa libération, avant que mes parents soient transférés à Malines. Cette loueuse demandait un loyer élevé. Nous n'avions pas de tickets de rationnement, et nous ne pouvions pas non plus aller nous-mêmes faire les courses: c'était donc elle qui faisait les courses. Nous avons tout payé au prix du marché noir, y compris le charbon. Plus tard, nous avons su qu'elle obtenait de la Résistance des tickets supplémentaires pour nous, mais qu'elle les gardait pour elle-même. Et puis elle parlait trop, si bien que tout le village savait que nous étions cachés là. Il y a une dizaine d'années, j'ai appris que le village était plein de Juifs cachés, mais ceux-là ont tous survécu à la guerre parce que les gens qui les ont accueillis ont su garder le silence.

En fin de compte, nous avons été dénoncés – nous l'avons su plus tard – par le bourgmestre, un collaborateur. La Résistance n'a pas été informée à temps, et c'est pourquoi la Gestapo, un jour de juin 1943, est venue tambouriner notre porte à cinq heures du matin. Nous avons entendu des ordres en allemand, des cris, des hurlements, des camions qui s'arrêtaient devant la porte, des bruits de bottes sur le gravier. Et puis l'ordre: *Aufmachen, schnell, oder wir schießen* [1]. La terreur, notre compagne de tous les jours, se tenait devant nous dans l'uniforme *feldgrau* [2], avec sur la poitrine une plaque en métal. Nous étions pris au piège, pas d'échappatoire possible. Au premier coup d'œil, ils ont semblé quelque peu déconcertés. Ils avaient un mandat d'arrestation pour une famille de trois personnes et ils découvraient tout d'un coup une douzaine de personnes qui, livides et tremblantes, balbutiaient toutes de peur et d'émotion. Comment décrire nos sentiments? Tout le monde courait dans tous les sens. Le désespoir et la peur se lisaient dans les yeux de chacun. J'ai entendu mon père tenter de négocier avec un homme de la Gestapo. Et ma mère qui suppliait: «Laissez-moi ici, de grâce! Je veux rester avec ma fille, c'est mon enfant, promettez-moi que je pourrai revenir». Dans le même temps, mon père me reniait devant la Gestapo: dans l'espoir de me sauver, il soutenait que je n'étais pas sa fille. Pendant ce temps, j'étais en train de m'habiller. Pas le temps de remplir une valise. J'ai donc enfilé l'une sur l'autre trois chemises, trois culottes et deux paires de chaussettes. Je flageolais sur mes jambes, je me sentais comme une poupée de chiffon. Mes pensées allaient à mon grand-père, qui venait de mourir la veille, et qui était exposé sur son lit

1 NDT: Ouvrez, tout de suite, sinon on tire.
2 NDT: couleur verdâtre des uniformes allemands.

de mort dans la chambre d'à côté. Mon oncle avait été averti par la Résistance que son père était mourant et il était arrivé juste à temps pour le voir encore en vie. Ce qui fait qu'il était encore là, lui aussi, avec son amie. Le fossoyeur de la commune, M. Dujardin, avait déjà creusé une tombe en secret tout au fond du jardin, pour pouvoir enterrer clandestinement le corps jusqu'à la Libération. En fait, je ne savais pas très bien ce qui se passait en bas pendant que je m'habillais. Tout à coup, quelqu'un est venu me dire – mais je ne sais plus qui: «Tu peux rester ici, enlève donc ces vêtements. Mais ne fais pas de bruit, qu'ils ne t'entendent pas d'en-bas.» Je vivais un cauchemar dont je ne me parvenais pas à me réveiller. J'étais naïve au point de penser que mes parents monteraient aussi pour me rassurer, ainsi que les autres membres de la famille. Mais en bas les choses se sont passées bien différemment. Toute la famille fut embarquée dans un camion, à l'exception de ma grand-mère, de ma tante Ruth – Micheline, de son nom de guerre – et de mon cousin José. Ils avaient la chance de détenir de «vrais-faux» passeports suisses. La Suisse étant un pays neutre, ils étaient donc autorisés à rester. Et, puisqu'à mon âge je n'avais pas encore de carte d'identité, la Gestapo ne pouvait pas prouver qui j'étais effectivement. C'est ce qui m'a sauvée.

Depuis seulement quelques années, je sais ce qui s'est alors passé dans la rue. Quand toute la famille fut dans le camion, sur le point de partir, ma mère est parvenue à sauter du camion pour appeler sa fille en criant et en pleurant. Elle n'avait bien sûr aucune chance. Elle a été jetée à terre, et tandis que des hommes de la Gestapo la maîtrisaient de leur fusil, d'autres la jetaient à nouveau dans le camion. Puis le camion est parti... D'abord la *Kommandantur* de Marche-en-Famenne, puis la prison Saint-Léonard à Liège et pour finir la prison d'Arlon. Depuis la prison, maman a pu m'écrire une lettre, datée du 9 juillet 1943:

Mein liebstes Kind Félicie, Ich denke Tag und Nacht an dich und ich weine viel, weil ich nicht mehr bei dir kann sein um dich zu beschützen (...) Ich bitte dich, vergesse deine Eltern nie. Denke jede Stunde an uns, dann kommen wir vielleicht bald zurück.

Ich küsse dich heiss auf beide Backen, diene Mama Ilse[1].

Et elle s'adressait aussi aux gens qui m'avaient accueillie:

Seit bitte gut zu meinem Kind, jetzt wo sie so alleine ist[2].

---

1 «*Ma très chère petite Félicie, je pense à toi jour et nuit et je pleure beaucoup, car je ne peux plus être avec toi pour te protéger. (...) Je t'en supplie: n'oublie pas tes parents. Pense à nous à tout moment, et nous serons peut-être bientôt de retour. Je t'embrasse chaleureusement sur les deux joues. Ta maman Ilse.*»

2 «*Svp, soyez bons pour mon enfant, maintenant qu'elle est si seule.*»

De mon père également j'ai reçu une petite lettre, vraisemblablement depuis la même prison, dans laquelle il essayait de me rassurer:

«Ma chère petite Félicie, Aie courage, c'est seulement question de quelques jours peut-être, que je serai absent. Il n'y a absolument (*sic*) pas de danger. Sois sage et n'ayez pas peur. Je t'embrasse tendrement sur les deux joues. Papa.»

De là-bas, ils ont été transférés en train à la caserne Dossin de Malines, puis, par le convoi n° 20, transportés en wagons à bestiaux à Auschwitz, où ils ont immédiatement été gazés à leur arrivée. Pendant le voyage d'Arlon à Malines, mon père a réussi à jeter du train une carte postale. Il demandait s'il se trouverait une bonne âme pour la faire parvenir à destination: c'est qu'elle ne portait pas de timbre. Cette carte nous a été transmise par la poste. Mon père écrivait qu'on devait me cacher, car la Gestapo savait qu'il avait une fille, bien qu'il l'ait nié, au moment de son arrestation et encore plus tard à la *Kommandantur*. En me reniant, il m'a sauvé la vie. Quant à mon oncle et son amie ce fut aussi presque un miracle. L'amie m'a raconté plus tard qu'à la *Kommandantur* de Marche-en-Famenne elle s'est comportée de manière si insolente et si obscène qu'elle a pu faire croire à la Gestapo qu'ils n'étaient pas juifs, si bien qu'ils ont finalement été relâchés. Mon oncle avait changé d'apparence au point qu'il ressemblait presque à quelqu'un de la Gestapo.

Mon grand-oncle Henri Schnabel et son épouse Martha, la sœur de ma grand-mère, qui étaient venus nous rejoindre, avaient été arrêtés eux aussi. La reine Élisabeth avait obtenu que les couples mariés dont l'un avait plus de soixante-cinq ans soient autorisés à quitter la caserne Dossin pour une maison de retraite à Bruxelles. Leur fille célibataire, Elsa Schnabel, institutrice de maternelle à l'école Tachkemoni, était tellement convaincue que les Juifs belges ne seraient pas inquiétés qu'elle avait refusé d'aller se cacher avec ses parents. Elle leur a raconté, lorsqu'ils furent ensemble à la caserne Dossin, comment s'était passée son arrestation dans son appartement. Durant une heure entière, elle s'était défendue comme une furie contre son arrestation; elle avait injurié les SS flamands, reçu des coups de poings et des coups de pieds, mais elle en avait donné, elle aussi. Ma grand-tante me l'a raconté après la guerre. Guerre qu'ils ont donc, eux, passée en maison de retraite, tandis que leur fille Elsa, sous le numéro 503, avait été du convoi n° 22 B parti pour Auschwitz l'après-midi du 22 septembre 1943.

Pendant le séjour à Petit-Han, j'avais fait connaissance avec la famille Marquet, un couple d'agriculteurs et leur fille Marie; ils tenaient une

Mon grand-oncle, Henri Schnabel, avec sa fille Elsa.

petite ferme. J'y allais souvent, pour échapper à l'atmosphère pesante de la maison. Ces gens étaient très gentils avec moi. Je leur avais dit que j'étais une lointaine cousine de notre logeuse et, même s'ils n'étaient pas dupes, ils faisaient semblant de me croire, pour ne pas m'embarrasser. Je suis même devenue très copine avec Marie et j'ai parfois pu l'accompagner discrètement quand elle apportait à manger à ceux qui travaillaient au champ. Après l'arrestation de mes parents, tout le village a su qui j'étais, bien sûr, et lorsque la carte postale de mon père est arrivée, ma tante eut l'idée de demander aux Marquet s'ils pouvaient me trouver un autre hébergement. Marie m'a alors sauvé la vie, avec l'aide du curé du village, en me logeant au couvent des Sœurs de la Sagesse à Durbuy. Je me souviens très bien que nous avons pris la route à pied, ma petite valise sur son vélo. Nous croisions très souvent des patrouilles allemandes sur les chemins, dans les villages comme en dehors des villages. La mission était assez périlleuse, et par chance nous ne nous sommes jamais trouvées nez à nez avec l'une de ces patrouilles. Je pense que ma grand-mère et ma tante furent heureuses, elles aussi, de me savoir plus ou moins hors de danger. C'était pendant les grandes vacances. Le soir même, j'étais déjà au dortoir avec six autres filles juives. Une situation tragicomique: toutes ces filles s'y trouvaient sous un faux nom et personne n'osait en parler. J'ai demandé à l'une d'elles depuis combien de temps elles étaient au couvent et la réponse fut: «Depuis le Mercredi des Cendres». Je ne savais pas du tout ce qu'était le Mercredi des Cendres, je n'en avais jamais entendu parler, et je n'osais pas non plus poser la question. Je me suis trouvée dans une situation désagréable: je me rendais bien compte que les filles se connaissaient entre elles, et qu'elles se méfiaient de moi, qui venais d'ailleurs. Il est vrai qu'elles étaient cachées comme moi, et qu'elles ne savaient pas qui j'étais. Il y a quelques années, j'ai refait connaissance avec l'une d'entre elles. J'étais à Méan, en train de parler de mes expériences, et un doigt s'est levé dans la salle: c'était une dame qui disait qu'elle y avait été, elle aussi. Bien sûr, nous ne nous sommes pas reconnues, mais elle avait les mêmes souvenirs que moi. Je me souviens du séjour au couvent comme d'une période agréable. Je ne connaissais rien à la liturgie catholique, mais les sœurs et la supérieure m'ont conseillé de faire semblant, et de bien observer ce que faisaient les autres pour les imiter. Très vite, j'en suis venue à tout connaître sur le bout des doigts, et... c'est encore le cas aujourd'hui.

Un jour, mon oncle, est venu me chercher pour aller habiter à Lustin, près de Namur: nous risquions à nouveau de nous faire prendre en route. La situation était devenue trop risquée pour ma grand-mère et ma tante. Les Allemands venaient régulièrement soi-disant leur rendre visite, mais personne ne pouvait savoir quelles étaient leurs réelles intentions. Mieux valait donc disparaître, et ma famille ne voulait pas me laisser au couvent.

Nous sommes restés à Lustin jusqu'à la Libération, moi, ma grand-mère, ma tante Micheline et mon cousin José. Nous y habitions une

Au couvent de Durbuy, une petite cloche règle toute notre vie.

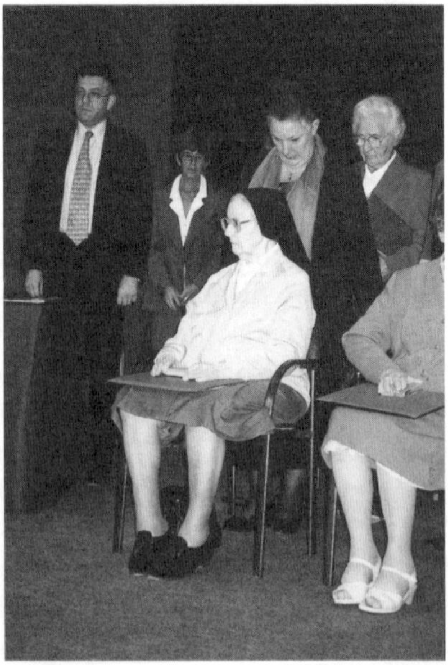

Sœur Marie-Louise (Durbuy), reconnue comme «Juste».

maison assez à l'écart, chez des gens qui devaient eux-mêmes se cacher. Elle était une Bruxelloise non-juive, et son mari un Juif roumain. Dès que Lustin et Bruxelles ont été libérés, ils sont partis et nous ne les avons plus jamais revus. Nous avions un poêle à charbon, qui servait aussi bien pour la cuisine que pour le chauffage. Mais il y avait pénurie de charbon. De temps à autre, nous recevions des boulettes de coke, faites d'un charbon compressé qui se consumait en un rien de temps. Ma tante Ruth et moi passions des heures dans les collines derrière la maison à ramasser du bois. Puis nous descendions avec des fagots liés par de vieux bouts de ficelle qui, parfois, cédaient en chemin. Il nous fallait des heures pour rentrer à la maison et, après une telle «sortie», nous étions sales et épuisées. Je me souviens encore de ma première paire de sabots de bois, procurée par l'oncle Edgar. J'en étais très fière: on m'entendait arriver de loin. Comme j'étais la seule à bien parler français, c'était moi qui allais chercher du lait, chez deux dames. Un jour, en arrivant chez elles, mes papilles captent une sensation que je n'ai plus connue depuis longtemps. Elles sont en train de faire des frites. Mais elles n'ont pas la gentillesse de m'en offrir une seule...

Lorsque les troupes allemandes ont battu en retraite, elles se sont trouvées prises sous le feu nourri des Américains juste devant notre maison. Nous avons pu nous abriter à la cave, mais des dizaines d'Allemands tentaient de se mettre à l'abri sous les arbres du jardin. Imaginez la situation, lorsque nous sommes sortis de la cave: il y avait beaucoup de blessés. Oubliant notre haine des Allemands, nous les avons tout de même soignés. La plupart étaient des gosses de dix-sept ans.

Nous avons été de retour à Anvers avec les premières «bombes volantes». Six mois durant, jusqu'à la fin mars 1945, nous nous sommes demandés si nous allions nous en sortir, avec toutes ces pluies de bombes. J'avais manqué l'école pendant deux ans et demi, et pour cause de bombardements je ne pouvais toujours pas y aller. La direction et les enseignants de l'école juive donnaient tout de même des séries de devoirs aux enfants juifs qui, depuis la Libération, réapparaissaient petit à petit. L'école a finalement repris le premier septembre 1945. Je ne pouvais plus suivre, et pendant deux ans j'ai donc eu des séances de rattrapage. Au bout de ces deux ans, je m'étais assez remise à niveau pour pouvoir assister aux cours.

Après la guerre, je n'avais bien entendu pas d'argent, et ma grand-mère non plus; elle était restée seule. Bien qu'ayant fui la terreur des nazis, elle devait, en tant qu'Allemande apatride, se présenter régulièrement au commissariat de police du quartier. Elle a dû aussi certifier qu'elle n'avait pas commis d'acte subversif. Ma tante et mon cousin tiraient un petit revenu d'une maison de location dont ils avaient hérité, et il leur fallait se débrouiller avec. J'ai dû prendre un travail aussi vite que possible, car si la Centrale juive donnait un peu d'argent à ma grand-mère, ce n'était pas grand-chose. Elle avait deux sœurs en Amérique qui lui envoyaient des vêtements, mais cela la mettait en colère: «Elles s'imaginent donc que nous vivons nues ici?» De fait, elles nous envoyaient tout ce qu'elles avaient de plus laid: des vêtements avec des fleurs énormes, et ce genre de choses, à l'américaine. Mais c'était ce qu'elles avaient porté elles-mêmes... Nous, nous portions des vêtements bien plus discrets.

Si j'avais pu, si j'avais été bien guidée, si quelqu'un avait pu me conseiller, et ainsi de suite... Mais l'enfant de quinze ans que j'étais avait opté pour le plus simple: une formation commerciale, et juste assez de connaissances pour pouvoir aller travailler. Ma première paye, en 1946, fut de mille cinq cents francs par mois. Il fallait en déduire le loyer, le gaz, l'électricité, la nourriture. J'aurais aimé étudier les langues, par exemple les langues germaniques, ou bien le journalisme...

J'ai débuté comme employée dans une entreprise de diamant. Mon mari s'appelle Jean Bloch; son père était le plus jeune frère de ma grand-mère. Il vivait à Paris et j'ai fait sa connaissance quand, pendant son service militaire, il s'est mis à la recherche de sa famille d'Anvers. Nous avons un fils à Anvers, qui travaille à l'Union européenne à Bruxelles. Un autre fils vit à Bruxelles et il travaille dans le diamant à Anvers. Ma fille est mariée à Paris, où elle est directrice dans une entreprise. Un autre fils travaille dans une boulangerie industrielle de *pitas*. J'avais sept petits-enfants, mais malheureusement l'un nous a quittés.

J'ai perdu pas moins de vingt et un membres de ma famille dans cette horrible guerre. Et pourtant, après tout ce qui est arrivé, je me sens chez moi à Anvers. Ma famille était ici depuis 1880 et elle avait une entreprise d'import-export de céréales qui marchait bien. Tant mon père que moi nous sommes sentis à l'aise dans une école communale. J'espère que nos enfants et nos petits-enfants ne devront pas revivre ce que nous avons connu. Paix sur la terre pour tout le monde! Je continue d'espérer...

« ILS ONT CONNU LA FAIM POUR MOI ! »

Joseph Guerchaft

Mon père s'appelait Aizik. Mes parents sont venus en Belgique de Varsovie, via Paris. Régnait à ce moment-là la guerre russo-polonaise[1] mais, comme ils étaient israélites, ils n'avaient aucune raison de se mêler à cette guerre et se trouver entre ces deux partis. Quoique mon père, étant polonais, ait fait son service militaire en Pologne. Mes parents se sont mariés à Paris. Ils sont venus en Belgique, via la France, comme beaucoup de Juifs. Les parents de mon épouse sont eux aussi venus de France. Mes grands-parents sont arrivés plus tard, avec un fils, né en Pologne; il est décédé en 1961. En Pologne existait certainement un sentiment antisémite; mes parents en parlaient. C'était pareil en Russie; beaucoup sont venus de Russie aussi.

Mes parents étaient religieux, d'une certaine façon. Ils allaient à la synagogue, mais peu souvent. Ils mangeaient casher, en tout cas, parce que leurs parents, très religieux, vivaient avec eux; donc, ils respectaient les traditions. Mais ma mère osait transgresser les règles; elle aimait bien les crevettes! À la kermesse, on mangeait des crevettes, des escargots.

Je suis né à Etterbeek, le 23 août 1931, mais je me souviens de notre adresse à Anderlecht, n° 5, rue des Bassins. Dans ce quartier vivaient beaucoup d'Israélites. Je suis devenu belge par option, à l'âge de quatorze, quinze ans, après la Libération. En ce temps-là, on ne recevait pas la nationalité comme maintenant. Il fallait apprendre l'histoire de Belgique: j'ai passé un examen de deux heures devant un procureur du Roi, pour voir si j'étais bien intégré. On était sévère parce que être de nationalité belge signifiait pouvoir voyager partout. Et beaucoup de gens venaient en Belgique, demander la nationalité, pour aller aux États-Unis.

Mes parents ne sont pas devenus belges. Dans notre quartier, je n'ai jamais senti d'antisémitisme. Mais j'ai très peu habité chez mes parents. Ils avaient un atelier de piqueurs de tiges, les empeignes de chaussures, avec des ouvrières. Ma mère avait déjà plus de quarante ans quand je suis né, et ils ont trouvé une dame pour s'occuper de moi, une Belge, catholique. Pendant la guerre, j'ai été caché chez ces gens. Ils avaient deux filles, qui étaient déjà mariées. J'étais donc leur petit dieu! Je suis

1 Guerre russo-polonaise, du 25 avril au 12 octobre 1920. La Paix de Riga, 18 mars 1921, donna à la Pologne sa frontière de l'est, qu'elle avait encore en 1939.

retourné chez mes parents vers l'âge de six ans, pour aller à l'école primaire. J'y suis resté de 37 à 42. L'école était d'abord rue Eloy, puis mes parents ont déménagé à Forest pour habiter plus près de la firme pour laquelle ils travaillaient, FFR, une grande usine de chaussures. Nous habitions rue Jean Preckher, au n° 22. J'allais à l'école boulevard Guillaume Van Haelen. À l'école, je n'ai pas perçu d'antisémitisme. Mais il faut dire que j'étais très intégré, et je n'avais pas l'air israélite – cheveux noirs, un peu crépus, le «type», soi-disant. J'avais les cheveux bruns et non pas noirs, plats comme une brosse. Je ne me sentais pas juif. On n'en parlait pas à la maison.

Le 10 mai 1940, on a entendu les sirènes, tout le monde à la rue, plus d'école. On a fait les paquets, on a laissé l'atelier et tout le reste, et nous sommes partis, mon père, ma mère, ma belle-sœur; les deux fils sont partis à vélo. On voulait aller en France mais, le 23 mai, mon père a été tué au cours d'un bombardement à Mouscron. On s'est trouvé entre les Allemands et les Anglais. Moi, j'ai été blessé, et ma mère plus grièvement. Je suis resté en clinique à Mouscron jusqu'au mois de juillet, ou d'août. Puis nous sommes revenus. Ma mère a repris l'affaire, et j'ai repris l'école.

Je ne sais pas si nous avons été inscrits au registre des Juifs. À un certain moment, mon frère, déjà marié, a travaillé pour les Allemands, bien obligé. De ce fait, ma mère a obtenu un laissez-passer. Je n'ai jamais porté l'étoile jaune, parce que j'ai été repris directement chez les gens qui m'avaient élevé. En 1942, l'instituteur est venu sur l'estrade et a dit: «Les enfants juifs ne peuvent plus venir à l'école.» Mais moi, je ne me considérais pas comme tel. Je n'ai donc pas tenu compte de cet avis; comme il le savait, il a appelé mon frère aîné à l'école, et lui a dit: «Dis à ton frère de venir chez moi.» Il m'a expliqué: «Je suis désolé», et il a lu l'ordre des Allemands: les enfants juifs ne peuvent plus aller à l'école. Point, à la ligne. Après la Libération, quand je suis entré en sixième, le directeur m'a emmené en classe et m'a présenté à notre instituteur, qui lui a dit – je sentais l'antisémitisme caché –: «Il y en beaucoup qui reviennent, hein?» Il ne m'a pas fait de cadeaux, celui-là. Il m'a fait copier cinq verbes, à tous les modes et à tous les temps, pour un point sur un i! Je l'en ai remercié à un certain moment, in petto, parce que, après trois ans de non-scolarité, je suis sorti avec 88 %. Autre souvenir, celui d'un prof de français, après la Libération, quand je suis retourné à l'école, en première moyenne. Mon frère avait toujours été premier de classe, il se souvenait de son nom et, en entendant mon nom à l'appel, il me dit: «Tu n'es pas polonais, toi?», parce qu'on ne disait pas «Juif»: on confondait les Juifs et les Polonais, puisque beaucoup de Juifs étaient venus de Pologne.

J'étais caché chez les Hofmans, rue Victor Rauter, n° 21. Ils m'appelaient «Jefke» – mon nom juif était «Jossele». Je les appelais «bompa» et «bomma». Ils étaient retraités. lui avait été plombier à la commune. Ils n'étaient pas fortunés, étaient pauvres même, et je n'avais pas de carte de ravitaillement. Mais ils me donnaient tout. Ils ont connu la faim pour moi! À un moment donné, j'ai eu un abcès dans l'oreille. Il existait un hôpital juif à l'autre bout de la ville, chaussée de Boondael. Bompa et bomma le savaient: c'est donc qu'ils avaient des contacts avec un réseau. Comme ce n'étaient pas des gens fortunés, je suppose que les soins ont été payés par une organisation. C'est le docteur Wiener qui m'a soigné. On m'a opéré. Le dimanche, Bompa et bomma sont venus me rendre visite. Et, je ne l'oublierai jamais: ils m'ont apporté deux œufs alors que, eux, ils avaient faim.

Un jour, je l'ai vue pleurer, elle. Je lui ai demandé: – Bomma, pourquoi pleures-tu? – Je ne sais pas boucler la fin du mois. J'avais une tirelire: quand je voyais mon frère, je recevais un franc. Le tout faisait à peu près 30 francs. Je lui ai proposé: «Bomma, prends mes 30 francs!» Elle m'a embrassé, mais ne m'a rien pris. Et moi, ils m'offraient des cadeaux de Saint-Nicolas!

Leur beau-fils était laitier, et je l'aidais à livrer le lait chez l'un et l'autre dans le quartier. Un jour, un agent de police m'a accosté: – Que fais-tu dans la rue? – Je ne peux pas aller à l'école, parce que je suis juif. – Oui mais tu ne peux pas te montrer en rue. C'était quelqu'un de bien, qui connaissait peut-être ce beau-fils. Alors, j'ai été caché chez une de leurs filles et son mari, rue Grisar, n° 41A. Je mangeais chez eux, j'avais tout, et eux, ils allaient au Secours d'Hiver, ce qui veut dire qu'ils n'avaient pas grand-chose! Un jour, ils ont trouvé une souris dans leur assiette de soupe du Secours d'Hiver. Ils ont pris la souris, l'ont écartée et ont mangé la soupe!

Et puis il y a eu des rafles dans le quartier, rue Grisar, rue Rossini, rue Auguste Gevaert… et je suis allé rejoindre la deuxième fille, chez qui je suis resté jusqu'à la fin de la guerre. C'était rue de l'Instruction, au n° 31.

Je dois tout de même remercier tous les habitants de la rue, qui savaient que j'étais juif: aucun ne m'a dénoncé! Mais j'étais tellement intégré dans cette rue: j'y ai fait les 400 coups, sonner aux sonnettes… Personne n'a eu l'idée… Un mot aurait suffi! Par contre, une organisation venait contrôler, chez eux, comment j'allais. Une dame venait me voir. Après sa visite, bomma m'a dit: «Ne dis pas que cette dame est venue, parce qu'elle est de la "brigade blanche" – la Résistance.»

Étant caché, j'ai lu énormément, à tel point que, quand je suis retourné en classe, en septembre 44, l'instituteur a annoncé: «On va faire une dictée très difficile, et celui qui aura zéro faute aura cinq bons points!» Or, après deux ans de manque d'instruction – je ne connaissait plus de grammaire, plus de verbes, plus de conjugaisons, il n'y en avait qu'un qui n'avait pas de fautes: moi, grâce à la lecture!

Je suis encore allé à l'école pendant deux ans. Maman s'est mise en ménage avec un monsieur qui était revenu des camps. Sa femme avait disparu, et ma mère s'est installée avec lui; il avait deux fils. J'ai appris le yiddish – ce monsieur ne parlait pas bien le français, et ma mère, venant de Pologne, parlait elle aussi le yiddish. Ils parlaient polonais quand ils ne voulaient pas être compris des enfants. Ce monsieur était un confectionneur, et ma mère a reconverti ses machines. Avec quelques transformations, on m'a mis à la machine. Je suis devenu confectionneur.

Quand mon père est mort, et que ma mère est revenue, elle ne pouvait plus subvenir à ses besoins, et ma grand-mère est allée vivre chez le frère de mon père, avec sa femme et ses deux enfants. De là, elle a été déportée, avec mon oncle. Sa femme et ses enfants étaient cachés. Sa femme a pourtant été déportée mais elle a pu s'échapper du XXe convoi: le train a été arrêté à Boortmeerbeek, et elle a pu sauter du train. Elle a dit à mon oncle: «Joseph, dépêche-toi, viens vite.» Il a répondu: «Attends, je refais les lacets de mes chaussures», et le train est reparti, de plus en plus vite: il ne pouvait plus sauter. Il a disparu, tandis que ma tante a survécu. Ma grand-mère, elle, a été directement dirigée vers les fours! Mon deuxième frère a subi Auschwitz, Buchenwald, la marche de la mort, mais il en est revenu.

À la Libération, j'étais toujours chez bomma et bompa. Les Alliés sont arrivés par la chaussée de Mons; nous sommes sortis dans la rue, c'était la fête!

Je suis retourné vivre avec ma mère quand elle a rencontré son nouveau compagnon. Il était aimable envers moi. Ses deux fils avaient été cachés à Aische-en-Refail. Nous nous entendions bien. Par eux, j'ai appris à être juif. Ils tenaient à leur identité, allaient à des fêtes juives. Le plus jeune m'a emmené dans ce milieu: il avait été caché avec d'autres enfants juifs, et ils se sont retrouvés après la guerre. L'organisation où nous allions était l'USJJ, Union Sportive des Jeunes Juifs. Ce nom cachait en fait un groupement politisé: plus communiste que cela, cela n'existait pas. Moi, j'étais attiré par le sport, pas par leurs idées, par les rencontres des jeunes. Il ne fallait pas m'endoctriner avec de la politique. On dansait, on jouait au ping-pong. En été, on allait danser au «Rossignol», dans le bois de la Cambre, près de la patinoire. C'est là que j'ai rencontré ma femme: nous nous sommes mariés en 1954. Nous avons une fille, née en 1959, et un fils. Ma fille n'a pas d'enfants, mon fils en a deux.

Ma femme avait été cachée dans un couvent à Heverlee, sous un autre nom de famille et un autre prénom. Elle a de mauvais souvenirs; elle ne veut plus en parler. Elle devait se lever à 5 h du matin, aller à la laverie… Elle n'a pas eu de jeunesse. Mais enfin, les gens du couvent ont quand même sauvé des vies!

HEUREUX CHEZ « MADEMOISELLE MAMAN »

M.H.

Mes parents n'étaient pas belges, ils avaient la nationalité polonaise. Maman habitait la Belgique depuis 1929, venue de Pologne avec ses parents, son frère et sa sœur. Papa habitait la Belgique depuis 1934, étant arrivé seul. Maman venait d'une grande ville industrielle, Kalisz; elle avait fréquenté le lycée juif de cette ville et reçu une éducation plus laïque, tout en ayant des parents religieux. Mon papa était originaire de Pszemysl, en Galicie. Sa famille, composée de sept enfants, était très religieuse, le père se consacrant à l'étude.

Nous habitions Anvers, rue Lamorinière. C'est là que je suis née, le 26 décembre 1937, ainsi que mon frère Albert, de quatorze mois plus jeune que moi. Mais je n'ai pas de souvenir de cette époque, car mes parents ont quitté Anvers pour Bruxelles au début de l'année 1942. Je venais d'avoir quatre ans. Ils ont décidé de quitter Anvers, où mes grands-parents étaient installés, car ils ne s'y sentaient plus en sécurité.

À Bruxelles, nous habitions Koekelberg, une commune où vivaient très peu de Juifs. Je ne me souviens pas avoir porté l'étoile jaune. Mes parents – d'après ce que j'ai entendu raconter – étaient très méfiants envers le *Judenrat.* Mes grands-parents habitaient la même rue que nous, presque en vis-à-vis; les voisins proches savaient que nous étions juifs et nous aidaient de leur mieux. Nous n'avions pas d'autre famille que mes grands-parents et leurs deux enfants, dont ma tante, qui était mariée. Toute la famille de mon père était restée en Pologne, et a disparu dans la Shoah. La famille de maman avait en grande partie émigré en Irlande et aux États-Unis.

Nous vivions, mes parents et nous, sous une fausse identité. Notre nom était Le Bout, Marguerite et Albert. Nous avons d'abord été cachés chez des privés mais, après quelques mois, mes parents leur ont dit qu'ils ne pouvaient plus payer la somme convenue. Ils n'ont plus pu nous garder, sous prétexte que la dame était malade. Nous sommes alors revenus à Koekelberg où, entre-temps, ma sœur était née. Ensuite, nous avons été cachés par une organisation clandestine, et c'est là que nous sommes arrivés, mon petit frère et moi, au château de Linden, que dirigeait mademoiselle Sorel. Les souvenirs que j'ai gardés de notre séjour chez elle, à Linden puis à Branchon, sont bons, dans leur ensemble. Nous l'appelions «Mademoiselle Maman», et je me rappelle que pour la fête des mères nous avions tressé un petit panier avec des tiges de roseaux, qui avaient été cueillis dans le domaine.

Nous avons eu la chance de retrouver nos parents et grands-parents, oncle et tante, mais toute la famille qui était restée en Pologne avait disparu, sauf le frère le plus jeune de mon père, qui a survécu à la déportation.

J'ai terminé mes humanités, je me suis mariée, j'ai eu trois enfants et cinq petits-enfants. J'ai tenu un commerce avec mon mari. Nous sommes restés en contact avec la famille qui avait caché ma jeune sœur, née en 1943. Il nous arrive encore souvent d'évoquer ces années-là avec la famille ou les amis, dont beaucoup n'ont pas eu notre chance, celle de retrouver nos parents. Nous avons revu mademoiselle Sorel lors de la cérémonie pour la remise de la médaille de Juste, amplement méritée par cette femme admirable, à qui nous devons d'être en vie aujourd'hui, et d'avoir pu construire une famille.

LA FILIÈRE DE MAU BOLLE

Nico Hamme

Les aïeux de mes deux parents étaient déjà aux Pays-Bas depuis longtemps, en tout cas depuis le dix-huitième siècle. Aux environs de 1812, le nom de famille du côté de mon père fut modifié de Levie en Hamme. Ils étaient alors quelques frères, qui durent se faire enregistrer et choisir un nouveau nom de famille[1]. Une moitié a choisi de s'appeler «Juliard», et les autres ont opté pour «Hamme». Pourquoi ce nom, je ne sais pas; je pense que ce nom leur plaisait, tout simplement. Toute la famille était pieuse, comme l'étaient les Juifs de cette époque.

1 Dans le cadre de la politique napoléonienne d'assimilation des Juifs de l'Empire français, il fut décidé le 20 juillet 1808 qu'ils devaient tous se faire inscrire sous un nouveau nom au registre de la population.

Je suis né en 1925, le 16 juin. Mon père s'appelait Manuel et maman Roosje Koekoek, tous deux de la Haye. Mon père avait trois frères, trois sœurs, tous pieux, certains plus que d'autres. Mais mon père constituait l'exception. Nous mangions tout de même *cacher*, pour le cas où la famille se serait avisée de venir nous rendre visite. Même si je suis allé à l'école publique, le mercredi après-midi et le dimanche matin j'allais à une école juive apprendre les rudiments de la religion. J'ai peu fréquenté la synagogue.

Le 10 mai 1940, je fus réveillé par mon frère, mon aîné de trois ans, m'annonçant que les Allemands venaient d'envahir les Pays-Bas. À Amsterdam, il ne se passa pas grand-chose ces premiers jours. Mes parents décidèrent de fuir. Nous sommes donc allés en voiture à IJmuiden, pour essayer de gagner l'Angleterre par bateau. Nous avons été bloqués par des militaires néerlandais, qui nous ont obligés à aller nous garer et à attendre. Il y avait déjà là plusieurs milliers de personnes. On nous a fait attendre et attendre, et rien ne se passait. Si bien que nous sommes rentrés. Il est apparu plus tard que nous aurions très bien pu gagner l'Angleterre à bord d'un bateau de pêche: il y avait assez de place. Nous avions pris l'itinéraire le plus rapide pour IJmuiden, or nous aurions mieux fait de passer par Haarlem pour nous rendre au port. Beaucoup se sont évadés de cette manière. Je considère comme une honte que l'armée néerlandaise nous ait barré le chemin.

En juin 1941, un attentat fut commis sur une villa où résidaient des officiers allemands. En représailles cinq cents jeunes Juifs furent arrêtés, dont mon frère, qui avait alors dix-huit ans. Il fut déporté à Mauthausen, d'où il nous a encore écrit: «Passez le bonjour à Kerrie Stoons.» Nous ne connaissions aucun Kerrie Stoons, mais nous avons compris qu'il voulait dire *to carry stones*, transporter des pierres. Trois mois plus tard, nous recevions son avis de décès. Mon frère fut déporté à Mauthausen.

En septembre 1941, tous les élèves juifs ont dû aller à des écoles à part. J'ai toujours une photo de classe de cette époque, que j'ai prise moi-même. De tous les élèves, cinq ou six ont survécu à la guerre. Des quatre enseignants, trois en sont sortis vivants. Tout à fait à gauche: Sem Dresden, notre professeur de français, qui deviendra un philosophe bien connu[1]. Devant, à gauche, M. Vreedenburgh qui était dans la Résistance et qui, après la guerre, émigrera en Israël.

---

1 Samuel (Sem) Dresden (1914-2002) fit des études de philosophie et de français à Amsterdam et à Paris. Après la guerre, professeur à l'Université de Leiden, et l'un des meilleurs essayistes néerlandais. Il a, entre autres, écrit sur Rabelais, Montaigne, Stendhal, Proust et Camus. Dans *Persécution, extermination, littérature* (Amsterdam,

Dans les premiers jours de juillet 1942, Mau Stoppelman, un ami de mon père, lui proposa que sa famille et la nôtre prennent ensemble la fuite pour tenter d'atteindre la Suisse. Aux Pays-Bas, des convocations arrivaient pour se présenter pour les camps et il y avait donc urgence. Oncle Mau, comme je l'appelais, connaissait quelqu'un qui pouvait nous faire passer la frontière belge. C'était pour dans trois jours. Mon père n'a pas voulu attendre si longtemps, et il connaissait quelqu'un d'autre qui nous ferait passer la frontière, mes parents, ma petite sœur de huit ans Hanneke et moi-même, cette fois par Baarle-Nassau. Cet homme nous a accompagnés à la frontière. Et là, deux paysans néerlandais nous ont conduits à travers champs au-delà de la frontière, chez d'autres paysans, des Belges accueillants.

Mes parents connaissaient quelqu'un à Bruxelles susceptible de nous aider. C'était un Juif de La Haye qui dirigeait une affaire à Bruxelles depuis de plusieurs années: Maurits Bolle. Nous allions apprendre plus tard qu'il était très actif dans la Résistance juive. Mau Bolle avait organisé, dès le début de l'Occupation, une filière entre les Pays-Bas et la Suisse, qui passait par la Belgique et la France. Des Juifs néerlandais utilisaient cette filière mais aussi des étudiants, des *Engelandvaarders*[1], des soldats alliés et également des Belges. Tous ces gens étaient munis de faux papiers, et devaient être hébergés à diverses adresses durant quelques jours, voire quelques semaines, avant de poursuivre leur chemin. Lorsque nous sommes arrivés chez Mau Bolle, il y avait là environ vingt personnes. Nous aussi, nous avons logé quelques jours chez lui, avenue Louis Lepoutre. Mais, puisque c'était l'époque des vacances, nous avons pu sans trop nous faire remarquer nous installer dans un petit hôtel des environs boisés de Bruxelles. Chez Bolle, nous libérions ainsi de l'espace pour d'autres. Mon père connaissait un peu Bruxelles, il parlait français et il disposait de quelques moyens financiers, chose qui, notamment au début, présentait un avantage certain. Beaucoup ont fui en prenant leurs jambes à leur cou, arrivant épuisés à l'étranger, sans argent belge. Nous avions la chance de connaître Mau Bolle. Il nous a immédiatement procuré de faux papiers et nous sommes allés attendre anxieusement, dans notre hôtel «Les Acacias» de Gistoux, le jour où nous partirions pour la Suisse. Malheureusement, le voyage n'eut pas lieu car la jonction à la frontière franco-suisse n'était plus assurée: certaines personnes de la filière étaient tombées entre les mains des Allemands. M. Bolle nous a conseillé de

---

1991) il passe en revue la production littéraire concernant l'Holocauste. En 2002, il a reçu le prix P.C. Hooft pour l'ensemble de son œuvre.

1 NDT: Durant la Guerre, des centaines de Hollandais ont rejoint la Grande-Bretagne; l'une des filières passait par la Belgique et la France, puis l'Espagne.

rester en Belgique, ou de partir en Suisse avec l'aide d'une autre organisation qu'il venait de découvrir. Nous avons opté pour cette seconde solution. À la fin du mois de juillet, nous sommes partis pour Lille, avec un groupe d'une trentaine de personnes. Une femme de cette organisation nous a conduits là-bas, dans un café crasseux, plein de soldats allemands et de putes. Elle nous a demandé d'attendre jusqu'à ce qu'elle revienne avec un bus qui nous emmènerait en Suisse. Mais au bout d'une demi-heure elle n'était toujours pas de retour, et nous avons perdu confiance. De l'autre côté de la rue, un café semblait plus correct, et nous avons décidé de traverser la rue pour continuer d'attendre. De là, nous avons vu une voiture allemande s'arrêter en face. Des militaires en sont descendus, qui sont allés jeter un coup d'œil dans le café. Ils en sont ressortis peu de temps après, et ils sont partis. C'était clair: nous avions été dupés, mais heureusement sans conséquences graves. Il n'en restait pas moins que nous avions dû avancer la moitié de la somme demandée, somme qui a donc été perdue. Nous sommes retournés à Gistoux. Mes parents ont alors décidé de rester en Belgique. D'autres ont essayé par leurs propres moyens. Mais certains d'entre eux, après être entrés en Suisse, se sont fait expulser du pays. C'est ce qui arrivé à une sœur de ma mère, son mari et leurs deux garçons. Après leur retour en Belgique, ils se sont cachés, et nous avons eu des contacts réguliers avec eux.

L'été tirait à sa fin, et par conséquent aussi le temps de vacances. Un séjour dans cet hôtel ne se justifiait plus: des enfants ne fréquentant pas l'école allaient attirer l'attention. Dans notre hôtel il y avait une autre famille, la famille Apfelbaum: l'homme, la femme, et leurs deux enfants. Un jour, la femme a parlé à ma mère, lui disant qu'ils étaient dans la même situation que nous. Elle connaissait un internat dans les Ardennes, où leurs enfants iraient en septembre, et elle a conseillé à mes parents de nous envoyer aussi à cette école. C'est ainsi que ma sœur et moi sommes arrivés dans une école francophone, dans les Ardennes. Entre-temps, Mau Bolle avait trouvé une planque pour mes parents. C'était une assez grande villa à Uccle, dans la banlieue de Bruxelles, où habitait une femme divorcée avec deux enfants. Elle louait des chambres en pension complète, et elle était fiable. Elle était donc au courant, et il le fallait bien parce que mes parents n'avaient pas de bons de ravitaillement. Il fallait acheter la nourriture au marché noir. Cela n'a pas posé de gros problèmes, car la femme avait des relations à la campagne. Aux Pays-Bas, mon père était grossiste en fourrures. Avec son associé prévoyant, il avait acheté en Belgique un grand lot de peaux de lapin. Ils avaient payé le fournisseur belge, mais en lui demandant de ne pas livrer les peaux et de les garder provisoirement.

En 1942, mon père et son associé ont revendu le lot au fournisseur. Avec cet argent, nous avons pu vivre en Belgique. Cette histoire a été confirmée il y a quelques années, quand a été publiée une liste d'assurances-vie de Juifs restées impayées. À ma surprise, mon père figurait sur la liste. Il s'est avéré qu'il s'agissait d'une assurance que mon père avait dû contracter pour garantir un prêt destiné à financer le lot de peaux. La Banque de Rotterdam de l'époque n'avait pas laissé la police d'assurance tomber entre les mains allemandes, bien que l'occupant ait réclamé les polices des Juifs: la Banque avait fait valoir qu'elle en était la propriétaire, ce qui fut accepté.

En Belgique, il était préférable de se faire remarquer le moins possible, afin de minimiser les risques. C'est également pour ce motif que ma sœur et moi sommes allés dans cet internat. En Belgique beaucoup d'enfants allaient au pensionnat – la plupart du temps catholique. Bon nombre d'entre ces écoles ont hébergé des enfants juifs. La nôtre était fréquentée par des garçons et des filles de cinq à dix-huit ans. Au total, il y avait environ soixante personnes: élèves, enseignants et personnel. Le directeur s'appelait Eugène Cougnet. L'école était établie dans une sorte de petit château de style Renaissance – le Château de Bassines – au milieu de vastes forêts, près du village de Méan dans le Condroz. Quarante-deux Juifs s'y cachaient, ainsi que des résistants et des réfractaires au travail obligatoire en l'Allemagne. Ceux qui avaient les moyens payaient, les autres non. Les adultes se rendaient utiles en travaillant. Ils devenaient enseignant, cuisinier, boulanger, ou travaillaient au potager. Le boulanger était un économe autrichien. Soit dit en passant, il faisait un pain délicieux. Il y avait de la nourriture en abondance: l'école était située dans une zone agricole, tout près d'une grande ferme. L'ambiance était agréable, l'enseignement de tout premier ordre, et l'environnement superbe. L'intérieur du château était très beau, en particulier le beau salon avec ses meubles d'époque et ses portraits de nobles aux murs. Le réfectoire jouxtait le salon. Quand, de temps à autre, M. Cougnet avait quelque chose à annoncer, il tapait son couteau contre un verre pour réclamer le silence. M. Cougnet était un homme courageux, mais aussi un bon enseignant. À mon arrivée au château, en 1942, je ne parlais guère français. Il m'a fait venir pour me dire que je suivrais les cours en français comme tout le monde mais qu'en outre une enseignante me donnerait des cours particuliers. C'était une charmante et jolie jeune fille de vingt-deux ans, Mlle Pollet. Son vrai nom était Polski. Pour les petits et les filles, il y avait des dortoirs. Les garçons avaient leur chambre au premier étage d'un autre bâtiment, à côté du château. En bas, dans une grande salle, nous faisions nos devoirs l'après-midi, de quatre heures à cinq heures et

Notre dortoir à Bassines (Dessin de Klaus Grünewald).

demie. Un jour, des militaires allemands sont arrivés en voiture au château. Ils cherchaient un garçon autrichien, Georges Kluger, parce qu'il était Juif. Il les a vus arriver et il s'est enfui dans le bois; il a grimpé en haut d'un arbre et il y est resté jusqu'à ce que les Allemands soient partis.

Pour ma petite sœur cela a été moins agréable. Elle ne parlait pas encore français et elle s'est sentie isolée. Mes parents ont par hasard fait la connaissance de la famille Meddens, qui habitait Bruxelles depuis déjà longtemps, et avec qui ils se sont bien entendus. Ceux-ci ont proposé de prendre chez eux ma petite sœur et de la faire inscrire à l'école hollandaise *Prinses Juliana*, où allaient également leurs enfants. Ce qui fut fait en décembre 1942: ma petite sœur fut chaleureusement accueillie dans la famille Meddens.

Un jour, s'arrête devant chez mes parents une voiture dont descendent un Allemand et un Belge en civil. Ils sonnent. L'occupante, Mme Barrez, ouvre et leur demande ce qu'ils veulent. Le Belge croit savoir que des Juifs habitent dans la villa. Mme Barrez garde son sang-froid. Elle comprend, dit-elle: en effet, des Juifs y ont vécu auparavant, mais ils sont partis et, puisque la villa était vide et comme elle est séparée, elle a loué la villa pour elle-même et ses enfants, et maintenant il n'y a plus de Juifs dans la maison. L'homme la remercie pour l'information et il s'en va.

Un autre jour, mon père attend le tram. C'est à un carrefour, avenue Louise. Un militaire allemand règle la circulation. Il donne le signal d'arrêt. Une Citroën s'arrête. Mon père, parce qu'il lit le journal, reconnaît en un éclair, «le gros Jacques», le Juif dénonciateur tristement célèbre. Il se contrôle, mais remarque que Jacques l'observe. Tout à coup le militaire fait signe de passer, et la Citroën redémarre…

Mau Bolle ne s'occupait pas que de l'accueil des réfugiés hollandais. Sa cadette, Hélène, étudiante en médecine à l'Université de Bruxelles, l'avait mis en contact avec Ghert Jospa et Roger van Praag; c'est par ce canal qu'il avait commencé à participer à leur Comité de Défense Juive. Roger van Praag, un Juif lui aussi originaire de La Haye, était au début de la guerre à la direction de «*Winterhulp* [1]», une institution de bienfaisance mise en place par les Allemands. Il est parvenu à en utiliser une partie des fonds pour aider des enfants juifs. Mau Bolle et lui ont œuvré pour sauver le plus d'enfants possible. Ils ont aussi coopéré avec le pasteur néerlandais Ten Kate de l'Église évangélique à Bruxelles. Un de leurs problèmes était le financement de l'aide. Bien des fonctionnaires devaient être «payés», mais ceux qui se cachaient n'avaient souvent pas d'argent. Bolle participait aussi à la Résistance armée. Avec Jean Gilissen il fabriquait des explosifs et s'occupait de leur transport. Une fois, les choses ont mal tourné. Il portait un colis piégé à la Poste. Il fut retenu par une connaissance. Au bureau de Poste, il s'aperçut que le temps programmé devait être modifié mais soudain un énorme jet de flammes jaillit du colis. Dans la panique générale, il réussit à s'enfuir.

Les faux documents de Bolle se sophistiquaient de plus en plus. En juin 1943, il était parvenu à faire inscrire de faux noms au registre de la population. Le grand avantage en était qu'on pouvait ainsi recevoir des bons de ravitaillement. Le principe était assez simple. Il faisait créer un dossier dans un petit village où il s'était acquis la coopération de fonctionnaires. Puis il faisait comme si les gens qui figuraient dans ce dossier déménageaient, à Bruxelles par exemple, où ils étaient donc tout normalement intégrés au registre de la population. Mes parents aussi ont obtenu de tels papiers. Ils ont décidé de quitter Uccle et ils ont loué, sous leur propre nom, une maison appartenant à Mme De Wit, 34 rue du Lac à Ixelles. Il y avait là assez d'espace pour que ma sœur vienne habiter à nouveau chez mes parents. Et moi aussi, j'ai quitté l'internat, le 15 octobre 1943. Juste à temps car, le 25 octobre, la *Feldgendarmerie* a fait une rafle et a emmené tout le monde [2]. Le directeur Cougnet a été

---

1 NDT: Aide d'hiver.

2 Peut-être y eut-il une trahison dans cette affaire. À Méan il n'y avait qu'une boîte aux lettres, que surveillait la Résistance. Un jour, peu avant la rafle à Bassines, on a vu un pro-Allemand jeter deux lettres dans la boîte. La nuit, la boîte fut fracturée et son contenu inspecté. Les deux lettres en question étaient respectivement adressées à la *Kommandantur* de Huy et à celle de Marche. Y figuraient les noms de certains des hommes qui étaient cachés à Bassines. Des résistants ont donc décidé de liquider le collaborateur. Ils se sont rendus chez lui, mais n'y ont trouvé que les deux enfants. Ils ont attendu les parents. Après une brève délibération furent fusillés non seulement les

déporté et n'a pas survécu[1]. Une plaque à Méan rappelle son grand courage, qui a permis à quarante enfants d'être sauvés. Cela a notamment été possible parce que les enfants de moins de 15 ans sans leurs parents n'étaient provisoirement pas déportés, mais étaient placés dans des foyers d'enfants. De la sorte, les Allemands faisaient croire à la population que les déportés partaient dans des camps pour travailler et non pour se faire tuer. C'est ainsi que tous les enfants de moins de seize ans ont été transférés à une maison à Linkebeek et qu'ils ont survécu à la guerre.

Tant Mau Bolle que Roger van Praag ont été arrêtés et déportés à Buchenwald. Van Praag, au bout de quelque temps, a été transféré dans un autre camp. Après de terribles épreuves, il a été libéré par les Américains. Mau Bolle a pu s'échapper du camp de Buchenwald pendant un bombardement américain. Les deux sont revenus à Bruxelles.

Quand j'ai quitté l'internat de Bassines pour Bruxelles, j'avais 18 ans, mais selon ma carte d'identité je n'en avais que seize. Puisque je figurais officiellement dans le registre de la population, je ne voyais aucun problème à prendre un emploi. J'en ai trouvé un, comme apprenti-fourreur. Mais, quelques mois plus tard, j'ai reçu une convocation du *Arbeitsamt*[2] m'ordonnant de me présenter. J'ai été reçu par un jeune fonctionnaire, qui m'a annoncé que je devais aller travailler en Allemagne. Il a encore posé quelques questions et tout d'un coup il m'a demandé: «Tu veux vraiment aller travailler en Allemagne?» J'ai bien sûr répondu: «Non, pas du tout.» Et il m'a dit: «Tu as seize ans, tu dois pouvoir continuer l'école, et en ce cas tu n'auras pas à aller en Allemagne.» De retour chez moi, je l'ai raconté à mes parents, et le lendemain ma mère est allée m'inscrire à l'école hollandaise *Prinses Juliana*, pour la quatrième année du secondaire. M. Neven n'a posé aucune question. Ma petite sœur était déjà dans cette école, et il connaissait donc ma mère. Je suis persuadé qu'il avait compris la situation.

---

parents, mais aussi les enfants. L'aînée de ceux-ci avait treize ans. Cette action de la Résistance a été fortement réprouvée. Consulter également le récit de Robert Arouete, qui en propose deux versions.

1 Eugène Cougnet (Ledeberg, 1er août 1892 – Quelque part en Allemagne, 1945) fut condamné à deux ans d'internement à Bergen-Belsen. Comme il connaissait l'allemand, il fut affecté à l'infirmerie du camp de concentration de Gross Rosen. À l'approche des Russes, au début de 1945, décision fut prise d'évacuer le camp: deux heures de route vers l'Ouest, ce qui signifiait qu'ils seraient libérés par les Américains. Mais le médecin allemand demanda à Cougnet de demeurer sur place comme interprète pour les patients qui y resteraient: les Russes allaient arriver bientôt, lui serait sauvé, et il pourrait donc dire un mot en faveur du médecin allemand. Des SS qui battaient en retraite ont cependant contraint les prisonniers à rejoindre Bergen-Belsen à pied. Eugène Cougnet est mort «quelque part» en route.

2 NDT: Office du travail.

Le 13 juillet 1944 je fêtais mon anniversaire avec quelques amis et connaissances. Nous écoutions des disques et la musique était plutôt forte. Tout à coup Daniel Dansaert s'est mis tout près de moi pour me dire qu'il y avait, en face, deux hommes en train d'observer notre maison. J'ai discrètement jeté un coup d'œil, et je les ai vus en effet. Cela m'a inquiété, mais je n'en ai rien laissé paraître. Au contraire, j'ai blagué en disant que ces deux-là voulaient peut-être se joindre à la fête. Après la Libération, Daniel m'a raconté quelque chose qui l'avait frappé. Pour sa collection de coléoptères et de papillons il était allé, quelques jours plus tard, tout seul au bois. Là, il avait été abordé par ces deux mêmes hommes qui ont commencé à lui poser des questions sur nous: «Qu'est-ce que tu sais de tes voisins?», etc. Il avait donc été suivi depuis chez lui jusqu'au bois. Daniel a répondu qu'il nous trouvait sympathiques, et n'a rien dit de plus. Nous n'avons jamais su ce que voulaient ces hommes, mais je pense que c'étaient des dénonciateurs. Par chance, la Libération est arrivée peu de temps après.

Après la guerre, nous nous sommes présentés au consulat néerlandais de Bruxelles. Nous devions redevenir Néerlandais. Si nous ne l'avions pas fait, nous serions restés Belges. Le 15 octobre 1945, nous sommes retournés à Amsterdam. Le retour a constitué pour moi une énorme déception. Tout y était triste en comparaison de Bruxelles. Je n'ai retrouvé aucun de mes amis, je me suis senti isolé et malheureux. Je n'ai retrouvé aucun de mes amis, je me suis senti isolé et malheureux. Je suis allé en stage à Rotterdam: encore plus désolant qu'Amsterdam. Au mois de mai 1946, j'ai été appelé au service militaire, qui a duré deux ans. Heureusement, je suis resté aux Pays-Bas et je n'ai pas dû aller en Indonésie. Après mon service militaire, j'ai souffert d'épisodes de déprime, dont je me sortais assez vite. À vingt-trois ans, je m'estimais trop âgé pour reprendre des études, même si c'était ce que je souhaitais. Avec un associé, mon père avait sa propre affaire: une pelleterie en gros. Il voulait que j'entre dans l'affaire, et c'est ce qui s'est fait. Mais en 1961, mon père est décédé, et je ne m'entendais pas avec l'associé. J'ai commencé à suivre un cours du soir de comptabilité. En 1967, j'ai quitté l'entreprise de fourrures pour prendre un emploi dans une banque. J'y ai travaillé jusqu'en 1985. Puis j'ai pris ma retraite, tout en continuant de travailler en indépendant jusqu'en 2003.

Mon épouse, avec qui je suis marié depuis plus de 50 ans, est, tout comme moi juive et d'opinion libérale. Elle est née en Indonésie où elle a passé neuf mois dans un camp durant les années de guerre. Toute la famille, ses parents, son frère et sa sœur, ont survécu. Après la guerre, ils sont venus aux Pays-Bas et habitaient 's-Hertogenbosch. Nous avons deux filles, un petit-fils, une petite-fille et deux arrière-petites-filles.

SAUVÉ PAR LE PÈRE BRUNO ET LA SŒUR SOREL

Saia Hirschovitz

Je suis né à Riga, en Lettonie – alors en Russie –, le 2 janvier 1925. Mon père, Joseph, était né à Jangeljava. Maman, Cilla Lipchitz, me mit au monde deux ans après un premier accouchement dramatique où elle avait failli mourir. Je fus le bienvenu car le frère de papa, Boris, docteur en chimie, et ses quatre sœurs, tous célibataires, étaient très heureux d'avoir un petit neveu. Il en était de même pour mon grand-père Jacob et ma grand-mère Emma. Mon arrière-grand-mère, Maria, vivait encore, et c'est elle qui allait me cajoler le plus. Du côté de maman vivait encore sa mère Maria, une sœur Maria, et un frère qui vivait à Leipzig, en Allemagne; une autre sœur habitait Paris. Mon père avait fait des études universitaires à Vologda, au nord de Moscou, mais la guerre de 1914-1918 l'avait forcé à les interrompre. Sa future femme, Cilla, était une très lointaine cousine. Notre famille à Riga était fort nombreuse: beaucoup de cousins et cousines: au mariage de mes parents, il y avait plus de deux cents invités; après la guerre, il ne restait plus personne...

Maman avait vécu de terribles moments pendant la Révolution de 1917. Elle était en vacances chez sa sœur, près de Moscou. Le mari de celle-ci était fort riche; il avait des domestiques, et sa cave regorgeait d'aliments. La villa de mon oncle fut encerclée par un régiment révolutionnaire; mon oncle dut son salut à la fuite, favorisée par son personnel. Ma tante et maman devaient le rejoindre au port d'Odessa. Après des aventures extraordinaires et une traversée mouvementée de la Méditerranée, elles arrivèrent à Marseille. Maman ne devait plus revoir son père vivant. J'ai beaucoup moins d'informations concernant mon père durant cette période. Nous étions trop jeunes pour avoir pu l'interroger sur son passé: il est mort dans les camps, en 1942. Mon père était très bon et très confiant. Je sais qu'après la guerre 1914-1918, il a entrepris l'extraction de la térébenthine. Il avait une petite entreprise dont la gérance fut confiée à un contremaître allemand. Après quelques années, papa s'aperçut que celui-ci avait prélevé de grosses sommes, pour finir par fuir avec le restant de la caisse. Il ne restait même plus assez d'argent pour payer le personnel, et mon père fit faillite!

En 1930, acculé par son désastre financier, il décida d'émigrer et choisit la Belgique. Après des débuts très pénibles – il alla même travailler dans les mines –, il obtint une représentation de beurre letton, ce qui lui permit d'améliorer sa situation, mais aussi de faire venir maman en 1931. Notre voyage fut un vrai périple et nous emmena, en passant par Berlin, vers Paris, où maman voulut revoir ses deux sœurs Maria et Louba, qui était mariée au riche Salomon, qui avait fui la Russie en 1917. L'autre, Maria, vivait très modestement avec son mari Loucha et ses deux enfants, Berthe et Jules. Nous séjournâmes trois mois à Paris puis rejoignîmes papa à Bruxelles au mois d'août.

À la maison, on parlait le russe, l'allemand et le yiddish, aussi je ne connaissais pas un mot de français. En septembre, je fus donc introduit dans la classe comme poussé vers l'antre du lion, d'autant plus que l'instituteur, un certain Peters, était réputé comme très sanguinaire. Les coups de règle pleuvaient, et il lui arrivait même de plonger la tête des élèves dans l'eau; j'étais terrorisé dans mon coin. C'est alors que mon père eut l'idée malencontreuse d'aller trouver le directeur pour demander un professeur complémentaire le soir, à domicile, pour que je puisse suivre les cours en français. C'est le professeur Peters qui vint à domicile. Il était fort différent chez nous, beaucoup plus gentil, et je fis de grands progrès. Comme on pouvait le prévoir, je redoublai la première année et la refis avec un instituteur charmant; j'achevai l'année deuxième de classe.

L'année 1933 nous procure et de la joie et beaucoup d'angoisse. Côté joie, la naissance de mon petit frère Marcel; côté angoisse, la progression du nazisme en Allemagne. Les premiers réfugiés Juifs arrivent en Belgique, dont certains enfants rejoignent nos classes; leurs récits sont dramatiques. Certains enfants, de parents rexistes, insultent notre groupe de Juifs – car devant le danger nous nous sommes rapprochés les uns des autres. Il y a des affrontements pendant les récréations.

À cette époque, nous vécûmes une autre tragédie. Mon père était importateur de beurre letton; or le gouvernement, suite à une crise dans ce domaine, institua une taxe sur l'importation; mon père, après avoir payé des sommes astronomiques, se trouva au plus bas de l'échelle. La nouvelle de la Nuit de Cristal, en Allemagne, marqua le début de l'horreur. Avec la guerre en Pologne, la Russie envahit les pays baltes, et nous n'avions plus de nouvelles de notre famille de Riga.

Le 10 mai 1940, nous fûmes réveillés en sursaut au petit matin, par des bombardements. Certains voisins nous rassuraient, en disant que ce n'étaient que des manœuvres. Hélas, la vérité nous apparut rapidement. Nous n'avions pas les moyens financiers de fuir. Nous restâmes dans une ville quasi déserte. Huit jours plus tard, les troupes allemandes défilèrent à Bruxelles. La communauté juive vivait dans l'angoisse; pourtant, au début, l'Occupation fut plutôt calme. Depuis notre arrivée en Belgique, nous vivions toujours à Schaerbeek, avenue Dailly, au-dessus d'une boulangerie. Nous avions de charmants voisins, dont je préfère ne pas citer le nom. J'étais ami avec leurs deux fils, plus jeunes que moi. Nous vécûmes aussi dans un bel appartement rue Artan, près de la place des Bienfaiteurs. Au rez-de-chaussée habitait un tailleur, très gentil, qui, plus tard, témoigna pour ma naturalisation. Puis nous habitâmes rue Léon Mignon, où nos voisins, la famille De Vos, avait trois enfants: deux jumeaux, Marcelle et Jean, et leur sœur aînée, Suzanne, qui est ma compagne depuis soixante-deux ans.

Au début de l'Occupation, je suivais des cours de dessin industriel. Un des professeurs me tint des propos antisémites et plaida auprès du directeur pour me chasser de l'école. On me signifia de quitter l'établissement. J'étais bouleversé! Mes parents me calmèrent. Mais notre situation était dramatique: mon père dut rendre son registre de commerce, nos revenus devenaient nuls. J'essayai donc de trouver un travail. Notre premier voisin, avenue Dailly, dont j'ai voulu taire le nom, avait une imprimerie près de la gare du Midi, avenue Fonsny. Je fus consterné: quand il apprit que j'étais juif, il me dit franchement qu'il n'en voulait pas dans son entreprise. Je trouvai enfin un emploi dans une entreprise de décoration de métaux – chromage, nickelage, dorure, etc. – au tarif de 75 centimes de FB de l'heure. Ce boulot était fort sale et très dangereux, puisqu'on employait des acides. Je devais verser l'acide d'un tonneau vers un seau de caoutchouc; en même temps, je tenais un mouchoir sur mon nez. Le patron était très gentil. Il avait deux fils, l'un travaillait au bureau, et l'autre avec nous, dans l'atelier. Après quelques semaines, je reçus une augmentation de 25 centimes; j'étais tout heureux de rapporter le premier billet de 100 francs que j'avais gagné. Avant la guerre, nous avions un petit magasin d'antiquités. Notre contremaître, un certain Lucas, était un paysan. Je lui apportais des statues, des livres et toutes sortes d'objets, contre un pain de campagne, que je rapportais comme un lingot; pour nous, c'était de l'or! J'avais aussi droit à des timbres de ravitaillement supplémentaires, vu mon métier dangereux.

Mon père, donc, dut rendre son registre de commerce. Il tomba sur un gros officier SS arrogant qui l'injuria de tous les noms. Il en sortit tout déprimé. Mais l'histoire ne s'arrête pas là! Nous avions toujours des passeports lettons, que l'on pouvait changer pour des passeports soviétiques. Dans l'espoir de se protéger, c'est ce que firent mes parents. Un jour, papa monte dans le tram avec un paquet et tombe sur le fameux officier. Celui-ci commence encore à l'insulter avec une violence inouïe. C'est alors que papa, par un moment de courage, sort son passeport: «Je suis citoyen soviétique; si vous continuez à m'insulter, je vais de ce pas me plaindre à mon consulat!» Le bonhomme s'inclina presque à terre; il s'excusa et montra la vraie lâcheté de ces gens qui s'inclinent devant des circonstances où ils ne sont pas les plus forts. Deux mois plus tard, l'Allemagne envahissait la Russie! Puis vint la loi allemande de porter une étoile jaune. La première fois que je pris le tram, un matin, mon étoile sur ma veste, les habitués me regardèrent avec sympathie. Mais c'était vraiment un sentiment de malaise, de se sentir isolé.

Mon pauvre papa reçut une convocation pour le travail obligatoire. N'ayant pas les moyens de se cacher avec sa famille, et de peur que l'on ne vienne nous prendre, il partit. J'ai voulu lui dire au revoir. Il y avait un train à la gare du Midi. Des SS armés de mitrailleuses nous tenaient en respect. De loin je vis le dernier geste de mon père, me faire signe de partir. Je ne le revis jamais.

Mon patron était un brave type, mais fort inconscient de ce que nous, Juifs, pouvions subir. Ainsi, quand il reçut un formulaire sur le personnel qu'il occupait, il ne mentionna pas ses deux fils; par contre, il m'inscrivit sur la liste. Ainsi, quand je reçus une convocation pour me présenter à la *Kommandantur*, il était comme toujours spécifié qu'on viendrait chercher ma famille au cas de non-présentation. Je ne pouvais pas prendre le risque qu'ils viennent chercher maman et mon petit frère. Je pris un sac avec un pain et un pot de confiture, pour me présenter à la *Kommandantur*. Il y avait plusieurs centaines de personnes devant les guichets. Tous les regards se tournèrent vers moi. Un officier me cria de venir vers lui. Il me demanda mes papiers et partit. Je crus qu'il allait avertir la Gestapo de venir me chercher. Au bout d'un certain temps, qui me sembla une éternité, il revint. Il jeta mes papiers par terre et cria: «Fous le camp, sale Juif!» Je n'ai jamais su s'il m'avait sauvé la vie ou si, comme certains le pensent, il y avait divergence entre la Gestapo et la *Werbestelle*.

C'était la période des rafles. Un jour que je revenais du boulot, un jeune noir me cria: «Cache vite ton étoile, il y a des rafles dans le quartier.» Je devais le revoir plus tard et il devint un ami. Un autre jour, je me trouvais au Vieux Marché. J'avais une voiture d'enfant avec divers objets que j'essayais de vendre, car nous n'avions presque plus d'argent. Toutes les rues du Vieux Marché furent encerclées par des camions de la Gestapo. On était pris comme des rats; tous les Juifs étaient entassés dans les camions. J'ai laissé ma voiture d'enfant et me suis dirigé vers un camion. J'ai marché à côté du camion, je suis passé… Un miracle!

Mon meilleur ami, Raphaël, sa sœur et son futur beau-frère furent déportés. Sa mère avait trouvé un filon, hélas trop tard. Elle connaissait une repasseuse, près de la place Liedts, madame Vanderveken, qui connaissait un père qui sauvait des enfants juifs. Grâce à cette merveilleuse personne, nous fîmes la connaissance du père Reynders, appelé père Bruno. Le père Bruno Reynders, Henry de son nom de baptême, s'était distingué par de brillants résultats académiques. À dix-sept ans, il entra au noviciat de l'abbaye bénédictine du Mont-César à Louvain, et fut ordonné prêtre en 1928 sous le nom de Dom Bruno. Son intelligence rare et sa foi ardente encouragèrent ses supérieurs à lui faire poursuivre des études de théologie à Rome. Son premier contact avec le problème de la persécution date de juillet 1938. Comme il l'a décrit lui-même: «J'étais de passage à Francfort et je me promenais dans une rue très animée. Partout dans les rues des inscriptions injurieuses: «*Hier sind Juden nicht erwünscht.*» Cela m'a fort choqué, mais ce qui m'a révolté c'est que j'ai vu venir un homme âgé, barbu, vêtu d'un caftan, coiffé d'un vieux chapeau noir, un Juif typique. Le vieillard marchait courbé en deux sans oser lever les yeux, se cachant le nez de la main, et les passants s'écartaient sur son passage comme s'il était pestiféré, le houspillant et se le montrant du doigt en ricanant. Cela m'a bouleversé, cette ségrégation, ce mépris, cette suffisance, cette bêtise cruelle, c'était intolérable. J'en garde toujours le souvenir et cela m'a

Le Père Bruno et quelques-uns de ses protégés.

donné la nausée...» Le père Bruno vint chez nous, et proposa de nous chercher un refuge. Entre-temps on offrit pour mon petit frère un refuge à Dinant, chez un certain père Michel, un autre prêtre extraordinaire, qui poursuivit une œuvre identique à celle du père Bruno. Quant à moi, il me conduisit vers un home d'enfants dans un château près de Louvain, à Linden, une imposante demeure avec ses deux tourelles et son vaste lac en vis-à-vis. On m'amena devant la directrice, mademoiselle Sorel, une grande femme imposante et autoritaire. Après m'avoir posé de multiples questions, elle me fit connaître sa sœur Suzanne qui s'occupait de la cuisine, du linge, du chauffage et de la gestion du château. Je fus désigné pour travailler avec Suzanne, avec deux autres garçons. Nous ne demeurions pas au château mais dans la ferme, située à environ 400 mètres.

Les journées étaient bien remplies. On se levait à 6 heures. Il fallait préparer le déjeuner pour septante enfants et une dizaine d'éducatrices. Le pain était fabriqué par un garçon de ferme, un Flamand ultra mutique; par contre, un petit vieux parlait pour deux. Grâce à une machine manuelle à couper le pain, cela allait bien. Le garçon de ferme faisait aussi le beurre et allait traire les vaches. Après le déjeuner, la vaisselle nous attendait, puis tout préparer pour le dîner. Je devais aussi aller chercher du bois dans la forêt et m'occuper de la chaudière. Autant mademoiselle se montrait sévère envers les enfants, autant sa sœur Suzanne était douce, charmante, et nous laissait vivre dans un climat très serein. Vers le mois de novembre, une épidémie se propagea dans le château et atteignit même le personnel de la cuisine. Il s'agissait de la gale. C'est avec du soufre qu'on luttait contre ce mal, pas douloureux mais qui provoquait des démangeaisons intenables. Je fus épargné; par contre j'attrapai une affection peu enviable, appelée maladie de la barbe: des croûtes qui longtemps sillonnèrent mon visage.

Le bilan de l'année 1943 était épouvantable: papa déporté, mes meilleurs amis déportés, maman qui ne voulait pas se cacher, en danger permanent et nous, terrés comme des lapins.

Au début de l'année 1944, un événement important se produisit au château de Linden. Alors que mes deux amis et moi nous nous apprêtions à nous reposer une petite heure à la ferme, une décapotable allemande s'engagea vers le château; malgré toute notre prudence, nous eûmes la malchance d'attirer le regard des Allemands. À peine arrivée à la ferme, la voiture nous rejoignit. Un officier suivi d'un soldat, mitraillette au poing, nous alignèrent près du mur. Nous avions tous de fausses cartes d'identité. Le soldat criait que nous étions des réfractaires, bons pour l'Allemagne. L'officier intervint: «Ce sont de bêtes garçons, laissons-les courir.» J'avais des connaissances sommaires de l'allemand, et je répondis: «Nous travaillons au château, nous avons une heure de repos, nous ne sommes pas réfractaires.» Ils nous laissèrent tranquilles, un vrai miracle! Par la suite, on apprit que quelqu'un nous avait dénoncés. Tout porte à croire que cet officier allemand nous a sauvé la vie, puisqu'il a déclaré à mademoiselle Sorel: «Nous savons que vous cachez des enfants juifs, nous reviendrons dans trois jours!» Immédiatement, l'évacuation du château fut décidée. Chacun de nous, les trois garçons et les monitrices, avait la garde de deux enfants ou plus. Nous reçûmes des adresses à Louvain. Nous fûmes abrités dans un couvent, et j'en profitai pour saluer le père Bruno dans son abbaye. Le hasard voulut qu'au même moment, la Gestapo venait de quitter le bâtiment. Nous fûmes hébergés dans un couvent pendant un temps limité; je devais rejoindre maman à Bruxelles, où attendait une autre solution. Mais je restai peu de temps à Bruxelles, car le père Bruno me contacta. Il me donna la nouvelle adresse où mademoiselle Sorel regroupa son petit monde. C'était un château plus moderne, situé à Branchon, près de Namur. Avec mon petit balluchon, je devais parcourir des kilomètres à pied. Je fus reçu chaleureusement par Suzanne Sorel, qui devait quasi se débrouiller seule dans la cuisine car les autres garçons n'étaient pas encore arrivés. Je repris mon boulot: légumes, pommes de terre, vaisselle, chauffage, corvée bois. Quand on préparait des flocons d'avoine pour le souper, il fallait tourner des heures avec une grande spatule, je ne sentais plus mes bras! Parfois, je devais faire le beurre: on versait la crème de lait dans un tonneau, et on tournait à la manivelle, un temps infini...

C'est avec joie que nous apprîmes le débarquement du 6 juin. Le frère de mademoiselle Sorel, qui était dans la Résistance, nous apporta des nouvelles fraîches. Les Alliés avançaient, mais trop lentement à notre goût. Au mois de juillet, nous eûmes une surprise. Le matin, en m'éveillant, je vis par la fenêtre des chars allemands, des canons et des soldats casqués et armés qui peuplaient la cour. Il s'agissait de l'état-major de Namur, qui s'était replié vers notre château et s'apprêtait à mener le combat. Madeleine Sorel fit preuve de beaucoup de courage; elle alla trouver les Allemands et les supplia de ne pas se battre au château, parce que la vie des enfants était en jeu. Les officiers furent convaincus d'aller mener le combat plus loin mais, pour la forme, ils réquisitionnèrent quelques moutons et cochons. Les chars et les canons furent déployés plus loin, le château fut préservé. Nous vîmes défiler l'armée allemande en déroute; les soldats étaient souvent en lambeaux. On était loin de l'armée fière et arrogante qui défilait en 1940! Au mois de septembre, nous vîmes des chars américains traverser Branchon. Et mon ami Manu était sur l'un d'eux!

L'au revoir fut touchant. Je devais rejoindre Bruxelles, retrouver maman et mon petit frère. Si la victoire fut fêtée avec une joie sans pareille, notre joie à nous fut très mitigée: nous attendions mon père, qui ne revint jamais. Je pris contact avec une organisation judéo-américaine, nommée l'Ort. Il fallait remettre au travail des milliers de Juifs qui s'étaient cachés. Je fus affecté à l'usine Sassi et Pirelli, qui s'occupait de remettre en état des tentes endommagées, réparer les déchirures, les cordages... Ayant quelques notions d'anglais, et ayant facilement assimilé les différentes opérations, je fus nommé chef d'équipe. J'avais dix-neuf ans, et de plus âgés acceptaient difficilement un jeune chef. Je fis la connaissance de monsieur Timmerman, maroquinier, qui me proposa d'apprendre le métier. Ainsi, le jour, je travaillais chez Pirelli, et le soir chez Timmerman. Avec la fin de la guerre, Sassi et Pirelli nous remercia: on n'avait plus besoin de tentes. À partir de ce moment, je travaillai dans la maroquinerie.

Ce n'est qu'en 1975 que je pus enfin avoir des nouvelles du père Bruno: il avait passé une grande partie de l'après-guerre à Rome. Il nous fit l'honneur de venir chez nous et, quand il fut nommé à la paroisse d'Ottignies, j'allai le visiter très régulièrement, jusqu'à son décès. Je fis des recherches pour retrouver Suzanne Sorel mais, hélas, elle était décédée. J'ai retrouvé sa sœur Madeleine, qui vivait à Braine-le-Comte, et que j'ai revue jusqu'à sa mort.

EN TANT QUE JUIF AUPRÈS DE LA BRIGADE PIRON

David Isboutsky

J'étais de la classe de 1939 mais, normalement, j'aurais dû être de celle de l'année suivante. Il y avait une raison d'entrer à l'armée plus tôt: en Europe, on avait le sentiment que la guerre avec l'Allemagne nazie s'approchait. Les discours d'Hitler faisaient peur, surtout pour la communauté juive. On entendait ses menaces et, par l'arrivée de milliers de réfugiés juifs venus d'Allemagne, on savait comment ils y étaient traités: des magasins avaient été pillés, des gens arrêtés ou envoyés au camp de Dachau. Ceux qui voulaient fuir devaient tout abandonner.

Depuis 1933, j'étais membre d'une organisation de jeunesse sioniste, Bnei Akiva, qui avait pour but d'envoyer des jeunes vers la Palestine d'alors, pour reconstruire le pays des ancêtres et offrir ainsi une solution aux Juifs qui étaient persécutés dans plusieurs pays. Notre but était d'arriver à avoir un pays juif indépendant, où nous pourrions vivre en liberté.

J'ai voulu faire mon service militaire au moment où la Belgique était menacée. Et j'avais l'intention d'apprendre à me servir des armes, pour aller en pays juif. Ma demande d'entamer le service militaire avant l'âge requis fut approuvée, et je suis entré à l'armée le 3 janvier 1939. Notre peloton montait la garde à la frontière néerlandaise, près de Putte. Les environs étaient défendus par des champs de mines.

Juste avant le début de la guerre, nous nous trouvions à Saint-Georges-sur-Meuse, près de Liège. Le 8 mai 1940, nous reçûmes l'ordre de marcher vers Bruxelles. Deux jours plus tard, ce fut l'invasion allemande. Les bombardements étaient terribles! Nous nous déplacions d'un côté à l'autre, défendions Haecht, avec beaucoup de morts et de prisonniers. Les officiers ne se montraient plus, c'était la catastrophe. Le 28 mai, après la débâcle, j'ai été fait prisonnier à la Côte; avec d'autres, j'ai été emmené à Maria-ter-Heide. Dix jours plus tard, comme nous formions une unité flamande, nous fûmes libérés par ordre d'Hitler et des autorités allemandes.

Mais neuf mois plus tard, les soldats réformés furent rappelés pour aller travailler en Allemagne. Cela se faisant par ordre alphabétique, j'eus le temps de m'enfuir, surtout à la demande de ma mère. J'ai dû la laisser, ainsi que mon père et mes trois sœurs, dans l'insécurité. Après des mois, je suis arrivé à La Havane via l'Espagne et le Portugal, avec l'aide d'un oncle qui m'a envoyé un visa cubain. J'y suis arrivé le 17 décembre 1941. À Cuba, des réfugiés belges avaient installé une industrie diamantaire, qui est restée en production jusqu'à la fin de la guerre.

Après un certain temps, j'ai décidé de rejoindre les Alliés pour combattre les Allemands. Nous savions déjà comment les Juifs étaient tués en Europe, et ma conscience m'obligeait à faire quelque chose. Nous étions dix, tous juifs, à nous présenter à l'ambassade belge à La Havane. Et nous fûmes incorporés dans la brigade Piron, «*first army*» de l'Armée britannique, sous les ordres du général Montgomery. Nous arrivâmes dans le camp Joliette à Montréal, au Canada. J'étais de la «*first Battry 25 pounders*», commandée par le lieutenant-colonel De Ridder; je portais le numéro 3863. Après l'instruction militaire, on nous envoya en Angleterre. En juin 1944, la brigade Piron mettait le pied sur la côte française d'Arromanche. Nous combattîmes les Allemands, et fûmes bloqués un certain temps à Caen. Là, j'ai été blessé et c'est le docteur Gol, le père du futur ministre de la Justice Jean Gol, qui m'a soigné. Le 3 septembre 1944, sous le commandement du général Piron, nous avons pris part à la libération de Bruxelles. Que nous étions fiers et contents! La fête de la population bruxelloise a duré huit jours!

Sur la chaussée de Mons, j'ai reconnu un garçon juif, qui avait été sauvé grâce à des amis non Juifs. Il me raconta que mes parents étaient dans un home pour personnes âgées. Je lui ai vite donné quelques vivres pour les porter à mes parents. Nous avons été installés dans une caserne à Etterbeek et, le lendemain, je suis allé à la recherche de mes parents. Ce fut une rencontre très émouvante!

Quelque 800 vieilles personnes juives et 500 orphelins juifs ont survécu à la guerre, quoique inscrits à la Gestapo. Cela suite à une ruse des occupants, qui prétendaient qu'on envoyait les gens dans des camps «de travail». Mais, puisqu'on ne pouvait pas faire travailler des personnes âgées de plus de soixante-cinq ans et des enfants de moins de seize ans, on les a mis dans des institutions, pour tromper l'opinion publique. Le but était de les prendre tous à la fois, vers la fin de la guerre. Mais, en une nuit, toutes les institutions ont été vidées de leurs occupants par la Résistance.

J'ai continué la guerre en Hollande et en Allemagne. J'avais une bonne raison de me battre! En août 1945, démobilisé, je suis retourné à Anvers. L'industrie diamantaire florissait mais la population juive était très blessée! À Anvers, une grosse moitié de la population juive avait été déportée et tuée. Mais il est tout de même remarquable que 58 % des Juifs aient survécu en Belgique, grâce, surtout, à la population belge mais aussi grâce aux organisation de défense juive.

Un parent, Herman Isboutsky, travaillait dans le réseau de «l'Orchestre rouge» (*die Rote Kapelle*) de Léopold Trepper. Il a été pris et fut décapité.

J'ai voulu faire mon devoir envers la Belgique. Mais je ne voyais pas d'avenir pour un Juif en Europe. En 1946, je suis parti pour la Palestine. Là, j'ai repris l'uniforme, pour défendre mon nouveau pays.

En 1969, je suis revenu en Belgique, travaillant pour une agence juive qui organisait l'émigration vers Israël.

Je suis le seul survivant de la brigade Piron en Israël; je parle encore bien le néerlandais, et j'habite le village de Hermed, non loin de Tel Aviv, avec mon épouse Fela Schmidt, originaire d'Anvers comme moi. Je suis le seul collaborateur belge au musée (en construction) à Latrun, à la mémoire de ce 1,5 million de soldats juifs qui se sont engagés dans les armées alliées pour combattre les nazis, dont un tiers est tombé au combat.

TU N'ES TOUT DE MÊME PAS UNE DE CES… JUIFS ?

Caroline Klerer

Ma famille, tant côté maternel que côté paternel, a vécu en Pologne à partir du XVIIIe siècle au moins. Bien avant la Première Guerre mondiale, ils ont presque tous quitté ce pays parce qu'il leur était difficile d'y gagner leur vie, mais surtout à cause de l'antisémitisme omniprésent. Les frères de mon père se trouvaient aux États-Unis et au Canada, une sœur habitait également au Canada, et deux sœurs en Palestine sous mandat britannique. Avant la guerre, un frère et une sœur de ma mère vivaient à Vienne, un frère et deux sœurs en Palestine. Ma grand-mère maternelle habitait Jérusalem, où je l'ai rencontrée lors de mon premier voyage en Israël; elle avait alors plus de quatre-vingt-dix ans. La sœur aînée de ma mère est restée en Pologne avec son mari et ses enfants. Ils ont disparu au cours de la guerre. Nous n'avons jamais su ce qui s'est passé.

Mon père, Wolf, est né à Tomaszow le 9 septembre 1904, et mort à Bruxelles en 1981. Il avait obtenu la «petite naturalisation» dans les années cinquante, après que mon frère et moi-même eûmes opté pour la nationalité belge à l'âge de seize ans. Ma mère, Chawa Aurbach, née dans le même village le 19 septembre 1904, est morte à Bruxelles en 1966. Elle était Belge du fait de la naturalisation de mon père. Mon frère Joseph, né en 1930, est décédé. Mes sœurs, Méla, née en 1942 et Régine, née en 1945, habitent en Israël. Mes parents étaient des Juifs «traditionnels», sans toutefois l'afficher. Nous célébrions les fêtes juives en famille. Le shabbat était la journée de repos, mais uniquement si cela ne posait pas de problème: par exemple, nous allions à l'école comme tout le monde, y compris le samedi. Toutefois, au Nouvel An (*Roch Hachana*), le Jour du Grand pardon (*Yom Kippour*) et les deux premiers jours de Pâques (*Pesach*), nous n'y allions pas. Mes parents n'allaient à la synagogue que pour *Roch Hachana* et *Yom Kippour*. Mon père n'était déjà pas très croyant avant la guerre, mais par la suite il décréta: «Dieu est mort». Pour faire plaisir à ma mère, il respectait tout de même un minimum de jours de fête.

En Pologne, mes parents vivaient perpétuellement dans la crainte de pogroms, qui pouvaient se déchaîner pour n'importe quelle raison. De plus, il était difficile pour un petit artisan d'y gagner sa vie. Mon père était charpentier. Il m'a rapporté qu'un Juif ne pouvait presque jamais obtenir un permis de construire. Mais il existait une loi: dès lors qu'une maison avait déjà un toit, elle ne pouvait plus être démolie. Pour jouer malin, on rassemblait une bonne équipe de charpentiers qui, en une nuit, érigeaient une charpente revêtue d'un toit. Après quoi on pouvait prendre tout son temps pour les murs et la finition. Parce qu'il ne gagnait pas assez, il est allé habiter à Varsovie, où il a appris le métier de tailleur. Les tailleurs étaient extrêmement recherchés pour les grandes maisons de prêt-à-porter aux États-Unis. C'est pour cela qu'il est venu en Belgique, comme première étape vers les États-Unis ou vers la Palestine. Il a tout de suite trouvé du travail dans un des ateliers de Bruxelles tenus par des Juifs, et il a continué d'exercer ce métier de tailleur.

Son voyage vers la Belgique s'était fait clandestinement. En Pologne, un tirage au sort désignait ceux qui devraient effectuer le service militaire, et son nom a été tiré. Ce qui l'empêchait d'obtenir un visa de sortie. Or le service militaire durait quinze ans. Cela ne plaisait à personne, et encore moins à un pacifiste comme mon père. En outre, il était fiancé et envisageait de se marier. Il est donc parti, par des chemins détournés puisque que les routes habituelles étaient contrôlées. Pour franchir chaque frontière, il fallait trouver un passeur. Une fois, d'après ce j'ai entendu, il a dû se risquer dans une rivière pour la franchir. Et à la frontière belge, ce fut le plus simple, il suffisait de prendre le tram à Aix-la-Chapelle: si un contrôleur se montrait, on pouvait descendre et prendre le suivant.

Mon père ouvrit un magasin de vêtements pour hommes rue des Tanneurs à Bruxelles, au numéro 33, et nous vivions au numéro 35. Puis nous sommes passés rue du Lavoir quand papa a vendu son affaire. Il avait correctement évalué la situation: pour fuir, mieux valait avoir un peu d'argent que des marchandises qui risquaient d'être confisquées. Nous vivions dans deux petites pièces au premier étage. Au rez-de-chaussée habitait un cordonnier, Hilel Jacentowski, avec sa femme et sa fille de quinze ans. Mme Jacentowski avait tricoté une petite robe bleue pour ma poupée. Au-dessus habitaient les «réfugiés», comme nous les appelions: un vieux couple venu d'Allemagne avec un fils adulte un peu maladif. Nous n'avions pas de contact avec eux: ils ne parlaient que l'allemand, et nous le yiddish. Mon frère est allé à l'école primaire place Rouppe, et moi à la maternelle. Nous jouions avec les autres enfants de la rue, presque tous Juifs.

Je suis née en 1935. Un de mes premiers souvenirs est l'arrivée de quatre cousines de Vienne. L'aînée, Erna, presque adulte, était la fille de tante Sally et d'oncle Isaac, l'un des frères de ma mère. Elle me semblait renfermée, elle ne riait pas beaucoup. Plus tard, j'ai compris ce que cela a dû signifier pour une jeune Juive d'habiter Vienne en

1938-1939. De plus, son père était malade: il est d'ailleurs décédé quelques semaines après leur arrivée. Sa jeune sœur Gusti avait dans les douze ans. Les autres cousines étaient Sidi et Méla. Sidi était la fille d'oncle Oskar et de sa première femme, qui était décédée. Méla était la fille d'oncle Oskar et de tante Esther, sœur de maman. De Sidi, je me rappelle son départ pour «Eretz Israël». Nous l'avons escortée à la gare. Les adultes étaient inquiets: une jeune fille partant seule pour ce qui était alors la Palestine... Ce voyage a été sa chance: elle vit encore en Israël, avec des enfants, des petits-enfants, des arrière-petits-enfants... Tante Sally, Erna et tante Esther ont été tuées par les nazis. Gusti a pu s'échapper en Suisse. Méla et son père ont passé la guerre à Lyon.

Le 10 mai 1940, tante Esther était apparue avec Méla. Celle-ci m'avait fait pitié: elle portait un manteau d'hiver rouge par-dessus beaucoup d'autres vêtements. Tante Esther était prête à fuir et elle suppliait papa: «Venez, vous aussi!» Mais lui, têtu: «Non, je ne pars pas.» Quelques jours plus tard nous sommes tout de même partis par l'un des derniers trains pour la France. Le voyage dura des jours et des jours. En cours de route, le train se fit plus d'une fois tirer dessus; nous allions alors nous coucher à plat ventre contre le talus. Mais qui refusait de descendre? Papa. «Ils me trouveront tout autant dehors qu'ici», maugréait-il. Une fois, en remontant dans le train, j'ai demandé, «Où est passé ce Monsieur qui était assis en face de nous?» On m'a répondu qu'il avait certainement trouvé une place ailleurs, mais j'ai clairement compris qu'il était mort ou qu'il avait été blessé. Nous sommes arrivés à Orlu, au sud de la France, près de la frontière espagnole. Papa ne voulait plus poursuivre: «Tomber entre les mains de Franco ou entre celles des nazis... De toute façon, il va nous livrer», se disait-il.

Les gens d'Orlu se sont montrés accueillants. Nous avons pu loger dans une petite maison typique de la région. C'était un premier étage au-dessus d'une étable. Il y avait un âne. Quand je devais passer près de lui, je craignais de recevoir un coup de pied. Et il y avait un deuxième problème, aller aux toilettes: dans l'étable ou bien dehors. Comme j'avais peur de l'âne, je devais donc sortir; mais dehors, j'avais toujours l'impression qu'on pouvait me voir. En septembre, nous étions toujours à Orlu, et je suis donc allée à l'école. J'étais en première année de l'école primaire: la maîtresse avait la charge de tous les enfants de six à douze ans. En réalité c'était son mari l'enseignant pour les garçons, mais comme il avait été mobilisé, elle avait seule la charge de tous les enfants.

Pour notre retour, maman est partie la première, probablement parce qu'elle connaissait un peu mieux le français que papa, même si elle avait un fort accent. C'est que, à la maison, elle tenait la boutique et faisait les courses tandis que papa était derrière sa machine à coudre et avait donc bien moins l'occasion de parler le français ou même de l'entendre. Probablement nous a-t-elle envoyé de bonnes nouvelles, car nous avons pris la route, tout d'abord jusqu'à une ville du nord de la France. Nous devions encore trouver un moyen de gagner la Belgique. Les Juifs et les étrangers ne pouvaient pas franchir le contrôle. Or nous étions de nationalité polonaise. M'ayant confiée à une dame juive pour qu'elle aille me promener, Papa est parti se renseigner. Il est revenu avec la bonne nouvelle: un camion allait nous prendre et nous faire traverser la frontière. Cette voiture était recouverte d'une bâche sombre. Nous étions bien cinquante personnes assises sur des bancs dans le sens de la longueur, genoux contre genoux et dos à dos. Tout s'est passé en silence jusqu'à la frontière. Là, un Allemand est monté, silhouette menaçante à contre-jour, son fusil dirigé vers nous. Il a crié: *Sind Juden hier*[1]*?* Silence général. Nous étions tous juifs, à l'exception d'un couple marié, deux personnes de très petite taille. Ce petit bonhomme s'est mis debout et, d'une voix énergique, il a déclaré: «Non, nous sommes tous Belges.» Sans autre contrôle, nous avons passé la frontière…

Je suis retournée à l'école, première et deuxième année. Je me souviens que nous recevions des vitamines de la ville de Bruxelles. Pendant la récréation, le concierge venait avec de grands bacs de carottes crues baignant dans de l'eau. Il les brossait et les donnait aux enfants: «Vitamine A». J'aimais beaucoup. Une autre vitamine était difficile à avaler: une grande pilule jaune à base d'huile de foie de morue. C'était si infect que, la plupart du temps, je n'arrivais pas à l'avaler.

Vint ensuite l'obligation de porter l'étoile jaune. Il fallait en acheter quelques exemplaires, à un endroit officiellement désigné. Mais cela ne suffisait pas pour tous les vêtements de la famille, et il était interdit de les reproduire. Papa s'est débrouillé: il a trouvé une étoffe du même genre et il a fabriqué des étoiles lui-même. J'en ai encore quelques-unes, et je ne peux pas dire s'il y en a de vraies… Autre chose: il nous était interdit d'être dans la rue après huit heures. Sortir après cette heure était aussi risqué que s'aventurer dehors sans étoile. Quand nous marchions dans la rue, nous dissimulions l'étoile d'un livre ou d'un sac tenus de la main gauche, comme si cela pouvait nous protéger…

Notre voisin d'en bas, Hilel, a dû écrire sur sa vitrine, en trois langues: «Entreprise juive». Puis il a été appelé pour le travail

1 NDT: Y a-t-il des Juifs ici?

obligatoire et il est rentré malade quelque temps plus tard. Tous les Juifs du voisinage se rassemblaient chez lui pour entendre son récit de «là-bas». Je n'ai lu que tout récemment dans le journal de papa ce que cet homme avait rapporté: humiliations, confiscation des colis de nourriture et de tabac, de six à dix kilomètres pour se rendre à pied au travail qui durait de six heures du matin à onze heures du soir. Comme «nourriture»: cent-vingt-cinq grammes de pain et un petit bol de «soupe» où il n'y avait quasiment que de l'eau, une tasse de «café» le matin et une autre le soir.

Août 1942, un après-midi ensoleillé. Je suis assise au soleil, sur le seuil des voisins d'en face. Je joue à la «dame», avec une nouvelle veste, un «sac à main» de papier brun et ma poupée portant la robe bleue de Mme Jacentowski. Je me sens très heureuse. Vient à passer de l'autre côté de la rue un vieux Juif portant l'étoile. En sens inverse, deux «chemises noires». Ils immobilisent l'homme et commencent à le ridiculiser. Il le font s'accroupir puis se relever à répétition jusqu'à ce qu'il n'en puisse plus. Ce n'est qu'alors qu'ils le laissent partir tout en rigolant de leur bonne blague. Je suis morte de peur, et je me précipite à l'intérieur.

Fin août 1942, nous sommes au sous-sol, avec la famille de Hilel. Je suis allongée par terre sur un matelas, maman me dit de dormir. Mais je reste éveillée: je perçois de la crainte chez les adultes et j'entends des cris dehors, ainsi qu'un fort bruit de bottes. Papa a pris des précautions: le soir, la porte de la maison est renforcée par deux barres de métal posées sur des crochets de part et d'autre de la porte. Nous entendons les Allemands hurler et marteler la porte. Ils tambourinent très longtemps, et nous ne bougeons pas. À un moment donné, il y a un coup de feu et, pendant encore un long temps, nous entendons un homme crier de douleur. Et soudain le tambourinage sur la porte prend fin. Le lendemain matin, mon père s'engage prudemment dans le couloir. Et que voit-il? Le panneau du bas de la porte est par terre. Quelqu'un aurait donc pu entrer facilement. Plus tard, nous apprenons que les deux femmes belges qui habitent en face ont interpellé les Allemands pour leur dire: «Pas la peine d'insister, ceux-là sont déjà partis depuis longtemps.»

1er septembre 1942: première journée d'école. Derrière la grande porte d'entrée de l'école, un large couloir conduit à la cour de récréation. Dans le couloir, la directrice, une liste à la main, arrête les filles juives et nous conduit à son bureau. Là, elle nous explique qu'elle ne peut plus nous accueillir. Nous voyons bien que cela l'attriste. À une dizaine, de six à douze ans, nous restons groupées dans le couloir. La directrice réapparaît. Elle pleure et nous supplie de partir: ce n'est pas de sa faute, dit-elle, mais elle ne peut pas nous laisser entrer. Je reste un moment sur place avec deux copines, Aline et Anna, puis nous finissons par nous en aller. Un peu plus loin stationne un camion. Des soldats allemands circulent autour. Ils nous observent, et ils rient. Nous apprendrons plus tard que, ce jour-là, ils ont contrôlé les écoles. Qu'est-il advenu des enfants qui sont restés quand même à l'école? Et des directeurs qui ont tout de même admis les enfants juifs? Aline et Anna étaient des jumelles. Elles venaient d'Allemagne ou d'Autriche, et vivaient avec leur mère dans une misérable petite pièce, dormant dans le même lit. Le père était absent. «Il va revenir bientôt», disaient-elles. Probablement, était-il déjà entre les mains des nazis. D'Anna et d'Aline, je n'ai plus eu de nouvelles…

Je ne sais pas comment, mais nous avons trouvé refuge chez un couple âgé, rue d'Angleterre à Uccle. Mon frère était déjà là, avec quelques autres garçons juifs. Ces gens ont trouvé pour nous un petit appartement dans une rue avoisinante, au 49 rue du Puits. Deux pièces nous étaient attribuées au premier étage; au rez-de-chaussée habitait la propriétaire, une vieille dame, Mme Calewaert, qu'on appelait «Marie de Krol». Elle savait que nous étions juifs, mais elle n'avait pas peur du tout. «Que voulez-vous qu'ils fassent à une vieille bonne femme comme moi?», disait-elle. Dans une petite maison à l'arrière, habitait encore une autre femme, dont le mari était prisonnier de guerre, et qui avait trois enfants. La maison était assez sûre. Il n'y avait qu'une maison à côté, et pour y venir il fallait emprunter un chemin étroit où aucune voiture ne pouvait s'engager. Les voitures devaient s'arrêter rue d'Angleterre, à deux ou trois cents mètres. En outre, depuis la maison, on avait vue sur toute la longueur du chemin si bien que, au besoin, nous pouvions fuir. Mais la question était: où? Derrière la maison il y avait un petit jardin et, plus loin, le talus du chemin de fer. Pour ne pas nous faire remarquer, nous sommes arrivés dans ce logement sans bagages. Plus tard, papa a trouvé deux hommes pour l'amener à notre domicile en voiture. La Gestapo avait posé des scellés sur la maison. Il les a brisés et il a pris un peu de linge, des draps, et – surtout – sa machine à coudre, sans oublier quelques objets qu'il avait pu attraper de-ci de-là: un vase de cristal, un grande coupe à fruits en verre et deux dînettes que j'avais reçues à l'école pour la Saint-Nicolas. Ces dînettes me tenaient à cœur et elles font encore mon bonheur aujourd'hui. Après la guerre, tous les meubles avaient disparu, y compris les deux pianos à queue de nos tantes de Vienne.

Ma mère attendait un bébé pour septembre. Une organisation de résistants a mis mes parents en contact avec un foyer pour mères célibataires, Dieweg, à Uccle. Elle y est restée au total trois longs mois.

Nous ne pouvions aller la voir que le dimanche après-midi. Les visites se passaient dans la salle à manger: une demi-douzaine de tables dans le sens de la longueur, dix ou douze visiteurs sur de longs bancs de chaque côté des tables, dos à dos. On entendait les conversations des voisins: ça c'était de l'intimité! Même s'ils ne connaissaient pas bien le français, mes parents ne pouvaient pas parler yiddish. Il y avait d'autres Juives «célibataires», qui, elles aussi, recevaient la visite d'un mari et d'enfants. Je ne sais pas comment elles l'expliquaient. Mais le plus drôle: nombre de femmes célibataires – qui se trouvaient ainsi aux côtés de mères juives «cachées» – recevaient la visite de soldats allemands. Ma petite sœur est née le 17 septembre 1942 à l'hôpital d'Etterbeek. Et là, nous ne pouvions pas faire de visites. À l'issue de son séjour au foyer pour mères célibataires – entre avant et après l'accouchement, le total réglementaire était de trois mois – maman et le bébé sont rentrées à la maison, rue du Puits. Ma petite sœur a été appelée Méla, du prénom de la cousine que nous n'avions plus revue depuis deux ans.

«Marie de Krol» s'occupait de son arrière-petit-fils «Petit Louis», car ses parents et ses grands-parents travaillaient. Son gendre, Germain Denié, travaillait à la Ville d'Uccle et il nous aidait. Mes parents avaient une fausse carte d'identité de la Ville de Bruxelles, qu'il était difficile d'exhiber, et c'était donc Germain qui nous fournissait les tickets de rationnement. M. Teirlinck, un agent de police, et sa femme ont mis un lopin de terre à la disposition de mes parents et leur ont appris à cultiver des pommes de terre et quelques légumes. Grâce à sa machine à coudre, mon père pouvait travailler un peu pour des voisins. Il faisait du neuf avec de vieux vêtements, retournant le tissu pour le réutiliser. Sur la voie ferrée qui passait derrière la maison, des trains s'arrêtaient souvent. Les gens montaient sur la locomotive pour jeter à terre du charbon que l'on ramassait ensuite dans des seaux. La voisine, qui avait ses trois enfants, devait aller travailler et c'était Marie qui s'en occupait; l'aîné était gravement handicapé. Nous avons vécu toute une année à cinq dans deux pièces. Le pire pour moi était que je ne pouvais pas aller à l'école. Mais j'aidais maman et Marie à s'occuper de Méla et du garçon handicapé; j'aidais aussi son frère et sa sœur pour leur travail scolaire.

Fin août 1943 mon frère est parti pour un endroit plus sûr, chez un prêtre de Namur, l'abbé André. Mais pas pour longtemps: il a ensuite rejoint d'autres garçons dans un foyer de Jamoigne, où il est resté jusqu'à la fin de la guerre. Un peu plus tard, une jeune femme est venue chercher ma petite sœur. Cela me serre encore le cœur quand je me souviens de la scène. De la fenêtre, j'ai suivi la femme des yeux tant que j'ai pu. Je pleurais et je n'osais pas me retourner vers mes parents, qui se tenaient derrière moi en silence. Mela a été confiée à un couvent, et un véritable miracle s'y est produit. Une vingtaine de filles juives y séjournaient. Lorsque la Gestapo a voulu les arrêter, la Résistance en avait été informée. Dans la nuit, quelques hommes ont mis en scène une «irruption», ligoté les sœurs et sauvé tous les enfants.

Moi aussi, une inconnue est venue me chercher. Elle m'a fourni de faux papiers: je m'appelais désormais Caroline Calewaert. C'était le nom de «Marie Krol», ce qui allait me permettre de lui expédier chaque semaine une lettre qu'elle transmettait à mes parents. J'ai été envoyée dans une famille où il y avait déjà trois ou quatre enfants, dont une portant le même faux nom que moi. Cette famille ne m'a pas acceptée. La résistante m'a alors amenée pour quelques jours dans un orphelinat, puis chez les Rondal, dans un village des Ardennes: Noiseux. La famille Rondal se composait de quatre personnes. La mère, Céline, était veuve; elle tenait la maison, commençant à travailler tôt le matin; je l'appelais «marraine». Sa fille, tante Irma, la trentaine, célibataire, faisait de la couture pour les habitants du village. Son fils, Léon, venait de se marier et, peu de temps après mon arrivée, sa femme a accouché d'un petit garçon, Michel. La ferme avait quelques vaches, deux cochons et un cheval. Les produits étaient presque entièrement consommés sur place.

J'allais à l'école du village, une école de filles, où j'étais en troisième année. Toutes les classes étaient réunies dans un même local, avec une seule maîtresse. En début et en fin de journée, ainsi qu'avant la récréation, nous faisions les prières. J'ai su très vite par cœur le Notre Père et le Je vous salue Marie[1]. Heureusement, car je ne devais pas me faire remarquer. Nous avions aussi des cours de religion, et cela réjouissait beaucoup la maîtresse que, au moins là-dedans, les deux autres filles de la ville et moi ne soyons pas les meilleures. Le dimanche, nous allions à la messe, et nous étions au premier rang, sous l'œil vigilant de la maîtresse. C'était une «vieille fille», la quarantaine passée, très sévère et catholique conservatrice. Elle détestait les Juifs. La raison: ils ont assassiné Jésus – elle en parlait comme de son propre fils –, ils l'ont vendu pour un peu d'argent, ce sont des gens fourbes, et ainsi de suite. Tout cela, bien entendu, je l'entendais pour la première fois. Elle était aussi très patriote. Elle nous a fait copier plus d'un texte sur le roi Albert et les héros de la première guerre mondiale. Pour ces cahiers, elle avait une cachette sous l'estrade, au cas où apparaîtraient des Allemands. Quand ceux-ci sont venus enlever les cloches de l'église, elle écrivit tout

1 NDT: Les deux principales prières des catholiques.

un texte au tableau, sous le titre: «Les Boches volent nos cloches.» Cela la dérangeait que nous, les trois filles de la ville, soyons parmi les meilleures élèves, et elle était contente que, au moins pour la religion, nous ayons de moins bons résultats. Elle se défoulait sur moi d'une autre façon encore. Quand il gelait très fort, elle versait quelques seaux d'eau pour nous aménager une petite glissoire. La plupart des enfants portaient des sabots, et moi des chaussures dont je devais prendre grand soin. Je n'utilisais donc pas la glissoire et la maîtresse se moquait de moi, disant que je n'osais pas.

Dans le village, il y avait un médecin. Je suis allée quelquefois en consultation chez lui, et il est aussi venu pour des visites. À cette époque, les médecins étaient payés en fin d'année. Quand je le croisais dans le village, je croyais lire sur son visage un sourire spécial pour moi. Et puis, il me disait toujours quelque chose du style «Bientôt, ça ira mieux». Plus tard j'ai découvert qu'il n'avait jamais compté à la famille les honoraires concernant mes soins. Je pense donc qu'il savait qui j'étais.

De toute la guerre, nous n'avons vu les Allemands que trois fois. Le village ne présentait d'ailleurs aucun intérêt stratégique. Il n'y eut de manœuvres qu'une fois. Les militaires ne se sont pas occupés des habitants du village, mais ils ont séjourné à l'école, et nous avons eu quelques jours de congé. Après leur passage, nous avons trouvé la classe dans un état indescriptible: bancs cassés, matériel pédagogique détruit... La deuxième fois, ce fut lorsqu'ils sont venus embarquer les cloches. Et la troisième, quand ils ont battu en retraite. Cette fois-là, les soldats sont passés par centaines. Tout le monde était soulagé, mais j'avais toujours peur d'être «démasquée» avant la fin. Des soldats furent cantonnés dans les maisons. Chez nous, c'était un officier SS arrogant. Au mur était affichée une carte d'Europe, que Léon n'avait pas voulu enlever. L'officier la regarda en disant: «Allemagne pas *kaput*», et puis: «À Noël, nous retour». Cet officier portait des bottes de cuir, qu'il laissa dans le couloir. Irma les mangeait des yeux: du vrai cuir! Or, à cette époque... Et elle les cacha derrière la porte de la cave. Si l'homme les réclamait, elle pourrait toujours dire qu'elles gênaient dans le couloir. Au moment de partir, l'homme chercha ses bottes tout en proférant mille jurons. Mais Irma ne comprenait pas la langue et l'Allemand s'énervait de plus en plus. Au cours de ces derniers mois, j'avais parlé français et je connaissais même le dialecte de la région, et j'avais presque oublié ma langue maternelle, le yiddish. En entendant parler allemand, elle m'est revenue en un éclair. J'aurais pu traduire ce que disait l'homme, mais je n'ai pas osé. Car comment expliquer qu'un enfant de dix ans, dans les Ardennes, soit en mesure de comprendre l'allemand? Mon estomac se noua: d'un seul mot, je pouvais me trahir, et en même temps mes parents, auxquels j'écrivais chaque semaine sous mon faux nom, ainsi que toutes les personnes qui m'avaient aidée... Mais tout d'un coup, Irma comprit, et elle lui rendit ses bottes. Et l'Allemand s'en alla avec sa compagnie...

Début septembre passèrent les derniers Allemands. Ils tenaient à portée de fusil le pont par lequel les Alliés pouvaient atteindre le village. Un jeune résistant isolé voulut les en empêcher et il fut abattu. À l'approche des Américains, les Allemands firent sauter le pont. Le lendemain, il y avait un pont d'urgence. Les Américains sont venus loger dans le village. Ils distribuaient du chewing-gum, du chocolat, des cigarettes et du *corned beef.* C'est alors que j'ai vu pour la première fois une banane et une orange. Une fois, je tirais de l'eau à la pompe dans deux seaux de dix litres, et un soldat est venu m'aider. Je ne sais plus comment, mais il a engagé la conversation avec Irma. C'était un Polonais de l'armée canadienne. Quand il a su que j'étais «polonaise» moi aussi, cela lui a fait très plaisir. Dans les jours qui ont suivi, il m'apportait à manger. Entre autres du maïs, ce qui nous a beaucoup fait rire, car nous ne connaissions le maïs que comme aliment pour les poules.

Très vite après la Libération, la famille Rondal reçut une lettre de l'organisation qui m'avait «placée» disant que j'étais de nationalité polonaise et mentionnant mon véritable nom. La famille écrivit une lettre à la maîtresse pour la mettre au courant. Après lecture, celle-ci me dévisagea longtemps en silence, de son regard hostile, puis: «Cela veut donc dire, Caroline, que tu nous a menti pendant toute une année?» Devant toute la classe! C'était là toute sa compassion. Et puis elle ajouta: «Tu n'es tout de même pas une de ces... Juifs?» Qu'aurait bien pu répondre un enfant de neuf ans, qui tremble devant toute la classe et qui s'entend traiter de menteuse? J'ai dit, «non» et, le dimanche suivant, je suis allée à la messe comme d'habitude. Je suis restée encore quelque temps au village, mais je savais déjà que mes parents, mon frère et ma petite sœur étaient saufs.

Début 1945, je n'étais toujours pas rentrée à Bruxelles. Il n'y avait pas de gare au village. Et maman était enceinte. Ma deuxième sœur, Régine, allait naître le 7 juin 1945. Mes parents ont demandé à l'abbé André de faire le nécessaire pour que je rentre. Et fin février est apparu tout d'un coup un jeune homme, qui venait me chercher. Mes affaires ont vite été emballées. Je suis partie pour Namur, et quelques jours plus tard pour Bruxelles. Mes parents avaient loué une maison, dont ils n'occupaient que les trois pièces du premier étage afin d'économiser le chauffage. Nous avons sonné, papa a ouvert la porte, il m'a reconnue et il a grimpé l'escalier comme un fou, puis je l'ai entendu crier à maman: «Caroline est là!»

À Uccle, j'ai continué l'école primaire. Puis je suis allée à l'athénée, où j'ai terminé mes études en latin-sciences. J'ai étudié la chimie, avec option biochimie. En 1959, j'ai épousé Claude Marco, avec qui j'avais fait mes études. J'ai d'abord travaillé dans le laboratoire du professeur Wiame, puis j'ai été enseignante jusqu'à la fin de ma carrière. Nous avons deux filles, nées en 1962 et 1966.

Après la guerre, nous sommes allés rendre visite à la famille Rondal pendant les vacances. Mon père a pris les mesures de Léon et il lui a fait un costume trois-pièces dans un tissu «qualité d'avant-guerre». Par la suite, le contact s'est limité à la traditionnelle carte du Nouvel An, jusqu'à ce qu'il n'y ait plus eu de réponse. Quand j'ai appris le décès de Marraine, je suis allée à l'enterrement. L'année suivante, je voulais écrire à nouveau mais mon père était réticent. À ma question «Qu'est-ce qui ne va pas?», il a répondu «Ils me prennent pour Rothschild». Probablement de «bons amis» les avaient «informés» de la richesse légendaire des Juifs, si bien qu'ils avaient envoyé à mon père une note pour mon séjour de septembre 1943 à février 1945. Nos relations en sont restées là...

SAUVÉE PAR... LA GESTAPO !

Charlotte Klipstein

Je suis née à Berlin, dans une famille bourgeoise, juive non pratiquante. Mon père, Hans, a fait des études de musique et de philosophie, mais a dû les arrêter à sa mobilisation lors de la guerre de 1914-1918. En épousant ma mère, Elly Silberberg, en 1919, il entre dans l'entreprise de son beau-frère et le suit aussi sur le plan spirituel en entrant en maçonnerie. Mon frère Ernst-Peter est né en 1921. Malheureusement, à l'âge d'un an et demi, il a été frappé d'une poliomyélite dont il a gardé de graves séquelles. J'ai vu le jour en 1925 dans un Berlin culturellement très à la page, mais aussi paradoxalement miné par le chômage et la révolte. Ma prime jeunesse s'est passée dans une ambiance agréable, avec des parents aimants, des grands-parents chaleureux et de nombreux amis, tant Juifs que non Juifs. Nous recevions des artistes, des intellectuels et surtout des musiciens. Chaque semaine, mon père organisait des soirées à la maison avec des amis violonistes, pianistes, etc. Souvent, ils jouaient avec un ami à quatre mains sur son piano à queue. Malgré cette vie en apparence paisible, le national-socialisme pointait à l'horizon. Pourtant, mes parents faisaient tout pour ne pas nous montrer leur désarroi.

Ma première rencontre avec l'antisémitisme date de 1933. Hitler était devenu chancelier. J'allais dans une école communale pas loin de notre domicile. Mes petites camarades étaient de plus en plus affiliées au *Bund Deutscher Mädchen*, dont les enfants juifs étaient évidemment exclus. Nous les envions, car elles avaient de beaux uniformes, elles nous racontaient avec enthousiasme combien leurs réunions mensuelles, les séjours dans les camps de vacances étaient joyeux et agréables. Les seules «réjouissances» auxquelles nous pouvions et devions assister étaient lors des passages du Führer ou autres dignitaires du régime, avec cortèges, drapeaux et musique militaire. Tous les écoliers devaient se trouver aux bords des rues par lesquelles les cortèges passaient, munis de petits drapeaux à la croix gammée en criant *Heil! – Heil!* Cela se passait au moins une fois par mois. Un jour, en rentrant de classe, j'ai eu la faveur de porter la mallette de ma maîtresse. Elle n'habitait pas loin de chez nous et, avec d'autres petites filles, nous faisions un bout de chemin ensemble. Brusquement, une de ces élèves me poussa brutalement en me criant: «Toi, sale juive, tu n'as pas le droit de porter cette serviette et te joindre à nous.» Je suis tombée en me cassant une dent sur le bord de la chaussée, ne comprenant ce qui m'arrivait.

En 1935, je dus changer d'école, et fus inscrite au Lycée. Mais une nouvelle loi défendit aux enfants juifs de fréquenter les établissements scolaires, réservés aux enfants aryens. À ce moment là, il n'y avait pas assez d'écoles juives, et puisque l'école était obligatoire jusqu'à 14 ans, il fallut en créer. J'ai fréquenté alors une école moyenne mixte, ce qui était exceptionnel à cette époque. Cette école était de tendance sioniste; elle s'appelait Théodore Herzl Schule, et elle était située… *am Adolf Hitlerplatz!* Mon père était convaincu, vu la dégradation de la situation, qu'un État juif était la seule solution pour résoudre nos problèmes. Mais il considérait que ce jeune pays aurait besoin d'ouvriers, d'agriculteurs, bref de main d'œuvre, mais pas de commerçants ni d'intellectuels, comme lui, pour se construire. Cette école devint vite un refuge. Chaque semaine, l'un ou l'autre de nos camarades de classe émigrait. Chaque semaine l'un ou l'autre père, oncle, ou frère aîné était envoyé dans des «camps de travaux», des camps situés en Allemagne et qui n'étaient pas encore des camps d'extermination. L'école s'occupait de nous, nous offrait un refuge, organisait nos loisirs pour nous éviter

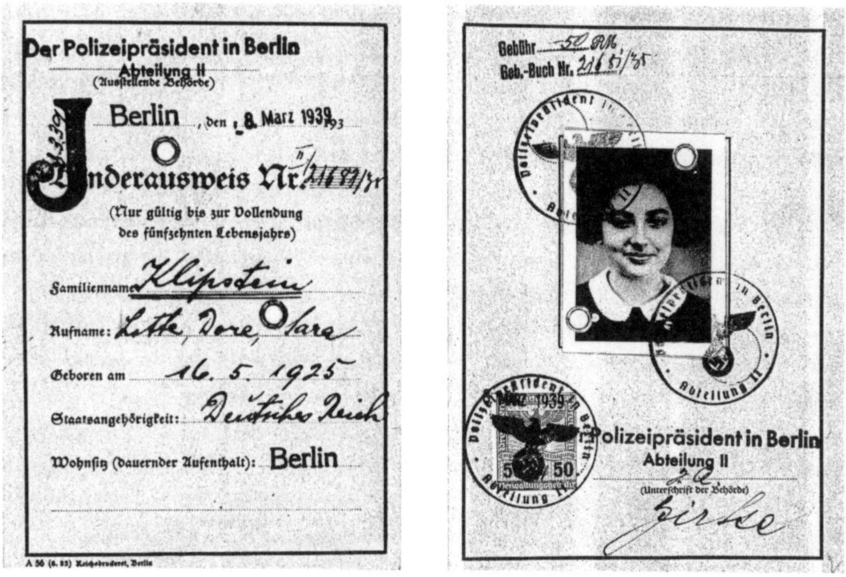

Mon «*Ausweis*» pour quitter l'Allemagne, marqué du «J» de «*Jude*».

au maximum d'être confrontés à des situations pénibles. Elle organisait aussi la protection des élèves sur le chemin de l'école, car il n'était pas rare d'être attaqué par des bandes de jeunes. Nous, les petits, étions toujours accompagnés par des élèves plus âgés, ce qui décourageait nos agresseurs.

La situation devenait plus difficile de jour en jour. Les nouveaux arrêtés racistes se multiplièrent. Nous n'avions plus le droit de nous asseoir sur les bancs publics dans les parcs ou autres endroits, il y avait des bancs peints en jaune qui nous étaient destinés. Puis la visite des parcs nous fut interdite. Puis les théâtres, opéras, cinémas, restaurants et autres établissements publics… chaque jour apportait son nouveau lot de vexations. Les Juifs ne pouvaient plus exercer des professions libérales, médecins, avocats, notaires, etc. L'entreprise de mon père étant confiée par l'État à un gérant, il n'avait plus le droit de regard sur ses revenus. Peu après, il en fût dépossédé: nous n'avions plus de ressources.

Depuis longtemps mes parents envisageaient d'émigrer en Belgique, car mon père y avait de bons amis parmi ses relations d'affaires. Ces personnes se mobilisèrent pour obtenir quatre permis d'entrer en Belgique. Ce n'était pas chose facile, car la loi belge prévoyait un *quota* annuel de quelques centaines personnes seulement autorisées à s'établir dans le pays. La vie en Allemagne fut de plus en plus périlleuse et intenable. Nous, les enfants, avons appris très tôt à ne pas nous faire remarquer, à être plus polis, plus sages, plus effacés que les petits aryens de notre âge. Pour mes parents, s'ajoutait un problème financier, puisque sans ressource. Finalement, nous avons eu la chance d'obtenir les visas tant désirés. Hélas, entre-temps, les Allemands avaient trouvé d'autres moyens de nous tracasser. Il fallait remettre aux autorités toute l'argenterie, qu'ils nous payaient × *marks* par kilo, contre un reçu en bonne et due forme. En attendant, la date du permis de sortir était périmée et il fallait recommencer toutes les démarches. Et cela se répétait pour d'autres raisons: l'acceptation de mon père à renoncer définitivement à son affaire, le payement d'une énorme taxe de sortie, etc., etc.

En novembre 1938, il y a eu la fameuse Nuit de Cristal. Les choses s'envenimèrent de plus en plus. Les arrestations des hommes juifs devenaient choses courantes. Fin 1939, une connaissance, membre de la Gestapo (!), avertit mon père qu'il risquait d'être arrêté sous peu. Il lui procura un billet de train pour la Belgique; ainsi, mon père pût échapper à la déportation. Entre-temps, les autorisations d'emmener légalement nos meubles et autres affaires en Belgique étaient enfin arrivées. Il fallait dresser une liste détaillée et le nombre exacte de chaque objet, jusqu'au dernier mouchoir. Après approbation, un contrôleur nazi vérifiait la liste. Ce qui n'était pas noté était confisqué. Enfin, maman, mon frère et moi pouvions quitter l'Allemagne. À la frontière belge, une autre épreuve nous attendait. On nous a fait descendre du train. Nous devions nous déshabiller pour être fouillés, jusque dans les endroits les plus intimes, et cela d'une façon brutale. Je n'avais que quatorze ans à ce moment.

En Belgique, nous avons retrouvé mon père. C'était en mars 1939. Nous nous croyions enfin en sécurité. Nos meubles arrivèrent. Mes parents avaient loué une maison à Gand, Lousbergkaai, et ce fut le début de ma vie en Belgique. La première difficulté était la méconnaissance des langues. Mes parents, ainsi que mon frère, connaissaient un peu de français. Mes connaissances étaient fort limitées malgré les cours suivis à Berlin. En plus nous nous trouvions dans un milieu flamand, une difficulté de plus. Des amis de mon père conseillèrent à mes parents de m'inscrire à l'Institut Crombeen, une école des sœurs franciscaines. Les religieuses étaient très gentilles, mais le niveau de l'instruction bien en dessous de mon ancienne école... J'étais dispensée de suivre les cours de catéchisme, mais je devais suivre ceux sur l'histoire de l'église, considéré, avec raison, comme faisant partie de la culture générale. Pour moi, c'était complètement nouveau. Les questions que je posais souvent étaient, sans que je m'en rende compte, plutôt embarrassantes pour les religieuses. À la fin de l'année scolaire, la directrice conseilla à mes parents de me changer d'école. En septembre, je suis entrée au lycée, où j'ai rejoint les élèves de deux à trois ans plus jeunes que moi, à cause de ma méconnaissance des langues nationales et du latin. Mais bientôt, les menaces de guerre se précisèrent, et je me rappelle notre enthousiasme car nous, les jeunes, étions certaines que l'Allemagne serait vite battue.

Le 10 mai 1940, à la déclaration de la guerre, mon père est arrêté par la sûreté belge, ayant un passeport allemand. Le grand J (*Jude*) rouge, imprimé sur le document, ne leur disait rien. Il a été envoyé dans un camp d'internement dans le Sud de la France, avec beaucoup d'autres, de vrais Allemands et des citoyens d'autres pays non alliés. Quelques jours après, c'était le tour de ma mère, mon frère et moi. Nous avons été emmenés à la Bourse de Gand, Place d'Armes, où nous avons été entassés, femmes, vieillards, enfants, de différentes nationalités. Une couche de paille nous servait de lit. Après deux jours, nous avons été conduits à pied vers la gare Saint-Pierre, sous la huée de «sales boches» de la part de nombreux passants. Finalement, nous avons été embarqués dans un train à destination de la France. Mais suite à l'avancement fulgurant de l'armée allemande, ce train s'est arrêté en pleine campagne, dans le Nord de la France. Nous sommes parvenus à ouvrir les portes fermées à clef, et nous avons rejoint le flot de réfugiés pour atterrir dans un petit village, après plusieurs jours d'errements, sans nourriture ni toit. Nous y sommes restés à peu près trois semaines. Puis, maman a décidé de retourner à Gand, car elle pensait que si mon père nous rechercherait, ce serait à Gand.

Nous avons retrouvé la maison intacte, et nous avons repris une vie vaguement normale. Étant sans nouvelles de mon père, et sans revenu, ma mère essayait de subvenir à nos besoins en vendant ses bijoux, les tapis, les meubles, et aussi le piano à queue de mon père, et en louant aussi quelques chambres à d'autres réfugiés, qui avaient tout perdu. Un ami de mon père me proposa de l'aider à tenir les comptes de son entreprise, et mon salaire nous permit de payer le loyer de notre habitation. C'est à ce moment que j'ai commencé à suivre des cours de secrétariat, quatre soirs par semaine et le dimanche matin, à la *Volkshogeschool.* Entre-temps nous avons reçu des lettres de mon père qui avait eu vent que son camp allait être remis aux autorités allemandes. Il demandait de l'argent pour soudoyer des gardiens afin de pouvoir quitter le lieu. Après plusieurs essais infructueux, un des passeurs, honnête celui-là, est parvenu à lui remettre l'argent et mon père a réussi à rentrer à la maison après maintes aventures et complications.

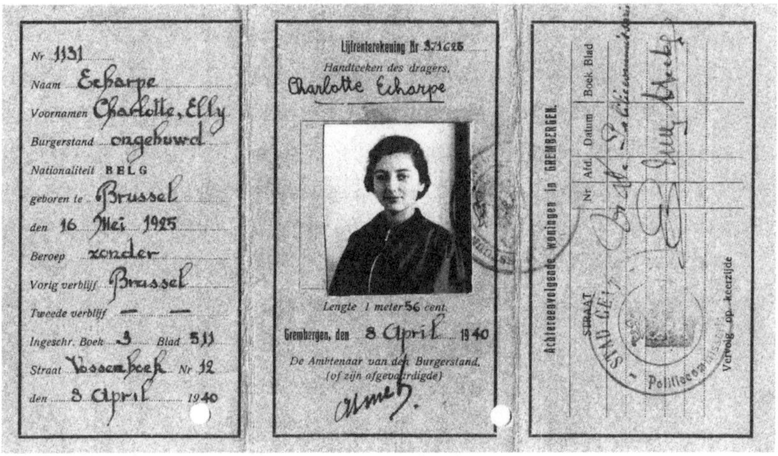

Nr 1131
Naam Echarpe
Voornamen Charlotte, Elly
Burgerstand ongehuwd
Nationaliteit BELG
geboren te Brussel
den 16 Mei 1925
Beroep zonder
Vorig verblijf Brussel
Tweede verblijf — —
Ingeschr. Boek 3 Blad 511
Straat Vossenhoek Nr 12
den 8 April 1940

Lijfrentenrekening Nr 371625
Handteeken des dragers.
Charlotte Echarpe
Lengte 1 meter 56 cent.
Grembergen, den 8 April 1940
De Ambtenaar van den Burgerstand,
(of zijn afgevaardigde)

Achtereenvolgende woningen in GREMBERGEN.
STRAAT | Nr | Afd. | Datum | Boek | Blad
Vervolg op keerzijde

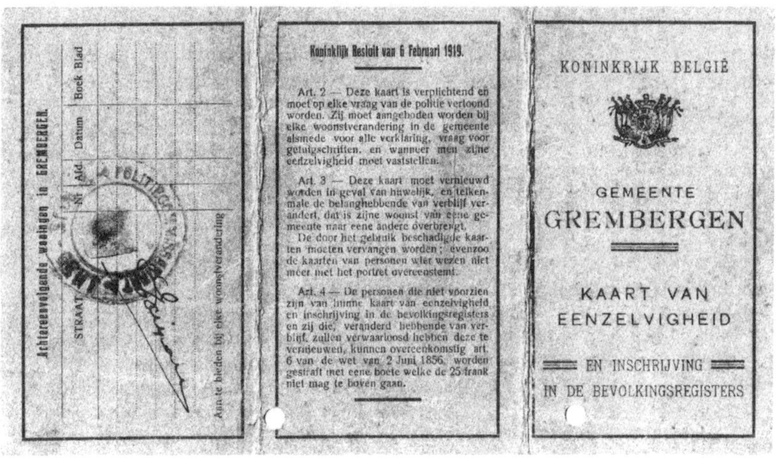

Achtereenvolgende woningen in GREMBERGEN.
STRAAT | Nr | Afd. | Datum | Boek | Blad
Aan te bieden bij elke woonstverandering

Koninklijk Besluit van 6 Februari 1919.

Art. 2 — Deze kaart is verplichtend en moet op elke vraag van de politie vertoond worden. Zij moet aangeboden worden bij elke woonstverandering in de gemeente alsmede voor alle verklaring, vraag voor getuigschriften, en wanneer men zijne eenzelvigheid moet vaststellen.

Art. 3 — Deze kaart moet vernieuwd worden in geval van huwelijk, en telkenmale de belanghebbende van verblijf verandert, dat is zijne woonst van eene gemeente naar eene andere overbrengt.
De door het gebruik beschadigde kaarten moeten vervangen worden; evenzoo de kaarten van personen wier wezen niet meer met het portret overeenstemt.

Art. 4 — De personen die niet voorzien zijn van hunne kaart van eenzelvigheid en inschrijving in de bevolkingsregisters en zij die, veranderd hebbende van verblijf, zullen verwaarloosd hebben deze te vernieuwen, kunnen overeenkomstig art. 6 van de wet van 2 Juni 1856, worden gestraft met eene boete welke de 25 frank niet mag te boven gaan.

KONINKRIJK BELGIË
GEMEENTE
GREMBERGEN
KAART VAN
EENZELVIGHEID
EN INSCHRIJVING
IN DE BEVOLKINGSREGISTERS

À Gand, je m'appelle Charlotte Echarpe !

Au début de l'Occupation, les Allemands se comportaient correctement, mais peu à peu la situation s'empira. Bientôt les Juifs ne pouvaient plus être dans la rue après 20 heures. Mes camarades d'études veillaient à ce que je quitte la classe à temps et prenaient des notes des cours que je ratais. En 1941, nous avons dû porter l'étoile jaune. Je me rappelle de m'être promenée avec un air de défi, dans la rue de Flandre, et qu'un officier allemand me salua militairement ! En 1942, nous étions convoqués à la *Kommandantur* de Gand, pour remettre nos passeports allemands. Comme mon père était officiellement absent, c'est ma mère qui s'y est rendu. Elle a été reçu par un officier supérieur de la Wehrmacht, qui s'avéra être un homme courtois et humain. Il lui a fait

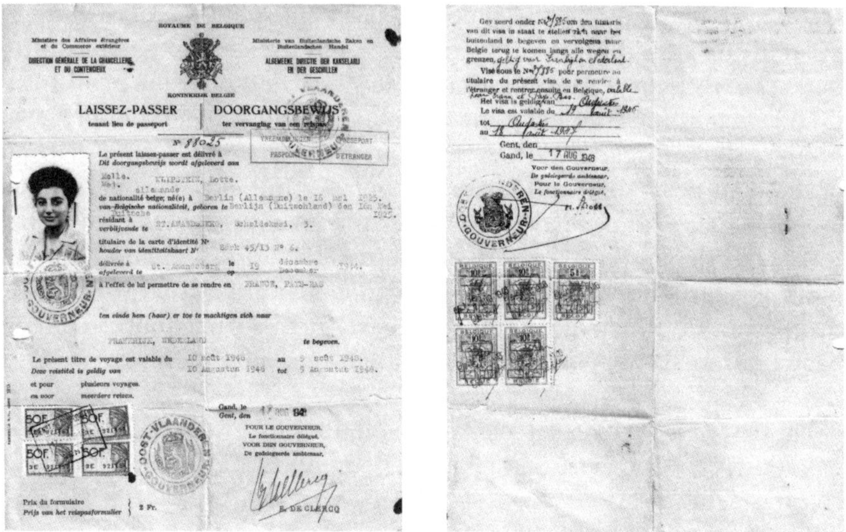
ROYAUME DE BELGIQUE
Ministère des Affaires étrangères et du Commerce extérieur
Ministerie van Buitenlandsche Zaken en Buitenlandschen Handel
DIRECTION GÉNÉRALE DE LA CHANCELLERIE ET DU CONTENTIEUX
ALGEMEENE DIRECTIE DER KANSELARIJ EN DER GESCHILLEN
KONINKRIJK BELGIË
LAISSEZ-PASSER tenant lieu de passeport
DOORGANGSBEWIJS ter vervanging van een reispas
N° 88025
Le présent laissez-passer est délivré à
Dit doorgangsbewijs wordt afgeleverd aan
de nationalité belge; né(e) à
van Belgische nationaliteit, geboren te
résidant à
verblijvende te
titulaire de la carte d'identité N°
houder van identiteitskaart N°
délivrée à
afgeleverd te
à l'effet de lui permettre de se rendre en
ten einde hem (haar) er toe te machtigen zich naar
te begeven.
Le présent titre de voyage est valable du
Deze reistitel is geldig van
et pour plusieurs voyages.
en voor meerdere reizen.
Gand, le
Gent, den
POUR LE GOUVERNEUR,
Le fonctionnaire délégué,
VOOR DEN GOUVERNEUR,
De gedelegeerde ambtenaar,
E. DE CLERCQ
Prix du formulaire
Prijs van het reispasformulier
2 Fr.

Gent, den
Gand, le 17 AUG 1948
Voor den Gouverneur,
De gedelegeerde ambtenaar,
Pour le Gouverneur,
Le fonctionnaire délégué,

Après la guerre, en 1948, je reçus un « laisser-passer » pour la France et les Pays-Bas.

comprendre que notre nouveau statut de «sans patrie», n'était pas si grave, et qu'au contraire, il se pourrait qu'un jour nous serions contents de ne plus être Allemands. Il congédia ma mère en l'avertissant que des mesures bien plus terribles allaient être prises sous peu. En effet, quelques jours plus tard, nous recevions l'ordre de nous présenter, avec un minimum de bagages, pour être envoyés dans un camp de travail. Mon père avait, depuis longtemps déjà, pris des contacts avec des organisations clandestines qui nous fournirent de fausses cartes d'identité belges. J'avais l'identité d'une dame de Grimbergen, qui avait signalé sa carte comme perdue. Il suffisait d'échanger les photos. Un autre ami, ancien combattant de 1914-1918, s'arrangea pour héberger mon père et mon frère dans sa petite villa à Mariakerke pendant les 25 mois que la guerre allait encore durer. En ce qui me concerne, il fallut beaucoup de patience à mon père pour me convaincre de me terrer avec ma mère chez un boucher pas loin de sa cachette. Je savais que, vu nos moyens financiers, il serait très difficile de payer pour notre séjour clandestin qui pouvait durer encore longtemps. En plus, je croyais vraiment qu'il s'agissait d'une convocation pour un travail; j'avais 17 ans, et dans mon innocence, j'étais prête à obéir à cet ordre.

Commencèrent alors les vingt-cinq mois de ma vie cachée. Maman et moi sommes restées cinq mois chez cet aimable boucher, Georges De Clercq, sans jamais sortir de notre chambre, sauf le soir, après la fermeture du magasin, pour bavarder et parfois jouer aux cartes avec nos hôtes. Après une visite inopinée des *Feldgendarmen* qui avaient aperçu une raie de lumière à travers l'obscurcissement obligatoire, nous primes peur et trouvâmes une autre cachette chez le beau-frère du boucher, un horticulteur, Emiel Colpaert. Quelque temps après, les hommes de la Brigade noire sont venus vérifier si notre horticulteur ne cachait pas des pains pour le marché noir, fabriqués par le voisin boulanger retraité. Nouveau départ. Nous trouvâmes refuge chez un architecte (qui devint bourgmestre de Mariakerke après la guerre); deux mois plus tard, il reçut une lettre anonyme lui annonçant qu'on savait qu'il cachait des personnes indésirables. Après quinze jours chez ses beaux-parents à Ledeberg, ma mère allait rejoindre mon père et mon frère.

J'ai trouvé asile chez les vieux amis, qui nous avaient fait venir en Belgique. Là, j'avais enfin une vie un peu plus libre. J'ai été considéré comme la fille de la maison, et comme il y avait cinq enfants en bas âge, j'ai pu me rendre utile en aidant la maman à entretenir la grande maison, m'occuper des gosses, etc. Mais là aussi, après quelques mois, j'ai dû fuir. Je me suis retrouvée chez un couple âgé pendant quinze jours, quelque part près du Cheval Bayart[1], puis pendant six semaines chez les parents d'une autre amie chère d'avant-guerre. Les six derniers mois de mon odyssée se passèrent à Deinze. Une connaissance d'affaires de mon père m'a pris chez lui, comme servante. Flamingant convaincu, monsieur Bruwaert occupait le poste d'échevin sous l'Occupation. Pourtant, c'était un brave homme. Il essayait d'aider des jeunes pour qu'ils ne soient pas envoyés en Allemagne pour travailler, ou éviter des peines à des accusés politiques. Sa femme ne connaissait pas mes origines, je me faisais passer pour une Wallonne. On me payait 300 francs par moi, une vraie fortune! Après quelques semaines difficiles, où je ne parvenais pas à accomplir toutes les tâches qui m'incombaient – nettoyage, cuisine, lavage, soigner les poules, etc. – j'arrivais à trouver le bon rythme et à me sentir à l'aise. Mes patrons n'avaient jamais eu de bonne aussi «sage» et présente. Je ne sortais jamais, sauf pour nettoyer les fenêtres et la rue, et cela à six heures du matin, quand il n'y avait encore personne en vue. Le dimanche, j'accompagnais les autres bonnes à la messe de 6 heures, pour que les voisins ne soupçonnent rien.

Deinze a été libéré en automne 1944. J'étais seule dans la maison, puisque mes patrons durent à leur tour se mettre à l'abri de la vengeance contre les collaborateurs. J'ai pu éviter que la meute hystérique s'attaque aussi aux biens de mes sauveurs. Bientôt, j'ai pu rejoindre mes

---

1 Sculpture dans le parc Paul de Smet de Nayer à Gand.

parents à Mariakerke, où nous dûmes encore rester quelques jours dans la cave, car on se battait encore dans le secteur. Puis ce fut enfin la fin de l'horreur.

Peu à peu, nous avons pu revivre presque normalement. Mais le début était difficile. Mon père, surtout, est sorti totalement brisé de ces événements. Nous n'avions pas de ressources et il lui était impossible de retrouver du travail. Pour nous permettre de subsister tant bien que mal, j'ai donc cherché immédiatement du travail. Je suis devenue employée, tout en reprenant les cours du soir pour obtenir un diplôme de secrétaire. Mon père refusant catégoriquement de demander une indemnité à l'État allemand, notre situation n'était guère brillante. Papa ne voulait plus rien avoir à faire avec cette nation qui avait détruit toute son existence. Heureusement, nous sommes parvenus à le faire changer d'avis, ainsi mes parents et mon frère ont obtenu chacun une rente de l'Allemagne, en compensation des dommages subis, ce qui leur permit de vivre décemment. Personnellement, je n'ai reçu qu'une petite indemnisation pour le fait de n'avoir pas pu achever mes études.

Ces années terribles ont bouleversé ma vie. On m'a volé ma jeunesse, mon avenir et mes espoirs. Je n'avais plus qu'un désir: devenir enfin comme les autres. Ne pas être montrée du doigt, humiliée, bafouée. Ne pas devoir me surveiller sans cesse, pouvoir être moi-même sans me sentir inférieure ou différente. Me fondre dans la masse. Et pourtant, j'ai vite réalisé que nous ne sommes pas, et ne devons pas être tous égaux. Chacun a le droit à la différence à condition de ne pas imposer ses opinions.

Puis-je pardonner? D'abord, nous avons eu la chance de survivre, certains ont subi de plus grands malheurs que nous. En ce qui me concerne, je crois qu'en certaines circonstances le pardon n'est pas possible. Pardonner, c'est cesser de haïr, dit-on, or je suis parvenu à reconstruire ma vie sans pardon mais aussi sans haine, car la haine empoisonne la vie.

Par bonheur, le destin m'a fait rencontrer mon mari, un être exceptionnel. Sa compréhension, sa patience et son amour m'ont redonné goût à la vie. J'ai eu le grand bonheur de vivre 49 ans à ses côtés. Nos trois filles étaient et sont toujours toute notre joie et la preuve que la vie valait la peine d'être vécue.

LE SENTIMENT DE CULPABILITÉ DEMEURE

Édith Kuropatwa

Mon père est né en 1898 dans une famille juive pauvre. Son nom officiel était Gerszon Zelik, mais tout le monde l'appelait Siegmund. Il aurait souhaité faire des études secondaires et supérieures mais, à cette époque, il n'y avait qu'un nombre très limité de Juifs à y être admis, et puis les frais de scolarité étaient bien trop élevés. Il a donc dû se contenter d'apprendre le métier de linotypiste dans une école professionnelle du *Bund*, une organisation socialiste juive. Il a fui la pauvreté, l'antisémitisme polonais et le service militaire du Tsar, qui durait alors quatre ans, et il est allé en Allemagne. Mais la situation économique après la Première Guerre mondiale y était désastreuse, et en 1919 il a émigré en Belgique. Il a trouvé du travail à Bruxelles ou à Anvers, a connu ma mère et l'a épousée en 1927.

Ma mère, Anna Weinmann, a vu le jour en Suisse alémanique. Ses parents étaient également des Juifs polonais. En Suisse, mon grand-père avait appris le métier d'horloger. Mais, en 1921, il a décidé d'émigrer en Belgique, sur les conseils d'amis qui lui vantaient la qualité de vie ici. Il ne connaissait pas le français, mais il s'est tout de même bien débrouillé pour entretenir sa femme et ses deux filles.

Je suis née à Bruxelles le 15 mars 1933. Je me rappelle que mes parents s'aimaient beaucoup, et qu'ils avaient décidé de n'avoir qu'un seul enfant, pour être en mesure de lui donner tout leur amour et la meilleure éducation possible. Ils parlaient un français impeccable, et ils étaient membres du *Bund* de Belgique. Ils rêvaient pour moi d'une formation supérieure, mais ils avaient du mal à joindre les deux bouts. Plus tard, j'ai appris que ma mère demandait souvent de l'aide à ses parents, chose que mon père désapprouvait complètement; c'était le seul point sur lequel il leur arrivait de se disputer.

Le 10 mai 1940, mon père écoutait la radio. Il est soudain devenu très pâle et visiblement inquiet. J'avais sept ans, j'étais le centre de la famille, et j'ai grimpé sur ses genoux pour savoir ce qui se passait. «La guerre», a-t-il dit, «L'Allemagne a envahi le pays». Je n'ai pas compris l'explication, mais j'ai bien senti que quelque chose de terrible était en train de se passer, quelque chose contre quoi mon père ne pouvait rien, et je me suis mise à pleurer. Mes misères ne faisaient que commencer.

En 1941, mon père fut recruté par le Parti socialiste Belge pour imprimer des journaux et des brochures destinées à remonter le moral de la population et à éveiller l'esprit de résistance. Ma mère se chargeait de les déposer la nuit dans les boîtes aux lettres. Elle allait aussi, par le train, en livrer dans les villes importantes de province. Après quoi elle passait dans tel ou tel village pour ramener un peu de provisions.

Un soir de 1942 mon père n'est pas rentré. Le patron de l'imprimerie avait dénoncé lui-même son atelier à la Gestapo. Tous les ouvriers ont été arrêtés en quittant le travail. Pendant dix jours, ma mère a couru un peu partout pour arracher mon père aux griffes des nazis. Le dixième soir, deux hommes en civil de la Gestapo sont venus l'arrêter à la maison. J'ai l'ai entendue négocier avec eux en allemand. Elle a voulu me faire croire que c'étaient des amis de papa, qui venaient la chercher. Je ne comprenais ni l'allemand ni le yiddish, mais je pouvais très bien distinguer la différence de tonalité entre ces deux langues, et j'ai eu le courage de regarder la situation en face. J'ai aidé maman à faire nos bagages sans verser une larme. Les hommes nous ont conduites dans une voiture banalisée au quartier général de la Gestapo, avenue Louise. Là-bas, j'ai dû rester dans la voiture et, par la petite vitre, je lui ai fait un signe d'adieu. Pour la dernière fois. Les hommes de la Gestapo m'ont amenée chez mes grands-parents. Je préfère ne pas savoir ce que mes parents ont eu à endurer dans la prison de Saint-Gilles.

Mon père nous a écrit trois lettres. Dans la première, il demandait pardon à sa belle-famille pour avoir entraîné leur fille dans l'aventure de la Résistance, et il y ajoutait à mon intention que je devais être obéissante et sage. Nous avons appris par la seconde qu'un tribunal militaire avait condamné mes parents à huit ans de camp pénitentiaire en Allemagne. Il demandait d'envoyer un colis, avec des vêtements de travail et de la nourriture pour trois jours. Il écrivit la troisième de Malines, où il remerciait pour les colis. Mes parents sont partis par le convoi n° 5. Nous n'avons su que très longtemps après la Libération que leur destination avait été Auschwitz, et qu'ils ont probablement été gazés tout de suite. C'est en voyant arriver à Malines des familles entières avec des enfants, des vieux et des malades qu'ils ont compris que j'étais, moi aussi, en danger. Maman a réussi à jeter du train une carte à l'adresse de ses parents, dans laquelle elle demandait de me mettre en sécurité à la campagne, dans la famille Louviaux de Marloie, près de Marche-en-Famenne. Béni soit l'inconnu qui a trouvé la carte au bord de la voie ferrée et qui l'a déposée dans la boîte aux lettres de mes grands-parents: il nous a sauvé la vie.

Je connaissais l'adresse que mentionnait ma mère: c'était l'un des endroits où elle allait chercher de quoi manger, et j'y avais passé les vacances de Pâques. Mes grands-parents ont demandé à la directrice de l'école de servir d'intermédiaire avec la famille Louviaux pour que je puisse y séjourner sous un faux nom, contre le paiement d'une somme importante. Cela a réduit à néant leurs économies. Eux-mêmes ont confié leurs meubles aux voisins, se sont procurés de faux papiers d'identité et se sont cachés chez de braves gens, dans le quartier Saint Job, à Uccle. Grand-père se déplaçait avec sa fausse carte d'identité et travaillait pour un horloger. Grand-mère est restée enfermée deux longues années dans sa chambre. Elle ne pouvait sortir que la nuit, si du moins il n'y avait pas clair de lune, de peur d'être vue par le voisinage.

Mon faux prénom était Maya, le surnom affectueux dont m'appelaient mes parents et mes grands-parents. Et mon nom de famille était devenu Louviaux tout simplement. Les Louviaux étaient boulangers. Ils travaillaient dur, ils étaient très unis, et ils partageaient un admirable sens moral. Ils ont pris de grands risques en me cachant pendant deux ans, d'autant que je n'étais pas une enfant facile. Mais il n'y avait aucun mot ou geste de tendresse à attendre. Dans cette famille, il était naturel qu'une fille de vingt ans amoureuse d'un homme divorcé soit battue au fouet pour qu'elle y renonce. Ils n'étaient pas habitués à se manifester de l'affection, et par conséquent ils ne m'en manifestaient pas non plus. Il a été très difficile pour moi de m'adapter à ce nouvel environnement et en particulier à leur manière d'éduquer, qui était très autoritaire, sans jamais d'explication. Parfois je pleurais au lit, surtout les jours de fête. Je me demandais pourquoi mes parents n'écrivaient plus depuis qu'ils avaient quitté Malines. Mais dans ma famille d'accueil qui me préservait pourtant de tout danger, personne ne comprenait ma solitude, mon inquiétude, mon besoin de tendresse. Heureusement, je suis allée à l'école, chez des sœurs. J'étais bonne élève, mais je manquais un peu de discipline. Après la classe, je trouvais souvent de l'apaisement dans les bras de mon institutrice et d'une voisine, les deux personnes auxquelles j'avais dit la vérité. Cela aurait d'ailleurs pu être dangereux. Elles me prenaient sur les genoux, elles me plaignaient, elles me consolaient… J'avais plus besoin de cela que de pain. Le cours de catéchisme et la messe quotidienne m'attiraient par leur côté «nouveau», moi qui n'avais jamais entendu le mot «Dieu». Et je priais ardemment pour que mes parents puissent revenir d'Allemagne…

Le printemps suivant, la situation est devenue délicate, car les camarades de classe commençaient à se préparer à la communion solennelle. Ils ne comprenaient pas pourquoi je n'allais pas participer à cette grande fête. À la grande consternation de la famille où j'étais cachée, qui paniqua totalement, j'ai expliqué comme une parfaite théologienne que j'étais juive, par conséquent pas baptisée, et que j'étais donc dans l'impossibilité de communier… Mes copines étaient stupéfaites, et elles m'assuraient que tout le monde était baptisé. Par lettre, je me suis renseignée auprès de mes grands-parents. Cela s'est fait par l'intermédiaire de la directrice de mon ancienne école à Schaerbeek, qui venait me voir deux ou trois fois par an. Ils ont fait savoir que je n'étais en effet pas baptisée, mais qu'il fallait le faire pour préserver ma vie. J'ai donc annoncé à la maîtresse, aux sœurs et au curé que je n'étais pas baptisée, mais que je demanderais l'autorisation de mes parents après la guerre. Et tout le monde a respecté ma décision. Mieux encore: pour me consoler de ne pas être de la fête, on m'y a donné un petit rôle: je ferais la quête au cours de la messe. La directrice de mon ancienne école, mes grands-parents et ma tante sont venus tour à tour où je me cachais. Ils ont tenté de me faire entrer dans la tête qu'en racontant tout cela aux habitants du village, je mettais en jeu ma vie et celle de ma famille d'accueil. Mais je ne les croyais pas. Et en fait, c'est l'inverse qui s'est passé: le village entier me protégeait – merci à vous, gens de Marloie! Le curé et les sœurs ont très bien admis que je ne reçoive pas de sacrements. Quelques décennies plus tard, un psychologue m'en a fourni une vision positive: parler aussi étourdiment avait été pour moi un moyen de rechercher l'amitié, les bisous et les caresses dont je manquais dans la famille Louviaux.

Après la Libération, en septembre 1944, ma grand-mère a absolument voulu me prendre chez elle, et elle a obtenu ma tutelle. Malheureusement, les deux années qu'elle avait passées dans l'isolement avaient porté gravement atteinte à sa santé mentale. La perte de sa fille bien-aimée et de son gendre n'avait rien arrangé. Elle s'était brouillée avec son mari et avec sa deuxième fille. Elle ne disposait d'aucun revenu, car mon grand-père refusait de pourvoir à ses besoins. Pendant des mois nous avons vécu dans la misère noire, et nous n'avons survécu que grâce à l'aide fidèle d'amis de mes parents et d'une organisation d'aide juive. Je ne sais plus combien de dizaines de formulaires j'ai dû remplir pour toutes sortes de ministères avant d'obtenir pour mes parents le statut de «prisonniers politiques», puis les actes de décès probable, jusqu'à ce que j'obtienne enfin la pension d'orpheline de guerre qui allait nous permettre de vivre très modestement.

Ma foi d'enfant, qui m'avait tenue debout à Marloie, n'a pas résisté longtemps quand l'horreur d'Auschwitz est venue au grand jour. Et l'éducation rationaliste reçue au lycée a fait le reste. À vingt-quatre ans, l'entrée d'une bonne amie dans un couvent bénédictin m'a causé un choc. J'allais de nouveau me poser des questions existentielles, relire la Bible, que je ne voyais plus comme l'histoire de mon peuple ou comme un monument de la littérature mondiale, mais comme un moyen de donner un sens à ma vie. J'ai pris l'habitude d'aller à toutes les vacances scolaires visiter mon amie, la novice, pour lui poser des questions sur la foi et la vie. En pleine crise de Suez – c'était à Noël 1956 – pour cause de manque de chauffage, le couvent ne put héberger que deux hôtes qui n'y avaient personne de leur famille; j'étais l'une d'entre elles. Au cours du très long office de mâtines, qui précédait la messe de minuit, je me suis surprise à me lever et à me pencher en avant à chaque psaume, comme le faisaient les sœurs, tout en formulant dans mon cœur: «Si Vous existez, rien n'est plus urgent que de chanter Vos louanges. Gloire au Père, au Fils et au Saint-Esprit.»

J'ai suivi une brève catéchèse dans la paroisse européenne de Luxembourg, et dans la nuit de Pâques de 1957 j'ai été baptisée. Et comme je fais rarement les choses à moitié, je suis entrée deux ans et demi plus tard au noviciat des Bénédictines. Hélas, je me suis sentie malheureuse tout le temps. Le travail manuel m'ennuyait et m'épuisait, il y avait peu de contacts humains, le silence constituait pour moi une chape de plomb. Les cours pour la plupart inintéressants, la froideur tant physique que psychique, ainsi que le manque de sommeil la nuit me déprimaient. J'ai prononcé mes premiers vœux avec un an de retard. Puis la Prieure m'a demandé d'assurer un cours sur les psaumes, et j'ai également reçu l'autorisation de traduire du latin les lectures du jour. Cette année-là, je me suis sentie utile et heureuse.

Puis la fatalité a encore frappé. Mon grand-père, avec qui j'avais repris contact depuis la mort de ma grand-mère, est mort d'un cancer, dans de terribles souffrances. J'ai obtenu l'autorisation de rester avec lui les derniers jours. Après l'enterrement je suis rentrée déprimée au couvent. Je savais que ma tante ne viendrait jamais me voir. Tout me conduisait à penser que je ne connaîtrais plus jamais la chaleur humaine, que plus personne sur terre n'avait besoin de moi. Et je n'étais pas assez forte pour me satisfaire du seul amour de Dieu.

La crise a duré des mois. Par bonheur, j'ai rencontré un moine bénédictin, un érudit qui était à l'époque l'aumônier de notre couvent. Je m'entretenais avec lui toutes les semaines. Il comprenait mes problèmes, mais ne m'imposait rien: c'était à moi de me mettre en accord avec ma conscience. La Prieure m'a proposé un temps de repos et de réflexion dans un autre couvent. Dans le même temps, je participais à un dialogue entre les religions juive et chrétienne, dirigé par une religieuse française de Notre-Dame de Sion. Chez elle, j'ai enfin trouvé bonté et sympathie, et surtout la clé de mon problème: «Vous êtes traumatisée par la guerre et, sans que vous puissiez y faire quoi que ce soit, vous n'avez pas assez d'équilibre pour la vie monastique.» C'était une véritable libération. À peine quelques jours plus tard, j'étais chez ma tante. Trouver du travail et un toit a été très difficile. Je me suis sentie coupable de mon échec comme moniale. À cela s'ajoutait ce sentiment de culpabilité d'avoir survécu dont ne se débarrassent jamais les survivants de la Shoah. Quatre ans plus tard je me suis sentie mieux et j'ai eu la chance – à ma grande surprise – de recevoir l'amour d'un homme. Il était trop tard pour avoir des enfants, ce que j'ai beaucoup regretté. Mais je me console en me disant qu'au moins, ainsi, je ne leur transmettrai pas mon traumatisme.

MÈRE : TRAHIE. PÈRE : TRAHI

Sara Liba Lamhout

Mon père, apatride originaire de Krasnik (Palatinat de Lublin, Pologne), est arrivé en Belgique en 1920, suite à la mort de son père, tué dans un pogrom, et à la mort de sa mère et de sa plus jeune sœur. Arrivé illégalement, il a travaillé à Anvers et a fait deux ans de mine à Charleroi, pour obtenir un permis de séjour.

Ma mère, polonaise originaire de Lodz, est arrivée en Belgique en 1922, avec un passeport. Suite à la mort de son père, aînée de trois filles, elle est venue légalement en Belgique pour des raisons économiques. Vu le climat nettement antisémite en Pologne, tous deux ont préféré s'expatrier. Ils n'avaient pas de famille ici. Ils n'ont jamais eu la nationalité belge. Par conséquent, je n'étais pas belge à ma naissance, en 1931, mais le suis devenue par option, avec examen au tribunal.

Mon père était tailleur. Mes parents avaient énormément d'amis. Mes grands-parents étaient très religieux; mon père a d'ailleurs suivi les cours dans une école religieuse. Mais mes parents ont tous deux abandonné la religion. Je n'ai moi-même jamais eu d'éducation religieuse.

Nous avons habité Bruxelles-ville, dans différents quartiers. Le dernier domicile était au 13, rue de l'Abattoir, dans un petit appartement. C'était une rue très populaire, très chaleureuse. Nous étions liés à deux autres familles juives. Les voisins nous avaient bien intégrés. Je fréquentais l'école n° 17, rue des Six Jetons. Nous étions quatre élèves juives dans ma classe. J'avais quelques amies, dont j'ai un vague souvenir, sauf de l'une d'elles, Marie Fremder, que je ne peux oublier car elle fut la première arrêtée avec ses parents.

C'est moi.

De sortie avec maman à Bruxelles.

Le matin du 10 mai 1940, j'étais au lit quand ma mère m'a réveillée pour m'annoncer la guerre. À ce moment, j'ai vu un avion noir passer à basse altitude. J'ai vu arriver les troupes allemandes remontant le boulevard extérieur de Bruxelles. J'ai vu aussi le rassemblement de la Légion Wallonie[1] à la Bourse, avant son départ pour l'Allemagne. Mes parents étaient soucieux depuis 1939, car conscients de ce qui se passait en Pologne. Ils n'ont pas tenté de fuir, car ils prévoyaient déjà de faire partie de la Résistance. Je ne suis sortie qu'une seule fois avec l'étoile jaune, pour aller à la Gestapo, avenue Louise, suite à l'arrestation de ma mère, pour demander une autorisation de colis. Bien que je ne puisse plus aller à l'école, le corps enseignant me recevait pour le repas de midi et me gardait des chocolats. Mes parents, méfiants, ne se sont pas fait inscrire auprès du Conseil juif. Ils faisaient déjà partie de la Résistance.

Ma mère a été arrêtée à la Bourse, le 26 mai 1942, sur dénonciation, et emmenée à la maison avec un Gestapiste et un officier SS. Mon père a été relâché mais arrêté à nouveau, toujours sur dénonciation, le 11 juillet 1943. Suite à l'arrestation de ma mère, il s'était engagé dans l'Armée belge des Partisans armés.

1 Formation militaire wallonne, qui participa à la guerre au « front de l'Est » avec les Allemands.

Mon père s'était mis en rapport avec des résistants, et a réussi à ce que l'on s'occupe de moi. J'ai passé deux mois chez les Sœurs de Sainte-Marie à La Bouverie (Mons). Le climat était détestable, et c'est pourquoi, à cinq, nous en avons été retirées. Sauf la mère supérieure, personne ne savait que nous étions juives. Cependant, nous avions parmi nous une petite Sara qui ne parlait que le yiddish. Nous devions faire nos prières, que nous ne connaissions pas. Nous vivions sous un faux nom: je m'appelais Jeanine Van Merhaegen. Ensuite, j'ai été placée à Bois d'Arlon, au château des Princes de Ligne. Sauf les autres enfants, toutes les bénévoles connaissaient notre situation. Après trois semaines, j'ai demandé à revenir auprès de mon père. Je suis restée avec lui durant six semaines mais, vu ses activités, j'ai dû repartir.

J'ai vu mon père pour la dernière fois devant la gare du Luxembourg. Ensuite, notre groupe, accompagné par Andrée Geulen, est parti pour les Ardennes, à Sugny, à la frontière française, dans un ancien couvent de visitandines. C'était une colonie, et nous n'avions aucun cours.

Par l'entremise d'Ida Sterno, qui nous rendait visite, nous recevions et transmettions des messages à nos parents. Nous étions entourés par des résistants, et tout le village avait vent de qui nous étions. C'est par le directeur que j'ai appris l'arrestation de mon père. Un incident grave est survenu. Deux monitrices semblaient savoir qui nous étions. L'une d'entre elles m'avait prise à part pour me montrer des photos de moi, et m'a déclaré savoir que je m'appelais Sara Lamhout.

Se convertir pour avoir la vie sauve !

J'ai immédiatement averti le directeur, qui les a renvoyées sur-le-champ. Nous avons donc dû quitter cet endroit délicieux. Il paraît cependant que d'autres enfants ont été placés là après un moment. Nous avons été transférées au couvent de Notre-Dame des Sept Douleurs, rebaptisé depuis Sœurs de Sainte-Marie. Nous y avons vécu jusqu'à la fin de l'occupation parmi les sœurs, qui ont été des mères pour nous: quelques leçons, et surtout le catéchisme. Plusieurs d'entre nous ont été baptisées et ont fait leur communion solennelle. J'étais consciente du danger, mes parents m'ayant toujours tenue au courant des événements.

Je n'ai pas retrouvé mes parents. Je passais des heures à la gare du Midi, à l'arrivée des déportés. J'ai fait passer des messages via la Croix-Rouge. J'ai été recueillie par la famille Debaene, qui avait bien connu mon père. Monsieur Debaene est devenu mon tuteur. Mon retour à l'école n'a pas été facile, mais je dois remercier le corps enseignant du lycée Daschbeck pour son soutien, et plus particulièrement la préfète, mademoiselle Gillet. J'ai été beaucoup aidée par Ida Sterno et Maître Régine Orfinger.

Après la guerre, j'ai fait des études moyennes et un cours de secrétariat. J'ai travaillé durant trente-cinq ans auprès de la Commission européenne. Je me suis mariée avec Léo Boucart en 1955, et j'ai eu une fille, née en 1957. Ma fille s'est mariée en 1987 aux États-Unis, où elle a deux enfants, Joshua et Shira. J'ai beaucoup parlé de cette période avec ma fille qui fait partie de l'association *Second Generation*. J'ai transmis certains documents, photos, missel et autres, au United States Holocaust Memorial Museum à Washington.

JE VIS DANS L'OMBRE DE LA SHOAH

Roseline Lewin

Ma mère, Tauba (alias Nicole) Koniecpol, avait six ans lorsque sa famille est venue se réfugier en Belgique à cause des pogroms en Pologne. En juin 1942 elle quitte Bruxelles pour rejoindre, en France, la zone libre. Elle n'a pas encore tout à fait dix-huit ans et elle a été «écartée» de l'école sur ordre de l'occupant. Elle part avec sa future belle-sœur Emmy rejoindre leurs fiancés: mon futur père, Aaron Lewin, dit Ady, qui est résistant en France sous le nom d'Albert Virion, et son frère Joseph ou Jos. Le passeur qui doit les conduire derrière la ligne de démarcation se charge des valises afin que les jeunes femmes aient les mains libres pour passer la ligne. Mais l'homme disparaît dans la nature... avec les valises, et l'argent qu'elles contiennent, si bien qu'elles tombent entre les mains des Allemands.

Ma mère reste longtemps enfermée dans une école à Tours, l'«école Michelet», convertie en prison. Là, elle est approchée par un prisonnier qui offre ses services comme passeur le jour où l'occasion s'en présentera. Après quelques rudes interrogatoires par la Gestapo, elle est libérée: ils n'ont pas les moyens de prouver son origine juive. Mais elle est tout de même expulsée vers la Belgique. Là, entre-temps, les rafles ont commencé et mes grands-parents décident de ne pas attendre le désastre. Ils veulent avant tout sauver les enfants. Ils prennent contact avec le passeur dont ma mère a gardé les coordonnées. Et en août 1942 celle-ci entreprend une seconde tentative d'évasion avec son frère, de trois ans son cadet, et une cousine. Et, encore une fois, le piège: des policiers français en civil, manifestement informés, les arrêtent tandis que l'homme prend le large avec les bagages. Ma mère et son jeune frère sont dirigés vers Châteauneuf-les-Bains, dans le Puy-de-Dôme, où sont internés des ressortissants belges, hollandais et luxembourgeois. Au bout de quelques jours, le frère est emmené vers un camp de jeunes et donc séparé de sa sœur. On imagine leur désarroi. La nièce, de nationalité française, est bientôt libérée. Ainsi maman est-elle la seule à rester en prison. Quelque temps après, elle est tout de même libérée, et elle trouve du travail aux environs de Montauban. Au cours de cette période, le mariage avec son fiancé est consacré par le Rabbin de Toulouse. En 1943, alors que mon père se trouve dans cette ville pour le service de renseignements Clarence, des résistants seront trahis par un dénonciateur, ce qui provoquera une vague d'arrestations.

Mon père était né en Allemagne en 1924, mais il avait grandi jusqu'en 1940 au grand-duché du Luxembourg. Trois des enfants y sont arrêtés: Oskar, né en Pologne en 1911, Jacques, «Bubie», né en Allemagne en 1922 et Malka, née en 1927 au Luxembourg. Du coup, la famille Lewin s'enfuit à Bruxelles, puis à Muno, à la frontière franco-belge. En 1942, mon père se fait remarquer par les Allemands parce qu'il diffuse des brochures clandestines, et il entre dans le réseau Clarence. Il fait alors des allers-retours entre la Belgique et la France, résidant un temps à Marseille, puis à Toulouse, d'où il part aider des résistants et des aviateurs anglais à franchir diverses frontières, dont celle des Pyrénées. La plus jeune de la famille, Malka ou Rose, est «cueillie» au sortir de l'école, l'internat Gatti de Gamond de Woluwe-Saint-Pierre. Ses deux frères, Jacques – Bubie – et Oskar sont conduits successivement à la forteresse de Breendonk, à Natzweiler en Alsace, et à Auschwitz. Oskar sera libéré en 1945 du camp de concentration de Mauthausen.

En 1943 mon père est arrêté à Toulouse et enfermé au camp de Drancy. Il part le 7 octobre pour Auschwitz par le convoi nº 60. Dans le *Livre de la Déportation des Juifs de France,* il apparaît sous son nom de guerre: Albert Viroin.

Ma mère, enceinte, fuit la France car des amis de mon père lui conseillent de disparaître au plus vite, sans laisser de trace. En route pour la Belgique, elle se cache ici ou là, et notamment au couvent de Jolimont, où elle apprend les rudiments du métier d'infirmière et se lie d'amitié avec sœur Bernadette.

Je suis née en Belgique, et cachée… dès que j'ai eu quatre jours. Je passe la guerre à trois adresses différentes. Outre Mlle Sorel et sœur Bernadette, une poignée d'hommes et de femmes courageux m'ont sauvé la vie.

Il y a tout d'abord le docteur Fillet qui a accouché ma mère dans un cabinet médical clandestin à Anderlecht, assisté d'une sage-femme, Madeleine De Waele. Ce médecin refusait toute rémunération lorsque des gens cachés, sans travail ou sans argent, faisaient appel à lui. Quand ma grand-mère lui a demandé de quoi peut bien vivre un médecin qui ne se fait pas payer, il lui a répondu: «Ceux qui profitent de la guerre paient pour ceux qui n'ont rien. J'ai ma propre conception de la justice.» Puis viennent la famille Lambert ainsi que Paule Renard. C'est Paule – de son nom de guerre Solange – qui m'a amenée à une adresse clandestine à l'âge de quatre jours. En 1997, j'ai enfin obtenu des détails concernant ma naissance clandestine et mes débuts dans la vie comme enfant caché. Robert Lambert et mon oncle Koniecpol Léon (Leib) étaient interviewés à l'occasion de la remise de médailles aux «Justes» et Paule était dans la salle. Elle se plaignait de n'avoir jamais retrouvé la trace d'un nouveau-né de quatre ou cinq jours qu'elle avait été chargée d'amener à une cachette. Ce bébé, c'était moi. Plus tard, Paule m'a donné plus de détails. Elle se souvenait qu'un jour ensoleillé de mai 1944, elle se trouvait tout près de la gare du Midi, le bébé dans les bras, quand tout à coup a retenti le signal d'alerte aérienne. Elle s'est d'abord réfugiée dans les locaux de l'usine de chocolat Côte d'Or puis, d'une cabine, elle a appelé quelqu'un pour l'aider à amener l'enfant jusqu'à la cachette de Watermael-Boitsfort. Et c'est au cours de ce trajet qu'elle a fait la connaissance de l'homme qui allait devenir son mari…

Mme Lambert ne se laissait pas facilement troubler. Elle occupait avec sa famille le premier étage d'un immeuble, rue de la Clinique, et disposait en outre d'un grenier sans électricité, ni eau ni chauffage. C'est là que mes grands-parents trouvèrent un toit au moment des grandes rafles. Son fils Robert fournissait des tickets de rationnement aux clandestins, qui utilisaient en outre les toilettes et la cuisine du premier étage sans que les autres occupants de l'immeuble se soient doutés de quoi que ce soit. Un jour, la Gestapo fait irruption pendant que ma grand-mère et Mme Lambert font la causette. Celle-ci jette vite un tablier de cuisine à ma grand-mère pour qu'elle le noue, en lui faisant signe de garder le silence. Lorsque les Allemands veulent s'adresser à ma grand-mère, elle leur fait: «Ne vous dérangez pas, ma bonne est sourde-muette, et un peu simple d'esprit par-dessus le marché.» Robert apprit qu'il courait des rumeurs à propos de «Juifs cachés au grenier». Sa réponse fut qu'il allait affamer ses chiens pour qu'ils s'en prennent aux mauvaises langues. Mon grand-père, qui se tenait maintenant sur ses gardes, se mit à dormir avec sa hache de charpentier près du lit.

À la Libération j'avais un an, je marchais déjà et j'étais propre. Mais la directrice du foyer d'enfants de Wezembeek a convaincu maman de me laisser encore un peu «en pension»; il y restait bon nombre d'enfants que la famille n'était pas venus reprendre, ou dont la famille avait été entièrement massacrée. Maman se trouvait seule pour tout faire: les survivants de la famille de mon père étaient retournés au Luxembourg et les parents de maman étaient dans un tel état de désarroi qu'ils ne pouvaient guère l'aider pour le moment.

Ce n'est qu'après plus de trois ans, en 1948, que maman a pu sortir de l'horrible incertitude concernant mon père, et se résigner à sa disparition. Ses beaux-frères Oskar et Jacques, quand ils sont revenus des camps, l'avaient pourtant informée du destin tragique qu'il avait connu, mais elle a longtemps refusé de croire, poursuivant ses recherches. Elle a effectué des démarches pour la «reconnaissance de paternité» de mon père, et lui faire attribuer, à titre posthume, le statut de résistant. Mais en tant qu'«étranger», il ne put être reconnu que comme «prisonnier politique». En fin de compte, j'ai tout de même obtenu de porter le nom de mon père… à dix-neuf ans. Je n'ai guère de souvenirs du foyer de Wezembeek, si ce n'est que, quand j'étais au lit, je perçais le mur pour en sucer le plâtre. Et plus tard, en Israël, j'ai rencontré quelqu'un pour qui j'étais celle qui se postait en permanence près de la porte d'entrée, dans l'attente d'une éventuelle visite de maman.

En 1948, maman s'est remariée à Bruxelles. Elle est donc venue me chercher pour que je puisse grandir en famille. Elle avait maintenant assumé la mort de mon père, mais je lui en voulais de ne jamais me parler de lui. Maintenant je comprends combien c'eût été douloureux pour elle.

Un jour où je me trouve dans le tram avec maman, un prêtre vient s'asseoir en face de nous. Je ne connais ni la ville, ni les transports en commun et encore moins la tenue d'un ecclésiastique. J'observe avec curiosité son couvre-chef à large bord, qui ressemble au chapeau de la dame sur les paquets de cigarettes «Belga», sa soutane que je prends pour une robe, et pour compléter cela des chaussures d'homme. Et je demande tout haut: «Maman, ce monsieur, c'est une femme?» Tout le monde s'en amuse, mais son regard furieux interrompt l'agitation. Et dans le silence glacial qui suit, il se demande bien fort s'il traîne encore des Juifs dans le secteur. Maman rougit, et nous descendons à l'arrêt suivant...

Un jour j'accompagne maman qui cherche un logement à louer, parce que ma demi-sœur va naître. Nous parcourons les rues d'Anderlecht pour lire les annonces aux fenêtres. Et nous trouvons: «Appartement à louer». En nous approchant, nous lisons: «Pas de chiens. Pas d'étrangers». Maman fait comme si de rien n'était, mais la propriétaire lui demande ses papiers. Sur sa carte: «Réfugiée de l'ONU, d'origine polonaise». Et la femme blonde corpulente secoue la tête. Je vois une grosse larme rouler sur les joues de maman... Et ceci, encore, en 1949.

Le mariage religieux de mes parents n'était pas valable en Belgique. J'étais donc un enfant «naturel». J'ai longtemps porté le nom de ma mère, quand ce n'était pas celui de son deuxième mari. Les camarades de classe évitaient de jouer avec une «bâtarde». Je n'ai donc pas gardé de trop bons souvenirs de ma période scolaire. Jusqu'à mes douze ans, j'ai été une très bonne élève, comblée de prix: français, anglais, piano... Mais en 1956 mes deux grands-pères meurent. Mon oncle Oskar, qui est mon tuteur, ne peut pas jouer le rôle du père, ne serait-ce que parce qu'il y a un beau-père. La famille au Luxembourg est trop éloignée pour contribuer à mon éducation.

Quand il y a des réunions de famille, elles durent toujours jusque tard dans la nuit. Maman et oncle Oskar conversent comme des comploteurs. J'ai l'oreille aux aguets: il parle de Breendonk, où «rien n'était comme sur terre». Ces réunions familiales, surtout à l'occasion de fêtes juives, étaient pleines de rire, de chant, de bavardage et du bonheur d'être ensemble.

La relation avec mon beau-père n'a vraiment pas été idyllique. Il réservait son amour à sa propre fille, qu'il idolâtrait. Lorsque, à mon arrivée, il s'est présenté comme mon père, j'ai immédiatement rétorqué que, pour moi, il était «monsieur». Cela se comprend de la part d'un enfant de moins de cinq ans, mais il l'a mal pris… Il n'a jamais joué le rôle du père. L'absence de mon père a fait que je n'ai pu reconstituer mon passé que par petits bouts. Maman se limitait à des anecdotes amusantes. Des témoignages de résistants ont loué son courage et sa droiture, les rares photos que j'ai en ma possession montrent quelqu'un de charmant, élégant, au regard franc, sûr de soi… Je ne suis toujours pas en paix avec ce passé plein de lacunes. J'ai dévoré des livres sur la Shoah, pour arriver à comprendre quels démons l'histoire a lâchés sur nous.

Avec mes enfants, qui sont nés en Israël, j'ai pu commencer à parler de mes recherches, mais aussi des membres de la famille qu'ils n'ont pas connus et qui ont souffert encore plus. Des enseignants m'avaient prévenue que mon récit de la Shoah pouvait troubler mon fils. Et, il y a peu, mon fils de quarante ans m'a avoué qu'il imaginait mon père souffrant d'amnésie et vivant «quelque part», échappé du camp de la mort.

Je pense que mes enfants réalisent que les valeurs que je leur ai transmises proviennent de ma perception de ce désastre humain. Quand je serai morte, je souhaite que, sur ma tombe, ils mentionnent qui était mon père, et quel a été le sort du grand-père qu'ils n'ont pas pu connaître.

ÉCHAPPÉ DE LA CASERNE DOSSIN

Bernard Lipstadt

Mes parents sont venus de Pologne, en 1926 ou 1927. D'abord, les conditions économiques n'étaient pas très bonnes, et il régnait un certain antisémitisme en Pologne, c'était connu. En novembre 1938, on sonne. Un monsieur, vingt-cinq ou trente ans, avec des lunettes à l'allemande, me parle en allemand. Je comprenais un petit peu: «*Kann ich mit ihre Eltern sprechen*[1]?» Je l'amène à mon père. Il explique alors: «Voilà, je suis Max Mallermann, je suis Juif allemand et j'ai fui l'Allemagne. On m'a dit que vous pourriez peut-être me louer une chambre.» Mes parents… Juif allemand… Solidarité… Ils lui ont loué une mansarde et de temps à autre l'invitaient à souper avec nous. Il ne parlait que l'allemand, pas le yiddish, mes parents le comprenaient. Alors il racontait

1 «Puis-je parler à tes parents?»

toutes les mesures qui avaient déjà été prises en Allemagne, la Nuit de Cristal... Il avait vu tout cela, donc nous savions qu'on n'avait rien à attendre de bon des Allemands.

Je suis né en 1931, à Etterbeek. Mon père légitime s'appelait Lipstadt – l'orthographe a un peu changé, en polonais c'était Lipszstad. Il est retourné en Pologne car sa mère était malade, et ma mère a connu un Juif qui est devenu mon père adoptif, un homme fort aimable, qui s'appelait Bruk. J'ai connu une enfance aimée, je n'avais pas du tout à me plaindre. En 1939, mon grand-père paternel et ma grand-mère maternelle habitaient au-dessus, au deuxième étage. Mon père avait loué l'appartement pour eux. Étaient restés en Pologne un oncle et une tante; cet oncle, le frère de mon père, était l'enfant préféré de ma grand-mère. Puis a éclaté la guerre en Pologne, en 1939, et ma grand-mère est morte de chagrin.

Mon père était tout à fait athée. Dans sa jeunesse, à Varsovie, il faisait même partie de la jeunesse communiste, qui comptait des Juifs et des non-Juifs. Ma mère, elle, était croyante. Sa famille, en général, était croyante, tout comme mes grands-parents. Elle allait à la synagogue et m'y emmenait, au début, quand j'étais petit. J'ai connu la circoncision, mais je n'ai pas de prénom typiquement juif, je m'appelle Bernard.

J'ai fréquenté l'école gardienne à Anderlecht, où nous habitions, puis l'école primaire, rue Eloy. Nous avons vécu longtemps rue de l'Instruction, jusqu'à l'arrivée des Allemands. Dans la rue, il n'y avait pas de manifestations d'antisémitisme. Puis il y eut le 10 mai 1940, les premiers bombardements. Ma mère m'a tiré du lit, nous sommes allés sur le balcon, on a pu voir les tirs. Les Allemands sont vite arrivés à Bruxelles. Mon père est parti avec les voisins du bas, qui étaient juifs, et avec Max Mallermann. Ils ont dû arriver jusque près de Saint-Omer. Là les Allemands sont arrivés, avec un officier qui n'avait pas l'air d'un nazi, qui n'était pas méchant du tout et qui parlait même un peu le français. Ils voulaient parler aussi avec Max Mallermann, mais lui ne parlait pas le français. Quand mon père et son voisin ont vu que cet Allemand se plaignait – «Ah, la guerre, c'est déjà loin, j'ai fait la campagne de Pologne, et ci et ça, j'ai ma femme et les enfants...» –, ils lui ont dit: «Écoutez, ce Mallermann, il est allemand, vous pouvez lui parler en allemand.» Et ils ont eu un bon contact, c'est dire qu'il y avait parfois de bons Allemands. Ensuite, mon père et les autres sont revenus. Mon père a peut-être voulu rejoindre l'Angleterre mais c'était difficile: il fallait en avoir moyens, c'était peut-être possible pour les Juifs riches mais seule une minorité a pu partir.

Mon père adoptif s'appelait Wolf Bruk. Wolf est un prénom allemand. Son père est venu habiter au-dessus de chez nous, et ma grand-mère est

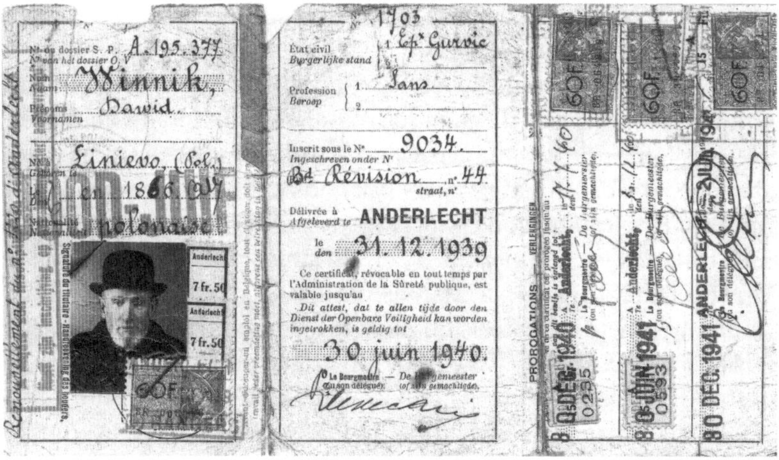
N° du dossier S. P. A. 195.377
N° van het dossier O.
Nom / Naam: Winnik,
Prénoms / Voornamen: David.
Né à / Geboren te: Linievo (Pol.)
le / den ... en 1866
Nationalité / Nationaliteit: polonaise.
JOOD-JUIF
Signature du titulaire - Handteekening des houders.
N° 1703
État civil / Burgerlijke stand: 1. Ép.x Gurvic
Profession / Beroep: 1. Sans 2.
Inscrit sous le N° / Ingeschreven onder N°: 9034.
Bd Révision n° 44 straat, n°
Délivrée à / Afgeleverd te: ANDERLECHT
le / den: 31.12.1939
Ce certificat, révocable en tout temps par l'Administration de la Sûreté publique, est valable jusqu'au
Dit attest, dat te allen tijde door den Dienst der Openbare Veiligheid kan worden ingetrokken, is geldig tot
30 juin 1940.
Le Bourgmestre — De Burgemeester (ou son délégué) — (of zijn gemachtigde).
PROROGATIONS — VERLENGINGEN
0 5 DÉC. 1940 0235
3 0 JUIN 1941 0593
3 0 DÉC. 1941
ANDERLECHT
60 F

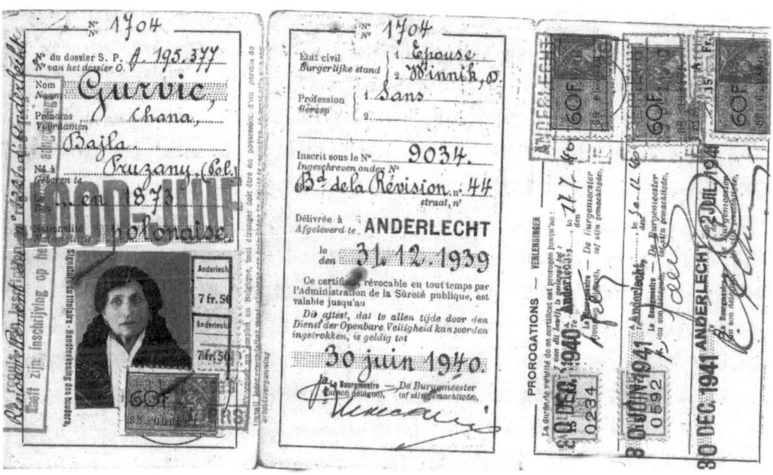
N° 1704
N° du dossier S. P. A. 195.377
N° van het dossier O.
Nom / Naam: Gurvic,
Prénoms / Voornamen: Chana, Bajla.
Né à / Geboren te: Pruzany (Pol.)
le / den ... en 1873
Nationalité / Nationaliteit: polonaise.
JOOD-JUIF
Signature du titulaire - Handteekening des houders.
N° 1704
État civil / Burgerlijke stand: 1. Épouse 2. Winnik, D.
Profession / Beroep: 1. Sans 2.
Inscrit sous le N° / Ingeschreven onder N°: 9034.
Bd de la Révision n° 44 straat, n°
Délivrée à / Afgeleverd te: ANDERLECHT
le / den: 31.12.1939
Ce certificat, révocable en tout temps par l'Administration de la Sûreté publique, est valable jusqu'au
Dit attest, dat te allen tijde door den Dienst der Openbare Veiligheid kan worden ingetrokken, is geldig tot
30 juin 1940.
Le Bourgmestre — De Burgemeester (ou son délégué) — (of zijn gemachtigde).
PROROGATIONS — VERLENGINGEN
0 5 DÉC. 1940 0234
3 0 JUIN 1941 0592
3 0 DÉC. 1941
ANDERLECHT
60 F

Les parents de ma mère : David Winnik et Chana Gurvic.

décédée. Par la suite, mon grand-père s'est mis en ménage avec une veuve; elle avait un fils, Chaim, qui habitait plus loin dans la rue de l'Instruction. Nous nous sommes tous fait enregistrer – avec les noms que nous portions… Mais quand les convocations sont arrivées, on a décidé de ne pas y répondre. Ces convocations devaient soi-disant recruter des gens pour aller travailler. Certains étaient déjà partis. Notre coiffeur, juif aussi, était parti dans le Nord de la France, et il en était revenu. Là, on aurait pu y croire, à ces convocations; mais quand on a vu qu'ils appelaient aussi les personnes âgées, on s'est dit: «C'est tout à fait louche, il vaut mieux ne pas y aller.» On en a connu, mais très peu, qui ont osé ne pas se faire enregistrer, mais ces personnes portaient déjà des noms un peu passe-partout; pour autant, on ne les a pas revues ensuite non plus.

Une fois, je me promenais avec un ami, un Juif allemand, du côté du Secours d'Hiver, près de la gare du Midi. On y croyait, on voulait aider. Deux messieurs, qui n'avaient pas l'air brutaux, nous regardaient quand même avec un drôle d'air – nous portions l'étoile –: – Vous, les petits youpins, qu'est-ce que vous faites là? – C'était pour aider... Ils nous ont laissés tranquilles. C'étaient deux civils, sans doute des antisémites.

Un soir j'allais avec un ami. Il est rentré, et dans le même bâtiment habitait un «chemise noire», ou de la brigade rexiste. Il parlait le français. Son fils disait: «Vous deviez déjà être à la maison.» «Occupe-toi de tes affaires.» Il est allé chercher son père, qui était en uniforme. Mon ami est vite rentré... Ils ont fermé la porte. Le nazi belge a sonné plusieurs fois: «Attendez, vous aurez de mes nouvelles!» Une voiture, de la Gestapo ou de la *Feldgendarmerie,* s'est emmené, et ils ont pris mon camarade et ses parents. Je n'ai plus jamais entendu parler d'eux... Je ne me souviens même pas de son nom...

Puis, peu à peu, les mesures antijuives ont commencé et, en 1942, de manière beaucoup plus prononcée: port de l'étoile, interdiction de sortir après 8 heures, mesures vexatoires. À l'école, j'étais bien noté. Mais un jour, en jouant, j'ai dû avoir une petite dispute avec un autre élève. Je ne crois pas que ce garçon ait été antisémite mais il est allé se plaindre au surveillant. Celui-ci, qui était plutôt rexiste, m'a fait appeler. Il faisait chaud – c'était, je crois, au mois de juin – et j'avais ôté ma veste, sur laquelle je portais l'étoile. – Mais, Lipstadt, où est ton étoile? – Écoutez, maître, elle est sur ma veste. – Mais si tu enlèves ta veste, tu dois avoir aussi l'étoile... Pan! Une gifle!... Je m'en souviens encore. Mon instituteur était là; il n'avait jamais rien dit de mal mais à ce moment, naturellement, il n'est pas intervenu, il savait peut-être que l'autre était rexiste.

Après ont commencé les convocations pour se présenter à Malines. Mes parents n'y ont pas répondu. Puis il y a eu les rafles à Anderlecht. Ce n'est pas chez nous qu'elles ont d'abord eu lieu, les Allemands étaient déjà allés ailleurs, mais on s'y attendait – il y avait peut-être des communications, par un policier qui était au courant, on était plus ou moins averti. Mes grands-parents maternels habitaient boulevard de la Révision. Il y a eu une rafle chez eux. Heureusement, un seul *Feldgendarm* est monté. Ma grand-mère, très malade, était alitée. Mon grand-père, un petit bonhomme assez vigoureux, devait partir. Mais ma grand-mère a dit: «Non, je suis malade, il doit rester avec moi.» «Pas question, il peut encore travailler» a répondu le *Feldgendarm* en le tirant par le bras. Ma grand-mère, de toute son énergie, a tiré de son côté. Et le *Feldgendarm* – a-t-il eu un sentiment de pitié, on n'en sait rien – est parti. Peu après, ma grand-mère est morte de maladie et de chagrin. Nous habitions entre la rue Georges Moreau et la rue Auguste Gevaert. Mes parents, qui habitaient au premier étage, et le locataire du rez-de-chaussée, Juif aussi, se sont dit: «La porte est bien solide, fermons-la à double tour, et écrivons: «Nous sommes absents. En cas de nécessité, adressez-vous à…, le propriétaire…» Il habitait rue Georges Moreau, et était très aimable. Au rez-de-chaussée, un petit jardin, à l'arrière, permettait de communiquer par une porte avec le jardin des propriétaires. Les locataires du bas y ont mis du linge et des produits qui sentaient mauvais, pour qu'on ne s'approche pas trop de cette porte. Vers 4 ou 5 h du matin, mes parents m'ont réveillé: «On ne sait jamais, on va peut-être aller dans le jardin du propriétaire.» Comme les Allemands passaient et repassaient, de la cave, on distinguait vaguement les uniformes. La cave était sombre mais on n'allumait pas… Cela a duré deux ou trois heures.

Après cela, nous nous sommes cachés, d'abord à Ixelles puis à Etterbeek. La dernière cachette se trouvait chaussée Saint-Pierre, au 81, près de la place Jourdan. Nous avons été cachés un temps avec d'autres Juifs, et finalement, nous sommes restés avec une famille flamande; on a loué la maison à leur nom; nous habitions au deuxième étage, et ils occupaient le rez-de-chaussée et le premier. Je crois qu'ils s'appelaient Viane. Nous sommes restés en relation une dizaine d'années… Pendant que nous étions cachés à la chaussée Saint-Pierre, mes parents ont eu quelques contacts avec des voisins, qui avaient une fille de quatorze ans et un fils de quatre ans. Ces gens ont parlé d'un pensionnat à Woluwe-Saint-Pierre, qui cachait des enfants, et où il était même possible de continuer à suivre l'école.

Mes parents m'y ont emmené. J'ai revu les enfants des voisins, et d'autres. La directrice s'appelait madame Ovar, de son nom de jeune fille, Henri, comme le prénom. Monsieur Ovar était fonctionnaire, il travaillait au-dehors. L'école comptait plusieurs classes, pour des enfants de onze à quinze ans environ; une institutrice prenait deux classes. La fille de madame Ovar, institutrice elle aussi, s'occupait des plus âgés. Elle avait une amie, Andrée Geulen, qui s'occupait des enfants à cacher. Nous étions quatre garçons dans ma chambre. Nous avions un faux nom. Moi, je m'appelais Bernard Leemans – le L de Lipstadt était resté. On suivait les cours, jusqu'à ce fameux 12 juin 43, quand la Gestapo est arrivée, le matin, très tôt. Cinq hommes en civil, qui ne parlaient que l'allemand. L'un d'eux parlait un peu le français, et c'est lui qui interrogeait pour remplir ses listes, les noms et tout. Nous avons dit que nos parents étaient déportés. Ce n'était peut-être pas une très bonne réponse mais, comme cela, on nous laissait tranquilles; ils auraient pu se montrer brutaux. Mais ce réveil était brutal aussi: les quatre étaient des «armoires à glace», au moins 1,80 m et plus, et ils avaient une grande torche. Le plus âgé des garçons de notre chambre s'appelait Freddy Löwenstein; sa famille était des Juifs allemands qui avaient fui l'Allemagne; le père venait chaque soir s'asseoir un peu sur le bord du lit de son fils, et lui parlait en allemand. Je l'écoutais, je comprenais un petit peu… Aussi, ces «*Aufstehen! Aufstehen*[1]!», et ces torches dans les yeux, ça m'a fait un choc! Ils nous ont dit d'aller dans la salle où était le dortoir des petits. Là se trouvait également Hélène Gangarska, qui s'occupait des petits. C'était une jeune femme très jolie, qui parlait l'allemand. Dans cette salle, il y avait une table. Le type de la Gestapo s'est assis et a commencé les interrogatoires. Nous, les garçons juifs, nous nous sommes tous mis du côté gauche. Mais il y avait une fille juive, qui est allé du côté droit, comme non juive. Elle a donné son faux nom. Le Gestapiste ne savait trop que faire; il est allé chercher le chef, et lui a dit: «*Sie sagt dass Sie keine Jüdin ist*[2].» Alors le type dit un peu brutalement: «Levez la tête!» Il regarde son cou, et dit: «Vous êtes juive!» Les théories racistes! Ou peut-être était-ce un prétexte pour l'emmener.

On nous a emmenés en voitures privées, par cinq ou six, à la Gestapo, un bel immeuble avenue Louise. Ils nous ont répartis, deux, trois enfants et quelques adultes dans une cave à vin. On entendait crier, hurler… Tout à coup la porte s'est ouverte brutalement et deux grands gaillards – ils choisissaient leurs hommes – sont entrés et ont jeté brutalement un homme, la chemise relevée jusqu'au cou, le pantalon presque baissé jusqu'au ras des fesses. J'ai eu le temps de voir des stries, des plaies bleutées, du sang qui coulait… Les adultes nous ont poussés dans un coin de la cave. Ils ne pouvaient pas faire grand-chose. Après quelques heures, les Allemands nous ont fait remonter. Le camion a bloqué la sortie, on y est monté. Il y avait deux SS belges, francophones, et deux ou trois autres et un chauffeur, qui nous ont emmenés à Malines. On y a reçu non pas un numéro de transport, mais un «E» – *in Erwartung*, en attente. Là, interrogatoire. «Vous avez de l'argent?» J'en avais un peu dans mon portefeuille mais je ne l'ai pas dit. Après cela, je l'ai donné à Hélène Gangarska. Un SS allemand, moins brutal, nous a apporté du pain. On lui a donné cet argent, qu'il a mis dans son manteau. Nous étions une douzaine d'enfants, sous la conduite de cette Hélène Gangarska, qui, elle, avait déjà dix-huit ans et demi; je n'en avais que

1 «Debout! Debout!»

2 «Elle dit qu'elle n'est pas juive.»

douze. Hélène et ses parents ont été jetés en prison à Saint-Gilles. Quelqu'un a pu alors entrer en contact avec une dame de la noblesse italienne qui connaissait le général von Falkenhausen. Il a dit: «On peut faire libérer une personne, mais pas deux; c'est ou la mère, ou la fille.» La mère a choisi: «Que ce soit ma fille.» Parmi nous, il y avait une amie de quatorze ans, avec son petit frère. On était sur des paillasses et, le lendemain, on avait presque tous la gale et des poux. Il y avait un jeune couple; ils étaient dans le même lit... Cela a déplu à quelqu'un, qui a fait une dénonciation; on les a séparés, je ne les ai plus revus, ils ont été dans le cachot. Parmi les gardiens, il y avait des francophones, des Flamands, pas beaucoup de SS allemands. Eux s'occupaient de l'administration. Il y avait aussi un avocat, en civil, qui faisait partie de la Gestapo. Il faut dire que, pour les femmes, ils se montraient beaucoup plus regardants. Il y en avait un qui était de Vilvorde, un homme brutal, sadique, on l'appelait «*Pferdekopf*[1]». Ces SS nous piquaient avec de longues aiguilles, pour s'amuser. Oh, cela faisait mal! Quand un camion amenait de nouveaux prisonniers, qui allaient être interrogés, on devait courir vers les chambres et on attrapait des coups de pied. J'en ai attrapé dans le dos. C'est encore un souvenir aujourd'hui!

Un petit garçon, Isidore Kosover, a attrapé la gale et la diphtérie. Alors, un *Stab-Arzt*, un médecin major, est venu avec le médecin juif allemand, qui était plus ou moins en semi-servitude. Il était marié à une Allemande non juive et avait un statut un peu privilégié. Il venait d'une université allemande et était en résidence forcée à Malines. Il ne logeait pas là. Il ne parlait pas le français, un petit peu le flamand. Bref, ils sont venus le voir: «Ouvrez la bouche, etc.» Ce *Stab-Arzt* était de la SD, *Sicherheitsdienst*. Il n'était pas trop brutal. Il donnait les commandements, et l'autre s'exécutait. Je suis resté à peu près trois semaines à la caserne. On pouvait demander des colis. Je demandais toutes sortes de choses, mais cela n'arrivait même pas jusqu'à madame Lecocq, ils interceptaient tout. On recevait des colis et on partageait. Il y avait des Juifs belges, qui avaient un statut un peu privilégié, ils étaient mieux traités. Par exemple, ceux qui distribuaient ces colis en prélevaient une partie, sauf du groupe d'enfants: nous gardions tout. Un beau jour – j'étais encore à la caserne –, on doit monter: «On va libérer 200 Juifs belges.» Mais deux, trois mois plus tard, ils ont ramassé beaucoup plus de Juifs qu'ils n'en avaient libérés.

Au mois de juin 1943, alors que j'étais dans la grande cour, j'entends: «Bernard Lipstadt, suis-moi.» Bien que méfiant, je suis l'homme qui

1 Tête de cheval.

m'a parlé, un interné belge. Il va vers une porte, on rentre, couloir... Nous montons au premier étage. Il frappe à une porte, l'ouvre. La chambre n'est pas petite, un peu sombre, et je distingue un canapé au fond. Une jeune femme y est assise; sur un autre canapé, un couple, plus âgé. «Qui sont ces gens?» Alors, la jeune femme me dit en très bon français – elle habitait Anvers –: «Mes parents – et elle me montre les deux personnes – ont vu tes parents, et on va voir...» Devant mon air interloqué, tous trois se mettent à rire: «On comprend que tu sois méfiant.» Alors, la mère tire un papier de son corsage: «Lis, c'est de ton père.» Je reconnais l'écriture: «Bernard, ne perds pas courage, on va voir ce qu'on peut faire pour te sauver.» Elle ajoute: «Ici c'est impossible de faire quoi que ce soit mais je demanderai au docteur Bach...» Elle était la secrétaire du camp, la seule femme qui ait une chambre; elle avait été prise dans le train Anvers-Bruxelles et conduite à Breendonk, où se trouvait le fameux commandant Schmidt, qui l'avait trouvée à son goût. Lorsqu'il avait été transféré comme commandant à Malines, elle l'avait accompagné et dirigeait tout le secrétariat; pour cela, elle devait avoir une chambre à elle. Cette femme m'a aidé à me sauver. Cela n'a pas traîné: une petite ambulance est arrivée, le 6 juillet 1943, j'y suis monté, on m'a emmené directement à un bain de soufre. Il y avait deux salles réservées aux Juifs, gardées par des policiers malinois. Le jour où ma mère m'a fait savoir qu'elle serait à 7 h du matin dans un café à environ 250 mètres de la sortie de l'hôpital!... Elle m'a fait savoir: «Cherche n'importe quoi pour essayer de sortir», et j'ai élaboré un plan... À 7 h, il n'y avait qu'un policier, à partir de 8 h, ils étaient deux. Un essuie sous le bras, je sors. Le policier, un peu fatigué: – *Ik ga naar het bad, meneer.* – *'t Is goed, ga maar*[1]. Je descends les escaliers. Il y avait là deux sœurs, qui s'occupaient de nous. – Où vas-tu? – Je vais au bain. – Viens avec nous. (Tout cela en flamand, bien sûr.) J'avançais en regardant les côtés. Quand je vois qu'elles ont tourné, je reviens sur mes pas. J'avais mon peignoir, je le dépose sur le radiateur. J'avais juste ce peignoir, sur un short et une petite chemisette. Je sors, sans me presser, je passe par la cour et je suis à peine arrivé dans la rue que ma mère sort du café. Elle était déjà venue quelquefois dans cet endroit, pour voir, et avait tout raconté à la patronne du café; elle pleurait parce qu'on lui avait raconté qu'on allait bientôt nous envoyer par le transport qui allait partir, le XXIe. Alors, la dame, intelligente: «Ne restons pas ici; montons au premier étage: un policier pourrait entrer, ou les Allemands...» Ma mère, qui était venue en train, avait un peu peur. Elle avise la fille de la patronne, dix-neuf ou vingt ans, en train de s'habiller pour aller

1 «Je vais au bain, Monsieur. C'est bien, vas-y.»

travailler. «Écoutez, n'allez pas travailler, je vous paie toute la semaine mais allez à Bruxelles, téléphonez à ce numéro-là, dites "Bernard est sorti, qu'est-ce qu'il faut faire?"» Par chance, le frère de ma mère, un type jeune, dynamique, les yeux bleus, les cheveux blonds, était juste venu pour voir… Il savait qu'il devait faire quelque chose. Il avait déjà essayé de demander l'aide à la brigade blanche, à la brigade rouge… Il avait un ami juif qui avait été officier à l'armée polonaise, et ils avaient des armes. Ils étaient déjà venus voir à Malines, mais s'étaient rendu compte qu'ils ne pouvaient rien entreprendre. Alors, la dame d'en bas, qui avait très bien compris la jeune fille, lui a dit: «Il y a une jeune fille, avenue d'Auderghem, à tel numéro, qui attend pour éventuellement repartir à Malines.» Mon oncle l'a rejointe, l'a embrassée. – Que faut-il faire? – Écoutez, on va prendre un taxi à la gare. Je connais une petite ruelle. On dit qu'on va conduire un enfant malade à Bruxelles. Ils ont pris un manteau, parce que j'étais parti en chemise, me l'ont mis sur le dos et m'ont dit de prendre un air malheureux. Puis on m'a conduit jusqu'au taxi, dans la ruelle, et on nous a amenés jusqu'à la place Jourdan. Ce n'était pas loin de là où on habitait. On est entré dans un magasin pour attendre que le taxi soit parti, on a acheté une babiole et on est rentré à pied. Tout cela m'a permis de survivre. Jusqu'à la Libération, je suis resté avec mes parents dans cette maison qui appartenait à des amis Flamands, et nous avons vécu cachés au deuxième étage. On sortait très peu.

De la maison, on voyait une partie de la place. Et on voyait les Allemands passer en voiture, à pied, même dans des charrettes. Un jour en fin de journée, dans une voiture, des gens avaient un revolver à la main: c'était la Résistance qui chassait les Allemands. Le lendemain, la dame d'en bas nous dit: «Vous pouvez sortir, les Anglais arrivent, ils défilent rue d'Auderghem.» Alors j'ai entendu mes premiers mots d'anglais: – *Is the war finished?* – *In two weeks in Berlin!* C'était vraiment la joie, malgré les misères que j'avais connues. À l'école, j'ai retrouvé un ancien instituteur, qui était devenu directeur d'un quatrième degré. Il a voulu m'y faire entrer. J'avais fini la cinquième primaire. Mais mère aurait voulu que je devienne médecin, donc il fallait la gréco-latine. Pour les Juifs et les résistants, il existait un régime spécial. On pouvait passer le Jury central quand on voulait, trois fois, mais un Jury central réduit: on ne devait présenter que quatre branches. J'avais un ami qui avait perdu deux ans, il a voulu en regagner trois. J'ai essayé de faire comme lui, alors nous étudiions ensemble. Il a réussi du premier coup, mais moi, j'ai dû repasser la deuxième session. C'était en janvier, j'avais donc regagné deux ans et demi. J'ai d'abord pensé aller en Israël, puis j'ai voulu devenir agronome, à Gembloux ou à Louvain. Je me suis

Ici c'est moi, après la guerre.

inscrit à Louvain, mais je n'avais terminé que la première partie de la troisième gréco-latine, avec une base très faible en mathématique et en sciences. Je n'ai pas voulu faire perdre d'argent à mes parents. J'ai donc arrêté mes études, et j'ai travaillé avec eux. Mon père a été longtemps maroquinier, puis il est passé à la bonneterie. J'ai beaucoup voyagé, en Wallonie comme en Flandre, avec deux valises... Je devais m'arrêter tous les quinze mètres. En 1954, j'ai rencontré ma femme. Elle est juive, elle aussi. Elle est séfarade, d'origine grecque, de Salonique, une ville connue pour son judaïsme. On a vidé Salonique, on a ramassé presque toute la population. Mais elle n'était pas là. Ses parents connaissaient déjà le français en Grèce. Ils ne se sont pas fait connaître comme Juifs, mais ils ont été dénoncés. Mon beau-père a nié être juif, il a été battu, il avait une côte cassée et le visage gonflé, et finalement ils ont été transférés à Auschwitz, d'où il n'est pas revenu. Ils avaient passé trois jours dans des wagons à bestiaux pour ce trajet. Là, il a vécu le calvaire avant d'être transféré, également en wagons à bestiaux, en Allemagne, dans l'un des camps satellites de Dachau. Ma femme a connu un sort plus misérable que moi. Elle a eu la chance d'être avec sa mère. Elle a même menti à Mengele, qui lui demandait son âge. «Seize» a-t-elle répondu, et non treize. Un des prisonniers, à la descente des wagons, avait dit en effet: «Si vous êtes jeune, dites que vous êtes plus âgé, si vous êtes âgé, dites que vous êtes plus jeune.» Elle est revenue avec toutes sortes de maladies, des nausées, de fortes migraines. Nous avons vécu à

Anderlecht, dans la maison où habitaient mes parents. Nous avons deux filles et trois petites-filles. J'ai encore eu la «chance» de me retrouver une nouvelle fois à la caserne Dossin, comme militaire au Centre du Service administratif. J'y suis resté un mois. Heureusement, c'était beaucoup mieux qu'avant!

Un médecin m'a dit: «Vous vivez dans un enfer.» On ne peut pas oublier cela. Je pense toujours à deux jeunes amis que j'ai connus, beaux, gentils, qui ne sont pas revenus. Alors, comme j'ai eu la chance d'en échapper, j'ai revu leurs parents. Les premiers jours, ils me regardaient gentiment. Mais après, leurs enfants ne revenant pas, ils se sentaient culpabilisés. Moi aussi, j'éprouve ce sentiment de culpabilité, surtout envers ceux-là. J'ai un ami, qui est devenu avocat: sa sœur s'était présentée pour aller travailler, elle a disparu... C'est pénible...

ARRÊTÉE PAR LAUTERBORN

Myriam Lipszyc

Je suis née à Anvers. Je suis fille unique. Mes grands-parents, parents et beaux-parents étaient de nationalité polonaise. Ma mère s'appelait Sara, mon père s'appelait Wolf. Il n'arrivait pas à gagner sa vie en Pologne. Ses trois frères étaient déjà à Anvers, et il les a rejoints. Après la guerre ma mère est devenue Belge, et moi aussi quand j'ai eu seize ans. On ne parlait pas beaucoup de la Pologne à la maison, si ce n'est qu'ils y vivaient pauvrement. Sans pouvoir l'assurer, je pense que j'ai un peu parlé yiddish avec mes parents, peut-être mêlé à des bribes de polonais, mais maintenant je ne connais plus un mot de polonais. Nous habitions une rue très agréable dans le quartier Zurenborg. Nous connaissions tout le monde, et tout le monde nous connaissait. Pas mal de Juifs y vivaient, mais aussi des non-Juifs. Il n'y avait pas d'antisémitisme.

Comme beaucoup de Juifs à Anvers, mon père était diamantaire. Ma mère avait une sœur ici. Mon père aussi y avait son frère préféré, et ils étaient inséparables. En fait, les deux frères avaient épousé les deux sœurs. Quand on voyait la brune, on voyait la blonde; la brune était ma tante, la blonde ma mère.

Mes parents étaient religieux et ils allaient régulièrement à la synagogue. J'ai donc reçu une éducation religieuse, conforme à la tradition des fêtes juives. J'allais à une école maternelle privée que fréquentaient aussi des enfants non-Juifs. Je pense que nous nous rendions mutuellement visite, car il y avait toujours du monde chez nous.

Je n'ai presque pas de souvenirs du début de la guerre. Mais ce dont je me souviens bien, ce sont les préparatifs de l'exode: de tout sur mon landau, des couvertures et tout ça, et moi assise par-dessus. Ma tante, mon oncle, mes parents et moi, nous voilà partis tous les cinq. Ma grand-mère paternelle était aussi avec nous. Je me souviens bien d'elle, car elle venait chez nous tous les jours: elle et moi assises côte à côte, moi dans ma chaise d'enfant... Sur la route nous avons dû courir à un moment donné parce que des avions nous survolaient, les éclats de grenade volaient autour de nous et ma grand-mère en reçut un dans le bras. Nous sommes arrivés en France mais nous n'y sommes pas restés longtemps. Après la capitulation, nous sommes tout simplement revenus.

De retour à Anvers, je n'allais plus à l'école. Plus tard, l'occupant a décrété que les hommes juifs devaient aller travailler en France, sur le mur de l'Atlantique. Et si l'homme allait travailler en France comme volontaire, la femme et les enfants seraient laissés tranquilles. Et ils seraient même payés pour ça. Mon père et mon oncle, inséparables et qui faisaient tout ensemble... hop! ils ont été parmi les premiers à y aller. Entre-temps commençaient ici les rafles. La première eut lieu dans le quartier de Provinciestraat, Lentestraat... et ma grand-mère en fut, disparue par le convoi n° 8. Les gens de la rue commençaient donc à avoir peur: «Fais attention...! Fais attention...!» En face de chez nous habitait une dame avec deux enfants. Elle était Belge, mais aussi Juive, et elle nous apportait à manger tous les soirs. Et un jour – nous étions souvent à la fenêtre – elle nous fait signe de loin, deux doigts en haut, un en bas: «Des deux, l'un est revenu.» Le soir, elle est venue nous dire: «Je ne sais pas lequel, mais l'un des deux frères est là.» Et c'était mon père. Il avait sauté du train qui emmenait les hommes au camp de concentration. Mais, par précaution, il n'était pas venu chez nous. Il avait tellement peur! Le soir il est sorti mais, voyant de loin une boîte aux lettres, qui en ce temps-là était peinte en blanc... il a cru que c'était un prêtre, et il n'a pas osé aller plus loin. Il est resté chez les voisins d'en face. Mon oncle a été déporté, et il a passé trois ans dans divers camps de concentration. Il en a connu beaucoup, mais plus tard c'est d'Ellerich qu'il se souvenait le mieux parce que c'était le pire. Il en est tout de même revenu. Ma tante aussi, à deux jours d'intervalle.

Mon père était donc de retour. Pourtant, comme c'était trop risqué, il s'est dit: «Nous ne pouvons pas rester ici.» Et il a trouvé une cachette à Mariaburg. Nous y étions bien. Nous étions beaucoup d'enfants, ma mère et ma tante s'en occupaient. Mais un jour la femme chez qui nous séjournions a été arrêtée. Elle avait tous nos documents: papiers, cartes de rationnement... et nous avons tout perdu. Il ne nous restait qu'à prendre la fuite!

Nous sommes donc revenus à Anvers, Belgiëlei. Nous y sommes restés jusqu'au jour où la Gestapo est venue nous prendre. Ce jour-là, mon père avait envoyé maman chercher de l'argent chez l'un de ses amis: «Va chez cet ami: j'y ai laissé de l'argent pour le cas où nous en aurions besoin. Demande-lui qu'il t'en donne pour que nous puissions déménager.» Car nous avions trouvé où aller, et nous comptions déménager le soir-même. Mais dans l'après-midi, tout à coup, voilà la porte qui s'ouvre brusquement, et les Allemands qui entrent. C'est Lauterborn[1], un homme au visage horrible. Toute la maison est pleine de Juifs. Il hurle: «*Wo sind die Juden?*»[2] Et que crie un enfant en pareil cas? «Maman, maman, maman». Ma tante accourt. Il lui demande: «C'est vous la mère?» «Oui, je suis la mère.» Mais à un moment donné, je l'appelle «tante». Et il l'entend. «Qu'est-ce que ça veut dire?» Ma tante explique: «Sa mère est partie depuis longtemps, et je m'occupe d'elle. Parfois elle m'appelle "mère" et parfois "tante".» En réponse, elle reçoit une gifle qui la projette par terre, cela je m'en souviens. Mon père, qui est à la cuisine, accourt à son tour: «Qu'est-ce qui se passe ici?» Et puis nous devons tous descendre, nous et tous ceux de l'immeuble. Il paraît – c'est ce que nous avons su plus tard – que c'est un facteur qui nous avait dénoncés. Tout le monde dans le camion, et direction Begijnenstraat, la prison d'Anvers. Nous y passons un jour et demi. Puis, nous sommes emmenés à la caserne Dossin de Malines dans des camions de déménagement. La première chose qu'ils ont faite? Mon père est mis à part, car ils découvrent qu'il avait sauté du train. Et ils lui posent un bandeau autour du bras: *Dieser Mensch ist sehr gefährlich*[3].

Je n'ai pas beaucoup de souvenirs de la caserne Dossin. Je sais que je me trouvais dans un réduit avec ma tante... J'y suis restée un bon bout de temps. Je ne sais pas exactement pourquoi je suis sortie de la caserne. En tout cas, j'ai été conduite à Wezembeek, au pensionnat. Là, nous

1 Félix Lauterborn, successivement agent de change raté, puis reporter-photographe de plusieurs organes de presse à partir de 1930. Membre de l'association antisémite «Volksverwering» (NDT: Défense populaire), dont il tenait la librairie, ainsi que du «Jodencontrole» (NDT: Contrôle des Juifs) qui veillait à ce que les mesures des Allemands fussent respectées par les Juifs. À partir d'août 1942 «chasseur de Juifs». Après la guerre, condamné à mort, il meurt en prison en 1956.

2 NDT: Où sont les Juifs?

3 NDT: Cet homme est très dangereux.

étions otages de la Gestapo. Par trois fois ma mère est venue me chercher, mais elle n'a pas pu m'emmener.

C'était une maison pour enfants juifs. Pour les Allemands c'était commode: quand viendrait le moment de les déporter, ils les trouveraient là tous ensemble. Une maîtresse nous faisait la classe, en français, tous âges confondus. Les éducateurs n'avaient pas la tâche facile, c'est sûr. Mais nous n'étions quand même pas maternés. Ils ne pouvaient pas consoler et materner tous ces enfants. À Pâques, nous avons reçu un bout de pain blanc et du lait brûlé, ça, je m'en souviens. Je suis tombée malade: la rougeole puis, l'une après l'autre, toute la série des maladies infantiles. Nous dormions dans des dortoirs. Le matin: toilette, se brosser les dents, puis descendre, manger... la vie allait son train. La nourriture se limitait à du pain brun gluant. Le soir, pour les enfants, il y avait quand même des jeux et tout ça. Mais... mes parents me manquaient.

Un jour, les Allemands ont annoncé: «Demain, nous venons prendre tous les enfants, qu'ils soient prêts!» Et cette nuit-là, nous avons fui par les bois vers un couvent, encore et toujours dans notre manteau avec l'étoile. Ce couvent était propre, plus que propre. Un soir, nous étions à table et le petit garçon qui me faisait face me dit: «Vous n'êtes pas comme moi, ça je dois le dire à ma mère, et on verra ce qui va se passer!» La monitrice l'a entendu. Elle est allée voir la mère supérieure et, le soir-même, nous avons encore déménagé vers un autre couvent. Et là, c'était plus que sale! Imaginez: on lavait les cheveux de cinq cents enfants dans la même eau. C'était affreux.

Puis, la guerre s'est achevée. Je n'ai rien vu de la Libération. Le couvent était situé à l'écart. Et un matin on nous a dit: «Si demain on n'est pas venu vous chercher, vous allez tous être baptisés.» Pour moi, «baptiser» semblait quelque chose de terrible. J'ignorais ce que cela pouvait bien vouloir dire. Je me suis demandée: «Qu'est-ce qui va se passer maintenant?» Et je me suis faufilée par une ouverture dans la haie, pour arriver dans un grand bois. J'y suis restée tout une journée et tout une nuit. La nuit, je sentais les petites bêtes me courir dessus... J'en ai gardé un psoriasis. Quand je suis revenue le lendemain matin, tout le monde avait été baptisé sauf moi. Et le surlendemain, on est venu nous chercher. Je vois encore ma mère entrer. Elle m'a vue, et elle s'est évanouie. Pourquoi? J'avais la tête entourée d'un bandage qui avait déjà servi, taché de sang, ce qui fit penser à ma mère que je saignais beaucoup.

Le jour où nous avions été arrêtés, ma mère est rentrée, trouvant la maison vide. Et elle s'est dit: «Qu'est-ce que je resterais faire ici? je vais aller à la Gestapo.» Elle est descendue, et elle allait le faire effectivement, mais en bas M. Sterngold était là qui l'attendait. Il lui a dit: «Écoutez-moi, qu'allez-vous faire?» «Ha, dit-elle, mon enfant a disparu, mon mari a disparu, ma sœur a disparu. Que voulez-vous que je reste faire ici?» Mais lui: «Vous pouvez m'aider, vous pouvez entrer dans la Résistance et nous aider, visiter des gens et ainsi de suite. Et je ferai tout ce que je peux pour retrouver votre fille.» Et c'est ce qui s'est passé: il m'a retrouvée, et il a fait en sorte que j'arrive à Wezembeek. Pendant tout ce temps, j'ai porté un autre nom: Lippens. Comme mon nom de jeune fille est Lipszyc, cela y ressemblait.

De retour à Anvers, je suis allée à l'école. C'était, à nouveau, tous les enfants ensemble: quatrième et cinquième années. J'étais dans une classe supérieure, mais je pouvais suivre. Et nous allions tous les jours à la gare, voir qui revenait. Un jeudi, j'étais en classe. Le Directeur vient me chercher: «Myriam, il y a quelqu'un qui t'attend en bas. Descends et, si tu veux, tu pourras rentrer chez toi.» Je me dis: «Oh, c'est sûrement mon père.» Et je descends. Je vois là un petit bonhomme, tout bronzé... Je lui demande: «Oncle Jos?», «Oui, c'est moi» me répond-il. Et je l'emmène à la maison. Deux jours plus tard, quelqu'un sonne: c'est cet ami de mon père chez qui maman était allée chercher de l'argent. Quand il voit mon oncle, il s'exclame: «Vous ici, je n'en crois pas mes yeux!» Et il nous emmène. En cours de route, il annonce à mon oncle: «J'ai une bonne surprise pour vous, votre femme se trouve chez moi.» Eh bien oui, elle était là! Elle était à la cuisine, avec une amie, et soudain nous l'entendons qui pleure, qui pleure! Ils étaient rentrés tous les deux, à deux jours d'intervalle. Et dans le camp, ils étaient à un kilomètre l'un de l'autre. Avant la guerre mon oncle était coiffeur et c'est ce qui lui a sauvé la vie. Il a fait savoir aux Allemands qu'il était coiffeur et il a eu pour tâche de les raser; il a bien souvent dû refréner son envie de leur trancher la gorge. J'ignore comment ma tante a survécu. Mon père avait donné à ma mère quelques petits diamants à coudre dans son corset et elle n'avait pas osé le faire. Ma tante, elle, l'avait fait. Elle fut envoyée de Dossin dans un camp de concentration et, au retour elle avait toujours ces diamants!

Un jour mon oncle est rentré en annonçant à ma mère: «J'ai une mauvaise nouvelle. J'ai rencontré une connaissance, qui m'a dit que mon frère est mort dans ses bras.» Nous avons alors compris que ce n'était plus la peine d'aller à la gare. Pour moi ce fut atroce. Je continue de m'interroger: comment aurait été ma vie, si j'avais eu mon père?

Ma mère et moi sommes allées habiter chez mon oncle et ma tante. Ils ont encore eu des enfants: une fille et un garçon, qui ont été pour moi comme un frère et une sœur. Tous les deux vivent en Israël. J'ai été à l'école primaire Tachkemoni, l'école juive. Puis je suis allée à l'athénée. Ma mère aurait bien voulu me voir entreprendre des études de pharmacie, mais je ne voulais pas, j'en avais assez. J'ai donc travaillé comme secrétaire, jusqu'à quelques années après mon mariage, en 1960. Mon mari travaillait aussi dans le diamant. Nous avons deux fils et six petits-enfants, qui vivent également en Israël. Je ne sais rien d'une hypothétique famille en Pologne. J'ai entendu dire plus tard que ma grand-mère avait survécu à la guerre et qu'elle avait voulu retourner en Pologne. Mais au moment d'entrer dans sa maison, elle fut assassinée sur place, tuée par les Polonais qui l'habitaient. Eux, bien sûr, n'appréciaient guère qu'elle soit revenue...

CE MOT MAGIQUE : « MAMAN »

Nanette Mahler

Lorsque mes parents apprirent, en décembre 1938, qu'ils attendaient un deuxième enfant, ce fut loin d'être pour eux une bonne nouvelle: la situation des Juifs était déjà très critique à ce moment-là. Ils n'ont pas envisagé l'avortement, si bien que j'ai vu le jour le 13 août 1939, à l'hôpital Saint-Vincent d'Anvers.

Mes grands-parents maternels, Zabel Lichtman et Louise Intrator, avaient quitté Przemysl, en Pologne, en 1914. Mon grand-père, pour éviter de se faire incorporer dans l'armée polonaise, s'installa avec ma grand-mère et ma mère, alors âgée de deux ans, à Vienne où il avait déjà de la famille. Il était dans les affaires, et voulait une vie aisée pour sa femme et sa fille. C'est ce qui l'a conduit à déménager à La Haye, puis retour à Vienne, puis Berlin, et plus tard Amsterdam, où est né mon oncle Isi, et finalement ils se sont installés en 1925 à Anvers. Ils ont créé un atelier de tricot, l'entreprise Mercure. Ils étaient apatrides.

Mes grands-parents paternels, Jacques Mahler et Anne Margulies, étaient originaires de Cracovie mais mon arrière grand-père, Kallman Mahler, était déjà en Belgique vers 1883. Il était venu à Anvers dans l'intention d'embarquer pour l'Amérique. Finalement, il est resté ici. De tailleur de diamants il est devenu diamantaire. Il compte parmi les fondateurs de la première bourse du diamant. Mon grand-père Jacques était également diamantaire. La famille Mahler avait la nationalité belge.

Quand mes parents se sont mariés, le 14 Juillet 1935, ils ont acheté avec les parents de maman une maison de maître au numéro 49 Justitiestraat, dans le Sud d'Anvers. L'atelier de tricot se trouvait dans la maison, et les deux familles vivaient sous le même toit. Par son mariage, maman avait obtenu la nationalité belge. Mon père s'est fait le commercial de la société.

La synagogue hollandaise de la Bouwmeesterstraat n'était pas loin. Mes parents étaient «plus ou moins religieux». Je me suis laissé dire qu'avant la guerre on mangeait *cacher* dans la famille, mais après la guerre ce n'était plus le cas. À la maison, on parlait tout le temps trois langues. Mes grands-parents se parlaient en allemand; mes parents, en français et en néerlandais; mais mon frère et moi, seulement en néerlandais. Mes parents tenaient à ce que le néerlandais soit notre langue maternelle.

En mai 1940, toute la famille a fui. J'avais neuf mois. Maman m'a dit plus tard que, le premier jour, je n'ai rien voulu manger. J'ai perdu l'une de mes petites chaussures, mais... la seconde, je l'ai toujours. Mon père n'était pas avec nous: mobilisé peu de temps auparavant, il était dans l'armée belge «quelque part» en France. D'après maman, nous sommes partis à deux voitures: mes grands-parents paternels, deux vieilles arrière-grand-mères, ma tante Elsa Mahler-Busschel et mes cousins Liliane et Armand, mes grands-parents maternels, mon oncle Isi Lichtman, maman, mon frère Charles et moi. Nous avons roulé vers la côte, mais très vite il n'y eut plus d'essence: impossible de nous servir des voitures puisque les camions de l'armée avaient la priorité. La nuit, nous avons logé dans de petits hôtels, d'abord en Belgique, puis sur la côte en France.

Après l'exode, nous sommes rentrés à Anvers. Quelque temps plus tard, mon père est revenu, lui aussi. Il arrivait du Sud de la France. Le seul souvenir qui me reste de la période d'avant la clandestinité, est celui de soldats allemands dans les rues, marchant au pas en chantant. La situation devint de plus en plus difficile, et il ne fut pas toujours facile de trouver à manger. Maman m'a raconté comment, un jour, en allant chercher la solde de papa à la Kloosterstraat, elle est entrée dans la crèmerie que tenait la famille de Jacques Vandenberg: dans la vitrine, elle avait vu quelques pots de confiture. Nous n'étions pas du tout du quartier, mais Jacques a tout de suite compris la situation, et il lui a assuré qu'elle pourrait toujours revenir. Cette famille allait, en 1942, permettre de trouver un abri pour les parents de maman et pour mon oncle Isi.

Mon grand-père Zabel Lichtman, qui était apatride, était d'avis que nous devions absolument nous cacher: il recevait des nouvelles

Ma cousine Liliane et mon cousin Armand, à Anvers, 1943.

alarmantes de membres de la famille, et il avait encore d'autres sources. Lui-même et mes parents ont essayé de convaincre mes autres grands-parents de quitter Anvers. Mais ceux-ci refusaient parce qu'ils avaient la nationalité belge: la reine Élisabeth n'avait-elle pas assuré qu'Hitler laisserait tranquilles les Juifs belges? Pour mes parents, la situation était un crève-cœur, parce que mon père allait se cacher aussi, et qu'ils avaient décidé de nous «placer quelque part», mon frère et moi; plus tard, ils chercheraient un abri pour eux-mêmes. Ils savaient que Hitler voulait exterminer les enfants juifs.

Papa fut convoqué par les Allemands pour aller travailler en Allemagne. Au tout dernier moment, alors qu'il était déjà dans la gare, on fit revenir certains Juifs, et papa eut la chance d'être de ceux-là: de tous les autres qui étaient de ce convoi, aucun n'est revenu.

Mes parents avaient des voisins aimables: Marie et Jef Laenen-Van Rillaer. Un jour de l'été 1942, Marie rencontre ma mère et lui demande: «Qu'est-ce que vous faites encore à Anvers?» Et elle lui propose immédiatement une cachette pour mon frère et moi. Elle était originaire de Begijnendijk, près de Aarschot. Et c'est ainsi que je me suis retrouvée chez sa sœur Clémentine. J'avais trois ans. Je n'ai aucun souvenir du voyage. Maman m'a raconté qu'elle, mon frère et moi avons pris le train pour Aarschot. Cela s'est fait avec un minimum de bagages pour ne pas nous faire remarquer à la gare par les soldats allemands.

Mon papa: vraie et fausse carte d'identité.

Je suis restée près d'un an chez Clémentine, et je n'en ai malheureusement gardé que de mauvais souvenirs. Chaque soir, on me mettait autour du pouce de la moutarde et un bandage pour m'empêcher de le sucer. Et quand j'étais «méchante», on m'enfermait dans le clapier au jardin. Le fils de Clémentine, qui avait dans les sept ans, n'avait pas de plus grand plaisir que de venir, avec un bâton, me faire peur par un trou de la petite porte. Ce fut au point que Marie, après la guerre, n'allait plus jamais parler à sa sœur. Mais cela ne m'empêche pas d'être très reconnaissante à Clémentine d'avoir contribué pendant toute une année à me sauver.

Mes parents et mon frère Charles étaient cachés ailleurs: chez Marie et Joseph Steurs. À l'origine, seul mon frère devait y aller. Mais il avait vu ma mère me laisser chez Clémentine, et il menaçait de fuguer. Marie Steurs, une mère de treize enfants, un cœur en or, a dit tout de suite qu'elle disposait d'une chambre où ils pourraient loger tous les trois.

Mon père ne sortait jamais. Pour le cas où la question serait posée, nous nous étions entraînés à répondre qu'il travaillait en Allemagne. Mais il m'arrivait de me tromper, et je disais «Angleterre». Je n'avais la moindre idée de ce que pouvaient bien signifier ces mots. Maman est venue me rendre visite à peu près tous les quinze jours.

Puis j'ai eu la gale, et Clémentine n'a plus voulu me garder chez elle. Pendant trois semaines j'ai vécu chez Joseph et Marie Steurs, dans la même petite pièce que mes parents et mon frère. Maman m'a raconté comment nous sommes allées chercher un médecin pour me soigner: sur le tandem du paysan, avec moi derrière, dans un petit siège. Elle-même ne savait pas faire du vélo.

Chez Marie et Jef Steurs on faisait de l'abattage clandestin et, une nuit, ils ont été pris sur le fait par la «Brigade Noire[1]». Pour mes parents et mon frère cela devenait donc trop dangereux. Ils ont trouvé un nouveau refuge chez Louis Wijnants à Ramsel. Je me rappelle encore très clairement que «quelqu'un» est venu me chercher pour me conduire chez «maman», et qu'il m'a emmenée sur le porte-bagages de son vélo. Je suis immédiatement partie avec lui – un inconnu! – sans pleurer. Ce mot magique «maman» m'avait suffi. De la maison de Louis et Mariette Wijnants, je me rappelle en tout et pour tout le triangle au-dessus du poêle où figurait «l'œil de Dieu»: j'en avais très peur. Nous n'y sommes restés que quelques mois car ça jasait au sujet de notre présence.

Nous sommes alors arrivés à la villa «Zonneke» à Ourodenberg, chez les Filet, et nous y sommes restés d'octobre 1943 jusqu'à la Libération. À ma grande joie, comme c'était une grande maison, mes grands-parents ont pu s'y installer eux aussi. La famille était à nouveau réunie, mais papa et mon grand-père restaient cachés en permanence. Mon frère et moi, par contre, pouvions jouer dehors. J'aimais énormément ma grand-mère. La nuit, nous avons souvent dû descendre à la cave à cause des bombardements, et je nous vois encore sous sa robe de chambre bleue: moi d'un côté, mon frère de l'autre, un gant de toilette mouillé devant la bouche pour nous protéger d'éventuels gaz toxiques. Un jour, j'étais à la fenêtre au premier étage et j'ai vu des «Indiens» dans les champs autour de la maison. J'ai appris plus tard que c'étaient des soldats allemands en quête de nourriture: ils s'étaient mis des épis de blé sur la tête pour ne pas être repérés.

---

1 La *Brigade noire* a été fondée en 1933 comme organe de propagande de l'Union nationale flamande (VNV). Ses membres portaient un uniforme mais n'étaient pas armés. Pendant la guerre, la brigade a été incorporée dans la *Dietsche Militie – Zwarte Brigade* (NDT: Milice germanique – Brigade noire). Leurs uniformes noirs ont fait que le public a appelé ces collaborateurs des «noirs».

Puis vint enfin la Libération. Deux images sont nettement gravées dans ma mémoire: mon grand-père, enfin «libre», se promenant dans la rue, et les soldats anglais qui m'ont hissée sur leur char, et donné des bonbons et du pain blanc. Comme c'était bon! Maman m'a dit que j'étais leur mascotte, et qu'un soldat écossais a même voulu m'emmener.

Je ne peux plus dire exactement quand nous sommes rentrés à Anvers. Probablement aux environs de mars 1945. Il y avait encore les bombes V... Notre maison était occupée par des bureaux; il a fallu beaucoup de temps pour la récupérer. Trois maisons plus loin dans notre rue habitaient des «noirs», ceux qui nous avaient dénoncés en 1942. Deux jours après que nous fûmes partis nous cacher, il y avait déjà devant la porte une voiture de l'entreprise Arthur Pierre venue vider complètement notre maison. Ils avaient même emmené la baignoire, si bien que, longtemps après la guerre, nous devions encore aller, le samedi, aux bains publics de la Gasthuisstraat. Notre voyage de retour à Anvers m'a laissé le souvenir d'un camion chargé de vieux meubles. Mes parents avaient utilisé tout leur argent pour indemniser les familles qui nous avaient aidés, et maman avait même vendu sa bague de fiançailles. Et c'était ces gens-là qui nous avaient donné des meubles. L'un d'eux a même prêté de l'argent à ma famille pour remettre l'atelier en marche. Les machines à tricoter et les machines à coudre avaient bien sûr toutes été emportées par les Allemands.

Pour mes parents, surtout pour mon père, ce fut une période terrible. Il n'avait aucune nouvelle de ses parents, de ses grands-mères, de sa sœur, de ses neveu et nièce. Je vois encore les femmes de la Croix-Rouge venir chez nous régulièrement dans leurs uniformes kakis, leur béret de travers marqué de la croix rouge. Mais les bonnes nouvelles ne venaient jamais.... Tout à fait naïvement je continuais d'espérer que ma tante Ela viendrait un jour me chercher à l'école, jusqu'au jour où nous avons appris la nouvelle définitive que la famille Mahler tout entière avait été déportée à Auschwitz.

La maison de la Justitiestraat était très grande, et j'avais ma chambre au deuxième étage. Pendant des années, l'un de mes parents a dû rester près de moi jusqu'à ce que je m'endorme. Je m'effrayais au moindre bruit, et aujourd'hui encore cela me pose des problèmes. Pendant les premières grandes vacances, mon frère et moi avons été envoyés en colonie de vacances pour nous rétablir des années de guerre. C'était, bien sûr, avec les meilleures intentions mais j'étais inconsolable et, surtout le soir, c'était dramatique. Mon grand frère Charles et une fille gentille essayaient de me réconforter, mais en vain. Au bout d'une semaine, papa et maman sont venus me chercher.

J'ai pourtant eu la chance de retrouver, après la guerre, un foyer chaleureux. Quand ça ne se passait pas bien, il y avait tout de suite grand-mère pour nous défendre, mon frère et moi. J'aimais bien l'école, j'avais beaucoup d'amies, qui pouvaient venir jouer à la maison. Après le secondaire – latin et sciences – je suis allé à l'Université Libre de Bruxelles, et j'ai obtenu, à la faculté de médecine, une licence en sciences biomédicales appliquées. Durant toute ma carrière, j'ai travaillé dans des laboratoires de recherche.

À vingt-sept ans, j'ai épousé Joseph Rabinovitch. Notre fille Katia est née en mai 1968, notre fils Elie en avril 1971. Mais mon mari avait derrière lui des années de guerre très difficiles, et il n'arrivait pas à se sortir de son passé. Il lui aurait fallu une aide psychologique, mais il n'en voulait pas. Après seize ans, je me suis résolue à divorcer. Heureusement, mes enfants s'en sont bien tirés. Katia est ingénieure commerciale; son mari et elle ont deux petits garçons adorables, Sacha et Grichka. Elie est devenu réalisateur de films; il a, avec Catherine, deux filles, Ilona et Lula. Nous sommes une famille unie, et mes enfants, mon gendre, ma belle-fille et petits-enfants me donnent beaucoup de satisfaction.

Alors que je parlais de mes grands-parents Mahler, de ma tante Ela, d'Armand, mon cousin, et de Liliane, ma cousine, qui ont péri dans les chambres à gaz, j'ai très peu parlé pendant au moins cinquante ans de ce que j'avais moi-même vécu durant la guerre, y compris avec des amis et amies qui ont été des enfants «cachés». Je trouvais que je n'avais aucune raison de me plaindre par rapport à ce que les membres de ma famille ont souffert jusqu'à ce qu'ils soient gazés à Auschwitz. La photo d'Armand et de Liliane, avec l'étoile jaune sur la poitrine, était toujours sur le buffet chez mes parents; elle est maintenant chez mon fils Elie.

Après la guerre, nous avons continué à maintenir des liens étroits avec toutes les familles qui nous ont aidés au risque de leur propre vie. Les familles Steurs, Wijnants, Filet, Vandenberg bien sûr, mais aussi Stanne Vermunicht d'Aarschot. Celui-ci tenait une grande épicerie, et même si nous n'avions pas de tickets de rationnement, il a fait tout ce qu'il a pu pour notre famille. Il possédait une radio, et pendant quelques mois un officier allemand de haut rang logeait chez lui, si bien que mes parents étaient au courant du déroulement de la guerre. Avec mes parents et mes grands-parents, nous avons continué à les visiter tous, régulièrement. Nous avons été invités aux mariages... mais malheureusement aussi à des funérailles; la plupart d'entre eux ne sont plus en vie, mais j'entretiens toujours des contacts avec Joske Tuerlinkx-Vermunicht, la fille de Stanne: il y a quatre ans, nous étions à ses noces d'or.

Chez les Wijnants: Louis, son épouse et leurs trois enfants – moi en robe blanche – 1947.

Ces dernières années, je parle beaucoup plus de ce passé, souvent à la demande de jeunes et de moins jeunes non-juifs. Ma petite-fille Lula aussi, qui a lu deux livres sur les enfants cachés, me pose beaucoup de questions. Ce n'est qu'à ses trois ans que j'ai pleinement réalisé quel impact tous ces événements ont dû avoir sur mes parents et moi. Quand ma propre fille a eu cet âge, je n'y ai pas été attentive…

N'OUBLIE PAS TON NOM

Édith Maisner

Je suis née à Berlin le 23 décembre 1934, très peu de temps après un frère mort-né. Nous habitions dans la Rochstrasse au-dessus de l'atelier de mon père, qui était tailleur. En été il travaillait la fourrure, et en hiver les tissus. «Mme Anna» s'occupait de moi et de maman, malade. Elle faisait aussi le ménage. Pour ne pas fatiguer maman on me laissait jouer à l'atelier. Je faisais rire les ouvrières avec mes blagues, et je me déguisais avec des bouts de tissu. Il m'est arrivé de prendre dans la bouche des épingles que j'étais en train de ramasser. Mon père m'a alors donné un gros aimant blanc et rouge, pour ranger les épingles et les aiguilles dans une petite boîte. Je me cachais derrière les gros rouleaux de tissu: «Papa, je suis partie.» «Papa, est-ce que tu aimes Édith?» «Papa, c'est quoi ici: c'est pour me faire une robe, une veste, ou bien un pyjama?» Un représentant en tissus m'aimait bien, et sans que papa le sache – c'est du moins ce que je croyais – j'ai commandé un tissu pour une robe avec culotte assortie.

Maman était constamment malade. Je ne me souviens que des sorties et des jeux avec papa. C'est lui qui venait avec moi au parc. Il lui est arrivé, alors que j'étais encore petite, de m'oublier dans le landau en plein soleil, pendant qu'il parlait avec un ami, et j'ai pris un coup de soleil. Une fois, il m'a emmenée au cirque. Il y avait deux nains, et j'ai voulu coûte que coûte jouer avec eux. Papa les a invités à la maison, et ils ont fait les fous dans la cour de l'immeuble. J'ai aussi assisté avec lui à un match de boxe, du moins à son début car, quand Marcel Cerdan[1] s'est mis à saigner du nez, j'ai commencé à hurler et nous avons dû quitter la salle. Papa avait un cheval, qu'il montait tous les jours au parc. J'étais assise devant lui dans de vrais vêtements d'équitation. Pour mes quatre ans, j'ai eu un poney, mais j'ai rouspété: «Il est trop petit! Je veux un vrai cheval.»

En 1941, un matin, un officier vient à l'atelier passer commande d'uniformes militaires. Papa prétend qu'il a déjà trop de travail, et il refuse. À une heure de l'après-midi, cinq soldats font irruption dans l'atelier, ils embarquent toute la famille dans un camion, et nous emmènent à la prison de Berlin. Nous sommes enfermés dans une grande salle où sont entassés de nombreux autres Juifs. Des gardiens jettent du pain à l'intérieur, et celui qui peut en attraper le partage avec qui il veut. Mon père, que la situation politique inquiétait beaucoup, avait préalablement donné de l'argent à un marchand de tissus, pour qu'il nous aide si nécessaire. Et au cours de l'été 1942, cet homme est parvenu à nous faire évader. À l'époque, il fournissait du gibier, et nous avons été placés dans de grandes caisses pour nous faire sortir. J'ai été bâillonnée pendant une demi-heure, pour éviter qu'on m'entende si je pleurais, car les Allemands, à la recherche de Juifs, ouvraient le camion et secouaient les caisses.

En Juin 1942 nous sommes arrivés à Bruxelles. Papa avait emporté de l'argent et des bijoux. Il a loué un petit meublé au troisième étage, au 13 rue De Potter. Le propriétaire est devenu un ami, et il venait souvent causer avec mon père. Papa m'a appris à écrire mon nom en majuscules, ÉDITH MAISNER: «Ne l'oublie pas. Mais ne le dis pas.» Papa me gâtait; il a tout fait pour me donner tout ce que je voulais. Un voisin avait des petits lapins. Mon père est allé en attraper un en rampant sur le toit, et il a laissé de l'argent en paiement. Ce lapin fut son dernier cadeau.

De peur que nous soyons arrêtés par les Allemands, mes parents se sont mis à la recherche d'une cachette pour moi, prêts à en payer le prix quel qu'il fût. Ils ont cousu de l'argent et des bijoux dans la doublure de

1 Marcel Cerdan (1916-1949), boxeur français, champion du monde avec cent six victoires et seulement quatre défaites. Est mort dans un accident d'avion.

nos vêtements. Mon père a contacté un prêtre, Antoine De Breucker, vicaire de la paroisse Saint-Marie. Nous y sommes depuis environ un mois quand une connaissance de l'abbé De Breucker, Mademoiselle Henrard, vient nous trouver. Elle me promet un bol de cerises si j'accepte de me promener avec elle. Je suis ravie: des cerises! Je n'en ai pas mangé depuis deux ans... Papa m'embrasse très fort et me chuchote à l'oreille: «N'oublie jamais ton nom: Édith Maisner. Tu dois t'en souvenir, mais tu ne dois pas l'écrire. Nous t'aimons, maman et moi. Promets que tu ne me feras jamais rougir.» Je n'ai plus jamais revu mes parents. J'avais six ans.

Je suis restée chez l'abbé De Breucker, qui vivait avec sa sœur Clara, 52 rue Setain. Dès le premier jour, il m'a appelée Rosette, en souvenir d'une nièce, tuée dans un accident à Middelkerke. Avec cette nouvelle identité, j'avais droit à une carte de rationnement. Mais la sœur du prêtre me maltraitait. Je devais faire le ménage et nettoyer l'église. Clara De Breucker n'a cessé de me dire: «Tu n'es qu'une sale Juive, on aurait mieux fait de t'envoyer dans un camp.» Elle était ingénieur de formation, et parlait peut-être quinze langues. Moi, je ne parlais que l'allemand et le yiddish, et pas un mot de français. Un jour, les Allemands sont venus perquisitionner la maison. On m'a cachée à la cave, sous un tas de charbon. Les soldats ont un peu remué le tas, mais ne m'ont pas trouvée.

Le prêtre m'a envoyée dans un orphelinat, à Brugelette près de Lessines. Les sœurs me maltraitaient vraiment. Je faisais pipi au lit, du coup elles m'obligeaient à rester toute la nuit aux toilettes. Il faisait très froid. Il y avait aussi une sœur qui me battait pendant la douche. Une seule personne est venue me visiter de temps en temps à l'orphelinat: Anna, une autre sœur du prêtre. Je me suis plainte de ce que j'avais à endurer, elle a regardé les cicatrices que j'avais au dos, et elle en a été vraiment émue. Elle est allée se plaindre auprès de la supérieure, puis elle m'a amenée au marché où elle m'a acheté une poupée. Le soir même, une sœur m'a arraché la poupée des mains pour la jeter dans le poêle. Je n'ai jamais eu à manger à ma faim: le prêtre ne payait pas assez, et pourtant mes parents lui avaient donné beaucoup d'argent. L'enseignement que nous y avons reçu n'était pas bon du tout: je n'ai même pas appris à écrire correctement. Une fois, j'ai dû veiller une sœur décédée. J'étais assise à côté du lit. Soudain j'ai entendu un soupir, puis: «Je ne suis pas morte.» Je me suis enfouie, prenant les jambes à mon cou... La pauvre sœur a encore vécu dix ans. Les sœurs étaient enterrées les unes sur les autres, et je devais assister à ça. Il me fallait aussi assister à toutes les messes du matin avant le petit déjeuner: à six heures et demie, à sept heures et demie et à huit heures.

À Noël, à Pâques et aux grandes vacances, je revenais chez l'abbé De Breucker. Il y avait chez lui encore d'autres enfants, mais nous ne nous rencontrions pas souvent car nous étions placés dans des foyers différents. La plus grande était Hélène, de son vrai nom Maria Paule Lander. Elle avait seize ans, et jouissait de la préférence du pasteur; elle était son amour platonique. Il y avait aussi Mimi, une Juive tsigane qui était, elle, la chouchoute de Clara. Aujourd'hui, elles vivent toutes les deux en Israël.

Le 16 Mars 1944, l'abbé De Breucker m'a baptisée: Rosette Nisolle. Puisqu'il était célibataire, il ne pouvait pas m'adopter. Il partageait ma tutelle avec le Dr Michaux et son épouse Juliette. Je passais mes vacances chez ceux-ci, avec leurs cinq enfants rue Royale, au numéro 251. J'y avais une petite chambre à l'entresol. Les enfants étaient gentils avec moi. Je suis toujours amie avec l'aînée, Claire. Suivaient Louise, Juliette, Cécile et Maurice. À Noël, ils ont reçu vingt ou vingt-cinq invités. J'ai aidé à la cuisine, j'ai préparé une bonne centaine de croquettes, j'ai plumé des oies. Et puis les enfants ont reçu leurs cadeaux. Moi, je n'ai reçu qu'une pelote de laine pour me tricoter une écharpe. Maurice, lui, a toujours pris ma défense; il demandait à sa mère de me traiter comme les autres enfants: «Allons, maman, ce n'est qu'une enfant de huit ans.» C'est que, pendant qu'ils jouaient, je devais balayer et faire la poussière. Certes, j'avais droit aux vieilles robes et aux vieilles chaussures des filles…

À la fin de la guerre, Antoine De Breucker était devenu curé de Chastre-Villeroux, un village du Brabant Wallon. Il y vivait avec sa mère et ses sœurs Clara et Anna. Anna était la veuve de M. Saintrond. Elle était gentille. Une fois, elle m'a acheté une poupée, mais Clara l'a immédiatement jetée: il ne fallait pas me gâter. C'est elle aussi qui m'a sauvée en me conduisant chez un radiologue, où l'on m'a diagnostiqué une tuberculose. Là-bas, j'avais à faire les courses. Comme il n'y avait pas de boucher dans le village, je devais donc marcher très longtemps à travers les prés, jusqu'à Villers-la-Ville, pour ramener un kilo de bœuf, un kilo de veau et un kilo de porc. Très lourd pour une frêle enfant comme moi. L'abbé Antoine faisait des sorties à moto: à Namur, à la mer, et même une fois jusqu'à Rome en 1950.

À Villeroux, j'avais deux amis: un chat et un poulain. Mon chat était une angora grise, Pitchoune. Quand je devais faire des courses pour Clara à Namur, elle m'attendait à la gare. Quand je devais nettoyer les légumes, mon travail quotidien, je subtilisais une carotte pour le poulain de la ferme d'à côté. Et lorsqu'en septembre je retournais à l'orphelinat, il refusait d'entrer à l'écurie. Il m'attendait à la barrière…

Deux soldats allemands avaient été enterrés derrière l'église. En 1948 fut effectué un recensement de tous les Allemands morts à la guerre, en vue de rapatrier les corps. Clara m'a forcée à aller indiquer le lieu. J'ai assisté à l'exhumation et j'ai vu les plaques portant leurs noms et leurs dates de naissance.

En 1949, deux messieurs se sont présentés, alors que Clara était en train d'arracher des pommes de terre: «Nous venons au nom de la communauté juive. Tu t'appelles Édith Maisner. Tes parents ont été emmenés à Malines, et de là à Auschwitz, où ils sont morts. Nous venons te chercher.» Clara arrive en trombe du jardin, furieuse, et elle s'y oppose: «Je l'ai convertie au christianisme, elle n'a plus de famille, et je la garde ici»...

J'ai vingt ans. Le prêtre et sa sœur finissent par me mettre à la porte. J'avais voulu étudier, mais Clara ne m'y avait pas autorisée. Je pars avec une toute petite valise, et dedans: une robe, une combinaison, une culotte. Ils me donnent cent francs, et j'arrive à la gare du Nord. J'achète *La Libre Belgique* pour trouver du travail, n'importe lequel. Je sais cuisiner et j'aime les enfants. Et je trouve un emploi dans une famille de six enfants, à Saint-Josse-ten-Noode. Je dois faire la cuisine, je dors au grenier dans une petite chambre sans fenêtres. Je n'y reste pas longtemps. J'aimerais travailler comme puéricultrice dans un hôpital, mais je n'ai même pas de carte d'identité. Je vais donc chercher des informations sur mes parents à la maison communale de Schaerbeek où ils s'étaient inscrits en 1942. Grâce au Service social de la Communauté juive, j'obtiens un passeport de l'ONU en tant que réfugié politique, sous mon vrai nom, Édith Maisner. J'ai vingt et un ans. Et je reçois un permis de travail belge. Mais ma naturalisation tarde.

Je loue une chambre chez une vieille dame. Quand elle meurt trois mois plus tard, son fils me donne quinze jours pour vider les lieux. Je trouve une chambre meublée à Saint-Gilles, 104 rue Berckmans: sept cent cinquante francs par mois. Une condition: pas d'homme en visite. J'entreprends des études de puéricultrice, et je travaille pour payer mes études. Un an et demi plus tard, j'obtiens un diplôme. Pendant six ans, je suis bonne à tout faire dans la famille Mahieu, où j'ai aussi la garde de leurs filles Isabelle et Béatrice, mais je n'habite pas chez eux. Mes heures de travail: de huit à six, de huit à une le samedi. Ils ne sont pas très gentils. Les jours de fête comme le 11 novembre, le 25 décembre et le 1er janvier sont déduits de ma paie. Un jour, j'ai des douleurs intenses au ventre, mais ma patronne me dit: «Tu travailles jusqu'à ce soir, et il sera alors bien assez tôt pour te faire opérer.» Ce soir-là je me rends donc à l'Hôpital Saint-Pierre, où l'on m'opère en urgence: péritonite. Et le lundi, je dois être à nouveau au travail, parce que «Madame» n'a personne pour me remplacer. Quelques mois plus tard, j'ai à nouveau des douleurs au ventre. Le professeur Plichard m'opère d'une tumeur. Je mets six ans à payer cette opération par petits acomptes. Plus tard, je dois à nouveau me faire opérer par le Dr Humblet. Suite à l'intervention du Pr Plichard, cette fois on ne me fait pas payer l'opération. Je reste dans le coma pendant deux jours et deux nuits. J'entends les médecins dire: «Elle ne s'en sortira pas», et je lève le doigt: «Non, je suis toujours vivante.»

J'attends le tramway. Il pleut beaucoup. Une voiture de sport verte s'arrête au feu. Un monsieur baisse la vitre, et me propose de monter. C'est le ministre Spaak[1]. Je lui raconte ma vie: d'origine polonaise et tchèque, née à Berlin, à Bruxelles depuis 1942, apatride, et je lui dis que ma naturalisation tarde à venir, en dépit de mon permis de travail. Je descends à la Gare du Luxembourg (Bruxelles): «Je vais y penser», promet-il. Quelques jours plus tard je revois la voiture verte. Il s'arrête: «Voici un mot pour le procureur Jenssen.» Je vais donc un matin au Palais de Justice. Le portier de service refuse de me laisser entrer, mais il garde la lettre du ministre. Je reviens plus tard lui remettre une enveloppe vide pour le procureur. Celui-ci est furieux, et il me fait appeler pour que je m'en explique. Il me désigne la grande pile de papier, nous cherchons ensemble la lettre du ministre, et nous la trouvons. La naturalisation va me coûter quarante-deux mille francs. La seule chose qu'on exige en plus: que je connaisse la Brabançonne[2].

Je ne me suis pas mariée, la famille Michaux m'avait assez martelé: «sans dot, tu ne pourras pas te marier». Je vis donc seule, je visite des expositions, des musées, je vais au cinéma, je lis beaucoup. Et je suis toujours amie avec Claire Michaux, qui est d'un an plus jeune que moi, quasiment ma demi-sœur.

«Bonjour, les vieux.» C'est par cette formule que je salue mes parents tous les matins. Et pendant la journée je leur parle: «Allez, faites quelque chose pour moi.» Mes parents étaient des Juifs pratiquants. Pas moi. Pourtant, le vendredi, pour le shabbat, j'allume une bougie et je ne prépare pas de repas. J'importune tout le monde avec l'histoire de mes parents. Je ne les ai pas vus partir: c'est moi qui suis partie, ma petite main pleine de confiance dans la main de ma «marraine». Je n'ai pas pu enterrer mes parents, et je ne le pourrai jamais. Depuis mes quarante ans, pendant quinze ans, je suis allée tous les samedis matin

---

1 Paul-Henri Spaak (1899-1972), homme politique socialiste, plusieurs fois ministre des Affaires étrangères et Premier ministre à partir de 1935, puis Secrétaire général de l'OTAN de 1957 à 1961.

2 La Brabançonne est l'hymne national belge.

chez un médecin. Il écoutait, il ne disait rien, cela durait une demi-heure, et il me prescrivait des médicaments, qui n'étaient rien d'autre que des calmants. Bien sûr, je ne me sentais pas mieux. Au contraire: c'était une torture de raconter ma vie tous les samedis. Comble: j'ai appris bien plus tard que ses parents étaient, eux aussi, morts dans un camp.

SONT-ILS ENCORE MAINTENANT ICI ?

Germaine Majerdorf

Mes parents étaient tous deux des immigrés d'Europe centrale, arrivés en Belgique dans les années 1920. Ma mère était venue de Hongrie avec ses parents et ses plus jeunes frères et sœurs, d'un village où ils étaient tous nés et qu'habitaient déjà mes arrière-grands-parents maternels. C'était une famille juive orthodoxe très pieuse, donc très attachée à ses traditions et peu ouverte au monde extérieur, à la modernité, avec peu d'instruction laïque. En Belgique, mon grand-père maternel a tenu un petit commerce de volaille et a pu en vivre décemment, tandis que ses enfants les plus grands allaient travailler à l'usine ou à l'atelier, sans qualification particulière. Mon père venait de Pologne, il avait déserté l'armée à cause des sévices qu'y subissaient les Juifs, et avait appris le métier d'horloger en France. Il a rencontré ma mère lors d'une visite en Belgique et s'est marié religieusement avec elle en 1927, le mariage civil étant impossible vu sa situation de déserteur, ce qui a fait de moi par la suite un enfant naturel reconnu. Je sais très peu de choses de la famille de mon père, si ce n'est que sa mère est décédée en Pologne en 1936, qu'elle était devenue veuve très jeune avec cinq enfants à charge et qu'elle tenait une droguerie. La misère et l'antisémitisme sont les principales causes de l'émigration de mes parents.

Mes grands-parents maternels s'étaient installés à Anvers, ainsi que certains oncles et tantes; mes parents sont venus s'installer à Bruxelles après leur mariage religieux. C'est ainsi que je suis née à Anvers alors que mes parents étaient déjà domiciliés à Saint-Josse-ten-Noode où ils sont restés, à trois adresses différentes au fil du temps. Je me souviens très bien des deux derniers endroits, d'ailleurs très proches l'un de l'autre: un logement au rez-de-chaussée avec jardin, puis un autre avec une cour, mais aussi des sous-sols et une mansarde. Mes parents avaient de bons contacts avec leur voisinage, principalement non juif. Ils étaient tout à fait laïcs et n'observaient aucune tradition religieuse. Comme ils parlaient entre eux le yiddish et très mal le français, je suppose qu'il leur était très difficile de m'expliquer les différences entre Juifs et non-Juifs, alors que j'allais à l'école communale et fréquentais uniquement des enfants tous catholiques, une seule protestante; bien sûr j'enviais les camarades de classe qui revêtaient de beaux vêtements et recevaient des cadeaux pour leur première communion! En 1939, mes grands-parents maternels ont accueilli, à Anvers, la sœur aînée de ma mère avec son mari et leurs quatre enfants fuyant la Roumanie (ex-Hongrie)[1]. Ils étaient aussi religieux que mes grands-parents. Quoi qu'il en soit, leur fille aînée a terminé des études secondaires complètes à dix-huit ans, ce qui faisait l'admiration de ma mère. Je me souviens aussi que, pendant toute cette période, ma mère rendait régulièrement visite à sa famille à Anvers, parents, frères et sœurs, toujours avec moi mais jamais accompagnée de mon père. Je me suis très vite entendue avec la plus jeune de mes cousines roumaines, à peine plus âgée que moi, à qui j'ai plus ou moins fait découvrir Bruxelles tandis qu'elle me «fabriquait» du chocolat chez mes grands-parents, dans une petite cuisine à l'entresol. Est-ce l'ambiance des biscuiteries De Beukelaer toutes proches qui l'inspirait, je l'ignore, mais le résultat n'avait pas les effluves du Côte d'Or! Il faut dire que les enfants roumains apprenaient le français à l'école, ma cousine le parlait très bien, ce qui facilitait beaucoup nos contacts et notre entente de gosses qui cherchent avant tout à s'amuser!

En dehors de la famille de ma mère, dont les parents étaient très pratiquants, et les frères et sœurs beaucoup plus émancipés sur le plan religieux, qui tous habitaient Anvers, mes parents avaient fait la connaissance de Juifs de toutes origines, non religieux, éparpillés dans Bruxelles et dont beaucoup avaient fui Hitler dans les années 1930. Certains étaient hongrois et ma mère avait beaucoup de plaisir à les rencontrer et à s'entretenir dans cette langue avec eux. D'autres venaient de Pologne ou de Bessarabie. La plupart étaient des artisans comme mon père, aux idées très communistes; certains sont d'ailleurs entrés dans la Résistance et ne sont jamais revenus des camps, pas plus que ceux qui avaient décroché un diplôme d'études supérieures et/ou universitaires mais ne pouvaient exercer leur métier ou leur profession dans les pays qu'ils avaient fui, ni en Belgique, où la société restait très

1 Après la Première Guerre mondiale, la Roumanie avait obtenu une extension de son territoire, au détriment de la Hongrie.

fermée aux étrangers. Après la guerre, je n'ai plus rencontré que de très rares personnes ayant survécu au carnage, qui avaient fréquenté mes parents auparavant. Parmi mes amitiés scolaires, j'ai gardé très longtemps le contact avec quelques condisciples connues avant et pendant la guerre et j'en ai gardé un excellent souvenir. Malheureusement, certaines sont mortes trop tôt, d'autres ont quitté la Belgique pour se marier à l'étranger, d'autres encore ne m'ont plus donné signe de vie et je ne saurais comment les joindre mais je les porte toujours dans mon cœur!

Je n'avais pas dix ans ce jour-là, le 10 mai 1940, lorsque des coups de canon et toutes sortes de bruits ont éclaté très tôt le matin. Je ne me souviens plus très exactement non pas des faits chronologiques mais de ce qui s'est passé chez nous et selon mes yeux d'enfant. Ce qui est certain dans mon souvenir, c'est que nous avons rapidement fait nos bagages pour prendre le train à la gare du Nord et que nous avons dû les défaire ensuite parce que cette voie n'était plus possible et que nous n'en avions pas d'autre. Nous n'avons donc pas fui mais avons recueilli par la suite mes grands-parents, un oncle et une tante et leur fils, partis en exode avec eux, et n'ayant pu continuer pour je ne sais quelles raisons, alors que leurs autres enfants ont réussi à passer en zone libre, les uns à rejoindre les USA et les autres la Suisse après moult vicissitudes… Mais leur histoire n'est pas la mienne, même si quelque part elle en fait un peu partie.

Ma mère ne voulait pas que mon père s'inscrive au registre des Juifs car elle en redoutait trop les conséquences. Mon père ne les ignorait pas ou n'avait pas suffisamment confiance non pas dans ses relations non juives (qui se sont montrées très fidèles par la suite) mais… Je n'ai pas la réponse, je pense qu'à l'époque il était déjà très difficile de passer dans la clandestinité, à moins d'être très riche ou d'avoir de sérieux appuis politiques. Mon père s'est donc débrouillé en travaillant comme horloger pour le compte d'autres horlogers non juifs. Le 9 mai 1942, il se trouvait en ville pour des raisons professionnelles et il a été pris dans une rafle au centre de Bruxelles. Pendant deux jours, j'ai guetté son retour sur le seuil de la porte… À la même époque, on nous a infligé le port de l'étoile, que nous avons dû aller chercher je ne pourrais plus préciser où, étoile que nous avions cousue puis très vite décousue, en tout cas en ce qui me concerne! Mon père a été incarcéré tout d'abord à Saint-Gilles, d'où j'ai reçu deux lettres malheureusement pas conservées, puis, ce que l'on n'a su que beaucoup plus tard, ma mère et moi, au sinistre camp de Breendonk. Entre-temps, j'avais appris à l'école que, parce que juive, je n'avais pas le droit de m'inscrire en 6e gréco-latine au lycée Émile Jacqmain…

En juillet 1942, ma mère, qui savait enfin que mon père était à Breendonk, continuait à lui écrire et à envoyer des colis; elle essaya aussi, grâce à des relations, de le sortir de là, mais en vain. En même temps, elle avait compris qu'il fallait se cacher pour sauver sa vie d'abord et le reste si possible. Je suis donc partie avec une petite valise, toute seule, à l'âge de douze ans, prendre le train pour la gare de Malines – non pas pour la caserne Dossin mais pour une famille, où la maîtresse de maison avait pris l'habitude d'héberger depuis quelques années de jeunes enfants. C'est ainsi que j'ai fait la connaissance de ces gens tout au début de la guerre et que, certains liens affectifs aidant, ainsi que pas mal de monnaies sonnantes et trébuchantes, j'ai été leur hôte. Pendant cette année passée à Malines, j'ai fréquenté une école religieuse qui a eu, pour moi en tout cas, le grand mérite de m'apprendre le flamand. En 1943, mes hôtes devant redéménager à Bruxelles, à Schaerbeek, au boulevard Lambermont, j'ai dit à ma mère que je ne voulais plus rester dans cette famille (que j'avais connue avec de tout autres conditions). C'est alors que, je ne sais grâce à qui mais certainement pas à des organismes juifs patentés, j'ai été cachée jusqu'à la fin de l'occupation chez des non-Juifs qui connaissaient ma mère de longue date dans le quartier et grâce à qui je suis restée en sécurité à Bruxelles jusqu'à la Libération, le 4 septembre 1944. J'étais inscrite sous un faux nom en 6e gréco-latine dans un institut religieux où seule la mère supérieure semble avoir été au courant de ma véritable identité. Je me suis très bien adaptée à ce milieu: mes condisciples ne se doutaient de rien, j'étais une élève comme les autres, dont certaines avaient un père prisonnier de guerre en Allemagne et connaissaient probablement des difficultés dans leur famille, mais cela n'apparaissait pas dans les conversations.

Le 15 janvier 1943, mon père avait été transféré du camp de Breendonk au camp de rassemblement de Malines pour «compléter» le XIXe convoi de la déportation à Auschwitz. Bien entendu, cette nouvelle n'est parvenue que plus tard à ma mère, dont les colis étaient refusés à Breendonk, tandis que la dernière lettre adressée par mon père datait du 20 décembre 1942 et avait été postée le 23 décembre 1942 à Willebroek. Peu de temps après la Libération, un prisonnier de guerre revenu d'Allemagne s'était rendu au domicile que nous occupions encore en 1942 et dont mon père avait griffonné l'adresse; les anciennes voisines de ma mère lui ont donné notre nouvelle adresse, où ma mère s'était empressée d'emménager avec moi après avoir quitté nos cachettes respectives. Cet homme avait rencontré mon père à Auschwitz et devait signaler qu'il se portait bien (et, surtout, qu'il était toujours vivant). Ma mère l'a très bien reçu et l'a tout aussi gentiment mis à la porte quand il a commencé à demander de l'argent pour le service rendu et les maigres renseignements donnés... Mon père n'est jamais revenu des camps. Je ne saurai jamais dans quelles circonstances il est mort, et cela m'a poursuivie pendant des années et des nuits entières, non pas dans l'immédiat après-guerre, mais après la mort de ma mère en février 1960 et celle de mon mari en 1967. Je me suis longtemps reproché d'avoir pleuré plus pour mon chien, que j'avais dû conduire à la Croix-Bleue en juillet 1942 avant de partir me cacher à Malines, que pour mon père, torturé par la faim et les sévices à Saint-Gilles puis à Breendonk; mais, à l'époque, je ne pouvais avoir aucune idée de ce qu'il subissait ni de ce qui l'attendait. Un jour, ce chien, qui avait rapidement trouvé un nouveau maître, est arrivé à notre domicile, a flairé tout l'appartement pour y chercher en vain une trace de ma présence et de celle de mon père. N'y voyant que ma mère et ses frère et belle-sœur, qu'elle hébergeait provisoirement en attendant de leur trouver une cachette sûre à Bruxelles, il est reparti chez son nouveau maître. Ma mère, qui m'a raconté cette histoire à l'époque, trouvait que Peggy avait l'air bien soigné et portait un collier neuf. Je me suis donc facilement consolée pour le chien... En 1943, vraisemblablement au mois d'avril, les Allemands ont vidé les meubles qui restaient au rez-de-chaussée de notre domicile, dont l'atelier-magasin de mon père, mais non ce qui se trouvait dans une mansarde louée à des voisins également locataires dans la maison. Cet endroit n'était donc pas enregistré par les Allemands et ma mère a donc pu s'y cacher un certain temps, ne fût-ce que pour dormir tranquille (!?).

Pendant ces années où il a fallu se cacher pour survivre, où mon père n'existait virtuellement plus, il fallait beaucoup d'argent pour louer ou sous-louer des cachettes, payer ma pension chez mes logeurs à Malines puis à Bruxelles, sans compter le coût de mon entretien en vêtements et soins médicaux, les colis de nourriture quand j'habitais Malines, les manuels scolaires et le minerval assez élevé de l'institut où je poursuivais mes études à Bruxelles, et j'en passe!... Mon père gagnait honnêtement sa vie avant la guerre mais nous ne vivions certainement pas dans le luxe, et il n'avait pu amasser aucun pécule. Grâce à ses relations dans l'horlogerie-bijouterie, il a pu continuer à travailler un certain temps pour le compte d'autres horlogers, mais cela n'a plus été suffisant à un moment donné, de sorte qu'il s'est associé à des joailliers juifs hongrois qui fabriquaient surtout des étuis à cigarettes en or et des chevalières, articles dont les Allemands étaient très friands à l'époque et qui s'écoulaient au marché noir par l'intermédiaire des horlogers-bijoutiers chrétiens qui y trouvaient aussi leur compte. Après l'incarcération de mon père, ma mère a continué ce trafic jusqu'à la Libération, au péril de sa vie, car circuler dans les rues de Bruxelles même avec une «bonne» fausse carte d'identité devenait de plus en plus périlleux avec le ou les «Jacques» de la traque aux Juifs. Non seulement elle s'est occupée de moi pendant cette période de clandestinité mais elle a aussi pris soin de mes grands-parents cachés dans un hôpital d'Anvers, pour qui les religieuses avaient le plus profond respect, ainsi que de l'oncle et la tante d'Anvers qui n'avaient pas un sou et s'étaient réfugiés chez elle en désespoir de cause en septembre 1942. Il me faut souligner ici le dévouement, la serviabilité, la gentillesse de nos voisins non juifs qui ont aidé ma mère dans toute la mesure de leurs possibilités, et surtout la générosité de ce couple limbourgeois, parents d'une voisine de mes parents, qui a hébergé en cachette et sans rien demander en échange le frère aîné de ma mère et son épouse, qui avaient une peur bleue de sortir en rue...

Un jour de 1945, je me trouvais dans le tram 15 qui faisait alors le tour de la Petite Ceinture de Bruxelles. Près de la gare du Midi, un homme est monté. Il avait des traits sémites prononcés et portait des vêtements assez ternes; quelqu'un sur la plateforme arrière du tram s'est écrié: «Quoi? Il y en a encore?! Je croyais qu'on les avait exterminés dans les camps!» Personne n'a pipé mot, moi non plus car j'en suis restée longtemps estomaquée. Lorsque, un jour, j'ai raconté cette anecdote à ma fille, elle a réagi assez vivement, ne comprenant pas pourquoi, à quinze ans, je ne m'étais pas montrée capable de réagir à cette violente marque d'antisémitisme, alors que j'en avais déjà largement subi les conséquences dès ma naissance.

TROP MALADE POUR ÊTRE DÉPORTÉ

Jacques Markowicz

Je suis né à Bruxelles le 22 septembre 1939 de parents polonais. Mon père, Mayer, venait de Tomachov, où il était né le 24 juin 1903. Ma mère, Tauba Worniak, était née le 25 février 1902 à Burzenin. Mon père a quitté la Pologne en 1927-1928. Il s'est d'abord rendu en France, mais il n'y a pas trouvé de travail, et il est venu à Anvers où vivait sa sœur. Ensuite, il est parti pour Bruxelles, où il a travaillé comme tailleur pour dames. Maman a quitté la Pologne en 1929-1930. Elle est d'abord allée chez une sœur en Angleterre, et par la suite chez une autre sœur à Bruxelles. C'est là qu'elle a fait la connaissance de mon père. Ils se sont mariés en 1931, je pense, et l'année suivante est né mon frère. J'ai encore une belle photo de leur mariage. Ils se sont installés à Anderlecht, où résidaient de nombreuses familles juives. Tous les deux venaient de familles nombreuses restées en Pologne et dont, à ma connaissance, tous les membres ont été assassinés. Dans le courant de 1935, il me semble, maman est retournée en Pologne avec mon frère. Elle voulait encore une fois revoir sa mère.

Nous habitions rue Brogniez, au n° 172 (ou 174?). Une sœur de ma mère vivait aussi à Anderlecht; elle était mariée et avait un fils, Samuel. Mes parents n'étaient pas très religieux. Certes mon frère et moi étions circoncis, mais nous n'avons pas fait notre *bar mitsva*. Je n'ai quasiment aucun souvenir de mon expérience de la guerre, car j'étais bien trop petit. Mon histoire m'a été racontée par mes parents. Du 1er février au 10 octobre 1943, j'étais caché dans une famille italienne: la famille Burineto ou Burinato, rue Rossini. Je portais leur nom, et mon prénom était Jackie. J'avais également un nom de code: «347». Mes parents leur payaient chaque mois une somme convenue.

Ils ont dû se cacher eux aussi. Maman m'a raconté qu'une fois elle a dû se cacher à la cave… sous du charbon. Et mon père est resté caché toute une nuit sur le toit de notre maison. Il a néanmoins été arrêté, et il est parti de Malines à Auschwitz par le convoi n° 20. Il s'agit du célèbre convoi qui fut arrêté à Boortmeerbeek par trois jeunes hommes, ce qui a permis à plusieurs personnes de sauter du train. Lorsque le train s'est arrêté, mon père a sauté avec d'autres prisonniers. La sœur de ma mère et son fils étaient dans le même wagon. Mon père leur a crié de se jeter dehors, mais ils n'ont pas osé faire le saut et ils ne sont malheureusement pas revenus. Mon père s'est caché dans les champs, et le lendemain, il est rentré à Bruxelles.

Au cours d'une rafle – ou après une dénonciation? – j'ai été emmené par la Gestapo à son quartier général, avenue Louise. J'ai été très malade, et c'est le docteur Klein, un médecin luxembourgeois, qui m'a sauvé. Beaucoup plus tard, j'ai encore correspondu avec lui; il vivait en Amérique. Je suis resté une semaine ou deux à l'Hôpital Saint-Pierre. Ensuite, je suis entré à l'orphelinat d'Etterbeek, rue Baron de Castro, que je n'ai pas quitté jusqu'à la Libération. Pendant ce temps, mes parents et mon frère ont vécu, à partir de fin 1943 ou début 1944, à Framont, dans les Ardennes.

Après la guerre, nous avons de nouveau vécu à Bruxelles, d'abord à Jette, où j'ai commencé l'école primaire, puis à diverses adresses. J'ai fait des études secondaires à l'Athénée Royal de Bruxelles. Mes parents ont continué dans la confection pour dames. Ma mère est morte en 1980, mon père en 1982.

En 1958, je suis parti au service militaire. J'ai fait l'école des sous-officiers, et j'ai passé six mois à Spich, en Allemagne. Deux ans plus tard, j'ai commencé à travailler chez un agent de change, et plus tard dans une banque. En 1962, je me suis marié, et j'ai été recruté par un agent de change pour qui j'ai travaillé neuf mois à Londres. En 1964, ma première fille est née; elle travaille chez ING. La seconde, née en 1969, vit en France. En 1979, mon épouse est décédée. De mon deuxième mariage, en 1981, j'ai un fils, Samuel, spécialiste en médecine interne. En 1980 je suis entré dans le service à la Banque Bruxelles Lambert, qui m'a envoyé à New York pour y établir un siège, et nous sommes restés quatre ans en Amérique. En 2004, j'ai terminé ma carrière comme fondé de pouvoir.

ENCORE AUJOURD'HUI, IL M'ARRIVE DE PLEURER LA NUIT

Simon Mel

Mes parents, tous deux natifs de Tomaszow, une petite ville polonaise près de Lodz, sont venus en Belgique en 1927. Mon père se nommait Rywen David, ma mère Sarah. On l'appelait «Süre». Nous sommes allés deux fois chez mes grands-parents en Pologne. Le voyage durait plusieurs jours. Je me souviens des bancs dans le train, et des provisions que maman avait emportées pour tout le trajet. Je revois encore mon grand-père: un homme à la longue barbe. C'est mon seul souvenir.

Nous habitions Kievitstraat, dans le *Jiddische gegend,* le quartier juif d'Anvers, tout près du pont. Je ne me rappelle plus où je suis allé à l'école, mais ce que je sais, c'est que j'allais plusieurs fois par semaine au *cheider,* le cours d'instruction religieuse. Mon père était tailleur, et il faisait des costumes sur mesure pour des grands magasins. Nous ne connaissions que des tailleurs, des cordonniers et d'autres artisans. Quand j'étais enfant, je n'imaginais pas qu'il pût exister d'autres professions, sauf peut-être boucher, boulanger et poissonnier. À mes yeux, le restaurateur était le «riche» du quartier. Nous avons vécu à trois adresses différentes. Je croyais que cela plaisait à mes parents de déménager, mais peut-être était-ce seulement pour échapper à la police des étrangers, puisqu'ils n'avaient qu'un permis de séjour temporaire. Or nous étions en 1940!

À la fin des années trente, le travail vint à manquer. Certes, les tailleurs polonais avaient bonne réputation, mais ne serait-ce que dans notre quartier, il y en avait déjà douze qui travaillaient pour la même maison. Smoulek Skornicki, un *landsman* (quelqu'un du même village) et le meilleur ami de mon père, l'avait convaincu qu'il y aurait davantage de travail dans le quartier du port. Nous avons donc déménagé. Un choc pour moi. Un peu comme si nous étions arrivés dans un autre pays. Je ne connaissais que le quartier juif. Pour mon frère et moi ce fut un vrai drame de quitter nos amis; nous ne fréquentions, en effet, que des enfants juifs. Nous habitions désormais une petite maison de la Aalmoezeniersstraat, à proximité du port: une pièce donnant sur la rue, une cuisine, une petite cour et à l'étage deux chambres, l'une pour mes parents, l'autre pour mon frère et moi. Je pense que ma petite sœur dormait avec mes parents. Le soir, ma mère remplissait le tub dans la cuisine pour nous laver. Dans la pièce de devant, mon père avait installé son atelier. Il avait inscrit à la fenêtre: «Tailleur – Vêtements sur mesure – Retouches». Sa machine à coudre était devant la fenêtre, de sorte qu'on le voyait travailler depuis l'extérieur. Nous avons beaucoup joué dans la rue, et nous n'avons pas tardé à nous faire plus d'un copain non-juif. Mon école se trouvait tout près du tunnel pour piétons; elle s'appelait «*den Oever*[1]». Je pense que l'activité de mon père n'a pas tellement marché, car nous n'y sommes pas restés longtemps: la rue la plus importante du quartier, Nationalestraat, était réservée aux «vrais» commerçants. Dans l'année nous avons déménagé Kloosterstraat. Mon frère et moi avions des lits superposés dans une mansarde. Chaque soir, nous tirions au sort qui dormirait dans le lit du haut. Mon père cousait lui-même nos vêtements et nous attendions avec impatience la fête de *Pesach* et notre nouveau pantalon. Papa travaillait tard le soir. Quand nous étions couchés, maman allait encore l'aider. Mais il lui arrivait aussi d'aller au théâtre yiddish avec une amie.

Puis la guerre a éclaté. J'entendais mes parents parler de visas, de papiers, d'argent, et je n'y comprenais rien. Ils décidèrent de partir, car l'ennemi approchait. Ma mère sortit les vieilles valises, qui étaient venues de Pologne et qui avaient déjà servi pour tous nos déménagements. Mon frère avait treize ans, j'en avais neuf, et ma sœur Anna deux et demi. Nous avons pris la route avec quatre vieilles valises et le landau de ma petite sœur, qui contenait de quoi manger pour une journée. Je pense que mes parents espéraient atteindre la Suisse. En chemin, nous

1 NDT: la Rive.

avons dormi dans le fossé au bord de la route. Au bout de dix jours, nous n'avions encore atteint que la frontière française. Là, au cours d'un bombardement, nous avons dormi dans une grande grange en compagnie de soldats belges. À la frontière, chaque fois que s'ouvrait la barrière, la foule se bousculait pour passer. Mais notre tour n'est jamais venu. Je me souviens qu'un matin, nous avons levé le camp, après avoir encore passé la nuit dans une grange. À peine avions-nous fait cent mètres qu'une bombe est tombée et tout était en feu. Nous l'avions échappé belle. Après avoir été refoulés à plusieurs reprises à la frontière, mes parents ont décidé de rentrer. Dès le lendemain, nous croisions les colonnes de l'armée allemande. Notre exode n'avait duré que trois semaines.

Nous voici en 1941. Dans les rues on voit de nombreux soldats allemands, mais aussi de jeunes rexistes dans leurs uniformes bruns avec la croix gammée en brassard. Aux yeux du petit garçon que je suis, c'est alors que tout change. Je suis bon élève, premier ou deuxième de la classe, en alternance avec mon ami, Harry, le fils de Smoulek Skornicki. Chaque jour apporte son lot de nouvelles «lois juives». Mon père doit porter sur la vitrine de sa boutique l'inscription: «Entreprise juive». Quelques restaurants affichent: «Entrée interdite aux mendiants, aux colporteurs, aux chiens et aux Juifs». Et plus tard il ne nous est plus possible d'aller au cinéma; voyager en tram est encore autorisé, mais uniquement sur la plate-forme, pas en place assise.

Quand j'arrive le matin à l'école, il y en a qui m'accueillent par des injures: «Sale Juif, tu n'as rien à faire ici. Si tu oses revenir demain, on va t'attendre dehors.» Quelques jours auparavant, ces mêmes garçons étaient encore mes amis. Mais je ne suis pas du genre bagarreur. Mon frère, lui, est un fonceur. Cela ne change pourtant rien à la situation: chaque jour, une dizaine de gars nous attendent pour nous «donner une leçon». Une fois, c'est vraiment sérieux: visages en sang, vêtements déchirés. Et le pire est que nous avons peur de rentrer chez nous: papa va certainement nous flanquer une bonne raclée pour nous être battus. Mais il comprend ce qui s'est passé. Quelque temps plus tard, les enfants juifs ne peuvent même plus aller à l'école. Et il nous faut porter l'étoile. Tous ceux qui le peuvent commencent alors à quitter la Belgique pour la Suisse, le Brésil, Cuba ou d'autres pays. Mes parents aussi l'envisagent, mais ils n'en ont pas les moyens.

Un jour, mon père m'envoie livrer un pardessus à un client du centre-ville. Il me prévient: «Fais bien attention à ne pas te faire remarquer.» Je prends le tram. Il y a beaucoup de monde sur la plate-forme. Deux arrêts plus loin, monte un garçon de douze ou treize ans, en uniforme de la jeunesse rexiste. Il me dévisage, puis m'interpelle en criant: «Dehors, sale Juif, tu n'as pas le droit d'être dans le tram.» Je ne réponds pas, et aucun des passagers ne souffle mot. Nous commençons à nous battre. Mon paquet tombe par terre. À ce moment-là, j'aperçois à côté de moi un officier de la marine allemande, qui attrape le garçon, lui arrache le brassard de la manche en lui disant: «Non, pas lui, mais toi tu sors», et à l'arrêt suivant il l'éjecte du tram. Et à moi: «Je t'accompagne.» Imaginez la peur de mes parents, quand ils me voient paraître en compagnie d'un officier allemand. Le pardessus que je ramène est dans un sale état. Il représente sans doute l'argent pour la semaine…

Mon frère Moniek doit livrer un costume à Bruxelles. Lui aussi a reçu le conseil: «Ne te fais pas remarquer!» Dans le train, une dame vient s'asseoir à côté de lui, manifestement juive. Au premier arrêt, à Malines: contrôle allemand. Moniek a le réflexe de jeter par la fenêtre sa carte d'identité. La dame est emmenée. Et lui aussi, parce qu'il n'a pas ses papiers. Dehors, un groupe est formé des gens que l'on va mener à la caserne Dossin. L'escorte est constituée de gendarmes belges. Mon frère se met à pleurer, disant que sa mère malade l'attend. À l'angle d'une rue, un gendarme lui fait signe de s'enfuir. Plus loin, il rencontre un policier qui lui donne de l'argent pour rentrer.

Un soir, notre voisin, Josef Juzefowitz, vient nous dire qu'il est convoqué pour aller travailler en Allemagne. Sa femme et ses enfants peuvent rester à Anvers, et sa paie leur sera adressée. Un peu plus tard, mon père reçoit la même «feuille de route». L'un comme l'autre y vont, espérant nous mettre ainsi en sécurité. On connaît la suite…

À ce moment-là, Moniek est devenu le «chef de famille». Avec un ami, il allait à vélo en Hollande acheter des pommes de terre. Ils revenaient de nuit, empruntant un petit chemin où il n'y avait pas de contrôles. Chaque fois qu'il n'était pas de retour à l'heure prévue, ma mère se mettait à pleurer, imaginant qu'il s'était fait prendre. Le lendemain nous allions vendre ces pommes de terre. Et comme maman savait coudre, elle effectuait aussi de petites retouches pour les voisins. Même si ce n'était pas grand-chose, cela nous permettait de subsister.

Une nuit, on sonne. C'est Nathan, un ami de Moniek, qui vit encore dans le quartier juif. Il annonce qu'une rafle vient d'avoir lieu: toutes les rues ont été bloquées, et toutes les familles juives poussées dans des camions. Là où les gens n'ont pas ouvert, les Allemands ont posé de grandes échelles contre les façades pour s'introduire par les fenêtres. Selon lui, nous devrions nous cacher, car la chasse aux Juifs ne va certainement pas s'arrêter là. Nous emballons aussitôt quelques affaires, et partons loger chez Rachel Juzefowitz, qui habite un appartement de la même rue, au quatrième étage. Peu après, Smoulek Skornicki, qui vit alors à Bruxelles, vient dire à ma mère qu'il a trouvé de la place pour nous dans un foyer d'enfants de l'AJB[1]. Et c'est ce qui se fait. Maman n'a pas voulu confier notre petite sœur, sans doute parce qu'elle était trop jeune. Nous apprendrons plus tard qu'elle avait été placée quelque part dans les environs d'Anvers. Mon ami Herman, alias Harry, le fils de Smoulek, a refusé de quitter ses parents et il a été déporté avec eux. Son père nous avait sauvés, nous, mais pas son propre fils. Son père nous avait sauvés, nous, mais pas son propre fils.

Avant notre départ pour le foyer, nous avons habité un petit moment chez Smoulek à Bruxelles. Et nous avons absolument voulu revoir encore une fois maman, qui vivait chez son amie Rachel. Mon frère me savait peu téméraire. Il avait déjà fait plusieurs fois le trajet entre Bruxelles et Anvers, et il m'a expliqué comment faire. À chaque arrêt, des *Feldgendarmen* parcouraient le train pour contrôler les gens, en les dévisageant. Moniek m'a dit: «Tu les regardes droit dans les yeux, sans hésiter.» C'est ce que j'ai fait, mais j'ai été sur le point de flancher, tant j'avais peur. À la gare centrale d'Anvers, la sortie était barrée par les Allemands. J'ai paniqué: «J'en ai assez, je vais me livrer.» Moniek m'a expliqué: «Quand les portes s'ouvrent, les gens sortent en masse. Ils ne peuvent pas contrôler tout le monde.»

Et nous sommes sortis, noyés dans la masse. De la gare vers la Kloosterstraat, chez Rachel. Elle n'était pas chez elle, et nous avons passé avec maman une soirée pleine de tendresse, comme si nous savions que c'était la dernière. Vers huit heures du soir, il y a eu tout à coup beaucoup de bruit. Par la fenêtre, nous avons vu des camions emplis de soldats allemands: une rafle. Nous avons éteint les lumières, espérant que personne ne vienne. Quelques minutes plus tard, la porte s'ouvre et le faisceau d'une torche nous frappe en plein visage. Le soldat voit une femme et deux enfants terrifiés. La porte se referme, et nous entendons crier: «Ici, il n'y a personne.» Ce que nous avons de mieux à faire, selon Moniek, est de monter sur le toit et de nous cacher derrière une cheminée. Peu après, nous entendons des voix. Un soldat vient soulever la lucarne, il promène le faisceau de sa torche autour, mais sans monter sur le toit. Je pense que mon cœur s'est arrêté durant une bonne minute. Nous sommes restés là couchés plus d'une heure, de peur qu'une sentinelle soit postée en bas. Puis, mon frère a suggéré que nous nous laissions glisser le long de la gouttière. Quatre étages. J'étais assez sportif, mais imaginez l'angoisse de ma mère. Moniek y est allé le premier, puis moi, avec une pause à la fenêtre de chaque étage. En bas,

1 Association des Juifs en Belgique.

voyant que la voie était libre, nous sommes remontés par l'escalier chercher maman.

Un peu plus tard notre mère est partie, à son tour, pour Bruxelles. Elle vivait dans une petite mansarde sans jamais sortir, de peur d'être arrêtée. Nous savons qu'elle a été du dernier convoi parti de Malines, un mois avant la Libération. A-t-elle a été dénoncée par le propriétaire, parce qu'elle ne pouvait plus payer le loyer? Ou par «Gros Jacques», le dénonciateur bien connu? Nous n'en savons rien. Par contre, nous avons appris d'une de ses amies qui en est revenue qu'à son arrivée, elle a immédiatement été envoyée à la chambre à gaz. Elle avait trente-neuf ans.

Notre premier foyer était situé rue des Patriotes. Il s'agissait d'une institution religieuse, où les garçons priaient beaucoup, et vivaient conformément aux règles de la religion. Mon frère et moi avions été élevés dans la tradition juive, nous respections le shabbat et les fêtes, mais nous n'étions pas religieux pour autant. Nous nous sommes donc fait remarquer. M. Tiefenbrunner, le directeur, un homme sympathique, comprit que nous ne pourrions pas y être heureux. Nous ne sommes donc restés que huit jours. À Wezembeek nous avons été accueillis par la directrice, Marie Albert, qui deviendrait plus tard Mme Blum, une femme intelligente, qui forçait le respect. Le foyer était organisé à la manière d'un mouvement de jeunesse. Nous apprenions des chansons en hébreu, et des danses folkloriques. Tout respirait le sionisme. Nous avions aussi des cours, mais pas trop. Le personnel comptait quelques monitrices, qui devaient en plus s'occuper des chambres, ainsi qu'une infirmière, et quelques personnes pour la cuisine. Tous les jours, nous faisions des marches dans les alentours. Nous portions une pèlerine beige avec une étoile jaune. Je me souviens des regards des passants, que je ne comprenais pas. La vie quotidienne du foyer était prise en mains par les garçons et les filles plus âgés. Chaque équipe avait un «chef». Le grand chef était Félix qui, à un moment, a quitté le foyer, et serait plus tard déporté. Ensuite, mon frère s'est mis à «faire carrière»: de Moniek, il est devenu Edmond, chef d'équipe, et plus tard responsable général. Dès lors, il a toujours été un leader, partout où il a été envoyé.

Quelques mois plus tard, un autre foyer s'est ouvert, à Lasne, dirigé par Freddy Horowitz, un homme qu'aimaient tous les enfants. Mon frère a été appelé pour aider à démarrer l'institution. J'étais triste, bien sûr: tant que mon frère était là, je me sentais protégé. On m'a promis que je pourrais le suivre dès qu'une place serait libre. Nous avons appris plus tard que chaque foyer devait compter un nombre d'enfants bien défini, pas un de plus, pas un de moins. Je suis donc resté à Wezembeek, mais nous nous écrivions toutes les semaines.

Au fond du jardin, il y avait une petite maison avec un grenier, où l'on entreposait les provisions. Un jour, avec deux amis plus âgés, j'étais en train de ranger les vivres dans ce grenier. De loin, nous avons vu s'arrêter des camions. Les enfants et le personnel ont tous été embarqués. Destination: Malines. Nous avons d'abord jugé bon de rester au grenier. Puis l'un des amis a pensé que nous devrions sauter par-dessus le muret dans le jardin d'un voisin. Peut-être allaient-ils revenir chercher les enfants manquants? Le soir, nous avons de nouveau entendu les camions et, grimpés sur le mur, vu revenir nos camarades. Après coup, nous avons su qu'ils avaient été libérés au bout de bien des palabres. Mais peut-être y eut-il aussi une intervention «d'en haut». Et la directrice avait su profiter de notre absence pour ramener de la caserne six enfants de plus: pour les Allemands, les chiffres devaient correspondre.

Pour finir, nous nous sommes retrouvés à Aische-en-Refail, un village près de Namur, où nous sommes restés jusqu'à la fin de la guerre. Le foyer était établi dans un authentique château. Le directeur était M. Horowitz, venu de Lasne. Il était responsable de la gestion, et mon frère Edmond des enfants. Sept «grands» y sont allés les premiers pour aider les ouvriers qui étaient sur le chantier depuis déjà quelques mois. Le château était de belle taille, mais il fallait l'aménager pour recevoir bientôt deux cents personnes: des dortoirs, un réfectoire, une salle de jeux, des douches, des lavabos et une cuisine. Au bout de six semaines, j'ai pu rejoindre mon frère. On m'a fait enfiler une tenue de travail pour peindre et poser des vitres avec eux. Puis il est arrivé des enfants tous les jours, et au bout de deux semaines nous étions au complet. Les enfants avaient de trois à dix-sept ans. M. Strauss, un homme exceptionnellement sympathique, était le sous-directeur. M. Zandman, un boucher, partageait avec son épouse la responsabilité de la cuisine. Il se trouve qu'il connaissait mon père, si bien que j'étais dans ses petits papiers. Il y avait en outre une infirmière, un tailleur, ainsi que les parents de M. Horowitz qui habitaient la maison du gardien. Les filles à partir de seize ans s'occupaient des petits. La vie était réglée comme dans un mouvement de jeunesse: chaque équipe avait son «chef», et mon frère était le grand manitou. Et pour de la discipline, ça, il y avait de la discipline! C'était essentiel, dans une telle collectivité. Nous devions toujours tout faire vite. On nous apprenait également, tous les jours, comment déguerpir en cas d'urgence.

Le matin, première sonnerie du clairon. Nous avons un quart d'heure pour nous laver et nous habiller. Deuxième coup de clairon: trois minutes pour descendre. Chaque groupe à sa place. Edmond fait l'appel, il explique le programme de la journée, et le travail que nous avons à faire. Il n'y a pas d'appel pour les tout-petits: ils vivent un peu à part, dans une sorte de jardin d'enfants. Puis vient le petit déjeuner dans la grande véranda qui sert de cantine: chacun à sa place, le «chef» en bout de table. Il n'y a pas de femmes de ménage et nous avons donc des corvées au programme: faire les lits, et nettoyer les chambres, la cantine et les escaliers. Et bien sûr: la cuisine. Quand nous avons à éplucher les pommes de terre, cela se fait par sacs entiers. Si Edmond a quelque chose à communiquer, d'un coup de sifflet il réclame le silence. Au bout de trente secondes, on entendrait voler une mouche. Quand il a fini, un nouveau coup de sifflet, et l'effervescence reprend. Cela ressemble à une discipline de fer, mais c'était délibéré: il s'agissait de nous exercer à une fuite éventuelle. Après le petit déjeuner nous avons cours de gymnastique, et puis, dès douze ans tout le monde au travail! À une heure: repas de midi. Pas un des enfants ne doit quitter la table en ayant faim. Avec le recul, je pense que, dans les villes, beaucoup de gens ne pouvaient pas en dire autant. Dans l'après-midi, il y a des jeux, des compétitions sportives et toutes sortes d'activités. Nous portons des sabots, mais cela ne nous empêche pas de courir et de jouer. Autour du château, il y a un immense espace. Devant l'entrée, des terrains de jeux et un petit terrain de football. Plus loin, des vergers et, derrière, les champs de pommes de terre et de légumes: c'est là le royaume du père Horowitz. Six heures: douche. De dix-neuf heures trente à vingt heures trente: repas du soir. Puis les grandes filles s'occupent de coucher les petits. Les autres se rassemblent; on chante et on danse… Quand le temps le permet, la soirée se termine autour d'un feu de camp puis, entre dix et onze, le clairon met un terme à la journée. Mais vient alors la nuit. Du premier au dernier jour, je n'ai pas pu m'endormir une seule fois sans pleurer. Je pensais à mes parents. Je n'étais pas le seul car j'entendais sangloter dans d'autres lits. Pendant la journée, nous n'avions pas le temps d'y penser, mais le soir le chagrin prenait le dessus.

Dans le foyer «Là-Bas» – ainsi se nommait notre château – il avait été instauré une garde de nuit, de six heures du soir à six heures du matin. Dès douze ans tout le monde devait y participer, par groupes de trois. Dans une petite pièce du rez-de-chaussée, il y avait deux lits, afin qu'on puisse se relayer. Une nuit, c'est mon tour, avec Marcel Hirschberg et Georges Medzanagora. Deux heures du matin. Tout est calme. Équipé comme un vrai veilleur – bottes, anorak, sifflet, clairon – je fais ma ronde jusqu'à la grille, à soixante-quinze mètres. Une simple routine, car il n'y avait jamais eu de problème. Quand je suis à quelques mètres de la grille, je vois des dizaines de soldats émerger soudain des fossés autour du château. Plus loin, il y a des camions. Depuis notre salle de garde, nous n'avons rien entendu. Un officier commence par me donner une paire de gifles, puis m'ordonne de le précéder. Le chemin n'est pas éclairé, le château non plus. Il n'y a que la petite lampe de notre salle. La peur au ventre, je cours devant, tandis que les soldats s'engagent sur le chemin. Je m'engouffre dans la salle en donnant l'alarme, mais les deux amis pensent d'abord que je leur fais une blague. Il mettent donc quelque temps avant d'aller aux dortoirs réveiller les autres. Paniqué, je cours chez M. Horowitz, et pendant ce temps les grandes filles font exactement le contraire de ce qu'elles auraient dû faire: elles amènent les petits dans les tours, où elles sont prises au piège comme des rats. Entre-temps, les soldats sont entrés et crient qu'ils vont tirer sur tout ce qui bouge. De peur d'être reconnu, je me fourre tout habillé dans un lit. Un peu plus tard, tout le monde reçoit l'ordre de se tenir debout. Cela va durer des heures. À la porte de chaque dortoir se tient un soldat en armes, et nous entendons les discussions dans le bureau du directeur. À un certain moment, on gratte à la fenêtre: je vois Marcel Hirschberg faisant signe qu'il s'enfuit. Puis les Allemands viennent nous compter, comme ils le font régulièrement, mais d'ordinaire pendant la journée. Deux sont portés disparus: Marcel et Georges, qui sont allés se cacher. Vers quatre heures, un coup de feu. Plus tard, nous apprendrons que Jacques Ruzinek, notre tailleur, a essayé de fuir et a été abattu. M. Strauss, l'infirmier, aurait pu le sauver, mais les Allemands l'ont empêché de soigner le blessé. Enfin, tout le monde peut retourner au lit, sauf deux – mon frère et une fille, Édith – que les Allemands emmènent en otages, jusqu'à ce que les deux fugueurs se livrent. Georges et Marcel se manifestent, et trois jours plus tard, Edmond et Édith sont de retour. La vie reprend son cours. Depuis le village parviennent des rumeurs sur la fin imminente de la guerre. Désormais, nous nous exerçons tous les jours à l'évacuation. Notre foyer est sous le contrôle de la Gestapo de Namur. Des connaissances de M. Horowitz doivent nous prévenir en cas de danger.

Je n'oublierai jamais cet autre après-midi. Tous les enfants sont sur le terrain de jeu, quand soudain: coup de clairon. Appel. On nous explique la situation: il ne s'agit plus d'un exercice, chacun sait ce qu'il a à faire, et nous avons une heure pour emballer le strict nécessaire. Chaque chef d'équipe se voit indiquer sa destination. M. Horowitz en a convenu depuis longtemps avec les maires de la région. Quand les Allemands, trois heures plus tard, se montrent au château pour nous arrêter, ils découvrent un bâtiment vide. Les villages où nous devions nous rendre étaient situés dans un rayon de vingt kilomètres autour du château. J'avais demandé à rester près de mon frère et j'ai donc fait partie des grands. À vingt-cinq ou trente, nous avons marché jusqu'à

Perwez. Lieu de rendez-vous: l'école. Les agriculteurs venaient faire leur choix: un moment inoubliable! Nous étions en rang, et ils venaient choisir, un peu comme on achète du bétail. Nous entendions des commentaires blessants: celui-ci avait l'air fort, un autre grand, un autre sympathique.

Edmond et moi avons été emmenés par le plus riche paysan du village. N'allez pas croire que ce fut un avantage. Durant les deux semaines que nous avons passées là-bas, nous ne l'avons pas vu une seule fois. Nous dormions avec les cochons. L'homme ne voulait courir aucun risque, ce qui peut se comprendre: si les Allemands nous avaient trouvés, cela aurait pu lui coûter cher. Sur cette ferme travaillaient de nombreux ouvriers agricoles. Tôt le matin, nous partions avec eux aux champs. Ils étaient très gentils. Le chef d'équipe, qui nous savait juifs, ne cessait de répéter que nous ne devions pas nous faire remarquer. Pendant la journée nous apercevions parfois des amis du foyer dans les champs avoisinants, mais nous devions faire semblant de ne pas nous connaître. Plus tard, j'ai pu me rendre compte que la peur du paysan était fondée. Un jour, nous étions une vingtaine à ramasser des pommes de terre quand mon voisin nous dit de ne pas nous retourner: contrôle. Par-dessus mon épaule, je vis deux voitures allemandes, et des soldats en train de parler avec le fils du paysan. Le chef d'équipe avait l'habitude de nous mettre au travail au plus loin de la route, pour que nous soyons contrôlés en dernier. Nous étions absolument certains qu'ils recherchaient les Juifs du château. Edmond me dit: «À mon signal, tu t'enfuis. En zigzag!» Nous avons foncé ensemble à travers champs, pendant que les Allemands criaient qu'ils allaient tirer. Notre yiddish nous permettait de très bien comprendre. Je pense qu'aucun enfant de cet âge n'a jamais couru aussi vite. Au bout du champ, nous nous sommes faufilés sous des barbelés et nous avons atteint une route. Il arrivait des forains, qui ont tout de suite été d'accord pour nous prendre.

Avant notre départ du château, M. Horowitz nous avait donné une adresse à Perwez où nous rendre en cas d'urgence, mais pas avant dix heures du soir. Après nos adieux aux forains – merci à vous! merci à vous! – nous avons donc attendu la nuit pour nous rendre à Perwez. Nous nous sommes retrouvés dans une grande cave, où il y avait des tables et des chaises. M. Horowitz était là avec quelques hommes; sans doute était-ce le lieu de réunion habituel de la Résistance. Le directeur a décidé de nous séparer: Edmond à la boucherie de Perwez, moi chez le peintre-vitrier. Mon frère m'a dit qu'il n'avait jamais si bien mangé de sa vie: tous les jours de la viande, des salades, des frites. Moi, je partais tous les matins avec mon patron peindre ou remplacer des vitres.

Nous écoutions la radio. Les bombardements s'étaient intensifiés, ce qui laissait présager pour bientôt la fin de la guerre. Les bombardements s'étaient intensifiés, ce qui laissait présager pour bientôt la fin de la guerre. Nous allions à la cave, où M. Horowitz nous enjoignait de ne pas éveiller les soupçons si nous ne voulions pas nous faire prendre juste avant la fin.

Un matin, en allant travailler, nous avons entendu dans les rues: «C'est fini. C'est fini.» C'était des résistants qui criaient, des hommes armés portant un brassard. La Libération. Tout le monde dans la rue... On s'embrassait en pleurant de joie... Les enfants qui étaient à Perwez furent priés de rentrer au château. Nous sommes arrivés là-bas par petits groupes, aussi fiers que si nous avions nous-mêmes gagné la guerre. Tout fut organisé à nouveau, mais l'ambiance n'était plus la même: chacun avait en tête les retrouvailles avec ses parents. Les Américains arrivèrent très vite au village, et le château fut partagé: les soldats dans l'aile droite, nous dans l'aile gauche. Pour nous, c'était la fête: chocolat et chewing-gum. Régulièrement des parents faisaient leur apparition, et chaque fois nous espérions que ce serait les nôtres. Des amis s'en allaient: chagrin, et encore chagrin. Et quelques semaines plus tard, les enfants qui restaient se virent placés à diverses adresses à Bruxelles.

Mon équipe s'est retrouvée à la chaussée de Vleurgat. La vie reprenait. Des listes de noms de survivants aux camps étaient quotidiennement affichées Place Rouppe. Au fil de ces premiers mois de 1945, il devint clair pour les enfants en foyer qu'ils étaient devenus orphelins.

Le nouveau foyer était tout différent. Il n'y avait que des garçons de quatorze à dix-huit ans. Nous dormions dans des chambres à six lits. Certains faisaient des études, d'autres apprenaient un métier. Je suis allé à l'Athénée d'Uccle, et mon frère – question d'hérédité? – est entré en apprentissage chez un tailleur. À l'école, on nous aidait à rattraper le temps perdu. Si nous nous sentions à la hauteur, nous pouvions au bout de trois mois tenter l'examen de passage en année supérieure. J'ai bien travaillé et, sans être exceptionnellement doué, j'ai pu rattraper trois années d'études en un an, aidé en cela par de plus grands. À quatorze ans, j'ai pu intégrer la classe de mon âge.

Nous avons consacré notre temps libre à *Poale Zion*, une association de jeunes, de gauche et sioniste, à laquelle nous avions adhéré. Une sœur de ma mère, qui vivait en Amérique depuis 1930, avait entre-temps procédé à des recherches, et nous avait retrouvés. Dès lors, nous avons régulièrement reçu des lettres et des colis. Et elle a commencé à faire des démarches pour nous faire émigrer aux États-Unis. De notre côté, nous

nous sommes mis à la recherche de notre sœur, que nous n'avions pas vue depuis quatre ans. Nous savions seulement qu'avec maman elle avait été cachée sous un faux nom dans un monastère près d'Anvers. Par l'AIVG (Association israélite des Victimes de Guerre), nous avons su que son nom de la guerre était Anneke Verbeeck, et avons également obtenu l'adresse du couvent. Elle avait sans doute été rapidement placée ailleurs, car les gens que nous avons interrogés au couvent ne savaient rien. Aucune trace, aucun document. Avec l'un des responsables de notre foyer, nous avons systématiquement visité tout ce que la Belgique compte de couvents et de monastères. Nous racontions notre histoire, encore et encore. Mais comment la reconnaître, maintenant qu'elle avait huit ans? Il faut dire que, dans les monastères, les gens étaient prêts à nous aider. À chaque fois le même scénario: tous les enfants entre sept et dix en rang, et la sœur demandant s'il y en a une qui nous reconnaît, ou se souvient de s'être appelée Anna Mel ou Verbeeck. Et à chaque fois le résultat était négatif. Sauf une fois, où une jeune fille s'est avancée, disant nous reconnaître. L'après-midi, nous sommes allés nous promener avec cette enfant, dans l'espoir qu'elle retrouve davantage de souvenirs. Nous-mêmes, nous ne «sentions» rien. Lorsque nous sommes revenus, la sœur s'était renseignée: il s'agissait bien d'une fille juive, mais d'un nom différent. L'enfant fut transférée dans un orphelinat juif. Encore quelques couvents... Notre espoir ne cessait de s'amenuiser.

Un vendredi, nous sommes arrivés à un couvent de la région de Gand. Comme toujours, tous les enfants en rang, et nous, remplis d'espoir... En quittant le bureau de la supérieure, nous sommes passés par le vestiaire. Et là, j'ai crié: «Edmond, regarde!» Il y avait, accrochée, une petite veste verte avec un col d'un tissu à carreaux: nous étions sûrs de la reconnaître. La fille à qui appartenait la veste fut amenée: une enfant toute frêle aux cheveux noirs. À la seconde même, nous avons senti que c'était ELLE. Pendant quatre ans, elle avait porté le même manteau, qui avait pris l'allure d'une veste courte. Elle put rester quelques semaines avec nous afin de s'adapter. Elle mit longtemps à se remettre à parler, à jouer... Et puis elle est allée dans un foyer de filles, à Linkebeek. Maintenant, elle vit à Anvers, et elle a deux enfants.

Les mois passèrent. Mon frère et moi participions activement à notre mouvement de jeunesse. En 1946 nous avons pris part au défilé du 1er mai à Bruxelles, qui partait de la place Rouppe. Tous en uniforme, avec un foulard rouge. Il y avait beaucoup de monde le long du parcours. Quand nous sommes passés devant la Bourse, nous avons entendu tout à coup: «Simon! Moniek!» Il y avait au premier rang de la foule un soldat américain: papa! Ce moment, je ne peux pas le décrire. Je crois bien que je me suis évanoui. Imaginez: tant de mois après la

Libération! Et figurez-vous qu'il devait partir le lendemain pour l'Amérique. À la fin de la guerre, mon père, comme beaucoup, avait été évacué de Theresienstadt au cours de l'une des fameuses «marches de la mort». Libéré par les Russes, mais souffrant du typhus, il fut en soins pendant des mois. Puis, après son rétablissement, transféré au secteur américain. Le seul résultat de ses recherches fut que personne de sa famille n'était sorti vivant de la guerre.

La vie devint plus difficile. Pour commencer, nous avons dû trouver un logement pour mon père, car nous étions encore au foyer. Il s'est reposé une bonne semaine. Pendant la journée, il passait saluer des amis qui avaient survécu à la guerre. Et la nuit, il nous racontait ses incroyables aventures. D'abord le camp Yavichovitz. Il était malade, affaibli, proche de la fin, et il avait même pensé se suicider. Un matin, pendant l'appel, on demande un tailleur. Bien sûr, il s'avance, et voilà sa vie transformée. Finis les travaux pénibles dans la carrière ou sur la route. Et finis les coups. Dans un petit atelier, il répare les uniformes des officiers, en échange de pain et de soupe. Quand, le soir, il lui reste une croûte de pain, il doit la cacher s'il ne veut pas qu'elle soit volée. Pour la même raison, il ne quitte pas les chaussures qu'il s'est «organisées».

Après quelques mois, vient la malchance: il est transféré à Buchenwald. Recommence alors le travail jour et nuit, presque sans nourriture mais avec beaucoup de coups. Un jour, il apprend du médecin de l'infirmerie, qui l'aime bien, que le commandant du camp recherche un jardinier. Bien sûr, il dit qu'il est fils de paysan, et il obtient le job. L'officier voit bientôt arriver tous les jours sur sa table des légumes frais. Et mon père en profite, lui aussi. Au bout d'un moment, il réclame des gens pour l'aider, et on l'autorise à choisir trois de ses amis. Le jardin se situe un peu à l'écart du camp. Ils y sont conduits, et on les ramène le soir. C'est à mon père de veiller à ce que personne ne s'évade. Au cours de cette période, il devient riche… en promesses. Car, le soir, il peut partager un peu de nourriture avec d'autres: quelques pommes de terre, quelques carottes… Les hommes qu'il aide ainsi le comblent de tout ce que vous pourriez souhaiter: l'un lui promet une maison, un autre qu'il n'aura plus jamais besoin de travailler. Mais, en fin de compte, aucun d'eux n'allait s'en sortir… Un soir, un gardien constate que l'un des hommes est manquant. C'est impardonnable. Mon père reçoit sa dose de coups de fouet, on le jette dans une cellule, et il se trouve inscrit sur la liste pour le «sport du dimanche matin». C'est l'expression pour dire «pendaison». Tout le monde doit y assister. Or ce dimanche-là il y a une alerte aérienne, un bombardement, et tout le monde doit regagner sa baraque. Le soir même, un certain nombre de prisonniers part pour un autre camp. Un officier a porté mon père sur la liste. Et c'est ainsi qu'il arrive à Theresienstadt. En allant au travail, les prisonniers rencontrent des civils qui leur font savoir que la fin est proche. Il faut donc tenir le coup, malgré les maigres rations.

Un matin, après l'appel, les prisonniers sont chargés dans des wagons à bestiaux. Mon père trouve une place au fond, près d'une petite bouche d'aération. Le voyage s'avère inhumain. Pas question de manger. À intervalles réguliers, on ouvre les portes, et les morts sont abandonnés au bord de la voie. Au bout de deux jours, tout le monde doit descendre pour continuer à pied. Le froid est pire que la faim, et nombreux sont ceux qui tombent d'épuisement. Au fur à mesure, ils s'aperçoivent que le nombre de gardiens diminue; sans doute prennent-ils la fuite.

Au bout de quelques semaines avec nous, mon père n'avait plus d'argent. Il avait un frère à Liège, tailleur comme lui, et nous y sommes allés. Nous avons trouvé un premier logement, au dessus d'un bordel: pour aller dormir, nous devions traverser le bar, et prendre un escalier qui menait à toutes les chambres. Nous avons déménagé au plus vite dans une petite maison à Cointes. Mon père et Edmond ont pu travailler pour une maison de confection de Bruxelles. Moi, j'allais à l'Athénée de Liège, mais je sentais bien qu'ils auraient préféré que je travaille avec eux. En 1947, nous sommes retournés à Anvers. Mon père a ouvert un petit magasin dans la même Kievitstraat où il avait débuté. Trop peu rentable pour en vivre tous les trois. Edmond et moi sommes donc allés à Bruxelles, capitale de la confection: début d'une période difficile. Nous dormions sur la table et il nous est arrivé de ne manger qu'une fois par jour. Un ami de mon père, Jos Gurfinkel, a bien voulu nous prêter quelques machines à coudre, et tout a changé.

Un jour, mon père nous présente une femme dont il a fait la connaissance, et avec qui il envisage de se marier. Peu après, je rencontre la fille de l'amie de mon père. Surprise: Anna Torba! Une fille que j'avais bien connue dans l'un des foyers, quand elle avait six ans. Nous sommes ainsi devenus demi-frère et demi-sœur. Et aujourd'hui, cela fait plus de cinquante ans qu'Anna est ma femme. J'ai une belle petite famille, des enfants et des petits-enfants. Mon frère et ma sœur ont aussi des enfants et des petits-enfants. Pourtant, mes parents continuent de me manquer. Ma mère avait trente-neuf ans quand elle a été tuée. Mon père nous a quittés quand il en avait cinquante-trois. Encore aujourd'hui, il m'arrive de pleurer la nuit. Comme au foyer, quand j'étais gosse.

JE NE SAVAIS PLUS CE QUE « MAMAN » SIGNIFIAIT

Esthere Nasielski

Mes grands-parents sont arrivés en Belgique dans les années 1920, à Anvers, venant de Pologne. Petit à petit, ils ont fait venir leurs enfants, dont mon père, à la fin des années 1920, pour travailler ici. Je ne sais pas très bien pourquoi ils sont partis; mon grand-père est mort jeune, je n'étais pas encore née. Peut-être pour des raisons économiques? Pourtant, à ma connaissance, ce n'étaient pas des gens démunis, au contraire, parce que, arrivé à Anvers, mon grand-père a acheté une maison, à Berchem. Donc, nous avions une maison de famille. Il a travaillé dans le commerce d'articles pour diamantaires. Il n'était pas diamantaire lui-même; il vendait des portefeuilles spéciaux, des pinces, des loupes, etc. Il a fait venir ses fils, qui l'ont suivi dans cette branche. Mon père, Emmanuel, a fait des études à Paris. C'était un intellectuel. Il avait déjà rencontré ma mère en Pologne mais ils se sont mariés à Berchem – Anvers. Elle s'appelait Brajnda Lejderman. Elle aussi avait étudié à Paris, ils étaient tous deux à la Sorbonne. Ils ont abandonné leurs études et sont venus à Anvers, où ils se sont établis. Ma mère a eu des enfants, et mon père a dû interrompre ses études pour des raisons matérielles; il fallait qu'il gagne sa vie. Mon père a fait le même commerce que son père. Mes frères sont plus âgés que moi: Jacques est né en 1929, Salomon en 1933. Moi, je suis née en 1938.

J'ignore le statut qu'avaient mes parents. Moi, je suis devenue belge après la guerre. Je crois que ma mère a opté pour la nationalité belge et que, d'office, nous, les enfants, le sommes devenus. Nous étions bien intégrés. Mes frères et moi sommes nés à Anvers; nous sommes allés à l'école communale, puis à l'athénée royal. Maman disait toujours: «il faut acheter belge», chez l'épicier ou ailleurs. Nous habitions dans un quartier non juif. Je ne sais pas si mes grands-parents étaient croyants. Mon père, je ne crois pas; ma mère, j'en doute: elle n'en parlait pas. Ma mère et moi, nous sommes allées une ou deux fois à la fête du Grand Pardon mais, finalement... Je dirais plutôt: un milieu athée. Non qu'on ne veuille pas de contacts avec d'autres Juifs, mais mon grand-père avait acheté cette maison dans ce quartier. Et je crois que, dans la famille, on n'a jamais aimé faire partie d'un «groupe» particulier. On voulait être comme tout le monde. À l'école, je ne suivais pas de cours de religion: toujours la morale laïque.

Au début de la guerre, nous habitions un appartement, Lange Leemstraat et, à un moment, mes parents ont trouvé plus prudent d'aller habiter la maison du grand-père, qui ne vivait plus: y habitait juste la grand-mère. On s'est caché là, je ne sais pourquoi. Est-ce que nous n'étions pas enregistrés? Nous nous considérions comme cachés dans cette maison. Sans doute étions-nous toujours domiciliés Lange Leemstraat, tout en vivant Boomgaardstraat, dans cette maison de famille. Il paraît que des voisins, des gens corrects, faisaient des courses pour nous. L'un de mes frères, un petit garçon, sortait malgré tout parfois pour acheter l'une ou l'autre chose, parce qu'on devait tout de même s'alimenter. J'ai très peu de souvenirs, mais je sais que mes parents avaient quelques bijoux; de temps en temps, ils ont dû en vendre un, je ne sais comment, pour vivre.

En 1940, nous sommes restés à Anvers, malheureusement. Les frères de mon père sont partis. Je n'ai pas de mauvais souvenirs jusqu'au moment de la déportations de mes parents parce que, toute petite que j'étais, je me sentais protégée et en famille. Je crois que mon père n'est pas allé se déclarer à l'Association des Juifs de Belgique. Il était prudent. D'un autre côté, il était naïf. C'était un intellectuel, très bon, qui croyait en la bonté des gens. Maman aurait voulu partir, elle exprimait des inquiétudes, mais mon père disait: «Nous sommes honnêtes, nous n'avons rien à nous reprocher, nous payons les taxes», etc. Nous avons été dénoncés, je ne sais par qui. Quelqu'un a dû dire: «Il y a des Juifs dans cette maison.» Non pas nos voisins mais «quelqu'un», qui nous connaissait. Je sais qu'à la commune de Berchem, les personnes qui auraient pu nous dénoncer ne l'ont pas fait. Et, effectivement, le 30 novembre 1943, «ils» sont venus sonner à la porte – de cela, je me souviens, j'avais cinq ans –; j'ai eu peur parce que, malgré tout, il régnait une atmosphère de peur, et j'ai pleuré. J'ai supplié maman: «Ne va pas ouvrir...» Il y avait deux hommes, un Allemand et un Belge. Le premier était en civil, aimable et courtois. L'autre était un policier anversois, pas gentil du tout. Il devait être midi, je me souviens que je cassais des macaronis pour la soupe, je me vois encore le faire. Nous n'avons dû prendre aucun effet; les deux hommes ont pris nos papiers, nous ont embarqués dans la voiture et nous ont emmenés dans une petite prison, une cellule. Je ne sais combien de temps nous y sommes restés, tous les cinq, très serrés. Mon père, qui avait un chapeau melon, sifflotait, sans doute pour nous donner du courage. Puis quelqu'un est venu lui crier de se taire. Quelques instants après, mon père a à nouveau siffloté. Le type est revenu, lui a donné un coup sur la tête et est reparti. Et je revois mon père remettre son chapeau en forme et le poser sur sa tête. Il voulait me rassurer, il ne s'est pas fâché, rien. Ensuite, on nous a séparés. J'ai pleuré, je voulais rester avec ma mère. On m'a dit: «Tu la verras tantôt.»

Mes parents ont été déportés: Malines – Auschwitz, ainsi que les sœurs de mon père, Eva et Anna. Mes frères et moi, par chance, avons été guidés par des assistances sociales. Je ne sais par quel miracle nous n'avons pas été déportés. Je sais que j'ai été dans des homes, mais je m'en souviens très peu. Des homes, donc, je n'ai pas de mauvais souvenirs. Nous n'étions pas maltraités, et ceux qui s'occupaient de nous étaient des «grands»; plus tard, j'ai su que c'étaient des gars de seize, dix-sept, dix-huit ans, mais nous étions dans des homes protégés. Étaient-ce des alibis pour les Allemands qui disaient: «Vous voyez, il y a des colonies avec les enfants»? Je portais un faux nom – je l'avais oublié mais j'ai retrouvé un document qui porte: Édith Spinette. J'ai le souvenir, dans la plupart des homes, même après la guerre, quand je suis allée à Profonsard, d'une vie bien réglée, «à la scout»: on cirait ses chaussures, on faisait son lit... Là où j'ai été malheureuse, c'est chez des religieuses à Sugny. C'était dur: se lever tôt le matin, aller à la messe, se mettre à genoux sur les pavés, il faisait très froid. Elles étaient sévères mais elles nous ont quand même sauvés. Heureusement, je n'y suis pas restée longtemps. Et puis, il y a des épisodes dont je ne me souviens pas... J'ai vécu chez un médecin... Un jour ici, deux jours ailleurs. Mais je n'ai pas de souvenirs traumatisants de ces années de cache, je n'ai pas été maltraitée. Les nonettes n'étaient pas très gentilles mais soit, on leur obéissait...

J'ai encore été à Aische-en-Refail. Puis ma mère est revenue. La guerre était finie, elle est venue me voir. J'ignore comment elle a su où j'étais: par des gens qui sont venus les trouver à la gare quand ils sont revenus des camps? Parce qu'on avait des documents des résistants: qui était où. Elle ne savait pas ce que j'étais devenue, elle pouvait croire que nous étions morts, tous les trois. Je crois que la commune l'a aidée. Quand elle est venue, on m'a dit: «Ta maman est là, viens...» Mais je ne savais plus très bien ce que cela voulait dire, «maman». Elle est venue vers moi, a voulu m'embrasser mais moi, j'ai refusé! J'avais peur de cette personne que je ne connaissais pas, si maigre! Cela faisait à peu près deux ans que je ne l'avais plus vue, et j'étais très, très gênée. Rendez-vous compte, pour elle! Je ne sais pas comment elle a réagi... Mais, plus tard, elle m'a dit quelque chose de très touchant: quand elle est arrivée à Aische-en-Refail – d'autres parents sans doute étaient passés auparavant –, et qu'elle a traversé le village, deux ou trois personnes ont applaudi en disant: «Encore une maman qui revient!» Parce que, dans le village, on savait qu'il y avait des enfants cachés. J'étais encore à Profonsard, où vivaient des orphelins, lorsqu'elle est venue me chercher. Quand elle a eu un tout petit peu de moyens, la commune lui a offert une table, des chaises, une armoire, deux lits en métal… Et petit à petit, elle a meublé la maison, qui avait été occupée pendant la guerre et laissée en très mauvais état. Mais la maison appartenait à la famille, elle avait le droit d'y retourner. De là elle venait me voir à Profonsard, et sans doute aussi mes frères – j'avais en effet un frère là aussi. Je me souviens que, pour mon anniversaire de sept ans, elle m'a apporté un ruban rouge pour mes cheveux. C'était le plus beau cadeau de ma vie, je me rendais compte du sacrifice!

Donc, elle est revenue des camps, mais non mon père. Tous deux avaient été déportés à Auschwitz. Elle connaissait les langues, le russe, le polonais, l'anglais, le français, le néerlandais, et on l'a utilisée. Elle était dans un bureau, ce qui lui a sauvé la vie, mais elle logeait avec les autres. Il y avait toutes sortes de maladies… Elle m'a dit qu'elle avait trouvé une réserve d'eau de Javel: elle se lavait dans la neige, et parvenais à chiper de l'eau de Javel, pour se désinfecter. Elle avait une telle force de survie!… Elle m'a dit qu'un jour, comme elle avait accès aux registres très bien tenus des Allemands, elle y a vu que son mari était mort. Elle ne nous l'a pas dit. On croyait donc qu'il pourrait revenir un jour. Elle ne parvenait pas à en parler. Un jour, elle nous l'a annoncé, et l'un de mes frères lui en a beaucoup voulu. Il aurait préféré le savoir.

Après le lycée, j'ai passé deux ans à Rome, où j'ai fait des études d'interprète, puis j'ai entrepris des études de traductrice-interprète à Bruxelles. J'ai rencontré mon mari, qui n'est pas juif. Il était professeur de physique, et je voulais enseigner. Je me suis donc inscrite à l'École normale, en régendat en langues germaniques, à Bruxelles. Avec ce diplôme j'ai pu enseigner et, avec autorisation des inspecteurs, j'ai pu donner cours dans le supérieur. J'ai donc été professeur de langues germaniques dans un athénée à Bruxelles, jusqu'à cinquante-huit ans. J'ai deux enfants, un garçon et une fille.

JE NE VEUX PAS QUE MES PETITES-FILLES HAÏSSENT LES ALLEMANDS

Jacques Noach

Mes parents sont venus des Pays-Bas, où ma famille a vécu pendant plusieurs siècles. Mes grands-parents sont arrivés de Zutphen en Belgique en 1927. Papa était né à Zutphen. Maman, Femmy Lipschits, venait de Maastricht. Mes parents se sont rencontrés ici. Moi-même j'avais donc la nationalité néerlandaise, bien que né à Anderlecht, le 15 mai 1931. J'ai aussi un frère. Nous y avons vécu rue des Bassins. De là, nous sommes allés à Saint-Gilles, rue de Savoie, puis de nouveau à Anderlecht, rue de l'Autonomie, où j'ai fréquenté le jardin d'enfants. Nous habitions en appartement. Beaucoup de Juifs vivaient dans le voisinage, mais nous n'avions guère de contacts avec d'autres familles. Je suis allé à l'école primaire rue Eloy, puis à l'École Léon Lepage, jusqu'au début de la guerre. À aucun de ces endroits je n'ai rencontré d'antisémitisme. Puis est venue la mobilisation. Mon père, qui était en voyage pour son commerce de tapis, est revenu du Portugal. Selon la loi des Pays-Bas, seul son frère, en tant qu'aîné, devait aller à l'armée; il fut mobilisé en 1939. Mais mon père, un homme consciencieux, était

Mes parents, Marcus et Fany Noach.

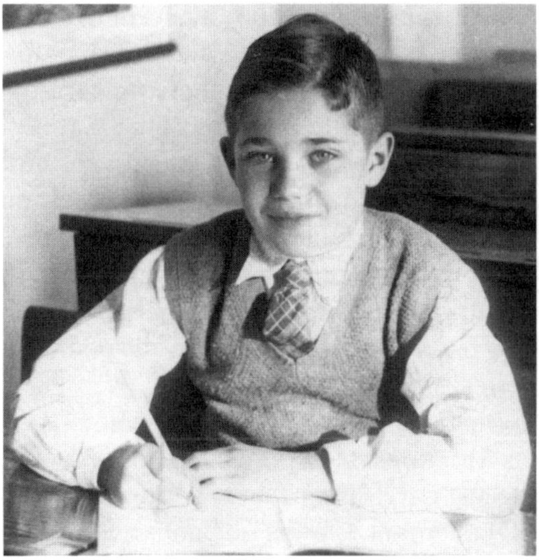

En classe à Hilversum,
15 mars 1941.

revenu pour s'engager comme volontaire. Nous avons suivi l'armée à Haarlem, puis à Laren. Lorsque la guerre a éclaté nous avons continué à suivre: Hilversum, 's-Hertogenbosch... La guerre a véritablement mis un terme à notre enfance.

En 1941 les rafles ont commencé aux Pays-Bas, et au cours de l'hiver 1941-1942 nous sommes revenus clandestinement en Belgique. Mais en août 1942 les déportations et les rafles ont commencé ici aussi. J'ai vu les convois à la gare du Midi: tous ces gens qui étaient là avec leurs petites valises, attendant les trains qui allaient les conduire dans les camps... Tout le monde croyait que c'était pour aller travailler. Ils sont à jamais gravés dans ma mémoire. J'avais onze ans. Le concierge de l'immeuble nous a procuré un abri chez sa fille, à Limal. Ces personnes nous ont sauvé la vie. Mon père y a aussi emmené ses parents. Mais, au bout d'une semaine ou deux, mon grand-père, Jacob Noach, a voulu retourner dans sa rue d'Anderlecht, la rue Brogniez. Ils n'ont pourtant pas repris leur maison, mais se sont installés dans un appartement, quelques numéros plus loin, au 168. Très peu de temps après, une nuit, il y eut une rafle. Les Allemands sont entrés, à la recherche d'un autre couple, qui était absent... et ils ont emmené mes grands-parents: il leur fallait le nombre exact. Nous n'étions que des chiffres et des nombres, sans plus. Ils ont été assassinés là-bas, je n'ai pas d'autre mot. Les parents de ma mère sont toujours restés en Algérie.

Après la déportation de mes grands-parents, nous avons quitté Limal, de peur qu'on les interroge sur notre adresse. À Limal, je suis peut-être resté trois ou six semaines, ou peut-être un ou deux mois...

je ne sais plus. Puis nous avons déménagé à Humain, à Buissonville… Frandeux… Waulsort… Hastière. La plupart du temps, nous avons été cachés sans nos parents, moi tout comme mon frère, de cinq ans mon cadet. Notre refuge suivant a été à Namur, chez l'abbé André, ce prêtre qui a tant fait pendant la guerre; cet homme extraordinaire a sauvé des centaines d'enfants. Et il faut savoir que l'immeuble voisin du sien abritait la Gestapo. C'était Place de l'Ange. Au total, j'ai été à quinze endroits différents, plus quelques semaines chez des connaissances à Namur. Au cours de cette période, je n'avais aucun contact ni avec mes parents ni avec mon frère, de peur que nos cachettes soient découvertes.

En 1942, nous avions donc déménagé de Limal à Rochefort, dans les Ardennes. Mon père avait des amis là-bas, et il avait pu louer deux pièces dans une toute petite maison chez un vieux monsieur, M. Lallemant. C'est là que nous avons passé l'hiver 1942. Je ne sais pas au juste combien de temps nous y avons vécu, mais c'était l'hiver car je me souviens de beaucoup de neige.

À Humain, mes parents ont obtenu de faux papiers. Ils étaient émis par la municipalité de Humain et donc authentiques. À partir de ce moment-là, mon père s'est appelé «Notelaar», d'Ostende, et ma mère «Henin», de Hasselt. Nous habitions au point le plus élevé du village, dans la dernière maison. Le propriétaire était M. Fonck, un boulanger de Rochefort. Si une rafle se préparait, nous étions prévenus, et nous partions par les bois à Buissonville.

Et puis, cela a continué… Je me souviens que nous avons traversé un bois, et emprunté des petites routes pour atteindre Namur. Un temps, j'y ai séjourné seul chez des amis de mon père. À Buissonville nous avons été accueillis par le curé, l'abbé Magonnet. Il s'est arrangé pour que nous habitions chez un forgeron. Deux ou trois semaines plus tard, il nous a fallu repartir, car un nouvel événement avait rendu notre adresse peu sûre.

Et puis: Frandeux, 1943. Là, nous avons été «logés» au-dessus d'une porcherie. Nous voyions les animaux à travers le plancher. Et ça puait! ça puait! Mais il faut dire que les cochons s'y sont faits… Après une ou deux semaines, nous sommes repartis. Mes parents sont retournés à Buissonville, où l'abbé Magonnet les a cachés… dans le clocher de l'église. Mon frère et moi sommes revenus chez l'abbé André, le vicaire de Namur qui, à partir de ce moment-là, n'a cessé de s'occuper de nous deux.

Suarlée a été notre lieu de refuge suivant: c'était un orphelinat, mon seul mauvais souvenir. Nous logions dans de grandes salles. Et nous regardions les religieuses manger. Elles mangeaient du pain blanc.

Nous avions du pain de guerre, un pain très lourd, très foncé; quand on en prenait un morceau, il en sortait parfois des filaments, comme une sorte de colle. Et si vous vous rappelez que nous voyions les religieuses manger du pain blanc raffiné, cela nous faisait mal, je vous assure. Je les vois encore devant moi, car j'ai une bonne mémoire visuelle!

Après cela, je suis arrivé à Haversin, également dans la province de Namur. Il s'agissait d'un château, un foyer pour enfants. Nous avons été placés là par l'abbé André. Un jour, on est venu nous dire que tous les enfants juifs devaient s'en aller parce que la mère de l'un d'entre eux avait été arrêtée, et qu'elle avait peut-être l'adresse sur elle. Un de mes amis a été emmené par une femme, et nous sommes partis avec elle. Arrivés à Châtelet – ou Châtelineau, je ne sais plus – il s'est avéré que c'était lui le garçon dont la mère venait d'être arrêtée. Nous avons immédiatement repris le train pour Haversin. Dans le train il y avait beaucoup soldats allemands. Une chose que j'ai toujours eue avec moi pendant la guerre: mon accordéon. Un des soldats a demandé s'il pouvait en jouer un peu, et il a continué jusqu'à ce que nous ayons dû descendre à Namur. À Haversin nous étions attendus par un moniteur, qui nous a conduits à Frandeux dans une ferme isolée: à Haversin c'était trop dangereux. Plus tard nous avons appris que les Allemands étaient au foyer. Au premier garçon venu, ils ont demandé: «Tu es Juif?» Ils lui ont baissé la culotte pour voir s'il était circoncis. Ils lui ont baissé la culotte pour voir s'il était circoncis. C'était le cas. Il a été abattu sur place d'un coup de pistolet. Il avait six ans, cet enfant. Voici sept ou huit ans, en racontant ce fait à quelqu'un, j'ai vraiment craqué. Et cela a déclenché chez moi une dépression. Pour la première fois, je réalisais que la même chose aurait pu m'arriver. Ou à mon frère, qui avait alors cinq ans. Après la guerre, je suis allé sur la tombe de ce garçon à Dilbeek. Mais je ne sais plus très bien de qui il s'agissait, ni si je l'ai connu ou non.

À cette ferme de Frandeux – notre septième abri – sont venus camper des scouts de Bruxelles. Et nous, nous étions cachés très haut dans la grange. Des bottes de paille nous servaient à construire une petite maison pour nous cacher dans la journée. Le soir, je sortais, et je me mêlais aux scouts. Je parlais déjà bien wallon, et je me faisais passer pour un garçon du village. Et auprès des gars du village, je jouais au bruxellois et je parlais bruxellois. C'était mon talent: je pouvais passer d'un dialecte à l'autre. Les scouts ne portaient pas d'uniforme, c'était interdit par l'occupant, et il ne m'était donc pas difficile de me faire passer pour l'un ou l'autre. Je m'occupais de mon petit frère, de cinq ans mon cadet, mais sans m'en rendre vraiment compte. Quand ils furent partis, nous aussi nous avons dû partir; nous n'y sommes restés que deux semaines. Mon frère n'a plus jamais voulu parler de la guerre; il a toujours dit: «Je n'ai pas de mauvais souvenirs.» Et je dois reconnaître que nous n'avons jamais connu la faim. Nous nous sommes toujours bien débrouillés. Cela n'en reste pas moins un traumatisme.

Notre «halte» suivante a été Éprave: encore un foyer. Nous étions tous en uniforme: short noir ou bleu foncé, cape noire et bottines. Notre repas du soir était toujours le même: bouillie d'avoine chaude, où se trouvaient encore des brins de paille. Quand je le raconte, j'en ai encore le goût: incroyable! Cette bouillie était délicieuse et nourrissante. Ce sont de beaux souvenirs... Un des moniteurs était Américain.

La cachette suivante fut à Waulsort. Mes parents y étaient concierges. C'est là que ma mère a accouché prématurément d'une fille, en 1944, qu'ils ont nommée Maria Sophia Paulina, du nom de nos sauveurs. Mon père a conduit le bébé à Bruxelles car elle était trop faible, mais elle est morte en route. À Waulsort, mon père faisait partie de la Résistance; il transportait des armes avec son patron, chez qui il habitait. Cela se faisait dans des paniers de linge en osier.

Puis, nouveau déménagement: Ostemeree, un foyer dans le château du comte de Ribeaucourt. À un moment j'ai fait quelque chose de dangereux. Nous étions en promenade. Il y avait des haies avec des prunelles, qu'il nous était interdit de cueillir. Mon frère en a pourtant cueilli une, et le moniteur s'est approché en le menaçant de son bâton. J'admets qu'il ne l'aurait peut-être pas frappé mais, dans un réflexe, j'ai attaqué le moniteur. Je l'ai tellement abîmé qu'il a dû être soigné à l'infirmerie. Aujourd'hui je me rends compte qu'il voulait sans doute faire peur à mon frère, et c'est tout. Cet incident m'a valu d'être renvoyé. Je ne sais pas comment mon père l'avait su, mais le lendemain il était là, et je suis allé avec lui à Hastière, où mes parents vivaient dans une maison appartenant à l'acteur de cinéma Gustave Libeau.

Pour finir, nous étions donc à Hastière-par-Delà, près de Givet, au bord de la Meuse, avec des artistes de cinéma. Et puis nous avons été libérés. Nous avons vu des soldats descendre de l'autre côté, nous avons entendu des coups de feu et vu les Allemands se faire chasser. Nous avons compris que nos libérateurs étaient les Américains...

À la fin de la guerre, j'avais treize ans. Du fait de la guerre je n'étais pas allé, en primaire, au-delà de la sixième année. De toute façon, je ne voulais pas entreprendre de longues études, et j'ai opté pour une formation technique d'électricien aux Arts et Métiers. J'ai habité seul vers mes dix-sept ans. J'ai travaillé à droite et à gauche, et j'envisageais de m'engager dans l'armée. J'aurais ainsi pu partir six ans comme volontaire de l'armée néerlandaise en Nouvelle-Guinée, chez les coupeurs de têtes. Il ne me restait plus qu'à envoyer mon certificat de naissance à Anderlecht. En allant à la poste avec tous les papiers, j'ai rencontré un ami de mon père. «Pourquoi pas en Israël?» m'a-t-il demandé. C'est ainsi que me suis rendu au consulat et que j'ai passé trois ans dans l'armée israélienne. J'avais vingt-trois ans quand je suis parti. Ce fut une expérience intéressante. J'ai rencontré des gens venus du monde entier. Mais c'était très dur. J'ai même travaillé six mois comme soldat dans un kibboutz comme gardien de nuit… Nous ne parlions pas de la guerre. Il y avait à l'armée beaucoup de garçons originaires de pays arabes. Ils étaient analphabètes. Je les ai aidés pour tout, et défendus le cas échéant… Après-guerre, mes parents ont divorcé. J'ai toujours eu un lien très fort avec mon père, je l'admirais. Il faut dire qu'il a toujours été là pour moi, et qu'il m'a toujours soutenu. Plus tard il s'est remarié et, avec ma belle-mère aussi, je me suis bien entendu. Le décès de mon père a été un coup dur. Il est mort en 1964; il n'avait que cinquante-six ans. Ma mère est morte en 1982.

Après la guerre, nous avons repris la vie normale, du moins avons-nous essayé. Disons que cela a marché à quatre-vingt-dix pour cent. À vingt-six ans, j'ai débuté dans le commerce de tapis de mon père. J'ai donc beaucoup voyagé au Moyen-Orient, en Turquie, en Iran… et j'ai toujours fait l'effort de m'adresser aux gens dans leur langue – ne serait-ce parfois que par quelques mots – ce qui a été apprécié.

On reste quand même traumatisé. Le plus dur ce sont les souvenirs: ce qu'on a vécu soi-même et ce qu'on a appris par d'autres. Pour mes petites-filles, j'ai constitué un album sur toutes mes cachettes. Ce fut très éprouvant. Je l'ai fait pour qu'on se souvienne, pour qu'on n'oublie pas. Le but n'est pas de cultiver la haine. Je ne veux pas que mes petites-filles haïssent les Allemands. On ne me fera pas dire que tous les Allemands étaient des bourreaux, car ce n'est absolument pas vrai. Pourtant quand, après la guerre, j'ai à nouveau entendu parler allemand pour la première fois, cela m'a fait quelque chose. Je me souviens de mon fils aîné à la mer, jouant et se baignant avec un garçon allemand. Nous ne l'avons pas interdit, et pourtant cela nous était douloureux, parce que c'était un petit Allemand. Si nous continuons à haïr, il n'y aura jamais de fin. Il faut savoir se détacher de ce qu'on a vécu, malgré tout. Mais avec l'âge je me rends compte que l'armure que je me suis construite depuis cette époque est de plus en plus fragile au fil du temps. Il y a deux versants à la mémoire: le conscient et le caché. Année après année, c'est ce dernier qui l'emporte. Il surgit en particulier la nuit, sous forme de cauchemars. Finalement, vous ne pouvez pas y échapper: le traumatisme de la Shoah vous rattrape inexorablement.

QUINZE ANS, ET SEUL AU MONDE

Henri Novak

Je suis né le 19 novembre 1928, à Bruxelles. Mon père, Abraham Novak, était né en 1898 en Pologne; ma mère, Ryfka Chmelnicka, y est née en 1905. Mes parents ont immigré en Belgique après la Première Guerre mondiale, parce qu'ils y avaient des frères et des sœurs, venus avant eux. Ils ont fui la Pologne, où les conditions de vie étaient très difficiles. Ils n'ont jamais eu la nationalité belge, moi non plus d'ailleurs. Mon père était tailleur. Il travaillait à la maison, ma mère l'aidait dans son travail. Mes parents n'étaient pas croyants, nous n'allions jamais à la synagogue. Mon père avait plutôt des convictions «de gauche» mais, comme les activités politiques étaient interdites aux étrangers, ils s'étaient organisés en associations professionnelles. Nous habitions Saint-Gilles (Bruxelles), où je fréquentais l'école communale. Mes amis étaient principalement des enfants du voisinage, non juifs. Je n'ai jamais souffert de propos antisémites.

Quand les Allemands ont envahi la Belgique, ma mère et moi sommes partis vers la France. Nous sommes arrivés jusqu'en Bretagne; mon père n'était pas avec nous, je ne sais pourquoi. Après, nous sommes

Madame Nagel et sa fille Julia, devant leur maison à Anderlecht.

La fille Nagel et les trois enfants cachés jouent dans la neige.

rentrés à Bruxelles. Jusqu'en 1942, la vie a continué à peu près normalement, malgré les restrictions imposées par les Allemands. Personnellement, je n'ai jamais porté l'étoile jaune. Un jour, en allant à l'école, accompagné par un garçon non juif, nous avons croisé un petit Juif portant l'étoile. Mon compagnon de route s'est exprimé en le voyant: «Maintenant, on pourra les reconnaître.» Mais, à part cette anecdote, je ne me rappelle pas d'autres manifestations antisémites à l'école, de la part ni des élèves ni des professeurs.

En 1942, quand ont commencé les rafles, je me suis retrouvé dans une famille non juive, mais je ne me rappelle plus comment je suis arrivé là. C'était la famille Nagel, monsieur, madame et leur fille Julia, mon aînée de six ans. C'était à Anderlecht, dans le quartier dit de «la Roue». Mes parents étaient cachés à Saint-Gilles, rue du Fort, dans une mansarde. Chez les Nagel vivait déjà un enfant juif. Puis en est arrivé un autre encore, nous étions donc trois. Dans la même rue vivaient encore plusieurs enfants juifs, cachés dans des familles non juives. Une chose m'a impressionné que, jusqu'à aujourd'hui, je ne m'explique pas: nous étions des enfants juifs, placés dans des familles non juives, mais nous ne restions pas tout le temps enfermés. Nous sortions, nous circulions... J'ai même fréquenté quelques mois une école catholique du quartier. Sans aucun doute, toute la population du quartier savait que des enfants juifs étaient cachés près de chez eux. Jamais il n'y a eu de dénonciations et, à ma connaissance, tous ces enfants ont survécu à la guerre.

Mon père était actif dans la Résistance armée. Quand les Allemands sont venus arrêter mes parents en mai 1944, mon père a essayé de s'enfuir: il a été abattu et est mort sur place. Il est enterré au cimetière de Saint-Gilles, à Uccle-Calevoet, dans la pelouse des résistants. Ma mère a été envoyée à Malines, et je ne l'ai plus jamais revue. Ce que je ne pourrai jamais oublier, c'est ce jour de mai. Lorsque mes parents étaient cachés à Saint-Gilles, il avait été convenu que je viendrais les voir une fois par quinzaine, à une certaine heure. Cela se passait ainsi: j'arrivais au coin de la rue où ils habitaient et j'attendais qu'on ouvre une fenêtre. C'était le signe que je pouvais monter, les embrasser, rester quelques minutes et repartir très vite. Ce jour de mai 1944, la fenêtre ne s'est pas ouverte... J'avais quinze ans, et j'étais seul au monde!

J'ai été baptisé à l'église. Comment cela s'est-il produit? Je ne m'en souviens pas. Sans doute me l'avait-on proposé, je ne sais pour quelle motivation. Une chose est certaine, c'est que l'on ne m'y a pas obligé ou menacé. De toute façon, comme j'avais été éduqué dans une famille totalement laïque, cela ne m'a causé aucune difficulté ni n'a eu aucune influence sur mon avenir.

La famille Nagel n'étant pas très aisée, elle ne pouvait évidemment pas entretenir trois garçons gratuitement. Au début, mes parents payaient pour mon entretien. Ce qui s'est passé ensuite, quand ils n'étaient plus là, ou qu'ils n'en avaient plus les moyens, m'a été révélé de nombreuses années plus tard. Lors d'un voyage à Bruxelles, j'ai fait la connaissance de mademoiselle Geulen, qui avait été active dans le Comité de Défense des Juifs, une organisation clandestine qui s'était occupée de cacher des enfants et de fournir aux familles

Mon épouse, enfants et petits-enfants en Israël.

d'accueil l'argent et les timbres d'alimentation. J'avais aussi une carte d'identité sous un faux nom. Je circulais librement en tram. Plusieurs fois, j'ai passé un contrôle de la *Feldgendarmerie* allemande et, heureusement, il ne m'est rien arrivé. J'ai même travaillé un certain temps dans une pâtisserie, chez des proches de madame Nagel, à Schaerbeek.

Je suis resté chez les Nagel jusqu'à la fin de la guerre. Après la Libération, j'ai été membre d'une organisation sioniste et, dès 1946, nous sommes partis illégalement pour Israël. J'ai été membre d'un kibboutz pendant quelques années. Puis je me suis marié, et nous nous sommes installés à Tel Aviv. J'ai travaillé dans une banque jusqu'à ma retraite. Ma femme est elle aussi d'origine bruxelloise. Nous venons souvent en Belgique, où nous avons encore des cousins et des amis. Et, en apothéose, j'ai trois enfants, dix petits-enfants et un arrière-petit-fils.

LE CŒUR NE SE TROMPE PAS

Jacques Offen

Mes grands-parents étaient polonais, de même que mes parents, bien qu'ils aient vécu à Berlin jusqu'en 1933. Ma mère, Mina Dorf, était mère au foyer et mon père, Moshe, avait une imprimerie. Mes parents ont quitté Berlin à l'avènement d'Hitler. Comme ma mère avait des frères en Belgique, ils ont décidé de les rejoindre, dans l'espoir de recevoir un «certificat» pour émigrer en Palestine, mais ils sont finalement restés à Anvers. Je suis né à Berchem (Anvers) le 26 février 1939. Quand les nazis ont envahi la Belgique, notre famille a été mise en résidence surveillée au Limbourg dès 1941. En 1942, mon père et ma sœur aînée, Mali, née le 10 décembre 1924, ont été emprisonnés à la caserne Dossin à Malines; de là ils ont été déportés vers Auschwitz, d'où ils ne sont jamais revenus.

Après que mon père et ma sœur eurent été déportés, ma mère a décidé de se cacher et, avec l'aide d'un prêtre, l'abbé André, nous avons été placés dans un couvent à Namur, à Saint-Jean de Dieu, ma mère, mes sœurs, mon frère et moi, sous des noms d'emprunt. Maman était inscrite au couvent comme cuisinière non juive d'origine polonaise, et chacun des enfants s'est vu attribuer un nom différent. À trois ans, je suis devenu Jean Balais. Si jusque-là j'étais un enfant juif qui avait grandi dans une atmosphère juive orthodoxe, dans une famille où l'on parlait le yiddish et surtout l'allemand, je me retrouvais subitement un enfant chrétien, devant parler le français, langue que je ne connaissais pas encore, et qui, bien que voyant sa mère, ses sœurs et son frère chaque jour dans le couvent, devait les ignorer!

Je suis resté à Saint-Jean de Dieu environ six mois, puis l'abbé André m'a sorti du couvent et m'a placé dans une famille à Fosses. Je suis d'abord entré dans la famille où était cachée ma sœur Esther mais, malgré mon plaisir de voir un visage familier, il m'était interdit de le montrer. Là j'ai repris mon prénom de Jacqui et, le lendemain, j'ai été transféré dans la famille Collin, chez qui j'ai vécu jusqu'à la fin de la guerre.

Là j'ai effectué mon second changement d'identité, bien que je sois «resté» un enfant chrétien. Je m'appelais désormais Jacqui Collin, j'avais une nouvelle «maman», un «père», un «frère» et une «grande sœur» de dix ans. Bien que la langue officielle soit le français, la langue apprise à l'école, la langue courante, parlée par les habitants de la région, était le wallon, un dialecte local, sans lequel on n'était pas identifié comme autochtone. J'ai vite appris le wallon… que j'ai maintenant oublié.

Ma mère et ma sœur Paula étaient restées cachées dans le couvent, tandis que mon frère Isi et ma sœur Esther étaient installés chez des familles dans le même village que moi, l'un chez les Van Rissel et l'autre dans la famille Lempereur. Naturellement, il nous arrivait de nous croiser en rue, à l'église ou en d'autres lieux publics, mais je ne devais les reconnaître que comme les amis de ma «sœur» Madeleine.

Les Collin étaient une famille d'agriculteurs, ils possédaient une ferme à Fosses: le père, Ferdinand, la mère, Léonie, le fils, Alphonse, surnommé Bobby, et une fille, Madeleine. Ils venaient de perdre un autre fils, décédé à l'âge de dix-huit ans, peu de temps avant mon arrivée. Le père avait été interné par les Allemands dans le camp de travaux forcés à Calais, pour les fortifications du mur de l'Atlantique. Mais il s'était enfui et était recherché par les nazis, de même que le fils réfractaire (ayant refusé le travail obligatoire en Allemagne), et tous deux devaient se cacher pour échapper aux Allemands. Dans ces conditions difficiles, bien qu'étant obligée de cacher son mari et son fils, «maman» Léonie a accepté un danger supplémentaire: abriter un enfant juif dans sa maison, malgré les nazis installés au village, qui étaient à la recherche de son mari et de son fils. Ma «sœur» Madeleine, qui avait alors dix ans, s'occupait de moi.

À mon arrivée dans la famille Collin, j'ai été inscrit dans la même école que Madeleine, l'école Sainte-Marie de Fosses, une école catholique, dirigée par des religieuses. Lors de la Saint-Nicolas, on y distribuait des friandises aux enfants. Or la maîtresse, sœur Anastasia, ayant probablement reconnu mes origines, ne m'a pas donné le sachet convoité. Inutile de dire ce qu'un tel événement a comme influence sur un enfant de trois ans et demi! Aussi, lorsque je suis arrivé en pleurs à la maison, «maman» n'a pas hésité à me changer d'école dès le lendemain. Cela n'est qu'un exemple du grand cœur de cette dame!

La bonne marche de la ferme était assurée par «papa et maman», toujours dans la peur que les Allemands ne viennent faire une fouille pour découvrir des réfractaires. Heureusement, la Résistance, en la personne de l'abbé Gossiaux, nous prévenait de l'arrivée des Allemands, ce qui permettait à «papa» et à Alphonse de fuir dans les champs et de se cacher dans les bois environnants. Pendant ces perquisitions, et pour éviter des questions indiscrètes, Madeleine m'emmenait aussi en promenade loin de la ferme.

La famille Collin faisait tout pour m'intégrer, et je me sentais tellement chez moi que je ne pensais même plus au fait que les «amis» de ma «sœur» étaient en réalité mes frère et sœur biologiques. Tout cela avait disparu de ma mémoire, de même que le fait d'avoir une autre mère. J'étais Jacqui Collin, un enfant chrétien vivant à Fosses, qui avait une maman, un père et un frère qui se cachaient des Allemands et une sœur qui s'occupait de lui.

À la fin de la guerre, une dame, qui parlait à peine le français et certainement pas le wallon, est arrivée chez les Collin. On m'a fait savoir qu'elle était ma vraie mère et qu'elle venait me chercher. Le choc était dur, mais j'ai dû la suivre à Jambes, près de Namur.

Et me voilà en train de changer d'identité pour la troisième fois. Le petit garçon heureux que j'étais est changé en Jacqui Offen, un enfant juif, avec une nouvelle famille, composée de ma mère, de mes sœurs Paula et Esther et de mon frère Isi. Je me retrouvais dans une situation familiale différente: une «nouvelle» maman, une sœur dont je n'avais aucun souvenir, un frère et une sœur que je connaissais mais uniquement en tant qu'amis de ma «sœur» précédente. De plus, je devais m'habituer à une nouvelle école, avec des enfants différents. Et voilà que subitement je dois apprendre une nouvelle langue, le yiddish, qui était au fond la seule langue dans laquelle je pouvais communiquer avec ma vraie mère. J'avais alors cinq ans et demi! Ensuite, au bout de deux ans, nous avons déménagé à Anvers, où mon identité a changé une fois de plus, car là j'ai été inscrit dans une école juive religieuse (Yesodé Hatora) où, en plus des études laïques, j'ai dû faire des études religieuses, apprendre à lire l'hébreu, ainsi que les prières quotidiennes en hébreu.

C'est une période de ma vie qu'il est impossible d'oublier. Bien que les parents Collin soient décédés, je continue à garder le contact avec ma «sœur» Madeleine et sa famille. Pour le mariage de ma fille cadette, ils sont venus chez nous durant deux semaines, pendant lesquelles je leur ai fait visiter le pays. Je les ai emmenés à *Yad Vashem*, où ils ont rencontré le directeur, Mordechai Paldiel. Madeleine a confirmé mon témoignage et a présenté son propre témoignage écrit. Les parents ont été reconnus comme Justes; Madeleine, du fait qu'elle s'était occupée de moi malgré son jeune âge – dix-douze ans – a eu droit, elle aussi, au titre honorifique.

Je voudrais raconter deux petites anecdotes, pour étayer la bonté de la famille Collin. À l'âge de seize ans, j'ai opté pour la nationalité belge. Alors que je faisais mon service militaire en Belgique, en 1958, j'ai visité la famille à Fosses. J'étais en uniforme. L'émotion était grande mais elle a été à son comble lorsque «maman» a dit à son mari: «Tu vois, ce n'est pas un enfant juif que nous avons sauvé, c'est un sergent de l'armée belge!» À cette occasion, ils m'ont raconté que le Joint[1] les avait contactés pour les récompenser de leurs actions pendant la guerre. Ils ont refusé l'argent, expliquant qu'ils avaient sauvé cet enfant par humanisme et amour, non par lucre.

La seconde anecdote eut lieu alors que j'étais en poste à l'ambassade d'Israël à Paris, en 1981. Un dimanche de printemps, j'avais décidé de présenter mes sauveurs à mes enfants. Je savais que les parents étaient décédés mais je voulais leur présenter ma «sœur» qui habitait toujours Fosses-la-Ville. Lorsque j'ai sonné, une dame a ouvert la porte, m'a regardé et s'est écriée: «Jacqui?» J'ai répondu: «Madeleine?» Et nous nous sommes embrassés avec émotion. Je lui ai demandé comment elle avait fait pour me reconnaître. Car moi, je savais où je voulais arriver, mais elle n'avait pas la moindre idée de ma présence en Belgique. Elle m'a répondu avec simplicité: «Le cœur ne peut pas se tromper!»

1 *Jewish Joint Distribution Committe*: organisation humanitaire juive américaine.

ET PARTOUT DES SARCASMES

Anna Pataschnik

Je suis née le 24 février 1935 à Liège, où mes parents étaient arrivés en 1926-1927, venant de Pologne. Mon père était Berel Pataschnik, né en 1900, ma mère était Mindla Zwart. Nous avons vécu rue Saint-Léonard, au numéro 9. Je n'ai jamais connu ni mes grands-parents ni d'autres membres de la famille. Ma sœur aînée, Elisa, est née en 1932 et mon frère Léon Samuel en 1933. J'avais aussi un petit frère, Herman, né le 6 mai 1940, quatre jours avant que la guerre n'éclate. Mon père travaillait à la mine, et tenait en outre une boutique de réparation de chaussures. Mes parents n'étaient pas religieux, nous n'allions pas à la synagogue. Ils ne voyaient pas beaucoup de monde, pas même les voisins. J'ai fait mes trois premières années de primaire dans une école communale, rue Maghin.

Une femme qui tenait un magasin de fournitures pour cordonniers a conseillé à mes parents de nous mettre à l'abri quelque part. D'abord, toute la famille s'est cachée à Florenville. Ma sœur et moi avons été placées en novembre 1942 dans un couvent de Saint-Georges-sur-Meuse, avec d'autres jeunes filles juives, une dizaine au total. Mon frère s'est retrouvé à Stoumont. Nous sommes ensuite allées toutes les deux à Limont, puis à Pesche-le-Haut-Clocher, et en septembre 1943 à Ramioul. Comme nous étions là-bas les deux seuls enfants juifs, nous devions nous cacher à la cave. Ensuite: à Chênée, chez les Filles de la Croix, chez les Sœurs de la Miséricorde dans la rue des Clarisses, puis à Banneux, à *Mater Dei*.

Mes parents et mon petit frère ont été arrêtés par les Allemands en janvier 1943, et déportés à Auschwitz. Une connaissance de mes parents est venue nous le dire après la guerre. Les sœurs nous ont baptisées le 14 juillet 1945, et fait faire notre première communion le lendemain. J'ai suivi un cours de sténodactylo, j'ai obtenu la haute distinction, mais j'ai été renvoyée parce que je manquais de discipline. Il faut dire aussi que personne ne payait pour moi. Où aller? Je n'avais plus de famille; Où aller? Je n'avais plus de famille. Mon parrain, qui n'était pas de la famille, m'a placée chez les Chanoinesses de Saint-Augustin, où je devais travailler de six heures du matin jusqu'à tard le soir. J'étais tout simplement la bonne, «Marthe, la servante de Marie», m'avait-on enseigné. Car je me défendais bien en religion! Mon parrain avait bien demandé que je suive des cours de français, de géographie, d'histoire... mais rien de tout ça. Le jour de mes quinze ans, une femme qui connaissait mes parents est venue me prendre. Elle avait une épicerie, et elle m'a exploitée. J'ai travaillé chez elle, mais sans être payée, en ne recevant que le gîte et le couvert. Le 24 février 1956, j'ai atteint la majorité, et j'ai voulu partir aussitôt. Le 1er mars j'ai commencé à travailler comme bonne dans une villa. Mais, en octobre, j'étais déjà licenciée: j'avais été témoin d'une crise d'éthylisme du mari, et il m'a renvoyée. À nouveau en perdition... Une famille m'a pourtant hébergée jusqu'à ce que je trouve un travail dans une boucherie à Liège, et plus tard au supermarché Sarma. Ce fut éprouvant: toute seule, sans aide de quiconque. Au début de 1958, j'ai rencontré mon mari, et nous nous sommes mariés en décembre.

Si vous saviez la vie que nous avons eue! Toujours la peur des arrestations, et partout des sarcasmes. Il faudrait un livre pour tout raconter. J'arrête d'en parler parce que cela me rend malade.

NOUS VIVIONS DU « MARCHÉ NOIR »

Bernard Poznanski

Mes parents ne sont devenus Belges qu'après la guerre, dans les années cinquante. Mon père, Joseph Ela Poznanski, est né 22 octobre 1910 à Varsovie. Il est venu à Anvers en 1928, après le décès de sa mère. Un frère aîné s'y trouvait déjà. Leur père avait, en Pologne, une usine de biscuits et de chocolat, mais il mourut du typhus au cours de la Première Guerre mondiale. Mon oncle et mon père étaient tous les deux de nationalité polonaise. Mon père avait l'intention de devenir tailleur de diamant. Mais son frère Aron, qui avait déjà mis en place une petite entreprise de chocolat et de biscuits, l'en a dissuadé et l'a persuadé de venir travailler avec lui. Ma mère, Sarah Koss, est née le 30 avril 1910 à Cieszyn, en Pologne. Elle était venue de Cologne à Anvers avec sa famille, après la mort de son père. Pour subvenir à leurs besoins, ma grand-mère tenait un restaurant que fréquentaient surtout des «étrangers» d'Europe de l'Est, réfugiés et étudiants juifs. Ma mère, elle, avait appris à tailler le diamant. Mes parents se sont mariés le 24 décembre 1935. Je suis né en octobre 1937, mon frère Léon en novembre 1939.

Lors du déclenchement de la guerre, nous vivions à Anvers, Breughelstraat au numéro 30, où mon père avait son propre atelier de chocolat. Quelques jours après l'invasion allemande, les deux familles Poznanski, celle de mon père et celle de son frère, se sont enfuies vers l'Espagne en passant par la France. Mon oncle avait une voiture spacieuse avec remorque. Leur espoir était de pouvoir entrer en Espagne, mais ils ont été refoulés en raison de leurs passeports polonais. Après un séjour de quelques mois à Saint-Girons mes parents sont revenus à Anvers avec moi et mon frère. Mais pour cela, ils ont dû payer un passeur pour franchir la ligne de démarcation.

En avril 1941 nous avons déménagé au numéro 32 de la même rue. Je suis allé pendant une courte période au jardin d'enfants de l'école juive Tachkemoni. En août 1942, mon père a été convoqué pour aller travailler à Dannes sur le mur de l'Atlantique. Il y est resté jusqu'à la fin octobre de cette même année. Là-bas, un Allemand plus très jeune lui avait dit: «Fais bien attention qu'ils ne t'envoient pas à l'Est.» Il fut pourtant du convoi n° 16 de Malines à Auschwitz. Mais il a pu sauter du train quelque part entre Malines et Tirlemont. Il a retrouvé ma mère. Entre-temps elle s'était cachée au-dessus d'un café tenu par Germaine Daems, Paleisstraat 9 à Anvers, et elle y vivait avec sa mère depuis septembre 1942. Elles avaient trouvé cette cachette grâce à M. Aerts, un ami de mon père, lui aussi chocolatier.

Moi-même, j'ai été caché dans la famille Geerling-Boon, Van de Wijngaardlei 64, à Mariaburg. M. Aerts avait un ami, agent immobilier, M. Robinson, qui connaissait la famille Geerling. Le père, Roeland Geerling, était prisonnier en Allemagne. Je ne l'ai rencontré qu'après la guerre. Il est mort en 1949. La famille Geerling a dû vendre sa maison pour des raisons financières. Ils ont déménagé à Antwerpsesteenweg, numéro 307, à Mariaburg-Kapellen. Et j'ai pu y aller avec eux.

En tant que chocolatier, mon père avait droit à une certaine quantité de sucre au prix officiel. Mais parce qu'il était juif – les entreprises juives ne pouvaient évidemment plus poursuivre leur activité – il avait «laissé» sa société à son collègue et ami Aerts. C'était notamment à cause de cette ration de sucre. M. Aerts revendait le sucre pour mon père au marché noir. Avec cet argent mes parents pouvaient subsister, et aussi défrayer les gens qui nous hébergeaient, mon frère et moi. En fait, nous vivions donc du marché noir. Mon frère se cachait à Heide, à quelques kilomètres de Mariaburg. M. Aerts agissait comme «contact d'affaires» entre mes parents et le «monde extérieur». C'est lui qui avait fourni les cachettes, tant pour mes parents que pour mon frère et moi.

Un nièce de ma mère, Édith Sachs, la fille de sa sœur décédée, avait de faux papiers d'identité. C'est elle qui m'a amené dans la famille Geerling où j'étais caché. Elle apportait aussi des tickets de rationnement et de l'argent chez les gens chez qui mon frère et moi étions logés et elle se chargeait de ravitailler mes parents.

Ma famille d'accueil comprenait la mère, Cornelia, deux fils, une fille et la grand-mère. Le père était prisonnier de guerre en Allemagne. Pour l'entourage, j'étais un parent de la ville. Quelques amis proches savaient cependant que j'étais un garçon juif. Pendant mon séjour on a essayé de m'inscrire à l'école, mais cela a été refusé. Le vrai danger venait du commissaire de police de Ekeren, qui était pro-nazi. Il a essayé de faire pression sur Cornelia Geerling. Plusieurs fois, il a déposé une demande de perquisition, mais cela a toujours été arrêté par un employé du Tribunal. Peu de temps après, ce commissaire a été muté à Sint-Niklaas-Waas. Après la guerre, Mme Geerling est allée témoigner à son procès.

La ration de nourriture n'était pas abondante. Ce dont je me souviens nettement: le pain était tartiné d'une pâte extrêmement sucrée. Pendant cette période, la nièce de ma mère, Édith, est venue me chercher par deux fois pour m'amener chez mes parents, à l'occasion de mes anniversaires. Nous prenions le tram pour Anvers, et j'avais droit à deux nuits en compagnie de mes parents. Ils n'arrivaient à me convaincre de rentrer à Mariaburg qu'en me promettant la lune.

Après la Libération, en septembre 1944, c'est Thérèse Marie Boon qui m'a ramené à vélo chez mes parents. Nous sommes retournés chez nous Breughelstraat 32. Les meubles avaient disparu, enlevés par l'occupant. Quelque temps après, une «bombe volante» est tombée sur la maison de la Paleisstraat, où mes parents avaient été cachés. Malheureusement une nièce de ma mère y demeurait encore: elle y trouva la mort.

Nous avons fréquenté l'école Tachkemoni dès qu'elle eut rouvert ses portes. Durant le second semestre de 1946 mon père a fait venir à Anvers son frère Nathan et sa sœur Anita. Pendant la guerre ils avaient fui de Pologne en Union Soviétique. Son autre sœur, Eva, qui avait survécu au ghetto de Varsovie et à quelques camps, est également venue. Ensemble ils ont repris l'atelier de chocolat de leur frère Aron, qui avait été déporté par le convoi no 11 depuis Malines, et n'est pas revenu.

En 1948 est née ma sœur Hélène-Régine. Après l'école primaire, nous sommes allés au Lycée d'Anvers. À cette époque, bon nombre d'élèves de ce lycée étaient d'origine juive. Ensuite, j'ai encore étudié trois ans dans un collège en Angleterre. De retour à Anvers, je suis devenu diamantaire. J'ai une fille et un fils, deux petits-fils et deux petites-filles.

POUR LES NAZIS, J'ÉTAIS UN RAT

Hubert Preiser

Je suis né en 1927, à La Havane. Mon père – à l'origine – s'appelait Israël Preiserowicz; en 1936, il a demandé un changement de nom et de prénom, il est devenu Alfred Preiser. Ma mère était Frida Hirsch. Mon père est né à Chestochova, Pologne, en 1896. Je n'ai jamais connu sa vie, c'était un homme très secret. Je ne sais absolument rien de sa famille. Il a tout quitté à quatorze ou quinze ans. Je sais qu'il est parti tout seul et a atterri à Paris, il était un peu aventurier. Il a dû connaître des gens à Paris, mais il ne nous a jamais raconté sa vie. Je ne m'entendais pas avec lui, je ne l'aimais pas. Un jour, je lui ai dit: «Si mon fils me pose des questions sur son grand-père, qu'est-ce que je lui dis?» Il m'a répondu: «Tu peux lui dire qu'à seize ans, je ne parlais pas un mot de français.» Or il le parlait admirablement, avec l'accent «pointu». Il paraît qu'il avait un frère, qu'il a toujours refusé de voir. Je n'ai donc rien connu de sa famille. Lui et ma mère avaient, tous les deux, vomi je judaïsme, non en général mais le judaïsme polonais. Je viens de lire que Friedrich Engels avait dit: «Le Juif polonais, c'est la plus sale race qui existe.» Je crois donc que le secret que mon père a maintenu sur ses origines était un rejet de tout ce qu'il y avait de pouilleux, de non civilisé, de non intégré chez le Juif polonais. Il a peut-être épousé l'antisémitisme de la bourgeoisie austro-germanique. Les Juifs alsaciens les appelaient d'un terme injurieux, «les débarqués»; ils salissaient la réputation de la communauté juive. Il était peut-être un «Juif polonais honteux». Ma mère était née à Bruxelles, ce dont elle était très fière, elle était belge. Sa mère venait de l'Ukraine polonaise; j'ai connu ma grand-mère, une paysanne illettrée. Elle était arrivée en Belgique bien avant la guerre de 1914-1918. Elle vivait dans un quartier qu'habitaient beaucoup de Juifs, rue Bodeghem, près de la place Anneessens, et elle en était l'habitante la plus légitime, la plus ancienne de la rue. Ma mère est née en 1903. Ils étaient cinq enfants: Simon, Ralph, Sarah, Esther et elle. Je n'ai pas connu mon grand-père, il est mort pendant que j'étais à Cuba; il était tailleur, d'origine autrichienne; il paraît que c'était l'un des meilleurs de Bruxelles. Il avait fait son service militaire en Autriche. C'était un idéaliste; il était si content d'avoir fait un beau costume qu'il avait mal au cœur de le livrer au client. Ma grand-mère tenait une pension de famille / boucherie. Mes parents se sont sans doute rencontrés dans cette pension de famille. Comparé aux petits Juifs polonais, pouilleux, qui fréquentaient la pension de ma grand-mère, mon père était un monsieur bien mis, élégant, qui parlait un beau français. C'était le jour et la nuit par rapport aux autres. À son mariage, ma mère avait dix-huit ans; ils n'ont pas dû se marier religieusement. Ils se sont d'abord installés à Saint-Gilles, rue du Danemark. Mon père était employé à l'agence de voyage Havas, place de Brouckère. Puis mes parents sont allés en Mexique, probablement l'agence de voyage a-t-elle proposé à mon père d'y être agent; il était très capable. Comment ils sont arrivés à Cuba, je ne le sais pas. C'est là que je suis né, je suis fils unique. Je n'avais pas de lien affectif avec ma grand-mère. Elle ne parlait pas le français, moi je ne parlais pas le yiddish; quand j'entendais parler cette langue par des membres de ma famille, j'éprouvais du dégoût. L'antisémitisme dans lequel j'avais été élevé!... Ma mère était elle aussi antisémite. J'ai ignoré mes origines jusqu'à la guerre, mes parents ne m'en ont jamais parlé. J'étais un «enfant caché» à l'égard de mes origines! Ma grand-mère était une femme pratique, illettrée, elle parlait le bruxellois. Son mari, c'était le contraire, un artiste, qui avait fait son service militaire dans l'armée autrichienne, un homme laïc, totalement. Un samedi, alors qu'il se promenait en rue en balançant sa canne, un Juif pieux l'a interpellé en disant qu'il était scandaleux de balancer sa canne un jour de shabbat: ce fut l'illumination, il est devenu un Juif pieux. Ce qui a fort déçu ma mère, qui adorait son père et rejetait un peu sa mère. Ma mère devait voir en son père «l'aryen», opposé à la «sale Juive» qu'était sa mère. C'est mon explication, évidemment. C'est un antisémitisme concret, pas du tout philosophique, c'est le rejet de sa famille et d'une certaine culture. Ma mère était une forte personnalité. Elle m'a mis en conflit avec la famille, que je fréquentais, mais elle avait une aversion profonde pour tout ce qu'elle ressentait comme sale, grossier, sans éducation, tout ce qui caractérisait son milieu d'origine.

Lorsque j'ai eu deux ans, nous sommes revenus en Belgique, et mon père a repris son travail à l'agence Havas. Ma mère a travaillé un temps comme coiffeuse et manucure aux Grands Magasins de la Bourse. J'allais à l'école maternelle place de Bethléem, à Saint-Gilles. Mon plus lointain souvenir, c'est lorsque nous sommes passés de la petite à la grande école. Je me souviens que nous sommes passés par une porte dans la palissade pour entrer à l'école primaire. J'ai eu deux instituteurs, chacun pendant trois ans, monsieur Vanneucken et monsieur Janssens. Il y avait d'autres Juifs: Keismann, devenu avocat aux États-Unis, Rubin ou Rubinstein. Mes parents ne fréquentaient pas les Juifs du quartier. Il y en avait moins que plus bas, chaussée de Forest. La rue Vanderschrick était le «Crainhem du ghetto», le bon quartier au milieu du ghetto des Juifs. Les «voyous» jouaient sur la place de Bethléem, et les enfants bien élevés jouaient dans la cour, pas en rue.

Jouer dans la rue, c'était la vulgarité. À la maison, on parlait le français, rien que le français, et on lisait *Le Soir*. On était membre d'un club nautique, et, même pendant la guerre, sans souci du danger, on allait en bateau, on nageait: c'était un milieu où j'étais parfaitement intégré. Mon père s'intéressait beaucoup à la politique. Il lisait *Le Canard Enchaîné* et *L'Action française*, par coquetterie. Il avait une grande culture, mais une culture d'autodidacte, il manquait donc d'esprit critique. L'écrivain qu'il admirait le plus était Léon Daudet. Il jouait admirablement au billard, il était le champion du club. Il était au courant de ce qui se passait en Allemagne, mais il était naïf et patriotard. Il sait mais ne veut pas savoir. Il croit sur parole le ministre belge de la Défense nationale, le général Denis, qui dit: «Les Allemands ne passeront pas.» Il avait la naïveté patriotique de certains Juifs. Il voulait se prouver à lui-même qu'il était plus belge que les autres Belges. Je ne l'ai pas entendu réagir à l'antisémitisme allemand et, vis-à-vis de la guerre qui s'approchait, il avait une attitude naïve, irréaliste. Mais il a pris violemment parti contre le Rexisme. Il est allé à un meeting de Degrelle, qui tenait des propos antisémites, et il est intervenu. Il a dit: «Moi, je suis juif», et Degrelle a répondu: «Mais vous n'êtes pas en cause, vous êtes un bon Juif.» Même de la Nuit de Cristal on ne parlait pas à la maison, puisque je ne savais pas que j'étais juif. Dans mon inconscient, je devais le savoir, parce que ma grand-mère parlait très mal le français et parlait le yiddish.

Quand l'Allemagne a envahi la Belgique, mon père n'avait rien prévu. Ma mère m'a raconté que des diplomates lui avaient dit: «Alfred, fais attention, prends un passeport», mais il n'a pas voulu les croire. On devait s'en aller, et je me rappelle l'avoir vu dans son lit: le 10 mai, ou juste après, il s'est effondré: cela avait rapport aux événements, il était paralysé. Ma mère, beaucoup plus énergique, a cherché une solution et, par une voisine, des gens nous ont pris. Je suis donc parti, avec ma mère, avec des gens qui avaient deux gros chiens. Nous sommes arrivés à Calais, où ma mère a laissé ses valises à la consigne, et on ne les a plus jamais retrouvées. Mon père est parti séparément, lui aussi avec des voisins. On s'était fixé rendez-vous à Calais, mais on ne s'est pas retrouvé. Puis on arrivé à Berck-Plage, où des gens nous ont hébergés. Nous y sommes restés quelques jours, sans retrouver mon père. Un moment, on était dans un appartement à La Panne, ma mère est partie faire des courses et moi, j'ai fouillé dans ses papiers, où j'ai trouvé les noms, Preiserowicz. J'ai compris que j'étais juif. Le choc! Mon père, à la fin, est arrivé dans le Midi de la France, du côté de Montpellier. La barrière, c'était la Somme. Nous ne sommes pas arrivés à franchir la Somme et nous sommes donc revenus, dans notre maison. Après, on a su que mon père était passé en Espagne, où il a été interné au camp de Miralda, à titre de prisonnier politique. De là: Portugal puis Congo. Je ne l'ai donc pas revu de toute la guerre.

En revenant d'exode, le premier souci de ma mère, qui voyait loin, était de nous faire baptiser, se disant que «cela allait nous protéger». Elle est allée trouver le curé de la paroisse de Saint-Gilles. Il nous a envoyés en cours de catéchisme chez des sœurs. Il existait deux couvents, l'un à côté de l'autre, rue de l'Hôtel des Monnaies, les Petites Sœurs de l'Assomption et les Mères de l'Assomption – si mes souvenirs sont bons. Nous avons sonné à la porte du couvent des Petites Sœurs de l'Assomption, une sœur est venue ouvrir, ma mère a expliqué la situation et la sœur nous a dit: «C'est bien, de vous faire chrétiens.» Moi, j'avais une sœur charmante, sœur Lucie, jolie, de cette beauté qu'ont certaines religieuses et que je continue à aimer – non maquillées, qui dégagent quelque chose de spirituel, un rayonnement... Ma mère, elle, a étudié le catéchisme avec mère Véronique. Et j'ai acquis la foi. À un certain moment, j'ai même pensé devenir chartreux, un ordre muet et cloîtré. J'ai l'impression que, dans mon subconscient, c'était une démarche de reconnaissance. On me protégeait, donc je devais à mes protecteurs d'avoir la foi dans leur Dieu, dans leur religion. Le baptême a eu lieu à l'église de Saint-Gilles, et j'ai encore mon certificat de baptême, où l'on m'appelle Hubertus, en latin. Pour sa propre mère, maman avait trouvé une pension de famille à Wolvertem; ma grand-mère y a passé une grande partie de la guerre, elle y était protégée. Dès avant la guerre, ma mère ne travaillait plus aux Grands Magasins de la Bourse. Elle a ouvert un salon de coiffure à la maison et a continué à l'exploiter pendant la guerre. En septembre, je suis rentré à mon école, l'athénée de Saint-Gilles. Les bâtiments étant occupés les cours se donnaient dans une maison particulière, rue d'Espagne. Un événement marquant? Le jour de la rentrée, le titulaire, professeur de néerlandais, Marcel Hofman ou Hofmans, fait l'appel des présences. Quand il voit mon nom, il dit: «Preiserstein» et, arrivé à Rubin, il ajoute: «Rubinstein», méchamment. (Après la guerre, il est devenu un franc-maçon important; plus tard, j'ai appris qu'il s'était bien conduit pendant la guerre.) C'était comme un coup de couteau. Je raconte l'incident à ma mère. Elle me dit: «C'est trop dangereux» et, immédiatement, me fait quitter l'athénée pour le collège Saint-Jean Berchmans, chez les jésuites. Je savais à présent que j'étais juif. Ma mère flairait le danger; elle n'était pas insouciante, comme mon père. Elle lui avait fait des commentaires en lui disant qu'il aurait dû écouter: «Écoute les diplomates!» Elle était très pragmatique, très efficace. Mais elle n'a pas pu pousser mon père à dire: «Il faut qu'on parte...» Au collège, j'ai dû redoubler mon année, je n'étais pas assez fort en latin. J'ai fait deux années d'humanités à Saint-Jean Berchmans. Nous vivions rue Vanderschrick, personne ne nous a dénoncés: un miracle! Ma mère ne s'est pas inscrite au registre des Juifs, et nous n'avons jamais porté l'étoile. Un beau jour, je suis rentré trop tard chez moi, j'avais rencontré des copains, et ma mère avait alerté tout le quartier. Quand je suis rentré, j'ai pris une gifle!... Comme le danger se précisait – il y avait des rafles –, ma mère a décidé, en 1942, de m'inscrire comme interne, au collège Saint-Joseph, à La Louvière, qu'on lui avait recommandé. C'était l'hiver; le soir tombait très tôt. Le bâtiment: haut, gris... En arrivant, j'ai eu une impression de tristesse. J'étais malheureux, je n'aimais pas la discipline d'internat: aller au réfectoire en rang, ne pas pouvoir parler à table. Je savais que j'étais un Juif caché. Alors, je me suis comporté avec naturel, sans penser à ma condition d'enfant caché. La nourriture était infecte. Il y avait là des fils de fermiers. Nous, nous recevions une espèce d'infâme porridge. Mais la table des «fermiers» était bien garnie: ils apportaient leur pain blanc, leurs œufs, leur beurre, et ils mangeaient tout cela entre eux, devant nous qui crevions de faim.

En troisième année d'humanités, on allait à l'étude, après les cours. On était une centaine, dans une grande classe. Je ne sais qui décide, un jour, d'organiser un chahut, pas moi en tout cas. Ce chahut consistait en muser, tous ensemble. Le surveillant me désigne, avec deux autres, et on nous met en quarantaine à l'infirmerie. Lorsque je comparais devant le directeur, le surveillant me désigne du doigt: «C'est lui, le meneur!» Je suis mis à la porte, par décision du directeur. Alors, ma mère arrive, elle va trouver le directeur et lui explique ma situation. Il ne pouvait pas revenir sur sa décision mais il a pris la chose au sérieux. Il a eu de la compassion et a pris contact avec Pierre Carlier, un prêtre, qui était principal du collège Saint-Augustin, à Enghien. Il a eu le geste humanitaire de m'y faire accepter comme interne. Les bâtiments, chaussée d'Ath, n° 1, étant occupés par les Allemands, le collège était logé dans ce qu'on appelait la maison des jésuites français, rue Saint-Augustin. Le bâtiment est sinistre. Monsieur Carlier en est le principal; il deviendra ensuite vicaire général du diocèse de Tournai, et mourra en 1985. En raison des rafles, je reste au collège quand tout le monde est parti. Ma mère avait demandé que l'on me garde les week-ends de congé, parce que cela devenait quand même trop dangereux. Monsieur Carlier était un prêtre imposant le respect. Il était patriote. Il a même été mis en prison par les Allemand, pour avoir refusé de livrer la liste des élèves. Il y avait là un autre élève juif; au collège, il s'appelait Timmerman; son vrai nom était Michel Tellermann, mais je ne savais pas qu'il était juif. Les jours de vacances, je restais tout seul au collège, dans ce lieu sinistre. Alors monsieur Carlier, plusieurs fois, m'a fait venir dans son bureau; il parlait de choses qui pouvaient m'intéresser. J'en ai gardé pour lui une affection très grande, c'était mon père de substitution. Après la guerre, j'ai continué à le voir; une fois par an, jusqu'à sa mort, je suis allé le voir à Tournai. Lui aussi, je crois, me voyait comme un fils spirituel. Je restais en contact avec ma mère: elle venait me voir. Elle ne me parlait pas de ce qui se passait dans la capitale: inutile de m'inquiéter. J'ai vu des soldats allemands dans la cour du collège, mais il n'y a pas eu de perquisitions. Lorsque j'étais en rhétorique, monsieur Carlier a été nommé au diocèse de Tournai. Le nouveau principal était monsieur Vannuffel. Je me suis à nouveau fait mettre à la porte, pour la même raison: chahut dans la salle d'études! Et j'ai eu mon diplôme d'humanités au collège Saint-Vincent à Soignies.

À la fin de la guerre, la situation devenait trop dangereuse. Là où habitait ma mère, pas mal de locataires étaient des Ardennais, des postiers; ma mère ayant été invitée chez des parents de l'un d'eux, nous sommes partis dans les Ardennes. Nous avons trouvé une petite maison, à Pin-Izel. C'est là que j'ai vécu l'offensive von Rundstedt. Mais avant, il y avait des troupes en déroute, qui partaient. La petite maison avait une fenêtre qui donnait sur la rue. Je faisais la vaisselle avec ma mère et elle, qui avait un comique naturel, faisait rire par sa spontanéité. Elle avait sans doute sorti une plaisanterie, nous riions, lorsqu'un soldat allemand s'est approché, a braqué son arme: «*Sie lachen mit uns*[1]!» Il était furieux, il a cru qu'on se moquait de lui. Moi, qui ne connaissais pas un mot d'allemand, j'ai répondu: «*Nein, ich lache mit meine Mutter.*» Et il est parti. Il aurait pu nous descendre, il nous tenait au bout de son fusil. Puis ce fut la Libération, avec les Américains qui distribuaient des cigarettes, des chewing-gums. Nous étions dans la cave de notre maison, on est venu nous avertir, nous sommes sortis, c'était la joie!

En 1946, je suis allé rejoindre mon père au Congo, puis en 1947 et 1948, pour des vacances. Il travaillait pour la firme Interfina. Ma mère est allée le rejoindre. Avec mon père, j'ai eu des problèmes énormes. Je suis donc devenu interne aux Facultés Notre-Dame de Namur, chez les jésuites. C'est là que j'ai perdu la foi. Je vivais un régime de semi-internat. Le premier jour, le professeur fait l'appel des noms. Il y avait beaucoup de nobles: «de... de... de...», aussi, quand il arrive à mon nom, je dis: «Preiser, avec un petit p...» Au réfectoire, on était libre de choisir sa place mais, comme par hasard, les nobles étaient tous à la même table! J'ai réussi les examens mais on a refusé ma réinscription, je n'avais pas le «genre de la maison». Alors, je suis allé à l'ULB. Trois mois plus tard,

1 «Vous riez de nous!»

Caché à Enghien.

sous l'influence d'un ami, je me suis inscrit aux Étudiants communistes, et j'y ai milité un an ou deux. J'ai rencontré ma femme. Elle travaillait au ministère des Affaires étrangères et, avec une copine, elle louait une chambre chez ma mère, qui vivait au Congo. J'avais ma chambre à côté de la leur. Comme j'étais né à La Havane, pour ma femme, j'étais un «exotique». Je suis devenu avocat et, en 1983, magistrat, juge de Première instance. Parmi mes confrères, j'étais connu comme juif, mais on ne me l'a jamais dit.

L'oncle Ralph Hirsch, le frère de ma mère, s'est évadé de Malines; le jour suivant, le convoi partait! L'oncle Simon, un autre frère de ma mère, lui, a trafiqué avec les Allemands pendant une grande partie de la guerre: trafic de tissus, entre autre…

Je suis tout de même d'origine juive. L'histoire, je l'ai vécue, et j'ai survécu par pur hasard. C'est un incident de l'histoire que je sois là. Je n'arrive pas à intégrer le fait que, pour les nazis, j'étais un rat qu'il fallait détruire. Je suis hanté par cette idée. Hitler ne parle jamais du passé: le Juif est un parasite, un être nuisible par nature. Hitler a dit: «Est juif qui moi, je le veux.» Les livres que j'achète, ces derniers temps, sont des ouvrages relatifs au génocide, à la guerre. Je suis très préoccupé par ce problème.

JALOUX DE CEUX QUI PORTAIENT UNE ÉTOILE

Jacques Rager

Je suis né en mars 1938 à Borgerhout (Anvers). À ma connaissance, mes parents étaient venus de Pologne et s'étaient mariés en Belgique en

1936. Apparemment, mon grand-père paternel était aussi en Belgique, mais il serait mort à l'époque de ma naissance. J'ai une sœur plus jeune, née en décembre 1939, et qui vit à présent aux États-Unis. Mon père était tailleur. Que je sache, ma mère n'exerçait aucune profession. Je n'en sais pas beaucoup plus au sujet de mes parents, si ce n'est qu'après la guerre j'ai lu leurs noms dans le registre des Juifs qui ont été déportés depuis la caserne Dossin à Malines.

Mon premier souvenir personnel est l'arrestation de mon père dans l'appartement où nous vivions. Pour le reste, ma mémoire ne me livre que des fragments, sans que je puisse établir de lien réel entre les divers épisodes.

Je ne sais pas comment je suis arrivé dans toutes ces institutions pour enfants. Mais je suis passé – même pendant l'Occupation, je pense – par des foyers à Wezembeek, à Linkebeek, et à la fin de la guerre au château de Aische-en-Refail près de Perwez. C'est là que j'ai vécu la Libération. J'entendais beaucoup parler des Américains et des Anglais, mais je n'y croyais pas. De toute ma vie, jusqu'à ce moment-là, je n'avais connu que des soldats allemands et des bombardements, je ne connaissais rien d'autre, et pour moi c'était donc cela la vie normale. J'avais six ans, et je me souviens que, juste avant l'arrivée des Alliés, j'ai posé la question «comment allons-nous faire la différence entre soldats américains et allemands, s'ils sont tous en uniforme?». Juste après la Libération, les troupes américaines ont séjourné dans «notre» château, et ils nous ont gâtés avec du chocolat et du chewing-gum. Si bien que je garde de la Libération un agréable souvenir…

Encore un détail: je pense que, pendant l'Occupation, en 1942, j'ai passé un certain temps à la caserne Dossin. Comment j'y suis entré et comment j'en suis sorti, je ne le sais pas. À l'époque, je ne comprenais pas très bien où j'étais. Plus tard, devenu adulte, je suis retourné sur le site, et ce n'est qu'alors que j'ai compris pourquoi il venait tant de camions dans cette cour, et quelle était la destination de tous ces trains qui emmenaient tous ces gens «travailler en Pologne»…

Je n'ai jamais porté l'étoile jaune, j'étais trop jeune: elle n'était obligatoire qu'à partir de six ans. Mais ce que je sais, c'est que l'enfant que j'étais jalousait ceux qui la portaient.

Immédiatement après la guerre, dans les années 1945-1946, je suis arrivé dans un monastère à Liège, où je suis resté une année scolaire. J'y suis (presque) devenu catholique, certes jamais baptisé ou quelque chose comme ça, mais j'ai tout de même suivi le catéchisme.

Jusqu'en 1948 je suis allé dans un foyer à Wezembeek, puis j'ai été adopté par une famille juive d'Anvers. Mes parents adoptifs voulaient aussi adopter ma sœur, mais ce fut impossible: elle avait déjà été adoptée par la famille qui l'avait accueillie. Pendant la guerre, j'étais bien conscient que j'avais une sœur – sans doute parce qu'on me l'avait dit – mais à l'époque je n'avais aucun contact avec elle. Ce n'est que durant mon séjour à Wezembeek que, par l'intermédiaire d'une tante, j'ai «fait connaissance» avec elle. Elle vivait avec ses parents adoptifs à Stockel, près de Wezembeek. À partir de ce moment-là, nous nous sommes beaucoup vus, mais sans pour autant vivre comme frère et sœur: elle avait sa «famille», et moi mon foyer. Ma famille d'accueil insistait de plus en plus pour adopter ma sœur, en faisant valoir que les enfants ne devaient pas être séparés. Et tout d'un coup, ses «nouveaux» parents se sont embarqués pour l'Amérique.

Peu à peu, j'ai néanmoins pu établir un lien avec elle et ses parents adoptifs – avec qui, personnellement, je n'avais jamais eu de problèmes – et à la fin de ses études, elle est même venue me rendre visite au cours d'une tournée en Europe. Elle avait dans les vingt-deux ans, et nous ne nous étions pas vus depuis dix ans. Plus tard, je suis moi aussi allé aux États-Unis avec ma femme et la famille, et nous avons été bien accueillis par «ma» sœur, «ses» parents, «ses» frères et sœur: je m'étonne de devoir l'écrire de la sorte. Nous avons continué de nous rendre visite réciproquement. En mai 2008, mon épouse et moi sommes encore allés chez elle en Caroline du Sud, où elle est établie avec son mari.

J'avais donc dix ans quand j'ai été accueilli par mes parents adoptifs; l'adoption officielle a eu lieu cinq ans plus tard. Je suis allé à l'école juive d'Anvers (Tachkemoni), puis durant trois ans à l'athénée. Après mon service militaire, j'ai fait des études de médecine à l'ULB. Mais, dans le secondaire, j'avais choisi l'option «moderne», or le latin était encore exigé pour entreprendre des études de médecine. J'ai donc anticipé l'appel à l'armée, j'ai fait l'école pour les candidats officiers de réserve, et grâce à l'aumônier et à des cours privés avec un professeur de l'athénée, j'ai réussi aux examens de la Commission centrale[1]. Après m'être spécialisé en urologie, j'ai ouvert mon cabinet à Bruxelles, et je pratique encore aujourd'hui.

Je me suis marié avant la fin de mes études, ce qui n'était pas courant dans les années soixante. J'avais rencontré ma femme pendant des vacances dans le sud de la France, et parce qu'elle habitait en Afrique du Nord nous avons décidé de nous marier l'année suivante. Cela s'est passé en Algérie, et nous n'avons jamais regretté notre décision. Nos trois enfants, un fils et deux filles, nous ont donné sept petites filles.

1 NDT: instance délivrant des équivalences aux diplômes académiques.

J'ai retrouvé plus tard la famille de Perwez qui m'avait caché au cours de la dernière période de la guerre. Pendant quelques années, nous avons été en contact. Avec mes parents et la famille je leur ai rendu visite à plusieurs reprises à Gembloux; eux-mêmes se sentaient trop vieux pour venir à Bruxelles. Après leur mort, les relations avec leur fille et son gendre se sont progressivement relâchées, sans raison particulière.

Dans mon enfance, je n'ai connu que la guerre jusqu'à la Libération. Mais je ne me sens pas traumatisé pour autant.

LA LETTRE IRA AU FOUR PAR AVION

Hanna Sulamith Rothschild

Mes parents s'appelaient Jacob Ruben Rothschild et Flora Florsheim. Nous vivions à Hambourg, où mon père était courtier assermenté à la Bourse des métaux. À peine Hitler était-il arrivé au pouvoir que mes parents ont décidé de quitter l'Allemagne. Ils avaient été directement confrontés à l'antisémitisme. Quelqu'un du voisinage, qui avait à «contrôler» le quartier, avait en effet prétendu que, dans notre jardin étaient enterrées des presses d'imprimerie. Du coup, tout le jardin fut saccagé, et nos passeports confisqués. La famille se composait de mes parents, ma sœur aînée, Tilly (1923), moi-même (1928), ma plus jeune sœur Noëmi (1931) et mon petit frère Jules (1933) qui venait de naître. C'est au cours de la semaine de sa naissance que les nazis ont décrété le boycott de toutes les affaires juives par les «aryens».

Nous nous sommes établis à Anvers. Nous n'y avions pas de famille, mais mon père a pu poursuivre son activité de courtier international en métaux. Nous nous y sommes vite sentis chez nous, et nous avons pu reprendre une vie juive normale. Nous habitions tout près du Nachtegalenpark, un très bon quartier à l'époque. Je suis allée à l'école maternelle publique, puis à l'école primaire. Mes parents étaient, bien sûr, très préoccupés par la situation qui se détériorait rapidement en Allemagne nazie, où ils avaient encore des parents et des amis. Beaucoup d'entre eux ont encore pu fuir, et ils ont quitté le continent par Anvers en direction de l'Angleterre, la Palestine ou l'Amérique. Il y en avait souvent qui, en passant, séjournaient quelques jours chez nous. À ma connaissance, l'antisémitisme ne nous a causé aucun ennui.

Au contraire: le concierge de notre immeuble conservera nos affaires, qu'il nous restituera.

Le 10 mai 1940 c'en fut fini de notre relative tranquillité. Nous avions encore la nationalité allemande. Nous avons donc été considérés comme des ennemis de la Belgique et traités comme tels. La confusion était si grande que les autorités n'arrivaient pas à distinguer entre les réfugiés Juifs-Allemands persécutés et la «cinquième colonne» allemande[1]. Mon père fut donc sommé de se présenter et, contrairement à ce que nous imaginions, il ne revint pas à la maison. C'est ce jour-là que nous l'avons vu pour la dernière fois. Il a été transporté dans un camp de prisonniers au sud de la France. Pour les Allemands non-juifs, la captivité a vite pris fin, le gouvernement de Vichy les ayant promptement renvoyés à la maison. Mais les Juifs y sont restés détenus jusqu'à leur déportation en 1942, d'où mon père n'allait pas revenir.

Ma mère a décidé de ne pas attendre la progression des armées allemandes, mais de fuir comme des milliers d'autres vers la côte. Cette fuite, pleine de revers, d'angoisse et d'agitation, n'a pas abouti. En deux semaines, toute la Belgique était occupée jusqu'à la côte. En deux semaines, toute la Belgique fut occupée, jusqu'à la côte. Les troupes britanniques sont parties par Dunkerque, et nous sommes revenus à Anvers.

À Anvers, les Allemands se sont empressés d'évacuer les Juifs allemands arrivés après 1933. Ma mère, une femme très énergique, n'a pas attendu de se voir attribuer une résidence forcée: elle a procuré à notre famille et à celle de sa sœur un refuge à Kessel-Lo près de Louvain. Là-bas, nous avons été plus que chaudement accueillis, aidés et protégés par la population non-juive hostile aux Allemands. Lorsqu'il ne nous a plus été possible d'aller à l'école, M. Dewit, un instituteur, est venu me donner des cours de mathématiques. Les gens n'ont pourtant pu ni deviner les intentions des Allemands, ni éviter les arrestations et les déportations. En juillet 1942, beaucoup ont été convoqués pour partir vers un camp de travail. Dans ce tout premier convoi pour la Pologne, en juillet 1942, il y avait ma sœur aînée Tilly ainsi que ma tante avec ses enfants, mes cousins: en tout sept parents. Sur le conseil de notre médecin, je ne m'étais pas présentée. Selon toute vraisemblance c'est passé inaperçu, et cela m'a donc sauvée *bis auf Weiteres*[2], comme on disait à l'époque.

L'incertitude et l'anxiété augmentaient de jour en jour. Mon père avait disparu en mai 1940, ma sœur en juillet 1942. Quand viendrait

---

1 Cinquième colonne: partisans non déclarés d'une force ennemie dans leur propre pays.

2 NDT: Jusqu'à une prochaine fois.

notre tour? Qu'allait-il nous arriver? Nous étions loin d'imaginer la réalité. À Kessel-Lo, nous avons tenté de vivre aussi normalement que possible, et nous avons continué à bénéficier d'un énorme soutien de tout l'environnement non-juif. Notre adresse est vraisemblablement demeurée inconnue des nazis jusqu'au moment où fut arrêtée une résistante d'Anvers, Mme Castermans, qui l'avait sur elle. Elle espérait y trouver une cachette, parce que ma mère avait correspondu avec elle sous le pseudonyme de Jansen pour du travail clandestin. C'est du fait de cette arrestation – et absolument pas sur dénonciation de notre entourage – qu'est apparu devant notre porte, le 28 ou le 29 mars 1944, un véhicule de la Gestapo. Un Allemand de la Gestapo, un SS belge, et le traître diabolique «Gros Jacques» sont venus nous cueillir. J'ai essayé de m'échapper en sautant par-dessus la clôture du jardin, mais j'ai été rattrapée. On m'a mis un revolver sous le nez. J'avais quinze ans, et mon corps ne s'est toujours pas remis de la terreur que j'ai alors éprouvée.

Ma sœur cadette, Noëmi, ainsi que mon cousin du même âge et mon petit frère Jules jouaient dans le quartier et, quand ils ont vu le fourgon, ils ne sont pas revenus à la maison. Des voisins et des parents de leurs copains d'école les ont accueillis et plus tard, les ont amenés au foyer juif pour enfants – présumé sûr – de la rue des Patriotes, au numéro 34, à Bruxelles, dirigé par M. Tiefenbrunner. Lorsque l'équipe chargée de l'arrestation, après une longue attente, a enfin compris que les plus jeunes s'étaient échappés, ils se sont décidés à partir sans eux. «En passant», ils ont emmené trois visiteurs qui hélas, juste à ce moment-là, avaient quitté leur cachette dans le quartier. Ma mère et moi avons passé la première nuit avec eux dans la cave de la Gestapo à Bruxelles, avant d'être conduites en camion le lendemain à Malines.

À l'arrivée à la caserne Dossin de Malines, tout était orchestré pour créer la peur chez les détenus. L'intervention d'un Juif séfarade d'Amsterdam arguant qu'il était Portugais produisit par exemple l'effet inverse: au lieu d'un meilleur traitement, le SS Boden lui porta un grand coup, vociférant tant et plus. Ma mère n'eut donc pas le courage de mentionner sa propre nationalité haïtienne, achetée par des parents suisses. Nous avons reçu tout comme les autres un numéro pour le prochain convoi, ce qui scellait notre arrêt de mort dans quelque camp d'extermination à l'Est. À Malines nous ne savions pas que le répit ne durait que cinq jours. Entretenir l'incertitude sur ce que seraient demain, après-demain et au-delà, telle a été l'une des tactiques que les nazis ont appliquées pour conduire à leur perte des victimes apathiques et dociles. Le harcèlement physique et mental continu a été leur tactique pour que les Juifs ne se considèrent plus comme des êtres humains, mais comme des numéros ne faisant qu'obéir aux ordres. Je me souviens du nom de certains bourreaux qui faisaient régner une véritable terreur: le sous-commandant Boden, déjà cité, et le commandant Frank, assistés de Molenbeek et de deux autres SS dont n'avons jamais connu que le surnom, «Peerdekop» (Tête de cheval) et «Moische P», tous accompagnés en permanence de leurs chiens.

Cela commençait dès l'arrivée. Des détenus arrêtés avant nous devaient s'occuper de nos pauvres bagages. Ils espéraient que ce travail retarderait leur déportation, voire les en exempterait. Nos sacs et tous nos vêtements étaient ouverts d'un coup de couteau. Nous étions fouillés de manière dégradante, et tout ce qui avait de la valeur était confisqué: argent, diamants, bijoux. Après la *Aufnahme* [1], on nous indiquait notre couchage: un lit de camp dans une grande salle.

Voilà donc où nous en étions arrivés. Durant plus de dix-huit mois, nous avions tremblé nuit et jour à la pensée d'être appréhendés à notre tour, pour être transportés à Malines. Eh bien, cette crainte était devenue réalité. Je me souviens encore qu'une des premières nuits j'ai rêvé que la Gestapo venait nous déloger. Je me suis réveillée en sursaut et me suis rendue compte – à mon grand soulagement! – que cette peur n'était plus de mise: l'arrestation à Louvain avait déjà eu lieu, et j'étais déjà à Malines.

Nous étions soumis à toutes sortes de mesures combinant la discipline militaire et le harcèlement. Les chaussures devaient être dans l'alignement du lit. Nous ne pouvions nous laver qu'en groupe, sous la surveillance cynique de gardiens SS. La nuit, nous ne pouvions pas aller aux toilettes, il n'y avait qu'un tonneau dans le couloir. Chaque matin, il y avait l'appel, avec exercices physiques obligatoires. Un jour, je n'ai pas participé comme il aurait fallu, j'ai gardé les mains dans les poches. Boden l'a vu et il a envoyé vers moi un *chlattenschammesse* (assistant juif). Celui-ci s'est trompé, et il a réclamé des comptes à ma voisine lui demandant de se présenter pour une punition. Quand je lui ai fait remarquer qu'il faisait erreur, il m'a punie de deux heures debout au mur sans bouger. Ce fut reporté en raison d'une alerte aérienne: nous fûmes poussés dans l'abri anti-aérien. Cette mesure cynique visait plutôt à empêcher les évasions au cas où la caserne serait touchée. C'est pourquoi les SS montaient la garde devant cet abri, mais n'y entraient pas. La nuit aussi, il nous est arrivé de devoir nous rendre dans l'abri. Au cours du mois d'avril 1944 (deux mois avant le jour J) les Alliés ont procédé à des attaques répétées sur le chemin de fer à Malines

1 NDT: Réception.

et autour. Après le signal de fin d'alerte, ma punition devait commencer, mais le sous-commandant Boden a voulu montrer à quel point il était humain et *fair-play*: il a levé ma punition au motif que je m'étais présentée volontairement, ne voulant pas laisser ma voisine être la victime de mon «infraction» à cause d'une erreur du *chlattenschammesse.*

Un geste «humain», et puis de nouveau l'horreur. À l'arrivée à Malines, tous nos documents personnels avaient été confisqués, y compris nos passeports haïtiens, dont nous pensions qu'ils nous protégeraient de la déportation. Avant notre transport vers l'Est, ma mère a tout de même tenu à essayer de faire valoir notre nationalité. Une femme juive de notre connaissance travaillait au service de l'enregistrement: elle nous a conseillé de présenter une demande écrite de report de transport. Elle a fourni un stylo et du papier, objets précieux dont nous ne disposions plus, et nous avons rédigé la lettre. Cette dernière planche de salut s'est vue brisée par la remarque sarcastique du commandant Frank: *Der Brief geht per Luftpost in den Ofen* [1].

Nous étions submergés de règles, de mesures et d'interdictions, une habitude des Allemands pour contraindre à la soumission et démontrer leur supériorité. À l'occasion des arrivées et des départs de convois, comme lors des visites, tous les prisonniers étaient renvoyés dans leurs salles. Il en fut ainsi, le 1er avril 1944, le premier samedi où nous étions à Malines, et où une petite voiture est arrivée de Bruxelles. Au bout de quelque temps, l'accès à la cour fut à nouveau autorisé, et nous avons pu descendre. Des numéros furent diffusés, auxquels nous n'avons guère prêté attention, car nous n'étions pas encore habitués à cette existence en anonymes. Un codétenu me fit remarquer que mon numéro de transport avait été annoncé. Nous n'en crûmes pas nos oreilles lorsque l'un des Juifs employés par l'administration vint avec l'annonce effarante: «Permettez-moi de vous féliciter, vous pouvez me rendre votre numéro de transport, car vous êtes reconnus comme Américains, et vous allez être transférés dans un camp d'internement pour les étrangers de pays ennemis.» L'incroyable s'était produit: littéralement un sursis à «exécution», apporté par la petite voiture de Bruxelles, juste avant le départ du convoi en cours pour Auschwitz. L'homme qui en fut à l'origine – nous l'avons appris plus tard – était un certain Freiherr von Hahn, un officier allemand qui depuis Bruxelles devait mettre en œuvre la politique concernant «l'internement des étrangers de pays ennemis». Quand il découvrit qu'il était question de nous envoyer à l'Est avec un passeport d'Amérique centrale, il put

1 NDT: La lettre ira au four par avion.

obtenir de la Gestapo que nous soyons placés sous son autorité et que, en conséquence, nous ne soyons pas déportés. Après la Libération, il nous a lui-même confié qu'il avait pu libérer bien d'autres personnes de cette manière, avant de se faire révoquer. Après la guerre, ma mère s'est rendue à Hambourg pour le remercier personnellement d'avoir ainsi sauvé des Juifs qu'il ne connaissait pas, ce pour quoi il n'avait reçu aucune récompense. Il lui a exprimé sa sacro-sainte conviction que le peuple juif a un destin particulier, et que c'était cette conviction qui le motivait pour sauver des Juifs.

Voilà comment nous avons échappé au convoi n° 24 qui, peu de temps après, est parti pour le camp d'extermination avec des centaines de moins chanceux. En tant que «prisonniers E» nous avons été transférés à la salle E. Cette lettre «E» signifiait *Entscheidung*[1]. En d'autres termes, restait encore à décider ce qu'il adviendrait des membres de ce groupe hétérogène. Affirmer que l'on n'est pas Juif à cent pour cent était-il recevable? Le mariage mixte était-il reconnu? Les réponses apportées à de telles questions conduisaient à la libération c'est-à-dire à la vie, ou bien à la déportation c'est-à-dire à la mort. Dans notre cas, ce «E» signifiait que nous étions reconnus comme des étrangers à interner. Un sursis en forme d'annulation.

Dans les moments précédant le départ d'un convoi, il régnait dans la caserne une atmosphère à couper au couteau. Ce que j'ai vécu à quinze ans, il y a plus d'un demi-siècle, m'est resté. Les gens étaient terriblement tendus et démoralisés. L'incertitude était grande, et la peur de l'inconnu, loin de chez soi, horrible. Les gens préparaient des sacs à dos. On se préoccupait surtout des vêtements chauds. On essayait d'obtenir un peu de nourriture supplémentaire. Certains réussissaient à faire apparaître des biens cachés, afin de disposer de quelque chose d'utile ou de valeur. Le Conseil juif envoyait depuis Bruxelles des provisions pour le long voyage. Peine perdue: les nazis autorisaient ces colis, promettant de tout embarquer dans le fourgon à bagages, mais tout restait sur place et disparaissait probablement dans les poches des Allemands. Beaucoup erraient désespérés ou hébétés, certains avec des bébés dans les bras. Personne ne songeait à résister. Sans armes, on n'avait de toute façon pas la moindre chance. Il y avait beaucoup de femmes et d'enfants et nous étions constamment harcelés par les SS.

Le soir avant le départ, on se disait adieu entre parents, amis et connaissances, dans l'espoir – bien maigre toutefois – de se revoir après la guerre. Le lendemain matin de très bonne heure, sous les hurlements

1 *Entscheidung* = Décision. Ici: À décider.

des SS, les aboiements des chiens, leurs propres lamentations à quoi s'ajoutaient les pleurs de leurs enfants, les malheureux étaient poussés dans les wagons à bestiaux qui se trouvaient à la porte de la caserne. Beaucoup avaient enfilé plusieurs épaisseurs de vêtements pour en emporter le plus possible. Depuis les combles de la caserne, où il n'y avait que des lucarnes, nous entendions tout cela sans pouvoir rien voir. Et pourtant ces impressions, outre qu'elles continuent de me résonner aux oreilles, sont encore bien présentes dans ma mémoire visuelle.

Et puis venait le silence. Les gens étaient partis. Définitivement, comme nous le saurions plus tard. Les SS le savaient, mais nous, non. Au tout dernier moment, certains étaient néanmoins retenus, *bis auf Weiteres*. Ils avaient l'«honneur» de remettre la caserne en ordre, recevant déjà leur numéro pour le convoi suivant et le logement correspondant. L'intimidation et la pression reprenaient aussitôt de plus belle. Et de nouvelles proies pour la machine à déporter ne se faisaient pas attendre longtemps, car de nouveaux «chargements» arrivaient.

Pendant les mois que j'ai passés à Malines, j'ai assisté à plusieurs de ces arrivées et départs dramatiques. Très rarement quelques individus faisaient l'objet d'un traitement plus humain, telle la levée de ma punition dont j'ai parlé. Il m'est arrivé d'être dispensée de nettoyer après le départ d'un convoi; j'avais alors l'honneur de pouvoir me promener quelques heures dans la cour avec le chien du sous-commandant Boden. Était-ce un privilège parce que je lui plaisais, ou était-ce par sadisme parce qu'il pensait ainsi m'effrayer? Qui sait? Toujours est-il que, si je vois aujourd'hui ce genre de chien, «Malines» me revient aussitôt à l'esprit.

À plusieurs reprises nous avons été témoins de cruautés, ou nous en avons entendu parler. Les hommes au crâne rasé qui venaient du tristement célèbre camp de concentration belge de Breendonk étaient l'objet d'humiliations supplémentaires dans ce qui s'appelait la «salle de punition». Cela s'appliquait aussi aux personnes qui avaient réussi à s'échapper, par exemple en sautant d'un convoi sans pour autant pouvoir se sauver. Pour ce genre d'«infraction», voire arbitrairement, on subissait des coups et autres sévices. Ces gens étaient directement mis au cachot jusqu'à leur embarquement pour Auschwitz. Et s'il se trouvait des Tsiganes à la caserne, la Gestapo parvenait aussi à aggraver leur martyre. Ils étaient considérés, semble-t-il, comme des *Untermenschen* [1] encore inférieurs aux Juifs.

1 NDT: Sous-hommes.

Un privilège nous était parfois accordé: recevoir la visite de personnes extérieures. Ma mère a pu obtenir une ou deux fois cette «faveur», encouragée en cela par une prisonnière juive, Judith, qui occupait une position assez haute dans le *Aufnahme*. De ce fait, celle-ci n'était pas particulièrement populaire parmi les autres prisonniers, et était-ce peut-être pour cette raison qu'elle cherchait parfois à faire une faveur? Lors de ce genre de visites on était tout autant livrés aux caprices des SS, qui y assistaient avec leurs chiens. Un visiteur pouvait avoir le droit de rester vingt minutes, quand un autre devait quitter au bout de cinq minutes. Il fallait bien sûr être prudent dans le choix d'un visiteur si on voulait éviter de le mettre lui-même en danger.

Régulièrement s'infiltraient des nouvelles sur le déroulement de la guerre, notamment grâce au contact que nous avions avec des Juifs nouvellement arrêtés. Le 6 Juin 1944 (Jour J), nous avons appris le Débarquement de Normandie. Nous avons même compris ce que les Allemands en pensaient quand j'ai entendu l'un des commandants appeler un collègue: *Jetzt können wir Halleluja singen*[1]. C'était bien vu. Mais il faudrait encore trois mois avant que ne s'ouvre la porte de la caserne pour la poignée de Juifs qui n'avaient pas encore été déportés.

Pour les «étrangers ennemis», le groupe auquel nous appartenions, les portes ont déjà pu s'ouvrir deux semaines après le jour J, le 20 juin 1944. Ma mère s'est alors trouvée devant un dilemme. On nous avait dit que nous allions être convoyés, mais nos bourreaux ne dévoilaient pas vers où. Si vraiment nous étions promis à un meilleur traitement, voire au sauvetage, elle aurait aimé essayer d'emmener ses enfants qui, à Louvain, avaient échappé à l'arrestation: ma sœur Noëmi, mon frère Jules et mon cousin Josef. Eux et leur responsable Tiefenbruner étaient toujours au foyer d'enfants de Bruxelles, et couraient le danger de disparaître en Pologne au cours d'une opération-éclair passant par Malines. Mais si l'histoire de l'internement se révélait être encore du bluff de la part des Allemands, et que nous arrivions tout simplement dans un autre camp de concentration, le projet de regroupement avec les trois enfants de Bruxelles n'était pas du tout la bonne option. Ma mère réussit à découvrir par Liese Lotte, une jeune demi-juive qui travaillait comme secrétaire du commandant Frank, que nous allions être dirigés vers le camp d'internement français de Vittel, où l'on savait que les traitements étaient humains. Le transport vers Vittel ne fut annoncé que la veille du départ. Les gens concernés furent appelés. Le sous-commandant Boden prit la parole. Le ton avait changé du tout au tout:

1 NDT: Ça y est, nous pouvons chanter alleluia!

«Vous partez pour un camp d'internement, vous allez survivre à la guerre. Vous devez vous rappeler qu'ici, à Malines, moi, Boden, j'ai toujours été comme une mère pour vous.» À l'évidence, ce criminel de guerre sentait approcher dangereusement les Alliés, et il aurait bien aimé trouver quelques témoins à décharge. À la fin de son discours mielleux, il demanda si quelqu'un voulait poser une question. Ma mère saisit sa chance: elle demanda si elle pouvait emmener les enfants au camp d'internement. Le désormais bienveillant Boden voulut bien y contribuer, à la condition qu'il s'agît bien de ses propres enfants. Comme mon cousin Josef portait le même nom de famille, le petit mensonge passa inaperçu. Après avoir téléphoné à Bruxelles, Boden déclara qu'il avait fait ce qu'il fallait: les enfants seraient mis au train le lendemain, pour que l'horreur de la caserne leur soit épargnée; il estimait que cela serait «mieux pour les enfants». Comme le bandit SS était devenu compatissant, maintenant qu'il aurait absolument besoin de nos témoignages à décharge! Tout d'un coup, il savait de surcroît appeler ma mère «Frau Rothschild» et non plus *Du Jude* [1].

Et c'est ce qui s'est passé. C'était bien deux mois avant la Libération. Nous avons été escortés aimablement, pour ne pas dire chaleureusement, par la direction SS, et ma mère reçut pour mission de prendre bien soin d'une femme enceinte qui était du même voyage. Comme promis, mon frère, ma sœur et mon cousin sont arrivés à la gare, accompagnés du directeur du foyer, M. Tiefenbruner, et ils sont venus avec nous. Ce fut difficile à digérer pour d'autres parents qui ne pouvaient pas oser cette démarche du fait que leurs enfants étaient cachés: cela eût mis en danger de mort les familles d'accueil. Après notre départ, il y eut encore un dernier convoi vers l'Est. À cette occasion, les SS reprirent leur vrai visage cruel: presque personne n'a survécu, et n'a donc présenté de danger pour les bourreaux.

Le 22 juin, nous sommes arrivés sains et saufs à Vittel. Nous faisions partie de l'exception: les 1335 personnes qui ont survécu, sur un total total de quelque 25000 Juifs de Belgique qui furent déportés au départ de Malines.

Après-guerre, nous sommes retournés à Louvain. Je suis allée à l'athénée. Un temps, nous avons habité une maison de M. Dewit, qui était inoccupée. Quand nous avons trouvé un logement à Anvers, j'ai pu passer l'examen de fin du secondaire. Ensuite, j'ai travaillé à la Bourse du diamant de cette ville. Ma sœur est mariée et vit en Israël. Mon frère vit avec sa femme à Anvers.

---

1 NDT: Toi, la Juive.

JE SUIS ENCORE TOUJOURS UN « ENFANT CACHÉ »

Léon Rozencwajg

Ma mére, Elka Palluch, était une fille de Varsovie, née le 1er mai 1896; mon père, Jankel Rozencwajg, venait d'une petite bourgade de la campagne polonaise, des environs de Lodz, où il était né le 15 juillet 1903. Il était venu à la grande ville, appelé par le besoin de trouver du travail. Peut-être était-il aussi poussé par la faim. Il lui fallut donc se trouver un endroit où loger. Il se mit en recherche et trouva: mes grands-parents louaient des chambres – ou des lits? – aux jeunes gens qui venaient travailler en ville. C'était une famille juive qui cultivait le même sacré que celui de ses pères, des pères de ses pères, de ceux de l'Alliance avec ce Dieu aux multiples noms que l'on ne prononce pas et que l'on n'invoque pas en vain. Par chance, dans les yeux d'Elka, l'adolescente qui au sein de cette famille servait à aider ses parents, il reconnut au premier regard l'éclat de l'amour de sa vie. Ils fêtèrent rapidement leurs épousailles au son des violons et des danses légères qui me sont chères.

Mon père avait un frère, son aîné ou son cadet, je ne sais pas. Il est devenu Jack. Il quitta sa bourgade natale lui aussi, et partit «en éclaireur», muni des papiers de mon père, à son nom. Sa naissance n'avait jamais été déclarée. Mon père et mon oncle partageaient ainsi un fantomatique et énigmatique état civil. De Bruxelles, Jack – ou Jankiel – fit signe au jeune couple. Mon père et ma mère décidèrent de le rejoindre. Mon frère Georges naquit à Bruxelles le 10 janvier 1927. Mon père alla le déclarer: «Zelig Mendel», mais il fut obligé de choisir un prénom «belge». Moi, je vis le jour à Forest, de nationalité polonaise, le 16 août 1934. De mon prénom «belge», je m'appelle Léon. Mon père était sévère et parfois brutal. Il tentait de mater l'insoumission, la question et la révolte qui étaient miennes déjà, à coups de gros ceinturon, toute boucle dehors. Ma mère resta jusqu'au bout une vraie mère juive. Son silence était faiblesse, peur ou amour démesuré pour lui. Lui travaillait. Et par son art, son habileté, nous ne fûmes bientôt plus pauvres. Il avait trouvé à œuvrer dans l'usine de tissage d'un Juif comme lui.

Le plus grand des pogroms de l'histoire allait avoir lieu. Les livres partaient en fumée sur la place publique, les vitres étaient brisées. Dans le ciel européen d'alors, le tonnerre grondait. Et la foudre allait tomber. Le monde n'entendait pas, ne sentait pas et ne faisait rien pour empêcher cela. À Schaerbeek, j'allais à l'école gardienne, rue Anatole France. Mai 1940. Petit garçon, je suis sur le balcon de notre appartement. Le soleil est au zénith, le ciel est d'un bleu tranchant. Dans ma main: un dérisoire parapluie pour m'abriter de la chaleur. Soudain la quiétude de l'air est troublée. Des avions surgissent à l'horizon et déversent leurs bombes mortelles sur la gare avoisinante. Pour moi, premier signal, première prise de conscience de l'irréparable. Il nous fallait fuir. La famille entassa à la hâte quelques biens, parmi lesquels ma mère choisit les photos, les souvenirs d'un temps. Photos noir et blanc d'enfants, de famille, de repas au soir du Shabbat. Nous n'avons pas trouvé la liberté d'aller plus loin et, comme des milliers d'autres, nous avons donc rebroussé chemin après une incursion qui n'alla pas plus loin que le village de Labarthe, près de Toulouse, en France, sous la coupe de Vichy, où les Juifs étaient repérés, puis capturés, enfermés dans des camps et bientôt déportés comme de vulgaires objets sans visages. Nous rebroussâmes chemin et regagnâmes Bruxelles. Tous, sauf un. Mon oncle Jack, dont la femme, belge non juive, avait décidé de rester à Bruxelles. Citoyen polonais, il alla grossir les rangs de l'armée polonaise qui fut évacuée vers l'Angleterre, laissant derrière lui sa femme et son passé.

De retour à Bruxelles, il nous fallut nous abriter et survivre tant bien que mal. J'avais, comme tous les enfants de mon âge, entamé mon parcours scolaire... Soudain, interdiction de fréquenter l'école, port de l'étoile, recensement. Plus d'école pour l'enfant à l'étoile jaune que j'étais. Photo de mariage sur le perron de l'hôtel de ville de Bruxelles où les mariés affichent fièrement leur bonheur d'avoir trouvé l'amour, leur espoir de vie... et l'étoile jaune au revers de leurs vêtements de noces. Photo, préservée par ma mère, d'amis déportés et gazés à Auschwitz. Les hommes juifs étaient appelés à se présenter au travail, à la *Kommandantur.* Mon père et mon frère reçurent donc les papiers les enjoignant de rejoindre Malines. Ils se préparèrent à partir. Ma mère, saisie d'un pressentiment, d'une peur viscérale, instinctive et féminine, pleura, supplia mon père de ne pas nous abandonner elle et moi, de rester dans l'ombre et de choisir la clandestinité. Le hasard fit alors faire à mon père une bonne rencontre. C'est dans la maison d'un officier de police, gardien de la paix – gardien de la vie celui-là –, qu'il trouva l'espace caché qui lui permettrait d'abriter sa famille sous un nom d'emprunt. Nous avons quitté notre appartement et nous avons déménagé. Clandestinement. Je n'allais donc plus à l'école, trop dangereuse au temps des rafles, et je baladais mon insouciance d'enfant dans le parc de Forest et les bacs à sable avec de jolies petites filles que j'accompagnais parfois le dimanche à la messe des chrétiens, par amour et par besoin de sacré, ce qui est peut-être la même chose.

En ces temps de disette, les citoyens s'étaient approprié les espaces au cœur des larges avenues bourgeoises de la ville. Et à l'ombre des arbres se cultivaient les potagers. Un jour, je fus le témoin d'un vol. Un homme, poussé par la faim ou guidé par la paresse et l'envie, n'avait pas pris attention à l'enfant et avait arraché quelques légumes. Le vol découvert, je voulus prendre ma responsabilité de témoin et j'attendis la maréchaussée, campé sur mes jambes de petit garçon. Interrogé, je ne pus que donner le nom derrière lequel nous nous cachions: Lejeune, Léon Lejeune. Le jeune Léon fut désemparé quand le gendarme lui demanda son adresse. Il tenta, bien maladroitement, de se débrouiller, de l'embrouiller pour ne pas répondre. Je fus saisi alors de la conscience de la vérité dite, qui mettait en danger la famille. Je ne pus bien entendu échapper au gendarme qui tenait à me raccompagner là où j'habitais. Il dut comprendre ce qui se cachait derrière mon désarroi et comprendre plus encore lorsqu'il vit ma mère et l'endroit où nous vivions, lorsqu'il l'entendit parler de son accent à la yiddish, saveur si particulière. Il me sermonna, me recommanda, au nom de notre sauvegarde, une sagesse plus silencieuse et s'en fut vaquer à d'autres obligations. Tous n'étaient pas insensibles, indifférents, puisqu'il s'est tu lui aussi et que, après quelques jours de peur et d'incertitude, nous avons compris que notre secret serait respecté. Et notre vie! Première rencontre personnelle avec une forme de solidarité extérieure et adulte. Solidarité avec l'enfant et transgression de la loi par le porteur d'uniforme. Au nom de la vie.

1942. Rafles et déportations au menu quotidien. L'urgence commandait de sauver les enfants. Des réseaux se mirent en place. Mon frère appartenait à une organisation juive, la Jeune Garde, qui organisait des filières vers la Suisse. Il put fuir vers ce pays, dont lui est resté le goût du propre, du conforme, de l'apparence et de l'action. Il est revenu en 1946. Quant à moi, je fus confié d'abord à tante Tony, l'épouse de Jack-Jankiel. Sa famille bruxelloise tenait un café, avenue des Gloires nationales, où se pressaient les uniformes allemands de l'envahisseur; elle me cacha un moment. Je restais enfermé de longues journées et de longues nuits dans une chambre. Je devais satisfaire aux besoins naturels de mon âge dans la honte et l'urgence et, pour parer au plus pressé, j'utilisais les coins de ma chambre. J'en ai gardé l'horreur des endroits clos ou fermés à clé.

Mais l'endroit devint vite insécurisant pour moi et pour ceux qui m'abritaient. J'avais un cousin, Mochke – Maurice. Mochke était mon héros. Militant, résistant, poseur de bombes. Il ne reste de lui que cette

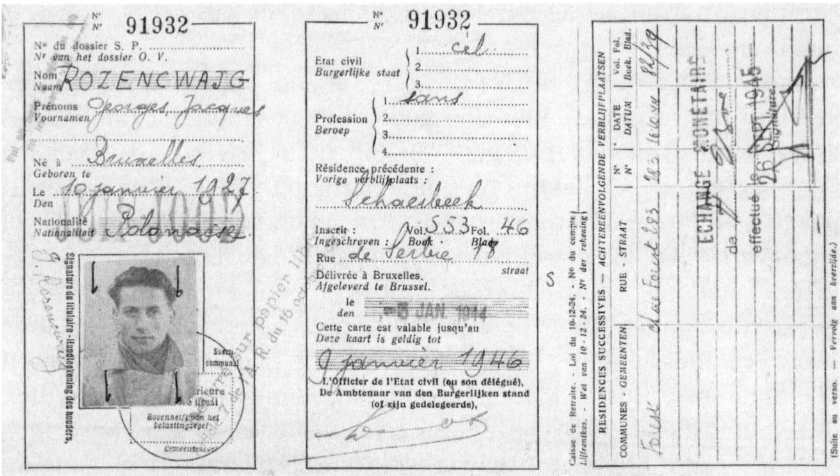
N° 91932
N° du dossier S. P.
Nr van het dossier O. V.
Nom / Naam: ROZENCWAJG
Prénoms / Voornamen: Georges, Jacques
Né à / Geboren te: Bruxelles
Le / Den: 10 janvier 1927
Nationalité / Nationaliteit: Polonaise
Signature du titulaire - Handteekening des houders.

N° 91932
Etat civil / Burgerlijke staat: 1. cél.
Profession / Beroep: 1. sans
Résidence précédente : / Vorige verblijfplaats : Schaerbeek
Inscrit : / Ingeschreven : Vol. / Boek 553 Fol. / Blad 46
Rue / straat: de Serbie 48
Délivrée à Bruxelles. / Afgeleverd te Brussel.
le / den 8 JAN 1944
Cette carte est valable jusqu'au / Deze kaart is geldig tot: 9 janvier 1946
L'Officier de l'Etat civil (ou son délégué), / De Ambtenaar van den Burgerlijken stand (of zijn gedelegeerde),

RESIDENCES SUCCESSIVES — ACHTEREENVOLGENDE VERBLIJFPLAATSEN
COMMUNES - GEMEENTEN | RUE - STRAAT | N° | DATE / DATUM | Vol. Fol. / Boek. Blad.
ECHANGE MONÉTAIRE effectué le 26 SEPT. 1945
(Suite au verso. — Vervolg aan keerzijde.)

Mon frère Georges : JUIF – JOOD.

photo souvenir dans ce livre consignant ceux qui furent fusillés au Tir national, et la copie de ses dernières lignes d'adieu adressées à ses parents, transmises en secret, sorties en cachette. Mochke, dont les yeux, la bouche, le visage ont à jamais les formes de la jeunesse figée par la mort… Il était juste et courageux, ses actes sont ceux d'un homme authentique, qui a osé transgresser la peur de la mort. Il a été pris, l'arme à la main. Né le 2 octobre 1920, il fut fusillé le 9 septembre 1943.

C'est Mochke qui organisa pour son jeune cousin un refuge à Serville, chez le comte de Ribeaucourt. Réfugié et caché dans un château. Séparé, écartelé, seul, loin de ma famille, sans vie de famille mais dans une vie de château où, anonyme parmi d'autres enfants, fils de soldats au front ou fils de Juifs comme moi, nous reçûmes même la visite des enfants royaux. Je me souviens encore des petits princes, dont le futur roi Baudouin, vêtus de beaux habits, qui vinrent comme d'un autre monde nous rencontrer un instant sur la pelouse au gazon et aux massifs impeccablement tondus! Impossible de me rappeler combien de temps je restai dans ce château. Souvenir de jeux et d'insouciance. Je n'avais pas peur, en ce temps-là. Je ne sais plus comment ni pourquoi, mais le temps du château prit fin et je revins à Bruxelles où je retrouvai ma mère et mon père, toujours clandestins et survivants eux aussi.

Puis mon père me confia à un autre père. Un père d'une autre Église. Ce père, l'abbé André, pour le nommer et lui rendre hommage, organisa et cacha ma vie. Il transforma mon identité une fois de plus. Mon père et moi avions rendez-vous avec lui à la Barrière de

Saint-Gilles. En descendant la rue de l'Hôtel des Monnaies, il me dit: «Léon, souviens-toi que tu es juif. Ne te laisse pas baptiser. Si tu es baptisé, ce sera au moment de l'âge de raison.» Je fus emmené dans un train. Portant ma valise, bien trop lourde pour moi, l'abbé m'emmena à Namur dans la maison des jeunes qu'il gérait et où il habitait. Caché et sauvé une fois de plus! Entassé avec d'autres enfants à l'identité incertaine, rompus aux répétitions nocturnes des exercices d'alerte et de fuite. Nuits sans repos où se mêlaient l'angoisse de la mort et le jeu de la fuite pour la vie. Après quelques mois de ce régime, l'abbé André me dirigea vers Ciney. À la gare, une carriole attelée d'un cheval et un paysan me réceptionnèrent. Je fus conduit à la maison-château qui appartenait à la famille de Selys-Longchamps. J'y retrouvai d'autres enfants juifs. Les journées étaient monotones, sans surprise ni étude. L'angoisse était toujours présente. Du réfectoire de la ferme où je mâchonnais des poireaux qui me donnaient envie de vomir au dortoir où chaque matin je me réveillais mouillé dans les draps de mon lit superposé à celui d'un autre enfant qui n'appréciait guère, évidemment! Quelle honte, quelle gêne pour moi!

1944. Bombardements à nouveau. Ceux des Alliés visant à la destruction des lignes de chemin de fer proches. Je fus à nouveau déplacé. Une fois de plus, je dus revenir vers Bruxelles. C'est à Stockel, dans une famille, que je fus caché jusqu'à la fin de la guerre. C'était chez une dame veuve, seule avec son fils. Je ne me rappelle pas leur nom. Je me souviens d'un jour lumineux. Peut-être pleuvait-il, neigeait-il même, mais pour moi et pour tant d'autres, ce jour était lumineux de liberté retrouvée. J'étais dans la foule qui acclamait ces libérateurs, anglais ou américains mais anglophones, je peux en jurer. Et du haut de son char qui montait l'avenue de Tervueren, l'un d'eux me fit cadeau d'une tasse de thé. Cette tasse de thé est l'un des plus beaux souvenirs de ma vie d'enfant. Ces quelques gorgées d'eau chaude, parfumée et sucrée, symboliseront toujours pour moi le retour à la lumière, à la paix et à l'espoir retrouvé. Je suis donc un buveur de thé.

Après la guerre, j'allai à l'école, rue de Monténégro, en troisième année. L'instituteur s'appelait Gobert. Du premier coup, il ne m'aima pas. Il regarda mon nom: «Je ne sais pas lire ça. Dorénavant, tu t'appelleras Rozen, c'est plus facile.» Je me suis dit: «Cela commence bien!» Je suis rentré en larmes. Mes parents disaient: «On ne nous aime pas, c'est comme ça...»

En 1958, je me suis marié. En 61, mon fils est né. Quand il a eu six ans, je l'ai emmené à l'école, rue Timmermans. Et qui était le directeur? M. Gobert, vingt ans après. Je lui ai demandé: – Vous vous souvenez de moi? – Non... Ah, si! Le Juif! Il se souvenait du Juif, pas de mon nom!

Témoin de ce temps, il me reste le document officiel attestant de mon statut d'enfant caché. Définition de ce que je suis encore aujourd'hui: un enfant caché.

DERNIER BATEAU POUR L'ANGLETERRE

Joe Ryb

Le nom de ma mère était Pesla Moses, celui de mon père Moishe Leisor Ryb. Vers 1930, ils sont venus de Pologne à Anvers. Ils se sont mariés en 1933 ou 1934 et moi, Joseph, je suis né à Berchem (Anvers) le 16 octobre 1935. Mon frère George était de deux ans mon cadet, né le 7 février 1937. Mes quatre grands-parents vivaient aussi à Anvers.

En mai 1940, mon père a décidé de fuir d'Anvers avec ma mère, mon frère et moi. Le père de ma mère, Yosef, était déjà décédé à Anvers avant la guerre. Sa mère, Bina, nous accompagnait. Nous nous sommes enfuis à Calais, réussissant à prendre l'un des derniers bateaux de pêche à avoir osé la traversée de Calais en Angleterre. Il a fallu cinq jours pour atteindre le port de Douvres parce que le bateau devait constamment faire des zigzags pour éviter les mines qui flottaient un peu partout. En arrivant à Douvres, nous avons été hébergés quelque part, puis internés à New Malden, une banlieue du Sud-Ouest de Londres. J'ai reçu le numéro d'enregistrement W.R. 1803880 Code D. Dans l'année nous avons déménagé dans un quartier juif à Highbury New Park, où nous habitions un petit appartement. Comme mes parents étaient croyants, ils m'ont mis à l'internat de la *Rabbi Angel Yeshiva School* de Stamford Hill.

Les parents de mon père étaient restés à Anvers. Ils ont été du convoi n° 20 pour Auschwitz au départ de Malines, le seul train qui ait été arrêté en chemin par trois jeunes héros à Boortmeerbeek.

Quand les attaques aériennes allemandes ont commencé – le *Blitz* de Londres – nous, les enfants, avons été évacués par une organisation juive, le *Jewish Board of Guardians*. Ma sœur Molly, née le 21 juillet 1942, a été placée dans un couvent de religieuses situé à Romford, dans l'Essex, un peu en dehors de Londres. Après une dépression post-natale, ma mère est tombée gravement malade. Elle a été envoyée dans un hôpital, où elle allait rester près de quatorze ans, jusqu'en 1956. Pendant près de quinze ans, jusqu'à mes vingt et un ans, mon père a donc eu seul la charge de ses enfants.

En 1945, mon frère Georges et moi avons été regroupés avec papa. Nous avons emménagé dans un plus grand appartement. Pour s'occuper de nous dans cet appartement de New Highbury Park, il a embauché une jeune femme qui avait survécu aux camps de concentration. Piri Jackabovitz était originaire de Munkatcheva en Hongrie, et elle avait dans les vingt-deux ans. Un peu plus tard, ma sœur Molly est aussi venue vivre à la maison.

Après la guerre, de 1945 à 1948, je suis entré à *Aryeh House* à Brighton, une école primaire juive. Nous sommes restés à Highbury, et j'ai fait ma *bar mitsva* dans une petite synagogue locale. En 1948 je suis allé à *Avigdor High School*, non loin de chez nous, et j'y suis resté jusqu'à mes seize ans. Puis j'ai quitté l'école pour aller travailler comme apprenti horloger. À dix-huit ans, je suis devenu voyageur de commerce. Avec des bijoux fantaisie à bon marché, j'ai passé trois ans à voyager à travers toute l'Angleterre.

En 1955, j'ai fait le projet d'émigrer au Canada. Mais j'ai été refusé par les Canadiens. Un an plus tard, j'ai pourtant obtenu l'autorisation. Un mois avant mon départ, ma mère a quitté l'hôpital et est rentrée. Mon frère et ma sœur sont restés avec mon père. À Toronto, au Canada, j'ai passé quelque temps chez une tante et un oncle, jusqu'à ce que je trouve un emploi chez un horloger local. Après avoir travaillé un an, j'ai pu ouvrir mon propre magasin en 1957. Mais en 1962 la Ville a décidé de déplacer un arrêt de bus qui se trouvait juste devant le magasin, ce qui m'a causé du tort. J'ai décidé de fermer boutique. Vers cette époque, ma sœur est venue en Amérique, à Cleveland dans l'Ohio, où elle s'est mariée. Elle a trois enfants, mais son mari est décédé.

En 1963 je suis revenu en Angleterre. J'avais vingt-huit ans, et je voulais me poser et me marier. J'ai rencontré une amie de ma sœur, Ruth Rothstein. Son frère et moi étions amis avant que je parte pour sept ans au Canada. La famille de sa mère était britannique depuis des générations. Son père était né en Angleterre de réfugiés russes eux-mêmes nés à Varsovie du temps où la Pologne était encore russe. Ils avaient fui à cause des pogroms.

Nous nous sommes mariés en 1965. J'avais vingt-neuf ans, et elle vingt et un. Nous avons vécu à Edgware, dans le Middlesex, pendant dix-sept ans.

De retour à Londres, j'ai travaillé deux ans comme voyageur de commerce puis, quand ma femme a attendu notre premier enfant, j'ai décidé de créer ma propre entreprise, pour ne plus avoir à voyager. J'ai fondé la *Precious Metal Trading Company,* et j'ai continué à travailler jusqu'à notre départ pour Israël en 1982. Nos trois fils nous ont accompagnés, bien sûr, et ils ont fait leurs études ici. Ils sont maintenant tous les trois mariés et ils ont eux-mêmes des enfants. L'aîné et le plus jeune vivent en Israël, l'autre est à Londres. J'ai pris ma retraite. J'ai fait du bénévolat dans divers organismes de bienfaisance. Nous sommes très heureux en Israël. Mais, malheureusement, je suis devenu diabétique, et suis un gros fumeur. Il a fallu m'amputer d'une jambe, et ma vie est désormais limitée par mon fauteuil roulant.

ICI IL N'Y A PAS DE JUIFS, SEULEMENT DE BRAVES GENS

Maurice Sadowski

Mon père, Chaïm Leib Sadowski, commerçant, était né à Varsovie le 14 janvier 1901; il est décédé à Bruxelles en 1964. Ma mère s'appelait Nechuma Hendal Zlotnik, née à Sosnowiec, le 28 mai 1899. Mon père est arrivé en Belgique, pour la première fois, le 16 février 1927, avec un titre de voyage français délivré à Beyrouth, qui était à l'époque sous protectorat français. Il était arrivé à Beyrouth après un long séjour en Palestine. Sa profession déclarée était mécanicien. Il a quitté la Belgique le 24 avril 1927, engagé à bord d'un navire en tant que *steward*. Il est revenu à Anvers, venant de Rotterdam, le 14 septembre 1929, sans passeport et sans visa. Dans un premier temps, il a été autorisé à rester en Belgique jusqu'au 14 novembre 1929. Il a demandé une prolongation de son séjour le 28 janvier 1930 en donnant comme raison qu'il devait se reposer après avoir passé plus de deux ans en mer et en attendant un nouvel engagement sur un bateau. Le 26 mars 1930, il a été autorisé à résider en Belgique sans limitation de temps. Il habitait à Anvers, Lamorinièrestraat 38. Il a quitté cette adresse pour Bruxelles, le 20 mai 1930 et s'est domicilié rue Joseph Claes 44, à Saint-Gilles. C'est alors qu'il a fait la connaissance de la famille Etien, ce qui a été déterminant pour notre sort pendant la guerre.

Ma mère est arrivée en Belgique le 23 novembre 1928. Sa profession déclarée était coiffeuse. Elle habitait également à Anvers dans un premier temps, d'abord à la Lange Leemstraat et puis à la Montensstraat 89. Elle a également quitté Anvers pour Bruxelles, et a été enregistrée, le 7 février 1930, chaussée de Mons 302, à Anderlecht. Le 5 avril 1930, elle s'est domiciliée rue Joseph Claes 44, à Saint-Gilles, où mon père l'a rejointe.

Je suis né à Bruxelles, le 29 janvier 1936. Notre appartement était situé au deuxième étage et se composait de deux pièces en enfilade et d'une cuisine. La toilette se trouvait sur le palier entre deux étages. Je pense que personne, dans ce quartier, n'avait de salle de bain à cette époque. La maison était entièrement occupée par des familles juives. Notre rue était située près de la gare du Midi de l'époque, qui était beaucoup plus proche que l'actuelle, et les étrangers, ne connaissant pas la ville, avaient tendance à essayer de trouver un logement près du leur lieu d'arrivée. De plus, ils y rencontraient généralement des personnes de connaissance, ce qui facilitait leur acclimatation.

Après son arrivée en Belgique, mon père a travaillé un certain temps dans un atelier de fabrication d'articles en caoutchouc, rue du Feu 72, à Forest. Suite à un accident de travail, il a été amputé d'une partie de l'index de la main droite et a donc dû cesser cette activité. Il est devenu commerçant, à petite échelle. Il achetait de la bonneterie et du linge à des grossistes et revendait à crédit. Ses clients lui payaient chaque semaine une petite somme jusqu'à l'apurement de leur dette. Ce commerce a permis à mon père d'atteindre une modeste aisance, selon les critères de l'époque. La preuve en est, un séjour de vacances à la côte de la Mer du Nord, à Blankenberge, ce qui en ce temps était un luxe.

Le 10 mai 1940, au matin, nous avons été réveillés par le bruit produit par un grand nombre d'avions survolant Bruxelles. C'était le début de l'invasion allemande. Comme beaucoup d'autres, mes parents ont essayé de fuir les Allemands et nous sommes partis en exode, sur les routes de France. Je pense que nous étions trois familles entassées dans deux «tractions Citroën». Mon père, n'ayant jamais eu l'occasion d'apprendre à conduire, les chauffeurs faisaient partie des deux autres familles. Nous sommes arrivés jusque dans le Midi de la France, plus précisément à Castres, où nous avons séjourné quelques mois. Les nouvelles reçues de Belgique présentant les Allemands comme «moins terribles que craints», et les moyens financiers diminuant, mes parents on envisagé le retour en Belgique. Ma mère est partie en éclaireur, et à son arrivée, a confirmé que la situation permettait notre retour. La vie semblait revenir à la normale, à part les restrictions alimentaires.

En septembre 1941, j'ai eu la chance d'être admis à l'école primaire avant l'âge de six ans. J'ai donc pu aller en classe un an avant l'interdiction faite aux enfants juifs, de fréquenter les écoles. Après cette unique année d'études, je savais lire, ce qui, par la suite, a eu une grande importance pour moi.

Le 45 rue Joseph Claes était bâti de la façon suivante: au rez-de-chaussée et au premier étage, deux pièces en enfilade. Au deuxième étage, deux chambres, une avec vue sur la rue et l'autre sur le jardin. Sous le toit, il y avait une pièce mansardée. Le rez-de-chaussée était occupé par le père, déjà très âgé, et la sœur célibataire de François Etien, Nelly. Le premier étage servait de logement au couple de nos sauveteurs, Hortense De Galan et François Etien, que j'appellerai à partir de maintenant et comme je l'ai toujours fait, Marraine et Parrain. Au deuxième étage, la chambre arrière était occupée par une cousine de mon père. Son nom ne m'est pas parvenu, mais suite à mes recherches dans les registres de la population de la commune de Saint-Gilles, il pourrait s'agir de Landau Rywka, née à Belchatow en 1896, fille de Chaim David Landau et de Sura Judkewicz, couturière de profession. En tout état de cause, cette cousine, malgré les objurgations de mon père, s'est rendue à la convocation pour «travail obligatoire en Allemagne». Dans les registres de la population, il est mentionné «partie pour une destination inconnue depuis 1941» (registre des Juifs).

Au même étage, la chambre avant était, à ma connaissance, occupée par une dame seule dont l'occupation était le change, évidemment illégal, d'argent à des soldats allemands. Je n'ai trouvé aucune trace d'inscription de cette dame aux registres de la population. La seule référence à l'occupation des lieux mentionne Sommerfeld Agnès, née à Hanovre Munden, le 19 juin 1904, fille d'Albert et Johanna Oppenheim. Elle est arrivée en Belgique en mai 1931 et a été inscrite à Saint-Gilles le 1er février 1939. Son dossier à la Sûreté Publique porte le N° 16439. Dans le même registre est mentionné son inscription au registre des Juifs et son départ pour Bruxelles, rue de Laeken 113, le 13 février 1941. Elle a été inscrite dans les registres de la population de Bruxelles le 27 février 1941. Il est possible qu'il s'agissait d'une seule et même personne et qu'elle ait continué à habiter clandestinement à Saint-Gilles tout en étant inscrite à Bruxelles et cela pour des raisons de sécurité évidentes. Je suis renforcé dans cette opinion par le fait que le gagne-pain de cette dame était subordonné à une connaissance parfaite de la langue allemande.

Au dernier étage, dans la pièce mansardée, était logé un citoyen français que nous avons connu sous le nom de professeur Vissaguet. Cet homme, visiblement issu d'une famille aisée, était un ancien athlète et professeur de gymnastique. Il subvenait à ses besoins grâce à la fabrication de petites haltères à ressort. Sa chambre contenait de nombreux exemplaires d'un livre qu'il avait écrit et sans doute publié à compte d'auteurs, décrivant les persécutions, organisées par la famille et dont il avait fait l'objet. Il parlait, ente autres, d'influences négatives

« Parrain » et « Marraine ».

par ondes radio. J'en ai conclu, plus tard, qu'il devait souffrir d'une forme de délire de la persécution.

L'étau allemand se resserrait de plus en plus et nous avons dû leur remettre, entre autres, notre plus grand luxe: un petit poste récepteur de radio. Mon père a continué à payer le loyer de la chambre précédemment occupée par sa cousine, ce qui nous a très certainement sauvé la vie.

En 1942, le nombre de Juifs se rendant aux convocations des Allemands pour soi-disant travailler à l'Est a fortement diminué. Les nazis ont dès lors utilisé une nouvelle tactique, les rafles. Une rue était bloquée par eux à chacune de ses extrémités et une chasse aux Juifs, de maison en maison était organisée. Ce fût le cas dans notre rue, fin août ou début septembre 1942. Notre maison était située au centre de la rue, ce qui nous a laissé un certain répit. Ce répit a été utilisé pour traverser la rue et passer au n° 44.

Dès notre arrivée, Marraine s'est mise à sa fenêtre, et quand les nazis et leurs collaborateurs sont passés, elle leur a dit avec un grand sourire: «il n'y a pas de Juifs dans cette maison, il n'y a que des braves gens», ce qui a semblé leur plaire puisqu'ils n'ont pas insisté. Il était de notoriété publique qu'il n'y avait pas de Juifs dans la maison depuis le départ de la cousine de mon père. Nous avons donc occupé ce qui était sa chambre. Notre vie s'est organisée de la façon suivante: mon père, qui comme on disait à l'époque, «n'avait pas le type» sortait parfois pour assurer notre subsistance, je ne sais de quelle façon. Ma mère n'a jamais quitté notre refuge, moi je sortait de temps à autre, avec Marraine, pour aller chez le coiffeur au coin de la rue; c'était un grand événement. Certains habitants du quartier savaient que Marraine et Parrain abritaient un enfant; je ne sais pas s'ils étaient au courant que cet enfant était Juif, mais personne ne savait que mes parents s'y trouvaient également. Marraine se chargeait des formalités administratives, comme rapporter les timbres de ravitaillement. Elle allait également régulièrement à la bibliothèque communale afin de me rapporter des livres dont je faisais une grande consommation et qui m'ont permis de passer ce quasi emprisonnement avec moins de souffrance.

Nous avons eu deux alertes graves. Celle que je suppose avoir été Mme Sommerfeld, qui, je le rappelle, occupait la deuxième chambre sur le même palier du deuxième étage, semble avoir été arrêtée par les Allemands. Je dis semble parce que selon les renseignements que j'ai pu obtenir récemment par l'intermédiaire des archives de la Police des Étrangers, elle a survécu à l'Occupation. Les nazis ont organisé une perquisition sur les lieux et cela évidemment sans prévenir. Nous venions de recevoir les timbres de ravitaillement et tous les documents étaient étalés sur la table, y compris les cartes d'identification facilement reconnaissables à leur teinte jaune barrée d'une large bande rouge et portant la mention «Juif» en grandes lettres. Ma mère, saisie d'effroi, s'est réfugiée au grenier en laissant la porte grande ouverte avec tous les documents bien visibles. Marraine, qui précédait les Allemands, a saisi la situation en un éclair. Elle s'est mise devant la porte de notre chambre, a fermé celle-ci et a dit aux nazis que cette chambre était la sienne. Comme les recherches de Juifs n'était pas l'objet de cette perquisition, ils ne nous ont pas trouvés. Par la suite, nous avons eu droit à une deuxième perquisition, à laquelle nous avons également échappé.

Ma mère a été hospitalisée à l'hôpital Saint-Pierre au début du mois d'août 1944 pour un cancer du sein. Marraine m'a conduite pour la voir quelques jours avant son décès survenu le 29 août 1944. Elle n'a donc pas eu le bonheur de voir la fin de notre épreuve.

Je n'ai jamais entendu de mon père que l'aide de Parrain et Marraine ait été subordonnée à un quelconque arrangement financier, hormis le loyer de la chambre. La famille Etien était elle-même locataire dans cet immeuble. Le 3 septembre 1944, Bruxelles était libérée et nous également. Après la Libération, nous avons continué à avoir les meilleures relations avec Parrain et Marraine, et cela jusqu'à leur décès. Ils nous ont porté secours, au péril de leur vie et de celle de leurs proches; sans eux nous n'aurions sans doute pas survécu à la barbarie nazie. Le titre de Justes parmi les Nations leur appartient de droit.

CONDAMNÉE EN SUISSE

Catherine Salomon

Tout comme mes grands-parents et mes parents, j'avais la nationalité néerlandaise. La plupart des Juifs néerlandais d'Anvers étaient pleinement intégrés. Notre famille était peu en contact avec la pratique religieuse. Mon grand-père David, qui vivait avec nous, était un socialiste et un espérantiste convaincu. Il travaillait au port comme «chef marqueur». Mon père, qui travaillait dans la même entreprise, était membre de la Société théosophique.

Quand la guerre a commencé, je n'ai pas compris ce qui se passait. Les adultes écoutaient la radio en permanence. Puis, papa a reçu son ordre de mobilisation. Il n'avait pourtant jamais été soldat parce qu'à l'examen médical il avait été jugé trop petit. L'oncle David, le frère de ma mère, était dans la même situation: pas de service militaire, trop petit... et tout à coup appelé. Le lundi 13 mai, papa et oncle David sont partis en vélo à Roulers, où ils devaient se présenter. Le lendemain nous sommes partis en France avec les autres membres de la famille: grand-père David (57 ans), grand-père Chai (70 ans), maman, sa sœur Bep et son mari Is, tante Netty, belle-sœur de maman, les parents de l'oncle Is (les époux Fransman, environ 70 ans), oncle Herman et tante Stella Blits (oncle et tante de maman, 70 ans). Et puis les enfants: Esther, trois ans et demi, Maurice, deux ans (ma cousine et mon cousin du côté de ma mère, les enfants de l'oncle David) et moi-même. Grand-père David s'est révélé le plus vaillant: c'est lui qui pourvoyait au transport, au logement et à la nourriture. Nous sommes partis en train, et avons passé la première nuit à Roulers. Il n'y avait pas où loger, les gens se couchaient n'importe où pour dormir. Le lendemain, il n'y avait plus de trains. Grand-père réussit à trouver de la place sur un camion ouvert. Nous avons roulé, entassés, sur des routes qui étaient encombrées de voitures, de vélos, de charrettes, de brouettes, de tricycles, et de voitures à bras... À un moment il n'était plus possible de trouver de l'essence nulle part, et les voitures ont été abandonnées. Grand-père a réussi à acheter une charrette à bras, elle était peinte en jaune avec des roues laquées noires. Il avait installé de grosses cordes pour tirer la charrette. Nous, les enfants, nous étions assis dessus: formidable!

En France, il est devenu de plus en plus difficile de trouver à nous loger. Nous avons dormi dans des remises, des maisons abandonnées, des écoles, et parfois dans des couvents. Nous avons aussi souffert de faim. Grand-père était toujours à la recherche d'une vache ou d'une chèvre, puis il allait chez le propriétaire: ainsi procurait-il du lait aux enfants. C'est alors que j'ai bu du lait de chèvre pour la première fois. Quand il y avait des bombardements, nous étions prestement soulevés de la charrette, et mis dans le fossé au bord de la route, les adultes couchés sur nous pour nous protéger. Nous étouffions presque, et nous ne réalisions pas le danger. Une fois, j'ai pu me dégager pour cueillir des fleurs le long de la route. Je n'ai pas compris pourquoi mon cher grand-père m'a donné une claque sur les fesses. Parfois, nous apercevions des flammes au loin. Les adultes fatiguaient. Maman, tante Bep et tante Netty avaient des marques profondes aux épaules à cause des cordes à l'aide desquelles elles tiraient la charrette. Je cherchais consolation dans mon ours en peluche, ma poupée qui disait «maman» et ma petite couverture aux myosotis bleus, ces objets familiers de la maison qui me rassuraient.

Début juin nous avons trouvé refuge dans un couvent. Les sœurs avaient disposé des matelas dans toutes les salles pour que tout le monde puisse dormir. Nous avons également eu à manger. Là encore, il y eut un bombardement. À l'arrivée des avions, nous avons dû nous coucher par terre, à plat ventre sous les matelas. Les religieuses priaient en silence. À un moment donné, au beau milieu du silence complet – tout le monde écoutait où allait tomber la bombe – j'ai retourné ma poupée: comme si elle se plaignait, elle a crié tout fort «Maman!». Une fois de plus les gens étaient en colère contre moi, et une fois de plus je ne comprenais pas. Nous sommes restés là-bas quelques jours, tout heureux de n'avoir plus à voyager en charrette. Puis tout à coup, une nouvelle sensationnelle: grand-père avait retrouvé papa et oncle David. Papa me dira plus tard qu'il avait vu, à Calais, le dernier bateau qui venait de prendre la mer. Il aurait tenté de le rejoindre à la nage si oncle David ne l'en avait empêché. Il pensait en effet que nous étions en Angleterre. Le jeudi 27 juin, nous avons repris le chemin de la Belgique, d'abord sur une charrette de paysan jusqu'à la gare, puis en train. Et, en trois jours, nous étions à la maison.

À Anvers aussi, l'antisémitisme se manifestait désormais. Mon grand-père et mon père ont perdu leur travail. Une école du quartier a refusé de m'inscrire. Les médecins ne pouvaient plus nous soigner. Sur certains cafés et restaurants, entre autres sur le De Keyserlei, le panonceau «Juifs non admis» a fait son apparition. Pour pourvoir à nos besoins, grand-père a repris son ancien métier de tailleur, maman a tenu un dépôt de teinturerie, et papa faisait à vélo le métier de représentant en pièces pour cycles. L'atelier de couture de grand-père se situait entre le parc Boelaert et l'aérodrome de Deurne. Au début, c'était là aussi que nous habitions, mais nous avons dû quitter à cause de la proximité de l'aérodrome. Les premières troupes d'occupation avaient établi leur camp dans le parc. Elles étaient constituées de jeunes gens distingués et polis. Ils faisaient réparer et presser leurs uniformes chez mon grand-père, et ils lui donnaient régulièrement un pain. Mais les mesures contre les Juifs se sont faites plus sévères. La machine à coudre de grand-père fut réquisitionnée. Il devint obligatoire de porter une étoile, même pour les enfants dès six ans. On n'en recevait qu'une seule par personne. Grand-père et papa se sont alors mis – ô ironie! – à en reproduire, pour que nous puissions les coudre sur nos divers vêtements. Un jour, je roulais sur mon petit tricycle devant la porte. Survint un enfant de six ans environ qui, s'approchant de moi, me dit: «Donne-moi ce vélo! Et puis, tu as encore un bracelet, que tu vas me donner aussi! Un sale gosse de Juif n'a pas droit à tout ça.» Les Juifs ne purent plus avoir d'assurance ni de comptes d'épargne. Maman dut fermer le dépôt de teinturerie et abandonner son immatriculation au registre du commerce.

Puis ont commencé les déportations. La rumeur courait que, si l'on pouvait prouver son ascendance «aryenne» ou noble, on en était à l'abri. On se mit désespérément aux recherches généalogiques. Ma mère étant d'ascendance portugaise noble, il était donc possible qu'un de ses ancêtres fût un marrane[1]. Mon oncle Is Fransman reçut une convocation pour aller travailler en France dans le cadre de l'Organisation Todt. Le reste de la famille devait en contrepartie être laissée tranquille. Ne se doutant de rien, il est donc parti. Le Conseil juif organisait l'examen médical de ces travailleurs. Lorsque mon père a été appelé à son tour, il a avalé un pot entier de moutarde et il est parti pour l'examen à vélo en pédalant comme un fou: on l'a jugé incapable de travailler pour cause de palpitations cardiaques graves. Pendant ce temps, tout le monde se préparait au départ vers «l'Est». Grand-père cousait des sacs à dos pour toute la famille – y compris pour les enfants – où l'on entassait des vêtements chauds et des cachets de vitamines. Mon petit sac à dos brun était prêt, lui aussi, fait dans un restant de pardessus.

De plus en plus de gens étaient «invités» à se rendre à la caserne Dossin à Malines. Tous les jours partaient des familles entières, ignorantes de ce qui les attendait. On n'avait plus de leurs nouvelles. Du coup, tout le monde a commencé à douter, et les départs «volontaires» se sont réduits. Puis vinrent les grandes rafles. Dans la nuit du 28 août 1942, des soldats allemands et la police d'Anvers sont venus arrêter

1 NDT: Juif séfarade converti au christianisme.

tous les Juifs, sans distinction d'âge. Cette nuit-là toute ma famille a été déportée, sauf mon père, ma mère et moi-même. Ma mère, dont la grossesse était avancée, se trouvait au lit, et mon père sauta dans le jardin de la voisine par la fenêtre de derrière, depuis le premier étage. D'abord, les policiers du corps de Deurne, voulurent m'emmener toute seule. Eux non plus n'avaient apparemment aucune idée des projets des nazis: ils pensaient probablement qu'ils pourraient me ramener plus tard. Ils disaient que les Allemands étaient à la porte, et qu'ils devaient faire sortir «quelqu'un». Puis il s'est passé quelque chose de tragique: grand-père, qui avait tout entendu, est sorti de sa chambre et il a supplié la police de nous laisser tranquilles. Il a pris son sac à dos et il est parti avec eux... Cette nuit-là, l'atelier de couture de grand-père a été pillé, probablement par des voisins. Les clients lésés sont ensuite venus nous réclamer des dédommagements. Mes parents ont payé ce qu'ils pouvaient et ils ont donné des vêtements de grand-père et de papa. En tant que Juifs, nous ne pouvions en effet pas déclarer le vol et nous n'étions plus en mesure de faire jouer l'assurance. Quelques jours plus tard, on est venu pour prendre le reste de notre famille. Maman a prétendu que les contractions avaient commencé. Je savais ce que j'avais à faire: papa s'est mis dans le coffre contenant le trousseau, et je devais déposer les affaires de bébé sur lui, fermer le coffre et m'asseoir dessus. J'étais tellement tendue que je me suis mise à pleurer à chaudes larmes. J'avais très peur que l'on découvre papa ou qu'ils nous amènent, maman et moi. Les *Feldwebels* [1] qui sont venus chez nous étaient polis: ils ont claqué les talons et ils ont disparu.

J'étais souvent assise à la fenêtre et, de derrière le rideau, je voyais les camions de déménagement embarquer les gens. Une fois, j'ai vu une femme qui avait cousu l'étoile sur son chapeau se faire pousser brutalement par des soldats dans le véhicule. Oncle Herman et tante Stella, la sœur de ma grand-mère maternelle, vivaient dans la rue voisine. La nuit de la grande rafle, tante Stella avait mis fin à ses jours. Elle avait toujours dit: «Les boches ne m'auront pas vivante.» La police n'avait pas emmené l'oncle Herman. Il passait ses journées chez nous. Il ne portait plus l'étoile et s'aventurait dans la rue. Nous avons partagé avec lui le peu de nourriture que nous pouvions trouver. Il passait le plus clair de son temps à pleurer doucement. Le chagrin de mon grand-père au moment de son départ, et la souffrance d'oncle Herman... jusqu'à aujourd'hui, j'ai ces images devant les yeux.

1 NDT: équivalent du grade d'adjudant dans l'armée allemande.

L'accouchement de maman approchait. Papa ne pouvait pas se montrer dans la rue, il ne devait pas s'approcher des fenêtres... Pour passer le temps, il lisait beaucoup. Mélanie, la femme de ménage, allait chercher des livres à la bibliothèque. Il est arrivé que la bibliothécaire s'étonne qu'une femme enceinte lise tant de livres... La nuit, papa se postait à la fenêtre, sur l'arrière de la maison, pour prendre l'air. Une fois, une voisine l'a vu, et elle est allée rapporter à notre propriétaire qu'elle trouvait suspect que quelqu'un vienne chez nous, la nuit. Mélanie allait chercher nos tickets de rationnement; un jour, elle s'est fait répondre par l'employé de la Ville: «Ces Juifs-là n'ont qu'à venir eux-mêmes.» C'était bien sûr impossible: là-bas, la Gestapo était à la porte, et les Juifs étaient immédiatement emmenés. Mélanie n'osait plus venir chez nous. Nous vivions au jour le jour de ce que nous donnait la voisine, la propriétaire de la maison qui vivait en bas, des amis de la Société théosophique, et «Jan le marchand de volailles» dont la boutique était située en face de chez nous. Un jour, oncle Herman est arrivé avec un sachet de moules. Nous n'avions jamais rien mangé de ce genre, et il fut le seul à en manger.

Les enfants juifs devaient aller dans une école juive. Heureusement mes parents ne m'y ont pas envoyée: tous les enfants et les enseignants se sont fait arrêter. Donc pas d'école pour moi... Mais la directrice de l'école qui m'avait refusée avait donné à mon père un petit livre. Avec les meilleures intentions, mais hélas sans rien connaître à la pédagogie, papa a tenté de m'apprendre à lire. Je me souviens encore très bien de ce livre détestable, et des crises de colère de mon père. J'ai essayé d'apprendre à écrire toute seule, en copiant toutes les lettres que je rencontrais. Le premier mot que j'ai pu écrire sans faute a été *UNION MATCH*, copié d'une boîte d'allumettes.

Un jour, deux étrangers sont venus avec des «nouvelles de la caserne Dossin». Les lettres qu'ils montraient n'étaient manifestement pas écrites par des membres de la famille, et elles ne contenaient que des listes d'articles que nous avions à leur donner d'urgence. Mes parents ont néanmoins fait de leur mieux pour les leur donner. Des voisins ont reçu la même visite. Probablement la famille n'a-t-elle jamais rien reçu, et les hommes étaient-ils de vulgaires escrocs. Nous avons tout de même reçu une petite lettre de grand-père, depuis le dépôt de tram où l'on rassemblait les gens avant de les transporter à Malines.

Beatrix est née une nuit. Elle s'appelait Beppie, du prénom de la sœur de ma mère qui avait déportée. «Beppie» était en réalité le diminutif de Rebecca, mais comme c'était un prénom manifestement juif, ma sœur a été officiellement appelée Beatrix. Notre médecin juif, le Dr Content, qui n'était plus autorisé à exercer, est venu voir le bébé. Elle avait un conduit lacrymal bouché. Impossible d'aller à l'hôpital, si bien que le médecin est venu avec un ophtalmologiste de confiance et son fils, étudiant en médecine. Beatrix a été placée sur la table de la salle à manger, et on lui a débouché le canal lacrymal sous anesthésie. C'était tout à fait effrayant.

Les déportations se sont multipliées; les camions de déménagement Arthur Pierre venaient de plus en plus souvent embarquer des gens. Un jour, oncle Herman n'est plus revenu. Nous n'avons plus jamais eu de ses nouvelles. Un des policiers qui avait pris part à la rafle d'août 1942, Jos Veerman, est revenu nous prévenir qu'il était grand temps d'aller nous cacher pour de bon. Il appartenait à la Résistance, et il nous proposait de nous réfugier chez lui au premier étage. Grand-père Chai, le père de ma mère qui était resté seul dans la maison de ma tante, est venu se cacher avec nous.

Maman, ma petite sœur et moi avons vécu sous le nom d'emprunt «Spoelders». Je suis allée en première année dans une école de sœurs (*Immaculata*, à Deurne). La direction était au courant de ma situation. J'ai été bien accueillie. Pour les enfants rachitiques il y avait des repas spéciaux: du lait, un sandwich au fromage, aux sardines ou au thon. J'ai toujours essayé de mettre quelque chose de côté pour le ramener à la maison, mais quand la sœur me prenait sur le fait elle me forçait à tout manger sur place, parce que j'en avais moi-même besoin. Je faisais normalement le trajet de l'école avec les filles du quartier. Un jour, nous sommes passées devant une maison dont les meubles et tout le reste avaient été jetés à la rue. Une des deux filles qui m'accompagnaient a fait: «Ils ont vidé un trou à Juifs.» J'ai pris peur mais je n'ai rien dit à la maison.

Notre famille connaissait des tensions. Nous vivions à cinq dans un espace très restreint. Grand-père était sourd et parlait très fort – alors que, justement, nous ne devions pas nous faire entendre –, la liberté de circulation de papa était très limitée, et maman faisait la mère poule avec Beatrix. Un soir, après une banale dispute, papa s'en est allé, alors qu'il était interdit de sortir le soir. Jos Veerman, notre voisin, est parti à sa recherche avec une patrouille de police pour l'«arrêter» avant qu'il ne tombe entre les mains des Allemands. Des réunions de résistants se tenaient régulièrement chez lui. Et ils ont probablement été dénoncés: une nuit sa femme est arrivée en pleurs nous dire qu'il venait d'être arrêté, et que les Allemands allaient revenir pour chercher son fils. Il nous fallait disparaître au plus vite. Nous avons erré toute la nuit. Après quoi, nous avons été logés à diverses adresses. Grand-père était quelque part dans une famille, et il est mort là-bas. Son corps a été déposé par des résistants dans une habitation vide. Plusieurs journaux ont publié un appel pour l'identifier, dont l'un était même accompagné d'une photo.

Nous avons vécu un moment à Lange Lobroekstraat, au-dessus d'un café en face de l'abattoir. J'allais dans une école minable à Demerstraat. Les enfants portaient des sabots. J'étais infirme d'un pied et je ne pouvais donc pas en porter. Et mes chaussures orthopédiques étaient depuis longtemps déjà trop petites et très usées. Quand il y avait un bombardement, tout le monde allait s'asseoir sous l'escalier avec, sur la tête, une casserole en guise de casque. Papa, qui ne devait pas se faire voir, ne venait pas avec nous. Un jour, maman a été abordée par un homme en bottes, qui lui a demandé s'il y avait des Juifs dans cette maison. Maman a répondu qu'elle ne savait pas, mais qu'il pouvait toujours poser la question à d'autres habitants. Et nous avons encore une fois changé d'adresse. Après une brève période dans la partie arrière d'une maison, quelque part près d'un parc, nous avons trouvé refuge dans un grenier sombre et crasseux de la Van de Wervestraat. Là, nous n'avions rigoureusement rien. Nous dormions tous les quatre dans un lit sans draps. Nous avions en tout et pour tout une petite cuiller à bouillie en argent. Avec maman je suis donc allée acheter deux bols beiges en faïence, dans lesquels nous avons pu manger. J'allais à l'école dans la Rodestraat, une école tout aussi minable que la précédente. Maman s'absentait régulièrement pour garder le contact avec des personnes qui nous aidaient. Papa et moi restions dans ce grenier à l'attendre, rongés d'angoisse.

Un jour, nous avons été contactés par un homme qui nous avait déjà aidés auparavant. Mais, cette fois, il venait nous informer qu'il pouvait gagner mille francs par adulte et cinq cents francs par enfant s'il nous dénonçait. Cette fois, nous avons été accueillis par des amis de la Société théosophique, la famille Van de Wouwer. Nous avons passé la nuit chez eux. Le lendemain matin nous sommes allés à la gare Centrale d'Anvers. Maman marchait seule, papa marchait seul, M. Van de Wouwer portait Beatrix dans les bras, et moi, je donnais la main à Mme Van de Wouwer. Aucun d'entre nous n'a été interpellé par les Allemands qui contrôlaient la gare. Nous avions un minimum de bagages, mais nous portions plusieurs couches de vêtements les unes sur les autres. Nous avons pris le train pour Bruxelles. Et là, un homme nous a fait entrer dans un sous-sol avant de disparaître. Dans ce sous-sol, étaient entassés des passeports, des tampons et du papier. Quand il a fait bien noir, quelqu'un d'autre nous a emmenés. Et c'est ainsi qu'a commencé notre fuite vers la Suisse.

Seules les familles avec des enfants de moins de six ans étaient tolérées en Suisse en tant que réfugiées. Je fus confiée à une femme et à un homme qui m'étaient totalement étrangers. J'ai à nouveau changé de nom, et je devais répondre que j'avais cinq ans, alors que j'en avais sept. La femme, outre le polonais et le yiddish, parlait un pauvre néerlandais, mais l'homme ne connaissait pas du tout le néerlandais. Mes parents s'étaient quant à eux vu confier une jeune fille de dix-sept ans, soi-disant une enfant que ma mère aurait eu d'un premier lit. Je devais faire semblant de ne connaître ni mes parents ni ma sœur, et je devais dire «maman» et «papa» à ces étrangers. Je n'ai que des bribes de souvenirs de ce voyage. Nous avons effectué chaque trajet en compagnie de nouveaux passeurs, que nous ne connaissions pas du tout. Les hommes ont dû franchir la frontière belgo-française, de nuit, en passant par un bois. Les femmes et les enfants ont passé la frontière en plein jour, soi-disant pour aller assister à un enterrement en France. Au poste-frontière où nous sommes passés, les douaniers français avaient été corrompus, et il n'y avait pas d'Allemands. En France, nous avons effectué certains voyages en train, d'autres en camions ou dans des charrettes de paysan, et nous avons parfois dû marcher beaucoup. C'était très difficile pour moi qui portais des chaussures orthopédiques trop petites. Dans notre groupe il y avait une fille d'environ dix-huit ans, Mitzi. Une nuit, nous avons logé dans un petit hôtel de village. Le passeur était ivre-mort. Il voulait à tout prix coucher avec Mitzi, mais la fille s'était cachée. L'homme gueulait qu'il n'allait plus nous aider s'il n'avait pas Mitzi. Le lendemain matin, les hommes étaient déjà partis. Il les avait guidés, de nuit, à travers les bois. Après cela, les femmes et les enfants ont été accompagnés à des «funérailles» par un passeur féminin.

Pour certains itinéraires, nous n'étions pas accompagnés. Nous étions en ce cas envoyés à un lieu où quelqu'un nous attendait, lequel nous orientait à son tour. C'est ainsi que nous devions être accueillis dans une station de métro de Paris. Mais il n'y avait personne. Après des heures d'attente est arrivé un homme, ivre lui aussi. Il semblait remplacer quelqu'un qui avait été arrêté. Plus tard, j'ai entendu dire que certains passeurs buvaient pour surmonter leur peur, se montrant plus audacieux quand ils étaient dans un léger état d'ébriété. Nous l'avons suivi. À un moment donné ma mère n'a plus voulu poursuivre. Elle estimait que le groupe se faisait trop remarquer. Nous avons pris une rue latérale. Toutes les personnes qui marchaient devant nous ont été arrêtées par la police française pour un contrôle, et nous avons été conduits dans une maison, où nous devions garder le silence. Nous avons rassemblé tout ce que nous possédions de valeur, ce qui a permis au passeur de corrompre les policiers et de faire libérer tout le monde.

Je me souviens très bien du dernier trajet. C'était par une nuit très sombre. Nous marchions les uns tout près des autres pour traverser un bois, et nous devions parfois faire halte. Plus tard, j'ai appris que des soldats allemands patrouillaient avec des chiens de le long de la frontière; il fallait donc prêter attention à la direction du vent. Après une longue marche, nous sommes arrivés à un barrage de barbelés. Le passeur a ôté quelques branches. Dessous, il y avait une tranchée: nous l'avons empruntée à plat ventre, ce qui nous a permis de nous glisser sous le barbelé. Une fois tout le monde arrivé jusqu'au *no man's land*, les «symboles» furent remis. Car un tel exode avait bien sûr un prix. Après la guerre, mon père m'a expliqué le système. Il avait fallu soudoyer des gens: des douaniers, des agents de police et d'autres. Il avait aussi fallu payer le transport, l'hébergement et les papiers. Une partie était payée à l'avance, l'autre partie pouvant être récupérée chez une personne de confiance après que les réfugiés aient passé la frontière. Comme preuve, un objet était remis au passeur; dans notre cas, il s'agissait d'une carte coupée en deux. Mon père avait donné une moitié au passeur, l'autre moitié était chez des amis à Anvers, qui ont payé une fois qu'ils eurent reçu la seconde moitié de la carte. Le clandestin nous avait dit de continuer tout droit jusqu'à ce que nous tombions sur la police suisse. Ce fut une marche difficile dans le noir, sur un terrain en pente et boisé. À un moment donné, papa est tombé avec ma sœur, et je me suis écriée «papa». Les autres étaient fâchés car nous ne devions pas nous faire entendre. Et apparut soudain le puissant faisceau d'une lampe braquée sur nous. La police suisse des frontières venait de nous découvrir.

Nous avons été interrogés et on a pris nos empreintes digitales. J'ai dû continuer à mentir sur mon âge et sur mon identité, sinon nous pouvions être refoulés. Nous avons été conduits en voiture à un camp d'accueil. Une expérience étrange: les rues étaient éclairées. Les vitrines des magasins aussi, et je fus étonnée d'y voir des oranges. Dans le premier camp, Champel près de Genève, on nous a photographiés, puis à nouveau pris nos empreintes digitales, et nous avons été longuement interrogés. Je devais continuer de prétendre que cet homme et cette femme étrangers étaient mes parents et que je portais un autre nom. Nous avons subi également un examen médical et avons été placés en quarantaine. Nous dormions dans de grandes salles, dont deux côtés étaient délimités par des lattes, avec de la paille derrière. C'était à la fois notre dortoir et notre salle de séjour. Nous avions chacun une couverture de l'armée. J'étais dans une autre salle que celle où se trouvaient mes parents et ma sœur. Les enfants recevaient un fond de lait dans un gobelet d'aluminium et des pommes de terre en robe des champs avec un petit bout de fromage. Au bout de quelques jours, des cars de l'armée sont venus prendre une partie des gens, dont mes parents et ma sœur. Ma soi-disant mère m'a dit qu'ils allaient revenir bientôt. Je suis donc restée à la fenêtre et je pleurais. Je sanglotais au point de ne même plus arriver à parler. Le soir, je n'ai rejoint ma couverture sur la paille qu'avec la promesse que le car viendrait me prendre le lendemain.

J'étais très inquiète pour ma famille: à Anvers, j'avais déjà vu partir tant de monde... Et puis ces uniformes de soldats et de policiers suisses qui ressemblaient étrangement à ceux des Allemands à Anvers... De surcroît, ils parlaient souvent allemand. J'ai su plus tard que ma mère et ma sœur avaient été conduites dans un foyer pour mères avec de jeunes enfants ou des bébés. Elle y a retrouvé une amie d'Anvers, Clara Cohen-Witjas, que nous appelions «Tante Clara». Dans ce foyer, il y avait de vrais lits avec de la literie, et la nourriture était aussi un peu meilleure que celle du camp d'accueil. Papa était placé au Petit-Saconex, un camp qui ressemblait à Champel: des bacs de paille pour dormir, de toutes petites rations de nourriture, des tasses et des assiettes en aluminium, sous la surveillance constante de la police et de l'armée. Mon «livret pour réfugiés» s'est fait tamponner: «interné par décision du 6.4.4. de la division de police du département fédéral de justice et police». En d'autres termes, à l'âge de sept ans, on me punissait pour avoir menti sur mon âge et mon identité. On m'a internée... au Petit-Saconex, où j'ai été heureuse de retrouver mon père. Le dimanche, papa pouvait rendre visite à maman et Beatrix. Une fois, j'ai pu y aller moi aussi: ce furent d'heureuses retrouvailles. Nous étions dans un beau jardin, et j'ai eu un bon goûter. Je suis restée enfermée au Petit-Saconex jusqu'au 12 mai 1944. Maman me manquait énormément. Je voyais papa de temps en temps, quand il ne devait pas aller travailler; nous nous promenions alors ensemble dans le jardin. Papa s'était lié d'amitié avec un garçon pieux qui lui donnait des cours de religion dans leurs moments libres. À ces moments-là, j'écoutais en silence. Hommes et femmes étaient strictement séparés. J'aurais aimé être à table avec papa, mais ce n'était pas autorisé. Et puis nous étions en permanence sous contrôle médical; mais j'ai toujours pu y échapper. Je me cachais, car j'avais peur que les médecins ne décident de m'opérer du pied. Et, en plus, j'avais peur des piqûres. Depuis une septicémie, je ne pouvais plus recevoir d'injections de sérum, or je voyais beaucoup d'enfants se faire piquer.

Le 13 mai 1944, j'ai été amenée au *Flüchtlinglager Bremgarten*[1]. Papa aussi, mais nous étions séparés une fois de plus, et nous ne nous voyions

---

1 NDT: Camp de réfugiés de Bremgarten.

qu'occasionnellement. Il logeait dans une ancienne caserne, et moi dans un ancien monastère à l'autre bout du village. Et à nouveau: coucher sur la paille et surveillance militaire. Les soldats étaient dans des locaux jouxtant l'entrée du monastère, et il y avait toujours à la porte un garde armé. Les soirées étaient le plus souvent bruyantes: les soldats buvaient. De temps à autre, le garde y entrait aussi. Une fois, j'en ai profité pour m'évader de nuit et foncer tout droit, dans le noir, à la caserne. Le soldat qui montait la garde là-bas, s'est bien demandé quoi faire. Il parlait suisse allemand, mais il a tout de même saisi que je voulais aller voir papa. Il m'a conduite dans le grand dortoir où les hommes dormaient dans la paille. Cela a provoqué une certaine agitation quand plusieurs se sont réveillés et qu'ils m'ont vue. Je n'ai pu rester qu'un court instant avec papa: un autre soldat m'a ramenée au camp des femmes. Dès lors, on m'a eue à l'œil. Je suis néanmoins encore une fois parvenue à échapper au contrôle médical en me cachant dans une armoire.

Je ne sais plus s'il y avait ou non des barbelés autour du camp. Le matin, on faisait l'appel. Puis il fallait plier correctement les couvertures; j'avais du mal à le faire toute seule, et je devais tout le temps attendre que quelqu'un puisse m'aider. Le commandant du camp était un gros officier, qui possédait des champs de blé. Il obligeait les femmes et les enfants à trier les grains pendant de longues journées. Pour ce travail, nous étions assises sur des bancs, à de longues tables sous un abri.

Pendant des mois, je n'ai pas vu maman et Beatrix. Mon père ne cessait de trouver de bonnes raisons pour venir me rendre visite. Il obtint, par exemple, l'autorisation de venir me masser le pied deux fois par semaine. En outre, comme il travaillait dur, il avait droit à quelques suppléments à la cuisine, des pommes de terre sautées et du thé à la menthe, qu'il venait partager avec moi.

L'atmosphère était très tendue. À table, j'ai une fois vu une femme lancer un couteau à une autre. La Croix-Rouge nous avait fourni un nécessaire de toilette. J'avais reçu une petite brosse à dents, qu'une adulte m'a prise des mains… pour se brosser les cils. Il y avait parfois de petites fêtes. Les enfants dansaient sur scène et jouaient des sketches. Je n'ai jamais pu y participer: ce n'était pas convenable que je danse avec mon vilain pied, et je ne pouvais pas non plus jouer dans un sketch, vu que je parlais une langue différente.

La Croix-Rouge nous distribuait des vêtements, mais vraiment très peu. Dans le jardin il y avait un portail en bois dont le bas était usé, et en posant la tête par terre, on pouvait voir les pavés et les jambes des passants. Parfois, une femme venait y glisser des jouets et des vêtements d'enfants. Si on était rapide, on pouvait attraper quelque chose, mais souvent le vêtement n'allait pas. La femme épiait sous la porte, et ne se gênait pas pour rire tout haut des bagarres entre les enfants.

Un jour, un photographe devait venir. Papa a pu me rejoindre au camp des femmes pour poser avec moi sur la photo. La plupart des enfants avaient leur mère pour les faire belles, mais moi j'étais toute seule. Heureusement, une grande m'a aidée à faire des nattes et m'a noué un ruban dans les cheveux. Beaucoup d'enfants avaient le crâne rasé à cause des poux, dont trois enfants d'une famille que tout le monde appelait «l'armée rouge» parce qu'ils étaient tous roux. C'étaient des durs qui, à eux cinq, terrorisaient les autres enfants.

Un jour, nous avons appris que maman et Beatrix allaient, elles aussi, venir à Bremgarten. On nous a attribué, à maman, Beatrix et moi, une ancienne cellule de religieuse donnant dans l'église par une fenêtre à barreaux. Il y avait des lits tout à fait primitifs, et une caisse dans laquelle Beatrix pourrait dormir. Papa devrait quand même rester à la section des hommes. Le jour prévu pour l'arrivée de maman, papa et moi étions à l'attendre à la fenêtre de notre petite cellule, située dans une voûte surplombant la ruelle qui séparait le monastère de l'église, formant un pont. Soudain, un groupe de personnes est apparu et j'ai vu maman avec Béatrix dans les bras. Cette image, je la porte à jamais avec moi. Maman portait une veste beige et un petit chapeau bordeaux orné d'un ruban qui flottait au vent. Elle avait pour bagage un grand sac à provisions. Béatrix portait une robe rose en laine. Papa et moi nous sommes précipités en bas, mais il nous fallut attendre encore longtemps à cause des formalités. Dans les camps, la Croix-Rouge fournissait un minimum de jouets et j'avais toujours mis la main sur quelque chose pour ma petite sœur. J'étais maintenant fière de pouvoir étaler tout cela sur son petit lit. Je me fichais bien que les autres enfants se soient, à chaque fois, moqués de mon choix «bébé». Maman a reçu comme tâche d'entretenir l'appartement du commandant, de lui servir ses repas, et de lui préparer – à l'heure – le thé et le café. Les petits enfants étaient gardés pendant les heures de travail, mais maman gardait Béatrix avec elle, jusqu'à ce qu'un jour elle casse une tasse de porcelaine, et que maman se voie attribuer un autre emploi. Notre chambre était infestée de souris, qui se promenaient jusque sur nos lits. Une nuit, une souris fut prise dans un piège, mais elle parvenait tout de même à se traîner. Maman est allée alerter le garde qui est entré le pistolet à la main.

Vinrent de mauvaises nouvelles: notre peine allait se poursuivre, et nous allions être transférés. Papa s'était fait condamner à une sanction disciplinaire, parce que nous avions franchi illégalement la frontière, et il devait aller dans un pénitencier de mauvaise réputation. Nous pouvions toutefois choisir de nous faire renvoyer… vers un territoire occupé. Certains réfugiés l'ont fait parce qu'ils pensaient que la guerre serait bientôt finie. Papa a essayé de faire durer son séjour à Bremgarten. Le monastère devait être repeint, et il s'est présenté pour cette tâche. Il a proposé que soit appliqué aux murs du rouge, du jaune, du bleu et du vert, par aspersion à la brosse pour former de petites boulettes de toutes ces couleurs: un travail de longue haleine. Cela a nécessité beaucoup de peinture, et papa devait souvent aller à pied en ville pour se procurer de la peinture qu'il ramenait sur une charrette. Le soldat qui l'accompagnait et l'homme à tout faire suisse allaient souvent boire un verre, parfois un peu trop, si bien qu'ils étaient partis des heures. Le 1er août 1944, maman, Beatrix, et moi avons dû partir. Le 19 septembre, papa a été transféré au bagne.

Notre nouveau lieu de résidence, à Gursch près de Lucerne, était un grand hôtel tout délabré. Nous avions une chambre dans les étages du haut. Ni le chauffage, ni l'eau, ni l'ascenseur ne fonctionnaient, et il fallait monter l'eau dans des seaux. Ce fut une période pénible. Et nous recevions de mauvaises nouvelles de Witzwill, le pénitencier où était emprisonné papa, même si ses propres lettres se voulaient optimistes pour ne pas nous inquiéter. Il arrivait beaucoup de nouveaux réfugiés, d'autres partaient dans des institutions, en fonction de la nationalité et de la composition de la famille. Nous, par contre, vu que nous accomplissions une peine, n'avons pas réussi à nous faire affecter au camp néerlandais. J'avais peur d'être placée dans un foyer ou dans une famille suisse. Tous les jours, on affichait des listes d'enfants qui étaient ainsi «adoptés». J'allais avec maman les regarder, et certains jours, la peur m'empêchait d'avaler quoi que ce fût. Les enfants allaient parfois se promener, escortés par un soldat et une femme suisse. Une fois, nous sommes allés à Lucerne. Une dame «charitable» nous a jeté depuis son balcon des vêtements d'enfant. Les plus grands et les plus robustes ont pu en saisir des quantités. Moi, je n'ai pu attraper en tout et pour tout qu'une petite ceinture, et maman s'est fâchée parce que je n'avais rien ramené d'intéressant.

Papa avait pu prendre contact avec la Société théosophique en Suisse. Des membres importants se sont démenés pour obtenir qu'il sorte de prison, et que la famille soit réunie dans le camp hollandais Beau-Site. De leur côté, Cobus et Clara Cohen tentaient, depuis Beau-Site, d'intervenir auprès de l'ambassade néerlandaise. Puis Gursch dut être évacué. Ils voulaient rénover le bâtiment pour les officiers allemands, qui, à la fin de la guerre, fuyaient vers la Suisse. Nous avons déménagé à «Les Avants», un énorme hôtel de sports d'hiver surpeuplé. Au bout de quelque temps, est arrivé un grand nombre d'enfants, de Hongrie je crois, qu'on avait envoyés dans les forêts pour leur sauver la vie. Ils étaient couverts de plaies et infestés de vermine: horrible. Par manque de chambres, ils logeaient dans une salle où l'on avait disposé de la paille. Ici aussi, ascenseur, chauffage et eau étaient hors d'usage, mais nous étions maintenant plus près de Beau-Site et nous étions en contact avec tante Clara et oncle Cobus. Une fois, j'y suis même allée toute une journée: ce fut la fête. J'étais chez des gens que je connaissais et qui parlaient néerlandais. J'ai pu manger à la cantine des enfants: à satiété, et délicieux... Entre-temps, les interventions de la Société théosophique et de l'ambassade avaient produit leur effet: papa fut transféré de Witzwill successivement dans deux camps et, finalement, nous avons été réunis le 14 octobre 1944 à Beau-Site, après avoir erré sept mois de camp en camp.

Beau-Site a été une période agréable. Je vivais avec mes parents et ma sœur au deuxième étage, dans une chambre avec balcon donnant sur les montagnes et le lac Léman. Les gens parlaient néerlandais, plus de surveillance policière ou militaire... Même si beaucoup se plaignaient de la nourriture, c'était le jour et la nuit par rapport à ce que nous avions connu jusqu'alors. Avec les autres enfants j'allais en tram à une école néerlandaise dans une ancienne villa sur le lac. Papa travaillait à la réserve. Maman cousait avec son amie Clara Cohen, et effectuait d'autres tâches encore. Au plan financier cela demeurait quand même très difficile. Nous recevions un peu d'argent de l'ambassade néerlandaise, mais c'était encore très juste. J'ai obtenu de nouvelles chaussures, ce qui me permettait désormais de marcher sans me faire mal. Je me suis fait opérer du pied à la clinique «La Source» de Lausanne: une expérience désagréable, parce que mes parents ne pouvaient pas me rendre visite, si bien que je suis restée dix jours toute seule parmi des gens qui ne me comprenaient pas. Ce fut la fête quand mon père est venu me chercher. Nous sommes allés à l'hôtel Beau-Site en voiture – je ne pouvais pas marcher à cause de mon plâtre. J'ai été accueillie par un petit comité d'adultes et d'enfants, et Simon Hacker, un ami de papa m'a transportée à l'intérieur. Ensuite, j'ai pu retourner à l'école. Papa avait trouvé un vieux landau et il me conduisait à l'école. C'était un long trajet. Nous ne pouvions pas prendre le tram avec la petite voiture, et papa me poussait dans la côte, qui était bien raide. Quand il venait me chercher l'après-midi, il y avait toujours quelques gars à pied pour la pousser. À l'école «Juliana», nous avions pour maîtresse Mlle Klerenkoper. Elle n'avait pas les diplômes, mais faisait de son mieux pour enseigner quelque chose à des élèves qui avaient entre six et neuf ans et qui étaient de niveaux différents: nous avions été très peu, voire pas du tout, à l'école dans nos pays d'origine. Les enfants plus âgés étaient avec Mlle Broers, elle-même réfugiée. Il y avait en outre un professeur suisse, un homme âgé portant une petite barbiche, qui nous tapait sur les doigts avec une baguette de rotin quand nous faisions des bêtises. J'avais des séances régulières de rééducation dans un établissement de Lausanne, et pour y aller je devais me faire accompagner d'un adulte. Mes parents me confiaient parfois à l'un ou à l'autre de leurs amis, ce qui leur faisait une sortie.

Un jour, les chambres ont été redistribuée pour accueillir un groupe de prisonniers de Theresienstadt. Maman et tante Clara sont allées cueillir des fleurs – il y en avait partout, à flanc de coteau – pour agrémenter les chambres des nouveaux arrivants. Les enfants sont allés avec nous à l'école. Ils ont eu du mal à s'intégrer. Il faut reconnaître que nous nous permettions parfois de les embêter un peu…

Derrière l'hôtel vivait une enseignante suisse à la retraite qui était théosophe; une femme maigre et élancée, au visage rougeaud, portant des lunettes à monture métallique: Mlle Cuisenier. Elle avait les cheveux gris et raides, coupés courts. Autour de sa maison il y avait un bout de prairie où était un vieux cheval, ainsi qu'un potager qu'entouraient des groseilliers, et un carré de fraises. Elle m'invitait régulièrement. J'escaladais alors le petit mur pour la rejoindre et elle me faisait goûter de bonnes choses: des fraises, du pain avec de la pâte de noisette, une tasse d'«Ovomaltine»… Elle m'a même enseigné des rudiments de français.

Après un certain temps à Beau-Site, on était autorisés à aller passer une semaine ailleurs, disposant alors d'une somme d'un montant égal ce qu'aurait coûté la pension au camp. Cela nous a permis de louer une chambre pendant une semaine chez une vieille dame, dans un chalet à Blonnay, un village situé plus haut dans la montagne. Pour la première fois depuis longtemps, nous avons vécu durant tout une semaine comme une famille indépendante. Pour moi, ce furent de vraies vacances.

Vers la fin de la guerre, la tension montait. Il y avait une grande carte sur laquelle étaient épinglés de petits drapeaux. En entendant les récits des personnes venues de Theresienstadt nous étions devenus très inquiets au sujet de mon grand-père, mon oncle, ma tante, mon cousin et ma cousine. Une fois, la Suisse fut bombardée. La frontière entre la France et la Suisse traverse le lac. De notre balcon, nous avons vu les flammes et entendu les détonations; cela a provoqué une certaine panique. Puis est venu «l'hiver de la faim» aux Pays-Bas. À l'école, nous tricotions des carrés, qui étaient ensuite cousus ensemble pour être parachutés en guise de secours aux Pays-Bas, en même temps que d'autres choses. Les femmes de la communauté néerlandaise organisaient des après-midi de couture. On y faisait des vêtements pour les enfants des zones sinistrées. Naturellement, maman y participait. Bien que la Belgique ait déjà été libérée, nous avons dû attendre la fin définitive de la guerre pour être rapatriés. La tension et l'inquiétude au sujet de notre famille n'en étaient que plus grandes. Les messages que nous recevions n'étaient pas rassurants. L'été 1945, nous allions être rapatriés et on nous a donné à chacun une valise en carton et une caisse pour ranger nos affaires. Nous allions enfin pouvoir rentrer à la maison.

Le 29 juillet 1945, ce fut le grand jour: en train vers la Belgique. Notre famille a partagé un compartiment avec tante Clara, oncle Cobus et leurs deux garçons. J'espérais revoir mon grand-père, mes tantes, mes oncles, mes cousins et mes cousines, et j'avais idéalisé notre «chez nous». Ma déception, à l'arrivée, n'en fut que plus grande. Quelle ne fut pas ma déception, en arrivant! À Bruxelles, tous les réfugiés étaient rassemblés dans une grande salle. Les gens de la Croix-Rouge nous apportaient à manger et s'occupaient des indispensables formalités. J'étais triste car ce que j'avais prévu, c'était les retrouvailles avec notre famille. Dans la soirée, nous sommes arrivés en train à Anvers. Là, nous avons dû passer des heures dans la salle d'attente, pleine de soldats. Ils nous ont donné des bonbons, et prêté une couverture pour dormir sur un banc. Oncle Cobus a pris contact avec la famille Veys. M. Veys, «oncle Arthur» était laitier, et il est venu nous chercher dans la matinée en charrette attelée. J'étais terrifiée par ce que je voyais de la ville: les bombes V en avaient dévasté une grande partie.

Les premiers temps ont été chaotiques. J'ai logé ici et là pendant que mes parents essayaient de s'organiser. Cela me serrait le cœur d'être dans la maison où avaient vécu mes oncles, tantes, neveux et nièce, et où j'avais si souvent dormi. Papa et M. Van de Wouwer se sont mis ensemble pour remettre en état la maison de mes grands-parents, là où j'étais née, dans la Korte van Ruusbroecstraat. La moitié de la rue avait été bombardée. Toutes les fenêtres étaient brisées, le rez-de-chaussée était à ciel ouvert, les tuyaux, les lavabos et les câbles électriques avaient été volés. Dès que ce fut plus ou moins habitable, nous y avons emménagé. Heureusement, nous avions des meubles, que des amis avaient sauvés.

J'ai pu retourner à l'école. On m'a mise en troisième année, où j'ai tout de suite pu suivre correctement, et je n'avais qu'une année de retard. Nous nous sommes alors mis à la recherche des membres de la famille qui auraient pu survivre, notamment par l'intermédiaire de la Croix-Rouge. Il est peu à peu devenu évident qu'aucun n'avait survécu à la déportation.

Ce fut très dur pour mes parents. Papa n'avait pas de travail. En tant que Néerlandais, il lui fallait un permis de travail, ce qui nécessitait des paperasses à n'en plus finir. En outre, il y avait tout un tas de documents administratifs à établir: cartes d'identité, tickets de rationnement, assurance maladie... Papa a d'abord dû apporter la preuve qu'il n'avait pas «collaboré». Même si de bons amis nous avaient aidés en prenant de grands risques pour eux-mêmes, il traînait dans le quartier un climat d'antisémitisme. Je jouais beaucoup dans la rue, enregistrant ainsi toutes sortes de propos: nous vivions dans un «trou à Juifs», «les Juifs sont sales: lorsqu'ils étaient emmenés pendant les rafles, ils ne vidaient même pas leur pot de chambre», et «nous étions des Juifs riches qui faisions la noce durant nos vacances en Suisse, tandis que d'autres crevaient de faim.» Il n'est pas surprenant que beaucoup de Juifs aient voulu quitter l'Europe. Mes parents eux-mêmes ont envisagé d'émigrer en Amérique ou en Australie. Mais il fallait, encore une fois, indiquer si l'on était Juif, ce qui fait que papa a renoncé à l'émigration.

Stella Blits, une cousine éloignée de vingt et un ans, est venue habiter chez nous. Elle avait passé trois ans dans divers camps de concentration, et elle était là quand ses parents ont été emmenés à la chambre à gaz. C'était très dur pour elle. Mes parents ne voulaient pas qu'elle parle d'Auschwitz en ma présence. Il n'empêche que j'ai beaucoup «capté». J'étais aussi impressionnée par le numéro tatoué sur son bras.

D'une organisation des États-Unis, nous recevions des colis, pour lesquels nous n'avions à payer «que» les droits de douane. Il était stupéfiant de voir ce qu'ils contenaient: des corsets, des tenues de soirée, des chaussettes dépareillées, des médicaments sans leur notice, des pantalons de pyjama et un tas d'autres choses tout aussi inutiles. Avec une famille voisine qui recevait aussi de tels articles, nous n'avons rien trouvé de mieux à faire que d'organiser une fête costumée.

Nous avons connu des difficultés financières. Pour garder notre maison, nous avons dû prouver que grand-père n'était plus en vie. En outre, il y avait un crédit hypothécaire dont les échéances n'avaient pas été payées au cours de la guerre. Et en Suisse, papa avait dû s'engager à rembourser tous les frais du séjour. L'Ambassade des Pays-Bas en Suisse avait méticuleusement tout consigné: non seulement le logement, mais aussi tous les vêtements, les soins médicaux, l'argent pour les dépenses courantes... Et le consulat néerlandais à Anvers faisait pression pour récupérer l'argent. En avril 1949, quand la preuve fut apportée que grand-père avait péri à Auschwitz, le consul général fit valoir ses droits sur notre maison. Papa dut proroger le prêt hypothécaire. Quelqu'un du consulat venait à la maison nous presser de rembourser plus rapidement. Une fois il m'a interpellée. Il avait appris que je faisais des études secondaires, alors que la scolarité n'était obligatoire que jusqu'à quatorze ans. J'en avais quinze. Il estimait «indécent» que je sois encore à l'école tandis que mes parents étaient si endettés: selon lui, j'aurais déjà dû commencer à travailler dans un bureau. Heureusement mes parents n'ont pas donné suite. Et le 30 mai 1956, papa effectuait son dernier remboursement.

TRAHI PAR «GROS JACQUES»

Albert Sanfeld

Je suis né à Etterbeek, le 31 août 1932, de parents immigrés dès les années 1920 de la triste Pologne fasciste nourrie d'une étrange chrétienté antisémite. J'ai vécu mes années d'enfance dans une famille très pauvre mais très unie. Enfant de santé délicate, je suivis une première année scolaire après une école gardienne au souvenir ensoleillé. Notre univers: la rue où je jouais à la marelle, en compagnie de ma sœur et de son amie Hélène Wach, autre rescapée de l'enfer nazi. Père et mère travaillaient durement dès l'aube jusqu'à tard dans le soir dans leur appartement de la chaussée de Mons, à proximité des Abattoirs. Mais la maroquinerie n'a jamais enrichi l'artisan habile que fut mon père.

Au début de la guerre, six longues journées en train sans arrêt et sous les bombardements incessants nous amenèrent à Bordeaux. De là nous nous rendîmes, sur les conseils d'amis avisés, dans un petit village des Pyrénées, près de Saint-Gaudens – Ponlat Taillebourg, où la propriétaire de la ferme, madame Verdier, aidée par sa fille Clémentine, nous hébergea avec toute la chaleur humaine des gens simples. Mon père travaillait aux champs et ma mère s'occupait de leur ménage, exerçant en outre son métier de tailleuse. Ma sœur Ida, dix ans, et moi-même fréquentâmes l'école du village jusqu'au mois de novembre 1940, date ultime avant notre départ pour un camp d'internement près de Clermont-Ferrand, sur ordre de Vichy. Souvenir très vivace de l'horreur: miradors, barbelés, cris, alimentation infecte, saleté repoussante… Les premières victimes de la collaboration hitlérienne furent

Ma sœur Ida lors de sa communion solennelle, en mai 1943.

les républicains espagnols. Nous apprîmes que nombre d'entre eux furent torturés et moururent dans des conditions particulièrement atroces. De ce séjour au camp, je garde la mémoire de la maladie qui m'atteignit et me contraignit à être séparé de mes parents pour être hospitalisé à l'Hôtel-Dieu de Toulouse. J'y fus fort bien soigné. Rétabli après six semaines, je rejoignis ma famille et le camp. Mes parents projetaient depuis belle lurette une évasion afin de gagner l'Espagne. On les en dissuada et on leur conseilla de regagner la Belgique. D'une part, le risque d'un parcours difficile sur les pentes escarpées des Pyrénées était très grand; de l'autre, la situation en Belgique occupée semblait relativement normale. L'absence de régime collaborationniste nous garantissait une certaine quiétude. La population locale vaquait à ses occupations, les seules contraintes étant la privation des libertés politiques et le rationnement.

Avec l'aide d'un passeur, en compagnie d'une autre famille, nous partîmes à l'aube, après plus de six semaines d'internement. Le souvenir de cette fuite reste ancré dans ma mémoire: fils barbelés sectionnés, courses à travers les champs dans un brouillard épais (ce qui nous a probablement sauvés), porté par mon père durant trois semaines de marche forcée de village en village où la Résistance alertée et la population nous accueillirent avec une générosité exemplaire. Logés le plus souvent dans des granges, ne sortant la journée qu'avec toute la prudence requise, en raison du couvre-feu, nous arrivâmes dans la zone de démarcation par une nuit étoilée. Un cours d'eau séparait la zone occupée de cette zone dite «libre». Des patrouilles allemandes sillonnaient en permanence le chemin bordant la rivière, les chiens bergers en éveil leur servant d'indicateurs d'une présence insolite. Abrités dans un hangar désaffecté, mon père dut me bâillonner afin que ma quinte de toux ne trahisse pas notre présence. La garde s'étant éloignée, le passeur nous fit rapidement franchir la rivière en barque et nous reprîmes notre marche. Nous arrivâmes à Châteauroux, où nous prîmes le train pour Paris. Nous y restâmes quelques jours dans la famille de mon père pour terminer cet exode en gagnant la Belgique par le chemin de fer via Saint-Quentin.

De 1941 à juillet 1942, rien de spécial à signaler si ce n'est une scolarité brisée sans aucun intérêt pédagogique. Mauvais souvenir de juillet 1942, la «joyeuse» colonie de vacances n'a jamais eu l'effet escompté. Peu importe, un drame se profile à l'horizon: la déportation de la communauté juive, l'étoile jaune, signe distinctif de la première étape de l'holocauste final! Les déportations vers les camps de la mort organisées par la Gestapo sans la collaboration des autorités administratives belges se dérouleront à un rythme accéléré.

Mademoiselle Sterckx, directrice de la Maison des Aveugles, grande résistante, fut la première à s'occuper de notre sécurité. Elle se chargea de placer ma sœur chez un couple, à Laeken. Ida devait servir de guide à la maîtresse de maison atteinte de cécité. Cependant, au petit matin,

Mon père : pendant la guerre, comme « aveugle » et en 1947.

après un très bref séjour de vingt-quatre heures, elle prit la fuite et regagna notre domicile. Quant à moi, en attente de trouver un abri sûr, je fus placé dans un presbytère attenant à l'église de la rue de la Clinique, à Anderlecht. Un prêtre résistant, aux qualités morales exceptionnelles, se mit à la disposition des familles juives (a-t-il été déporté?). Le risque était trop grand et il s'avéra rapidement impérieux de m'évacuer et de me transférer avec les miens dans une maison appartenant à la famille Pieters, chaussée de Gand, à Berchem-Sainte-Agathe.

En façade, un magasin d'articles de tapisseries, deux étages, une cour intérieure et une arrière-maison donnant sur la campagne. C'est là que nous vécûmes cachés durant deux années. Le danger restant toujours aussi menaçant, mademoiselle Sterckx conduisit ma sœur dans un orphelinat dans le voisinage de Mouscron. Ce couvent accueillait près de quatre cents orphelins, Juifs et non Juifs. Baptisée sous le nom de Gabrielle Sterckx après six semaines de séjour, elle y demeura jusqu'en juillet 1944, souffrant à la fois au plan moral et matériel. Mon père lui rendit visite de manière épisodique en raison de l'insécurité permanente. Emma Pieters, l'ordonnatrice de toute la famille d'accueil, la ramena par deux fois à la maison pour des séjours très brefs. Cette période créa en elle un traumatisme dont elle ne se relèvera jamais. Durant cette période, elle vécut sous des bombardements incessants, coupée de tout lien familial et avec l'angoisse de ne plus jamais nous retrouver. Ignorant tout de l'existence d'un Dieu chrétien, d'une tradition qui lui était totalement étrangère, elle fit sa communion et sa confirmation.

Sans ma sœur, j'organisai ma vie. D'abord, replié sur moi-même avec mes livres et mon violon (mon père fut mon premier professeur, dès ma cinquième année, ensuite je reçus les leçons d'un professeur italien). Étais-je vraiment malheureux? Non, en tant qu'enfant choyé. Oui, car bien conscient de l'épouvante et du grand vide qui nous guettaient à chaque instant. Papa, dont la vue était déjà déficiente, se fit porter aveugle. Circulant à l'aide d'une canne blanche, il put ainsi poursuivre ses activités professionnelles en relation avec le commerce géré principalement par Emma Pieters et ses deux fils, Liévin et Adolphe. François Pieters, le père, souffrant d'une angine de poitrine, restait le plus souvent à la maison. Maman reprit ses activités de tailleuse à leur service. Un agent de police, ami de la famille, nous apporta de précieux renseignements sur les quartiers de Bruxelles menacés par la Gestapo. Albert Pieters, alias Albert Sanfeld, fréquenta sporadiquement l'école catholique de Saint-Charles Borromée située au Karreveld. Un brave homme, ce directeur chargé d'enseigner aux six classes primaires et qui me prit en amitié. À vrai dire, hormis le catéchisme, je n'appris pas grand-chose. Première communion après le baptême, confirmation et enfant de chœur furent les manifestations tout à fait concrètes de ma «conversion» au christianisme. Curieux balancement entre une judaïté profondément laïque, où jamais Dieu n'apparaissait à travers le discours parental, et un christianisme surgi brutalement dans mon univers culturel totalement étranger à la chose! Ce fut, il me faut bien l'avouer, un point douloureux pour mes parents. Il est vrai qu'on me sauvait la vie et, pour certains, aussi l'âme.

Des rafles, il y en eut de bien nombreuses dans le voisinage, et principalement sur la grande chaussée. Un Juif traître, Jacques de son nom, le seul, redoutable et redouté, avait porté à la connaissance de la Gestapo la présence de Juifs dans le quartier. Le coiffeur Marcel, fanfaron, se targuait de ne jamais être repéré. Cet ami de la famille se promenait on ne peut plus sereinement dans les rues de Bruxelles. Hélas, le pauvre fut arrêté par un matin frisquet. Avertis aussitôt par les frères Pieters, nous sortîmes fiévreusement par l'arrière de la maison et nous nous réfugiâmes dans la campagne environnante en attendant le retour à la normale. C'était à nouveau l'angoisse du vide, de l'absence, du départ, du retour…

Lors d'une visite de mon père à ma sœur cloîtrée, retour tragique: une rafle dans le train, et un miracle: l'officier allemand non accompagné par le Gestapiste ne souhaita pas relever l'identité de l'aveugle! Blême, tremblant, papa dut s'aliter plusieurs jours avant de reprendre quelque activité. Nous étions anéantis. Cependant, la radio londonienne nous réconforte: les Alliés ont débarqué! L'Armée rouge inflige de sérieuses défaites aux troupes nazies, l'Afrikakorps est défait. L'espoir renaît. Le dimanche après-midi, c'est la fête chez les Pieters. Toute la famille, y compris les Van Ranst (M. Van Ranst est le frère d'Emma) se réunit autour d'un beau gâteau mitonné par maman et d'un pain blanc. Ah! le bon pain blanc tant désiré! On chante des airs d'opérette, d'opéra, on joue du piano, du violon, de la percussion. Je danse avec Josée Pieters, ma petite amie à peine plus âgée que moi. Ce fut une complice délicieuse, pour les devoirs de calcul… C'est merveilleux, ce rayon de soleil dans ce ciel orageux embrasé par les éclairs violents des bombardements alliés. Quand même un court instant de bonheur; oubliée la guerre, oubliée l'horreur, oubliée ma pauvre sœur perdue là-bas si loin de nous!

Juillet 1944. Ida – Gabrielle Pieters! – est rapatriée à Bruxelles et placée dans le couvent Don Bosco à Grand-Bigard. Elle y restera jusqu'en septembre 1944 où, hélas, un V1 éclate à quelques centaines de mètres de la bâtisse, provoquant l'éclatement de toutes les vitres. Rendue sourde pour plusieurs jours, ma sœur en gardera toujours le souvenir d'une fin du monde.

Enfant caché, à l'école Charles Borromée (deuxième rang, avec des lunettes).

Septembre 1944, la Libération et la chasse aux collaborateurs... Retour définitif de ma sœur à la maison. Une jeune fille de quatorze ans succède à une fillette abandonnée. Marquée à vie, elle suivra pourtant un cheminement normal dans la scolarité. Diplômée sténo-dactylo, apprenant fort bien le piano, elle partit à dix-sept ans aux États-Unis. Elle y vécut à New York auprès de la sœur de maman, y rencontra son futur mari au consulat belge où elle travaillait. Elle y fonda une famille, et apprit le violoncelle. Déracinée encore une fois, elle garde une nostalgie profonde de son Europe natale, quoique devenue américaine et intégrée à cette vie dure et implacable d'un continent où les valeurs ont d'autres échelles.

Que fut ensuite mon parcours? Mon enfance s'acheva par des études secondaires classiques et musicales. La musique fut ma très grande passion. Je dois tout cet héritage inestimable à mes maîtres Nicolas Borremans, Georges Longrée et Georges Octors, tous trois éminents professeurs à l'Académie de Molenbeek et au Conservatoire royal de Bruxelles. Études universitaires – licence, doctorat –, enseignant et chercheur en physicochimie, tel fut mon itinéraire. Professeur à l'ULB puis à Paris, où je fus nommé en 1988. Académicien (docteur *Honoris causa* de l'université de Haute-Normandie, expert à l'Agence Spatiale européenne, chef de rubrique au *Journal de Chimie-Physique de France*), je poursuis mes travaux de recherche avec mon épouse, professeur de thermodynamique à Marseille, dans les domaines de la physique et de la physicochimie. J'ai toujours continué mes activités musicales, au violon d'abord puis à l'alto, guidé par mon maître Georges Longrée. J'ai épousé Annie Steinchen en 1959; de notre union sont nés deux enfants, Muriel et Daniel. Ma femme est également physicochimiste et peintre

Après la guerre, je participe à un concours musical international à Lille. La musique restera ma passion.

à ses heures de détente. Nous travaillons ensemble dans la même discipline scientifique. Nos enfants ont hérité de nos penchants pour les arts. Notre fille, musicienne, enseigne le piano et le solfège, et est maître de chœurs en Bourgogne. Notre fils, diplômé en histoire de l'art, a créé à Bruxelles son théâtre polyvalent et salle d'exposition, le Fool Moon Theatre.

DEUX COUPLES DE PARENTS, CE N'EST PAS DONNÉ À TOUT LE MONDE

Regina Sluszny

Mes parents étaient l'un et l'autre d'origine polonaise. Mon père, Jacob Sluszny, est venu à Anvers en 1920 parce qu'un oncle, le frère de sa mère, s'y trouvait déjà. Il souffrait depuis ses trois ans d'une inflammation du visage, contre laquelle on ne pouvait rien faire en Pologne. Cet état allait s'aggravant au fil des années. Vers ses quinze-seize ans, il avait le visage tout irrité et cela saignait. Son oncle avait trouvé un dermatologue de l'Hôpital Nottebohm d'Anvers qui pensait être en mesure de l'aider. Ce fut heureusement le cas, mais en Belgique aussi, ce traitement était tout récent. Il s'agissait d'un «lupus». Après le traitement au cobalt – un traitement douloureux – la plaie a mis un an à se refermer. Et la cicatrice ressemblait à une brûlure, ce qui lui a pesé durant toute sa vie. Par exemple, nous ne pouvions pas l'embrasser – il avait peur que la maladie soit contagieuse – et il avait honte de son visage défiguré. Il lui était donc difficile de se faire des amis. Quand il est arrivé dans la rue où habitait mon oncle, il y avait sur le trottoir une jeune fille, à qui il a demandé si c'était bien là que vivait la famille Lederman. Elle a répondu que non, effrayée à la vue de ce jeune homme qui semblait si pauvre et si fatigué. Plus tard, c'est elle qui lui apprendrait le néerlandais: elle était la fille cadette de son oncle.

Comme la situation se détériorait en Pologne, mon père avait entrepris des démarches pour faire venir ma mère ici. Mais la réponse fut négative au motif que ses ressources étaient insuffisantes. Après quelque deux ans, il est retourné en Pologne pour épouser ma mère, Jenta Gothelf, puis ils sont venus ensemble à Anvers, prenant un logement dans la Kruikstraat, un quartier où beaucoup de familles juives modestes essayaient de se faire une place au soleil. Il s'est mis à vendre des bas sur les marchés, dans les villages autour d'Anvers. Mes parents étaient ici légalement, mais ils ont gardé leur nationalité polonaise jusqu'après la guerre.

En 1933 est né leur premier enfant. Lorsque vint le moment de l'accouchement, mon père n'était pas à la maison. Ma mère, qui parlait un très mauvais néerlandais, préféra rester toute la journée assise sur une chaise, de peur de perdre le bébé. Mon second frère est né en 1937, et moi-même en 1939. Mes parents étaient religieux de stricte observance. Mon père et mes frères allaient tous les samedis et les jours de fête à la

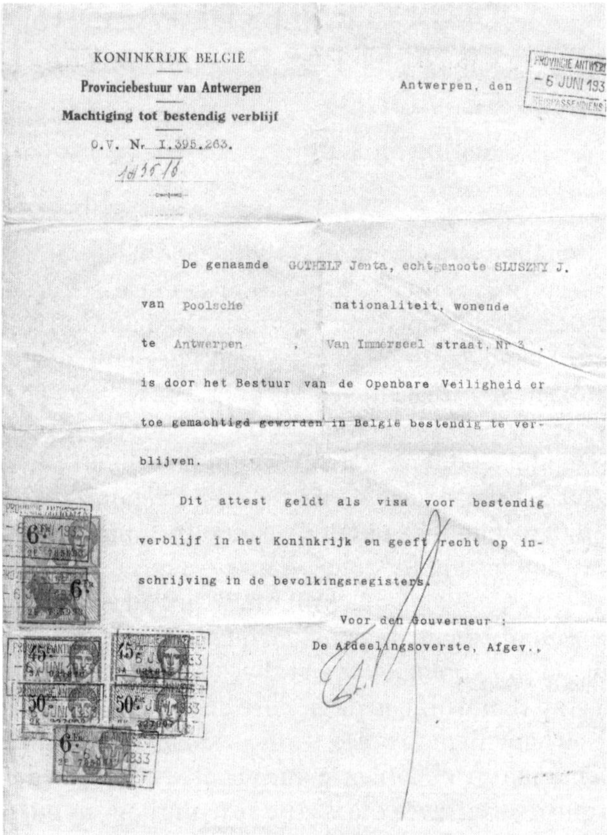

KONINKRIJK BELGIË

Provinciebestuur van Antwerpen

Machtiging tot bestendig verblijf

O.V. Nr. I.395.263.

Antwerpen, den – 6 JUNI 193

De genaamde GOTHELF Jenta, echtgenoote SLUSZNY J. van Poolsche nationaliteit, wonende te Antwerpen, Van Immerseel straat, Nr 3, is door het Bestuur van de Openbare Veiligheid er toe gemachtigd geworden in België bestendig te verblijven.

Dit attest geldt als visa voor bestendig verblijf in het Koninkrijk en geeft recht op inschrijving in de bevolkingsregisters.

Voor den Gouverneur :
De Afdeelingsoverste, Afgev.,

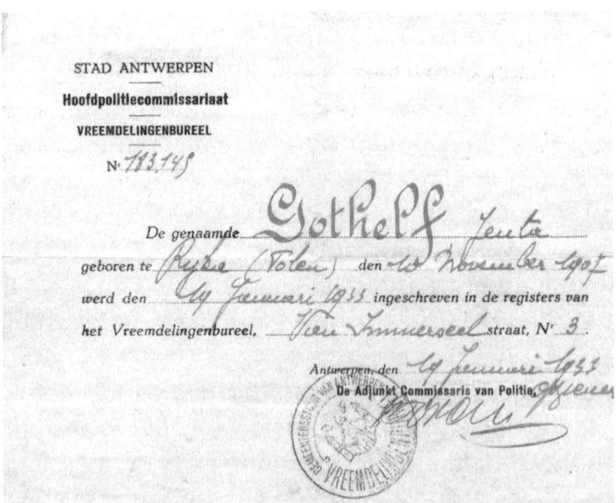

STAD ANTWERPEN

Hoofdpolitiecommissariaat

VREEMDELINGENBUREEL

Nr 193.145

De genaamde Gothelf Jenta
geboren te Ryki (Polen) den 10 November 1907
werd den 19 Januari 1933 ingeschreven in de registers van het Vreemdelingenbureel. Van Immerseel straat, Nr 3.

Antwerpen, den 19 Januari 1933
De Adjunkt Commissaris van Politie,

Maman obtient un permis de séjour et une inscription au registre des étrangers.

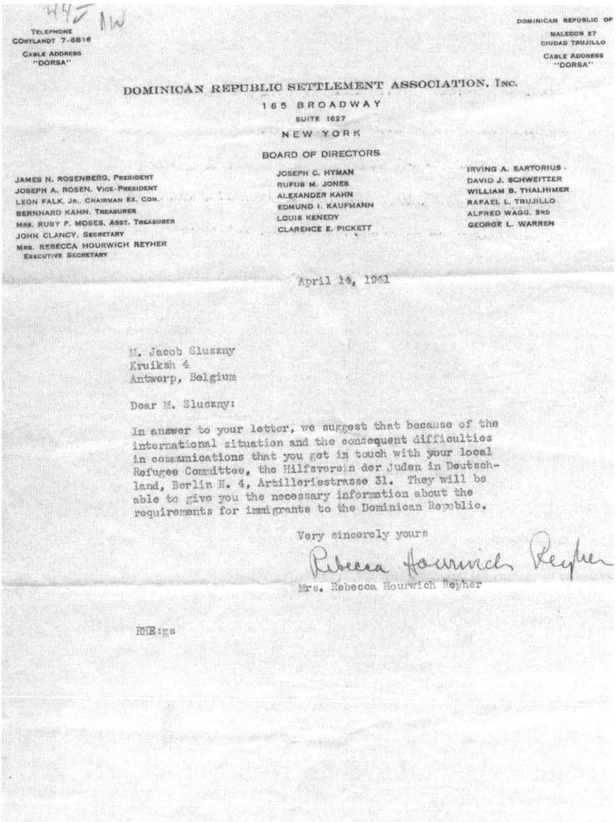

445 IW

TELEPHONE
CORTLANDT 7-6816
CABLE ADDRESS
"DORSA"

DOMINICAN REPUBLIC OF
MALECON 27
CIUDAD TRUJILLO
CABLE ADDRESS
"DORSA"

DOMINICAN REPUBLIC SETTLEMENT ASSOCIATION, INC.
165 BROADWAY
SUITE 1627
NEW YORK

BOARD OF DIRECTORS

JAMES N. ROSENBERG, PRESIDENT
JOSEPH A. ROSEN, VICE-PRESIDENT
LEON FALK, JR., CHAIRMAN EX. COM.
BERNHARD KAHN, TREASURER
MRS. RUBY F. MOSES, ASST. TREASURER
JOHN CLANCY, SECRETARY
MRS. REBECCA HOURWICH REYHER
EXECUTIVE SECRETARY

JOSEPH C. HYMAN
RUFUS M. JONES
ALEXANDER KAHN
EDMUND I. KAUFMANN
LOUIS KENEDY
CLARENCE E. PICKETT

IRVING A. SARTORIUS
DAVID J. SCHWEITZER
WILLIAM B. THALHIMER
RAFAEL L. TRUJILLO
ALFRED WAGG, 3RD
GEORGE L. WARREN

April 14, 1941

M. Jacob Sluszny
Kruiksh 4
Antwerp, Belgium

Dear M. Sluszny:

In answer to your letter, we suggest that because of the international situation and the consequent difficulties in communications that you get in touch with your local Refugee Committee, the Hilfsverein der Juden in Deutschland, Berlin N. 4, Artilleriestrasse 31. They will be able to give you the necessary information about the requirements for immigrants to the Dominican Republic.

Very sincerely yours

Rebecca Hourwich Reyher

Mrs. Rebecca Hourwich Reyher

RHR:gs

«Secours» de la République dominicaine: une adresse en… Allemagne.

synagogue de la Oostenstraat; ils étaient membres de cette communauté. Mes frères allaient à l'école Jesode Hatora dans la Lange van Ruusbroecstraat.

En 1940, mes parents ont fui vers la côte, mais c'était trop tard pour pouvoir encore gagner l'Angleterre. Ils ont passé la nuit dans une maison abandonnée, comme ils ont pu, dormant sur le plancher. Moi, le bébé, j'étais dans mon landau, qu'ils avaient placé sous l'escalier. Vers l'aube, la côte a été bombardée, et une partie du toit arrachée, mais personne n'a été blessé. Mes parents ont vite pris les garçons par la main, leurs valises, et ils sont partis. Ce n'est qu'après quelques minutes qu'ils ont réalisé que personne n'avait pris le bébé. D'après mon père, j'étais toujours si tranquille qu'ils pouvaient m'oublier à tout moment. Hélas, le dernier bateau avait pris la mer la veille. Les Allemands étaient déjà là, le maire de la petite ville s'était rendu et ceux

ASSOCIATION DES JUIFS EN BELGIQUE - Bruxelles
Fondée en vertu de l'ordonnance du 25-11-1941, Verordnungsbl. p. 799
JODENVEREENIGING IN BELGIË - Brussel
Opgericht ten gevolge van de verordening van 25-11-41, Verordnungsbl. p. 799
18, QUAI DU COMMERCE, BRUXELLES — 18, HANDELSKAAI, BRUSSEL

Date / Datum 31 Maart 1942 — Accusé de Réception / Ontvangstbewijs N° 17259

M. SLUSZNY Jacob — habitant à / wonende te Antwerpen

rue / straat Kruik — N° 4

demande son admission comme Membre de l'Association des Juifs en Belgique.
vraagt zijn toetreding als lid van de Jodenvereeniging in België.

(Signature — Handteekening)

ACCUSÉ DE RÉCEPTION PROVISOIRE
VOORLOOPIG ONTVANGSTBEWIJS

N. B. Le présent Accusé de Réception n'est pas une Carte de Membre. L'intéressé sera invité en temps et lieu à s'acquitter de sa cotisation. Seront considérés comme membres ceux qui auront fait face à leurs obligations financières.
Il est de l'intérêt du porteur de la présente de se présenter en temps voulu, il est responsable des suites éventuelles que peuvent avoir la non-observance des instructions qui seront données par son Comité Local.

N. B. Onderhavig ontvangstbewijs is geen lidkaart. De belanghebbende zal uitgenoodigd worden voor het voldoen van zijn bijdrage. Zijn lid, zij die aan hunne financiëele verplichtingen hebben voldaan. Het is in het belang van drager dezes, op het aangeduide tijdstip te verschijnen. Hij blijft ten allen tijde verantwoordelijk voor de gevolgen die het niet stipt naleven van deze voorschriften met zich brengen.

H. 2272

Pour le Comité : — Voor het Bestuur ;

Papa donne suite à l'obligation de devenir membre de l'Association des Juifs en Belgique.

qui venaient de Belgique devaient rentrer. Mes parents sont donc revenus à Anvers avec leurs trois enfants.

Un jour où ma mère conduisait mon frère aîné à l'école, elle a été prévenue dans la rue qu'elle ferait mieux de retourner à la maison car la Gestapo arrêtait les enfants à leur arrivée à l'école. En 1942, la veille de *Roch Hachana*, le Nouvel an juif, mon père s'est rendu avec ses deux fils à la synagogue pour la prière; il s'agissait la synagogue de la Van den Nestlei, car celle de l'Oostenstraat était déjà en partie détruite. Pendant la prière s'est propagée une nouvelle alarmante: le lieu de culte était entouré de soldats allemands et d'hommes en uniformes noirs. Ceux-ci ont fait irruption dans le bâtiment, les rouleaux de la Torah ont été traînés dans la rue et brûlés. Mon père et mes frères ont pu se sauver par l'arrière et rentrer à la maison. Après encore quelques semaines passées à observer ce qui se passait à Anvers, où beaucoup de Juifs avaient disparu sans jamais revenir, mes parents ont décidé de quitter la ville. Par bonheur, mon père n'avait jamais fait répertorier sa famille dans le registre des Juifs, estimant qu'il était assez repérable par sa cicatrice et son apparence juive prononcée.

Son travail avait permis à mon père de connaître beaucoup de gens dans un certain nombre de villages autour d'Anvers. Les marchés se tenaient dans la plupart des cas autour de l'église et il y avait habituellement un café tout près, où il pouvait emprunter une table pour exposer ses marchandises. Quand le marché était fini, il allait y manger ses tartines. La fille d'un cafetier d'Hemiksem travaillait au secrétariat

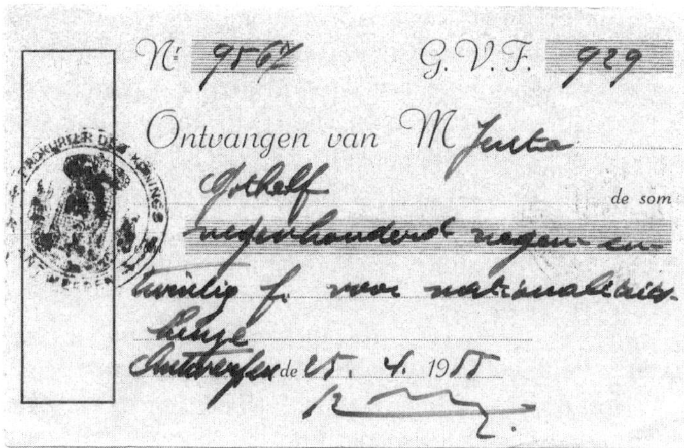
Nr 9567 G.V.F. 929
Ontvangen van M Justa
Gotthelf de som
negenhonderd negen en
twintig f. voor naturalisatie
belge
Antwerpen de 25. 4. 1955

En 1955, la naturalisation de maman coûte 929 francs belges.

de la Ligue des Travailleurs d'Anvers, dont mon père était membre. Elle lui avait dit: «Si vous avez besoin d'aide, venez chez mes parents à Hemiksem. Ils ont un café et au grenier il y a assez de place pour cinq personnes. Je crois que vous y serez en sécurité.» Et, comme il y avait toujours beaucoup de gens dans le café, l'arrivée d'«étrangers» ne se ferait pas remarquer. Nous nous sommes donc réfugiés à Hemiksem, et nous avons trouvé un toit au café Bij Poldine au numéro 40 de la Sint-Bernardsesteenweg. Entre la maison où nous logions et la maison voisine il y avait un trou dans le mur; j'étais une petite fille de deux ans et demi et je pouvais m'y glisser. La voisine, Anna, avait deux chats à qui elle donnait à manger tous les midis. Cette nourriture sentait si bon que je me faufilais par le trou pour l'attraper. Quand Anna s'en est aperçue, elle m'a tendu de la nourriture, et puis – chose non négligeable – un journal. C'était très important pour mon père, car il a ainsi pu se tenir au courant de ce qui se passait dehors. Comme cela se voyait nettement qu'il était Juif, il ne sortait en effet jamais en plein jour. Mon frère, qui lisait bien le néerlandais, pouvait ainsi donner à mes parents les dernières nouvelles.

Nous étions là-bas depuis quelques semaines quand nous avons été dénoncés aux Allemands. Mes parents n'ont jamais pu savoir qui l'avait fait, mais nous avons bel et bien été donnés. Heureusement, le maire, qui se promenait durant la guerre en uniforme noir, avait été informé qu'il aurait à venir nous chercher dans l'après-midi avec quelques soldats. Il a envoyé son fils chez les voisins pour qu'ils viennent nous prévenir. Après la guerre, mes parents sont allés témoigner en faveur du maire, attestant qu'il les avait aidés. Ces voisins étaient la famille

Van Dyck, Anna et Charel. Charel est venu nous avertir, et il s'est également occupé de nous trouver un nouveau logement: à Schelle, dans un café en face de l'église. Mais cela ne convenait pas pour un très petit enfant, c'est-à-dire pour moi. Aussi Charel et Anna ont-ils proposé que je reste chez eux. Pour mes parents, une décision difficile, mais ils n'avaient pas le choix. Charel et Anna n'avaient pas d'enfants, et Anna fut très heureuse de pouvoir s'occuper de moi.

J'avais ma propre chambre, et j'étais entourée d'un vrai amour par Anna et Charel. La sœur d'Anna, Dora, vivait en face avec son fils Luc et son mari Antoon, «Toine». Les deux familles étaient toujours ensemble. Les deux sœurs allaient jusqu'à s'habiller de la même manière. La voiture qu'utilisait Antoon pour son affaire – il était grossiste en papier – servait le dimanche pour les sorties familiales. Et j'étais la «radio» de service: Charel et moi chantions à pleins poumons. De nombreuses chansons me reviennent d'ailleurs encore spontanément lorsque je repense à mes parents de la guerre. Anna et Charel tenaient une épicerie. Ils étaient très appréciés à Hemiksem, et ils ont aidé beaucoup de gens pendant la guerre. Je pouvais me déplacer dans la maison et au magasin sans grand risque. Pour les autres, j'étais un soi-disant enfant naturel d'une cousine qui ne pouvait pas s'en occuper elle-même. Mon nom, Regina, sonnait assez flamand, mais mon nom de famille fut changé en Desmet. J'avais de longues boucles blondes, et je ne paraissais pas juive du tout. Le dimanche Anna et Dora allaient à l'église, et je pouvais les accompagner. Toute petite, je suis allée à la classe enfantine chez les religieuses. Certains voisins savaient que j'étais juive, mais personne ne l'a jamais ébruité.

Derrière la boutique, à quelque deux cents mètres de la porte arrière, il y avait un dépôt allemand de munitions dans l'Abbaye Saint-Bernard. De nombreux soldats y étaient en garnison. Il y en avait en permanence sur le mur de clôture, couchés sur des sacs de sable disposés tous les cinq mètres, fusil chargé et baïonnette au canon. Un jour, je suis tombée malade: une pleurésie, avec une forte fièvre. Le soir, après dix heures, il ne fallait plus que l'on voie la moindre lumière et tout devait être masqué à cause des avions alliés. Mais je pleurais, voulant garder la lumière dans ma chambre. Celle-ci n'avait pas de doubles rideaux, de sorte que depuis le dépôt allemand on pouvait voir la lumière par la fenêtre arrière. Quelques minutes ont passé, puis une balle a traversé la chambre, et… en plein dans la lampe! Encore quelques minutes, et cela tambourinait ferme à la porte. Charel est descendu: il y avait là un officier avec deux soldats. Charel a dû expliquer pourquoi il y avait encore de la lumière: j'étais au lit, malade, et j'avais peur du noir. Il a conduit l'officier jusqu'à ma chambre, à l'étage. L'homme m'a vue couchée, pleurant, et avec une forte fièvre. Il a demandé à Charel une nouvelle lampe, qu'il a vissée lui-même dans la douille. Cette fois-là, nous avons certainement eu beaucoup de chance, car pour la moindre petite chose de travers on pouvait être arrêté par les Allemands et déporté. Je pense que cet officier aimait les enfants. Peut-être en avait-il lui-même, qu'il avait dû laisser? Ou peut-être me reconnaissait-il pour m'avoir vue dans la boutique, où je circulais librement. Je n'avais pas peur des soldats mais pourtant, d'après Anna, mon attitude changeait quand entrait un officier. Je me réfugiais alors derrière le comptoir. Il y avait là le grand couteau qu'utilisait Charel pour entamer les meules de fromage de Hollande, et je gardais la main dessus jusqu'à ce que l'homme ait quitté le magasin. Ce qui peut bien se tramer dans la tête d'un enfant!

Le vendredi était mon jour préféré. Je pouvais prendre un bain, et mes boucles blondes étaient lavées et peignées devant un grand miroir. Anna me dira plus tard combien j'aimais cela: le moment la plus heureux de toute la semaine. Un de ces vendredis-là, Anna m'a demandé si je voulais bien l'appeler *moeke* [1] car elle aurait aimé me l'entendre dire. Non pas *mama*, parce qu'elle m'a toujours dit que, même si je ne pouvais pas leur rendre visite, maman et papa étaient vivants ainsi que mes frères. À cette question j'ai toujours répondu: «Anna, la semaine prochaine je vais commencer à t'appeler *moeke.*» D'instinct, je sentais probablement que je ne devais pas renier ma maman, et que je ne pouvais par conséquent l'appeler autrement que «Anna».

J'avais donc tout pour être heureuse, à ceci près que je n'ai pas vu ma famille pendant deux ans, sans jamais pouvoir lui parler. J'étais encore petite, et je n'en ai pas vraiment souffert. Mais je n'avais pas d'amis: même les enfants de mon âge, je ne les voyais que rarement. Et s'il en venait avec des questions comme «D'où elle sort tout d'un coup?» ou «D'où elle vient?», ils n'avaient plus le droit de revenir: les enfants parlent trop facilement. Mes parents de la guerre ont tout fait pour me protéger. Il faut dire que les gens d'Hemiksem, aussi, ont tous contribué à mon salut, car tout le monde savait que je n'étais pas la fille d'Anna et Charel. Ce qui m'a manqué: des jouets. Mais une deuxième sœur d'Anna, Fientje, qui vivait également à Hemiksem, était couturière. Elle nous faisait les vêtements et elle m'a, une fois, fait une poupée dans des restes de tissu. Je l'ai appelée Hitler. Et ce Hitler a dû payer tous les mauvais moments que j'ai vécus. Il en a reçu des coups! je le jetais au plafond... Bref, il a subi toutes les crises de rage par lesquelles peut passer un enfant.

---

1 NDT: forme affectueuse de «maman».

De 1942 à la fin de la guerre, mes parents et mes frères ont bien dû changer vingt-cinq fois de cachette, soit parce qu'ils avaient été dénoncés, soit parce qu'ils ne pouvaient plus payer. Par chance, ils n'ont jamais été arrêtés. Et ils sont toujours restés près d'Anvers. Une fois, ils ont même été cachés dans une maison où vivaient deux SS. Et dans leur dernier refuge ils ont été sauvés par des sous-vêtements sales: ma mère en accrochait dans l'escalier, si bien que les Allemands, dégoûtés, ne montaient pas. C'était ma mère qui s'occupait de l'entretien de la famille, et qui sortait de temps en temps pour aller aux provisions. Elle avait les cheveux noirs comme de l'ébène, qu'elle coiffait en chignon haut sur la tête. Elle portait sur les épaules une nappe de soie noire brodée de grandes fleurs, qui lui venait de Pologne. Elle la nouait bas, donnant ainsi l'impression qu'elle partait au travail. Chaque fois qu'elle rencontrait un Allemand, elle parlait un mauvais yiddish, qu'ils prenaient sans doute pour un quelconque dialecte allemand. Et ceux du village qui ne la connaissaient pas pensaient qu'elle travaillait pour les Allemands. Ce stratagème lui a plus d'une fois sauvé la vie.

En septembre 1945, après la Libération, je devais aller en première année d'école. Avant la rentrée, la mère supérieure a voulu parler à Charel. Elle estimait qu'un enfant intelligent ferait mieux d'aller à l'école à Anvers. Charel a donc contacté ma mère pour que je retourne dans ma famille. Quand maman est venue me chercher, elle a demandé à Charel ce qu'elle lui devait. Mes parents n'avaient plus beaucoup d'argent; selon papa, il ne leur en restait que pour environ deux semaines. Charel l'a rassurée: il ne voulait pas accepter d'argent pour mon séjour. Son seul souhait a été: «laissez l'enfant venir chez nous régulièrement, s'il vous plaît, de sorte que nous ne la perdions pas complètement.» Ce que ma mère a bien sûr immédiatement promis. Pour mes parents de la guerre, qui n'avaient pas eux-mêmes d'enfants, c'était là le plus important. C'est ainsi que je suis allée tous les vendredis après-midi à Hemiksem par le tram, puis le bus, où Anna et Charel venaient me prendre, et le dimanche je revenais à Anvers. Je passais aussi les vacances scolaires chez eux.

C'est alors qu'a commencé pour moi la période la plus difficile. Je ne parlais que le néerlandais, appris à Hemiksem, et mes parents parlaient surtout le yiddish. Mes parents de la guerre étaient catholiques, et mes propres parents juifs strictement orthodoxes. Ce que j'étais autorisée ou non à faire chez maman et papa était pour moi tout à fait nouveau. Tout à coup, beaucoup de choses n'étaient plus autorisées. Je me souviens très bien qu'après mon premier repas de midi, j'ai demandé un verre de lait. Que le lait et la viande ne puissent pas être combinés, c'était là quelque chose de nouveau pour moi. Pour m'en sortir, je me suis mise à observer mes frères et à les imiter, et c'est comme cela que j'ai appris les lois juives en vigueur chez nous. Nous avons eu beaucoup de chance d'être à nouveau réunis: d'après ma mère nous avons été l'une des cinq familles juives d'Anvers à être restée au complet. Mais cela ne m'a pas toujours été facile de distribuer équitablement mon amour entre mes deux paires de parents. Mon père était parfois un peu jaloux. C'était normal, à vrai dire: Anna et Charel m'avaient tant appris, ils faisaient partie de ma vie. J'avais longtemps été une enfant unique qui obtenait tout ce qu'elle voulait, et puis tout à coup mon monde changeait. Pour mes parents, les premiers mois d'après-guerre ont été très difficiles. Mon père avait vécu tant de choses quand il était enfant. Puis, pendant la guerre, obligé de rester enfermé, constamment angoissé. Et, après la guerre, à nouveau gravement malade...

J'ai continué à aller à chaque week-end chez mes parents de la guerre. Dans la semaine, j'étais chez mes parents et j'allais à l'école orthodoxe Jesode Hatora sur la Lange Van Ruusbroecstraat. Plus tard je suis allée à l'école de commerce de Quellinstraat et de Durletstraat, où j'étais la seule fille juive de ma classe. Plusieurs amies prenaient les cours en note pour moi. C'est que, le samedi et les jours de fêtes juives, maman ne me laissait pas aller à l'école. Cela n'a jamais posé le moindre problème ni aux enseignants ni aux autres élèves. Il faut dire que j'étais encore toute blonde, et que je n'avais pas du tout l'air d'une Juive.

Dès que mon mari et moi nous sommes connus, il m'accompagnait le dimanche chez mes parents de la guerre. Lui aussi est un enfant caché mais il a malheureusement perdu toute sa famille. Ses parents ont été déportés à Auschwitz depuis la caserne Dossin, et ils ne sont pas revenus. Ses grands-parents paternels, ainsi que sa sœur, qui étaient cachés dans un monastère à Namur, ont été bombardés à la fin de la guerre, en 1944, par l'aviation américaine. Ce fut une grave erreur qui a causé la mort de beaucoup de gens, dont la sœur et les grands-parents de mon mari. Quelques années plus tard, sa grand-mère et sa sœur ont été transférées vers le cimetière juif de Putte aux Pays-Bas, mais la dépouille de son grand-père n'a pas été retrouvée. En 1960, je me suis mariée à Anvers. Les invités d'honneur à la fête ont été, bien sûr, mes parents de la guerre Charel et Anna, ainsi que sa sœur Dora, son mari et leur fils Luc. Le fils de Luc était mon garçon d'honneur, avec deux nièces juives.

Après la mort d'Anna et Charel, maman m'a dit quelque chose qu'elle avait jusqu'alors gardée secrète. Peu de temps après la guerre, mon père a été malade, et il est resté couché pendant un an. Ma mère avait la possibilité de créer une entreprise mais, pour cela, il lui fallait de l'argent. Elle est allée demander de l'aide à Charel, qui lui a tout de suite prêté la somme nécessaire. Quelque temps plus tard, en Belgique, l'argent a perdu de sa valeur et le peu d'argent qu'elle avait mis de côté pour rembourser Charel a fondu. Le cœur lourd, elle est retournée à Hemiksem. L'épicerie avait surtout des provisions en stock et peu d'argent, de sorte que Charel n'avait pas trop perdu en cette circonstance. Ma mère n'a guère eu besoin d'expliquer; il a tout de suite compris de quoi il s'agissait, qu'elle ne pouvait pas payer et qu'elle ne pouvait plus poursuivre son activité. Et Charel, une seconde fois, lui a prêté de l'argent; cette fois, elle a heureusement été en mesure de le lui rembourser.

Avec beaucoup d'amour, ces gens m'ont donné un toit et m'ont élevée. J'ai beaucoup appris d'eux, surtout l'amour pour le prochain. C'est resté l'une des devises de ma vie: aider les gens comme Anna et Charel l'ont toujours fait. Ils ne m'ont pas seulement sauvé la vie, mais ils ont souvent couru des dangers qui risquaient de les faire arrêter, surtout quand, très tard le soir, ou au milieu de la nuit, Charel prenait son vélo pour aller porter à mes parents un peu de provisions, dans une boîte fixée au porte-bagages arrière. Où qu'ils aient été cachés, il a toujours su les trouver.

J'ai perdu d'abord ma mère de la guerre, décédée après une longue maladie. Avec Charel je me suis occupée des obsèques. Un an plus tard, mon père a suivi, et l'année suivante Charel. Puis maman, la dernière, quelques années plus tard. Devoir perdre deux parents, c'est dur, mais quatre c'est autrement difficile à assumer. Quand Anna a été enterrée, j'ai eu une discussion avec le prêtre parce qu'ils n'étaient soi-disant pas de «bons catholiques». Charel, en effet, n'allait jamais à l'église. Mais peut-on dire de quelqu'un qui a sauvé cinq vies qu'il n'est pas un homme de bien?

Pour avoir été éduquée de deux façons différentes, j'ai une tout autre vision du monde que celle de la plupart des Juifs qui ont connu la guerre. Mes vrais parents ont eu le courage de me laisser chez des gens qu'à l'époque ils connaissaient à peine. Mes parents adoptifs, eux, ont eu la force de donner de l'amour à un enfant étranger sans rien attendre en retour. J'ai maintenant deux tombes à Hemiksem, et deux au Mont des Oliviers à Jérusalem, où de nombreux Juifs ont leur lieu de repos final. Nous avons la chance d'avoir quatre petits-enfants, deux filles et un garçon chez ma fille à Boston (États-Unis), et une fille chez notre fils en Israël. Je parle beaucoup de mes années de guerre avec des gens qui les ont vécues aussi, et je donne des conférences sur ce sujet dans des écoles à Anvers ainsi qu'à Bruxelles et à

Malines. Quand un article est paru à mon sujet dans un journal, des gens d'Hemiksem m'ont reconnue d'après la photo, et ils m'ont appelée. Après toutes ces années, j'ai retrouvé les enfants avec qui je jouais à l'époque. Ce furent de belles retrouvailles. La guerre telle que je l'ai vécue est, au fond, une belle et heureuse histoire, émaillée de bons souvenirs. Ce n'est pas donné à tout le monde d'avoir deux couples de parents!

DANS LA CAVE, JUSTE EN FACE DE LA GESTAPO

Nico Sprecher

En 1942, papa a été réquisitionné pour la construction du mur de l'Atlantique; c'est aussi l'époque des grandes rafles à Anvers. Au début de l'été 1942, les camps de travail pour Juifs s'ouvrent le long de la côte atlantique. À Anvers, d'où provient la grande masse des «travailleurs obligatoires», c'est la police belge qui apporte la convocation de l'Office belge du travail. Les services allemands restent dans l'ombre, l'opération est confiée aux offices belges. Ils convoquent, individuellement, les Juifs; ceux-ci passent la visite médicale puis sont convoqués aux lieux de départ. Les Allemands, l'OT et ses gardes, n'interviennent qu'après l'arrivée des Juifs convoqués par les Belges. Mon père a été envoyé à Dannes, pour la construction du mur. Nous avons recueilli des témoignages sur les conditions atroces qui ont sévi dans ces camps de travail, et nous avons quelques documents qui attestent le travail d'esclaves que les Juifs ont dû accomplir près de Dannes et dans la région du Pas-de-Calais. Après un certain temps au camp de Dannes, les déportés juifs ont été envoyés dans un camp de travail à Boulogne-sur-Mer. Là, mon père, qui se trouvait côte à côte avec un autre déporté, le résistant René Neumann, a été atteint par une balle déchargée par un nazi, on ne sait pour quelle raison. Cette balle a traversé le poumon de René Neumann et a fini dans la jambe de mon père. Dans ce camp de travail se trouvait une infirmière, qui était aussi une résistante, madame Dujardin. Elle a réussi à les faire admettre à l'hôpital militaire de Boulogne-sur-Mer. Elle a mêlé mon père et son ami René Neumann aux prisonniers militaires pour que l'attention ne soit pas attirée sur le fait qu'ils étaient juifs.

Probablement Neumann a-t-il voulu s'enfuir avec mon père, mais ils ont été dénoncés et envoyés au camp de concentration de Breendonk, puis déportés à la caserne Dossin à Malines, la dernière étape avant la déportation vers Auschwitz. Ils se sont trouvés dans le XXe convoi, dans le même wagon. C'est le train qui a été arrêté par trois jeunes résistants: le Juif Georges Livchitz, et deux non-Juifs, Jean Franklemon et Robert Maistriau, qui ont réussi à ouvrir une série de wagons, rien qu'avec un pistolet, une lampe tempête et un papier rouge. Le plus jeune de ceux qui réussirent à s'enfuir avait douze ans, le plus âgé soixante-cinq. Plusieurs passagers étaient incapables de sauter du train: l'un d'eux allait atteindre nonante et un ans! Mon père et René Neumann ont sauté du wagon, et mon père nous a rejoints dans la cave où nous étions cachés, ma mère, ma sœur et moi.

Dès l'âge de deux ans, j'ai vécu caché dans une première cave en compagnie de ma mère, Laja Last-Sprecher, et de ma sœur Rita, âgée de sept ans. Comme elle était blonde, elle était chargée d'aller chercher notre ravitaillement. Dans cette première cachette, nous avons subi la pression et le chantage à la dénonciation de notre vieille logeuse. Au bout de quelques mois, nous avons été transférés par la Résistance dans une deuxième cave, à Mortsel... en face des quartiers généraux de la Gestapo! Notre nouvelle logeuse, madame De Backer, était une infirmière de la noblesse flamande, particulièrement humaine. Pendant ce temps, notre première logeuse a subi un bombardement, elle y est morte.

Très peu de souvenirs précis si ce n'est la cohabitation, à un certain moment, avec une autre famille juive hollandaise et une inondation dans la cave.

Des voisins extraordinaires: elle, tante Lie, infirmière, et lui, Jef, conducteur de tram. Ils communiquent avec nous à travers le jardin et, régulièrement, m'invitent chez eux et me donnent un bain exceptionnel. Dans la cave, il y avait constamment une atmosphère d'inquiétude. Même à la Libération, maman nous a empêchés de sortir, car elle craignait encore de mauvais coups.

À la Libération, le petit garçon que j'étais ne savait pratiquement pas marcher, et j'ai subi un apprentissage adapté. Au début de mes études primaires, j'étais essentiellement préoccupé de savoir qui dans ma classe était juif. De cette époque, j'ai gardé deux amis juifs, Jacques Heller et René Srebnick. Là résidait ma seule source de sécurité.

C'EST PAR LA FENÊTRE QUE J'AI VU MES PARENTS POUR LA DERNIÈRE FOIS

Georges Suchowolski

Je suis né à Anvers le 4 février 1936. Je n'avais donc que quatre ans quand la guerre a éclaté, ce qui explique que je ne souviens pas de grand-chose de ses débuts. Mes grands-parents du côté paternel étaient Mordechai Schmoul, né à Varsovie en 1874, et Golda Gielbwachts, de six ans plus jeune, elle aussi de Varsovie. Ils sont venus en Belgique en 1909, avec leurs deux enfants: mon père, Meyer Wolf, que nous appelions Maurice, né en 1904, et son frère, mon oncle Sewer, d'un an plus jeune. Ils y sont restés jusqu'au début de la Première Guerre mondiale. En 1913, est né un nouvel enfant, une fille, Mathilde. Toute la famille a passé la guerre 1914-1918 en Angleterre. En 1919, revenus d'Angleterre, ils se sont installés à Anvers dans la Terliststraat, au numéro 37. Mes grands-parents avaient un commerce de vins et spiritueux dans la Pelikaanstraat, et mon grand-père élaborait des liqueurs à la maison. L'enseigne «Orlanski», le nom de son commerce, était renommée. Il était également membre de la Bourse du diamant, et il a appris à tailler le diamant.

Après son mariage, Mathilde est allée en Amérique, et elle y est restée. Elle a un fils qui a lui-même trois enfants, et des petits-enfants. Sewer a eu deux fils: Jacqui, qui est décédé au cours d'une opération du cœur, et Sylvain qui, comme moi, a été caché pendant la guerre. Sewer a été arrêté à Anvers par les Allemands; il a survécu à plusieurs camps, mais il est mort en 1945 à Wetterfeld en Allemagne, au cours de l'une des «marches de la mort».

Ma mère, Sabine Rakower, née en Pologne en 1905, est venue à Anvers en 1911 avec ses parents et sa sœur. Ses parents étaient Josef Rakower, né à Neustanz près de Cracovie le 23 février 1873, et Frania Wirtheimer, née à Neu-Sands le 24 mai 1884. Mais ils ont dû quitter la Belgique parce que leur permis n'avait pas été prorogé. Aussi ont-ils vécu entre 1915 et 1919 à Berlin, puis sont revenus en Belgique via Scheveningen. Jusqu'en 1919, ma mère est allée à l'école de la Lange Gasthuisstraat. En 1929 elle a épousé mon père. Au cours de la Seconde Guerre, les parents de ma mère étaient en Suisse avec leur deuxième fille, Helena, née en 1914. Après la guerre, ils m'ont ramené des Ardennes à Anvers, et je suis resté avec eux jusqu'à mes dix-huit ans. Grand-père est mort en 1949, grand-mère en 1964.

Avec mes parents et ma sœur Suzanne à Blankenberge, 1938.

Maman et papa dans les dunes, 1938.

En 1929, mes parents ont demandé la nationalité belge, qu'ils ont obtenue moyennant le versement de cinq cents francs chacun. Je suis donc Belge depuis ma naissance. Entre 1912 et 1914, mon père était élève à l'Athénée d'Anvers. Puis il s'est familiarisé avec le diamant et il est devenu commerçant en diamants et membre de plusieurs bourses du diamant à Anvers. Curieusement, en 1926, il a dû faire une demande officielle pour détenir une radio; peut-être parce qu'il était encore étranger à ce moment-là? Ma mère faisait de magnifiques broderies, dont j'ai encore quelques pièces en ma possession, et elle jouait du piano à merveille, comme une vraie professionnelle. En 1931 est née ma sœur, et moi cinq ans plus tard. Jusqu'en 1940, nous avons vécu à la Provinciestraat.

Je me souviens que, me promenant par la main avec mon père, nous sommes passés devant la synagogue de l'Oostenstraat. Cela m'a tellement choqué que j'en ai encore le spectacle devant les yeux: les nazis qui pillent, qui cassent les vitres, qui traînent sur la rue les bancs et les rouleaux de la Torah, entassant le tout, et y mettant le feu. Je le vois encore: tout en tas, et le feu là-dedans. Je me souviens qu'à un moment donné j'ai porté une étoile jaune. J'avais l'impression de défiler pour faire voir aux non-Juifs que j'étais Juif... Après cela, il y a un blanc dans mes souvenirs...

Blankenberge, 1938.

À Anvers, cela devenait trop dangereux pour nous. Il y avait des rafles dans le quartier juif, et nous avons dû quitter la ville. Le 28 septembre 1942, nous sommes partis en train à Durbuy, une petite ville des Ardennes. Nous y sommes restés plusieurs mois, mes parents, ma sœur et moi, ayant trouvé refuge dans une petite maison, juste en face du pont à l'entrée de la ville, chez la famille Mottet. Mes parents avaient une grande malle d'osier dans laquelle il y avait toutes sortes de choses dont un beau manteau de fourrure de ma mère. Là aussi c'est devenu dangereux, les Allemands resserraient leur filet, et on nous a conseillé de prendre le large. La malle a été laissée à la famille Mottet, qui l'ont gardée tout simplement. Grâce aux contacts de mon oncle Sewer nous sommes donc allés nous cacher à une dizaine de kilomètres, au hameau de Chardeneux, accueillis par la famille Drailly. Nous avons habité jusqu'à la fin de 1942, un peu comme la famille d'Anne Frank, dans un grenier à double paroi pour une meilleure isolation. Ce n'est que longtemps après la guerre, que j'ai appris qu'il y avait une fille Drailly, plus jeune que moi. Avec ma femme, je vais lui rendre visite de temps en temps. Elle vit non loin de Chardeneux dans la maison de ses parents, à un endroit appelé «le Gros Chêne».

Mon père était dans la Résistance depuis 1943, et son frère aussi. J'ai encore sa carte de membre, au nom de «Sommers», «ASCEM – Secteur III, Zone V, n° 503500» ainsi qu'une attestation qu'il transmettait des informations au Deuxième Bureau et qu'il a donné de l'argent à un groupe de résistants de Bonsin. Il a travaillé avec l'abbé Bonmariage: encore quelqu'un qui cherchait à résister aux nazis.

Pour les messages de la Résistance, mon père se rendait de temps en temps à une ferme voisine, chez les Bocclinville qui servaient d'intermédiaire. J'ai joué avec leur fils, Ferdinand, et j'étais là-bas comme un enfant de la maison. Ce n'est qu'après 1985 que nous avons retrouvé la ferme. Ma femme et moi sommes allés frapper, une forte femme a ouvert, m'a bien dévisagé, et s'est écriée: «Mon Dieu, mais c'est le fils de M. Maurice.» Quelles retrouvailles! Après plus de quarante-trois ans, elle me reconnaissait encore. C'était extraordinaire de retrouver ces gens chez qui mes parents s'étaient cachés. Depuis lors, nous leurs avons rendu visite plusieurs fois. Malheureusement les parents ne sont plus, mais nous voyons encore Ferdinand de temps en temps.

Une fois de plus, le danger s'est approché à pas de loup, et je me souviens que mes parents sont allés se cacher derrière les tombes du petit cimetière de l'église. Mais il est clair qu'ils avaient été dénoncés: les Allemands sont allés directement les chercher au cimetière. Ensemble, ils se sont dirigés vers la maison, mais ils ne sont plus montés. Depuis la fenêtre du grenier, ma sœur et moi les avons vus pour la toute dernière fois: des Allemands les poussaient dans un camion entouré d'autres soldats. Plus jamais le moindre signe de vie… Bien plus tard, j'ai appris qu'ils avaient été conduits à Malines et, depuis là, à Auschwitz par le convoi n° 21. La famille Drailly a également été embarquée, mais elle fut libérée après trois semaines de prison. Quant au dénonciateur, les résistants lui ont rendu la monnaie de sa pièce: sa maison a été incendiée, et il a été battu à mort. Cela n'a pas pour autant ramené mes parents.

Puis ma sœur et moi avons été séparés. Mes grands-parents paternels, qui vivaient également dans notre grenier, ont été logés ainsi que ma sœur dans un couvent à Namur. Je suis arrivé dans un autre village, à Vaux-Chavanne, à une cinquantaine de kilomètres, dans la famille Collignon. J'y suis resté depuis le début de 1943 jusqu'à la fin de la guerre. Cette famille se composait des parents, de deux filles et d'un garçon. Je me suis senti vraiment chez moi. J'allais avec eux aux champs en charrette à cheval: pour faire les foins ou rentrer la paille. Mais là non plus, les Allemands ne nous laissaient pas tranquilles. À la moindre alerte, je devais monter au grenier à foin par une longue échelle. Pour me cacher, j'avais pu aménager une niche derrière le foin ou la paille. La famille était la seule à cet endroit.

Pendant que je me trouvais là-bas se déchaîna l'offensive von Rundstedt. Les Allemands ont atteint Manhay, à quatre kilomètres. Les Américains et les Canadiens étaient à Bastogne. Les armées alliées ont repoussé les Allemands dans notre direction, et un jour tout le monde a dû quitter le village, abandonnant toutes les maisons pour

Ma sœur, neuf ans, et moi, quatre ans.

s'abriter dans les bois. Nous n'avions que quelques couvertures pour nous tenir chaud. Nous étions au milieu des combats: les alliés d'un côté, les Allemands dans notre village. Les uns et les autres bombardaient, et nous étions au milieu. Ce fut le fameux hiver de 1944: cinquante centimètres de neige, jusqu'à vingt-cinq degrés en dessous de zéro. Parmi les soldats alliés, qui progressaient lentement, certains ont eu les mains et les pieds littéralement gelés. Avec leur équipement lourd, qui s'enfonçait dans la neige, ils avaient bien du mal à avancer. Je ne sais pas combien de temps nous sommes restés dans les bois. Peut-être des semaines? Toutes les maisons étaient occupées par les Allemands. Ils ne cessaient de se tirer dessus, avec nous au milieu, et cela jusqu'à la retraite allemande. Puis tout le monde a pu rentrer à la maison. C'est alors que sont apparues les «bombes volantes»: elles volaient si bas que les gendarmes ont pu en descendre quelques-unes. L'une d'entre elles est tombée dans notre jardin, mais sans exploser. Peu de maisons en sont sorties intactes…

Puis est venu le grand moment de la Libération. Un matin, des chars et d'autres véhicules militaires sont entrés dans le village. Une joie indescriptible. J'ai vu les Américains mettre en joue des soldats allemands, qui sortaient les mains levées. Beaucoup gisaient, morts. On n'avait pas à craindre d'épidémies: il gelait si fort que les corps ne risquaient pas de se décomposer.

Des lettres de ma sœur Suzy que j'ai retrouvées, je conclus qu'avec mes grands-parents elle a été cachée en divers endroits. Elle écrivait qu'elle apprenait l'anglais, et des cahiers montrent qu'elle est allée à l'école. Dans l'une de ses lettres, elle parle de son chagrin d'être séparée de son petit frère. Et aussi que ma grand-mère avait fait pour moi un manteau, «très beau et très chaud». Et peu après arrivait le message terrible: le monastère où vivaient ma sœur et mes grands-parents avait par erreur été touché par les bombes des Alliés, qui pensaient que des Allemands y vivaient. Il y avait bel et bien des Allemands, mais ils étaient à cinq cents mètres de là. Mes grands-parents ont été tués sur le coup, ma sœur a eu une jambe arrachée. Un prêtre et un ami l'ont emmenée dans un hôpital de campagne, mais l'aide est arrivée trop tard, et elle est décédée entre-temps. J'ai encore une lettre du maire de la ville, relatant qu'ils l'avaient posée sur une porte en guise de civière pour la transporter. Ils ont été enterrés là-bas et, après la guerre, ma sœur et grand-mère ont été transférés au cimetière juif de Putte, aux Pays-Bas. De mon grand-père il n'y avait même pas trace: son corps n'a pas été retrouvé. Quelle catastrophe! J'avais perdu toute ma famille: grands-parents, parents, sœur.

Je suis moi-même passé plus d'une fois à travers le chas de l'aiguille. Après la guerre, j'allais aux champs avec le fils de la ferme, en charrette à cheval. Nous venions de quitter la ferme et, à mi-chemin, marraine – c'est ainsi que j'appelais la mère – est venue après nous, en criant que nous devions faire demi-tour. J'ai sauté de la charrette et j'ai couru vers elle. Son fils, qui n'avait pas entendu, ou n'a pas voulu entendre, a poursuivi... sur une dizaine de mètres, et soudain une énorme explosion, que l'on a entendue dans le village: il avait heurté une mine qui se trouvait là, perdue. Il est mort sur le coup, et il a fallu achever le cheval. Si je n'avais pas sauté de la charrette, je n'aurais pas pu vous le raconter...

Les parents de ma mère ont tous deux survécu à la guerre. Eux aussi se cachaient dans un monastère, à Saint-Hubert. Quand ils sont venus me prendre chez les Collignon, ils ont dû me traîner. Traîner est le terme exact, parce que je ne voulais pas partir. Je ne connaissais pas ces grands-parents, je n'avais que neuf ans à la fin de la guerre. J'ai fini par retourner avec eux à Anvers. Je suis allé à l'école juive, Tachkemoni. J'ai eu du mal à suivre, parce que l'école du village des Ardennes que j'avais fréquentée était d'un faible niveau. Dans la famille là-bas, je parlais un peu français, et wallon. Maintenant, je parle couramment sept langues. Je suis allé à l'école jusqu'à mes dix-sept ans. Puis j'ai commencé à travailler comme tailleur de diamants. J'ai rencontré une jeune fille, et je me suis marié. Nous avons un fils qui vit en Israël, qui a lui-même une fille. Notre fille vit à Boston, aux États-Unis. Une à deux fois par an, nous allons en visite chez nos enfants.

Je continue aussi à rendre visite à ceux qui ont risqué leur vie pour me sauver. L'ancienne génération n'est plus là, et ce sont maintenant les enfants et petits-enfants que je visite. Ils étaient les seuls à savoir que j'étais Juif. Dans le village personne d'autre n'était au courant, pas même le prêtre qui me voyait à l'église. Mon nom lui-même avait été changé: je m'appelais Mommers. Ce n'est qu'à la fin de la guerre, que nous avons cessé de cacher mon identité. Ma femme, elle, a eu la chance de retrouver vivante toute sa famille, une chance que je n'ai pas connue. Mais la vie continue.

AVEC MON ÉTOILE J'ÉTAIS « LE SHÉRIF »

Sylvain Suchowolski

Toute ma famille du côté de mon père, originaire de Pologne, habitait la Belgique depuis 1910. Mon frère et moi sommes nés à Anvers, mon frère en 1936, et moi-même en 1929. De 1939 à 1942, nous avons vécu à l'Antoon Van Dijckstraat 67. Mon père et son frère étaient diamantaires. Mes grands-parents avaient un magasin de vins et liqueurs *cachers* à la Pelikaanstraat, mais ils habitaient à la Terliststraat, à côté de la synagogue. C'était des gens très pieux. Mes parents ne l'étaient pas, mais ils étaient néanmoins fiers d'être Juifs, et ils observaient la loi juive. Certains de leurs amis étaient juifs et d'autres non.

Lors de l'invasion allemande, nous avons pris la fuite, avec l'intention de gagner l'étranger. Le vendredi soir, le shabbat, nous avons interrompu notre voyage par respect pour nos grands-parents, et nous avons passé la nuit à l'hôtel. Nous ignorions que les Allemands avaient déjà atteint la frontière française, et que nous ne pourrions pas poursuivre. Nous avons donc été obligés de rentrer à la maison. Si nous n'avions pas respecté le shabbat, nous aurions pu traverser la frontière à temps. Et en ce cas mes parents auraient sans doute survécu à la guerre, comme beaucoup de membres de la famille de ma mère qui, le shabbat, ont continué à rouler et qui plus tard se sont enfuis au Brésil, à Rio de Janeiro.

De retour à Anvers, nous avons pu mener pendant un certain temps une vie presque normale. Mais un jour, il nous a fallu porter l'étoile jaune. Le premier jour où l'obligation fut en vigueur, je ne me sentais pas bien. Je suis arrivé en retard à l'école de la Belgiëlei. J'ai frappé à la porte, l'instituteur a répondu «Entrez!». J'ai ouvert la porte et j'ai senti tous les regards, étonnés, se poser sur moi. L'instituteur m'a demandé: «Comment se fait-il que tu sois en retard, shérif?» Toute la classe a éclaté de rire, et… je me suis senti bien. Tant que je suis allé à l'école, jamais aucun de mes camarades de classe ne m'a insulté.

J'allais me promener au parc municipal tous les dimanches avec mes parents et mon frère. Le premier dimanche où nous avons dû porter l'étoile jaune, il y avait sur les bancs l'écriteau: «Interdit aux Juifs et aux chiens». Nous avons donc continué vers le centre ville. Nous sommes arrivés Appelmansstraat, où se trouvait le cinéma Empire, réservé aux seuls soldats allemands. Nous nous sommes arrêtés un peu pour regarder les photos de Marika Rökk, une artiste très connue à l'époque. À un moment donné, une voiture allemande s'arrête, et un officier SS en descend. Il regarde les photos, puis nous, et surtout ma mère, d'un regard tout à fait particulier. Il s'approche d'elle et lui demande si elle est bien Tony Mandel. Étonnée, elle répond: «Oui.» «Tu ne me reconnais pas?» demande-t-il. «Non», fait maman. Il ôte son képi d'officier, et la voilà qui s'exclame: «Heinz». Ils avaient été au même pensionnat en Allemagne quand ils étaient petits. Il a demandé où nous habitions et, le lendemain, il est venu nous rendre visite. Il est resté quelques heures, et ce fut très agréable. Avant son départ, mon père lui a posé une question bien délicate: «Vous êtes très sympathique, Heinz, mais nous sommes juifs, donc persécutés et mal traités par les Allemands. Que vont penser de nous la famille, les amis, les voisins en voyant que nous recevons un officier SS chez nous?» Heinz s'est mis en colère: «Vous devriez être fiers que je vienne vous rendre visite! C'est moi qui devrais en avoir honte…» Il est sorti en claquant la porte, furibond. Quelques jours plus tard mon père était arrêté. Coïncidence, ou ordre de Heinz? Nous avions une femme de ménage allemande non juive, mariée à un Juif. Ma mère lui a demandé d'aller à la *Kommandantur* du Belgiëlei où travaillait Heinz pour tenter de faire libérer mon père. En rentrant, elle a rapporté qu'elle avait parlé à Heinz, mais qu'il n'avait pas réagi. Deux jours plus tard, mon père était de retour à la maison. Et le jour même Heinz téléphonait, disant qu'il allait envoyer quelqu'un en civil: mon père devrait faire tout ce que l'homme lui dirait, faute de quoi il retournerait en prison. Le lendemain, quelqu'un est effectivement venu avec des paquets de diamants, et mon père devait estimer la valeur de ces diamants volés. Cet homme s'appelait Fernand, et il allait revenir régulièrement.

Quelques semaines plus tard, nous sommes allés nous cacher dans les Ardennes, au village de Méan, à l'Hôtel du Condroz. Après plusieurs jours, mon père nous a placés, moi et mon frère, au château de Bassines, non loin de là. Une centaine de personnes étaient cachées dans ce château: des résistants, des réfractaires au travail en Allemagne, et des Juifs. Les rênes en étaient tenues par un héros, M. Cougnet. Nous avons connu là-bas une vie tout à fait normale: pour les jeunes il y avait une école, et nous avions pour enseignants des professeurs d'université, dans la clandestinité eux aussi. Le dimanche, nous allions à l'église. Nous avions un missel, mais un jour, le prêtre m'a donné un *Tintin* en me disant avec un clin d'œil: «Lis donc plutôt ceci.»

Quelques mois plus tard, mes parents et mes grands-parents sont partis pour les environs de Liège. Mon père a rejoint la Résistance, où il s'est trouvé sous le commandement d'un certain Mouillet, qui habitait à Bressoux, au 11 rue des Fauvettes. Après la guerre, j'ai su que mon père avait été arrêté fin 1943 à Anvers, dans la Pelikaanstraat. Il serait allé à Anvers vendre un petit lot de diamants pour pouvoir continuer à subvenir à nos besoins.

En octobre 1943, une brigade allemande est venue occuper le château de Bassines. Nous avons d'abord été emmenés à Liège, puis à la caserne Dossin à Malines. Quand nous y sommes arrivés, nous devions aller à gauche, dans un grand bureau. Il y avait là-dedans une toile de tente, où nous devions nous présenter un par un. Un soldat SS nous déshabillait, à la recherche d'argent, de bijoux, d'armes, etc. De là, nous passions dans la cour. Le commandant Frank donnait les instructions: les Juifs à gauche, les non-Juifs et demi-Juifs à droite. Je le vois encore, avec ses bottes et sa culotte bouffante. Mon frère et moi sommes allés à droite. Il a commencé à nous interroger tous. J'avais

Château de Bassines: des enseignants écoutant la radio (anglaise) (Dessin: Klaus Grünewald).

quatorze ans, mon frère Jacqui sept. Quand cela a été mon tour, il m'a demandé mon nom. J'ai répondu:

– Sylvain Somers, et mon petit frère s'appelle Jacqui.

– Alors, comme ça, vous n'êtes pas juifs? a demandé Frank.

– Mais non, Monsieur, nous ne sommes pas juifs.

– Le soldat m'a dit dans la tente – il vous a vus nus – que vous êtes circoncis, ce qui veut dire que vous êtes juifs.

– Mais, Monsieur, lui ai-je dit, vous devriez tout de même savoir qu'en Belgique la plupart des garçons – s'ils sont de bonne famille – sont circoncis, qu'ils soient juifs ou non.

Le commandant et sa secrétaire ont échangé un sourire. Puis son regard est revenu vers nous, et sa secrétaire nous a dit de rejoindre les non-Juifs. Ils nous ont conduits au côté droit de la caserne, dans une salle gigantesque avec des quantités de lits; mon numéro était le huit. Mon lit était juste en face de celui de Régine Beer, qui par la suite a été déportée, mais qui a eu la chance de survivre aux camps. À son retour, toute sa vie durant, elle est allée d'une école à l'autre pour parler aux enfants de ce qui s'était passé pendant la guerre.

Tous les jours, nous pouvions aller nous promener un peu dans la cour. Le premier jour, alors que nous marchions, mon frère s'est soudain exclamé: «Regarde, Sylvain, c'est papa.» Il avait raison, c'était mon père. Mais j'ai dit à Jacqui: «Tu te trompes. Ce n'est pas papa. C'est juste quelqu'un qui lui ressemble», et j'ai discrètement fait signe à mon père qu'il devait continuer à marcher. Le lendemain, je suis allé me promener sans mon frère, et j'ai pu parler à mon père. Je lui ai dit ce que nous avions vécu jusqu'alors, et il a trouvé fantastique mon attitude. Nous avons convenu qu'il marcherait toujours du côté gauche, nous du côté droit, et que nous n'aurions désormais plus aucun contact entre nous. Mon frère aurait très bien pu vendre la mèche.

Nous étions là déjà depuis deux mois quand, un jour, un SS est venu me chercher pour me conduire au bureau du commandant Frank. Celui-ci m'a expliqué que la reine Élisabeth avait obtenu que tous les enfants juifs de moins de quinze ans qui se trouvaient à la caserne sans leurs parents ne soient pas déportés, et qu'ils soient placés dans des foyers sous le contrôle des Allemands. «Donc, dit-il, tous tes amis juifs de moins de quinze ans qui sont ici sans leurs parents vont être libérés, et toi, puisque tu dis n'être pas Juif, tu vas devoir rester ici. Nous avons vérifié ton adresse et ton nom, et nous n'avons rien trouvé qui corresponde.» J'ai été pris de panique. Puis, j'ai répondu: «Monsieur, je ne suis pas Juif, mais si je vous dis que je suis Juif, est-ce que je serai libéré, et mon frère aussi?» Le commandant et sa secrétaire ont encore échangé un sourire. Puis, aimable, le commandant Frank a poursuivi:

«En réalité, tu es juif. Donne-moi donc ton vrai nom, et vous serez libres.» Je me suis dit que si je donnais mon vrai nom, ils allaient vite savoir que nous n'étions pas là sans nos parents, et dans ce cas, ils n'allaient pas nous libérer. Et je lui ai donné un faux nom juif: Sommer, au lieu de Somers. Il m'a renvoyé et, un quart d'heure plus tard, un soldat est venu me faire savoir que nous allions être libérés le jour même. Ils nous ont envoyés dans un foyer à Linkebeek, dont la direction et le personnel étaient juifs. Les Allemands venaient de temps en temps arrêter ceux qui avaient dépassé les quinze ans.

De Linkebeek nous avons été transférés dans un château à Aische-en-Refail. Tous les jours, quatre garçons faisaient le guet pour alerter à temps la direction afin qu'elle puisse, si nécessaire, cacher les enfants de plus de quinze ans. C'est arrivé deux fois. Quelques jours avant la fin de la guerre, la direction a été informée que des camions de soldats allemands étaient en route pour nous emmener tous. Dans la demi-heure, répartis entre plusieurs maisons, nous étions tous accueillis par des gens du village, qui nous ont ainsi sauvé la vie. J'ai été placé dans une maison juste en face du château. J'y étais depuis une heure quand j'ai vu plusieurs voitures y entrer et, une demi-heure plus tard, elles étaient reparties. Pour des raisons de sécurité nous avons pu rester quelques jours chez les habitants du village. Si eux ne nous avaient pas aidés, nous n'aurions probablement pas survécu à la guerre.

Quelques jours plus tard, il s'est produit quelque chose d'extraordinaire. Des soldats américains sont venus occuper notre château, et nous aussi, nous y sommes retournés. Mais cela n'a pas été fantastique longtemps. Une amie de ma mère est venue me rendre visite. Elle m'a annoncé que mon père avait été abattu alors qu'il tentait de s'enfuir, et qu'une grande partie de ma famille avait été tuée dans les chambres à gaz. Qu'en outre ma mère, mes grands-parents et ma cousine Suzy, cachés dans un monastère, avaient été tués lors d'un bombardement américain. L'objectif était la gare, voisine du monastère, mais le monastère avait été frappé par erreur. Depuis ces annonces, je suis resté très nerveux.

Quelques mois plus tard j'ai été placé dans un foyer à Anvers, Generaal Drubbelstraat, et mon frère dans une maison à Bruxelles. La direction m'a envoyé en apprentissage dans une taillerie de diamants. Au bout de quelques mois mon patron m'a demandé de venir à son bureau. Il se proposait de devenir mon père: il voulait m'adopter. Ce Kalman Goldberg était un homme très gentil. Et extrêmement riche par-dessus le marché. Mais je ne pouvais pas imaginer que quelqu'un puisse prendre la place de mon père. Je l'ai remercié et lui ai expliqué pourquoi je ne pouvais pas accepter sa proposition.

Le foyer connut, cela va de soi, des difficultés financières si bien que la direction décida d'organiser une grande fête. Il se trouvait que j'avais vu un film avec le chanteur Larry Parks dans le rôle d'Al Jolson, un nègre. Je trouvais cela si fantastique que j'ai proposé à la Directrice, Mme Weintraub, de faire une imitation d'Al Jolson à la fête. J'ai acheté le disque de ses chansons, et j'ai répété pendant deux mois à la cave devant le miroir. La fête eut lieu dans une grande salle, l'Excelsior, juste en face de la gare, dans la Pelikaanstraat. L'auditoire se composait d'artistes et d'hommes politiques en tenue de soirée, et il y avait un grand orchestre. Je m'étais déguisé en Al Jolson, j'avais peint mon visage en brun, et j'avais enduit mes chaussures de cire pour qu'elles glissent plus facilement. L'orchestre a commencé à jouer, et j'ai pris mon élan pour glisser jusqu'au micro, où j'allais chanter *Mamie I love you.* Mais que s'est-il passé? Au lieu de m'arrêter devant le micro, j'ai dérapé à cause de mes souliers cirés et je suis tombé dans les bras du maire Camiel Huysmans. Je suis retourné à toute vitesse au micro, parce que le disque allait commencer quelques secondes plus tard, je suis arrivé juste à temps et j'ai commencé à chanter en playback. J'ai eu un succès fou. Le public s'est mis debout, tout le monde applaudissait. Camiel Huysmans me fit signe de m'approcher. Il m'a félicité, il m'a dit que j'avais une voix fantastique, et que je devrais en faire mon métier. Je lui ai répondu que, dans quelques instants, il allait changer d'opinion, et je suis retourné au micro. J'ai fait signe qu'on remette le disque, j'ai commencé à soi-disant chanter, et au bout de quelque temps, je suis resté bouche close tandis que le disque continuait. Tout le monde a été surpris: nous étions en 1947, et très peu de gens avaient déjà entendu chanter en playback. Le technicien de la salle travaillait aussi à l'Ancienne Belgique, où se produisaient des artistes de renommée mondiale. Il a fait part de ma prestation à M. Matonet, le directeur de l'Ancienne Belgique. J'ai reçu un coup de téléphone me demandant de venir à la salle avec le disque. Je devais entrer en scène, la salle était vide, il n'y avait que le directeur. Après que j'aie soi-disant chanté, il m'a félicité et m'a demandé si cela m'intéressait de me produire chez lui pendant une semaine. En cas de succès, cela pourrait ensuite se faire aussi à Bruxelles. J'étais heureux, j'ai accepté, et il a rédigé un contrat que je devais faire signer par la directrice du foyer. Celle-ci trouvait cela fantastique, mais elle m'a dit que ce n'était pas à elle de signer. Cela revenait à mon oncle, Herman Splitter, qui était aussi mon tuteur. Celui-ci a estimé tout cela ridicule, et il n'a pas voulu signer: selon lui, ce n'était pas un métier pour moi. J'étais furieux. Et triste. Il m'a obligé à venir travailler dans son affaire de fourrures pour apprendre le métier.

En 1949, tout le foyer est parti pour Israël, mais j'ai dû rester en Belgique car j'avais atteint l'âge du service militaire. Quand j'en suis revenu au bout d'un an, je n'avais pas beaucoup d'argent. J'ai pris une chambre sur Lange van Ruusbroecstraat, pour trois cents francs par mois, et je suis allé travailler quelques années chez un pelletier. Plus tard, j'ai pu louer une pièce plus grande pour y ouvrir mon propre atelier. Un an plus tard, j'ai fait la connaissance de Julia, une couturière, belle, intelligente, courageuse et douce. Pour notre mariage, nous avons emprunté six mille francs à un ami. Quand notre fille Tony est née, nous avons déménagé Neptunusstraat, où nous avons loué deux appartements: un pour y vivre, et l'autre pour notre activité; nous fabriquions sur mesure des vêtements et des manteaux de fourrure. Et notre affaire a prospéré. Tony s'est mariée à Chaim, un Israélien. J'ai trois merveilleux petits-enfants et un arrière-petit-enfant.

NOUS N'EN PARLONS PAS BEAUCOUP

David-Mark Syfer

Mes parents étaient polonais et le sont restés jusqu'à leur disparition, maman à Auschwitz, mon père j'ignore où. Ils étaient arrivés en Belgique en 1925; mon frère (né en 1920, décédé en 2004) et ma sœur (née en 1922, décédée en 2000) les accompagnaient. Ils ont quitté la Pologne antisémite. Moi, je suis né à Anvers, en 1933. À ma connaissance, ils n'avaient pas de famille en Belgique. Je ne les ai quasi pas connus, et mes frère et sœur n'ont jamais voulu me parler de cette période. Avant la guerre, jusque vers novembre 1933, mon père aurait eu un atelier de réparation de vélos; maman travaillait comme ouvrière bonnetière. Nous habitions Anvers, dans le quartier juif, tout près de la gare, Stoomstraat, une rue parallèle à la Pelikaanstraat et perpendiculaire à la Lange Kievitstraat. Nous occupions un appartement au deuxième étage d'une maison typique de ce quartier. L'appartement était composé d'une pièce de vie – la cuisine – et d'une chambre où nous dormions tous. Il n'y avait pas d'eau dans l'appartement, seulement un robinet d'arrivée sur le palier, et nous nous éclairions au gaz: il n'y avait pas d'électricité. Je ne me souviens pas où se trouvaient les WC, mais je présume qu'ils étaient installés à l'entresol, entre les deux

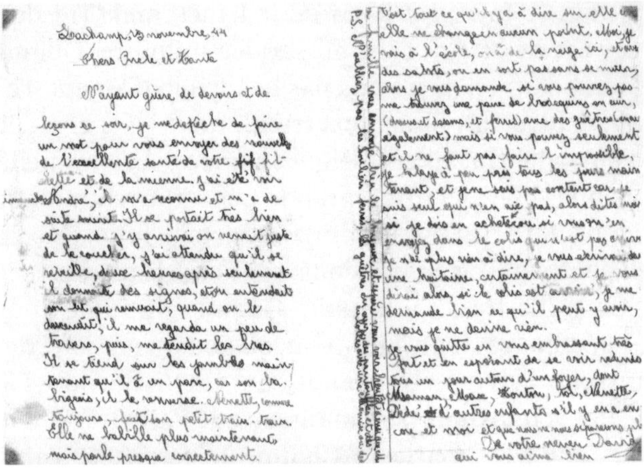

Leachamp, 23 novembre 44

Chers Oncle et Tante

N'ayant guère de devoirs et de leçons ce soir, je me dépêche de faire un mot pour vous envoyer des nouvelles de l'excellente santé de votre fif fillette et de la mienne. J'ai été voir André, il m'a reconnu et m'a de suite souri. Il se portait très bien et quand j'y arrivai on venait juste de le coucher, j'ai attendu qu'il se réveille, deux heures après seulement il donnait des signes, et on entendait son lit qui remuait, quand on le descendit, il me regarda un peu de travers, puis, me tendit les bras. Il se tient sur les jambes maintenant qu'il a un parc, car son babigeois, il le renverse. Annette, comme toujours, fait son petit train-train. Elle ne babille plus maintenant, mais parle presque correctement.

C'est tout ce qu'il y a à dire sur elle [illegible] elle ne change en aucun point. Moi, je vais à l'école, on a de la neige ici, et on a des sabots, on en sort pas sans se mouiller, alors je vous demande si vous pourriez pas me trouver une paire de brodequins en cuir, (dessus et dessous, et ferrés) avec des guêtres (en cuir également) mais si vous pouvez seulement et il ne faut pas faire l'impossible. Je balaye à peu près tous les jours maintenant, et je ne suis pas content car je suis seul qui n'en aie pas, alors dites moi si je dois en acheter ou si vous m'en envoyez dans le colis qui n'est pas encore [illegible] Je n'ai plus rien à dire, je vous écrirai dans une huitaine, certainement et je vous dirai alors, si le colis est arrivé, je me demande bien ce qu'il peut y avoir, mais je ne devine rien.

Je vous quitte en vous embrassant très fort et en espérant de se voir réunis tous un jour autour d'un foyer, dont Maman, Max, Tonton, toi, Annette, Dédé et d'autres enfants s'il y en a encore et moi et que nous ne nous séparerons plus.

De votre neveu David
qui vous aime bien

P.S. N'oubliez pas les [illegible] [illegible]

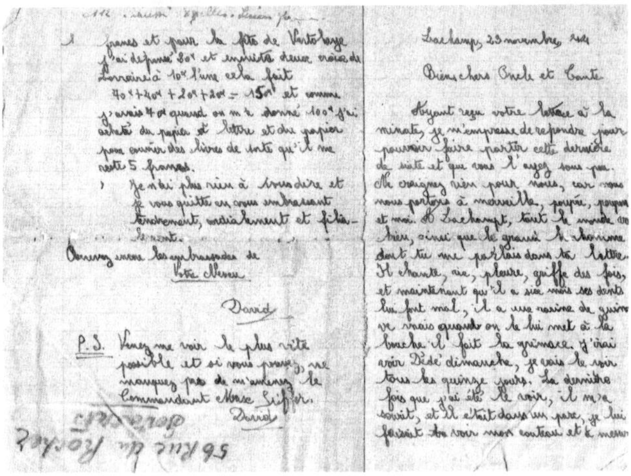

francs et pour la fête de Vertolaye j'ai dépensé 20 F et en visite deux croix de Lorraine à 10 F l'une cela fait 40 F + 40 F + 20 F + 20 F = 150 F et comme j'avais 40 F quand on m'a donné 100 F j'ai acheté du papier à lettre et du papier pour couvrir des livres de sorte qu'il me reste 5 francs.

Je n'ai plus rien à vous dire et je vous quitte en vous embrassant tendrement, cordialement et filialement.

Recevez mes les embrassades de
Votre Neveu

David

P.S. Venez me voir le plus vite possible et si vous pouvez, ne manquez pas de m'amener le Commandant Max Siffer.
David

56 Rue du Rocher

Leachamp, 23 novembre 44

Biens chers Oncle et Tante

Ayant reçu votre lettre à la minute, je m'empresse de répondre pour pouvoir faire partir cette dernière de suite et que vous l'ayez sous peu. Ne craignez rien pour nous, car nous nous portons à merveille, poupée, poupon et moi. A Leachamp, tout le monde va bien, ainsi que le grand bonhomme dont tu me parlais dans ta lettre. Il chante, rie, pleure, griffe des fois, et maintenant qu'il a six mois ses dents lui font mal, il a une racine de guimauve mais quand on le lui met à la bouche il fait la grimace. J'irai voir Dédé dimanche, je vais le voir tous les quinze jours. La dernière fois que j'ai été le voir, il m'a souri, et il était dans un parc, je lui faisais voir mon couteau et à mesure

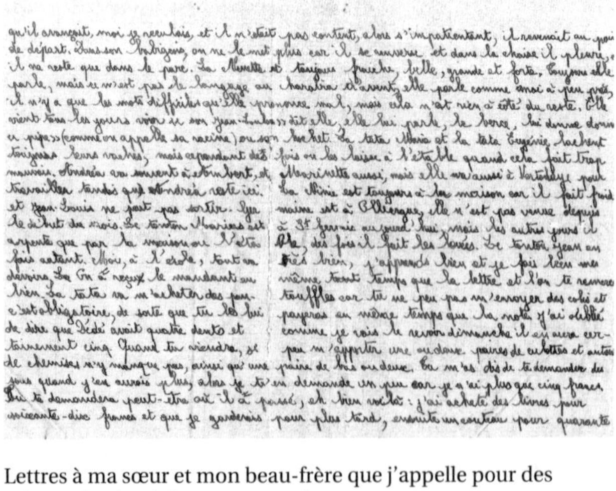

qu'il avançait, moi je reculais, et il n'était pas content, alors s'impatientant, il revenait au point de départ. Dans son babigeois, on ne le met plus car il se renverse et dans la chaise il pleure, il ne reste que dans le parc. La Annette est toujours fraîche, belle, grande et forte. Toujours elle parle, mais ce n'est pas le langage au charabia d'avant, elle parle comme moi à peu près, il n'y a que les mots difficiles qu'elle prononce mal, mais cela n'est rien à côté du reste. Elle vient tous les jours voir « son Jean-Louis » dit elle, elle lui parle, le berce, lui donne son « pipass » (comme on appelle sa racine) ou son hochet. La tata Marie et la tata Eugénie lâchent toujours leurs vaches, mais cependant des fois on les laisse à l'étable quand cela fait trop mauvais. Andréa va souvent à [illegible], et travailler tandis que Andréa reste ici. Marinette aussi, mais elle va aussi à Vertolaye pour et Jean-Louis ne peut pas sortir. [illegible] le début du mois. Le tonton Marius est arpenté que par la maison ou [illegible] fois autant. Moi, à l'école, tout va bien, j'apprends bien et je fais bien mes devoirs. La Cie a reçu le mandat en même temps que la lettre et l'on te remercie bien. La tata va m'acheter des pantoufles car tu ne peux pas m'envoyer des colis et c'est obligatoire, de sorte que tu les lui payeras en même temps que la note. J'ai oublié de dire que Dédé avait quatre dents et comme je vais le revoir dimanche il en aura certainement cinq. Quand tu viendras, si tu peux m'apporter une ou deux paires de culottes et autant de chemises n'y manque pas, ainsi qu'une paire de bas ou deux. Ça m'as dis de te demander des sous quand j'en aurais plus, alors je t'en demande un peu car je n'ai plus que cinq francs. Tu te demanderas peut-être où il a passé, eh bien voilà : j'ai acheté des livres pour soixante-dix francs et que je garderais pour plus tard, ensuite un couteau pour quarante

Lettres à ma sœur et mon beau-frère que j'appelle pour des raisons de sécurité « tante et oncle ».

étages. Je crois que mes parents sont venus en Belgique dans l'intention de gagner l'Amérique du Sud où vivait, depuis 1921, un frère de mon père. J'ignore totalement si nous étions intégrés dans le voisinage. Dès 1939, mais jusqu'en mai 1940 seulement, j'ai été à l'école Tachkemoni, où mon frère était allé jusqu'à l'âge de douze ans. J'ignore où ma sœur est allée, mais elle a étudié jusqu'à quatorze ans. Mes aînés étaient membres du YASK (*Yddische Arbeiders Sport Klub*), une organisation juive très orientée à gauche, proche de la mouvance juive communiste, et j'y allais également. Je n'ai eu aucune éducation religieuse et je ne me souviens pas être allé à la synagogue. En revanche, maman allumait les bougies le vendredi soir. Quand la guerre a éclaté, mon frère a commencé à coller du papier brun sur les vitres des fenêtres. J'ai vu des soldats dans la rue (nous habitions à moins d'un kilomètre de la gare principale), et les fumées des tirs de la DCA. Nous avons quitté Anvers en famille, entre le 12 et le 20 mai, dans un wagon à bestiaux, en direction de la France, et j'ai fêté mon anniversaire le 26 mai dans un village à une trentaine de kilomètres au sud de Toulouse. À la fin de l'automne 1940, j'ai été interné, avec maman, au camp de Rivesaltes, et j'y suis resté jusqu'en février 1942, date à laquelle je me suis définitivement échappé, seul (!); j'ai pu rejoindre ma sœur, qui s'était mariée entre-temps, et son mari, grâce à des contacts pris avant mon évasion par maman et mon beau-frère. J'ai alors vécu quelques mois avec eux et ma nièce, Martine Kupfermunz, née en mars 1941, dans la Creuse. À la fin de l'été 1942, l'œuvre de Secours à l'Enfance (OSE), organisation clandestine juive communiste, nous a placés, ma nièce et moi, dans un hameau isolé du Puy-de-Dôme: deux fermes, exploitées par deux familles parentes, un frère – Jean Rolhion et sa femme Eugénie – et sa sœur, Marie Pillière et son mari Marius. J'y suis resté jusqu'en février 1945, ma nièce jusqu'en juin 1945. Son frère, André Kupfermunz, né le 29 décembre 1943, était caché dans une autre ferme, à deux ou trois kilomètres de là. Dans ces fermes, ma nièce et moi avons été très heureux. Moi, j'allais à l'école. Je travaillais également aux champs mais pas plus que les autres enfants de fermiers; j'étais d'ailleurs considéré comme le véritable petit-fils de la maison. Je précise que j'ai eu la chance insigne de n'avoir jamais vu de soldat allemand pendant la guerre, et je n'ai jamais porté l'étoile jaune. En février 1945, mon beau-frère est venu me chercher et m'a conduit à Bruxelles où vivaient mon frère et sa femme. Mes parents avaient disparu. Pendant un certain temps, j'ai espéré leur retour, mais mon frère a su rapidement me faire perdre mes illusions. Alors que j'étais bon élève en France, je me suis retrouvé à Bruxelles devant connaître des matières jamais apprises. Histoire et géographie de Belgique, néerlandais… J'avais perdu toute connaissance de cette langue, pourtant ma langue maternelle: personne dans le village auvergnat ne la parlait. Je me suis retrouvé quasi cancre et découragé; je n'ai donc pas fait d'études, et suis allé travailler à quatorze ans. Vivant dans une famille de héros de la Résistance communiste, j'ai fréquenté le mouvement de jeunes Juifs communistes (USJJ, Union sportive de la Jeunesse juive), et j'ai été, dès quinze ans, moniteur des colonies de Solidarité juive. Ayant eu un enfant très jeune – j'avais vingt et un ans à sa naissance, ma femme vingt –, je me suis marié puis j'ai eu deux autres enfants. J'ai fait différents boulots: ouvrier mécanicien, employé dans un magasin de pièces de rechange pour autos, officier de marine au long cours et employé dans une compagnie d'assurances, conducteur de pousse-pousse à l'Expo '58. Je suis finalement devenu courtier en assurances et crédits hypothécaires, profession que j'exerce toujours – depuis quelques années, pour m'occuper plus que pour gagner ma vie. J'ai, hélas, divorcé en 1977 et je vis, depuis 1985, avec mon épouse actuelle. J'ai huit petits-enfants et deux arrière-petits-enfants. Je reste en contact avec la famille des paysans qui m'ont caché. Je possède d'ailleurs une maison de campagne dans un hameau à quelques centaines de mètres du lieu où je fus caché, et y passe chaque année plusieurs semaines et un mois de vacances. Le 8 mai 2000, les paysans qui nous ont cachés, ma nièce et moi, ont été honorés du titre de Justes parmi les Nations, et le maire du village a donné leurs noms à la place dudit village Vertolaye. Je rencontre régulièrement d'autres enfants cachés mais nous ne parlons pas souvent de l'époque: à quoi sert d'être «anciens combattants»?

JE NE POUVAIS PAS DIRE «PAPA» SANS ME METTRE À PLEURER

Maria – depuis la guerre Annie – Szyf

Je suis née en Belgique. Mes parents étaient venus de Chelm, en Pologne. Je n'ai pas connu mes grands-parents, je n'en ai même jamais vu de photo: les parents de ma mère étaient déjà décédés avant la guerre, et ceux de mon père ont été assassinés par les Allemands.

En 1927, mon père, Maurice (Moszko) avait quitté Chelm pour venir vivre à Gand. Tout récemment, en 2004 environ, j'ai appris qu'il avait trouvé du travail chez un grossiste lituanien en beurre et œufs. Au fond je ne sais pas trop bien pourquoi il a quitté la Pologne. Avant la guerre j'étais trop jeune, et après, on ne posait pas de questions sur le passé. Mais j'ai toujours entendu dire que l'antisémitisme en Pologne était très virulent. Deux ans plus tard, il a fait venir de Pologne son frère de dix-sept ans Robert (Ber Leiba). Celui-ci a d'abord travaillé quelque temps dans une mine de charbon, puis il est entré en apprentissage dans un salon de coiffure pour hommes à Gand. Nous étions en vacances à Ostende en 1956 lorsque l'accident de la mine de Marcinelle a eu lieu. Je n'avais jamais vu mon oncle si hors de lui, si impressionné: «Je sais ce que c'est que de travailler dans une mine de charbon!»

Ma mère, Sluwa Gus, a aussi préféré quitter la Pologne: une jeune femme juive non accompagnée ne pouvait pas sortir dans la rue sans être harcelée. En 1931, elle est venue en Belgique pour épouser mon père. Ils s'étaient connus en Pologne. Je suis née en décembre 1933, et j'ai aussi un frère cadet, Paul, né en 1936. Mes parents avaient de mauvais souvenirs de Pologne. Les gens jalousaient les Juifs parce qu'ils étaient mieux habillés. Dès avant ma naissance, mon père avait ouvert à Gand, en indépendant, une laiterie où il vendait également des poulets et des lapins. Il fournissait beaucoup de boulangers et même le glacier bien connu Venezia. Pour autant que je me souvienne, nous célébrions tout de même les fêtes juives, avec des spécialités faites à la maison: *lokshen, kreplach, kneidlach* – ce sont différentes pâtes pour la soupe – et, bien sûr, le *gefilte fisch* [1]. Nous avions la vaisselle de *Pesach*. La synagogue n'était pas une synagogue à proprement parler: je me souviens vaguement que j'allais avec mon père à la *shul* [2] sur Coupure [3], dans la maison du rabbin Michael Lustig.

En mai 1940, nous nous sommes enfuis en voiture à Paris, en France où nous y avons passé quelques jours tous ensemble, puis nous sommes encore allés «quelque part». Après quoi nous avons été séparés: mon père est parti de son côté. Devait-il aller à l'armée? Je l'ignore. Nous trois – ma mère, mon frère et moi, avons été transférés par les Français à Locminé, une petite ville bretonne près de Vannes. On nous a procuré une chambre dans la petite maison d'un sabotier, avec des gens d'Abbeville, une mère avec son fils. Quelques semaines plus tard, nous sommes rentrés à Gand. Mon père est revenu trois mois plus tard. Il venait de Luchon dans les Pyrénées où il avait trouvé du travail, mais il n'y était pas resté pour autant. Selon mon souvenir, la vie a repris tout à fait normalement. En mai 1942, mon père a dû renoncer à son inscription au registre du commerce, «sur ordre de l'autorité allemande», et il a même dû payer pour cela.

1 NDT: carpe farcie.
2 NDT: École, en yiddish – Le mot peut désigner la synagogue.
3 NDT: Nom de quais à Gand.

Je suis allée à l'école communale, Krevelstraat. Mais à partir de septembre 1942, nous ne sommes plus allés à l'école, et nous avons dû nous cacher. En août, le petit lit de mon frère avait déjà été déménagé chez les voisins d'en face. Maman et moi allions dormir ailleurs, marchant tous les soirs vers Ottergemsesteenweg ou Hundelgemsesteenweg – je ne me rappelle plus exactement – jusqu'au «Salon de coiffure Richard». Et, chaque matin, nous rentrions à la maison, Sint-Lievensstraat. Papa, lui, restait dormir à la maison, qui était attenante au couvent des Sœurs de la Charité et à son école. Mon père disait toujours: «S'ils viennent sonner, je n'aurai qu'à sauter le mur.» Cela ne l'a pas empêché d'être déporté le 25 septembre 1942. Ils sont venus sonner à six heures du matin, il a ouvert la porte, et il s'est fait arrêter. Le voisin d'en face est immédiatement venu nous informer des mauvaises nouvelles: mon père venait de se faire arrêter, et nous ne pouvions plus rentrer à la maison parce que les Allemands avaient posé des scellés sur la porte. Quelques jours plus tard ma mère reçut une petite lettre. Mon père avait réussi à aller aux toilettes à la gare Saint-Pierre, où, sur un bout de papier, il avait écrit en yiddish qu'il s'était laissé prendre dans l'espoir qu'ils ne viendraient pas nous chercher; il ajoutait qu'il avait jeté l'argent qui lui restait sur le toit plat de la maison. Il a donné cette lettre à la dame des toilettes pour qu'elle l'envoie à l'adresse de nos voisins. Comment mon père avait-il pu deviner que cette femme n'allait pas nous dénoncer? Avait-il l'air si malheureux, et a-t-elle eu pitié de lui? La lettre, en tout cas, est bien arrivée. Les voisins ont trouvé l'argent en allant chercher quelques vêtements pour nous. J'ai encore le petit panier en osier brun foncé dans lequel les affaires nous ont été ramenées. Mon père n'avait aucunement l'intention de fuir: sa valise était toujours prête, car il pensait qu'il devrait aller travailler. Désormais, je sais que mon père a été gazé et brûlé à Auschwitz quelques jours après qu'il soit parti. Il avait trente-neuf ans. Après la guerre, par décision de justice, il a été déclaré mort «fin 1942 à Auschwitz ou ailleurs en Allemagne». Son frère Robert, qui avait trente-deux ans, a été arrêté le même jour à Ostende. Ensemble, ils ont été conduits de Malines à Auschwitz, mais mon père a dû aller à gauche dans la file d'attente, et mon oncle à droite...

Ces dernières années, je me suis de plus en plus demandée si mon père avait été emmené «humainement» – dans un train ordinaire – ou si ce fut dans un de ces wagons à bestiaux dont tout le monde connaît les horribles images. Il y a deux ans on m'a assuré que les wagons à bestiaux n'ont été utilisés qu'à partir de 1943. Après toutes ces années, cela me rassure un peu que mon père ait été déporté dans un train normal.

Ma mère a vécu toute la guerre cachée chez l'architecte Loontjens, toujours à la même adresse, Groot-Brittanniëlaan à Gand. Il y avait quatre enfants. Cette famille a ainsi pris d'énormes risques. Elle ne roulait pas sur l'or car Loontjens refusait de travailler pour les Allemands, et maman m'a dit plus tard que les garçons avaient constamment faim. Pour expliquer l'accent de ma mère, on avait dit aux enfants qu'elle venait du Luxembourg. Ils avaient également un «code de sonnette», pour que ma mère leur ouvre la porte quand ils rentraient de l'école. Maman faisait le ménage, ne sortait jamais, et dormait tout habillée, prête à fuir à tout moment. Après la Libération, elle a continué à y travailler, mais cette fois de manière rémunérée. Sans argent, sans maison, sans le moindre meuble, elle ne pouvait pas faire autrement.

Mon petit frère a d'abord été caché chez une amie de ma mère, puis il est venu avec moi à Schoonmeersstraat. L'amie de mon oncle, une Belge, Céline Meire était venue me chercher. J'avais déjà eu l'occasion de la voir auparavant à plusieurs reprises, et je crois même avoir été une fois en vacances chez elle. Voilà sans doute pourquoi je me suis immédiatement sentie à l'aise avec elle. J'ai donc passé quelque temps à Ostende, quelques semaines… ou mois? Je passais la journée deux rues plus loin, chez la mère de Céline, dans un appartement sur Nieuwpoortstraat. Et le soir, nous rentrions dormir chez Céline. Cela semblait plus sûr, car l'appartement était au sous-sol du salon de coiffure. Durant la journée, le grand problème était que je devais toujours me taire: les voisins ne devaient pas nous entendre puisque, à neuf ans, j'aurais normalement dû me trouver à l'école. Pour passer le temps, la mère m'a appris à repriser les serviettes damassées qui servaient au salon de coiffure. Impossible d'en acheter de nouvelles car on ne pouvait tout simplement rien se procurer pendant la guerre. J'ai raccommodé d'innombrables trous et endroits élimés, au point que je ne peux même plus entendre le mot. Depuis lors, je ne l'ai plus jamais fait. Ce n'était pas une occupation agréable du tout, mais il faut avouer qu'il n'y avait guère d'autres possibilités. J'y ai été très bien traitée, et je pense que j'ai aimé être là, vu les circonstances. Après un moment j'ai dû partir – au printemps 1943, il me semble – parce que les gens commençaient à se poser des questions, et surtout parce que des soldats allemands fréquentaient le salon.

J'ai ensuite été placée à Gand jusqu'en 1943-1944, à nouveau chez un coiffeur. Je pense que les deux se connaissaient du fait de leur profession. C'était Maaltebruggestraat. Pendant toute cette période de persécution, de septembre 1942 à septembre 1944, je n'ai rendu visite à ma mère qu'une seule fois à son adresse clandestine: quand je suis venue d'Ostende. Céline m'y a amenée pour que je passe un peu de temps avec elle, avant de me conduire à ma nouvelle cachette, chez Gustaaf et Alice De Jans-Dewaegeneire. Ils étaient mariés mais cohabitaient avec les parents de Gustaaf. C'étaient des gens simples, sympathiques, j'étais pour eux l'enfant qu'ils n'avaient pas encore. Ils étaient catholiques, mais accompagnaient des amis au temple protestant sur Nederkouter. J'ai appris les rudiments de la religion protestante. Elle s'occupait de la maison. Pour passer le temps, je l'aidais. J'y ai appris à bien nettoyer et à entretenir une maison. Je n'ai jamais eu faim, je ne pense pas avoir souvent mangé de cet abject pain de guerre. Mais il y avait aussi une grand-mère, pour moi madame Clémentine, qui allait pas mal papoter chez les voisins, dont certains étaient plutôt pro-allemands. Les gens ont pris peur d'être dénoncés, et j'ai donc été amenée chez les Lippens, des personnes âgées, dans Schoonmeersstraat. Ils étaient protestants, c'est pourquoi j'ai fréquenté un temps l'école protestante «Gaspard de Coligny». Il n'y avait que deux classes et deux enseignants. Je n'étais pas officiellement inscrite, mais le directeur était au courant, et les enseignants aussi. Tous les jours, j'avais une page – parfois une colonne – de la Bible à apprendre par cœur pour entraîner ma mémoire. Je les accompagnais aussi au temple le dimanche.

Quand je suis revenue à Gand, je ne savais presque plus marcher. Imaginez un enfant de huit ou neuf ans qui a toujours dû rester en place: pas de mouvement, pas d'autres enfants avec qui jouer... Il allait falloir deux adultes pour m'aider à réapprendre la marche.

Les premiers chars entrés en ville le 6 septembre 1944 en passant par Voskenslaan me sont encore très présents à la mémoire. Avec la famille Lippens, nous étions sur le trottoir, emplis de joie. Nous avions des fleurs, que nous agitions et que nous jetions en direction des chars. Cette image reste pour moi le symbole du grand soulagement.

Avec mon frère, j'ai encore passé un peu de temps chez des paysans de Gontrode, les Van Bockstaele. Après la Libération, je suis restée un certain temps dans la famille Lippens: ma mère n'avait plus rien, même pas une chaise pour s'asseoir. Dans le courant de 1945, nous avons pu revenir à notre ancien logement. Quelqu'un d'autre y habitait. Nous avions droit à cette habitation, mais le propriétaire nous a procuré une autre maison dans Krevelstraat. Ma mère a reçu de la Croix-Rouge cinq cents francs pour nous installer. C'était tout ce que nous avions. Ma mère travaillait comme femme de ménage. Et, pendant des semaines, elle s'est rendue tous les après-midi à la gare pour guetter l'arrivée de mon père. Je suis allée à l'école de la Wispelbergstraat, dirigée par Mme Michielsen. En 1946-1947, ma mère a été très malade. Elle a dû être opérée: neuf mois à l'hôpital, mais l'opération proprement dite n'a même pas eu lieu. Maman avait alors quarante ans. Les visites étaient autorisées deux fois par semaine: une ou deux heures dans ces grandes salles horribles de trente ou quarante lits. Je crois bien qu'il n'y avait pas le moindre petit rideau pour assurer un minimum d'intimité. De ces longs mois, j'ai gardé les pires souvenirs. Pendant ce temps, nous étions aidés par les services sociaux. Je suis retournée chez les De Jans, qui avaient maintenant une fille, et mon frère est allé chez les parents d'Alice De Jans.

En secondaire, j'étais dans la section commerciale, et j'ai même terminé ces études avec la plus haute distinction. Pendant mes études, je suis souvent restée à la maison parce que maman était à nouveau malade et qu'elle ne pouvait pas se déplacer. J'aurais aimé faire des études supérieures, mais cela était impossible: mon salaire était absolument nécessaire à la maison, et j'ai donc immédiatement commencé à travailler. Il est vrai que j'avais deux années de retard à cause de la guerre. En 1957, je me suis mariée. J'ai deux fils et deux petites-filles. Ma mère est décédée à soixante-trois ans, après avoir passé trois ans dans un établissement parce qu'elle n'était plus autonome. Je pense encore beaucoup à elle: elle a connu beaucoup de chagrins, la guerre l'a rendue malade. Si elle fut riche de quelque chose, ce fut de son amour pour ses enfants et particulièrement pour ses petits-enfants.

La guerre, ce sont des douleurs, ce sont des souvenirs: des souvenirs douloureux. Je ne fréquente pas les personnes qui ont la même expérience. Ma bibliothèque regorge de livres sur la guerre. J'ai un sixième sens pour les trouver. Je les achète, mais je n'en lis pas les trois-quarts: c'est trop douloureux. J'avais vingt-quatre ans et j'étais déjà mariée avant d'avoir pu prononcer les mots «père» et «papa», sans fondre en larmes. Même avec ma mère, je n'ai jamais pu parler de lui. Mon oncle, le frère de mon père, lui, est revenu. Il a survécu à Buchenwald et à la «marche de la mort». Après la guerre il a repris son métier de coiffeur. Il a vécu jusqu'à quatre-vingt-trois ans, mais je n'ai jamais pu lui poser la moindre question sur ce qu'ont été les derniers moments de son frère, mon père… Aujourd'hui, je le regrette beaucoup. Il y a quelques années fut inauguré à Gand, sur le Lindelei, un monument près de la maison du rabbin où quelques pièces avaient servi de synagogue avant la guerre. Sur le monument apparaissent les noms de tous les Juifs disparus dans les camps. Le nom de mon père y apparaît, lui aussi. Ce jour-là, la maison était ouverte aux visiteurs, mais je n'y suis pas entrée. Je n'ai pas osé. Je me souviens pourtant que, quand j'avais cinq ou six ans, j'y jouais avec des livres de prières. Il y a trois ans j'étais à Auschwitz pour un voyage que j'avais reporté d'année en année. Cela a été terriblement dur, mais je voulais absolument voir l'environnement et toucher le sol que mon père avait foulé de ses derniers pas.

Sous un pseudonyme, Annie De Smakker, j'ai donc été cachée chez Céline Meire, Torhoutsestraat 55 à Ostende, et au cours de la journée chez sa maman, Nieuwpoortsesteenweg. Après quoi j'ai été accueillie à Gand chez Gustaaf et Alice De Jans, Maaltebruggestraat 56, puis chez M. et Mme Lippens, Schoonmeerstraat 26, puis dans la famille Van Bockstaele à Gontrode. Je porte un grand respect aux «Justes» qui ont sauvé des enfants ou des adultes. Ils nous ont cachés, nourris, et... ils ont risqué leur vie pour nous. C'est grâce à eux que j'ai pu réchapper de la guerre, atteindre l'âge adulte, me marier, et voir grandir enfants et petits-enfants. Les mots me manquent pour exprimer ma gratitude, mais il ne se passe pratiquement pas de jour sans que je pense à eux. Avec les Allemands d'aujourd'hui, je suis pleinement réconciliée, la haine a disparu. Mais ce qui me stupéfie le plus ce sont les déclarations des négationnistes. Cela me fait peur pour l'avenir. Plus j'avance en âge, plus il m'est difficile de me replonger dans le passé.

TOUTES CES ADRESSES...

Paul Szyf

Mon père, Moszko Szyf, que l'on prénommait ici Maurice, naquit le 16 octobre 1903 à Chelm en Pologne, et il émigra en Belgique en 1927. Pour survivre, il fit toutes sortes de métiers, tout en apprenant la langue. Il finit par tenir un commerce de volailles et de produits laitiers sur Sint-Lievensstraat à Gand. Il allait directement faire ses achats dans les fermes: au début par les transports publics et plus tard en voiture, une voiture belge de marque Minerva. Ma mère, Sluwa Gus, est venue de Chelm, où elle naquit le 20 mars 1906. Elle est arrivée en Belgique en 1931 et, le 18 juillet de cette même année, elle a épousé mon père. Ils se connaissaient déjà en Pologne. Elle tenait la maison, elle confectionnait nos vêtements, et elle servait les clients au magasin. Ma sœur Marie est née à Gand le 14 décembre 1933. Et j'ai suivi le 18 août 1936. Mon prénom officiel est Polydore. Je n'ai jamais connu mes grands-parents, je n'en ai même jamais vu de photo. Je trouve cela particulièrement regrettable. Mes grands-parents paternels ont été déportés pour être assassinés. Le père de ma mère, Pinchas, dont je tiens mon nom, est probablement mort aux environs de 1925. Quant à ma grand-mère, je n'ai aucune idée de ce qui s'est passé.

Pendant la guerre nous avons porté un nom «sûr». Il ne devait pas paraître étranger et il ne devait pas, non plus, être reconnaissable par d'anciens voisins, mais sonner flamand. Notre famille s'est donc appelée De Smakker. Marie est devenue Annie – nous avons gardé ce prénom –, et moi j'ai aussi gardé Paul pour prénom usuel.

Lorsque la guerre a éclaté, je n'avais pas tout à fait quatre ans. Comme beaucoup de Belges qui disposaient de leur propre moyen de transport, nous avons fui vers la France. Certains traits sont encore vivaces dans mon esprit: la longue file de voitures qui n'avançait pas, l'atmosphère générale de tension que je ressentais aussi.

À Paris mon père s'est présenté, volontairement ou non, à l'armée polonaise. Avec ma mère et ma sœur nous sommes allés guetter à un grand portail. Chaque fois qu'il s'ouvrait, nous entr'apercevions mon père, qui nous faisait signe de la main. Ma mère, ma sœur et moi avons été ensuite envoyés à Locminé en Bretagne et logés chez un sabotier. Les souvenirs de ce séjour ont été si forts que, lors de vacances avec ma famille dans la région en 1979, trente-sept ans plus tard donc, je n'ai eu qu'à m'enquérir deux fois pour retrouver l'homme. Lui aussi se souvenait très bien de nous.

Quelques mois plus tard, nous étions de retour à la maison. Je vivais la vie d'un gamin qui ne se pose pas de questions. Certes je savais que j'avais, pendue à la patère, un manteau avec une étoile jaune, mais à ma connaissance je ne l'ai jamais porté. Je jouais dans la rue avec les gars du quartier, et pas plus mon comportement que mon langage ou mon apparence ne me distinguaient d'eux. J'ai toujours à l'esprit l'ordre très ferme de mes parents: «Surtout, si tu vois un soldat allemand, tu changes de trottoir au plus vite!» «Si tu vois un soldat allemand, tu changes de trottoir au plus vite!»

En août 1942 – j'avais tout juste six ans – la vie de tous les jours s'est trouvée profondément modifiée. Pendant la journée, nous étions à la maison comme d'habitude mais, le soir, ma mère et ma sœur partaient se promener pour ne revenir que le lendemain matin. Elles allaient «se promener» en direction d'Ottergemsesteenweg, pour passer la nuit au «Salon de coiffure Richard». J'allais moi-même, le soir, dormir chez les voisins d'en face, Achille et Mariette Vercammen, pour ne revenir à la maison, moi aussi, que le lendemain matin. Seul mon père restait dormir à la maison, la nuit.

Cette routine a pu durer de six à sept semaines, jusqu'au jour où, au moment de rentrer à la maison, Achille et Mariette m'en ont soudain empêché. Ils m'ont fait savoir que je devrais désormais rester chez eux pour quelque temps, y compris pendant la journée. C'était ce 25 septembre 1942 où mon père a été sorti du lit et déporté. Il avait bien dit que s'ils sonnaient au petit matin selon leur «procédure», il chercherait refuge au couvent voisin en sautant le mur. Et pourtant, il a ouvert la porte à ses bourreaux. Sans doute était-ce avec l'idée qu'ainsi sa famille serait laissée tranquille. Avec d'autres victimes il a été conduit à la Gare Saint-Pierre, où il a retrouvé son frère cadet Leiba Ber – appelé ici Robert – qui avait été arrêté à Ostende. De Malines ils sont partis à Auschwitz par le convoi n° 11... Là-bas, ils ont été séparés. J'ai su par mon oncle, qui en est revenu, qu'il avait lui-même opté pour un travail dans les mines, ce que mon père n'avait pas osé faire. Mais, par la suite, je n'ai plus jamais parlé de mon père avec mon oncle, pas plus que des camps: un sujet trop douloureux pour nous tous. Achille et Mariette m'ont dit que mon père avait été arrêté, et ils ont fortement insisté pour que je n'en dise jamais rien, à qui ce soit. Aller dans la rue, et même regarder par la fenêtre m'étaient désormais interdits: les voisins ne devaient pas savoir que j'étais là. Quinze jours après l'arrestation de mon père, notre maison fut pillée de haut en bas par l'occupant, qui fit charger le tout sur des camions. Tout notre mobilier fut embarqué par l'occupant.

La situation s'est prolongée un certain temps, je ne saurais dire exactement combien, jusqu'à ce que, un soir, je sois emmené à une autre adresse. Je me suis retrouvé chez des gens que je connaissais bien, des amis de mes parents. J'appelais même la femme «mémé». Il s'agissait d'Alice Dierickx, et de son fils Julien Torcq, qui habitaient Jacob van Maerlantstraat avec le compagnon d'Alice, Jean Baro. Je ne sais plus à quel numéro, mais je me souviens très bien qu'à quelques maisons de là il y avait un forgeron. L'odeur pénétrante de sabots brûlés était présente tous les jours et je pouvais parfois aller voir. Mais c'était tout de même exceptionnel. Eux aussi m'ont bien fait entrer dans le crâne que je devais éviter les soldats allemands. Julien, d'une dizaine d'années plus âgé que moi, suivait probablement une formation technique. Quand il était en train de dessiner, je me tenais tranquille à son côté et j'ai ainsi appris ce qu'est un carré, un rectangle, un cercle et un parallélogramme, même si la prononciation de cette dernière figure géométrique m'a donné bien du mal. En principe, j'étais d'âge à aller à l'école mais, cela non plus n'était pas possible. En attendant, mémé m'apprenait à lire l'alphabet, à écrire quelques petits mots et à faire des additions pas compliquées. Pendant tout ce temps, je n'ai jamais pu voir ni ma mère ni ma sœur, ni non plus leur parler.

Après quelques mois – en avril 1943, je crois – j'ai été récupéré un soir par Achille Vercammen et conduit une nouvelle fois à une autre adresse.

Cette fois, je ne connaissais pas du tout les gens: Ernest et Alice Lippens-Sambaere, Schoonmeersstraat nº 27. Attenant à la maison, il y avait une serre que je voyais gigantesque, et où je pouvais jouer. Là, j'ai pris la décision de devenir jardinier. Cela ne s'est pas fait, mais mon intérêt n'a pas varié. Dans la pièce de devant il avait un piano, et dans la salle de séjour un harmonium. La famille Lippens aimait beaucoup la musique. J'y ai reçu des leçons de solfège. Ce n'était, à vrai dire, pas mon point fort. Je n'ai pas tardé à pouvoir – ou devoir – dire «maman Lippens» et «papa Lippens». Quand je l'ai dit à ma mère, lors de l'une de mes rares visites à sa cachette, elle m'a fait comprendre qu'un enfant ne peut avoir qu'une mère. Ce n'est que quelques années plus tard que j'ai pris conscience de la peine immense que cela a dû lui causer.

Une fois le temps, il arrivait qu'on vienne me chercher – c'était Achille ou Mariette Vercammen, je pense – pour aller rendre visite à ma mère, qui vivait alors avec la famille de Jacques Loontjens au Groot-Brittaniëlaan 20. Il était architecte mais devait vivre chichement, parce qu'il ne voulait pas travailler pour l'occupant. Maman faisait les gros travaux ménagers pour une famille de six personnes, ce qui lui a valu bien des problèmes de santé par la suite. Je me souviens de l'un des fils, Luc, qui avait une quinzaine d'années, et qui me faisait rire avec ses pitreries. Il ouvrait une porte, la bloquait à l'aide de son pied, puis faisait mine de s'y cogner: tout à fait burlesque, et combien amusant pour moi!

Pendant un de ces voyages avec Achille, nous arrivions un jour à l'immeuble de la Poste près de la Gare Saint-Pierre, en quittant le tunnel de Voskenslaan, quand nous avons vu une voisine de Sint-Lievensstraat que nous appelions «Mademoiselle Joséphine». Elle nous a regardés, toute surprise. Je ne sais pas si nous l'avons saluée, mais j'ai senti une grande tension chez Achille. Après la guerre, nous avons su que son frère, à l'époque, cachait une femme juive, Estelle.

Une fois, ma mère, Mariette et moi sommes allés à la campagne par le tram, chez des gens chez qui mon père allait habituellement chercher des produits pour sa boutique. Je me souviens bien que, sur le trajet de retour, ma mère s'est mise devant; peut-être même aussi à l'aller, je ne sais plus. Je suis resté avec Mariette, et j'étais assis le dos tourné à ma mère. Ce n'est qu'à l'arrivée, que je me suis rendu compte qu'elle n'était plus là. L'intention était bien sûr que je puisse m'échapper si, au cours d'un contrôle, ma mère se faisait arrêter. Une belle preuve d'amour maternel désintéressé. Merci, maman.

Un temps, je me suis trouvé caché à la même adresse que ma sœur. Étais-je là en premier, ou bien elle, je ne le sais plus avec certitude. Nous devions porter un nouveau nom de famille qui ait l'air flamand. Et j'ai eu le droit de choisir, sans doute parce que j'étais le plus jeune, et que cela m'aiderait à me familiariser avec ce nom. Nous sommes devenus «Paul et Annie De Smakker». Un vrai nom flamand, estimait tout le monde à l'époque. Cinquante ans plus tard, ma sœur et moi avons consulté tous les annuaires, pour découvrir qu'il n'existe pas un seul De Smakker dans toute la Flandre. Une chance que l'information à cette époque fût encore comme ci comme ça.

Nos parents de la clandestinité étaient protestants, et le dimanche nous les accompagnions au temple de la Nederkouter chez le pasteur Servaes. J'ai suivi l'école du dimanche et j'ai ainsi fait connaissance avec les histoires de la Bible, de l'Ancien comme du Nouveau Testament. Avant le repas, on disait toujours la prière du Notre Père. Plus tard nous sommes encore allés au temple de la Brabantdam chez le pasteur Pichal, ainsi que chez le pasteur Blommaert, Drongensesteenweg.

Nous allions aussi à l'école protestante «Gaspard de Coligny». Il n'y avait que deux salles de classe. J'étais avec Mme Van der Maelen, l'institutrice pour tous les élèves de la première à la quatrième année. Ma sœur Annie était dans l'autre classe – de la cinquième à la huitième année – dont le maître, M. Vanderhaegen, était aussi le directeur de l'école. Il est quasiment certain que les enseignants savaient que nous étions des enfants cachés. Il y avait pas mal d'enfants d'origine hollandaise, et je me souviens en particulier de Hans, un garçon aveugle qui est devenu pasteur. Le fait qu'il y avait quatre années dans une classe – une rangée de bancs par année – a permis que, à partir de la deuxième année, je me mette volontiers aux exercices de la troisième. Et, après quelques mois, j'ai pu passer en troisième année. D'avoir été un enfant caché ne m'a finalement coûté qu'un an. J'ai aussi fait toute ma quatrième année dans cette école. Mais en grandissant, le secret permanent sur mon identité me faisait parfois peur et me tourmentait. Dans la rue, je me méfiais constamment des soldats allemands.

Il est aussi arrivé que ma sœur et moi soyons cachés à la campagne, chez des paysans. C'était sans doute pendant les vacances d'été, puisque nous étions scolarisés. Je me souviens que papa Lippens rentrait à la maison sur son vélo bien lourd, les sacs bourrés des victuailles qu'il allait chercher chez les paysans. Nous avons ainsi toujours mangé bon et sain, sans devoir nous contenter – comme des centaines et des centaines de milliers d'autres pendant l'Occupation – de la pauvre alimentation que procuraient les coupons de rationnement. Je me souviens particulièrement bien du séjour dans la famille Van Bockstaele à Gontrode. Là-bas, le dimanche, nous devions aller avec eux à l'église, pour sauver les apparences aux yeux des voisins. Il y avait un fils, André, d'environ neuf ans mon aîné. J'ai gardé le contact avec lui pendant des années, et je suis allé lui rendre visite de temps à autre.

À la fin de la guerre, nous avons vécu un événement terrifiant, dans la Schoonmeersstraat. Nous voulions sortir, mais de l'autre côté de la rue étaient assis des soldats allemands, qui nous menaçaient de leurs fusils en nous criant de rentrer. Comme l'éclair, ma sœur et moi nous sommes précipités à l'intérieur pour le raconter. Et nous sommes tous allés nous cacher sous l'escalier. Après un certain temps, qui a été horriblement long, nous avons entendu des pas lourds et fermes de chaussures ferrées dans le passage à côté de notre maison. Nous étions morts de peur, persuadés que c'était les Allemands qui venaient nous embarquer. Soulagement! C'était notre voisin, M. Netens, qui était à notre recherche. Il venait nous informer que la troupe de soldats allemands qui avait passé toute la matinée dans la rue était partie. Soulagement général.

Notre cachette n'était pas très éloignée du terrain d'aviation de Westrem-Saint-Denis. Pendant la guerre, des avions allemands y étaient stationnés. Nous entendions souvent passer les bombardiers britanniques qui se rendaient en Allemagne, ou qui en revenaient. Encore aujourd'hui, quand un avion de transport passe à basse altitude, il m'arrive d'entendre leur vrombissement monotone. Une nuit, nous avons entendu des hurlements de moteurs d'avion et de fortes explosions. C'était une attaque sur le terrain d'aviation. Cela ébranlait la maison et la faisait trembler jusqu'aux fondations. Nous nous sommes blottis sous l'escalier car c'était là que nous nous sentions le plus en sécurité. Le lendemain, nous avons trouvé la serre et ses vignes en mille morceaux chez les voisins, emportées par le déplacement d'air.

Après la Libération j'ai enfin pu sortir à nouveau sans me préoccuper des «ennemis» qui m'obligeaient à changer de trottoir. La famille Lippens était si serviable qu'elle a encore hébergé une femme seule, lorsque Anvers s'est trouvé sous le feu des fameuses bombes V. Un jour, un homme est venu de Roulers, presque en pleurs, demandant s'il pouvait un peu se laver et avoir quelque chose à manger. Il venait d'Allemagne. J'ignore s'il y était allé volontairement ou s'il avait été réquisitionné, ou encore s'il avait été avec l'armée allemande sur le front de l'Est, mais il a pu se laver tout à son aise et manger. Je me rappelle son sac à dos de peau de vache, typique de l'armée allemande.

Il a fallu longtemps avant que nous puissions recommencer à vivre ensemble comme une famille. Ma mère devait aller deux ou trois semaines à l'hôpital pour une intervention chirurgicale. En fin de compte, elle y est restée neuf mois. Et, à nouveau, je me suis trouvé chez d'autres gens: dans la famille De Wulf, des agriculteurs de Nazareth, et chez Auguste et Julienne De Waegeneire-Hanssens, Meibloemstraat à Gand. Toutes ces adresses... Ces derniers étaient les parents d'Alice De Jans, chez qui ma sœur fut cachée un moment. Jusqu'à leur mort, ils sont restés Mé et Pé tant pour moi que pour ma mère et ma sœur. Je suis souvent allé leur rendre visite, même après mon mariage. Ils avaient bien une petite-fille, mais je soupçonne que j'étais pour eux le petit-fils qui leur manquait.

Cependant, il y a encore une chose que je dois dire. Près de soixante-cinq ans plus tard, l'État belge a attribué un statut aux enfants cachés. Nous avions exactement un an pour nous faire reconnaître – du 19 avril 1999 au 18 mai 2000 –, mais nos demandes déposées le 26 mai 2000, celle de ma sœur et la mienne, ont été écartées parce que déposées... avec deux mois de retard. Pour nous, ce n'était pas une affaire de compensation financière, mais de reconnaissance de la souffrance injuste que nous avons dû subir sans aucun moyen de défense. Notre lettre au Premier ministre de l'époque Verhofstadt a été transmise au ministre de la Défense, Flahaut, qui a trouvé que c'était regrettable, mais... Une lettre au ministre-président De Wael, qui vient de publier un livre sur la déportation de son grand-père, Arthur Vanderpoorten est, elle, restée sans réponse... Notre consolation: l'acte de décès présumé de mon père porte la mention: «Mort pour la Belgique». Un immigré polonais quitte son pays natal du fait de l'antisémitisme et, à cause de ce même antisémitisme, perd la vie «pour la Belgique» quinze ans plus tard... Une question reste ouverte: «Mon père avait-il des liens avec la Résistance?» Ma mère le croyait, mais l'homme qui aurait pu le confirmer a été tué par les Nazis pendant la guerre.

De la cinquième année, je suis passé en secondaire sur le Reep[1] à Gand. Ensuite, j'ai fait des études techniques. En 1951, à quinze ans, j'ai opté pour la nationalité belge. Je ne savais pas un mot de polonais, et j'avais entendu ma mère parler de l'antisémitisme de la plupart des Polonais. Mon choix a donc été vite fait. Ma mère avait déjà renoncé à sa nationalité polonaise, et était «apatride, sous protection de l'ONU». Les tensions entre l'Est et l'Ouest, lui faisaient craindre de devoir retourner en Pologne, pays inhospitalier.

En 1955, j'ai reçu ma convocation au service militaire: dix-huit mois comme sous-officier des Forces aériennes. Puis j'ai travaillé dans le secteur du textile en tant qu'analyste du travail. En 1960, j'ai épousé

1 Nom d'un quai à Gand.

Alice Mortier, et quatre ans plus tard est né notre fils Maxime. Avec les fils de ma sœur Annie il a été le chouchou de ma mère, surtout parce qu'il s'appelle Szyf comme son mari assassiné, mon père. J'ai aussi une petite-fille, Nina Dakota Szyf, née le 4 mai 1999.

Au fil des ans, je me suis débarrassé de ce qui m'a contraint à me cacher. J'ai vécu dans un environnement non-juif, je ne suis pas religieux, mais bon, je suis qui je suis. C'est là ma liberté. Mon seul vœu est d'être respecté par les autres, comme je respecte moi-même les opinions des autres. Ni plus ni moins.

Merci à tous ceux qui, sans réfléchir aux risques énormes, se sont à l'époque «jetés à l'eau», pour nous permettre, à moi et aux miens, de traverser en toute sécurité les années de guerre. J'ai parfois l'impression que mon histoire d'enfant caché n'est pas encore terminée.

PAS MÊME UN «AU REVOIR»

Anna Torba[1]

Je m'appelle Anna Torba. Mes grands-parents et mes parents étaient Polonais. Grand-père était boulanger. Ma mère est venue en Belgique, à Bruxelles, au début des années trente. J'y suis née le 6 septembre 1936. Ma mère est venue seule, ses parents sont restés en Pologne. Je ne les ai jamais connus. Elle avait une sœur qui était venue ici avant elle, et qui lui avait dit: «Viens en Belgique. Ici, tu vas trouver du travail.» Ma mère était couturière pour hommes, elle faisait des pantalons. Ici, elle a rencontré mon père, qu'elle a épousé. Je ne sais ni comment ni pourquoi il était venu en Belgique. Il était vendeur dans un magasin de vin à Bruxelles. Quand j'avais trois ans, ma mère a voulu retourner en Pologne me montrer à ses parents. Mais ceux-ci l'ont mise en garde: «Ne viens pas, il y a beaucoup trop d'antisémitisme ici, c'est trop dangereux.» C'était en 1939, peu avant que les Allemands n'envahissent la Pologne. Mes parents étaient des Juifs traditionnels; ils respectaient les fêtes juives, sans plus. Je n'ai pas reçu d'éducation religieuse, mais nous célébrions tout de même les fêtes, et nous continuons à le faire. À Bruxelles, nous habitions un petit appartement dans une grande maison, sur le boulevard Anspach. En bas, il y avait un café et, au-dessus, rien que des appartements. Je suis allée à l'école maternelle de la rue du Poinçon.

1 Voir aussi: Simon Mel.

Lors de l'invasion allemande, nous avons fui à pied vers la France, moi dans mon landau. Sur le chemin, je me souviens, un Allemand a voulu me donner un bonbon, mais maman a crié: «Non, ne le prends pas! Ne le prends pas!» Elle craignait qu'il ne fût empoisonné. Bien sûr, moi je le voulais, et pour me donner quelque chose, elle a fouillé son sac jusqu'à ce qu'elle trouve une pomme pour moi. Nous avons atteint Bordeaux et, de là, nous sommes rentrés à pied. Maman a repris son travail. Mon père avait perdu son emploi: les gens n'achetaient plus de vin, c'était la guerre. Il s'occupait de moi à la maison. Dans la rue, nous ne sentions rien qui ressemblât à de la haine pour les Juifs, mais à un moment donné, nous avons dû porter l'étoile, aussi bien moi que mes parents. Et je ne pouvais plus aller à l'école.

Je ne sais pas si mon père s'était fait enregistrer, mais en tout cas il a été arrêté en 1942. C'était le 3 septembre, de nuit, lors de la grande rafle de Bruxelles. Tous les Juifs qui vivaient dans la maison ont été emmenés. C'est ma maladie qui m'a alors sauvée. J'avais une forme d'eczéma. Je pleurais, bien sûr, parce que mon père se faisait emmener brutalement. Maman leur a dit: «Elle pleure parce qu'elle a une maladie, et c'est contagieux.» Cet Allemand lui a répondu: «Alors, elle va rester ici, et toi, tu restes avec elle.» Du coup, mon père ne put plus rien dire, pas même «au revoir», tant il était ému. Plus tard nous avons appris d'un survivant qu'il avait été assassiné à Auschwitz, dès son arrivée. Les Allemands opéraient une sélection: les inaptes au travail étaient immédiatement mis à mort. Ils recherchaient surtout ceux dont la profession pouvait être «utile»: des tailleurs, des coiffeurs, des plombiers, des jardiniers... ou alors des costauds pour les travaux forcés. Mon père aurait pu travailler, il n'avait que trente-huit ans, mais il était si timoré... Et on n'avait bien sûr pas besoin de vendeurs de vin.

Maman et moi sommes allées nous cacher. Nous avons trouvé une cave, rue du Midi, où nous sommes allés habiter. À un moment donné, quelqu'un – Blum, je crois – est venu convaincre ma mère de me placer dans une colonie d'enfants. Elle-même s'est cachée dans un couvent, je ne sais pas où. Je me souviens qu'elle portait une croix, pour montrer qu'elle était catholique. Je suis donc allée à l'orphelinat de Linkebeek, un foyer pour enfants juifs. Je m'en suis une fois évadée avec une fille qui deviendra plus tard ma belle-sœur: elle se mariera avec le frère aîné de mon mari. Je pleurais beaucoup, et je voulais rentrer à la maison. Et elle non plus n'était pas heureuse d'être là. «On s'en va», me dit-elle. Nous avons pris le tram pour Bruxelles, mais nous avons vite été récupérées. On savait où nous trouver, bien sûr. J'avais alors sept ans, et elle quatorze. Nous avons été bien obligés de revenir, parce qu'il manquait deux enfants, et lors d'un contrôle des Allemands – ce qui se produisait régulièrement – cela aurait pu avoir de fâcheuses conséquences.

Nous avons surtout joué, il n'y avait pas beaucoup de cours, faute d'enseignants. Je ne suis même pas certaine d'avoir appris à compter jusqu'à vingt. Les enfants n'étaient pas là pour être éduqués, mais pour qu'on puisse les emmener tous ensemble en déportation.

En réalité, nous n'étions pas conscients du danger. J'avais bien vu mon père partir, mais j'ignorais pour où. Nous ne savions rien des camps. Nous savions qu'il y avait du danger, mais pas quel danger. Par exemple, ma tante a été convoquée à la *Kommandantur* avec son mari et ses enfants pour aller «travailler en Allemagne». Ma mère a tenté de la persuader: «Laisse-moi les enfants, tu ne vas tout de même pas emmener ces enfants.» Mais elle lui a répondu: «Non: si on y va, on y va tous ensemble.» Ils sont partis, et bien sûr ne sont pas revenus. L'un des garçons avait peut-être dix ou douze ans, l'autre quinze.

De Linkebeek, nous sommes partis à trois pour un foyer à Aische-en-Refaille, je ne sais pas pourquoi. On ne disait rien aux enfants. Et j'y suis restée jusqu'à la Libération. Un jour, on a appris qu'ils allaient venir chercher tous les enfants. À une dizaine, nous sommes donc arrivés dans un monastère à Eghezée. Nous étions à l'étage et nous ne devions pas faire de bruit, parce que des Allemands logeaient en bas. Le matin, nous allions à la messe, et nous avons dû faire semblant de savoir nos prières. J'ai été catholique pendant trois semaines.

Quand ma mère, après la Libération, a su où je me trouvais, elle est aussitôt venue me chercher. De retour à Bruxelles, nous avons vécu dans le même immeuble, mais cette fois dans un appartement, plus à la cave. Nous avions deux chambres. Ma mère ne trouvait pas d'emploi, car les gens pour qui elle travaillait auparavant étaient des Juifs qui avaient été déportés. Pour quand même gagner quelque chose, elle s'est mise à vendre du riz au «marché noir». Je ne sais pas comment elle se le procurait, mais elle achetait et vendait du riz. J'ai repris l'école, en première année. À seize ans, je suis devenue Belge.

Plus tard, maman a fait la connaissance du père de mon mari, dont la femme avait été déportée, et en 1947 ils sont allés vivre à Anvers, dans la Lange Kievitstraat. Ensuite à Liège – à Cointes – où il avait déjà habité. Puis ils sont revenus à Anvers. Et là, je suis allée à l'école juive Tachkemoni, Lange Leemstraat. J'ai arrêté l'école pour aller travailler dans la confection. Ma mère a ouvert un magasin, et je l'aidais. Mon mari travaillait aussi dans la confection, et après notre mariage, nous avons continué à développer l'affaire. Nous nous connaissions depuis le foyer de Linkebeek: les enfants s'y connaissaient tous.

J'ai deux filles, l'une à Bruxelles, l'autre à Anvers, et quatre petites-filles: en Israël, à Paris, à Londres et à Anvers.

RENDEZ-VOUS À JÉRUSALEM

Arnold Wolkowitz

J'avais bien treize ans quand j'ai dû me cacher. Je suis un fils d'immigré. Mon père avait quitté la lointaine Pologne pour échapper à l'antisémitisme et trouver du travail. Comme j'ai su lire très tôt, j'ai dû lui lire le journal à haute voix, et le lui traduire en yiddish. C'était aussi moi qui m'occupais des comptes et de la paperasse en général.

En 1941, j'étais élève au lycée à Liège et je portais l'étoile jaune. L'année suivante, en août, je crois, M. Paty, inspecteur de police, est venu avertir mon père qu'il était plus que temps que nous quittions notre appartement de la rue Bouille. Et c'est ainsi qu'a commencé mon «odyssée». Les premiers jours j'ai été caché avec ma sœur de dix ans dans une famille qui habitait un bel appartement donnant sur la Meuse. De là, j'ai été amené chez un vicaire de la paroisse Saint-Christophe, Émile Boufflette, chez qui j'ai passé trois ou quatre semaines. Je me souviens très bien de lui, parce que le soir, nous avons eu de longues conversations sur le judaïsme, le christianisme, et sur la Palestine. Nous nous sommes séparés en nous donnant rendez-vous à Jérusalem, en 1947. Quand? Entre janvier et le 15 août. Où? Sur la place centrale de la ville. Nous estimions en effet que chaque ville devait bien avoir un centre comme celui de la place Saint-Lambert à Liège. Donc, Jérusalem aussi.

Il m'a fait entrer au petit séminaire Saint-Roch à Ferrières, où je suis resté un an en pension. Cela s'est fait, bien sûr, sous un faux nom. Je m'appelais «Voisin», mais mon prénom restait Arnold. Le problème était que mes parents avaient reçu un nom de famille différent: Baldewijns. Je rentrais chez moi à Liège, tous les quinze jours, et c'était tout une gymnastique mentale car, au séminaire et durant le voyage à Comblain-la-Tour et retour, je m'appelais Voisin pour mes amis, alors qu'une fois sorti de la gare de Liège, je devais oublier ce nom et me mettre dans la tête que j'étais Baldewijns. Dans les poches de mon manteau j'avais deux cartes d'identité: sur l'une je m'appelais «Voisin», et sur l'autre «Baldewijns». Cela a duré un an. Puis je suis allé chez les frères Salésiens de Don Bosco, dans la rue des Wallons à Liège. Là, je me suis définitivement appelé Baldewijns. Mais je devais rester en alerte, parce que je pouvais toujours tomber sur des amis qui me connaissaient sous mon vrai nom, Wolkowitz, ou d'autres qui se souvenaient d'un Voisin. Et je me suis en effet trouvé à plusieurs reprises dans cette situation délicate: j'ai rencontré des gars qui m'appelaient du nom qu'ils connaissaient, mais que je ne portais pas ce jour-là de 1943 ou de 1944.

Je peux dire que j'ai erré d'un endroit à l'autre. C'est ainsi que je suis allé plusieurs fois rendre visite à ma sœur. Elle était cachée à Fontin, un hameau près de Esneux, chez les beaux-parents de M. Paty, dans une petite ferme. Mes parents n'en savaient rien, pas plus qu'ils ne savaient où se trouvait le petit séminaire. À l'époque, moins les gens en savaient, mieux c'était.

Après la guerre, en 1947, j'étais au rendez-vous de Jérusalem. Tous les jours, de midi à deux heures, j'ai attendu dans la chaleur torride: à Jérusalem, il fait chaud en août. Le vicaire n'était pas physiquement présent, mais il était «là». Deux mois plus tard, mon père m'a forcé à rentrer en Belgique. La première chose que j'ai faite: aller en visite au presbytère. Là, j'ai appris de ses parents que l'abbé Boufflette avait été arrêté par la Gestapo. Il avait été déporté à Buchenwald, où les Allemands l'avaient pendu. Ses parents l'avaient appris de gens qui avaient survécu au camp, et qui étaient venus leur rendre visite.

J'aurais encore tellement à en dire, mais je suis fatigué...

À CHAQUE FOIS: «POURQUOI?» ET «POURQUOI?»

Meyer Zalc

Je suis né à Bruxelles, le 20 avril 1938. Mes parents étaient venus de Pologne. Mes grands-parents maternels avaient quitté ce pays, dans les années 1920, pour des raisons économiques, évidemment. Ma mère, Fanny, devait avoir une dizaine d'années lorsqu'elle est arrivée en Belgique et elle a fait ici ses études à l'école communale. Mon père s'appelait Henri. Il avait quelques années de plus que ma mère, il est venu tout seul, avant la guerre. Il fuyait l'antisémitisme mais la toute grande majorité de cette émigration était due à des raisons économiques, pour avoir une vie un peu meilleure. Ils avaient choisi la Belgique parce qu'ils avaient entendu que ce pays était une terre d'accueil pour les Juifs. La Belgique était un petit pays, et comme ces gens venaient souvent de petits villages, ils croyaient qu'il serait plus facile de s'y intégrer. Mes grands-parents se sont dit: «On va s'installer en Belgique puis on verra s'il faut partir en Amérique, en Australie, au Canada ou n'importe où...» Finalement ils se sentaient très bien ici. Il était possible de s'intégrer.

Je suis né en Belgique mais j'étais apatride, j'avais une carte de réfugié. Et, à l'âge de seize ans, j'ai eu l'occasion de faire le choix: je suis devenu Belge.

Mes grands-parents ont toujours vécu à Bruxelles. Ils étaient tailleurs, comme la grande majorité des Israélites qui venaient des pays de l'Est. Ils habitaient dans le centre; mes parents, eux, vivaient à Saint-Gilles. Avec les années, ils ont eu une envie d'intégration et de vivre comme tout le monde. Mes grands-parents, comme mes parents, étaient religieux, traditionalistes. Ils allaient à la synagogue. Après la guerre, malheureusement, ma mère a changé d'idées; les événements ont fait que sa foi a été entamée.

En 1942, je n'allais pas encore à l'école. Avec mon frère, qui avait deux ans de plus que moi, nous avons été placés dans un couvent, à Saint-Vincent de Paul à Louvain. Le seul souvenir marquant que j'en aie, c'est notre arrivée dans ce couvent. Nous sommes tous les deux entrés en criant, nous avons vu nos parents nous faire le signe d'adieu. Évidemment, nous ne pouvions imaginer ce que cachaient ces adieux. Cela reste une image très forte. Cela s'est fait le soir, évidemment; on nous a donc fait monter dans le dortoir. Et, dès le lendemain, je n'ai plus revu mon frère. Nous étions dans la même institution mais mon frère était dans le groupe des plus âgés. La sœur qui nous a cachés nous a dit après que c'était primordial pour elle: il fallait immédiatement séparer les frères pour éviter les bavardages. Je ne l'ai plus revu avant la fin de la guerre. Il y a donc eu une double déchirure: la déchirure de l'adieu de mes parents, et la séparation d'avec mon frère. On s'est retrouvés solitaires, tous les deux. Je sais plus de mon histoire par ce que la sœur m'en a raconté après que par mes propres souvenirs.

La première chose que l'on ait faite, c'est nous donner un faux nom: Vanzalck, en un mot. C'était tout à fait flamand. Mon prénom était Marcel, et mon frère est devenu Jacques, lui aussi Vanzalck. Le couvent était à Louvain même, et il a subi des bombardements quand les Alliés ont voulu bombarder la gare. Nous sommes donc partis pour Heverlee. Voilà aussi un événement dont j'ai une souvenance, par la peur: tous les enfants en panique. Là, nous étions dans une classe et on a fait de nous, petit à petit, de bons chrétiens. Il le fallait bien! Nous n'étions pas les seuls enfants juifs, il y en avait une bonne quinzaine, intégrés partout. Et dans le couvent, il n'y avait que deux personnes à connaître la présence des enfants juifs: la sœur supérieure et sœur Leen, un cœur extraordinaire! Et pas seulement le cœur, le courage aussi! C'est elle qui nous a christianisés, tout en nous expliquant que nous n'étions pas des chrétiens. Après la guerre, quand mes parents m'ont repris, je ne pouvais m'empêcher de dire mes prières, «Je vous salue, Marie, pleine de grâce...». Donc, malgré cette tentative d'intégration, de la part de sœur Leen, ce fut sa grandeur d'âme: nous faire passer anonymement au sein des enfants, mais maintenir une petite flamme de judaïsme en nous. Quand on l'a fait reconnaître comme Juste, moi-même et d'autres copains, nous avions tous eu la même éducation chrétienne, pour nous protéger; mais, d'autre part, une petite flamme était restée allumée pour nous rappeler que nous étions des enfants juifs. C'est assez exceptionnel, de la part d'une nonne!

Mon père et ma mère ont été déportés, fin 1943, dénoncés par «le Gros Jacques». Ils sont entrés au camp de Malines. Et, par chance, ils ont fait partie d'une toute petite exception de Juifs qui sont restés à la caserne Dossin jusqu'à la fin de la guerre. Mon père comptait dans sa clientèle un monsieur que j'ai toujours connu sous le nom de «professeur Georges», un familier de la maison royale, de la reine Élisabeth. C'est lui qui a fait le nécessaire pour que mes parents, de convoi en convoi, soient toujours retardés. Mais malgré ce statut «privilégié», mon père a été maltraité au point qu'il en est décédé en février 1945. Mes parents ont été libérés en septembre 1944, et lui est entré directement dans un hôpital, parce qu'ils l'avaient cogné pratiquement à mort. Dans le camp il trafiquait, non pas pour de l'argent mais pour les autres prisonniers, en passant du lait aux enfants, par exemple. Il existait un petit réseau; mon père connaissait le système, comme il était là depuis longtemps; mais un jour, tout cela a été dénoncé, et ils l'ont vraiment démoli. Il pesait 35 kilos quand il est sorti de la caserne.

Après la guerre, ma mère est sortie de là malade elle aussi, elle nous a sortis du couvent et nous a confiés à un orphelinat où il n'y avait que des enfants juifs, à Lasne. Nous y sommes restés quelques mois, puis elle nous a repris chez elle. Pas vraiment chez elle: nous sommes allés habiter chez une sœur à elle. Ma mère était dépouillée, et sa sœur et son mari étaient cachés à Dworp, où ils ont passé toute la guerre.

Nous sommes restés là un an, un an et demi; puis on est allé habiter Uccle, chez mon oncle. Là je suis allé à l'école pour la première fois, vers la fin de l'année 1946, dans une école communale. On m'a inscrit directement en troisième année, et ç'a été une véritable catastrophe. J'avais beaucoup de mal, je n'étais pas scolarisé. Ma mère a cherché du travail à gauche et à droite, là où elle pouvait.

On a fait de nous, mon frère, moi et les autres enfants cachés, des adultes avant d'être des enfants. On a été directement plongé dans une situation absolument abominable. En 1948 j'avais dix ans et, dès que ma mère nous a repris, je n'avais que des questions: des «Pourquoi?», sans cesse. Non seulement il y avait les questions mais aussi la recherche de tout ce qui avait disparu. – Mon grand-père? – Il est mort. – Qu'est devenu l'oncle Henri? – Il est mort. Cela m'a vraiment perturbé, au point que je souffrais d'angoisse. Parce que je n'entendais que cela, chez moi. Mes grands-parents ont disparu à Auschwitz. Le frère de ma mère, qui était un virtuose, un violoniste: Auschwitz. Des cousins: Auschwitz. Et tout l'environnement de ma mère ne comptait que des veuves. Je n'ai vu à la maison que des femmes qui venaient pleurer: dès qu'elles ouvraient la bouche, c'était pour raconter des histoires de disparus, d'Auschwitz, des rescapés. J'étais broyé là-dedans. Ma reconstruction n'était faite que d'envie de savoir... Une reconstruction très douloureuse, jusqu'à l'âge de vingt ans. D'abord je ne reconnaissais plus ma mère. Lorsqu'elle est venue me chercher, je ne connaissais pas «cette femme». C'était une femme exceptionnelle, extraordinaire, pourtant j'étais tellement fâché contre elle, et mon frère aussi, surtout lui! Nous avions un sentiment de révolte terrible à son égard: pourquoi nous avait-elle laissés là-bas, pourquoi n'était-elle jamais venue nous voir, nous consoler? Un enfant ne peut pas comprendre une chose pareille. Les souvenirs de guerre, les années 1940 à 1945, me sont beaucoup moins pénibles que les années de 1946 à 1958, ce que j'appelle ma «reconstruction». D'ailleurs, nous avons tant fait souffrir ma mère, je ne comprenais pas... Toute ma jeunesse était faite de «pourquoi». Pour elle aussi, il était très difficile de croire que, s'il y avait un Dieu, il ait permis des horreurs pareilles. Donc, je n'ai pas eu une éducation religieuse mais traditionaliste, et surtout la mission de ne jamais laisser dans l'oubli ce qui nous était arrivé. Ma mère était une femme formidable, il n'y avait qu'amour en elle. Sa vie a été si compliquée, pour récupérer ses deux enfants. Elle est restée veuve, et tout ce qu'elle a fait, c'était pour nous. Elle aussi avait un sentiment de culpabilité, qui était évidemment différent du mien. Moi, ce que je lui reprochais, c'était l'abandon, et de me retrouver en famille avec une personne que je ne connaissais pas, qui est venue me dire: «Je suis ta mère.» Les premières années, je n'avais aucun respect pour elle, je n'avais pas compris, j'étais trop petit. Beaucoup de rescapés ont connu les mêmes problèmes de reconstruction. D'abord nous étions très pauvres, nous sommes restés de longues années sans avoir rien. Et la peur! Ma mère vivait avec une peur, qu'elle m'a communiquée: la peur des cris, de l'autre, de l'insulte. Je n'ai jamais supporté qu'on me traite de «sale Juif», comme cela se faisait après la guerre. Parce que certains enfants avaient entendu ces propos chez leurs parents: «Les Juifs, ce sont des voleurs, ils doivent être exterminés...» Je peux l'assurer, aux récréations, c'était toujours la castagne, avec des gosses qui n'avaient rien appris à la maison que de haïr les Juifs. Mais chez nous, de la part des veuves qui venaient voir ma mère, je n'ai jamais entendu de cris de haine. Bien sûr, elles n'aimaient pas les Allemands mais ce n'était pas l'insulte systématique. C'était la haine du régime, la haine des tortionnaires, des camps de concentration, des événements, mais pas celle des gens. Jamais de discours haineux, mais toujours le questionnement: «Pourquoi? Pourquoi?»

Je n'ai fait qu'un an et demi d'études secondaires. Nous étions non pas pauvres mais misérables, et toujours très dignes – ma mère était d'une dignité extraordinaire. Cette misère a duré jusqu'au moment où mon frère et moi sommes allés travailler. Mon premier boulot, je l'ai pris à l'âge de treize ans: j'ai fait tous les travaux possible. Jusque vers les années 1958, c'étaient des années très noires; année après année, on tentait de rebâtir quelque chose. C'était réapprendre à vivre! J'ai reconstruit ma vie, avec beaucoup de souvenirs. Finalement j'ai choisi la profession de diamantaire, que j'ai exercée jusqu'à ce jour. Je me suis marié, j'ai deux enfants, des petits-enfants. Et ce qui ne m'a pas échappé, c'est le devoir de transmission. À mes deux fils, j'ai raconté. Certaines personnes me disent: «Tu n'aurais jamais dû, il n'est pas nécessaire de leur raconter tes histoires d'enfant caché...» Mais je ne pourrais pas faire autrement, et maintenant, mes petites-filles me demandent aussi de leur raconter notre histoire. Je leur explique qu'elles ont une chance extraordinaire de vivre dans une famille, dans le bonheur, de vivre comme vivent tous les gens, normalement. Je ne peux m'imaginer passer à côté de l'histoire. Pour moi, c'est un devoir. Et tout ce qu'on transmet doit être transmis dans la tolérance, dans le respect de l'autre.

Si j'ai un souvenir très ancré de mes dix ans, en 1948, c'est la création de l'État d'Israël. Ma mère, mon frère et moi, nous étions l'oreille collée à la radio. Cela a certainement fait partie de la reconstruction du peuple juif. Toute la famille a pleuré! Nous étions tellement émus, alors que je n'avais que dix ans. J'ai eu tellement en tête cette idée: demain il y aura l'État d'Israël, il existera un État pour les Juifs. D'ailleurs, c'est l'une des raisons pour lesquelles je soutiens de toutes mes forces et de tout mon cœur l'État d'Israël d'aujourd'hui. On peut ne pas être d'accord sur les politiques à suivre, mais pas sur l'existence même d'un État où le Juif ne doit plus avoir peur.

BIBLIOGRAPHIE

Abicht, L., *De joden van België*, Amsterdam-Antwerpen, 1994.

Abicht, L., *Geschiedenis van de Joden van de Lage Landen*, Antwerpen-Amsterdam, 2006.

Adriaens, W., e.a. (rééd.), *De Belgische tentoonstelling in Auschwitz. Het boek*, s.l. [Mechelen].

Adriaens, W., e.a. (rééd.), *Mecheln - Auschwitz 1942-1944. De vernietiging van de Joden en zigeuners van België*, Mechelen, 2009.

Anstadt, R.-Rottenberg, A. (rééd.), *Kinderen die alles moesten goedmaken*, Amsterdam, 2008.

Bal, N. *Mijn wankele wereld*, Leuven, 1984.

Bazuin, J.E., *Theesurrogaat voor Sneek. Joodse kinderen overleefden de oorlog*, Leeuwarden, 2006.

Berkley, G.E., *Theresienstadt. De geschiedenis van het 'modelkamp' van de nazi's*, Baarn, 1995. (titre orig.: *'Hitler's Gift – The Story of Theresienstadt*, Boston 1993).

Binner, R., Van De Haar, O. en Bos, J.-W. (rééd.), *Wiens schuld? De impact van Daniel Jonah Goldhagen op het holocaustdebat*, Antwerpen-Houten, 1997.

Blom, J., *Nooit meer naar huis. Mijn ontsnapping uit de Hollandsche Schouwburg*, Laren, 2008.

Blum, J. (éd.), *Père Bruno Reynders, héros de la résistance, juste des nations*, Bruxelles, 1991.

Brachfeld, S., *Merci de nous avoir sauvés. Enfants cachés en Belgique*, s.l., 2007.

Brachfeld, S., *Ze hebben het overleefd*, VUBPress, Bruxelles, 1997.

Breitman, R. *Heinrich Himmler. De architect van de Holocaust*, Laren, 2005.

Breur, D., *Een verborgen herinnering. De tekeningen van Aat Breur-Hibma uit Ravensbrück*, 2e éd., Nijmegen, 1995.

Browning, C.R., *Doodgewone mannen. Een vergeten hoofdstuk uit de jodenvervolging*, Amsterdam, 1993.

Buchignani, W., *Vertel aan niemand wie je bent. De verborgen jeugd van Régine Miller*, Antwerpen-Rotterdam, 1997.

Caestecker, F., *Ongewenste gasten. Joodse vluchtelingen en migranten in de dertiger jaren, VUBPress*, Bruxelles, 1993.

Chagoll, L., *In naam van de Führer*, Antwerpen, 1979.

Coquio, C.-Kalisky A., *L'Enfant et le génocide. Témoignages sur l'enfance pendant la Shoah*, Paris, 2007.

De Jong, L., *Het Koninkrijk der Nederlanden in de Tweede Wereldoorlog*, 's-*Gravenhage*, 1969-1991.

Dessaint, A., *Méan 1940-1945. Chronique d'une guerre*, Méan, 1995.

De Volder, J.-Wouters, L., *Van binnen weent mijn hart. De vervolging van de Antwerpse joden*, Antwerpen, 2000 (2e éd.).

Dewever, P., *De geheimen van het verzet*, Tienen, 2002.

Durst, L., *De famlie Moszkowicz*, Luxembourg, 1984.
Eberle, H. (rééd.), *Brieven aan Hitler*, Utrecht, 2008.
Evans, R.J., *Het Derde Rijk*, Utrecht-Antwerpen, 2004-2006.
Franssen, J. *De laatste getuigen. Vlamingen over hun Tweede Wereldoorlog*, Antwerpen, 2005.
Friedländer, S., *Nazi-Duitsland en de Joden*, Amsterdam-Tielt, 2007.
Friedländer, S., *Quand vient le souvenir*, 2e éd., Paris, 1978.
Frydman, M., *Le traumatisme de l'enfant caché. Répercussions psychologiques à court et à long termes*, Paris-Boedapest-Turin, 2002 (2e éd.)
Garfinkels, B., *Les Belges face à la persécution raciale 1940-1945*, Bruxelles, 1965.
Gérard-Libois, J.-Gotovitch, J., *L'an 40*, Bruxelles, 1971.
Geve, Th., *Kind in Auschwitz. Een 13-jarige jongen overleeft de Holocaust*, Zuid-Hollandsche Uitgeversmaatschappij, 1990.
Gilbert, M., *Nooit meer. De geschiedenis van de Holocaust*, Vianen, 2001.
Gluck Wood, A., *Holocaust. De gebeurtenissen en hun invloed op de gewone mensen*, Tielt-Arnhem, 2007.
Goldhagen, D.J., *Hitlers gewillige beulen*, Antwerpen, 1996.
Goldhagen, D.J., *Motieven, oorzaken en alibi's. Een antwoord op mijn critici*, in Binner, R., e.a., *o.c.*, 130-152.
Groenn, K., *Als slachtoffers daders worden. De zaak van de joodse verraadster Ans van Dijk*, Baarn, 1994.
Gronowski, S., *L'enfant du 20e convoi*, Bruxelles, 2002.
Gueno, J.-P., *Paroles d'étoiles. Mémoire d'enfants cachés (1939-1945)*, Paris, 2002.
Hakker, J., *De Geheimzinnige Kazerne Dossin te Mechelen. Deportatiekamp der Joden*, Antwerpen, 1947.
Häsler, A., *Das Boot ist voll*, 2e éd., Zürich, 1992.
Heiber, B. en H., *De achterkant van het hakenkruis. Eigenaardigheden uit de dossiers van het Derde Rijk* (titre orig. *Die Rückseite des Hakenkreuzes*), Baarn, 1995.
Hellemans, H., *Emilie Fresco. Redders en geredden in Mechelen tijdens de de Tweede Wereldoorlog*, Mechelen, 2005.
Hellemans, H., *Schimmen met een ster. Het bewogen verhaal van joodse ondergedoken kinderen tijdens de Tweede Wereldoorlog in België*, Antwerpen, 2007.
Helleman, P., *Onvergetelijke helden. Ware verhalen van mensen die hun leven in de waagschaal stelden om joden van de vernietiging te redden*, Amsterdam, 1990.
Hilberg, R., *Daders slachtoffers omstanders. De Joodse catastrofe 1933-1945*, Haarlem, 1993.
Hilberg, R., *De vernietiging van de Europese Joden*, Laren, 2008.
Jacquemart, C., *Les Justes et les Sauveurs de l'Holocauste au regard de l'opinion publique belge*, onuitg. lic. scriptie, ULB, 1996.
Johnson, e.a., *Nazi-terreur. Gestapo, joden en gewone Duitsers*, Antwerpen, 2000.
Klemperer, V., *Tot het bittere einde*, Amsterdam-Antwerpen, 1997.
Lewis, B.R., *Het verhaal van de Hitler Jugend (1933-1945)*, Aartselaar, 2002.
Liebman, M., *Als jood geboren*, Antwerpen-Amsterdam, 1978.
Lilienthal, G., *Polizei. Aufmachen. Herinneringen aan de Nazi-terreur en de Duitse bezetting*, Mechelen, 1993.
Lindwer, W., *De laatste zeven maanden. Vrouwen in het spoor van Anne Frank*, Hilersum, 1988.
Loncin, J., *Geheime routes en netwerken. Joodse kinderen op de vlucht voor de holocaust*, Leuven, 2003 (2e éd.).
Maser, W., *Hitlers brieven en notities*, Soesterberg, 2004.
Mayer, A.J., *De hakenkruistocht. Tegen rood en jood*, Antwerpen, 1999.
Nowak, H., *Cyrille Berger, enfant caché (19842-1944). Un enfant juif et des Justes parmi les nations*, Paris-Bruxelles, 2000.
Overy, R., *De verhoren. De nazi-elite ondervraagd*, Amsterdam, 2002.
Pohl, D., *Holocaust. Massale moord op de Europese joden*, Laren, 2005.

Presser, J., *Ondergang. De vervolging en verdelging van het Nederlandse Jodendom 1940-1945*, Soesterberg, 2005 (2e éd.).
Raskin, E., *Elisabeth van België. Een ongewone koningin*, Antwerpen-Amsterdam, 2003.
Rees, L., *Auschwitz*, Amsterdam, 2005.
Rosengarten, I.J., *Overleven. Relaas van een zestienjarige joodse Antwerpenaar*, Antwerpen-Rotterdam, 1996.
Rozett, R.-Spector, S. (rééd.), *Encyclopedie van de Holocaust*, Kampen, 2003.
Saerens, L., *De Jodenjagers van de Vlaamse SS*, Tielt, 2007.
Saerens, L., *Vreemdelingen in een wereldstad. Een geschiedenis van Antwerpen en zijn joodse bevolking*, Tielt, 2000.
Schmidt, E., *Geschiedenis van de Joden in Antwerpen*, Antwerpen, 1963.
Schreiber, J.F.-Van Doorslaer, R. (rééd.), *Les créateurs du ghetto. L'association des Juifs en Belgique sous l'occupation nazie*, Bruxelles, 2004.
Schreiber, M., *Stille rebellen. De overval op de 20e deportatietrein naar Auschwitz*, Amserdam, 2001.
Speelman, D.-Schaap, D., *De tas van Eva*, s.l. [Vianen] 2005.
Stargardt, N., *Ooggetuigen van de oorlog. Het leven van kinderen onder het nazi-regime*, Amsterdam, 2005.
Steinberg, L., *Le Comité de défense des Juifs en Belgique 1942-1944*, Bruxelles, 1973.
Steinberg, M., *De ogen van het monster. Volkerenmoord dag in dag uit*, Antwerpen-Baarn, 1992.
Steinberg, M., *Dossier Brussel-Auschwitz. De SS-politie en het uitroeien van de Joden*, Bruxelles, 1981.
Steinberg, M., *La Judenpolitik: Le sens de l'opportunité*, in Van Doorslaer, (rééd.), *Les Juifs en Belgique. De l'immigration au génocide 1925-1945*, Bruxelles, 1994.
Steinberg, M., *L'Étoile et le fusil. La traque des Juifs, 1942-1944*, Bruxelles, 1986.
Teitelbaum-Hirsch, *Tranen onder het masker. Ondergedoken kinderen*, Antwerpen, 1994.
Van Campenhout, M., *Joodse vluchtelingen in Eksaarde (1939-1940)*, in *Annalen van de Kon. Oudheidk. Kring van het Land van Waas*, chapitre 111, 2008, 253-261.
Van Capelle, H.-Van De Bovenkamp, A.P., *De Berghof*, Hilversum, 1989.
Van Den Wijngaert, M. (rééd.), *België tijdens de Tweede Wereldoorlog*, Antwerpen, 2004.
Van De Vijver, H., e.a., *De tijd der vergelding & Het verzet*, BRT Instructieve Omroep, Bruxelles, 1988.
Van Doorslaer, R. (rééd.), *Les Juifs de Belgique. De l'immigration au génocide 1925-1945*, Bruxelles NCWO II, 1994.
Van Doorslaer, R.-Schreiber, J. Ph. (rééd.)., *De curatoren van het getto. De Vereniging van de Joden in België*, Tielt, 2004.
Van Lier, C., *Schroeiplekken. Ervaringen uit Vught, Westerbork, Auschwitz, Ravensbrück en Malchow. Brieven uit Amsterdam*, Kampen, 2000.
Van Liempt, *Kopgeld. Nederlandse premiejagers op zoek naar joden*, Amsterdam, 2005 (6e éd).
Van Pelt, R.J.-Dwork, D., *Auschwitz van 1270 tot heden*, Amsterdam, 1997 .
Velaers, J.-Van Goethem, H., *Leopold III. De Koning, het Land, de Oorlog*, Tielt, 1994 (2e éd).
Venezia, S., *Sonderkommando Auschwitz*, Antwerpen 2008 (titre orig. *Sonderkommando. Dans l'enfer des chambres à gaz*, Paris, 2007.
Verbeke, G., *Voor God, Kerk en Vaderland. Belgische religieuzen tijdens de Tweede Wereldoorlog*, Erpe, 2005.
Verhoeyen, E., *België bezet 1940-1944*, Bruxelles, 1993.
Verschooris, M., *Schrijven in de schaduw van de dood. Over thuiskomen, opduiken en achterblijven*, Gand, 2005.
Wouters, N., *De Führerstaat. Overheid en collaboratie in België (1940-1944)*, Tielt, 2006.
Zachary, D., *La patrouille des Enfants Juifs. Jamoigne 1943-1945*, Bruxelles, 2005.
Ziegler, J., *Hitlers bankiers*, Amsterdam, 1997 (2e éd.).

La première partie «Le plus grand drame de l'histoire» est traduite du néerlandais par Aline Goosens.

Les témoignages des auteurs suivants sont traduits du néerlandais par Le goût des langues / a Taste for Languages ® :

Robert Arouete, Bert Barend, Ariel Eder, EJR, Fred Erdman, Salomon Gemeiner, Louis Goldschalk, André Goezu, Diane Goldberg, Fée Gruszow, Nico Hamme, Caroline Klerer, Edith Kuropatwa, Roseline Lewin, Myriam Lipszyc, Nanette Mahler, Edith Maisner, Jacques Markowicz, Simon Mel, Jacques Noach, Anna Pataschnik, Bernard Poznanski, Jacques Rager, Hanna Sulamith Rothschild, Joe Ryb, Catherine Salomon, Regina Sluszny, Georges Suchowolski, Sylvain Suchowolski, Maria Szyf, Paul Szyf, Anna Torba, Arnold Wolkowitz.

TABLE DES MATIÈRES